Nana & Kaoru

Das letzte Jahr

1

Ryuta Amazume

Das letzte Jahr

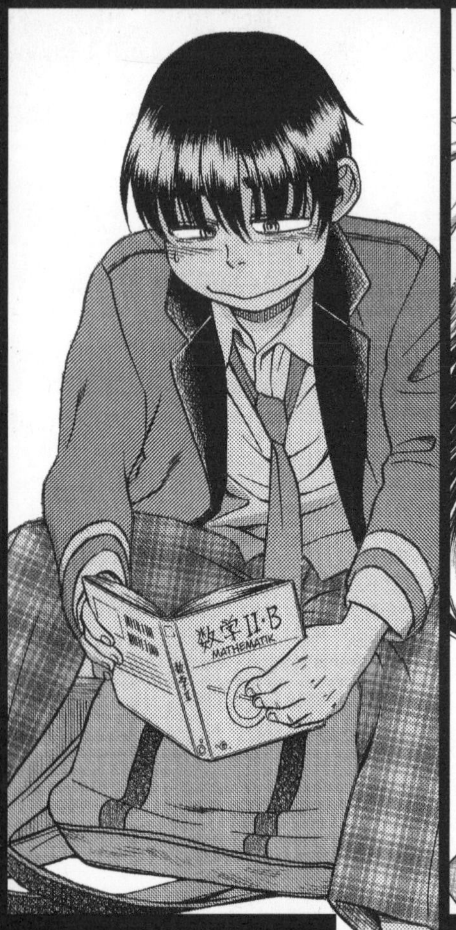

KAORU SUGIMURA

Er ist im 3. Jahr der Highschool. In der Schule kommt er nicht mit und wird „Kimomura"* genannt. Sein Hobby ist es, in SM-Fantasien zu schwelgen. Er ist in die Nachbarstochter Nana verliebt. Er betreibt „Abwechslungen" mit ihr, und um ihr schulisches Niveau zu erreichen, lernt er nun fleißig für die Aufnahmeprüfungen. Er ist fingerfertig.

* Wortspiel mit Kaorus Namen, etwa: „Ekelpaket"

NANA CHIGUSA

Sie ist im 3. Jahr der Highschool, Vizepräsidentin des Schülerparlaments und ein Leichtathletik-Ass. Sie möchte Rechtsanwältin werden und strebt eine Aufnahme auf der renommierten Toudai-Uni an. Sie ist ehrgeizig und grübelt viel nach, aber mithilfe ihrer „Abwechslungen" mit Kaoru bewältigt sie ihren Alltag. Kochen kann sie überhaupt nicht.

Nana & Kaoru

Die männliche Jungfrau Kaoru schmachtet nach seiner Kindheitsfreundin und Nachbarstochter Nana und verliert sich in entsprechenden Fantasien. ❤ Dank einer Mischung aus Wunder und Zufall kommt es dazu, dass die beiden beginnen, amateurhaft SM-Spiele nachzuahmen – und diese neue Freizeitbeschäftigung nennen sie „Abwechslung". Nach und nach machen Nana, Kaoru und Ryouko mit ihren Abwechslungen immer mehr Fortschritte, und nun rückt die Zeit der Prüfungen näher. Diese Geschichte erzählt von ihrer intensiven Zeit als 18-Jährige. Die Zeit des letzten Highschool-Jahres kommt nur einmal im Leben, und sie ist … erotisch! ❤

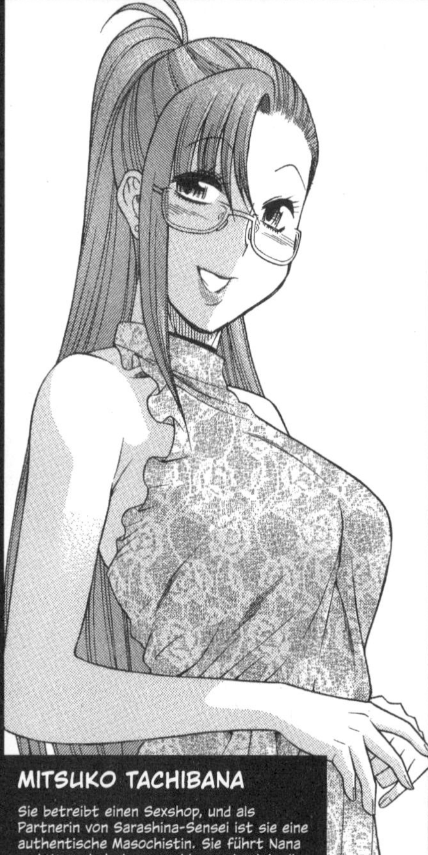

MITSUKO TACHIBANA

Sie betreibt einen Sexshop, und als Partnerin von Sarashina-Sensei ist sie eine authentische Masochistin. Sie führt Nana und Kaoru behutsam und kompetent in die Welt des SM ein.

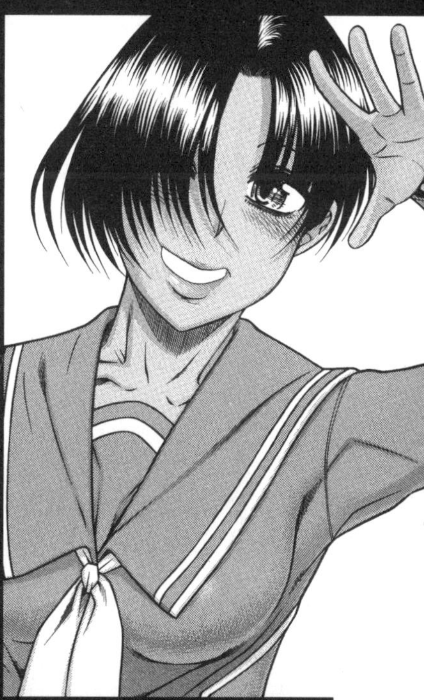

RYOUKO TACHI

Sie ist im 3. Jahr der Highschool. Sie geht in eine andere Schule als Nana und Kaoru und ist das Ass in ihrer Leichtathletik-AG. mit ihrem stoisch-optimistischen Charakter gesellt sie sich manchmal zu Nanas und Kaorus Abwechslungen hinzu. Sie begleitet und unterstützt die Beziehung zwischen den beiden. Findet sie neuerdings Gefallen an Kaoru? Manchmal ist sie ein ziemliches Dummerchen.

Story und Zeichnungen
RYUTA AMAZUME
Übersetzung
BURKHARD HÖFLER
Lettering
LARA IACUCCI

Inhalt

KAPITEL 1: VERTRAG ZWISCHEN HERR UND SKLAVIN

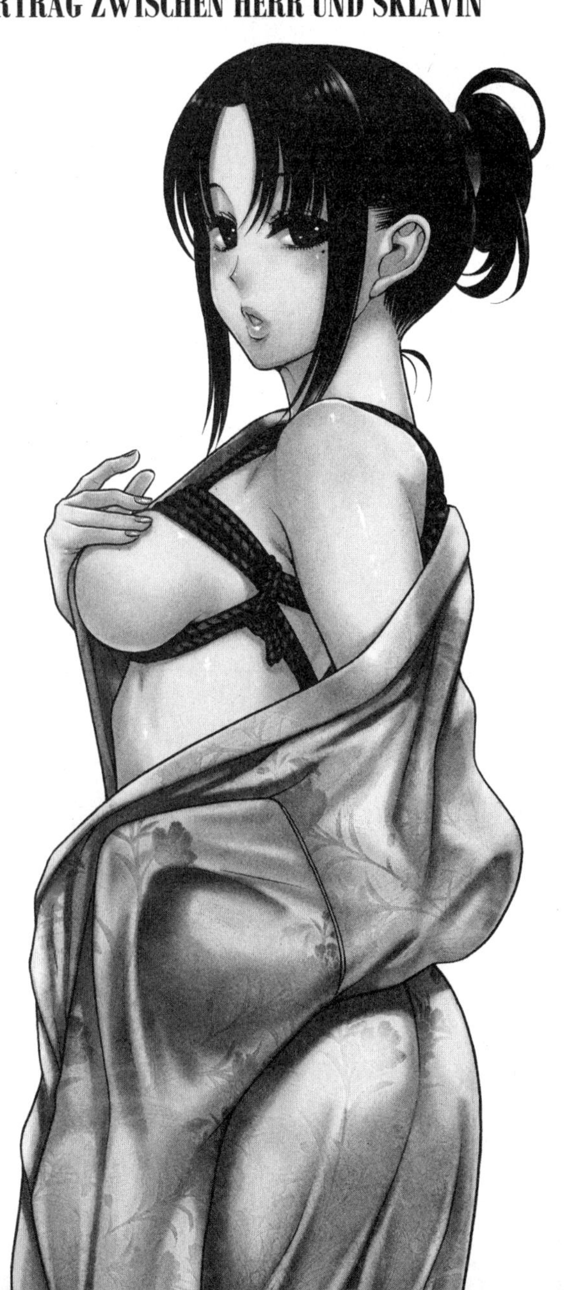

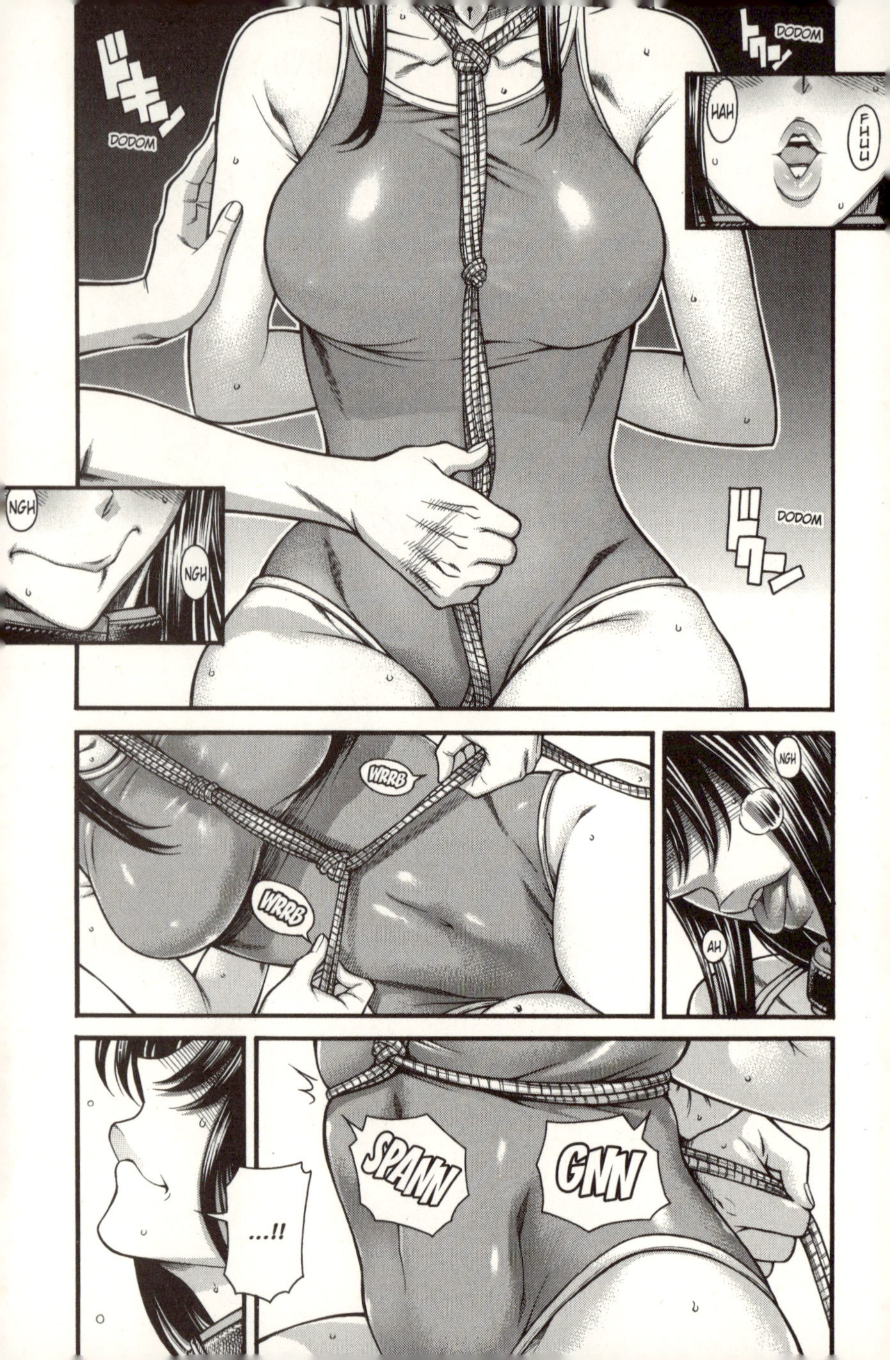

トクン
DODOM
FHUU
HAH
ドキン
DODOM
NGH
NGH
ドクン
DODOM

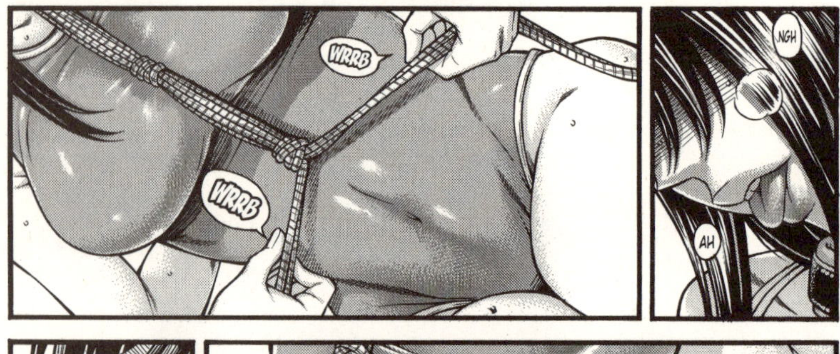

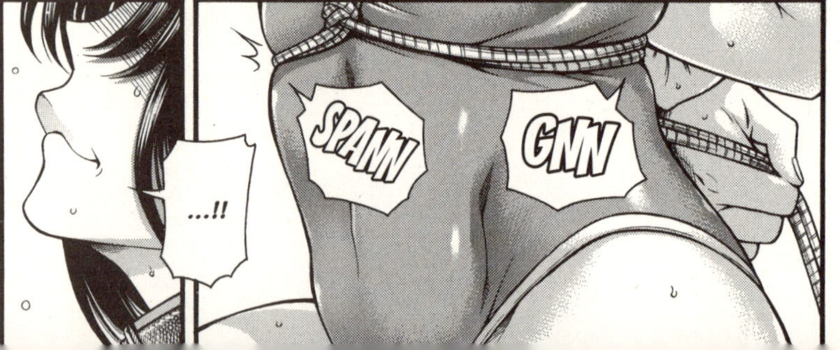

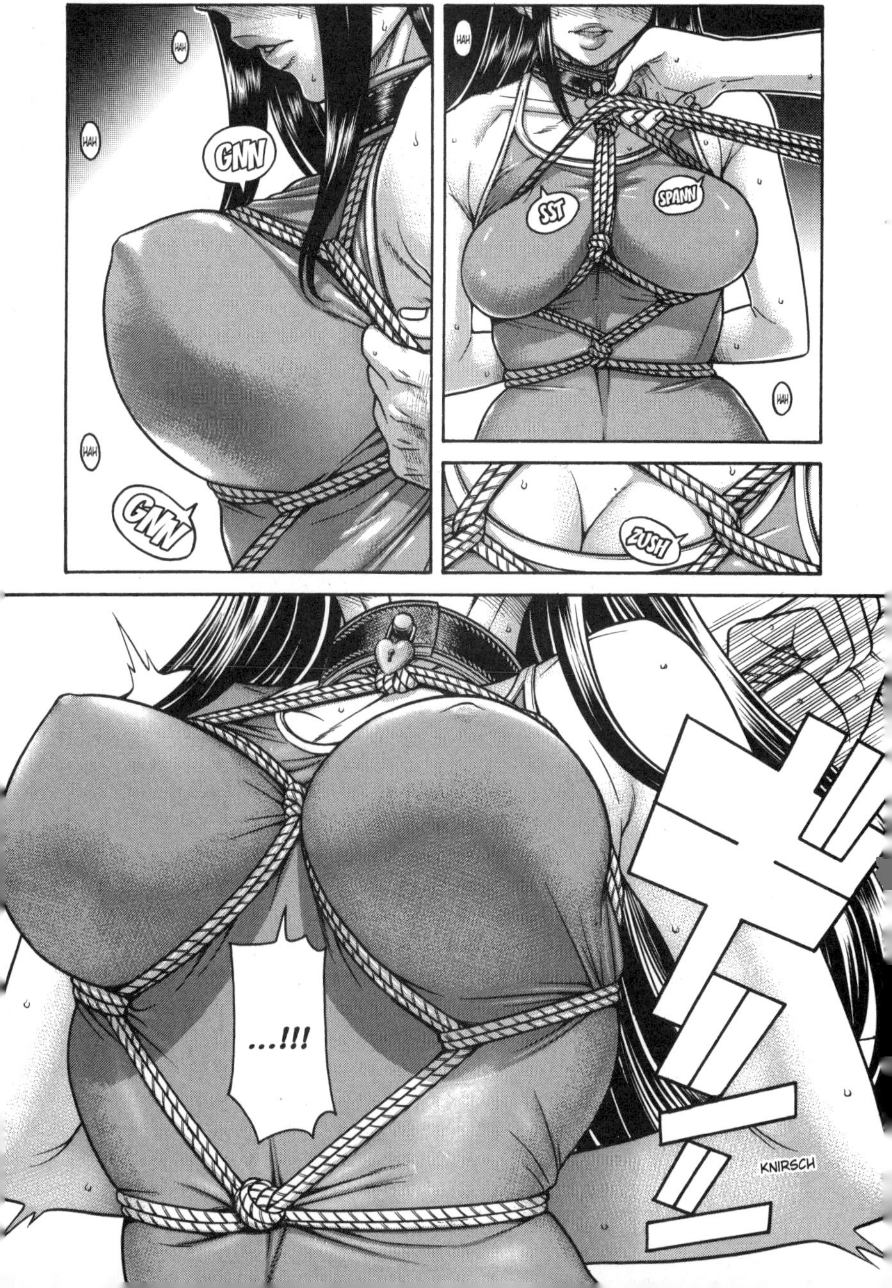

HAH
HAH
GNN
HAH
GNN

HAH
SST
SPANN
HAH

ZUSH

...!!!
KNIRSCH

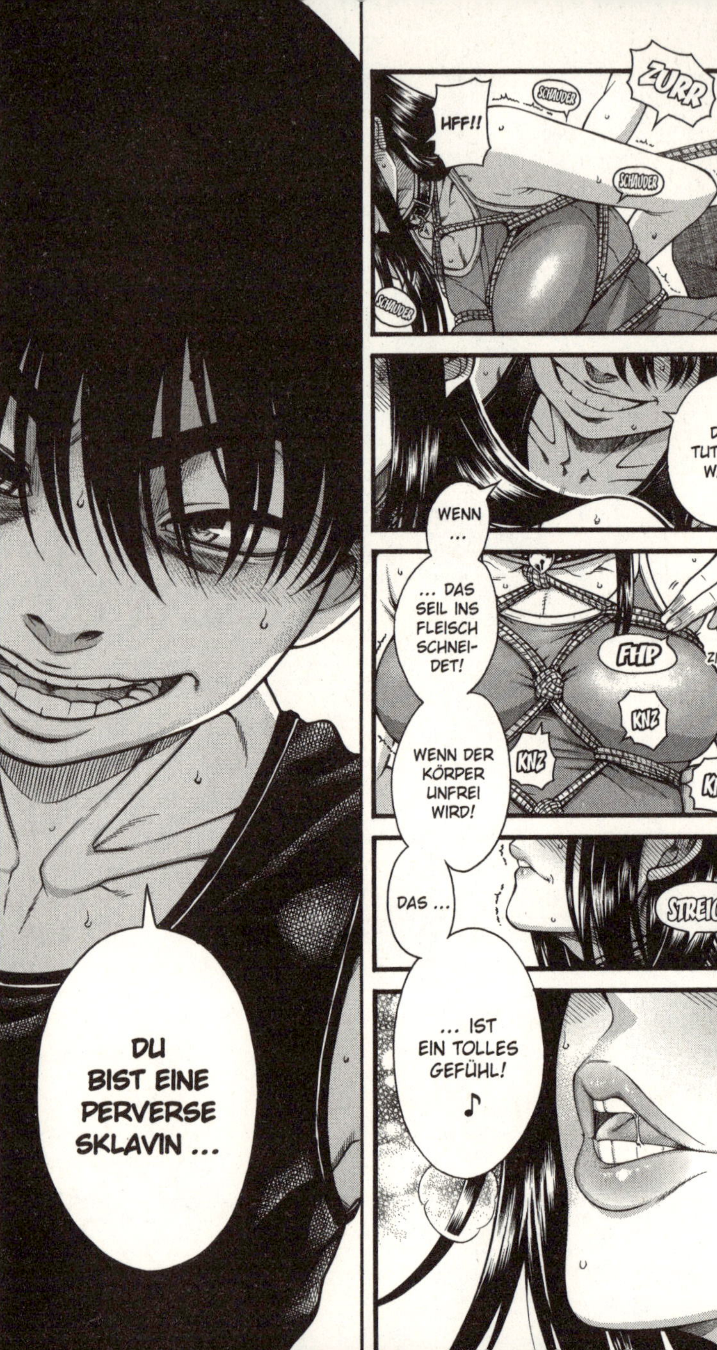
ZURR
SCHAUDER
HFF!!
SCHAUDER
SCHAUDER
DAS TUT GUT, WAS?
WENN …
FHP
ZITTER
… DAS SEIL INS FLEISCH SCHNEI-DET!
KNZ
KNZ
KNZ
WENN DER KÖRPER UNFREI WIRD!
STREICH
DAS …
HAH ♡
… IST EIN TOLLES GEFÜHL! ♪
DU BIST EINE PERVERSE SKLAVIN …

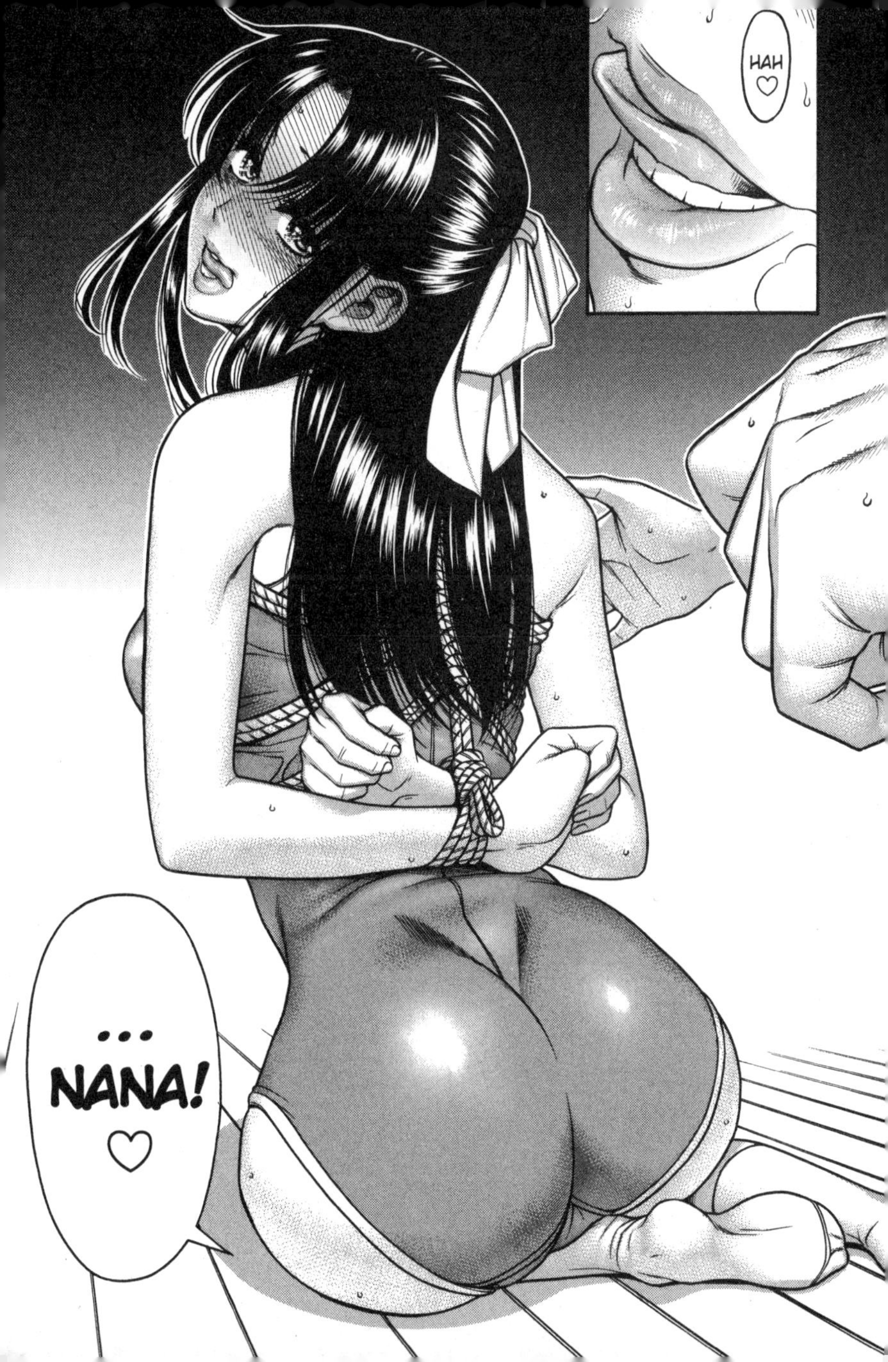
HAH ♡
...NANA! ♡

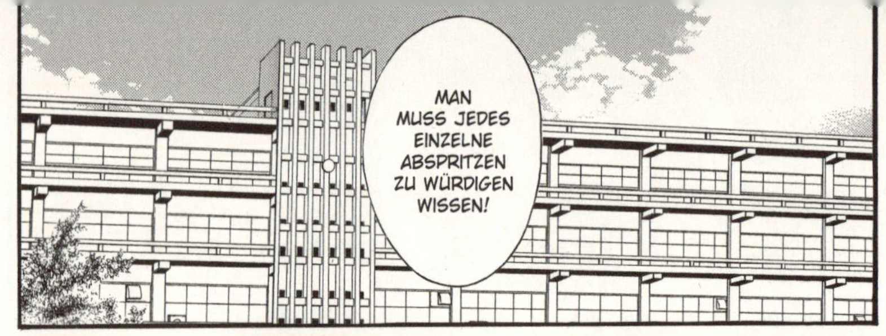
MAN MUSS JEDES EINZELNE ABSPRITZEN ZU WÜRDIGEN WISSEN!

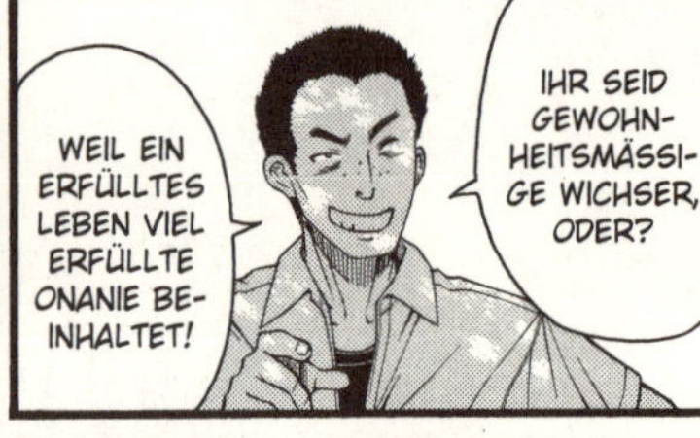
IHR SEID GEWOHNHEITSMÄSSIGE WICHSER, ODER?
WEIL EIN ERFÜLLTES LEBEN VIEL ERFÜLLTE ONANIE BEINHALTET!

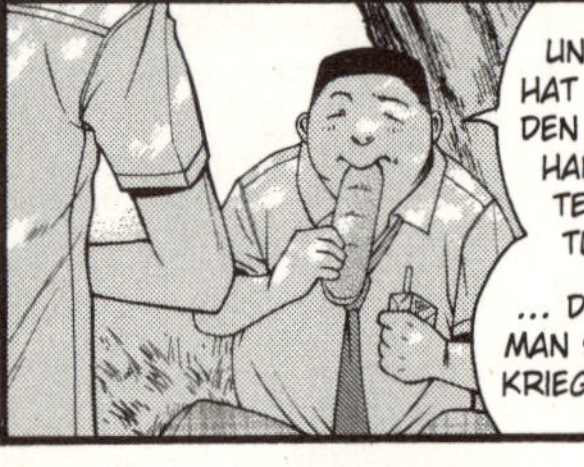
UND WAS HAT DAS MIT DEN PORNOHANDZETTELN ZU TUN ...
... DIE MAN SO KRIEGT?

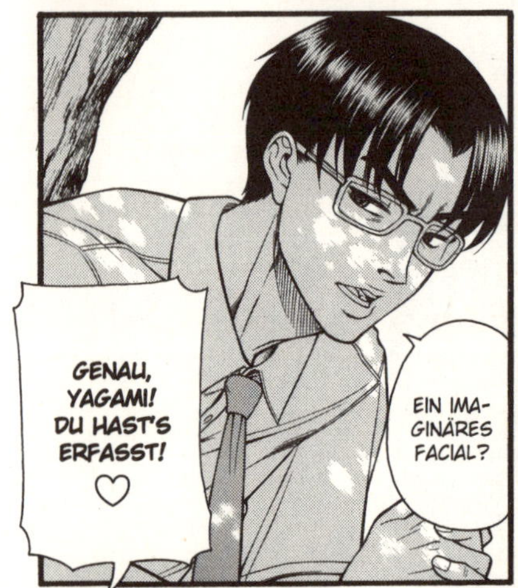
EIN IMAGINÄRES FACIAL?
GENAU, YAGAMI! DU HAST'S ERFASST! ♡

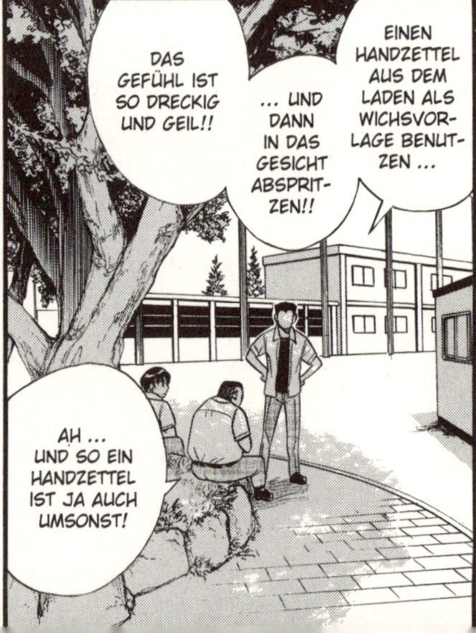
EINEN HANDZETTEL AUS DEM LADEN ALS WICHSVORLAGE BENUTZEN ...
... UND DANN IN DAS GESICHT ABSPRITZEN!!
DAS GEFÜHL IST SO DRECKIG UND GEIL!!
AH ... UND SO EIN HANDZETTEL IST JA AUCH UMSONST!

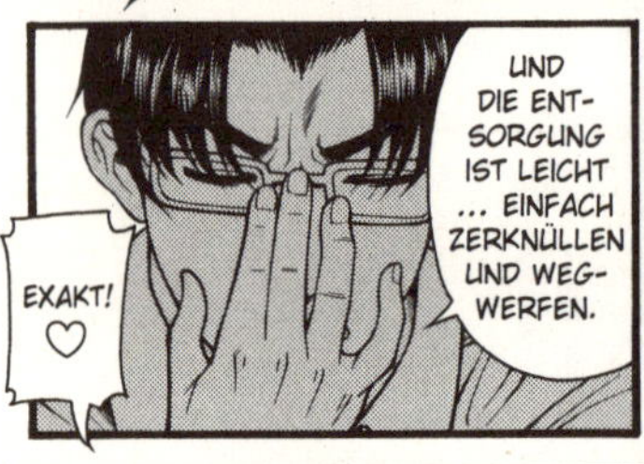
UND DIE ENTSORGUNG IST LEICHT ... EINFACH ZERKNÜLLEN UND WEGWERFEN.
EXAKT! ♡

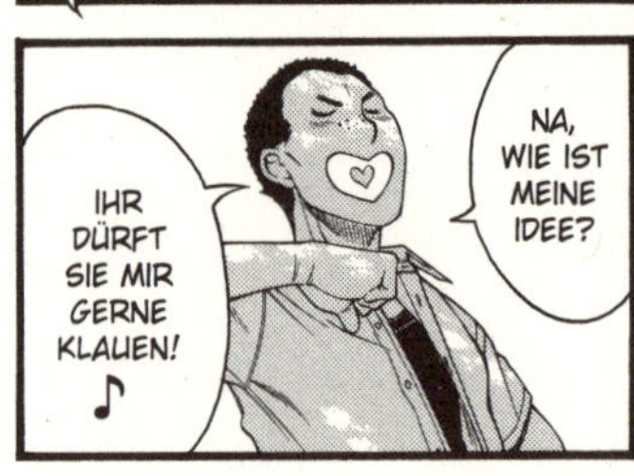
NA, WIE IST MEINE IDEE?
IHR DÜRFT SIE MIR GERNE KLAUEN! ♪

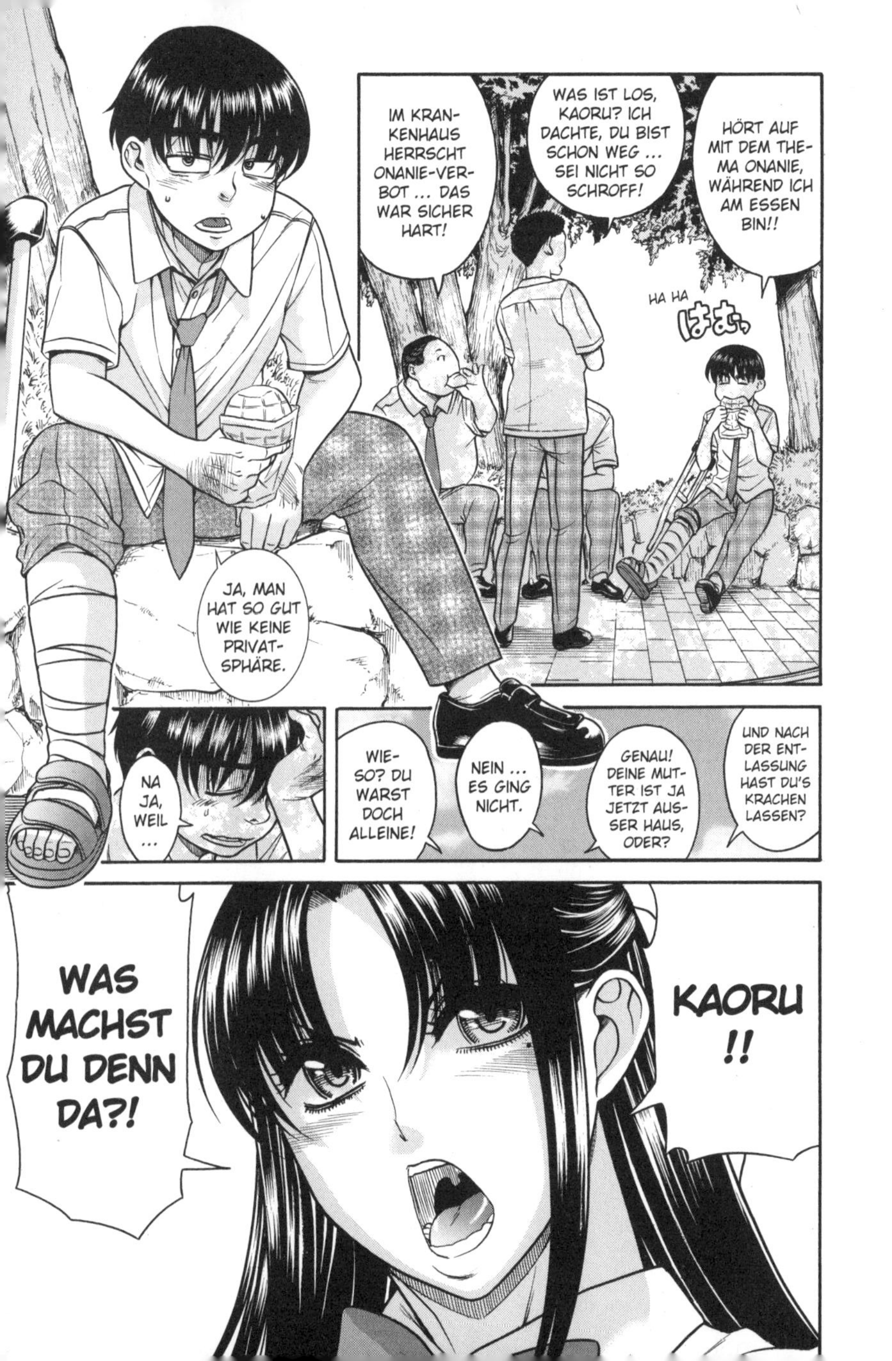

HÖRT AUF MIT DEM THEMA ONANIE, WÄHREND ICH AM ESSEN BIN!!
HA HA はむっ
WAS IST LOS, KAORU? ICH DACHTE, DU BIST SCHON WEG … SEI NICHT SO SCHROFF!
IM KRANKENHAUS HERRSCHT ONANIE-VERBOT … DAS WAR SICHER HART!
JA, MAN HAT SO GUT WIE KEINE PRIVATSPHÄRE.
UND NACH DER ENTLASSUNG HAST DU'S KRACHEN LASSEN?
GENAU! DEINE MUTTER IST JA JETZT AUSSER HAUS, ODER?
NEIN … ES GING NICHT.
WIESO? DU WARST DOCH ALLEINE!
NA JA, WEIL …

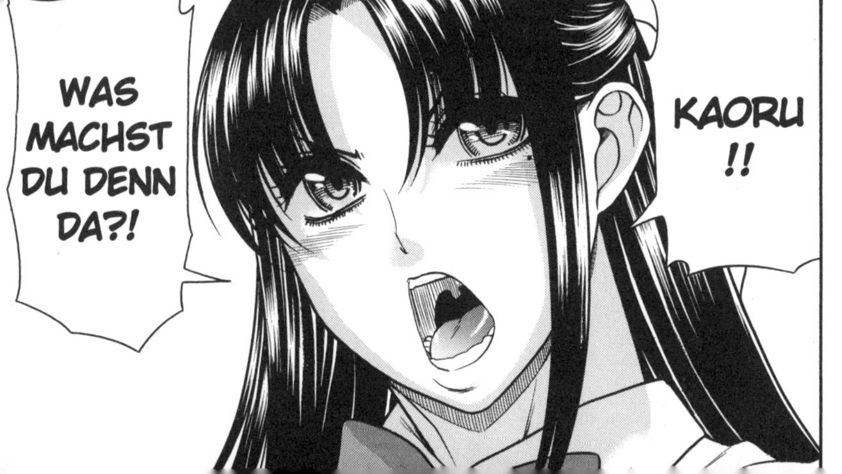

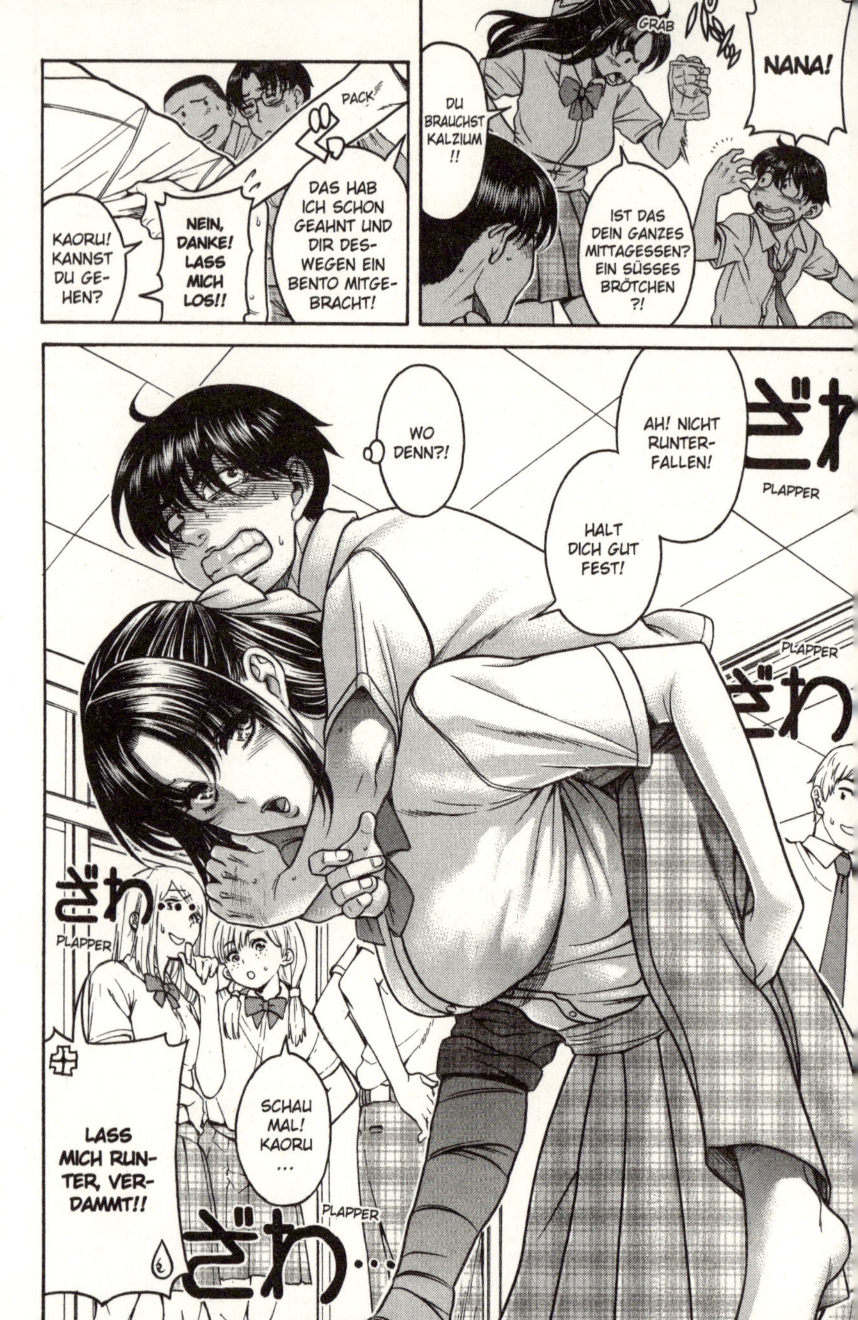
NANA!
GRAB
DU BRAUCHST KALZIUM !!
IST DAS DEIN GANZES MITTAGESSEN? EIN SÜSSES BRÖTCHEN ?!
PACK
DAS HAB ICH SCHON GEAHNT UND DIR DESWEGEN EIN BENTO MITGEBRACHT!
NEIN, DANKE! LASS MICH LOS!!
KAORU! KANNST DU GEHEN?
ざわ
PLAPPER
AH! NICHT RUNTERFALLEN!
HALT DICH GUT FEST!
WO DENN?!
ざわ
PLAPPER
ざわ
PLAPPER
SCHAU MAL! KAORU ...
ざわ...
PLAPPER
LASS MICH RUNTER, VERDAMMT!!

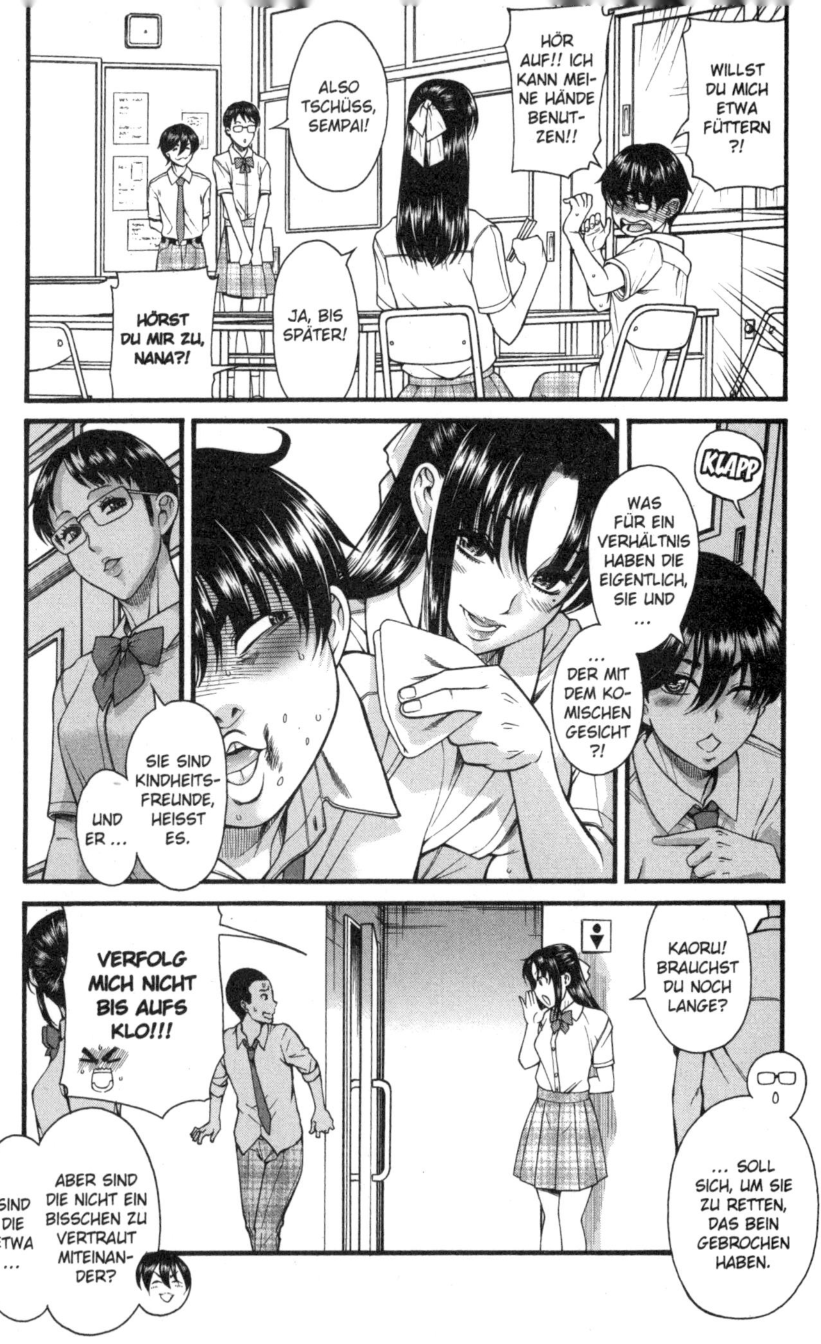

WILLST DU MICH ETWA FÜTTERN ?!
HÖR AUF!! ICH KANN MEINE HÄNDE BENUTZEN!!
ALSO TSCHÜSS, SEMPAI!
JA, BIS SPÄTER!
HÖRST DU MIR ZU, NANA?!
KLAPP
WAS FÜR EIN VERHÄLTNIS HABEN DIE EIGENTLICH, SIE UND ...
... DER MIT DEM KOMISCHEN GESICHT ?!
SIE SIND KINDHEITSFREUNDE, HEISST ES.
UND ER ...
KAORU! BRAUCHST DU NOCH LANGE?
VERFOLG MICH NICHT BIS AUFS KLO!!!
... SOLL SICH, UM SIE ZU RETTEN, DAS BEIN GEBROCHEN HABEN.
ABER SIND DIE NICHT EIN BISSCHEN ZU VERTRAUT MITEINANDER?
SIND DIE ETWA ...

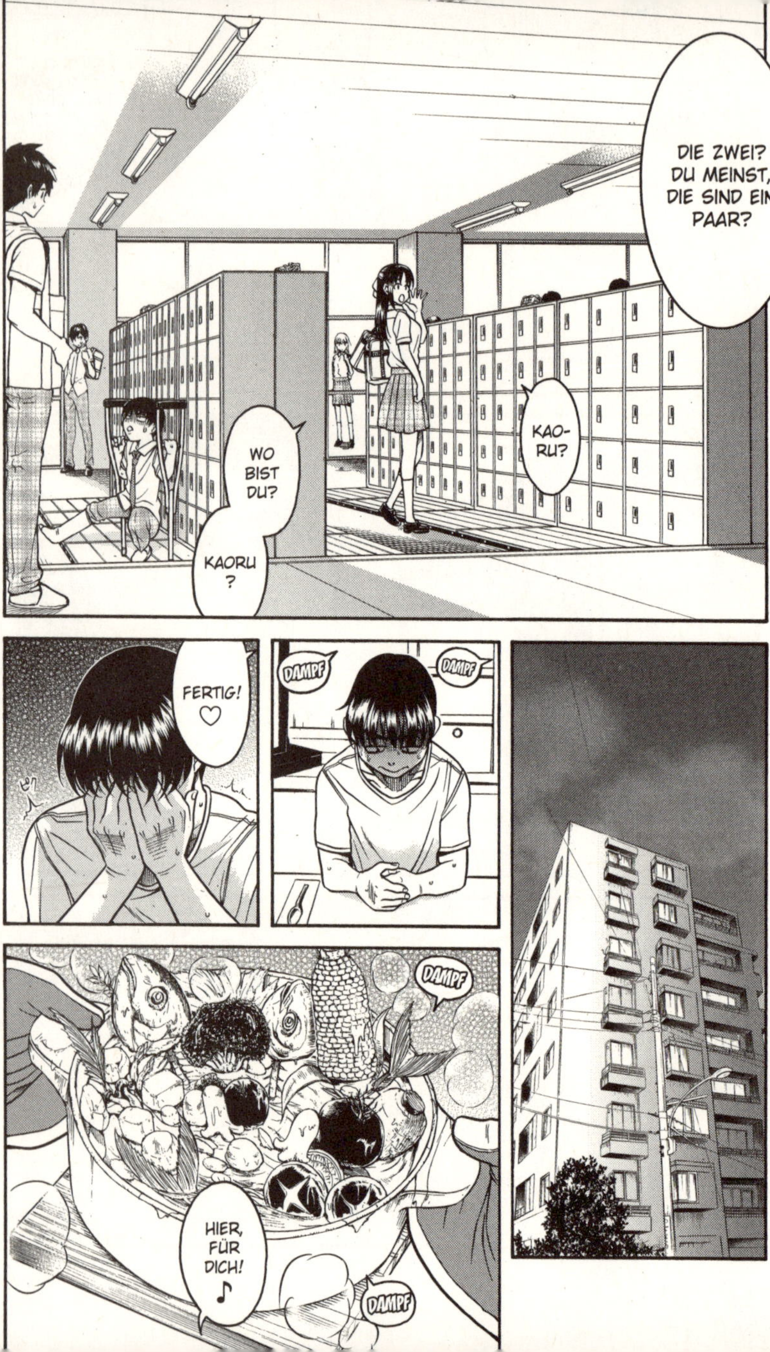

DIE ZWEI? DU MEINST, DIE SIND EIN PAAR?
KAO-RU?
WO BIST DU?
KAORU ?

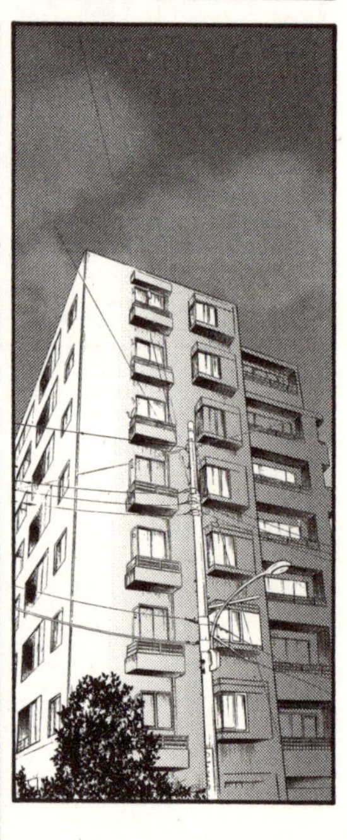

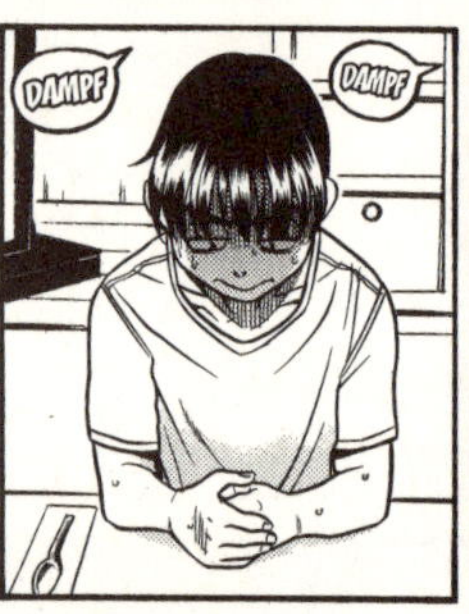
DAMPF
DAMPF

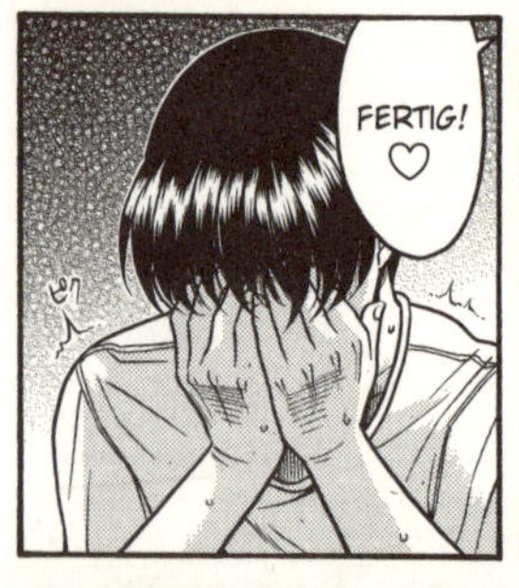
FERTIG! ♡

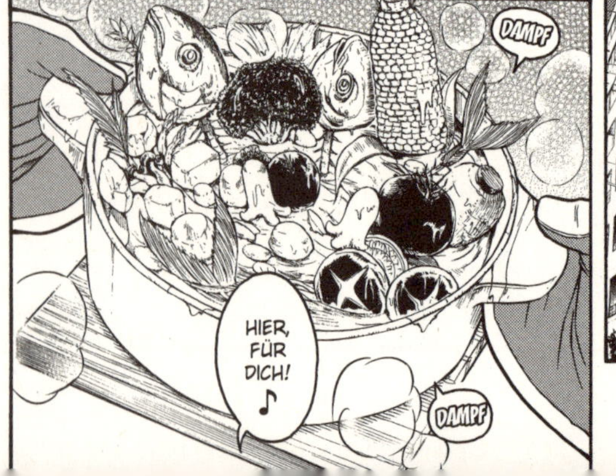
DAMPF
HIER, FÜR DICH! ♪
DAMPF

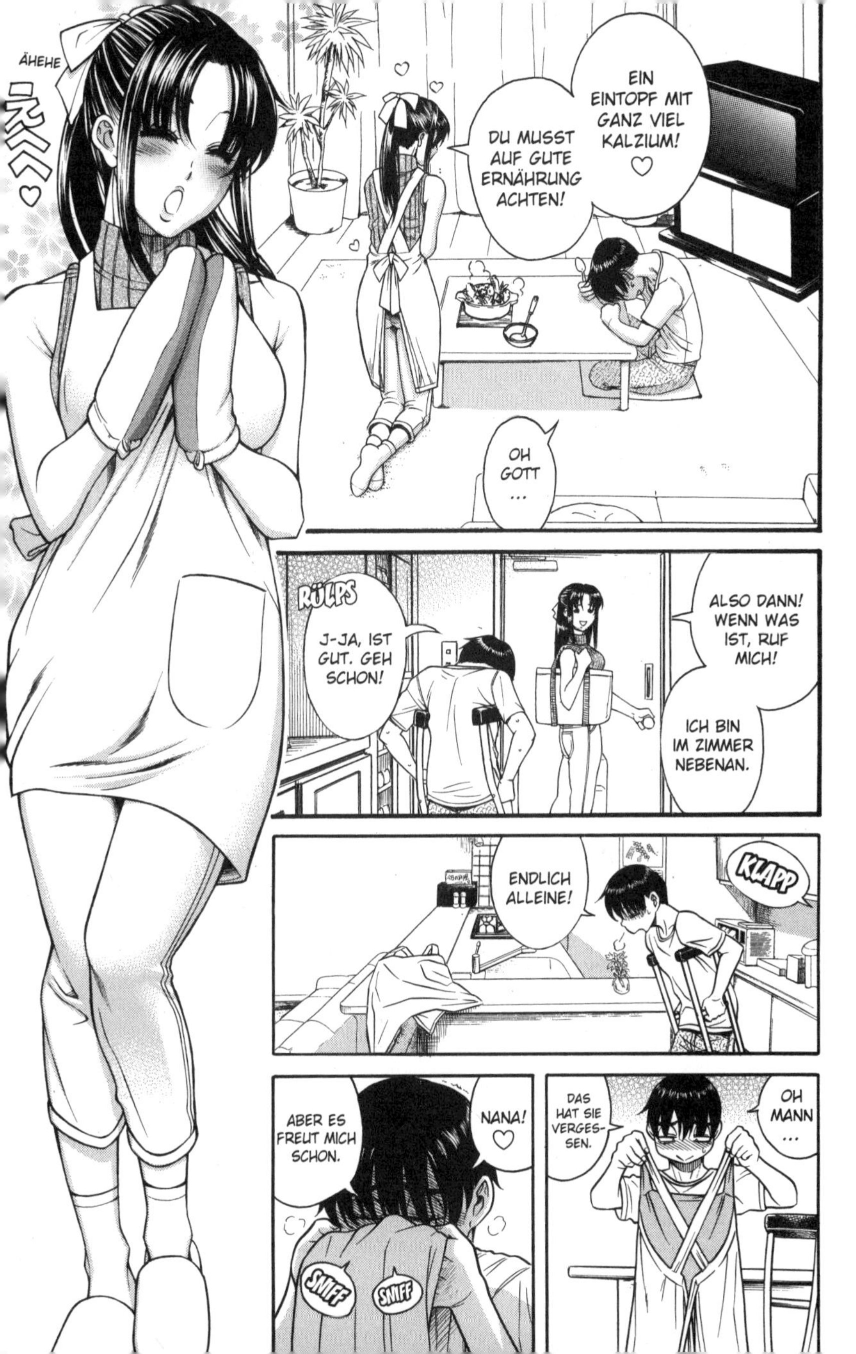
EIN EINTOPF MIT GANZ VIEL KALZIUM! ♡
DU MUSST AUF GUTE ERNÄHRUNG ACHTEN!
OH GOTT ...
ÄHEHE
えへへ♡
ALSO DANN! WENN WAS IST, RUF MICH!
ICH BIN IM ZIMMER NEBENAN.
RÜLPS
J-JA, IST GUT. GEH SCHON!
KLAPP
ENDLICH ALLEINE!
OH MANN ...
DAS HAT SIE VERGES-SEN.
NANA! ♡
ABER ES FREUT MICH SCHON.
SNIFF
SNIFF

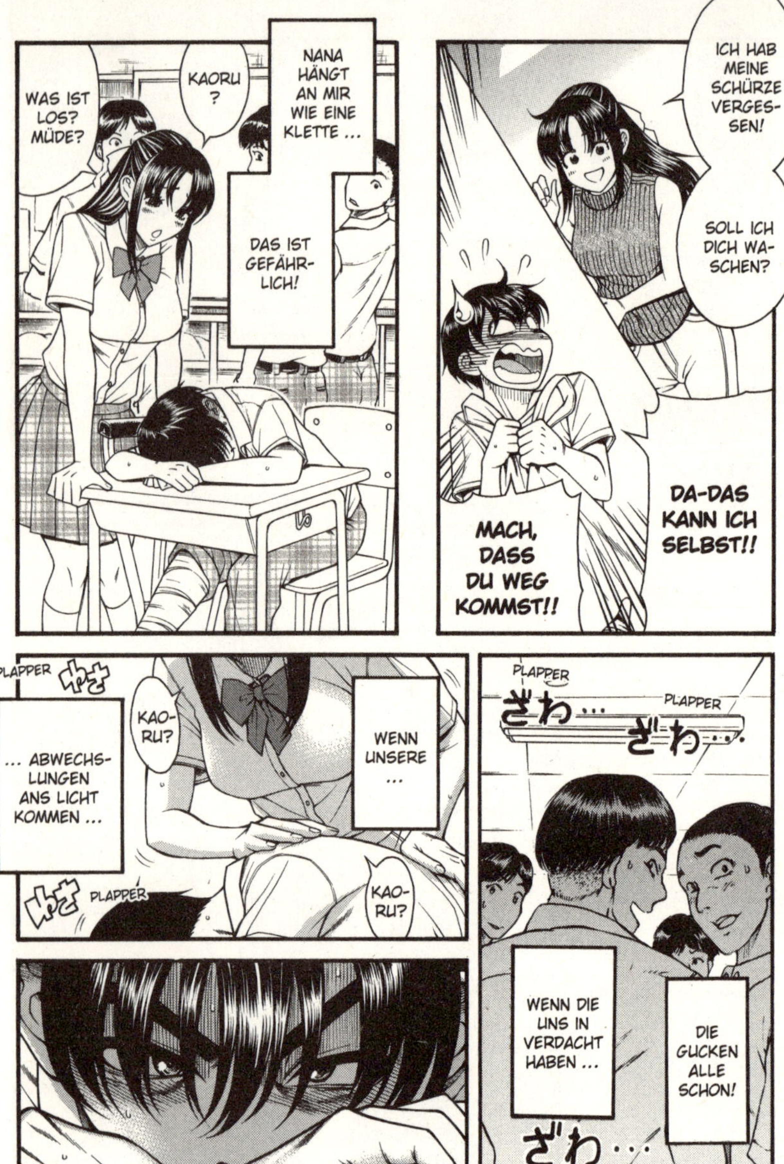
ICH HAB MEINE SCHÜRZE VERGES-SEN!
SOLL ICH DICH WA-SCHEN?
DA-DAS KANN ICH SELBST!!
MACH, DASS DU WEG KOMMST!!
NANA HÄNGT AN MIR WIE EINE KLETTE ...
KAORU ?
WAS IST LOS? MÜDE?
DAS IST GEFÄHR-LICH!
PLAPPER
ざわ...
PLAPPER
ざわ...
WENN UNSERE ...
KAO-RU?
... ABWECHS-LUNGEN ANS LICHT KOMMEN ...
PLAPPER
PLAPPER
KAO-RU?
DIE GUCKEN ALLE SCHON!
WENN DIE UNS IN VERDACHT HABEN ...
ざわ...
PLAPPER

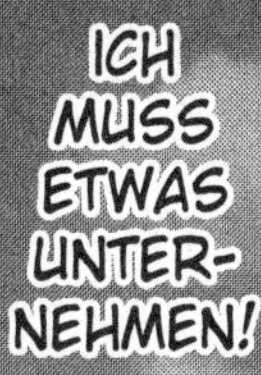
ICH MUSS ETWAS UNTER-NEHMEN!

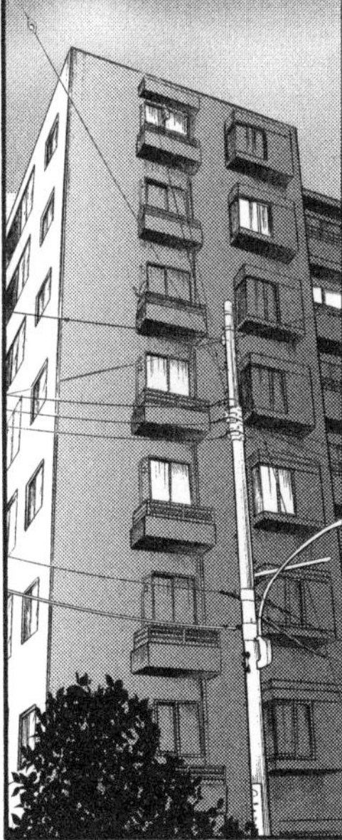

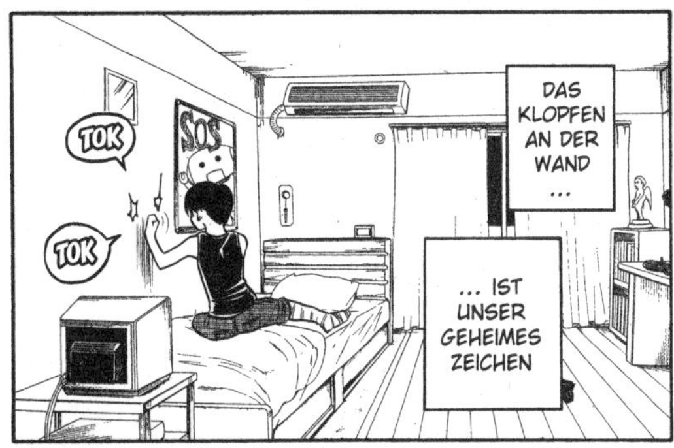
DAS KLOPFEN AN DER WAND ...
... IST UNSER GEHEIMES ZEICHEN
TOK
TOK

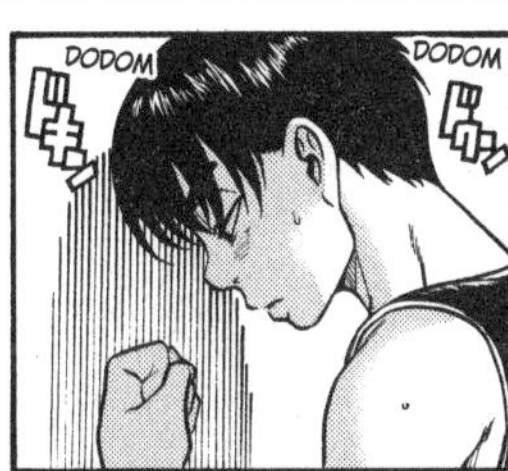
DODOM
DODOM

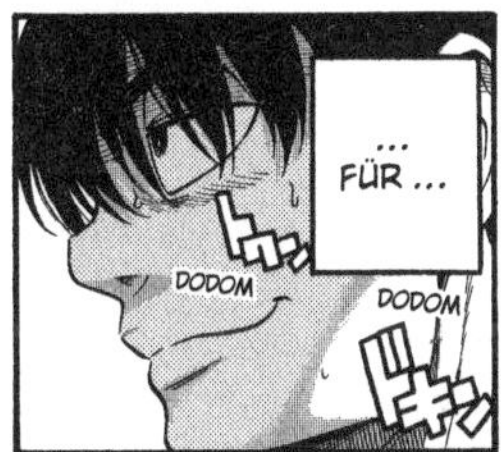
... FÜR ...
DODOM
DODOM

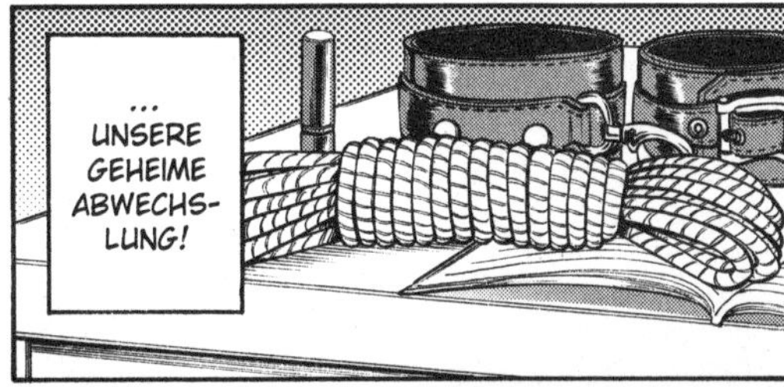
... UNSERE GEHEIME ABWECHS-LUNG!

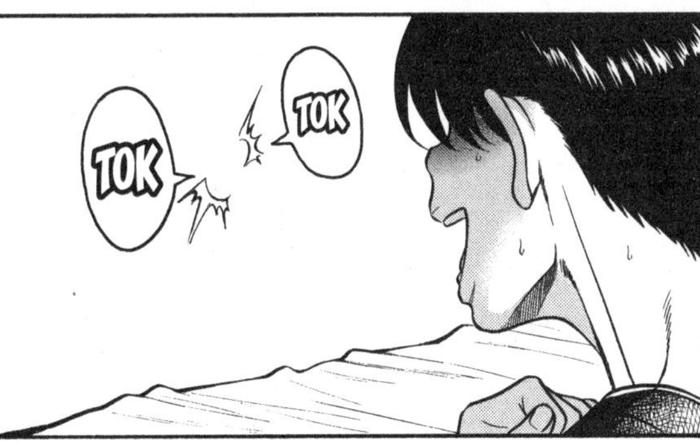
TOK
TOK

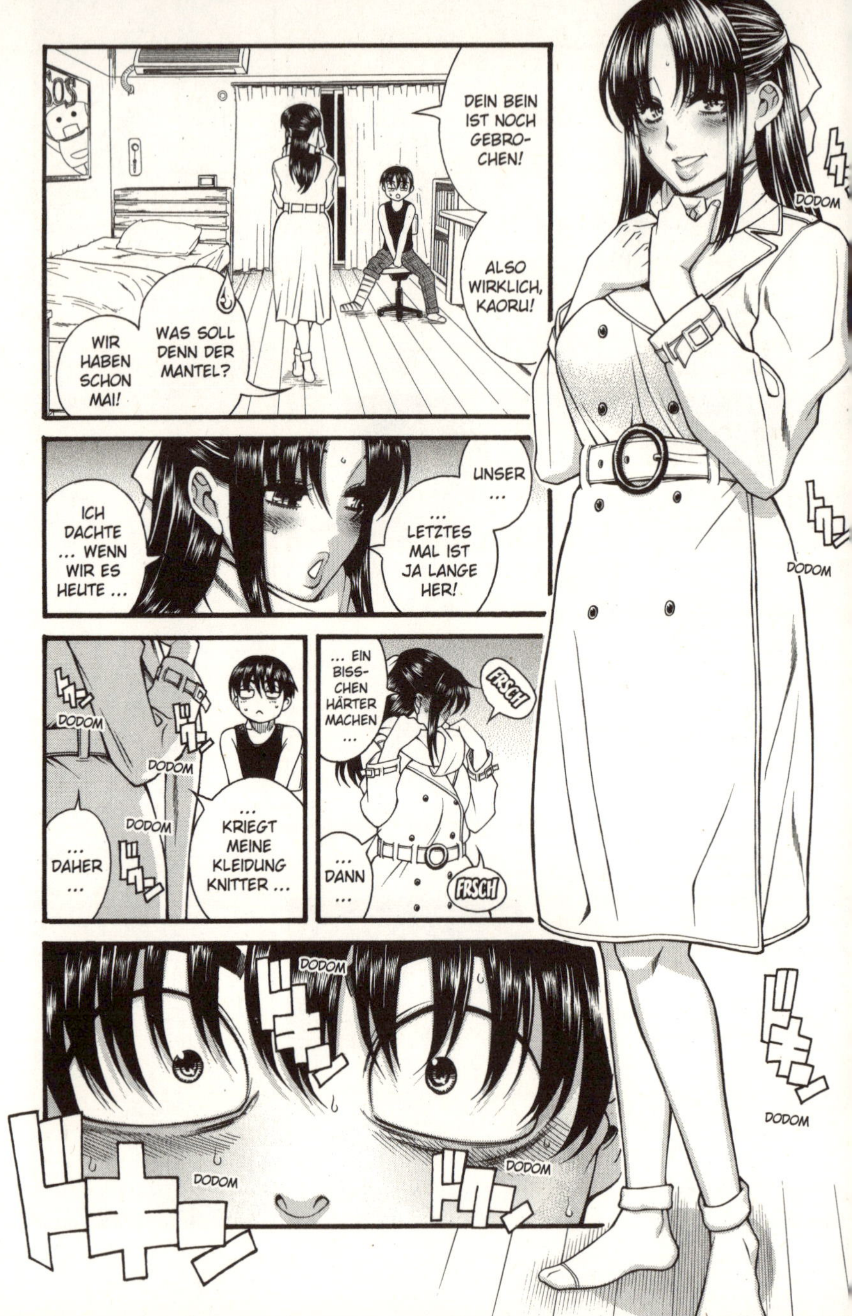
DEIN BEIN IST NOCH GEBRO-CHEN!
ALSO WIRKLICH, KAORU!
WAS SOLL DENN DER MANTEL?
WIR HABEN SCHON MAI!
DODOM
UNSER ...
... LETZTES MAL IST JA LANGE HER!
ICH DACHTE ... WENN WIR ES HEUTE ...
DODOM
... EIN BISS-CHEN HÄRTER MACHEN ...
FRSCH
... DANN ...
FRSCH
DODOM
DODOM
DODOM
... KRIEGT MEINE KLEIDUNG KNITTER ...
... DAHER ...
DODOM
DODOM
DODOM
DODOM

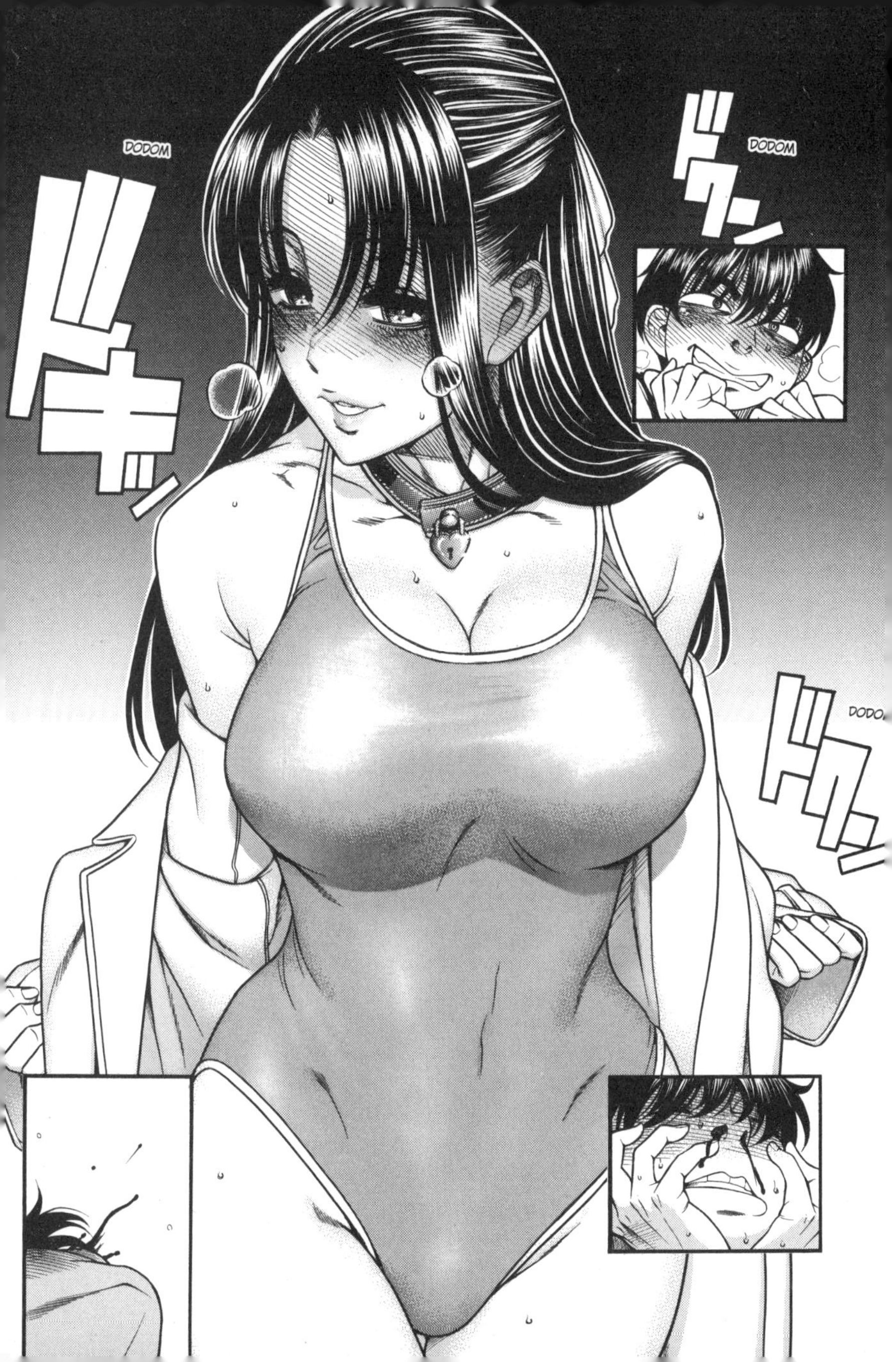
DODOM
DODOM
DODO

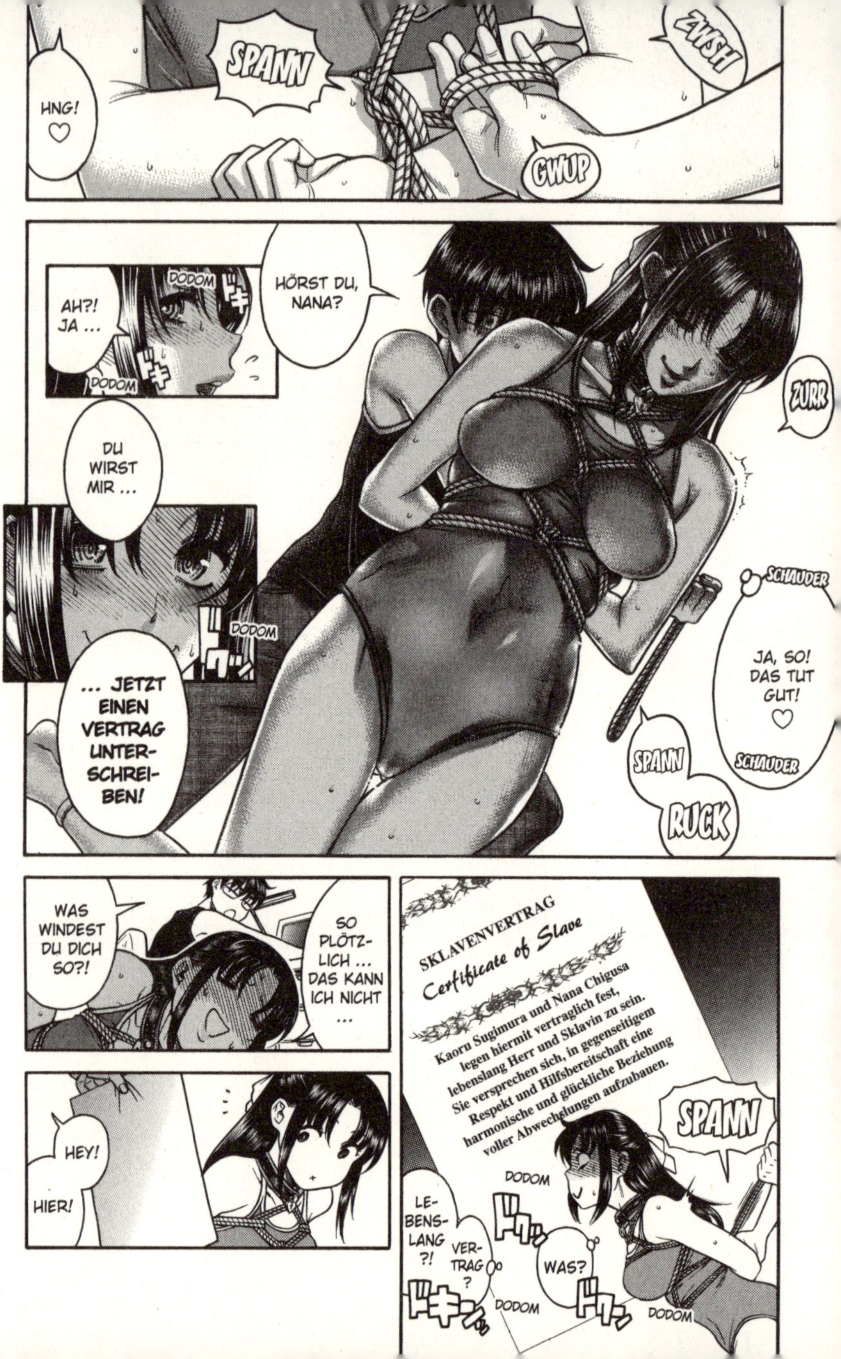

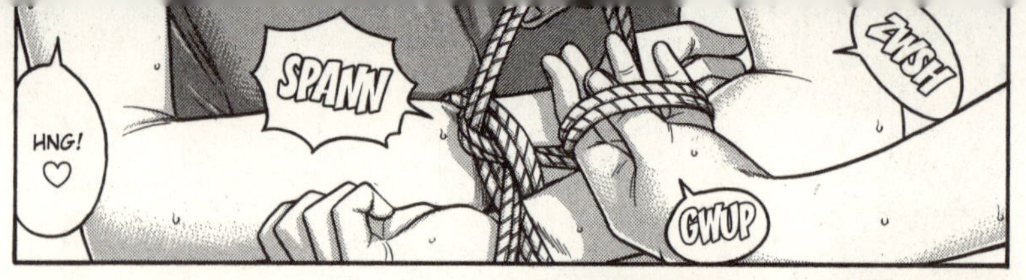
ZWSH
SPANN
GWUP
HNG! ♡

HÖRST DU, NANA?
AH?! JA …
DODOM
DODOM
ZURR
SCHAUDER
JA, SO! DAS TUT GUT! ♡
SCHAUDER
SPANN
RUCK
DU WIRST MIR …
DODOM
… JETZT EINEN VERTRAG UNTER-SCHREI-BEN!

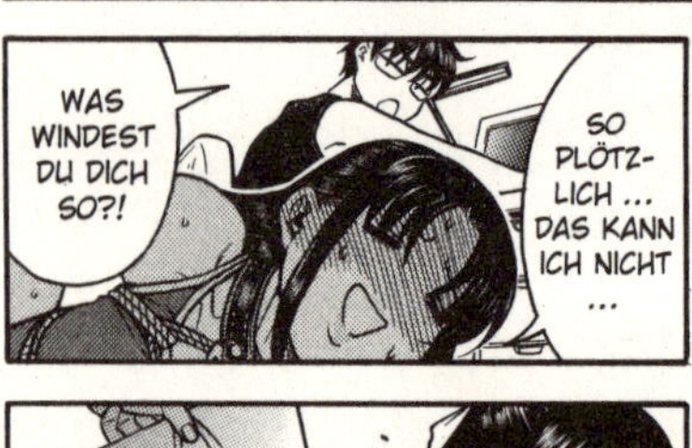
SO PLÖTZ-LICH … DAS KANN ICH NICHT …
WAS WINDEST DU DICH SO?!

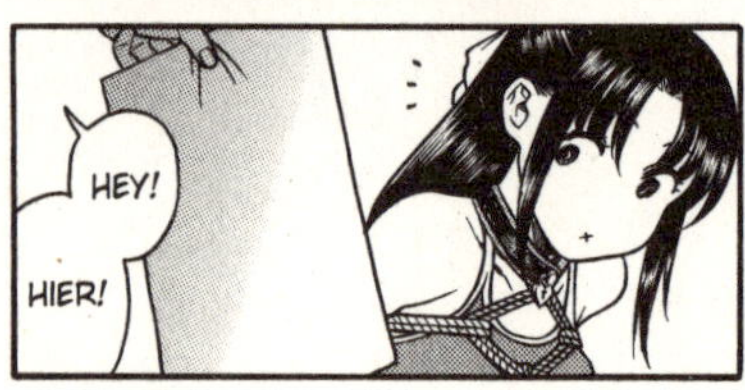
HEY!
HIER!

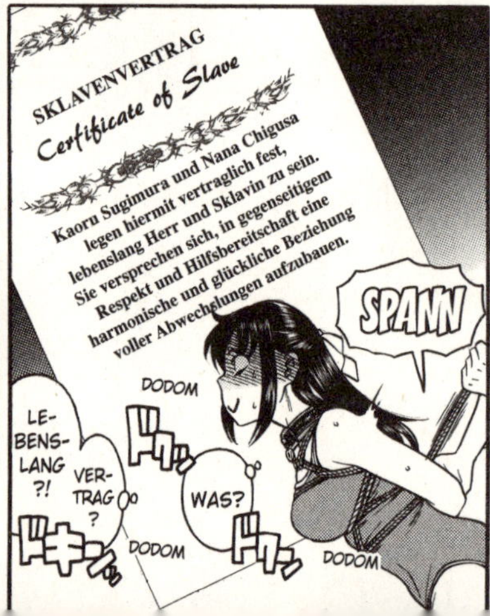
SKLAVENVERTRAG
Certificate of Slave
Kaoru Sugimura und Nana Chigusa legen hiermit vertraglich fest, lebenslang Herr und Sklavin zu sein. Sie versprechen sich, in gegenseitigem Respekt und Hilfsbereitschaft eine harmonische und glückliche Beziehung voller Abwechslungen aufzubauen.
SPANN
DODOM
WAS?
DODOM
VER-TRAG?
LE-BENS-LANG?!
DODOM

SKLAVENVERTRAG

Kaoru Sugimura (im Folgenden: „A“) und Nana Chigusa (im Folgenden: „B“) verpflichten sich, folgende Vertragspunkte einzuhalten:

Artikel 1
Dieser Vertrag legt fest, dass A und B folgende Vorsichtsmaßregeln einzuhalten haben, damit bezüglich ihrer SM-Aktivitäten (im Folgenden: „Abwechslungen“) im Alltagsleben kein Argwohn oder Verdacht unter den Menschen in ihrem Umfeld entsteht.

Artikel 2
Für das Verhalten auf dem Gelände der Sakuramizo Highschool wird bestimmt:
1. A und B besuchen sich nicht gegenseitig in ihren Klassenzimmern, sofern kein Notfall vorliegt.
2. A und B sprechen sich nicht gegenseitig an, sofern kein Notfall vorliegt.
3. In den Artikeln 1. und 2. gilt als Ausnahme nur die Begrüßung, die nur aus einer einmaligen Ansprache bestehen darf. Dem anderen länger als drei Sekunden lang nachzuschauen ist verboten.

Artikel 3
Zusätzlich zur Einhaltung der Bestimmungen in Artikel 2 verpflichten A und B sich, jegliches Verhalten, das bei Dritten den Verdacht nähren könnte, dass A und B Abwechslungen betreiben, strikt zu vermeiden.

Zum Nachweis der Rechtsgültigkeit dieses Vertrages sind A und B verpflichtet, beide Exemplare mit Namensstempel zu besiegeln und jeweils ein Original aufzubewahren.

xx.xx.20xx A *Kaoru Sugimura*
B *Nana Chigusa*

Stempel

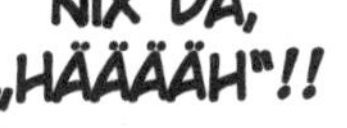

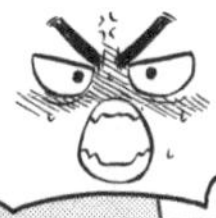

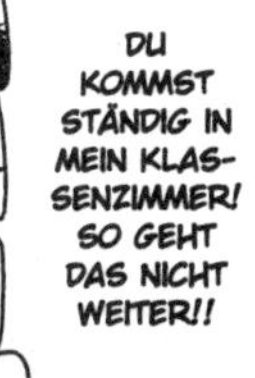

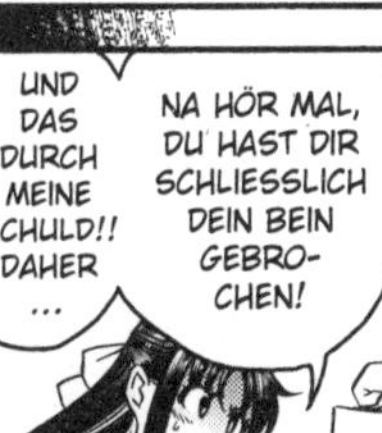

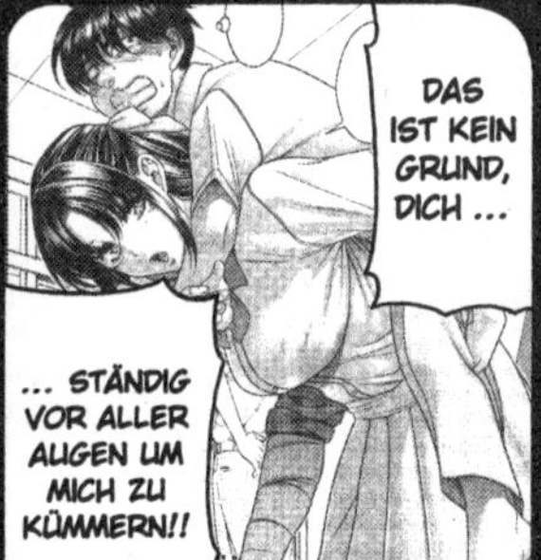

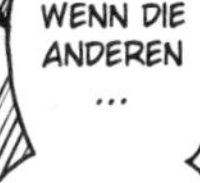

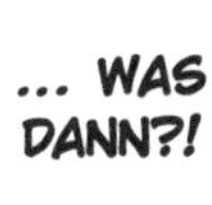

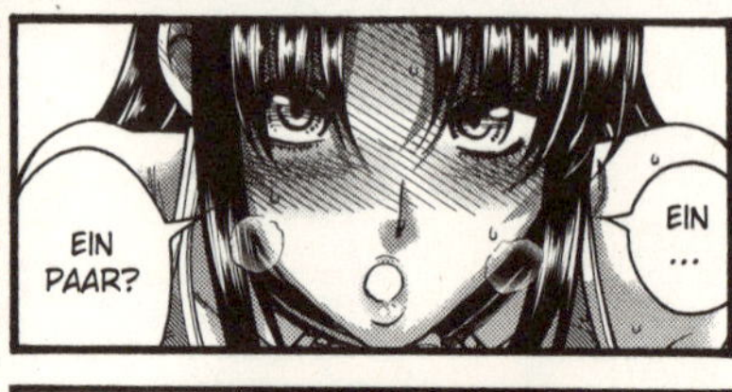
EIN ...
EIN PAAR?

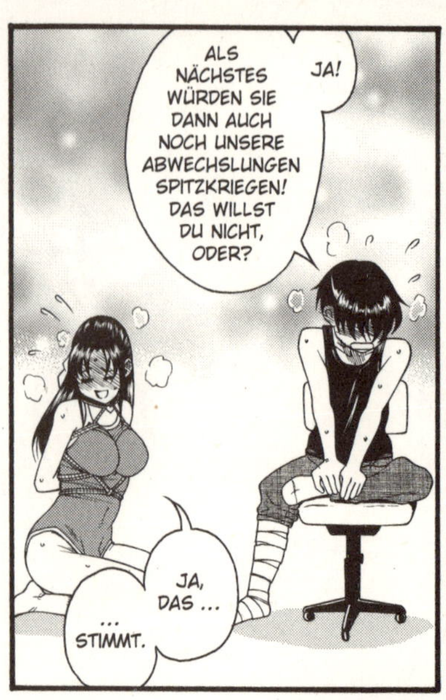
JA!
ALS NÄCHSTES WÜRDEN SIE DANN AUCH NOCH UNSERE ABWECHSLUNGEN SPITZKRIEGEN! DAS WILLST DU NICHT, ODER?
JA, DAS ...
... STIMMT.

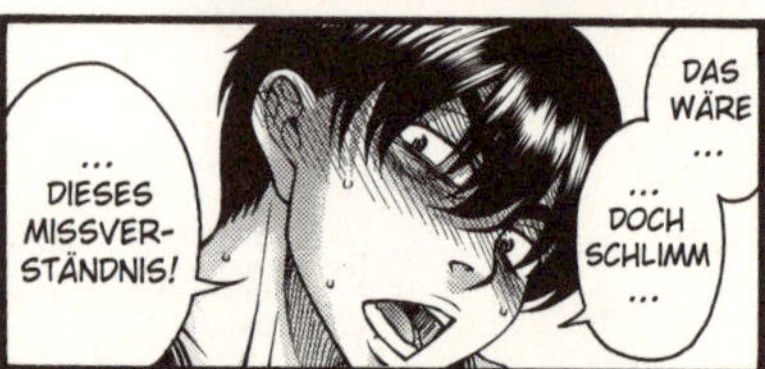
DAS WÄRE ...
... DOCH SCHLIMM ...
... DIESES MISSVER-STÄNDNIS!

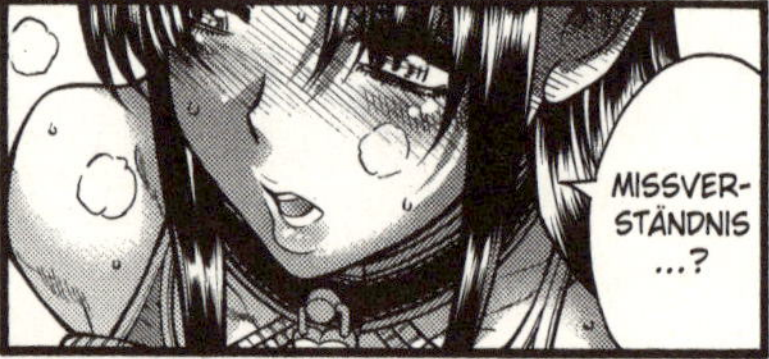
MISSVER-STÄNDNIS ...?

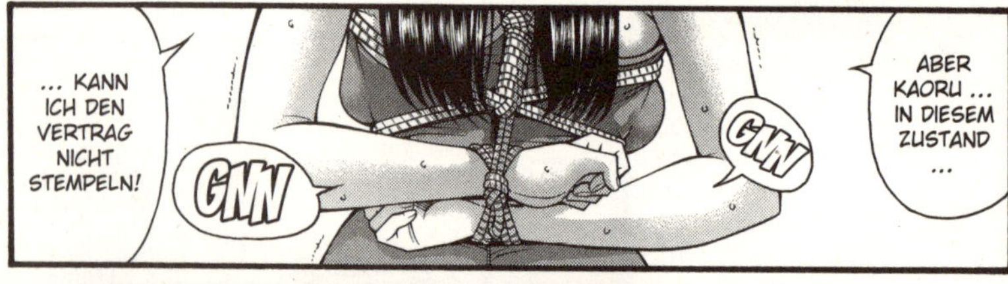
ABER KAORU ... IN DIESEM ZUSTAND ...
GNN
GNN
... KANN ICH DEN VERTRAG NICHT STEMPELN!

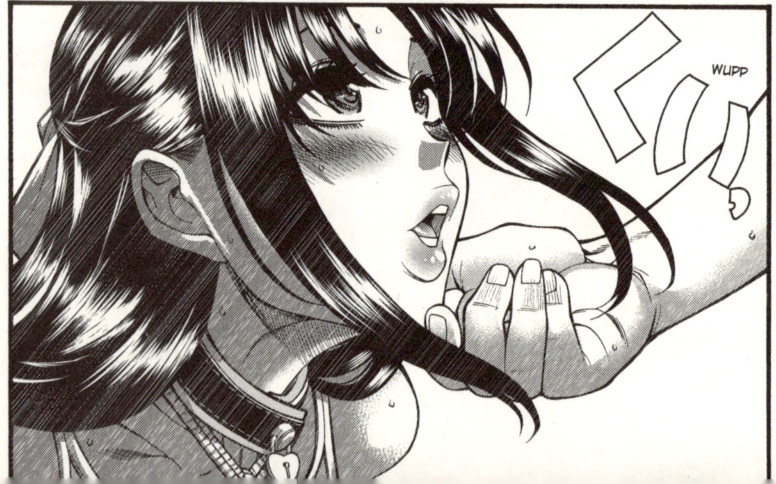
WUPP

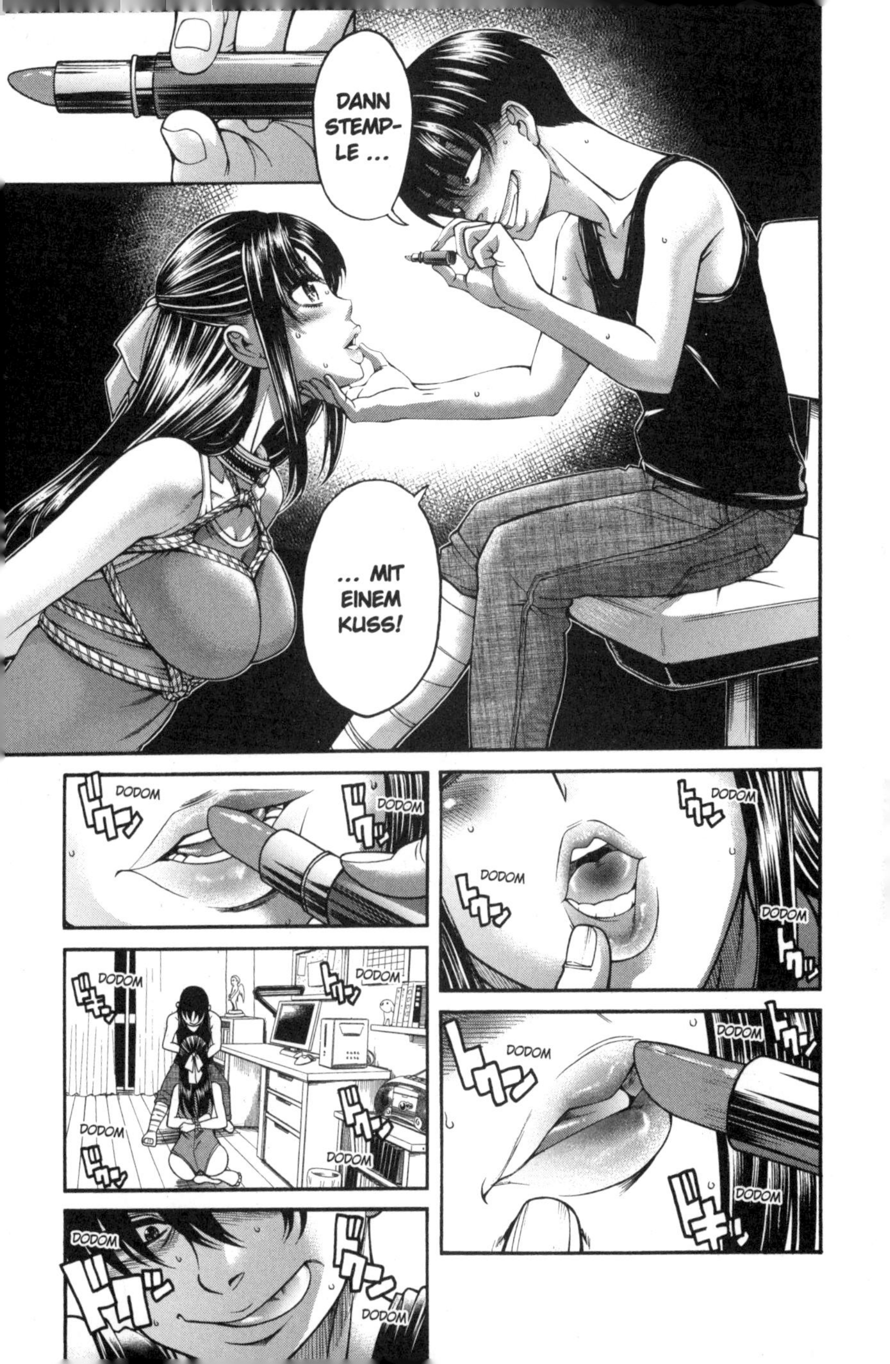

DANN STEMP-LE ...

... MIT EINEM KUSS!

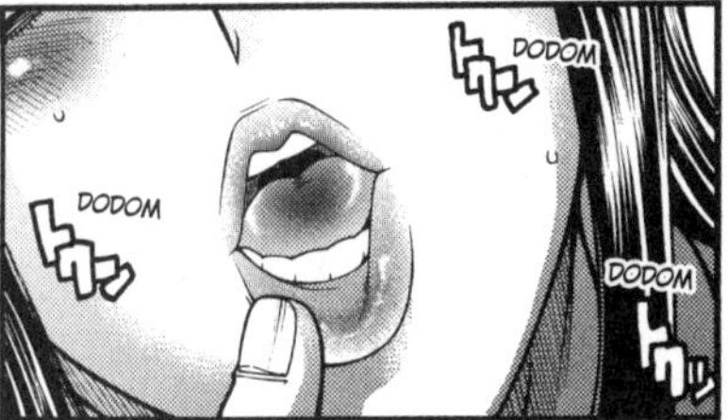

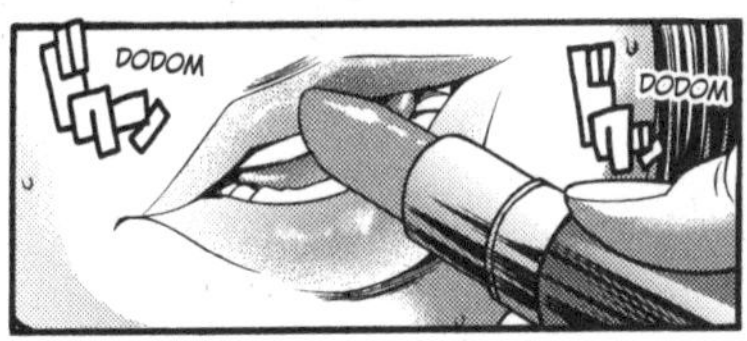

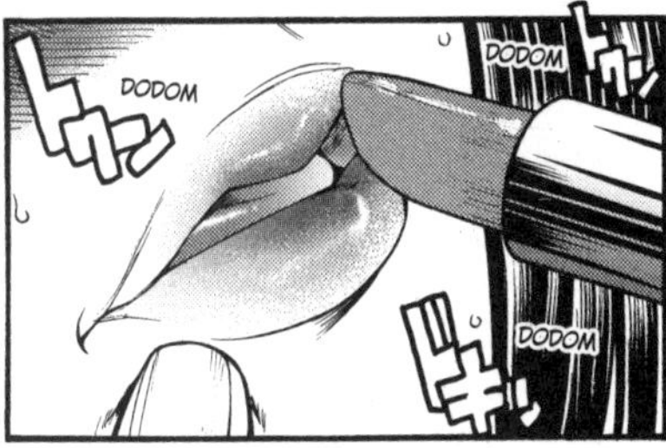

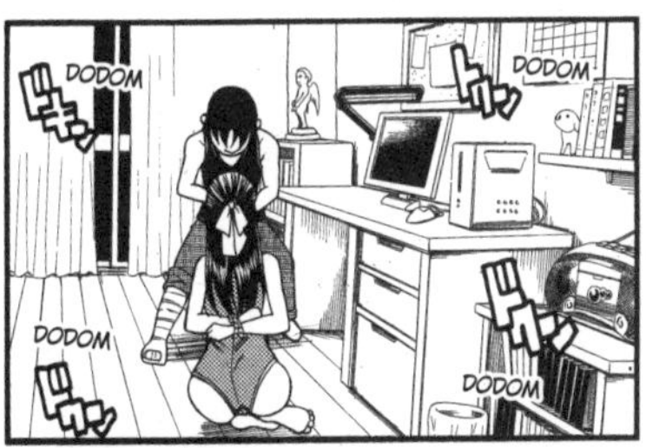

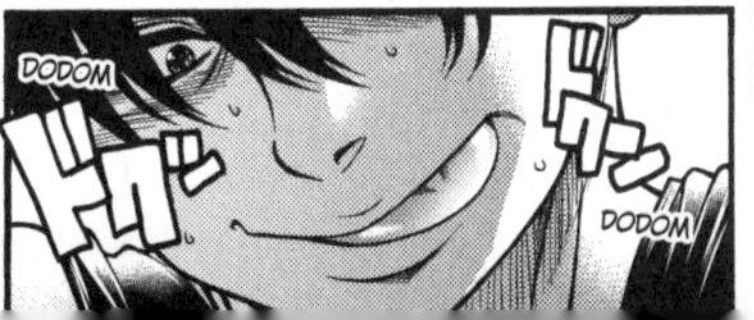

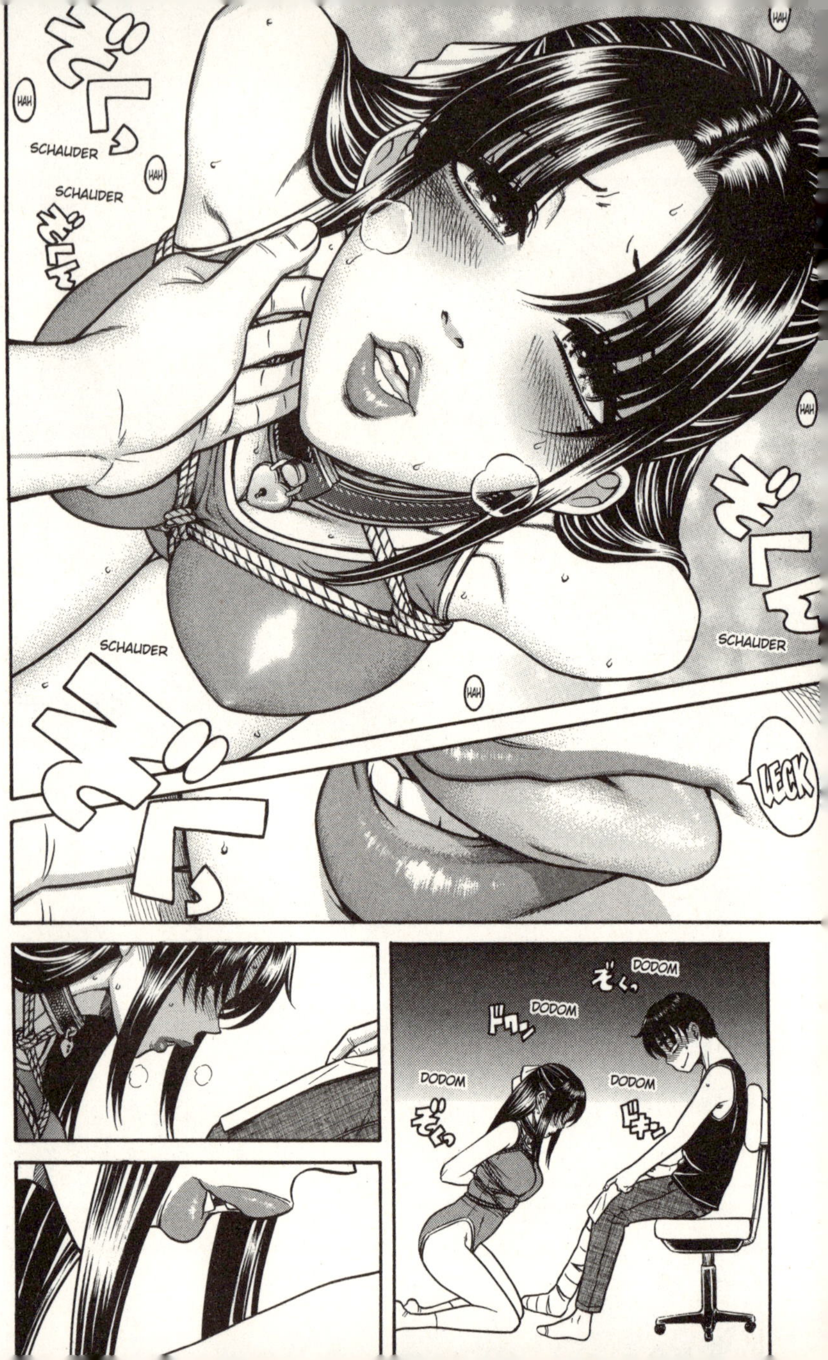

HAH
HAH
SCHAUDER
LECK
HAH
SCHAUDER
HAH
SCHAUDER
HAH
SCHAUDER

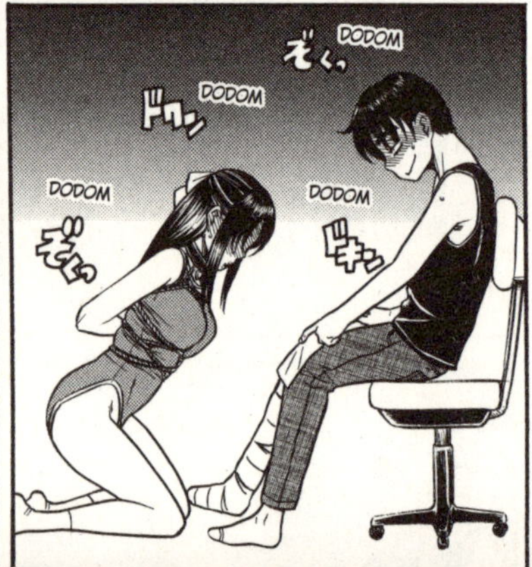

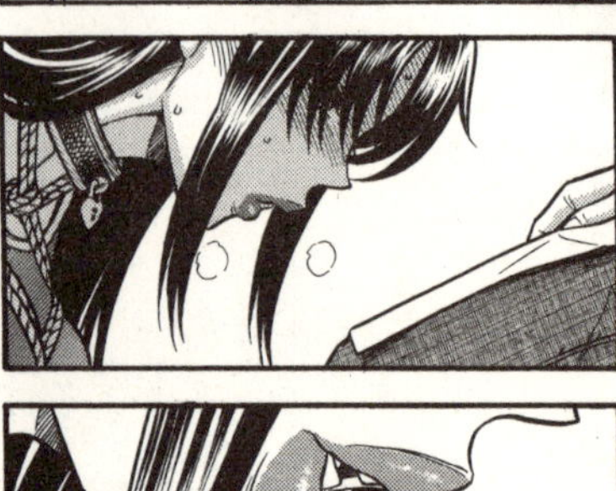

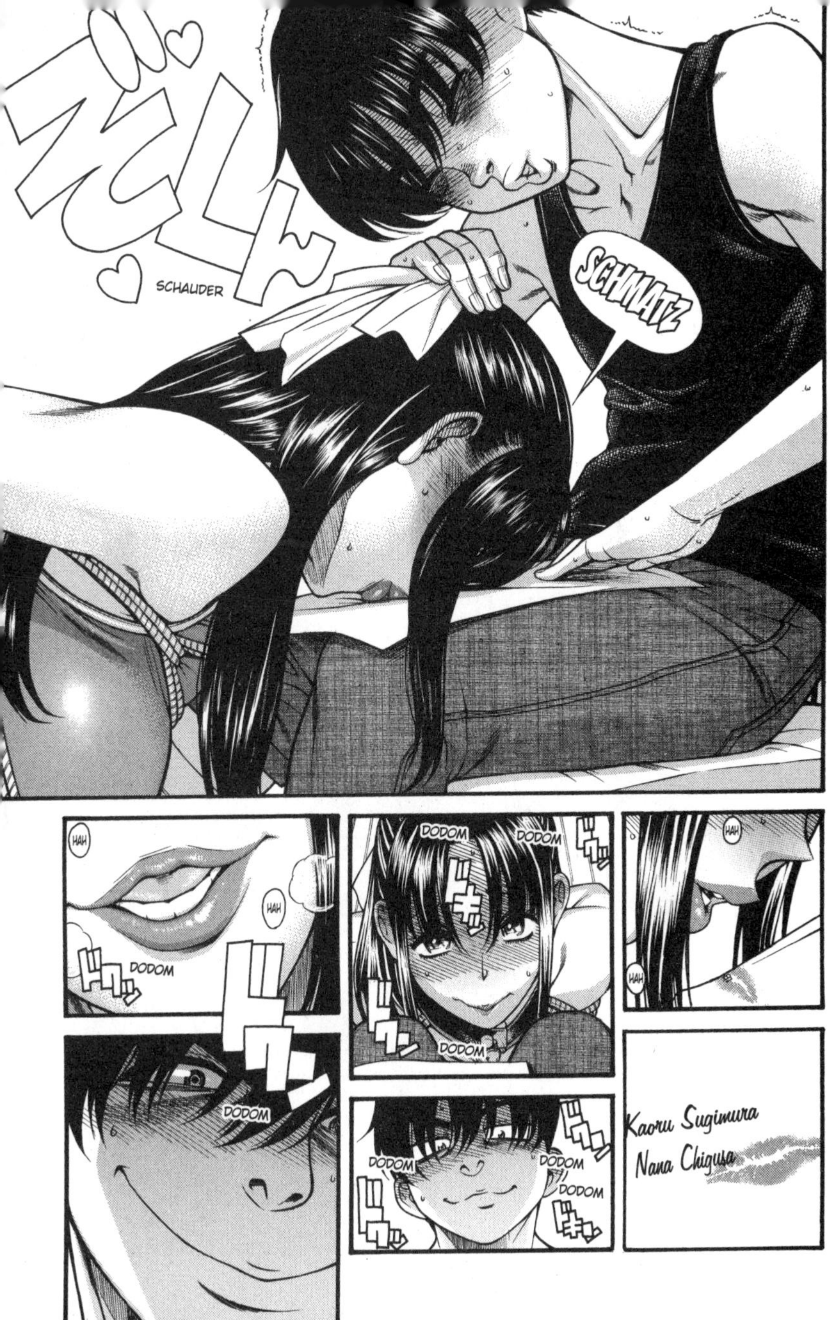

SCHAUDER

SCHMATZ

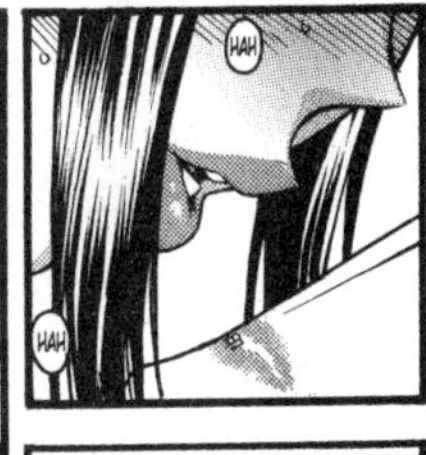

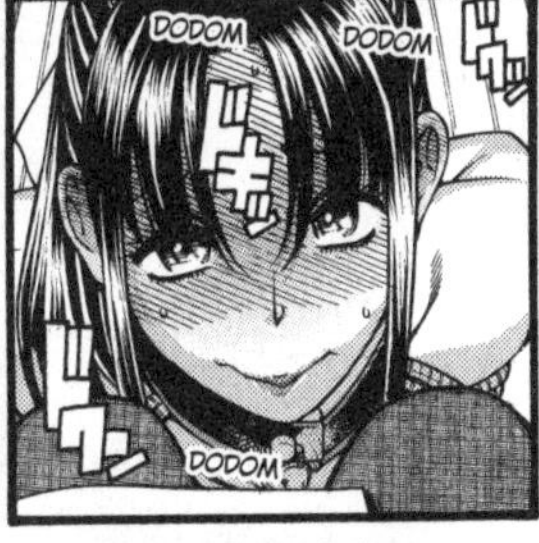

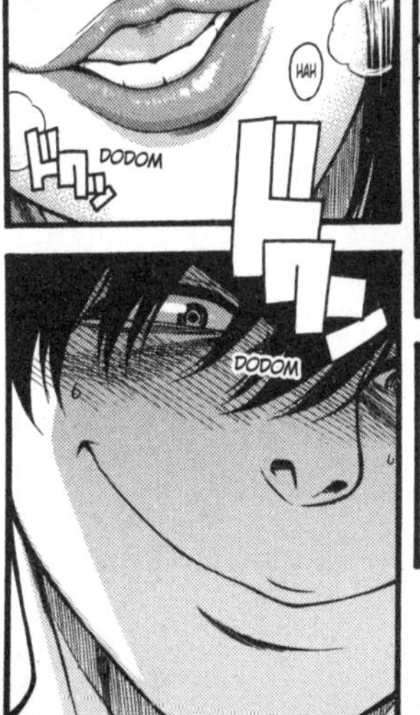

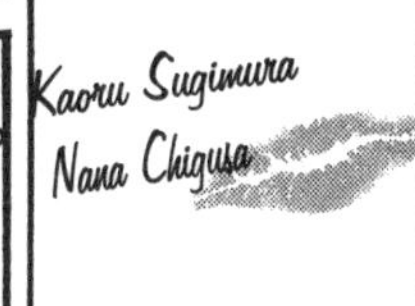

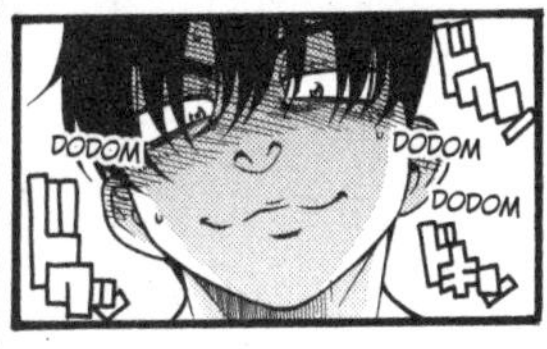

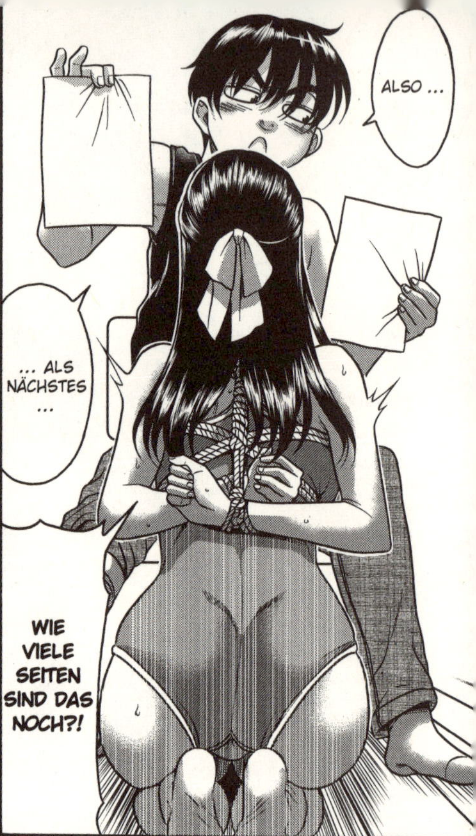

Artikel 8
1. B darf nicht für A kochen.
2. B darf nicht für A zubereitetes Essen mitbringen.

Zusatz zu Artikel 8
Das gilt auch für in der Mikrowelle erhitztes Essen.

Artikel 9
B darf A nicht waschen.

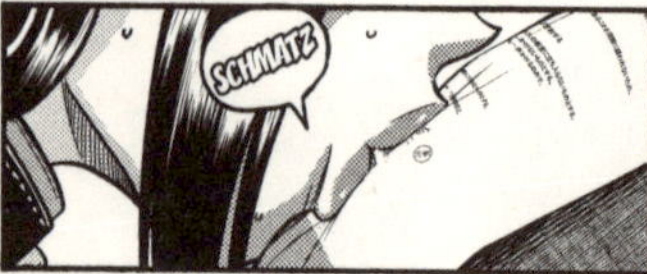

Artikel 15
Im Fall, dass B As Zimmer betreten möchte, hat sie dies unbedingt vorher per Textmessage an im Falle, dass A auf diese Message nicht antworte ist es B untersagt, As Zimmer zu betreten.

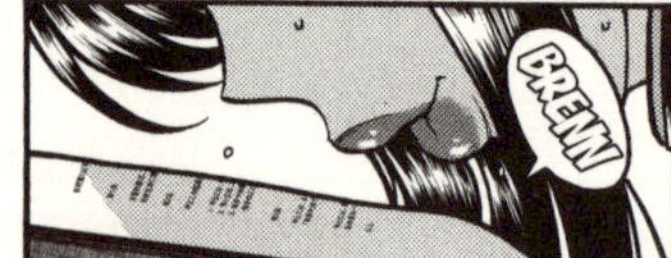

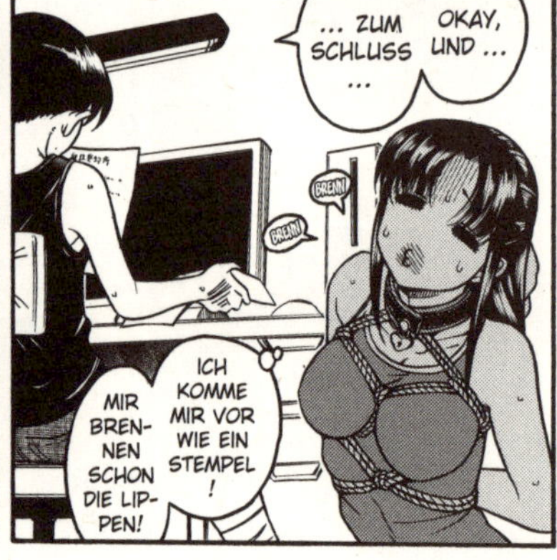

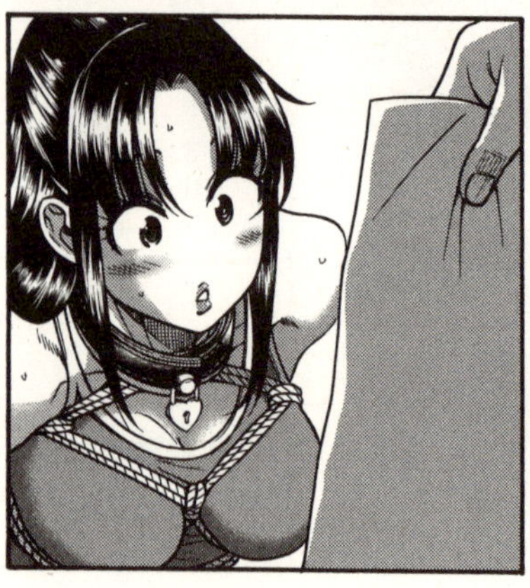

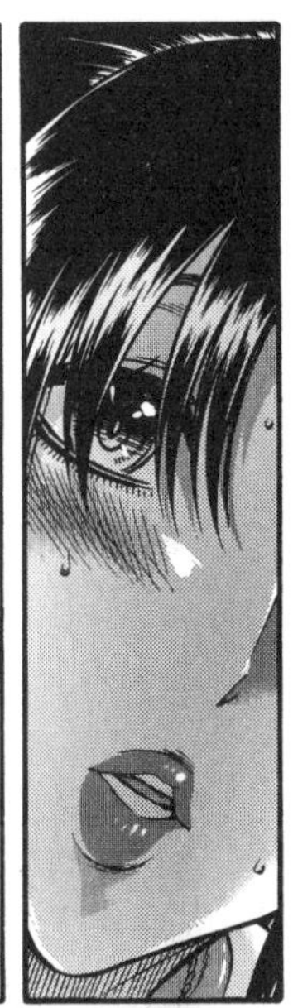

Artikel 33
Egal in welcher schwierigen Lage A auch ist,
B ist es untersagt, A ohne dessen Erlaubnis zu he

Artikel 34
B hat bei ihrem Verhalten stets der eigenen Sicherh
Dieser Artikel hat allen anderen Artikeln des Vertra

xx.xx.20xx

A Kaoru Sugimura

B Nana Chigusa

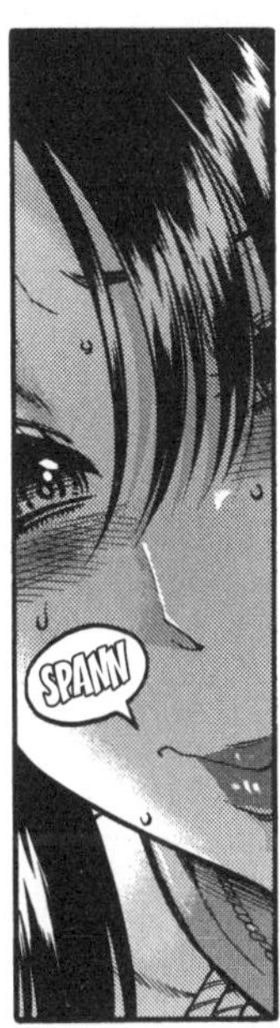

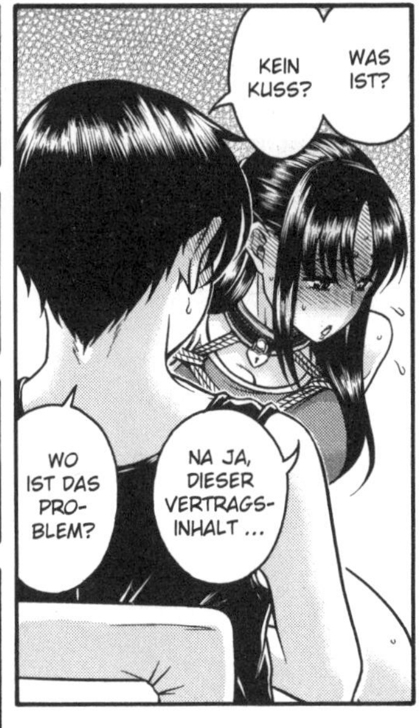

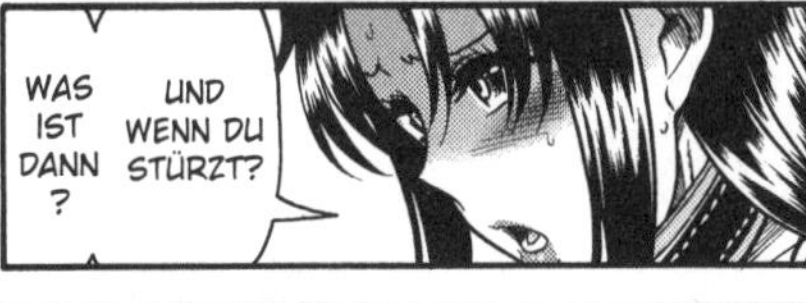

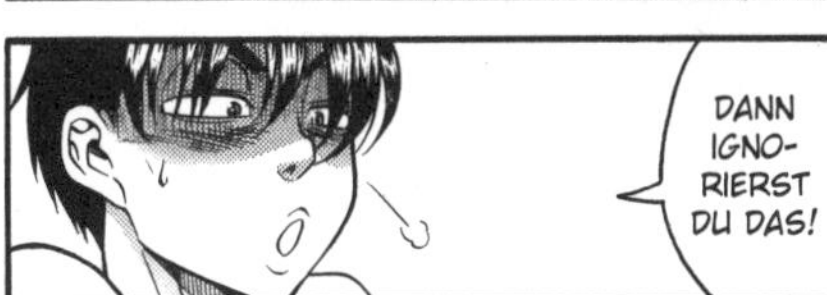

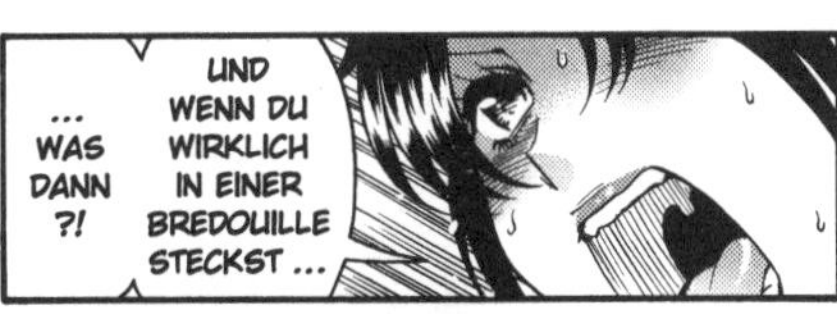

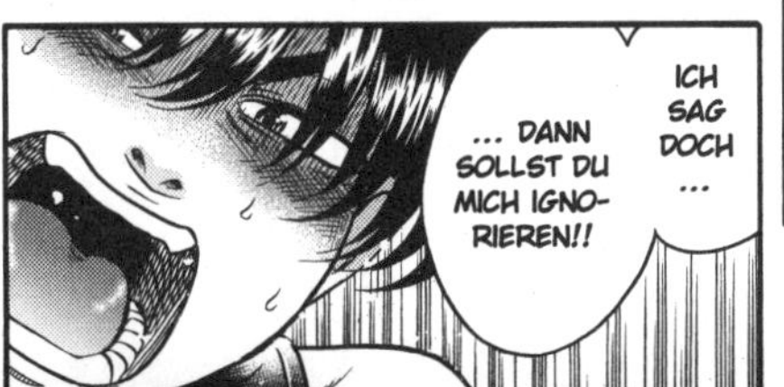

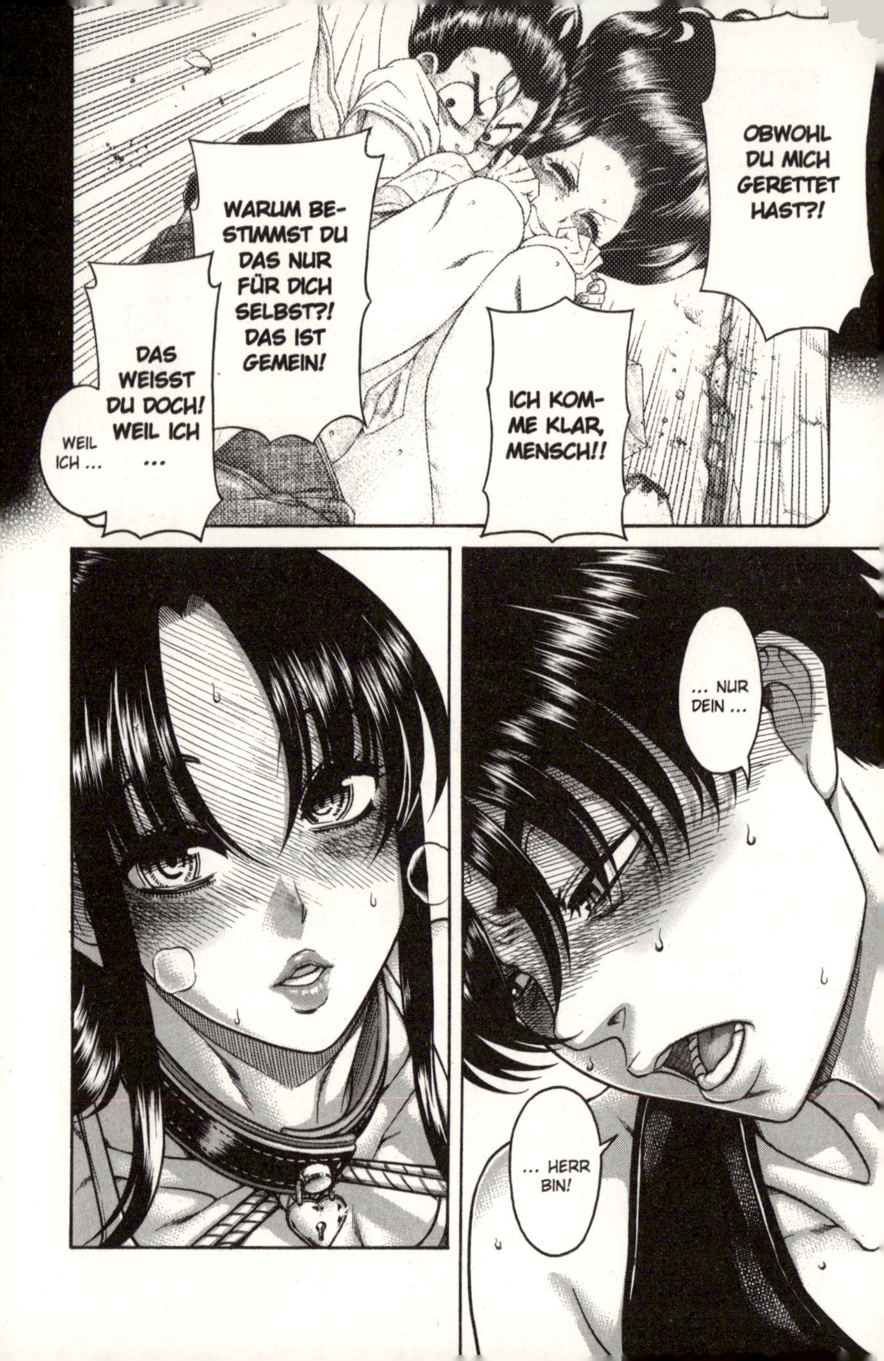

OBWOHL DU MICH GERETTET HAST?!

ICH KOMME KLAR, MENSCH!!

WARUM BESTIMMST DU DAS NUR FÜR DICH SELBST?! DAS IST GEMEIN!

DAS WEISST DU DOCH! WEIL ICH ...

WEIL ICH ...

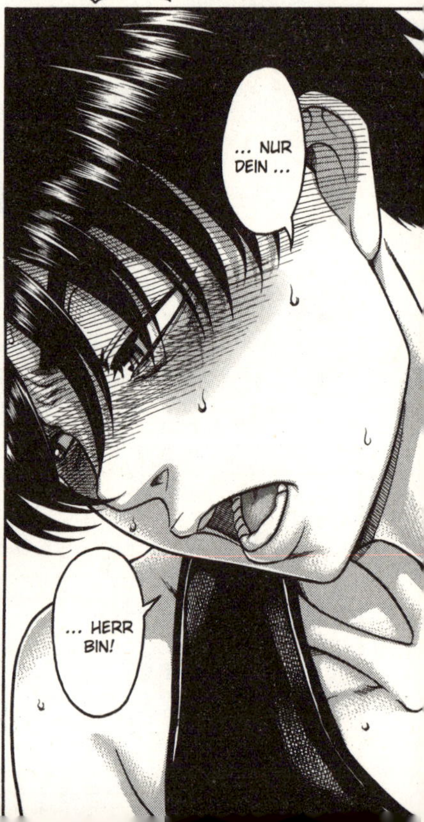

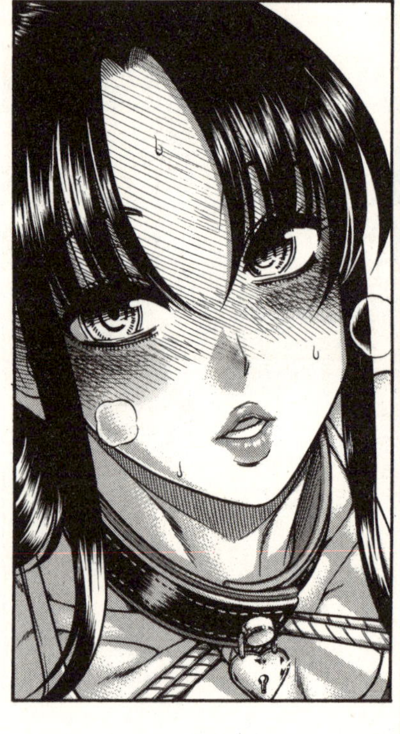

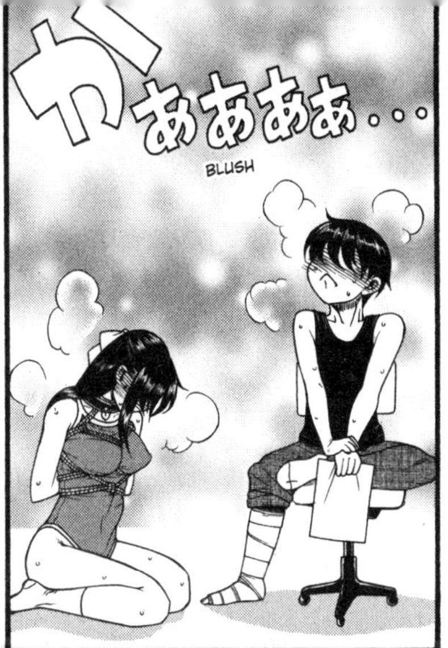

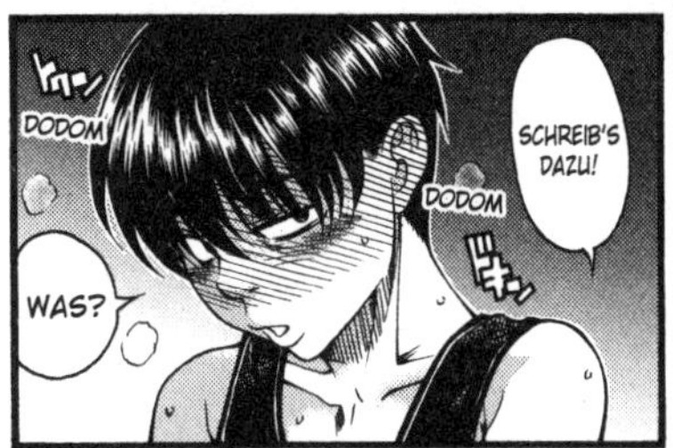

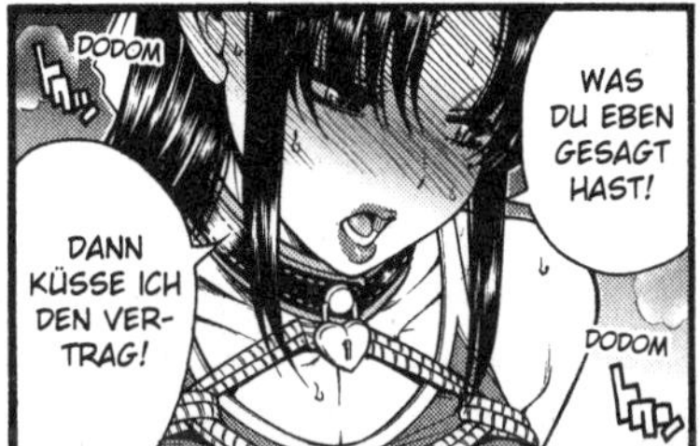

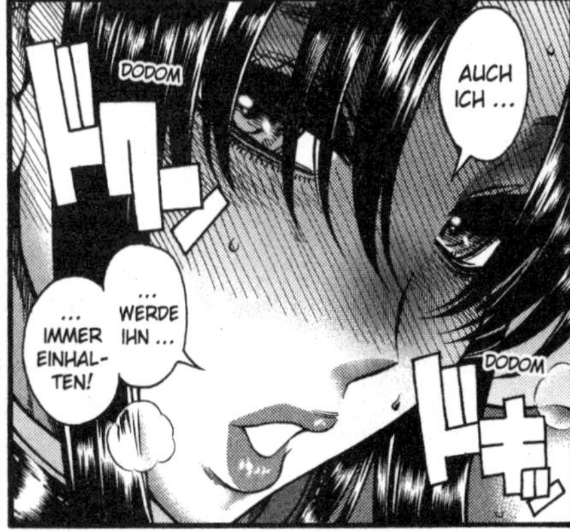

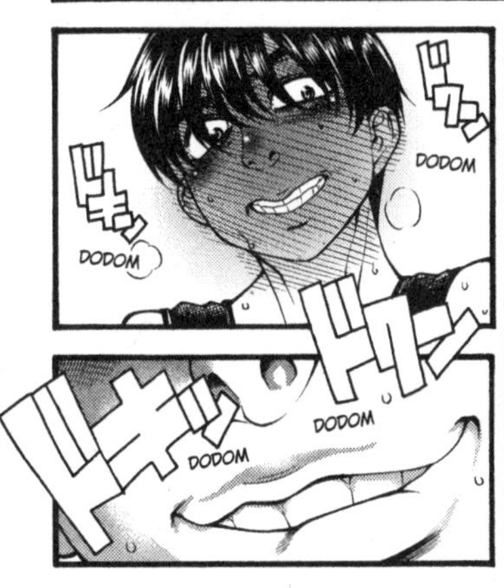

Zum Nachweis der Rechtsgültigkeit dieses Vertrages sind A und B verpflichtet, beide Exemplare mit Namensstempel zu besiegeln und jeweils ein Original aufzubewahren.

Artikel 35

Kaoru Sugimura ist ausschließlich Nana Chigusas Herr.

xx.xx.20xx A *Kaoru Sug*

B *Nana Chigusa*

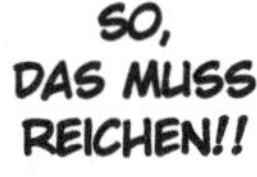

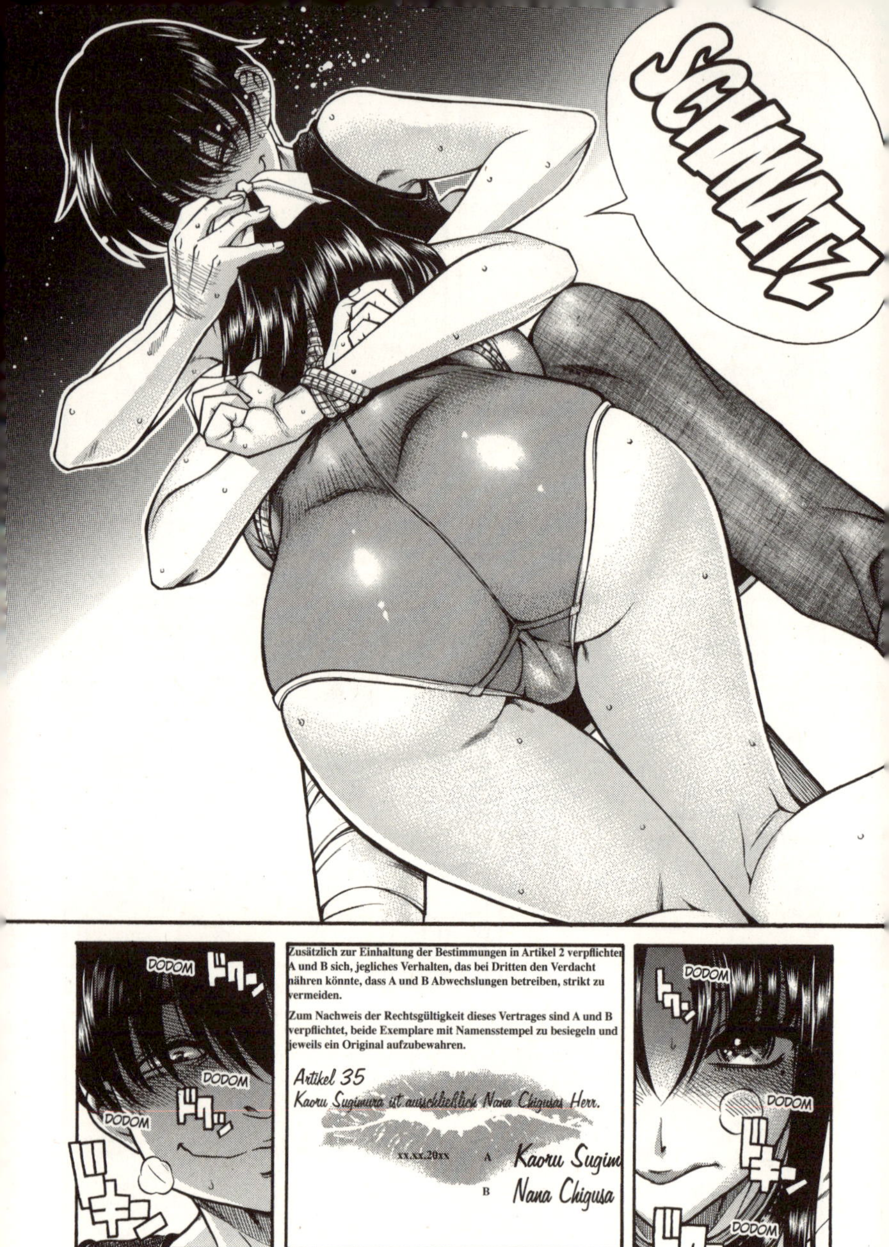

SCHMATZ

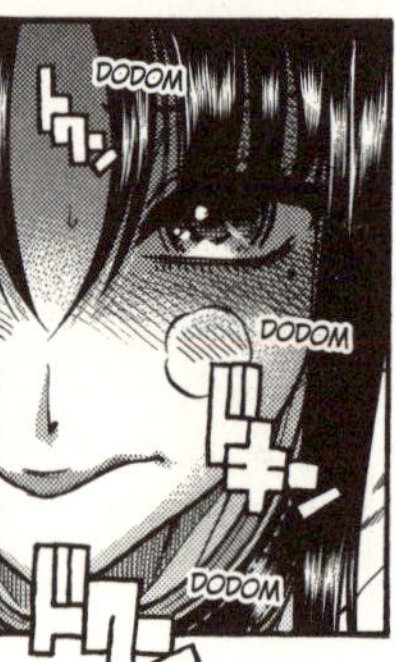

Zusätzlich zur Einhaltung der Bestimmungen in Artikel 2 verpflichten A und B sich, jegliches Verhalten, das bei Dritten den Verdacht nähren könnte, dass A und B Abwechslungen betreiben, strikt zu vermeiden.

Zum Nachweis der Rechtsgültigkeit dieses Vertrages sind A und B verpflichtet, beide Exemplare mit Namensstempel zu besiegeln und jeweils ein Original aufzubewahren.

Artikel 35

Kaoru Sugimura ist ausschließlich Nana Chigusas Herr.

xx.xx.20xx A *Kaoru Sugim*

B *Nana Chigusa*

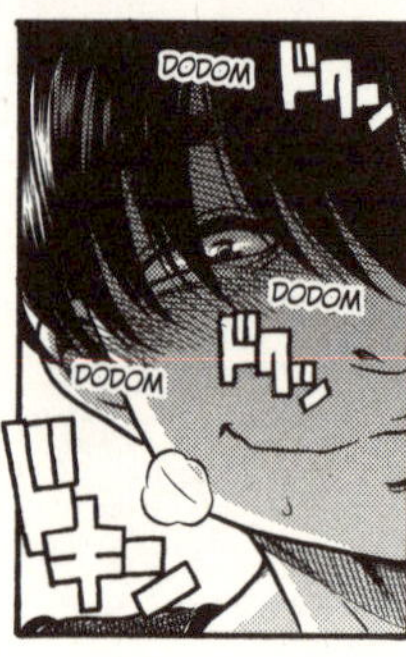

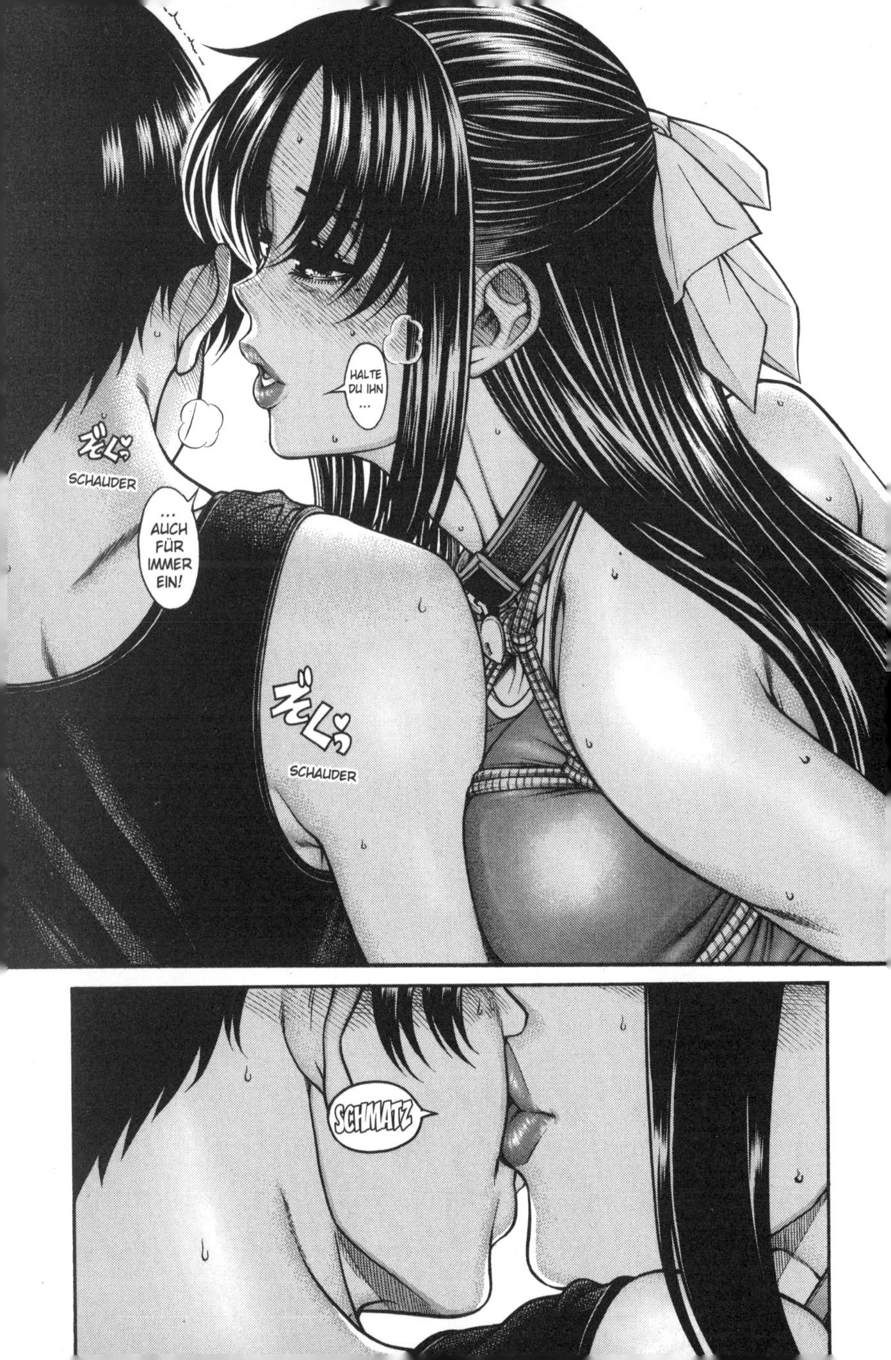

HALTE DU IHN …

… AUCH FÜR IMMER EIN!

ぞくっ
SCHAUDER

ぞくっ
SCHAUDER

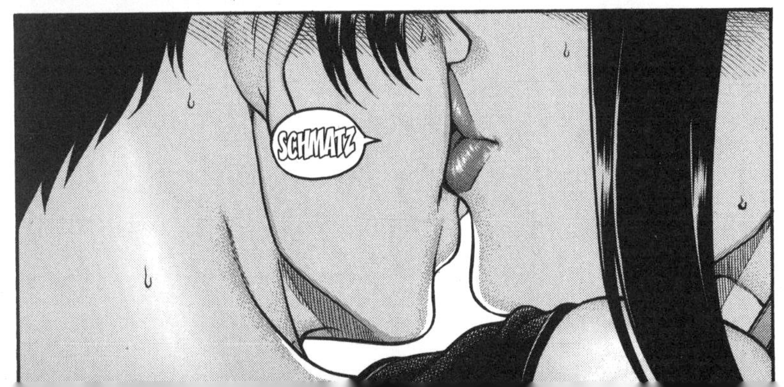

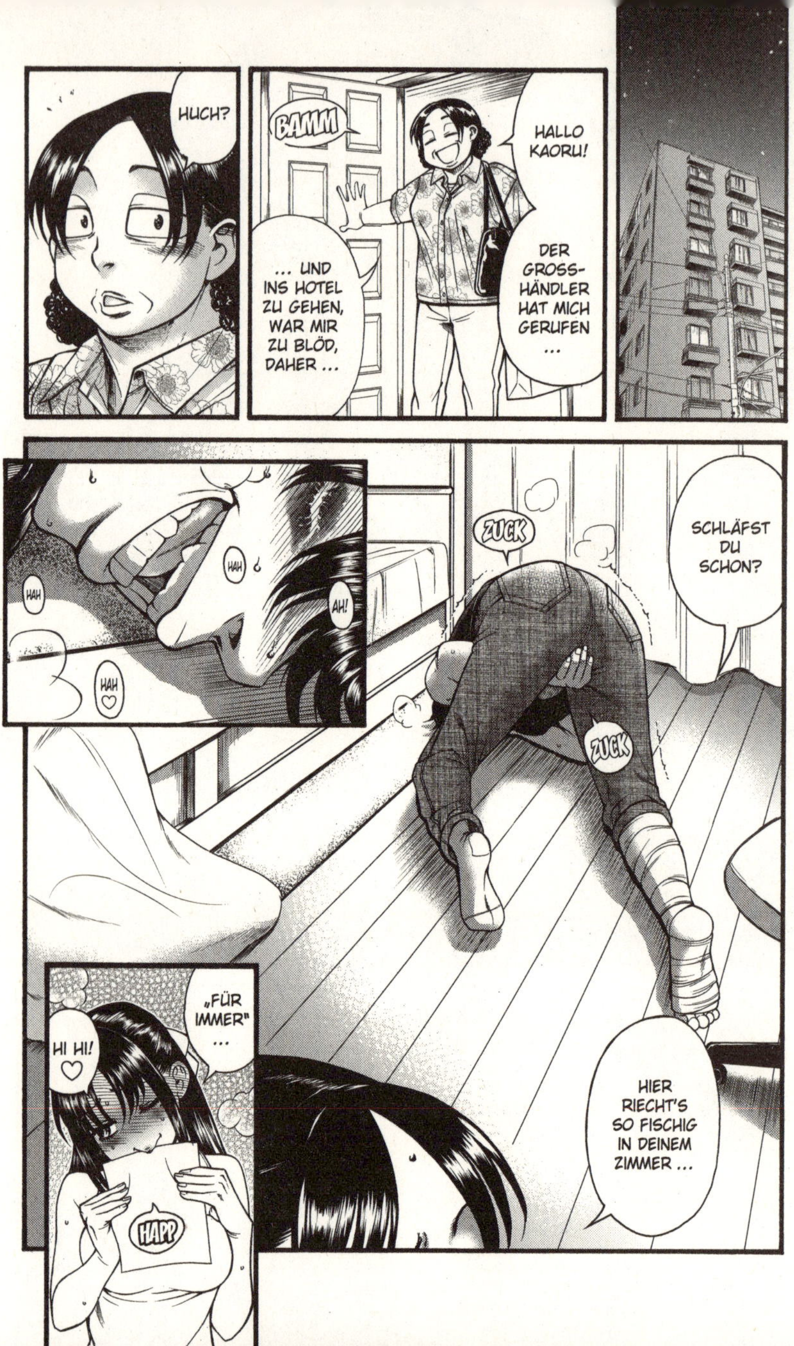

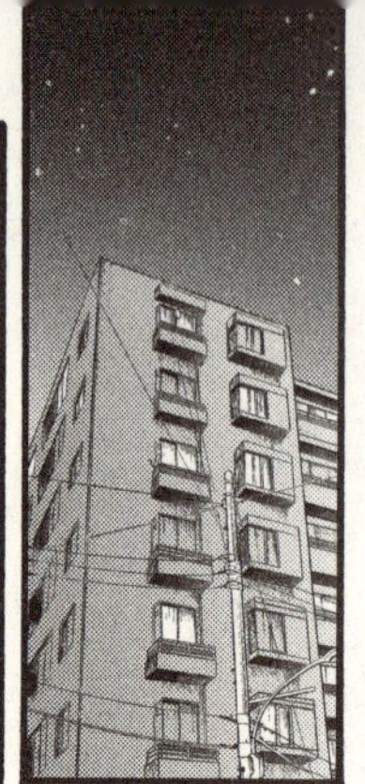
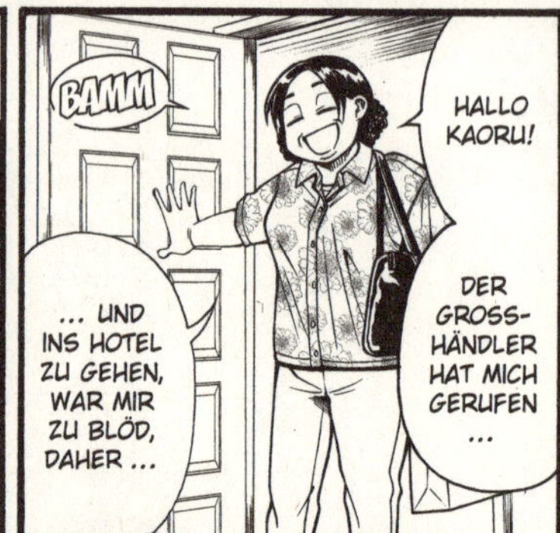
HALLO KAORU!
BAMM
DER GROSS-HÄNDLER HAT MICH GERUFEN …
… UND INS HOTEL ZU GEHEN, WAR MIR ZU BLÖD, DAHER …
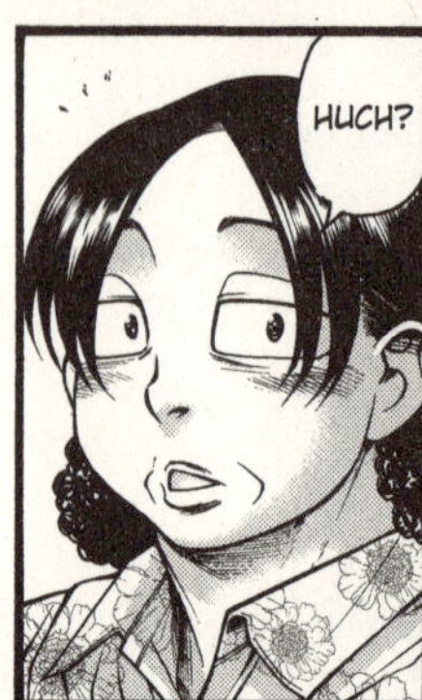
HUCH?

SCHLÄFST DU SCHON?
ZUCK
ZUCK
HAH
AH!
HAH
HAH ♡
HIER RIECHT'S SO FISCHIG IN DEINEM ZIMMER …
„FÜR IMMER" …
HI HI! ♡
HAPP

KAPITEL 2: DIE DUMME NANA IST UNERSÄTTLICH

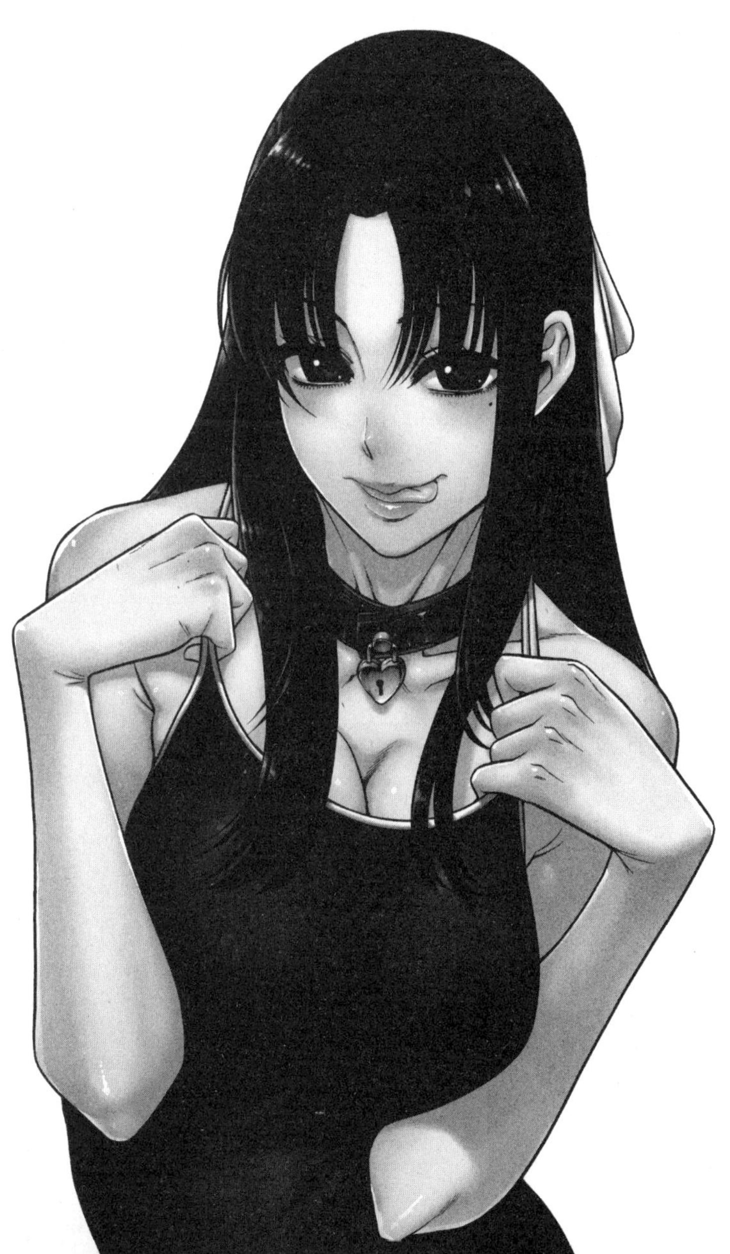

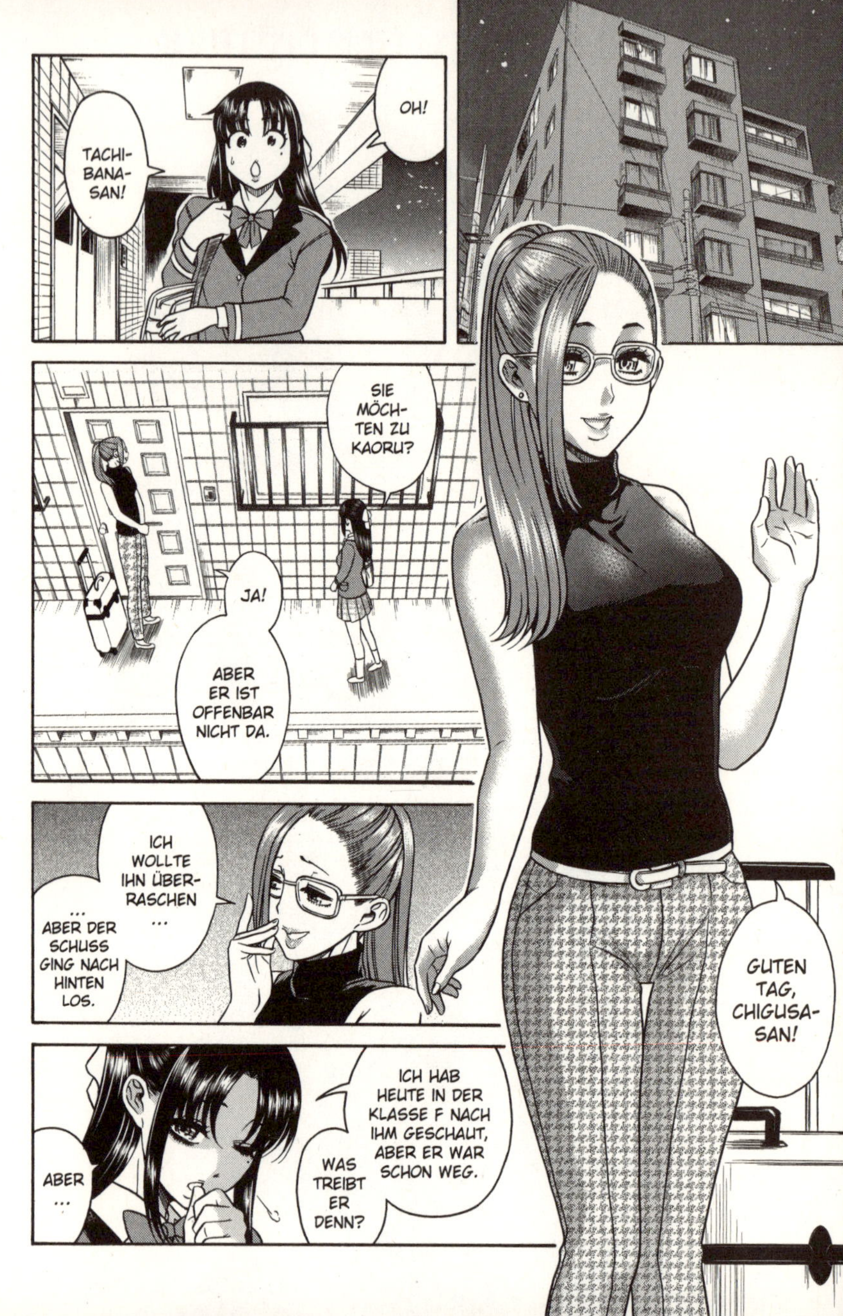
OH!
TACHI-BANA-SAN!
GUTEN TAG, CHIGUSA-SAN!
SIE MÖCHTEN ZU KAORU?
JA!
ABER ER IST OFFENBAR NICHT DA.
ICH WOLLTE IHN ÜBERRASCHEN ...
... ABER DER SCHUSS GING NACH HINTEN LOS.
ICH HAB HEUTE IN DER KLASSE F NACH IHM GESCHAUT, ABER ER WAR SCHON WEG.
WAS TREIBT ER DENN?
ABER ...

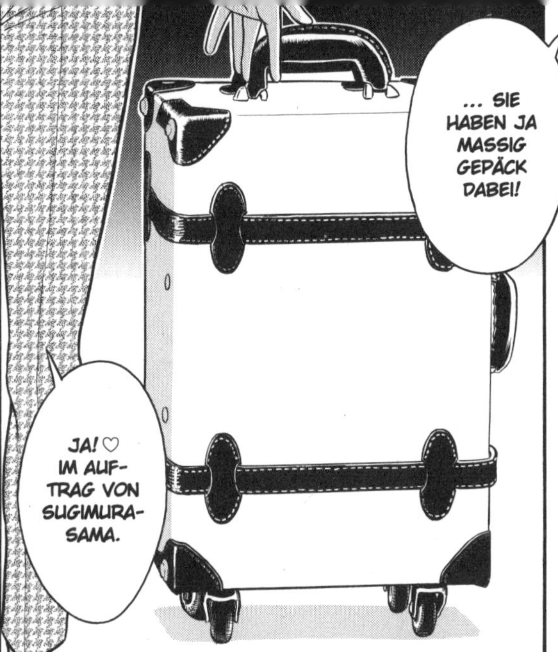
... SIE HABEN JA MASSIG GEPÄCK DABEI!
JA! ♡ IM AUFTRAG VON SUGIMURA-SAMA.

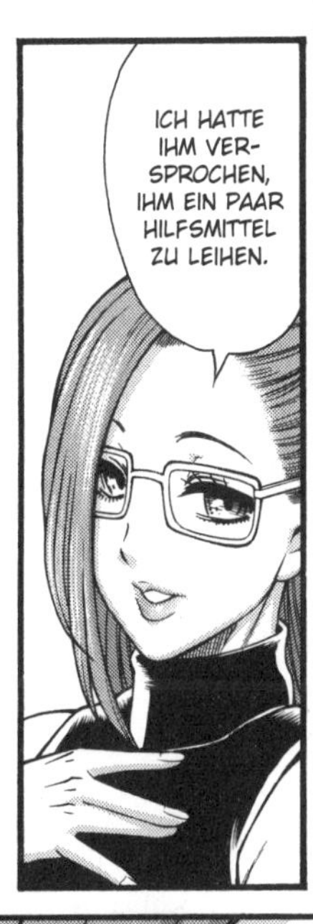
ICH HATTE IHM VERSPROCHEN, IHM EIN PAAR HILFSMITTEL ZU LEIHEN.

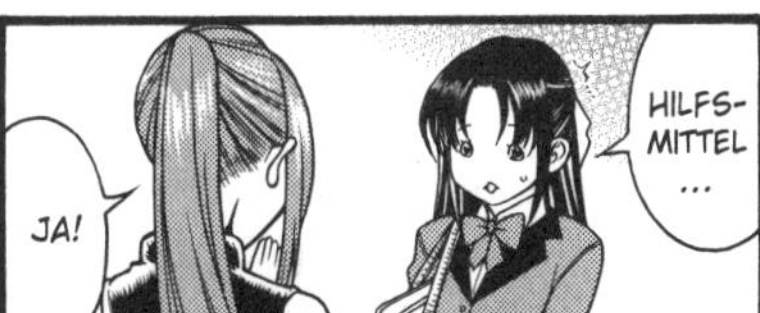
HILFSMITTEL ...
JA!

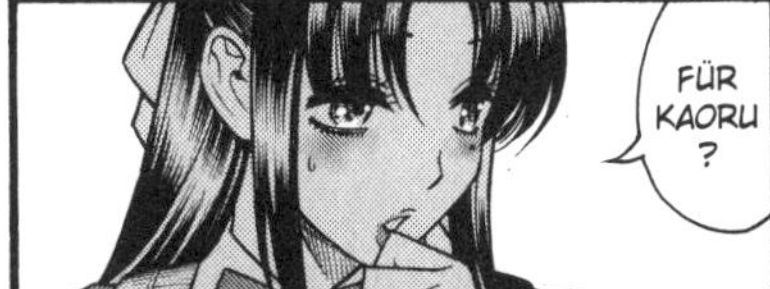
FÜR KAORU ?

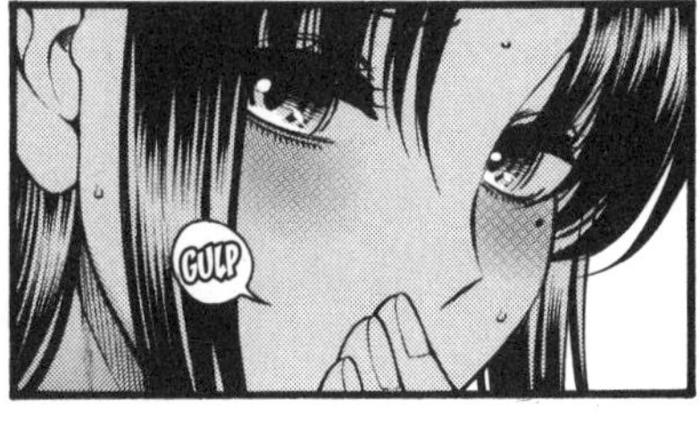
GULP

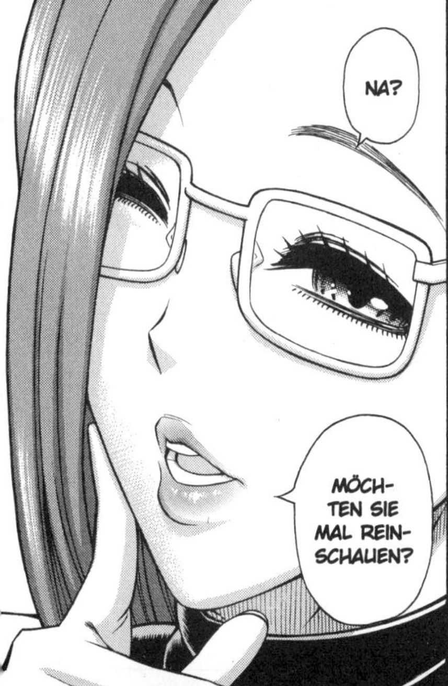
NA?
MÖCHTEN SIE MAL REINSCHAUEN?

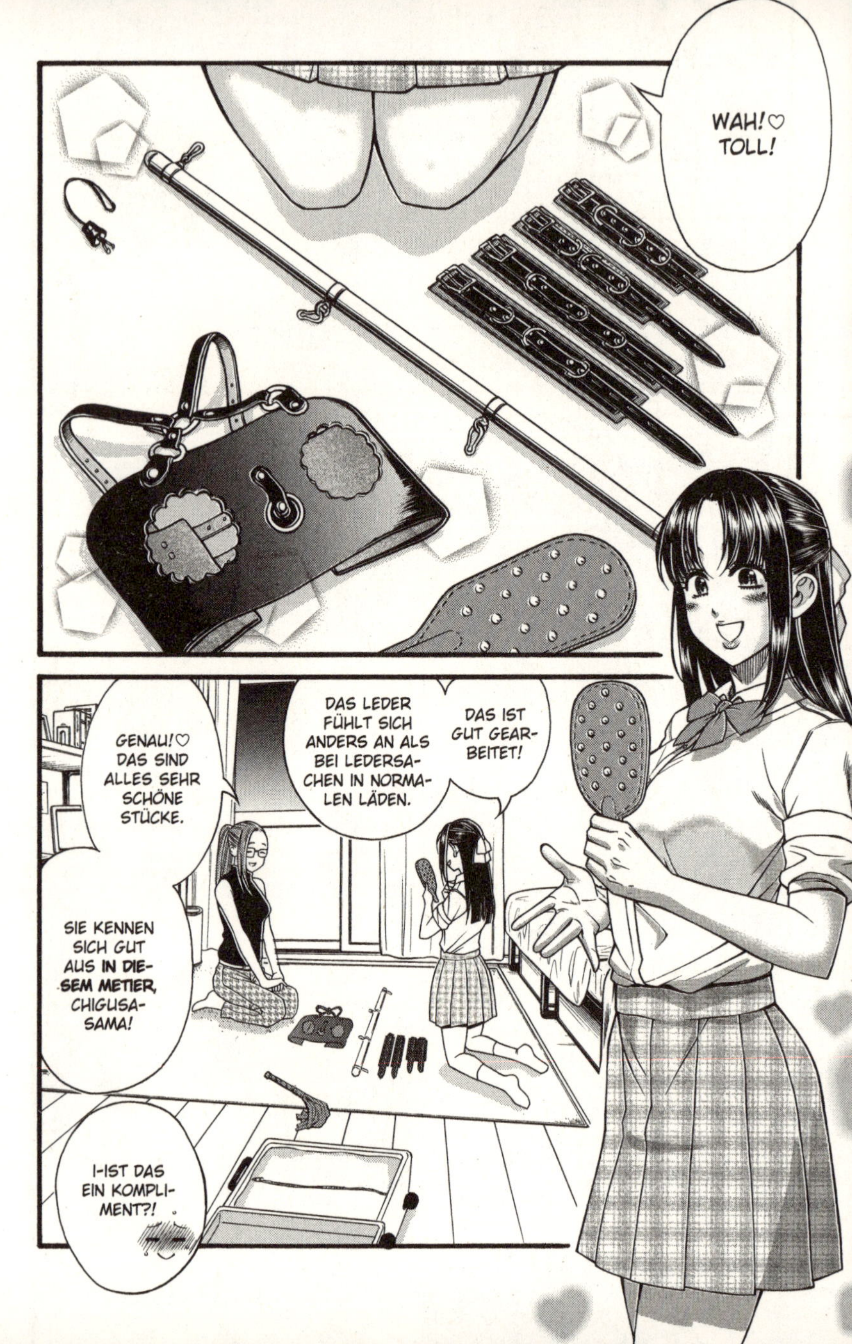
WAH!♡ TOLL!
DAS IST GUT GEARBEITET!
DAS LEDER FÜHLT SICH ANDERS AN ALS BEI LEDERSACHEN IN NORMALEN LÄDEN.
GENAU!♡ DAS SIND ALLES SEHR SCHÖNE STÜCKE.
SIE KENNEN SICH GUT AUS IN DIESEM METIER, CHIGUSA-SAMA!
I-IST DAS EIN KOMPLIMENT?!

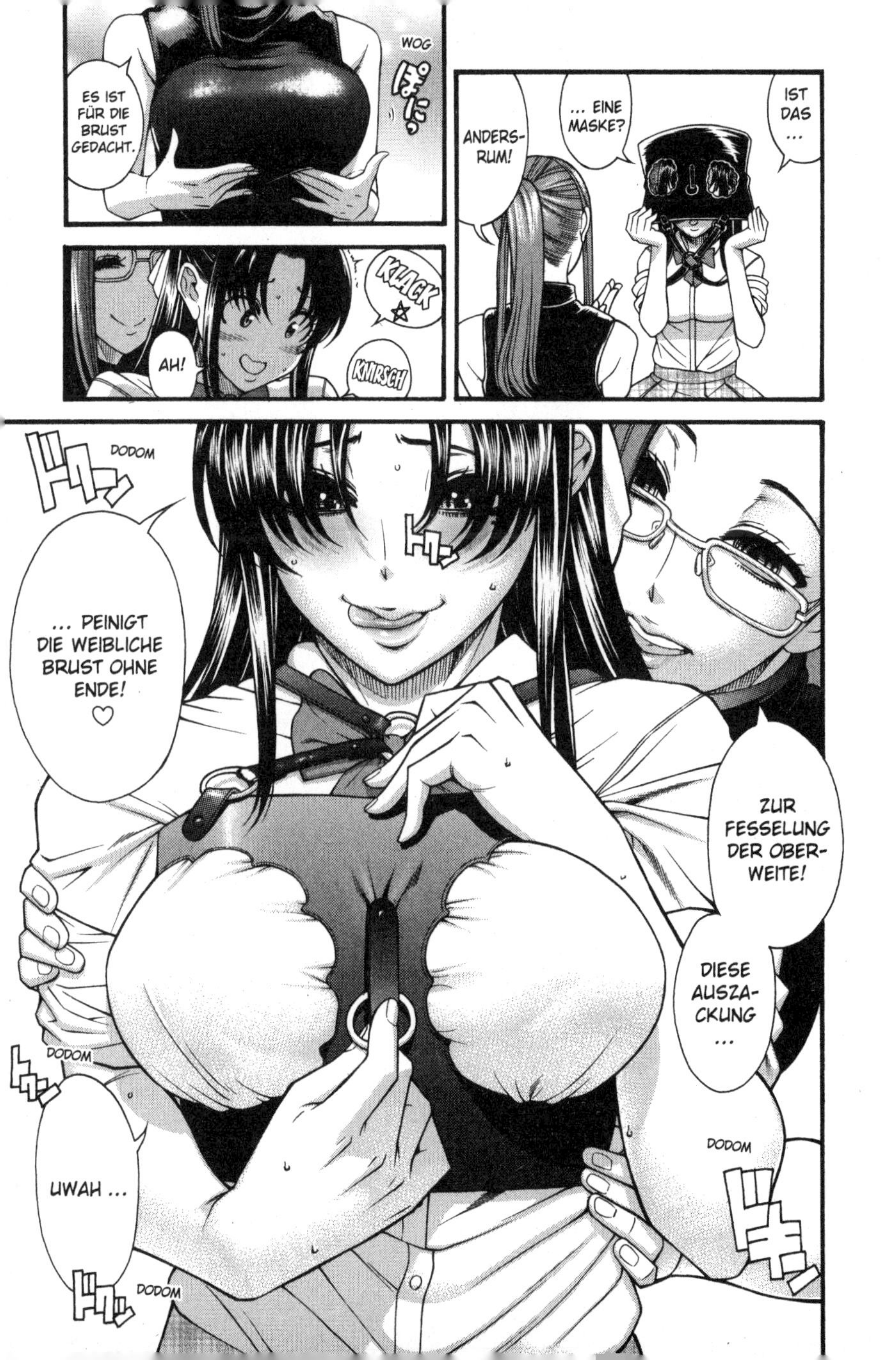

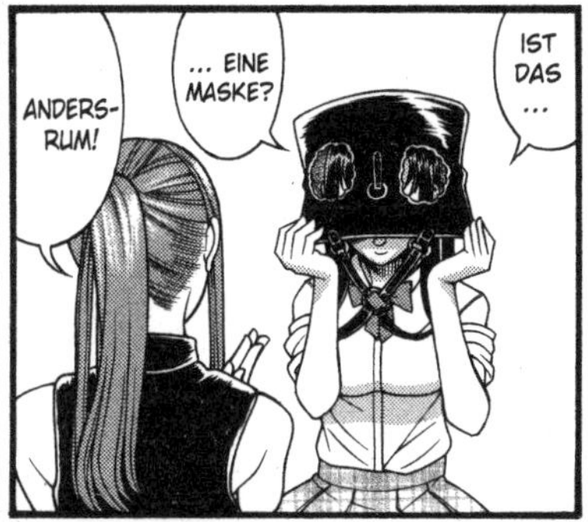

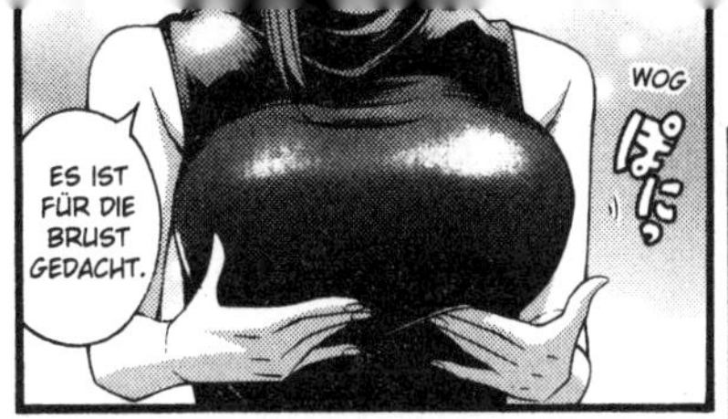

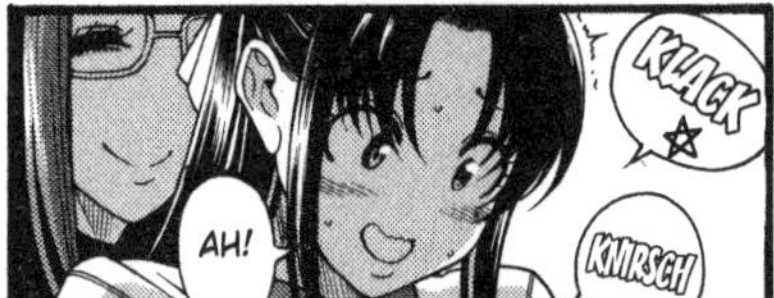

DODOM

… PEINIGT DIE WEIBLICHE BRUST OHNE ENDE! ♡

ZUR FESSELUNG DER OBER-WEITE!

DIESE AUSZA-CKUNG …

DODOM

DODOM

UWAH …

DODOM

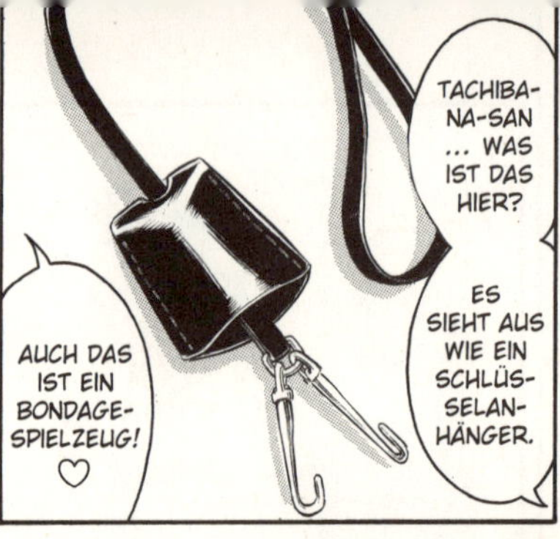
TACHIBANA-SAN ... WAS IST DAS HIER?
ES SIEHT AUS WIE EIN SCHLÜSSELANHÄNGER.
AUCH DAS IST EIN BONDAGE-SPIELZEUG! ♡

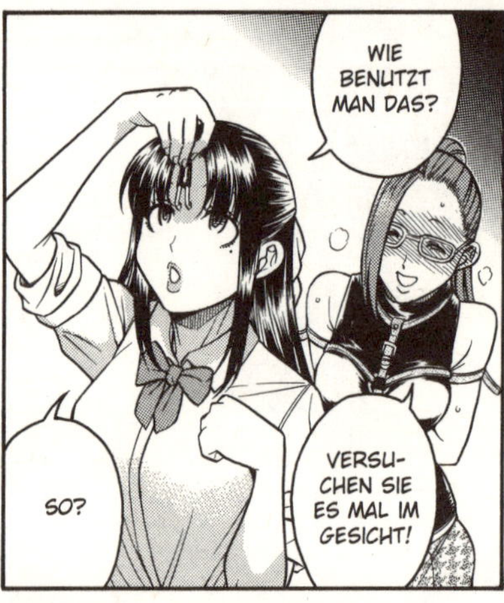
WIE BENUTZT MAN DAS?
VERSUCHEN SIE ES MAL IM GESICHT!
SO?

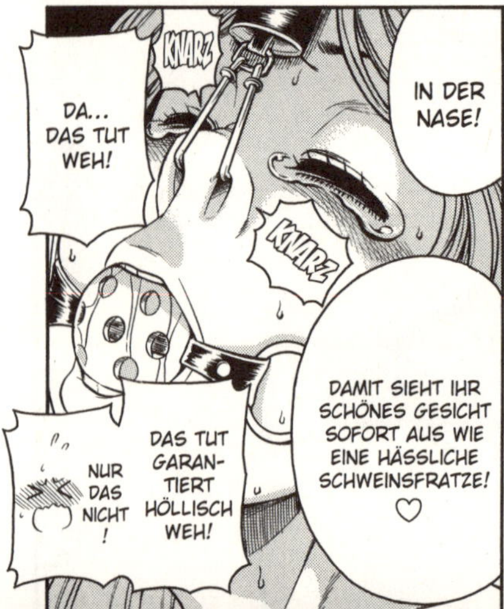
KNARZ
IN DER NASE!
DA... DAS TUT WEH!
KNARZ
DAMIT SIEHT IHR SCHÖNES GESICHT SOFORT AUS WIE EINE HÄSSLICHE SCHWEINSFRATZE! ♡
DAS TUT GARANTIERT HÖLLISCH WEH!
NUR DAS NICHT!

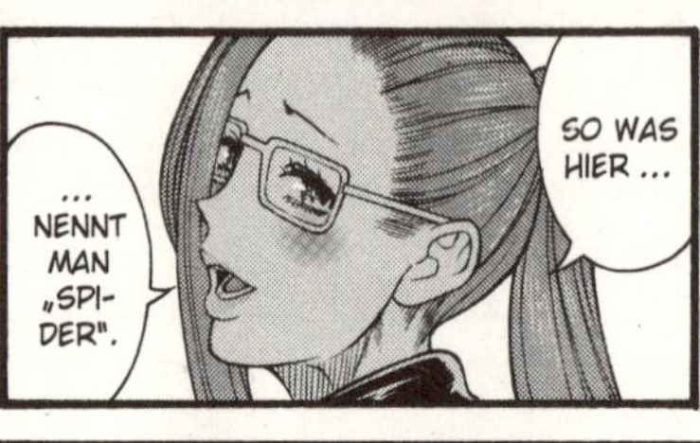
SO WAS HIER ...
... NENNT MAN „SPIDER".

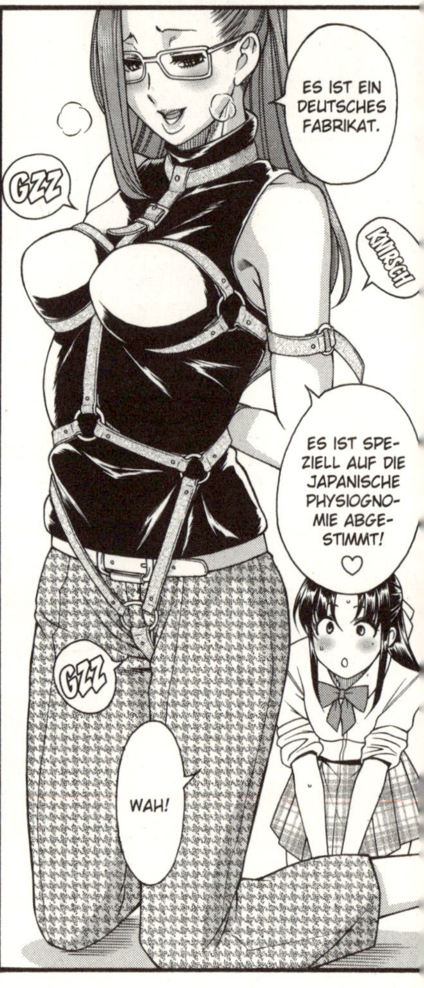
ES IST EIN DEUTSCHES FABRIKAT.
GZZ
KNIRSCH
ES IST SPEZIELL AUF DIE JAPANISCHE PHYSIOGNOMIE ABGESTIMMT! ♡
GZZ
WAH!

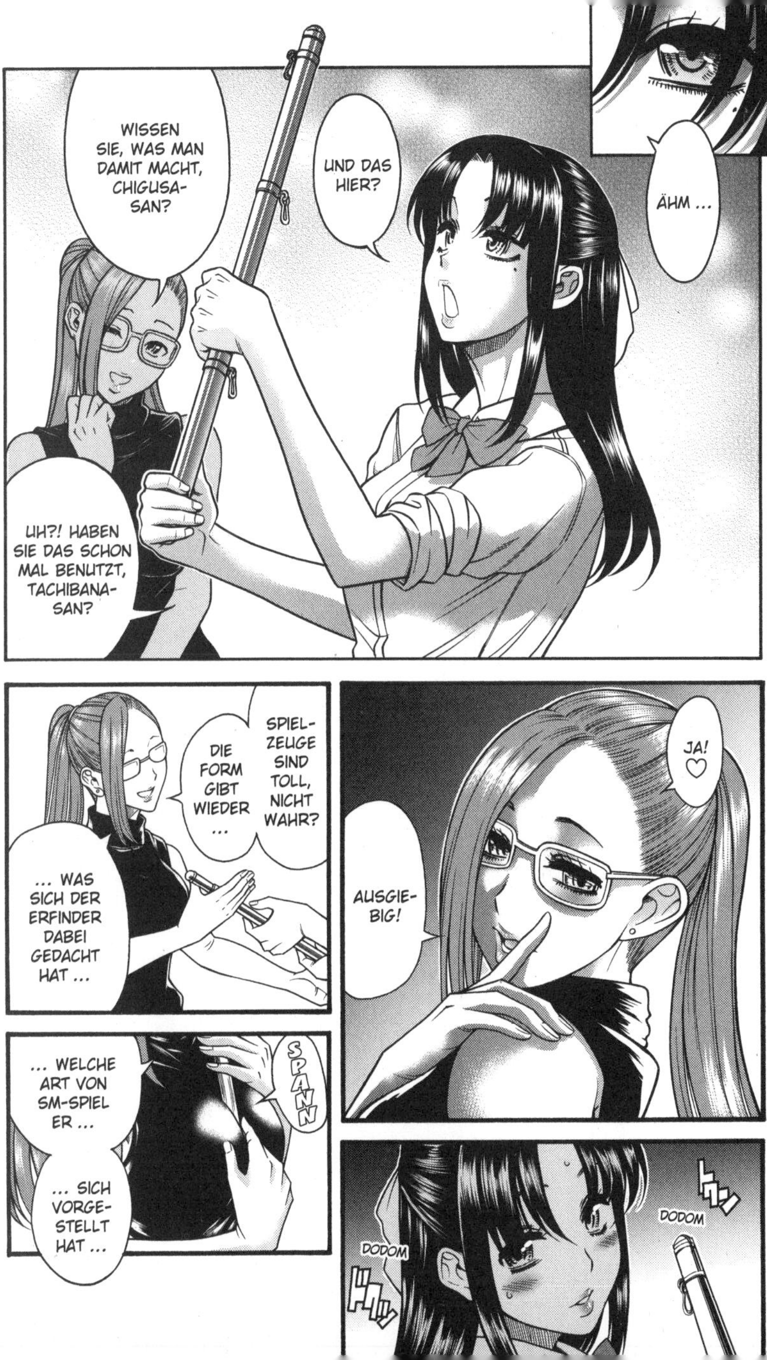

ÄHM ...

UND DAS HIER?

WISSEN SIE, WAS MAN DAMIT MACHT, CHIGUSA-SAN?

UH?! HABEN SIE DAS SCHON MAL BENUTZT, TACHIBANA-SAN?

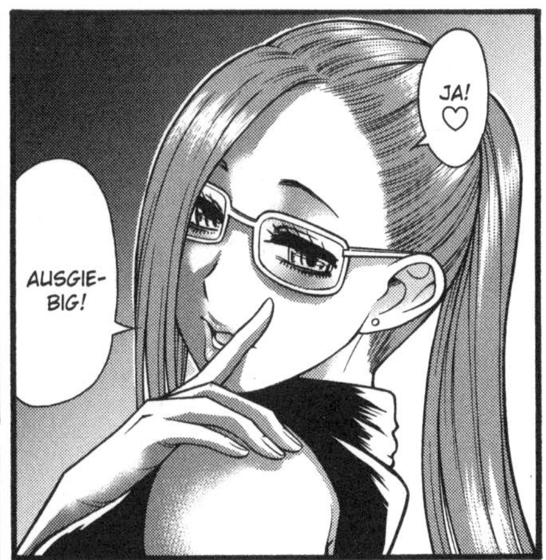

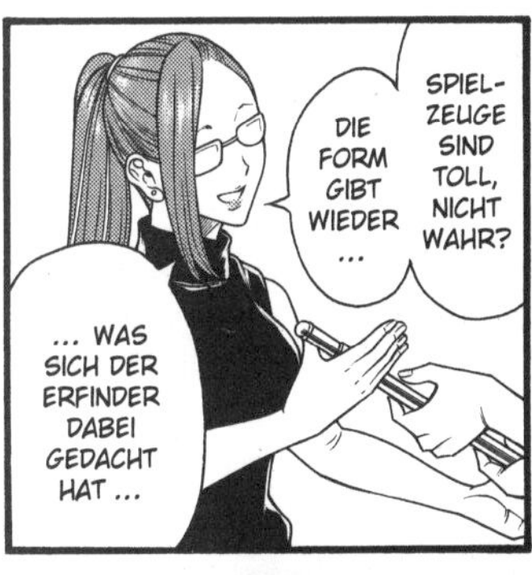

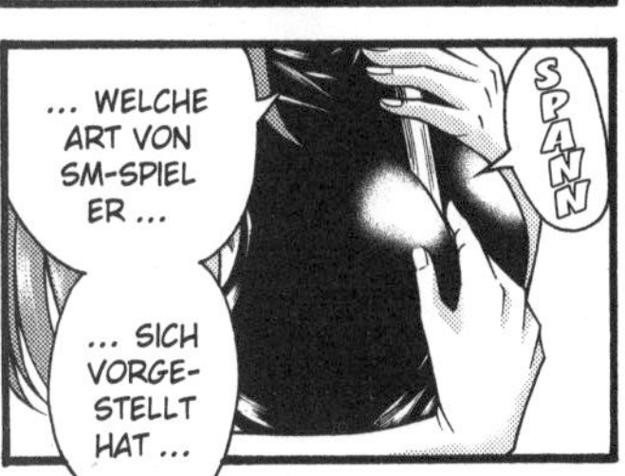

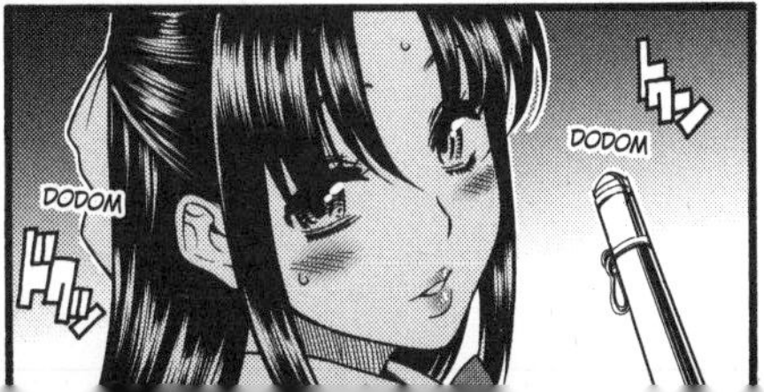

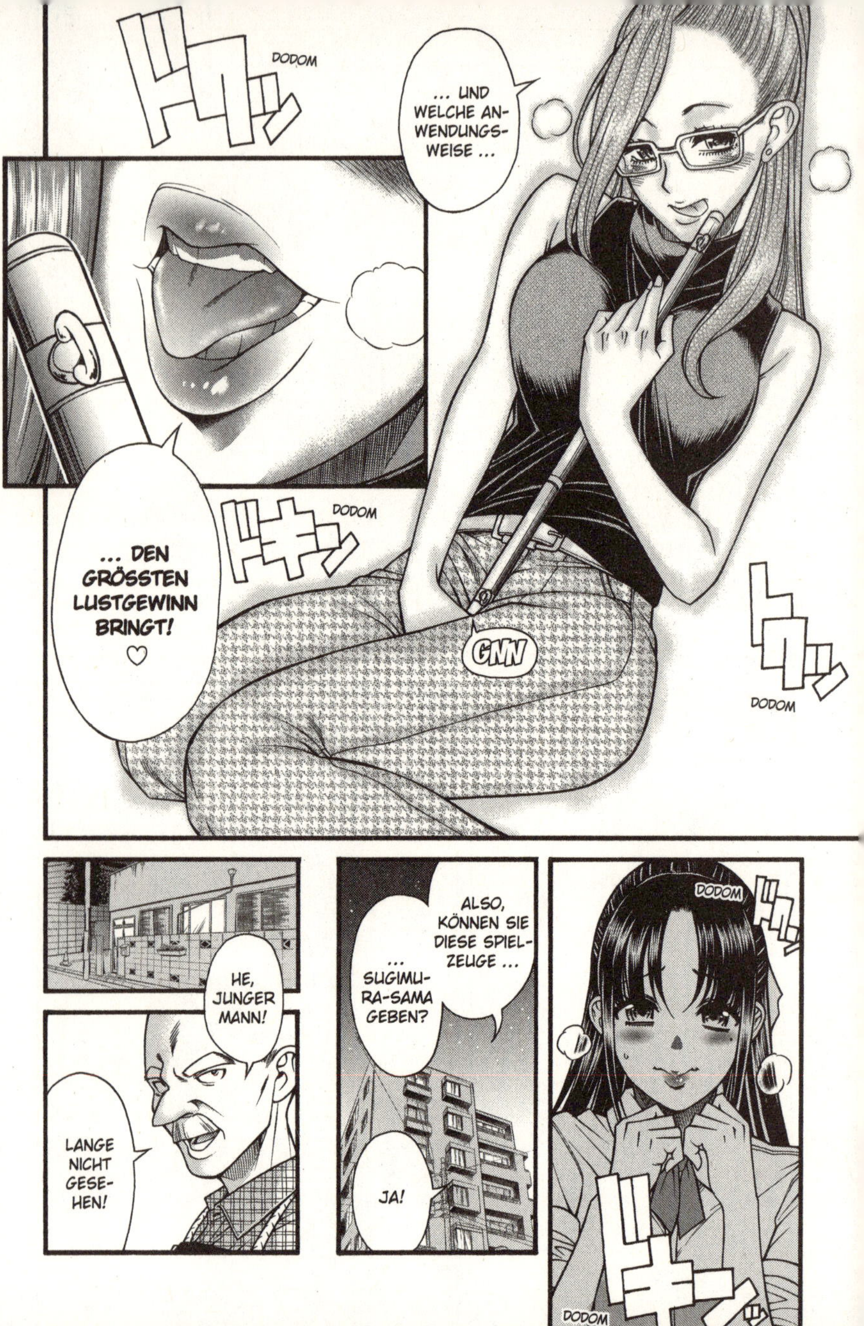

... UND WELCHE AN-WENDUNGS-WEISE ...

DODOM

DODOM

GNN

DODOM

... DEN GRÖSSTEN LUSTGEWINN BRINGT! ♡

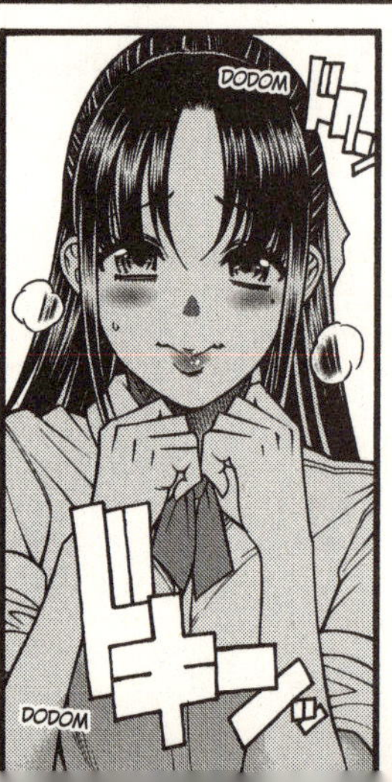

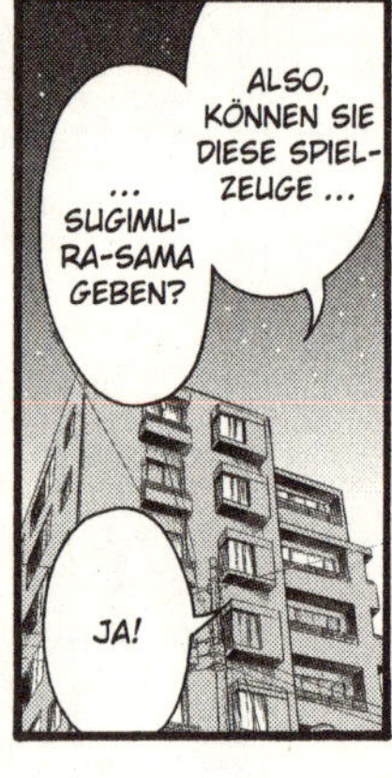

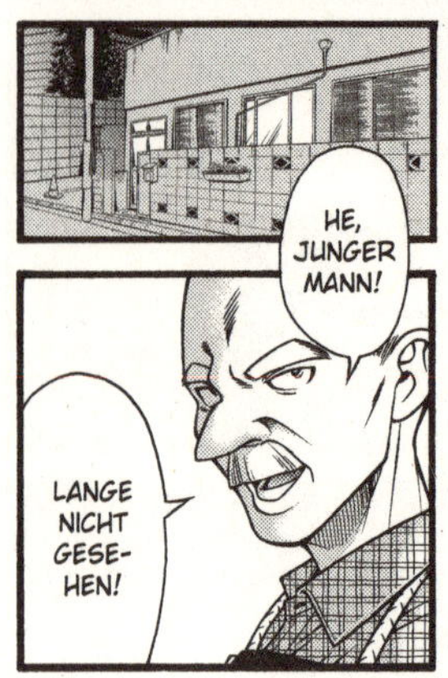

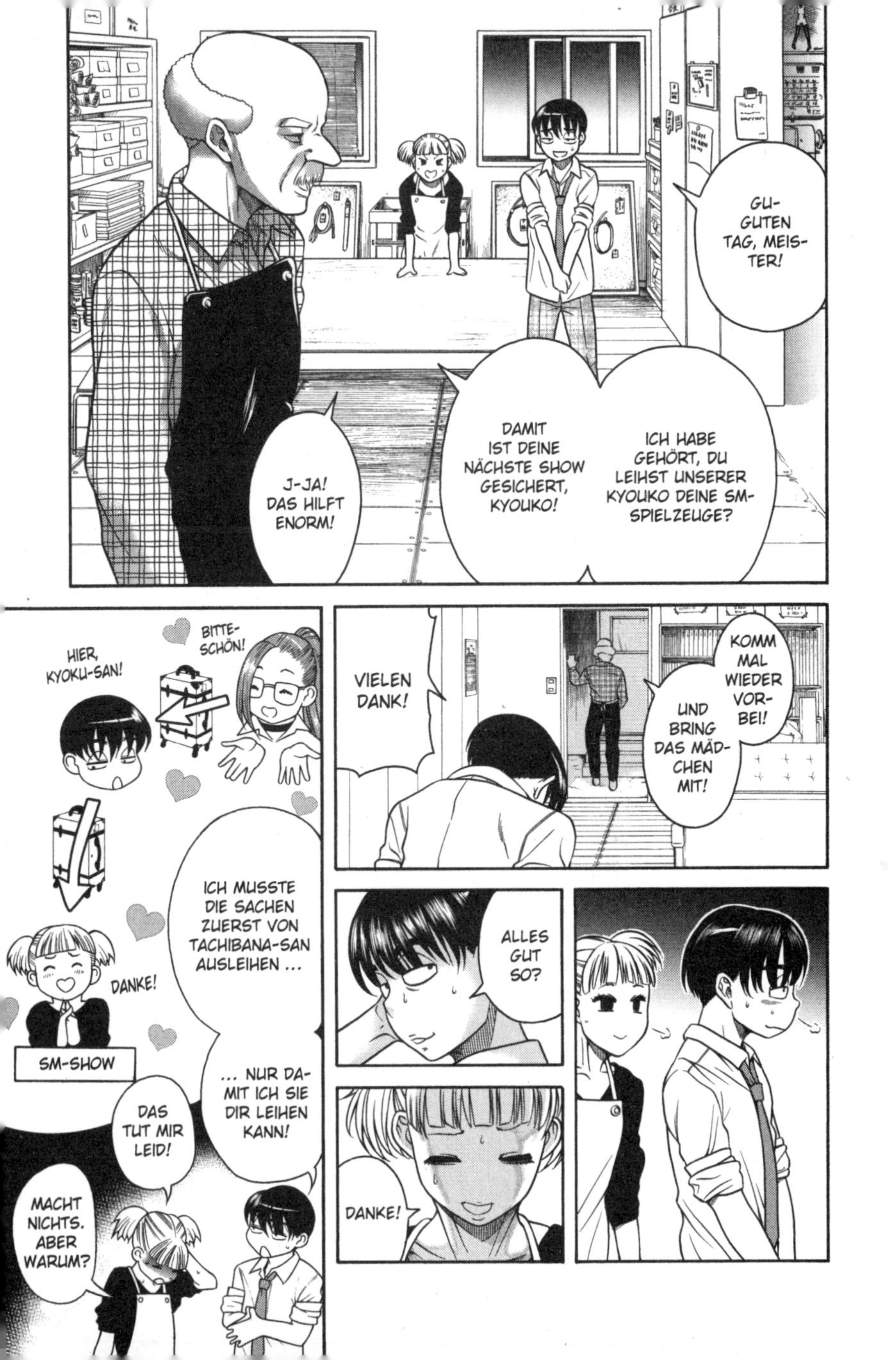

GU-GUTEN TAG, MEISTER!
ICH HABE GEHÖRT, DU LEIHST UNSERER KYOUKO DEINE SM-SPIELZEUGE?
DAMIT IST DEINE NÄCHSTE SHOW GESICHERT, KYOUKO!
J-JA! DAS HILFT ENORM!

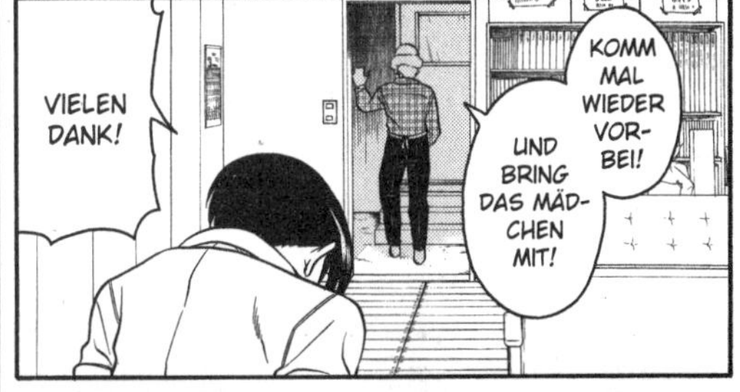

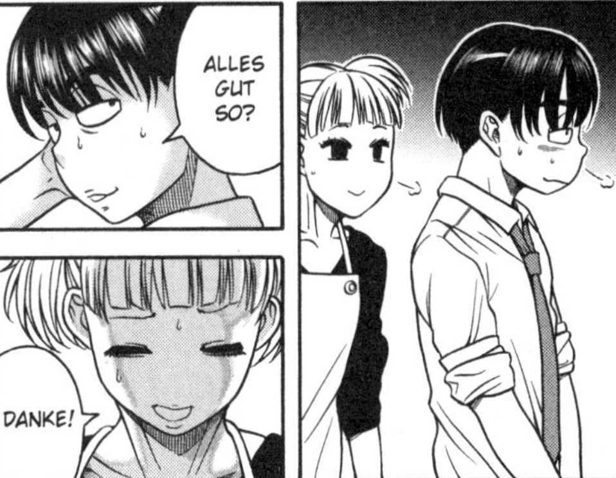

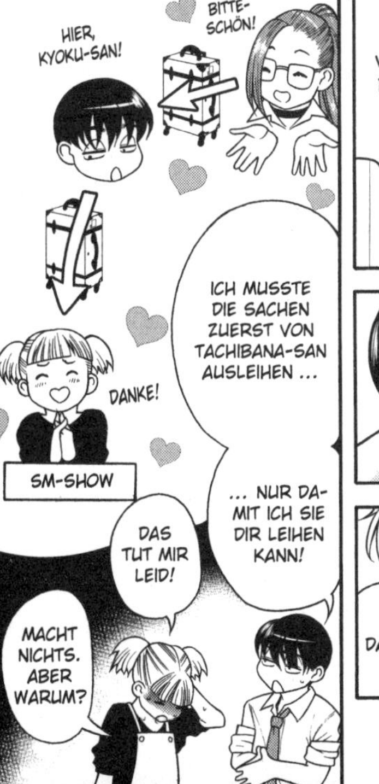

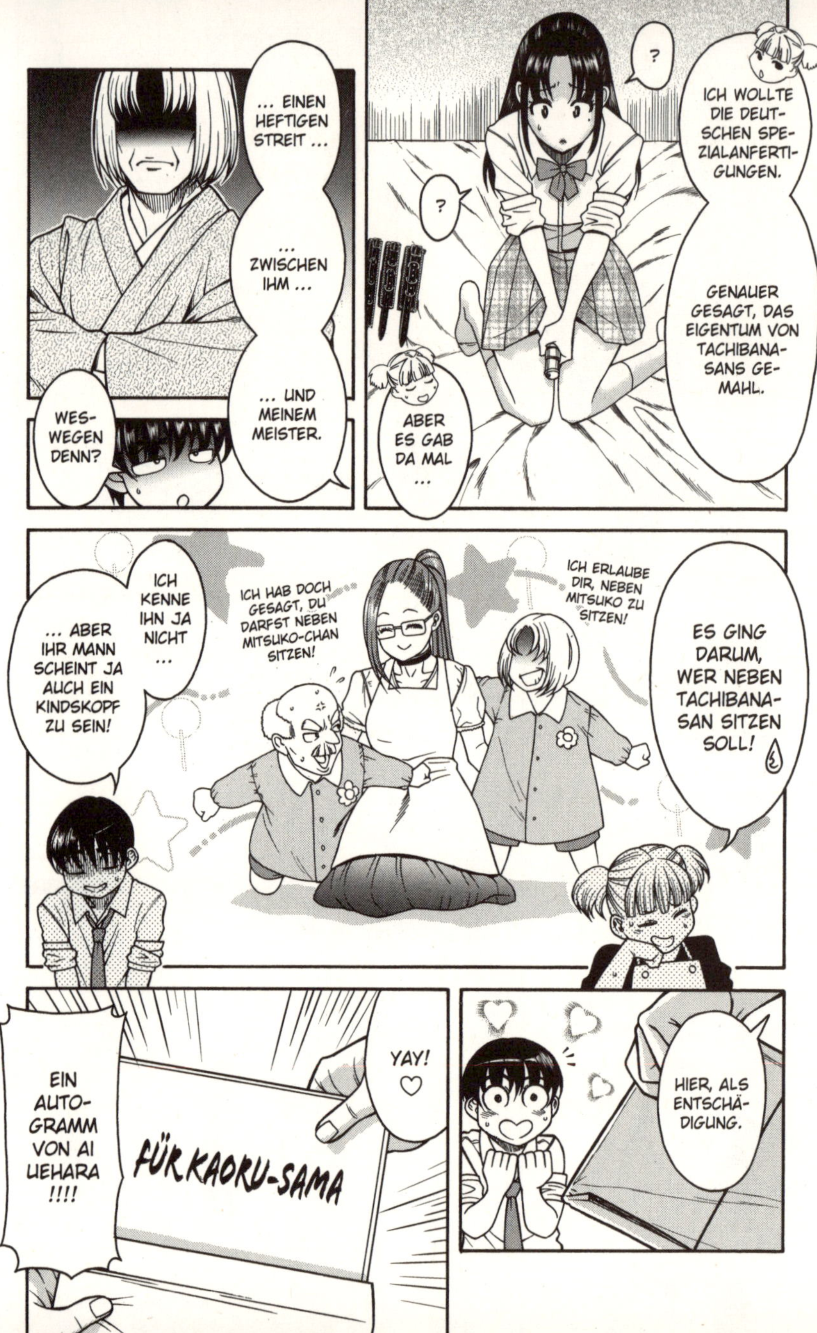
?
ICH WOLLTE DIE DEUTSCHEN SPEZIALANFERTIGUNGEN.
GENAUER GESAGT, DAS EIGENTUM VON TACHIBANA-SANS GEMAHL.
?
ABER ES GAB DA MAL ...
... EINEN HEFTIGEN STREIT ...
... ZWISCHEN IHM ...
... UND MEINEM MEISTER.
WESWEGEN DENN?
ES GING DARUM, WER NEBEN TACHIBANA-SAN SITZEN SOLL!
ICH ERLAUBE DIR, NEBEN MITSUKO ZU SITZEN!
ICH HAB DOCH GESAGT, DU DARFST NEBEN MITSUKO-CHAN SITZEN!
ICH KENNE IHN JA NICHT ...
... ABER IHR MANN SCHEINT JA AUCH EIN KINDSKOPF ZU SEIN!
HIER, ALS ENTSCHÄDIGUNG.
YAY! ♡
FÜR KAORU-SAMA
EIN AUTOGRAMM VON AI UEHARA !!!!

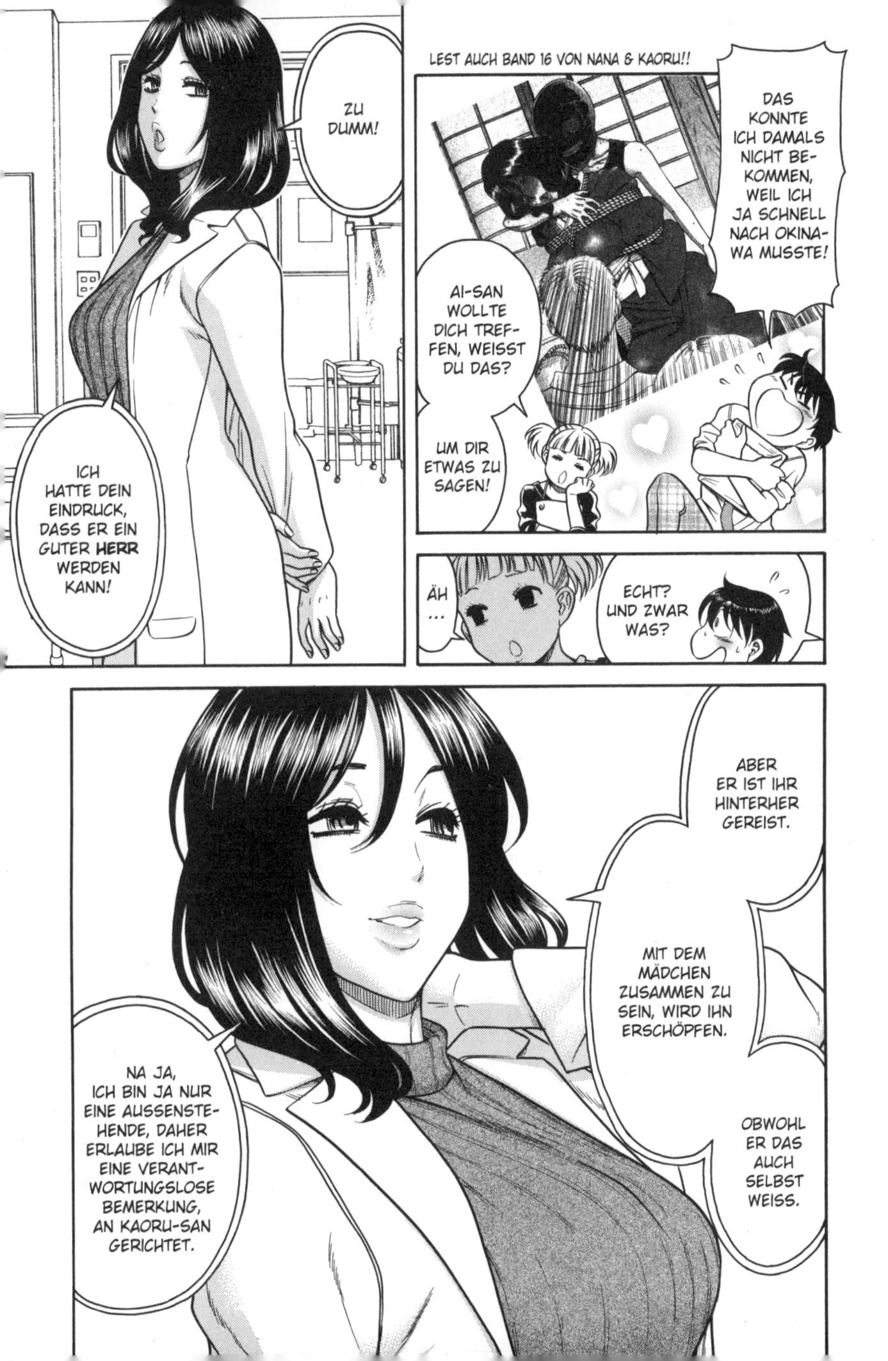

LEST AUCH BAND 16 VON NANA & KAORU!!

DAS KONNTE ICH DAMALS NICHT BEKOMMEN, WEIL ICH JA SCHNELL NACH OKINAWA MUSSTE!

AI-SAN WOLLTE DICH TREFFEN, WEISST DU DAS?

UM DIR ETWAS ZU SAGEN!

ECHT? UND ZWAR WAS?

ÄH …

ZU DUMM!

ICH HATTE DEIN EINDRUCK, DASS ER EIN GUTER **HERR** WERDEN KANN!

ABER ER IST IHR HINTERHER GEREIST.

MIT DEM MÄDCHEN ZUSAMMEN ZU SEIN, WIRD IHN ERSCHÖPFEN.

OBWOHL ER DAS AUCH SELBST WEISS.

NA JA, ICH BIN JA NUR EINE AUSSENSTEHENDE, DAHER ERLAUBE ICH MIR EINE VERANTWORTUNGSLOSE BEMERKUNG, AN KAORU-SAN GERICHTET.

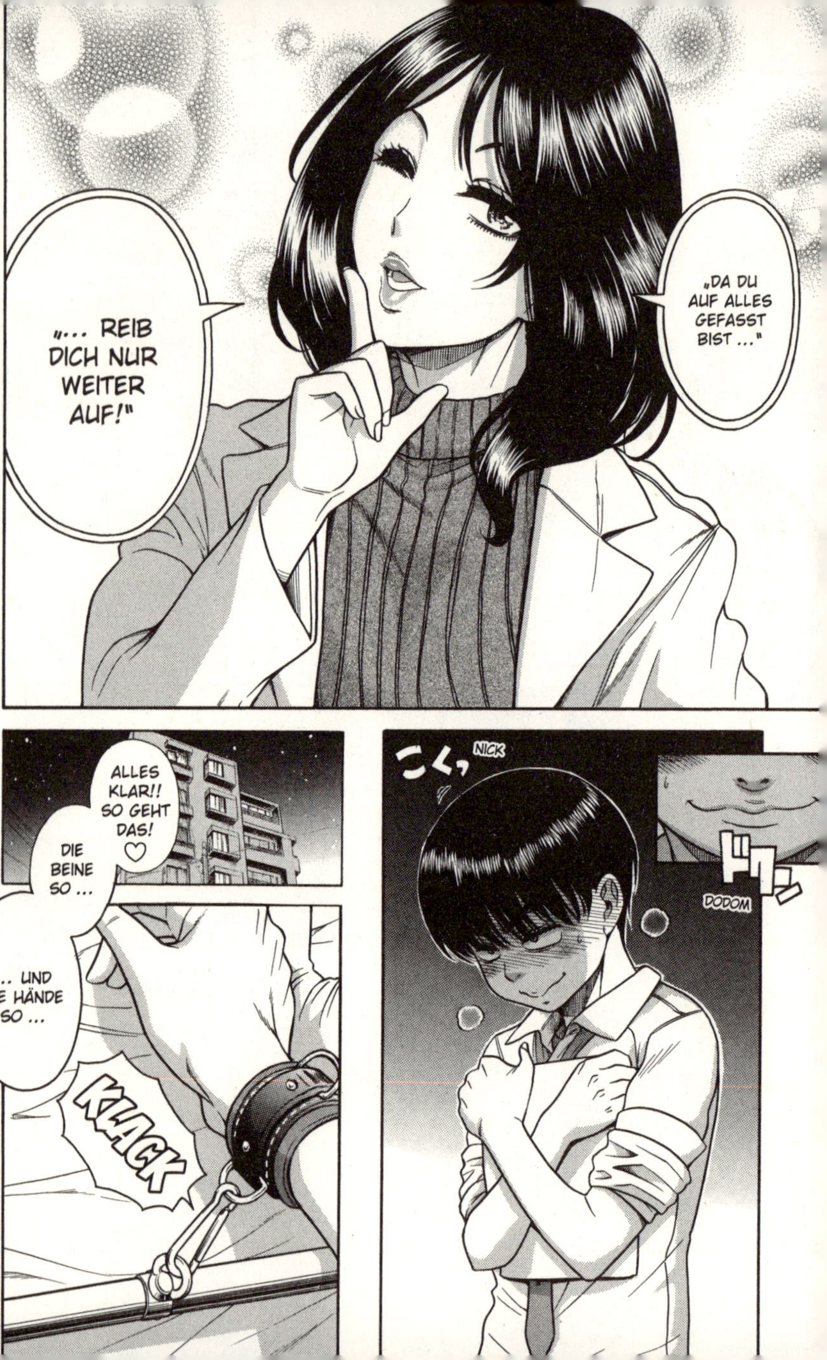

„DA DU AUF ALLES GEFASST BIST ...“

„... REIB DICH NUR WEITER AUF!“

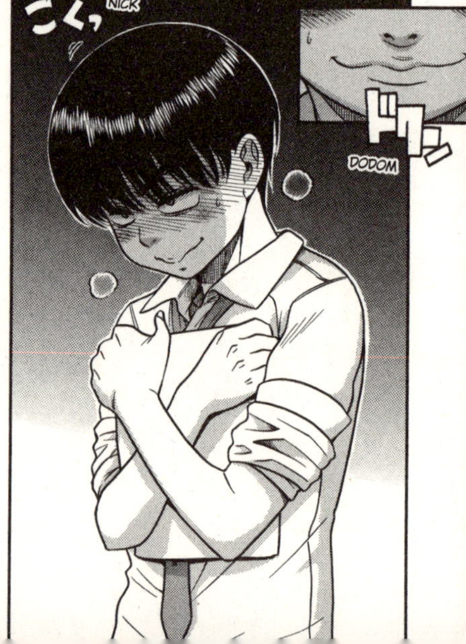

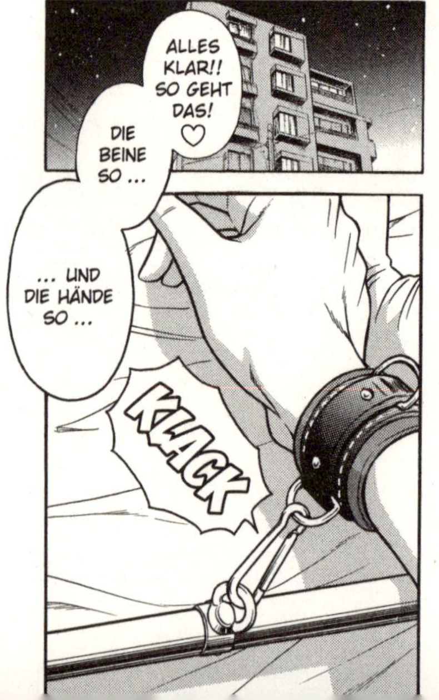

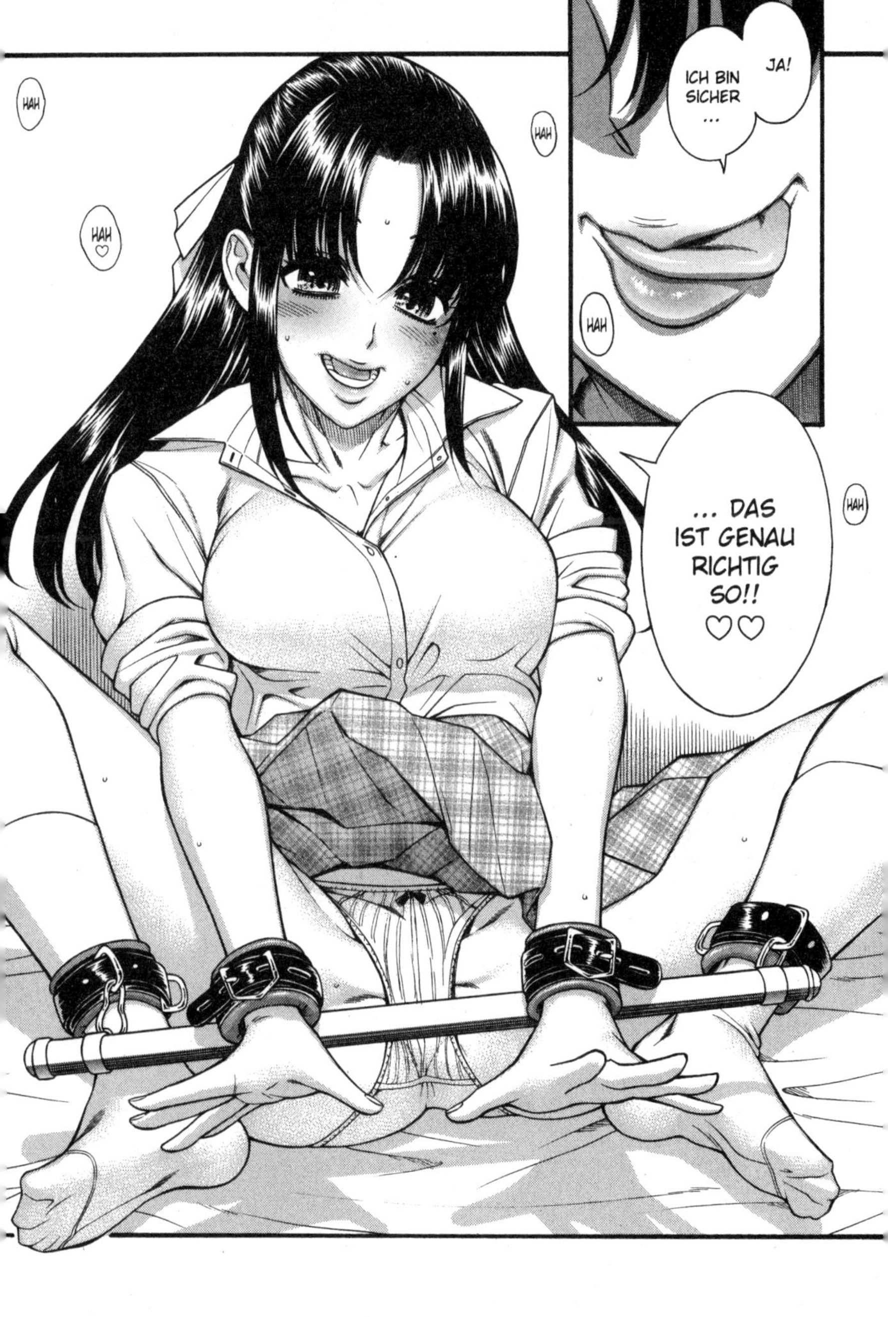
JA!
ICH BIN SICHER ...
HAH
HAH
... DAS IST GENAU RICHTIG SO!! ♡♡
HAH
HAH
HAH ♡
HAH

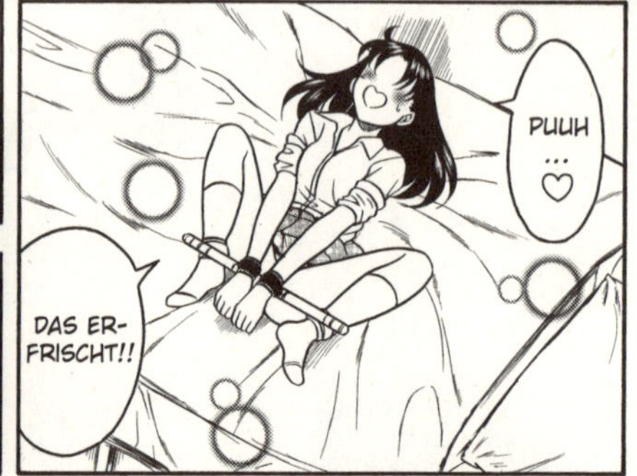
PUUH ... ♡
DAS ER-
FRISCHT!!

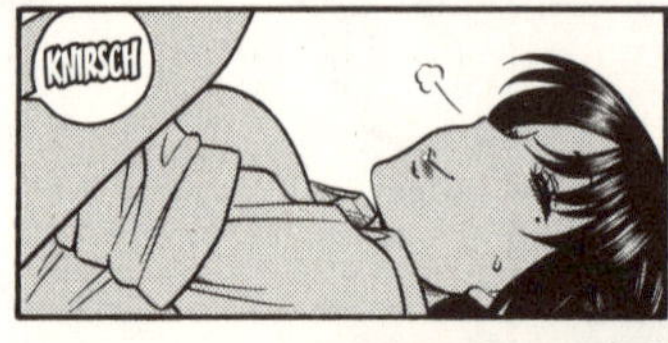
KNIRSCH

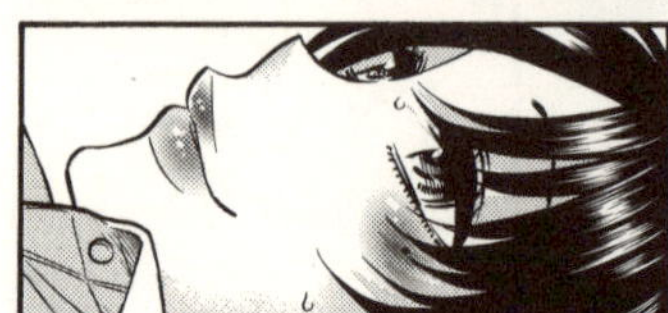

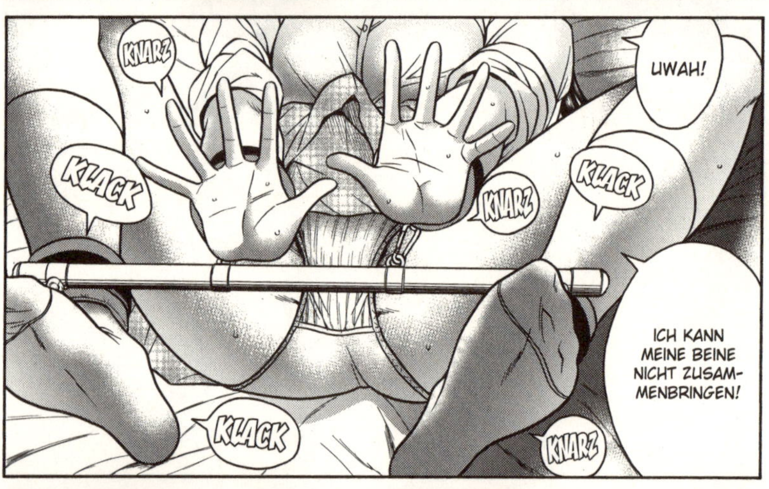
UWAH!
KNARZ
KLACK
KNARZ
KLACK
ICH KANN MEINE BEINE NICHT ZUSAM-
MENBRINGEN!
KNARZ
KLACK

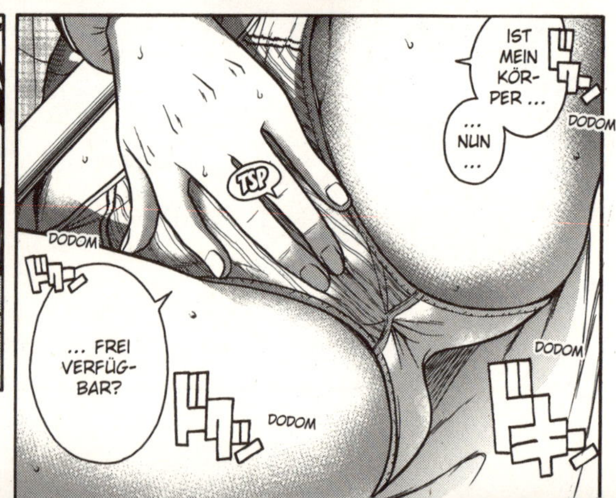
IST MEIN KÖR-
PER ...
... NUN ...
DODOM
TSP
DODOM
... FREI VERFÜG-
BAR?
DODOM
DODOM

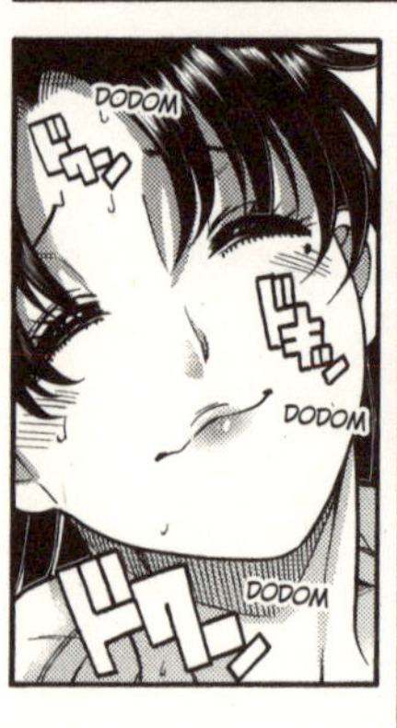
DODOM
DODOM
DODOM

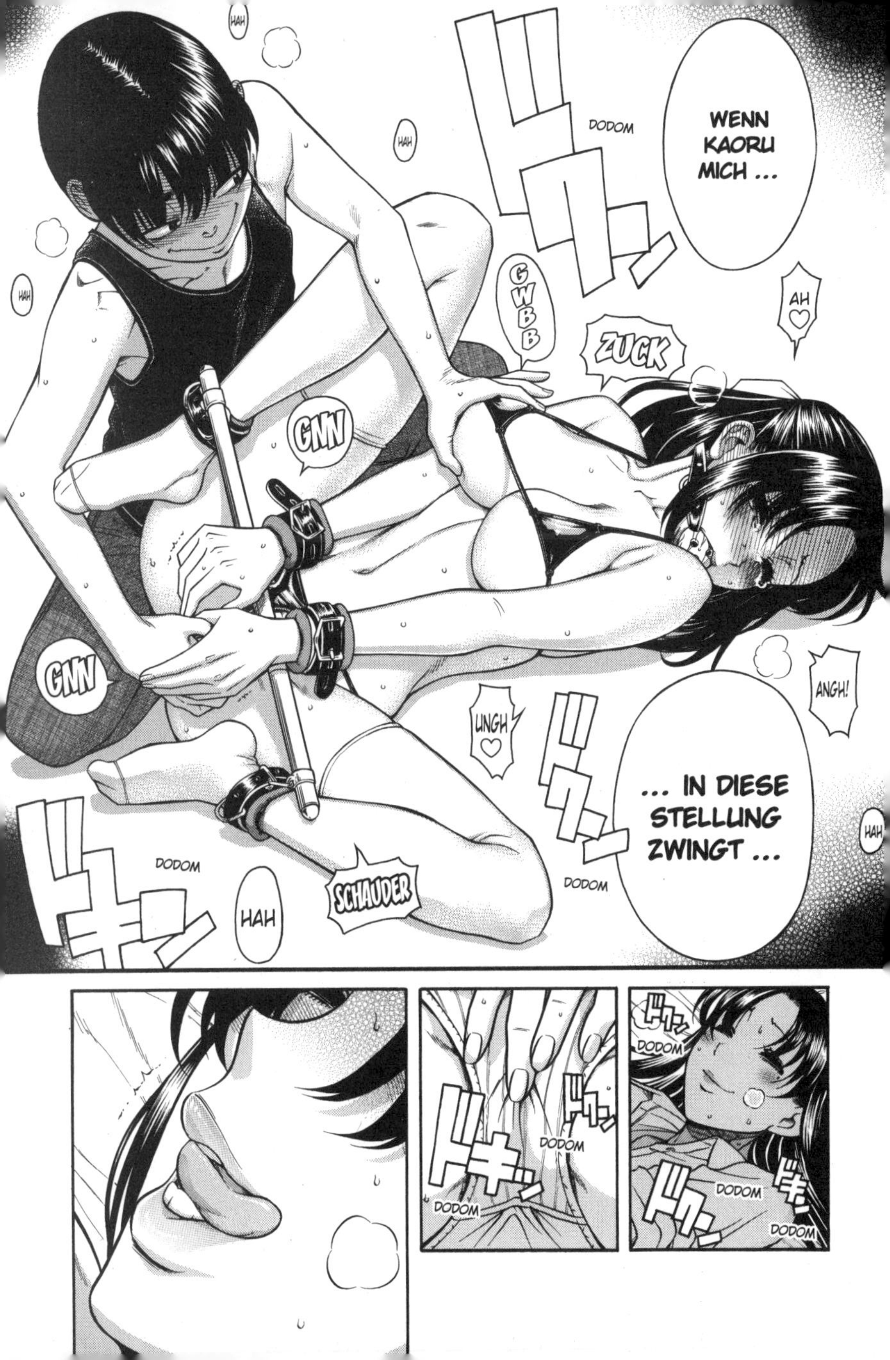

WENN KAORU MICH ...
DODOM
AH ♡
ZUCK
GWBB
HAH
HAH
HAH
GNN
GNN
ANGH!
HAH
... IN DIESE STELLUNG ZWINGT ...
UNGH ♡
DODOM
SCHAUDER
HAH
DODOM

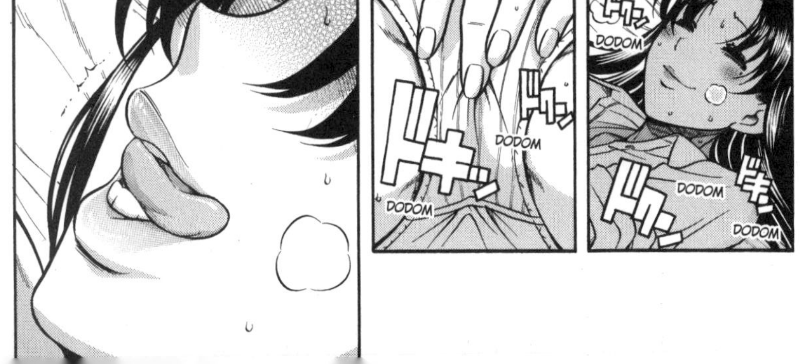
DODOM
DODOM
DODOM
DODOM
DODOM

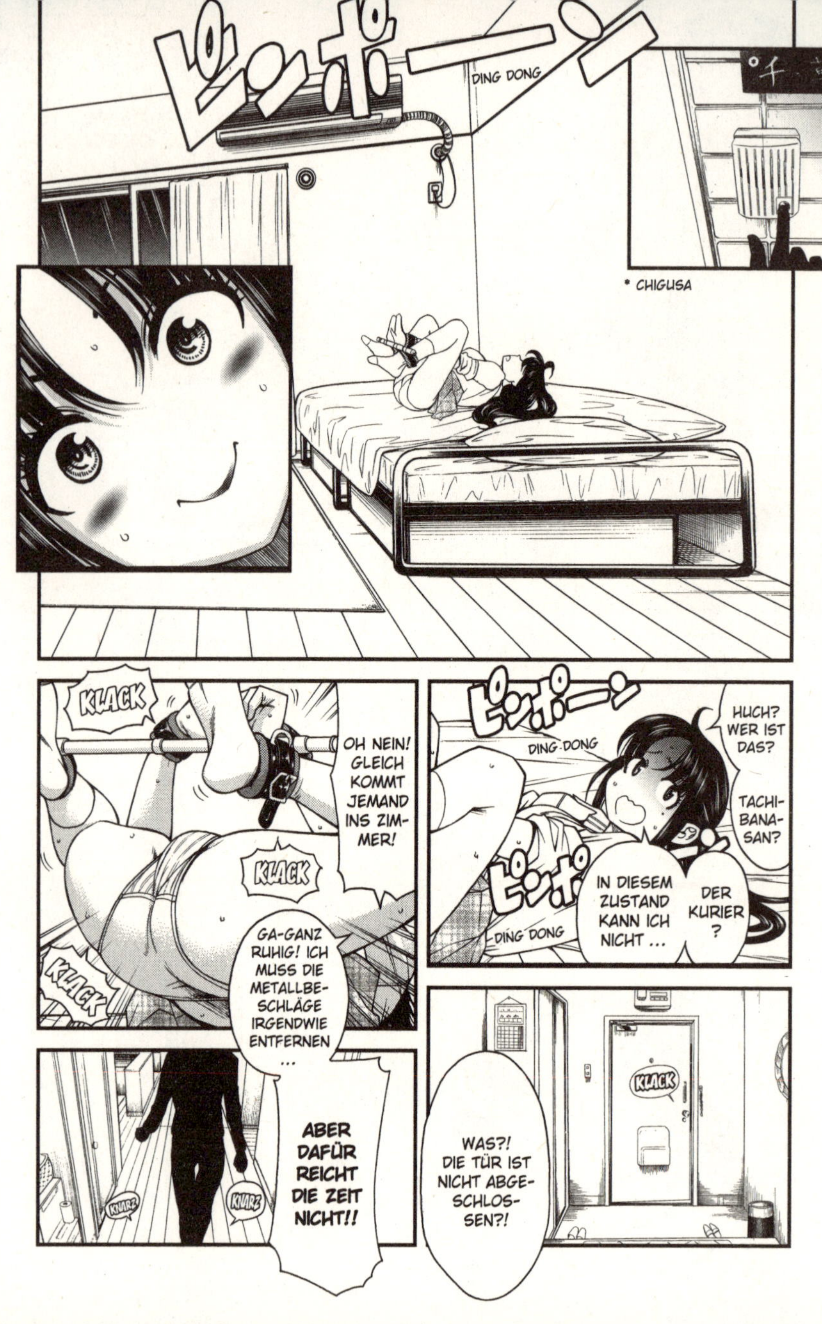

ピンポーン
DING DONG
千草
* CHIGUSA
KLACK
OH NEIN! GLEICH KOMMT JEMAND INS ZIMMER!
KLACK
KLACK
GA-GANZ RUHIG! ICH MUSS DIE METALLBESCHLÄGE IRGENDWIE ENTFERNEN ...
ピンポーン
DING DONG
HUCH? WER IST DAS?
TACHIBANA-SAN?
DER KURIER?
IN DIESEM ZUSTAND KANN ICH NICHT ...
ピンポ
DING DONG
KLACK
WAS?! DIE TÜR IST NICHT ABGESCHLOSSEN?!
KNARZ
KNARZ
ABER DAFÜR REICHT DIE ZEIT NICHT!!

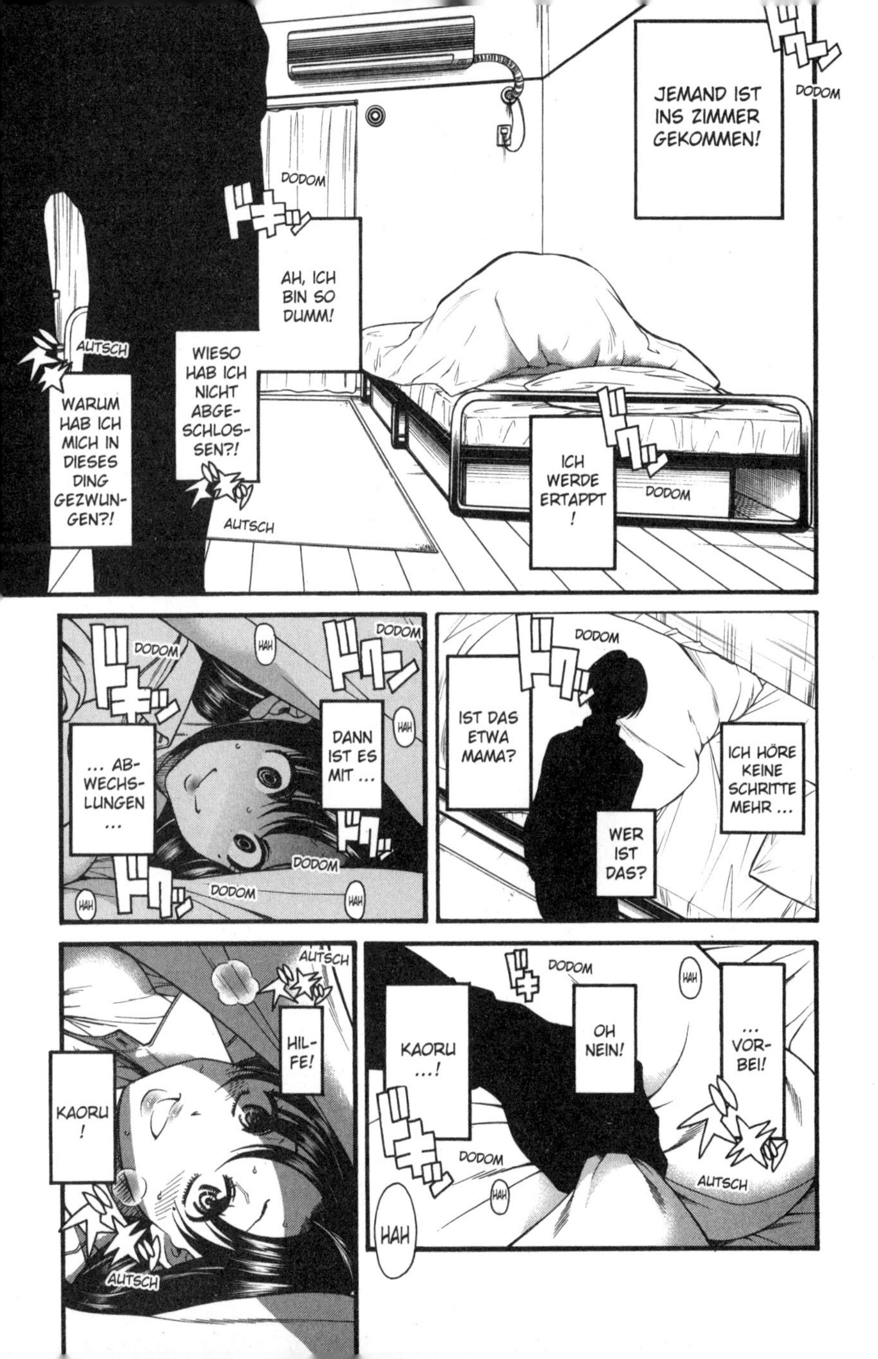

JEMAND IST INS ZIMMER GEKOMMEN!
DODOM
ICH WERDE ERTAPPT!
DODOM
AH, ICH BIN SO DUMM!
DODOM
WIESO HAB ICH NICHT ABGESCHLOSSEN?!
AUTSCH
WARUM HAB ICH MICH IN DIESES DING GEZWUNGEN?!
AUTSCH

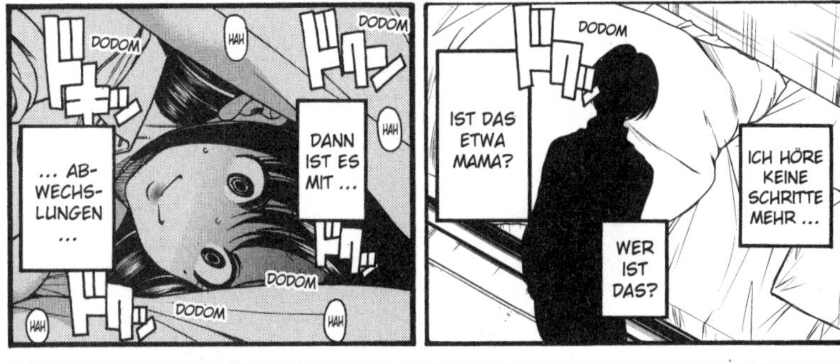

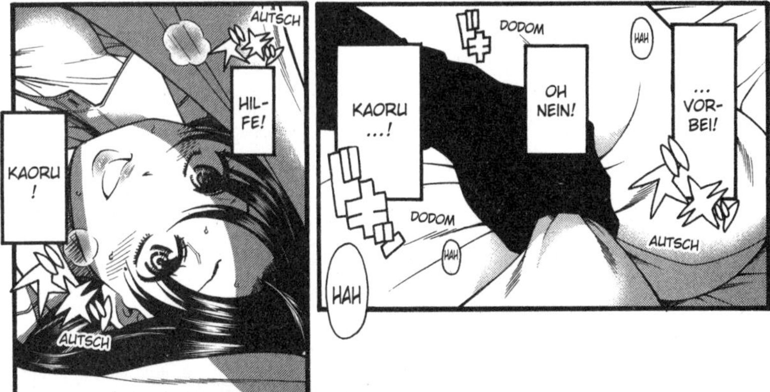

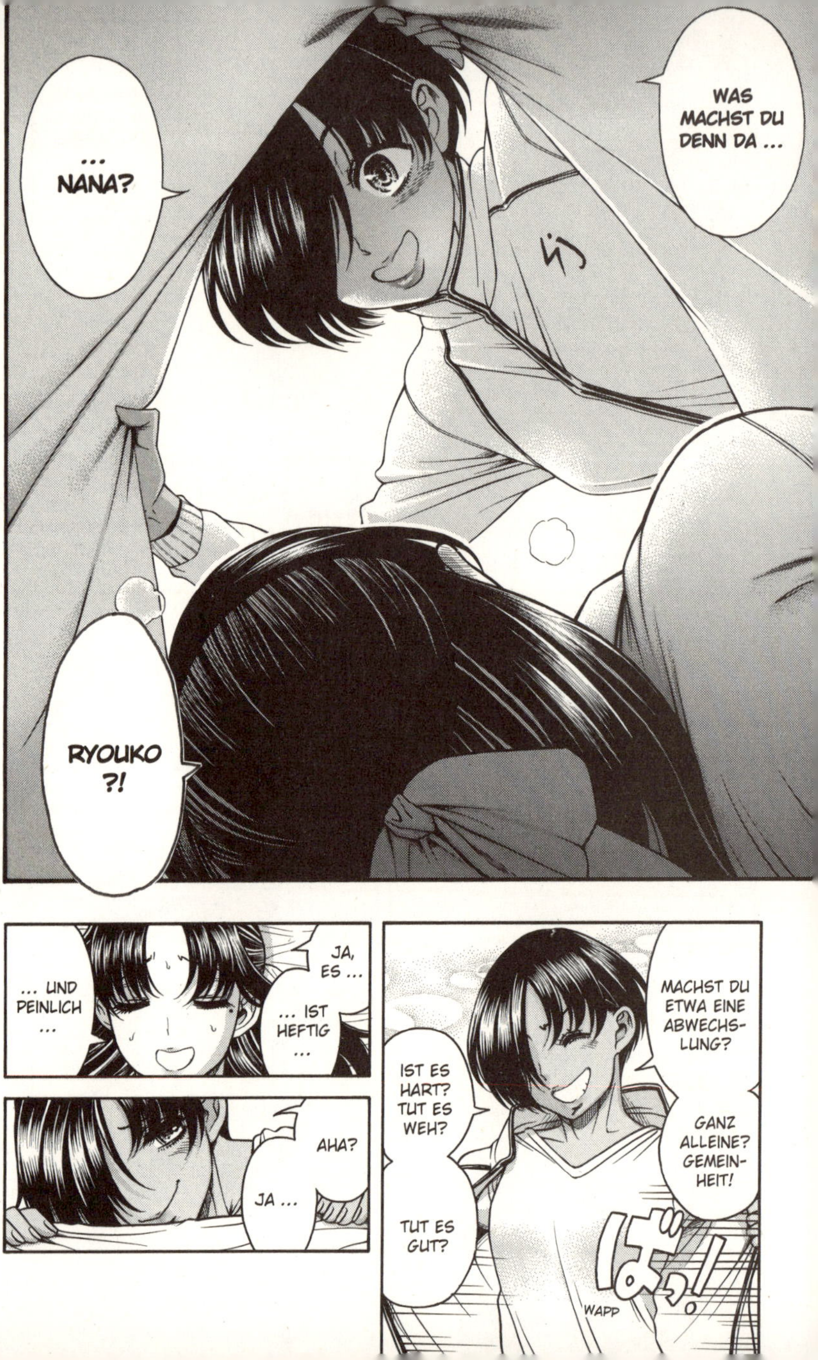

WAS MACHST DU DENN DA ...
... NANA?
RYOUKO ?!

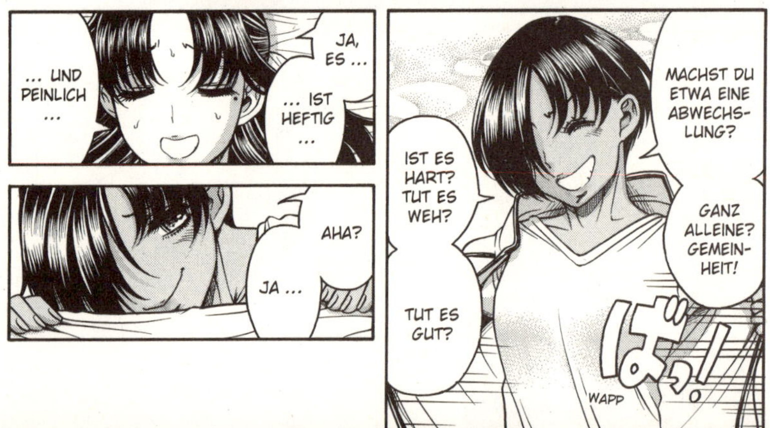

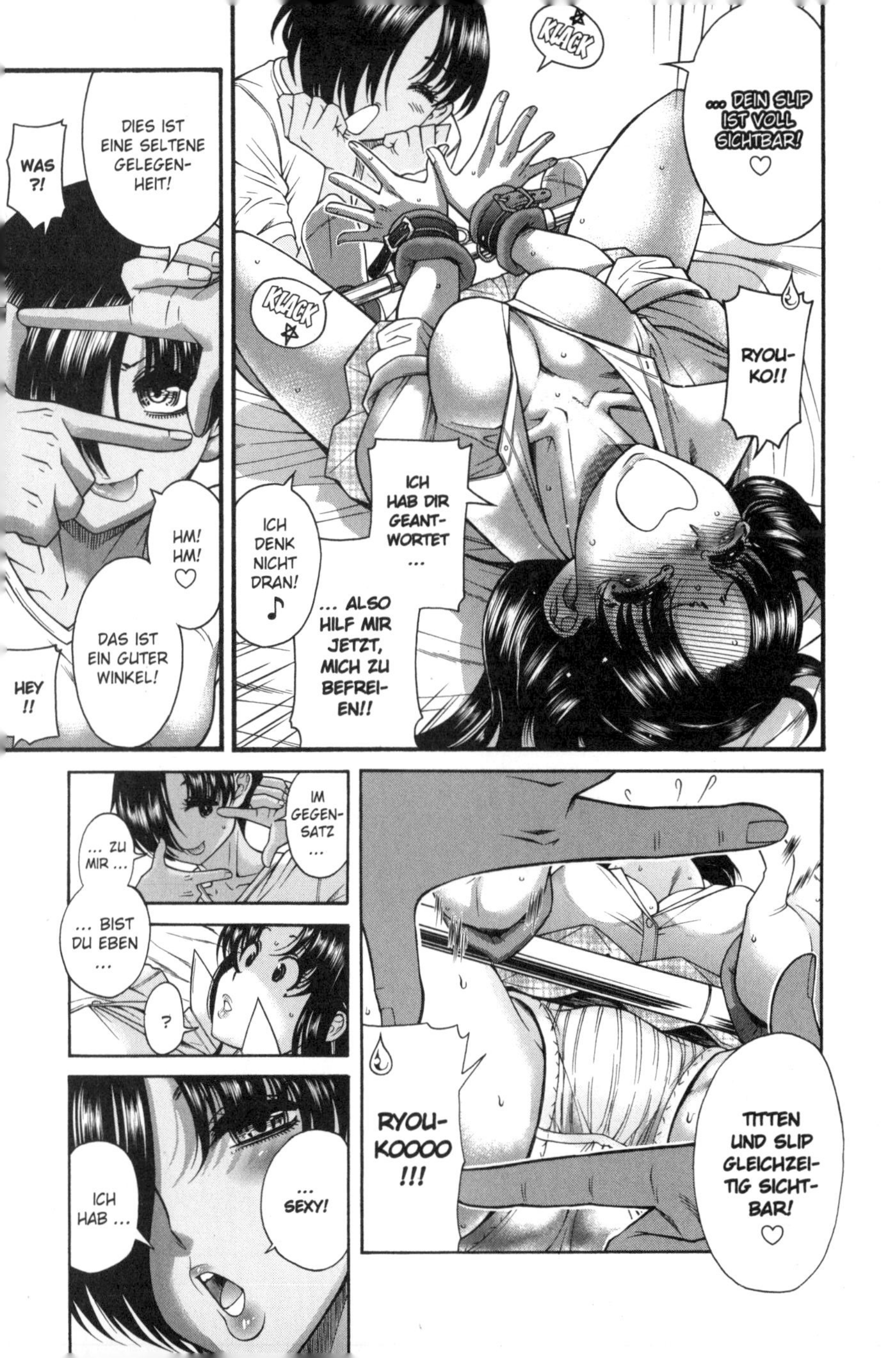

KLACK
... DEIN SLIP IST VOLL SICHTBAR! ♡
KLACK
RYOU-KO!!
DIES IST EINE SELTENE GELEGEN-HEIT!
WAS ?!
ICH HAB DIR GEANT-WORTET ...
ICH DENK NICHT DRAN! ♪
... ALSO HILF MIR JETZT, MICH ZU BEFREI-EN!!
HM! HM! ♡
DAS IST EIN GUTER WINKEL!
HEY !!
TITTEN UND SLIP GLEICHZEI-TIG SICHT-BAR! ♡
RYOU-KOOOO !!!
IM GEGEN-SATZ ...
... ZU MIR ...
... BIST DU EBEN ...
?
... SEXY!
ICH HAB ...

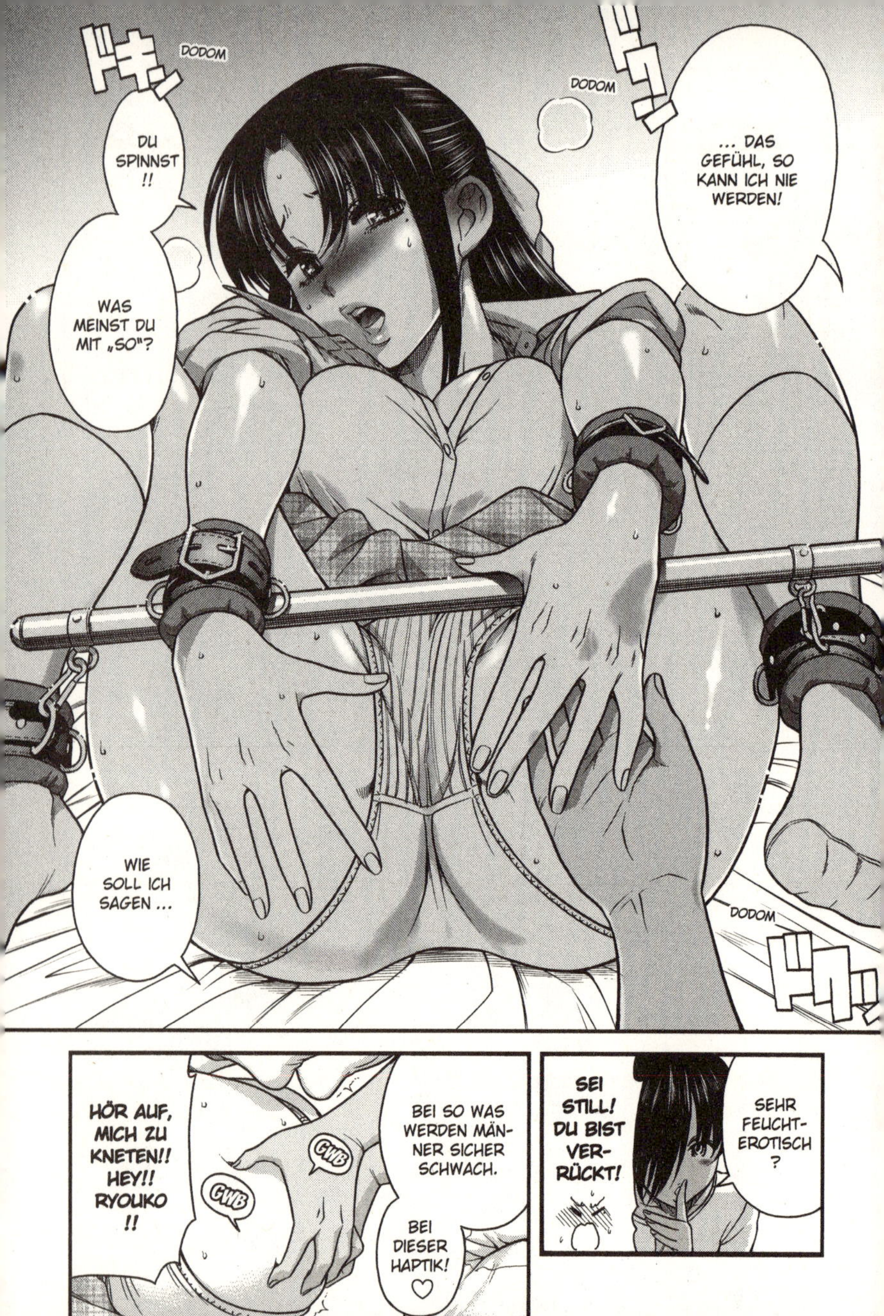

DODOM
… DAS GEFÜHL, SO KANN ICH NIE WERDEN!
DODOM
DU SPINNST !!
WAS MEINST DU MIT „SO"?
WIE SOLL ICH SAGEN …
DODOM
SEHR FEUCHT-EROTISCH ?
SEI STILL! DU BIST VER-RÜCKT!
BEI SO WAS WERDEN MÄN-NER SICHER SCHWACH.
BEI DIESER HAPTIK! ♡
HÖR AUF, MICH ZU KNETEN!! HEY!! RYOUKO !!
GWB
GWB

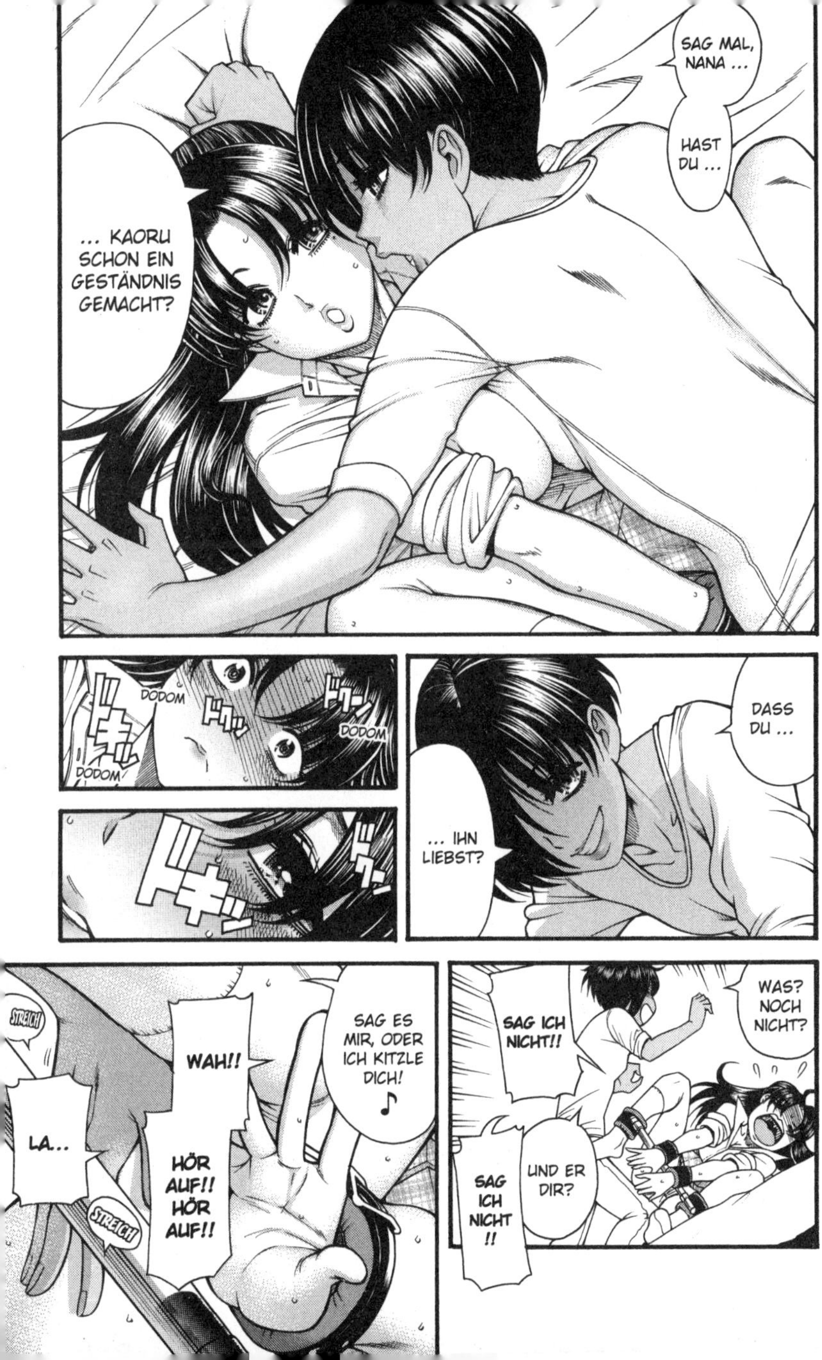

SAG MAL, NANA ...
HAST DU ...
... KAORU SCHON EIN GESTÄNDNIS GEMACHT?

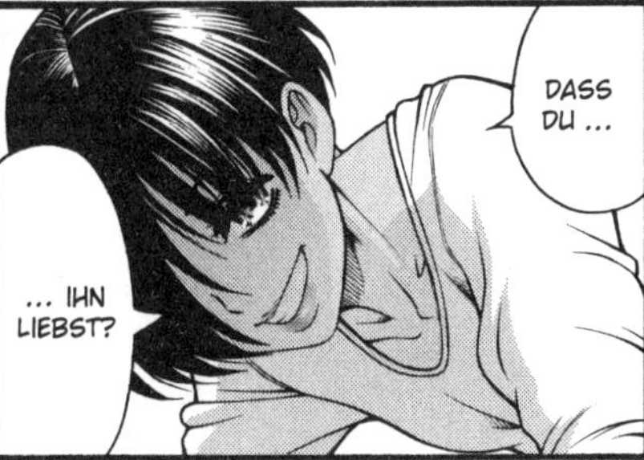

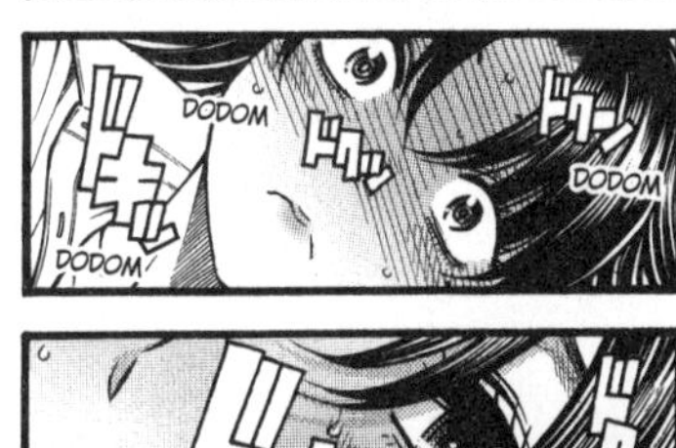

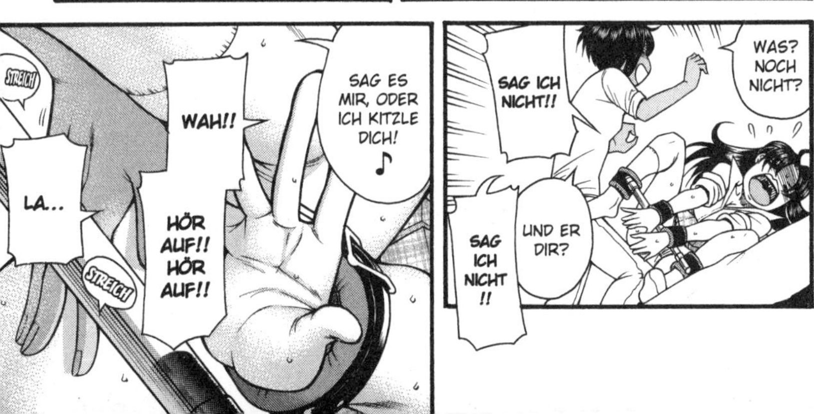

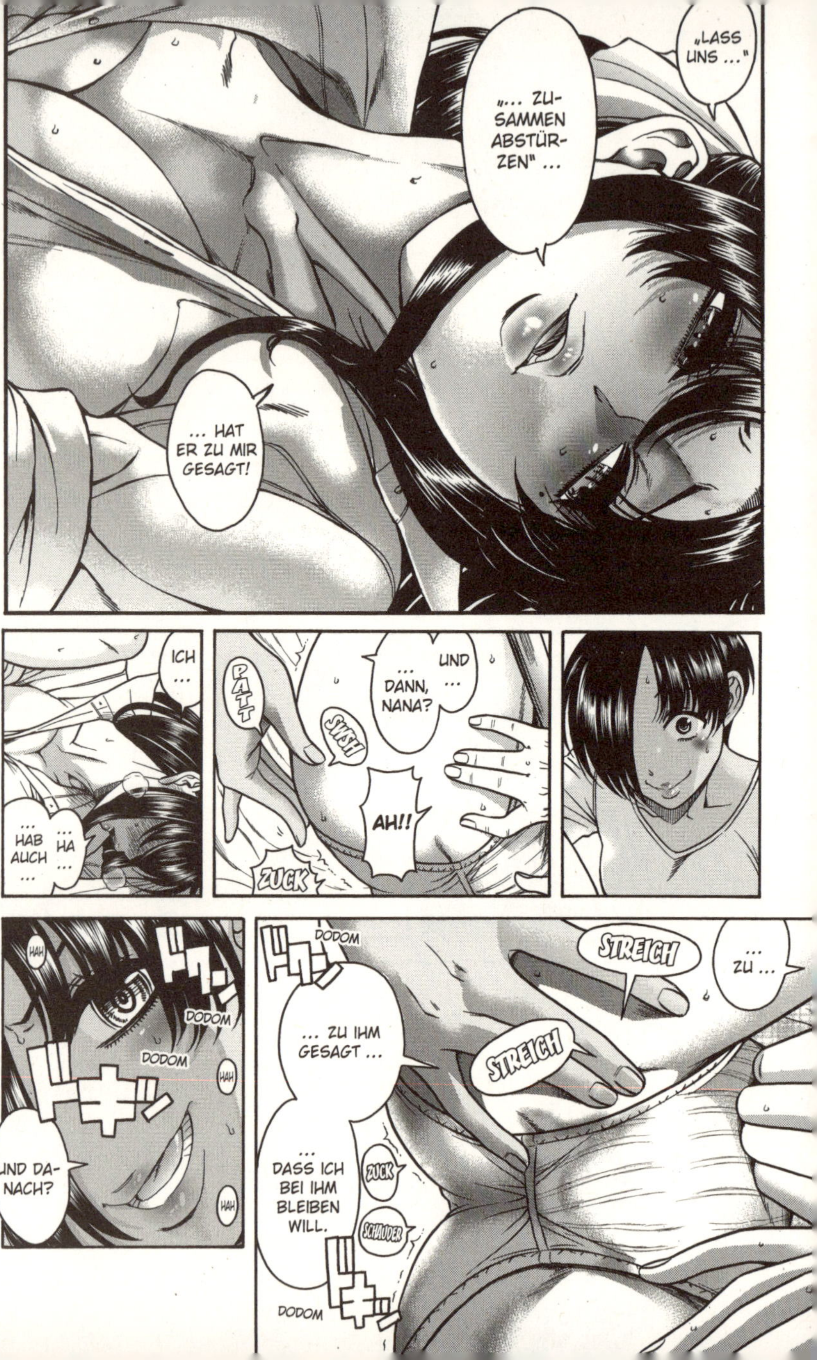

„LASS UNS ..."

„... ZU-
SAMMEN
ABSTÜR-
ZEN" ...

... HAT
ER ZU MIR
GESAGT!

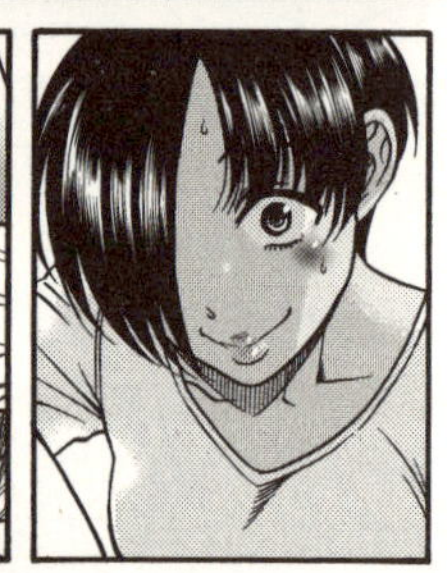

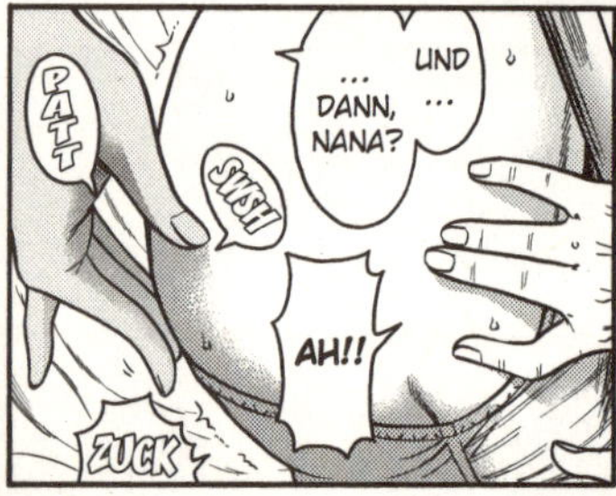

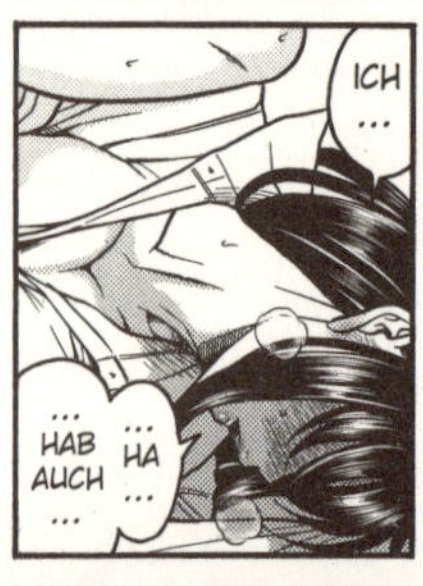

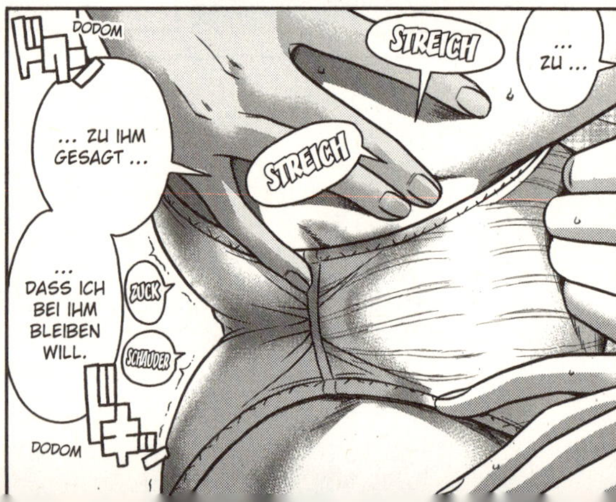

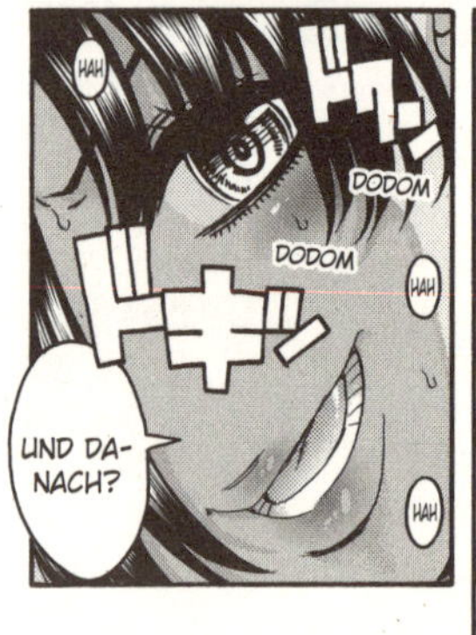

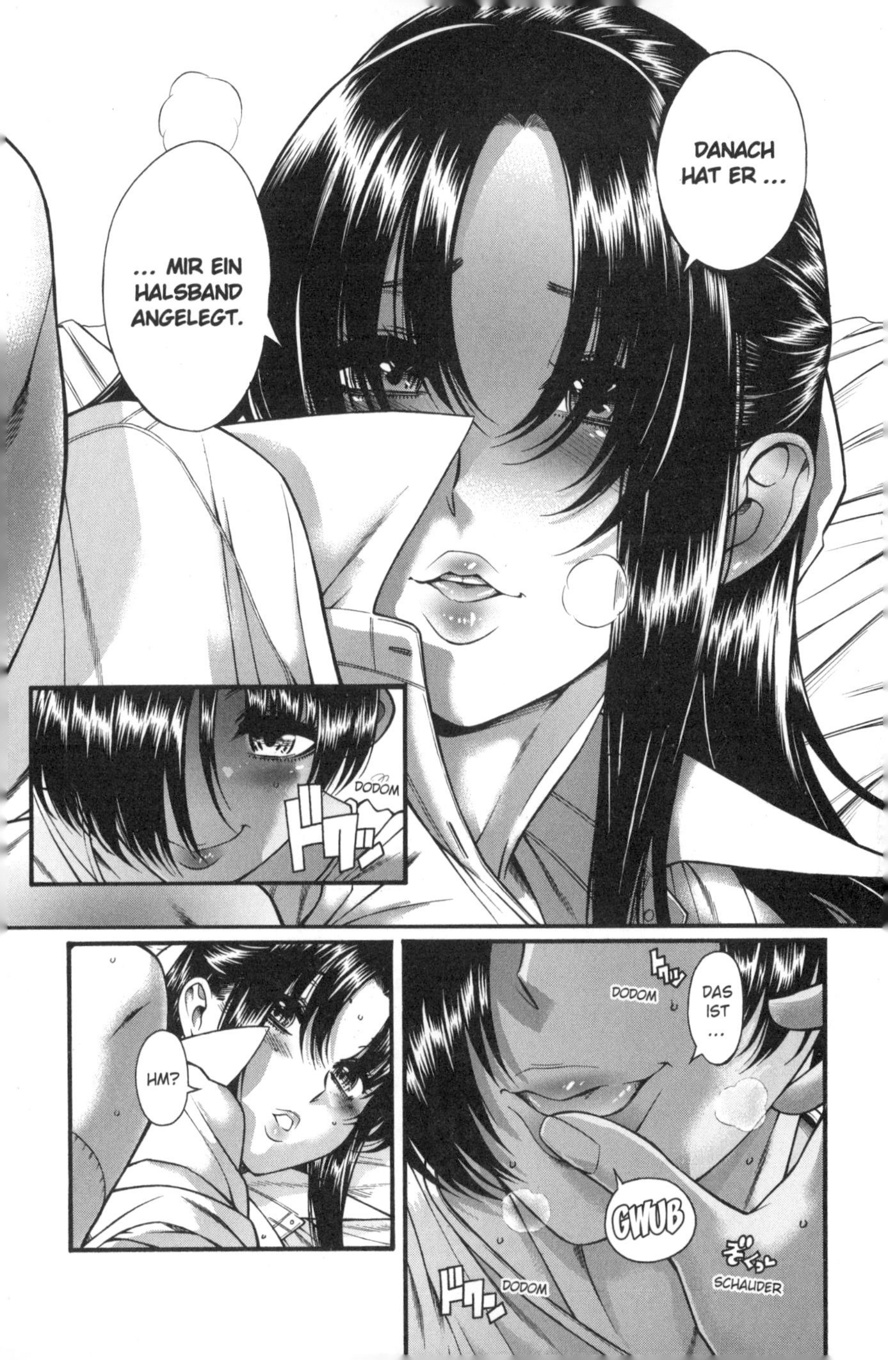

DANACH HAT ER …

… MIR EIN HALSBAND ANGELEGT.

DODOM

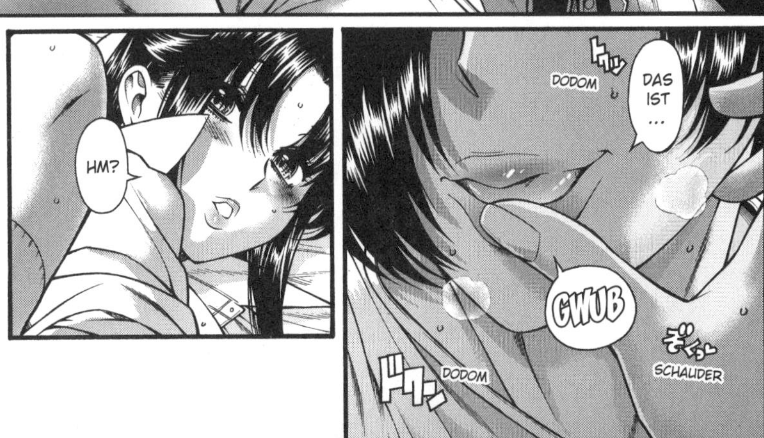

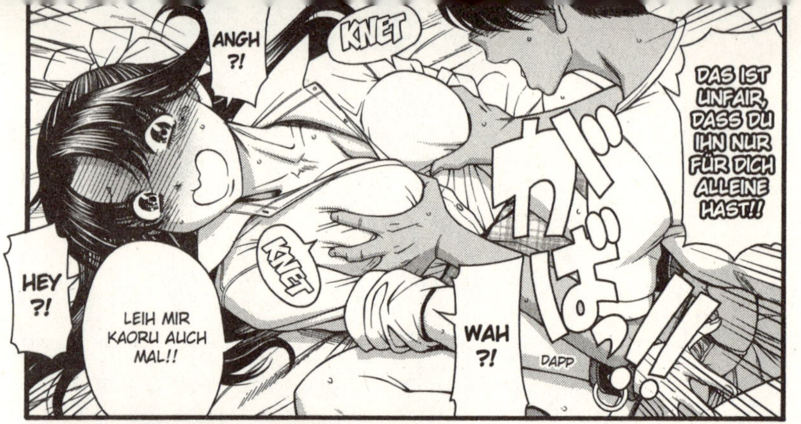
DAS IST UNFAIR, DASS DU IHN NUR FÜR DICH ALLEINE HAST!!
KNET
ANGH ?!
KNET
WAH ?!
DAPP
HEY ?!
LEIH MIR KAORU AUCH MAL!!

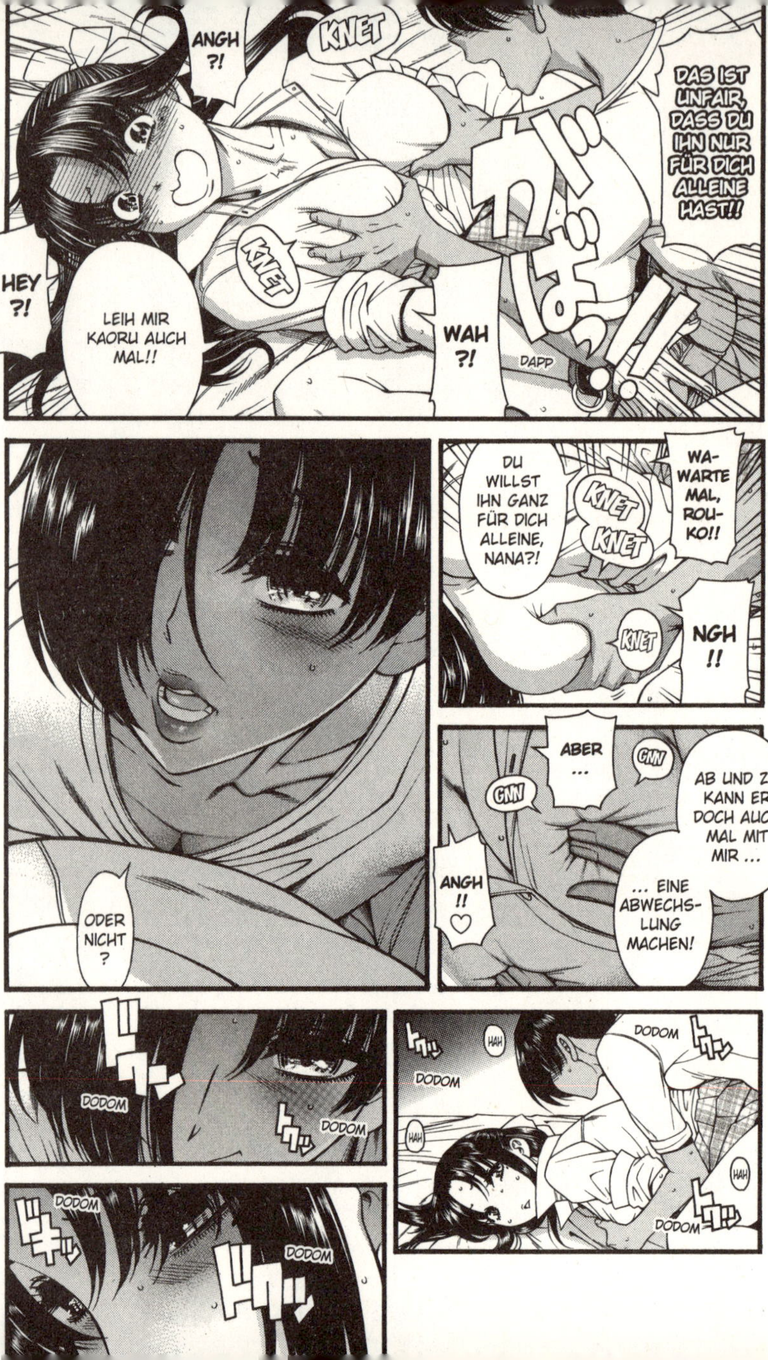

WA-WARTE MAL, ROU-KO!!
KNET
KNET
DU WILLST IHN GANZ FÜR DICH ALLEINE, NANA?!
NGH !!
KNET
AB UND ZU KANN ER DOCH AUCH MAL MIT MIR ...
... EINE ABWECHSLUNG MACHEN!
GNN
ABER ...
GNN
ANGH !! ♡
ODER NICHT ?

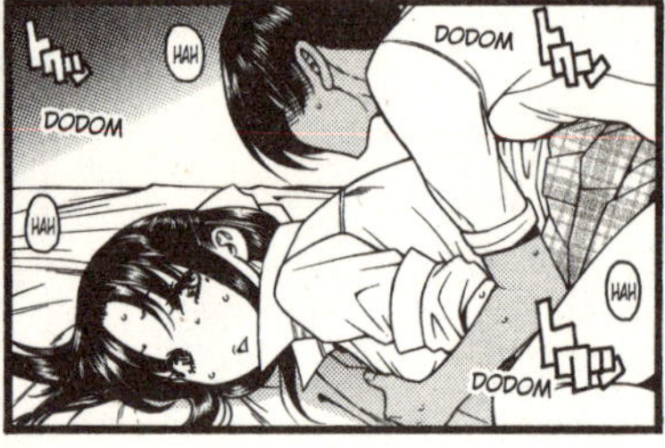
DODOM
HAH
DODOM
HAH
HAH
DODOM

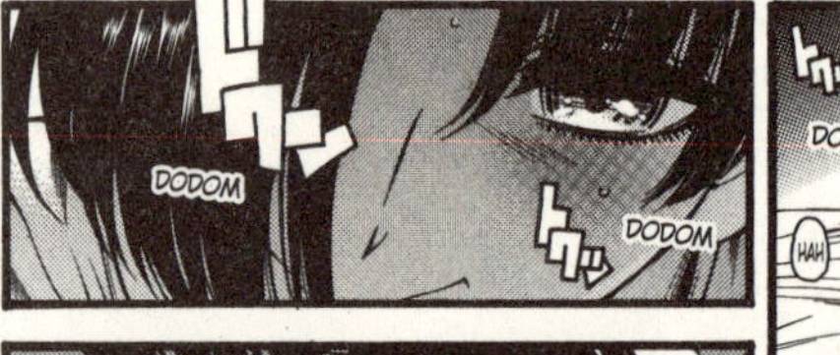
DODOM
DODOM

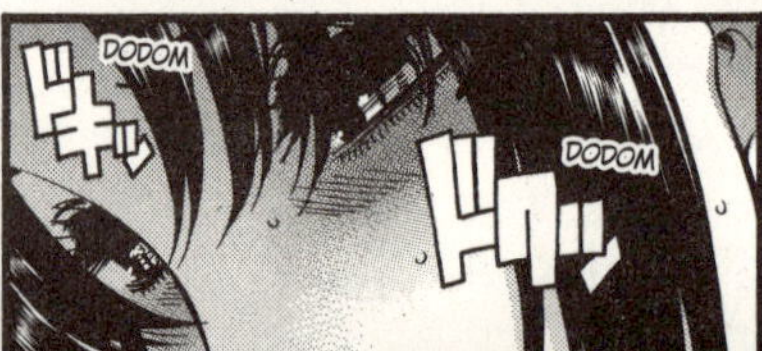
DODOM
DODOM

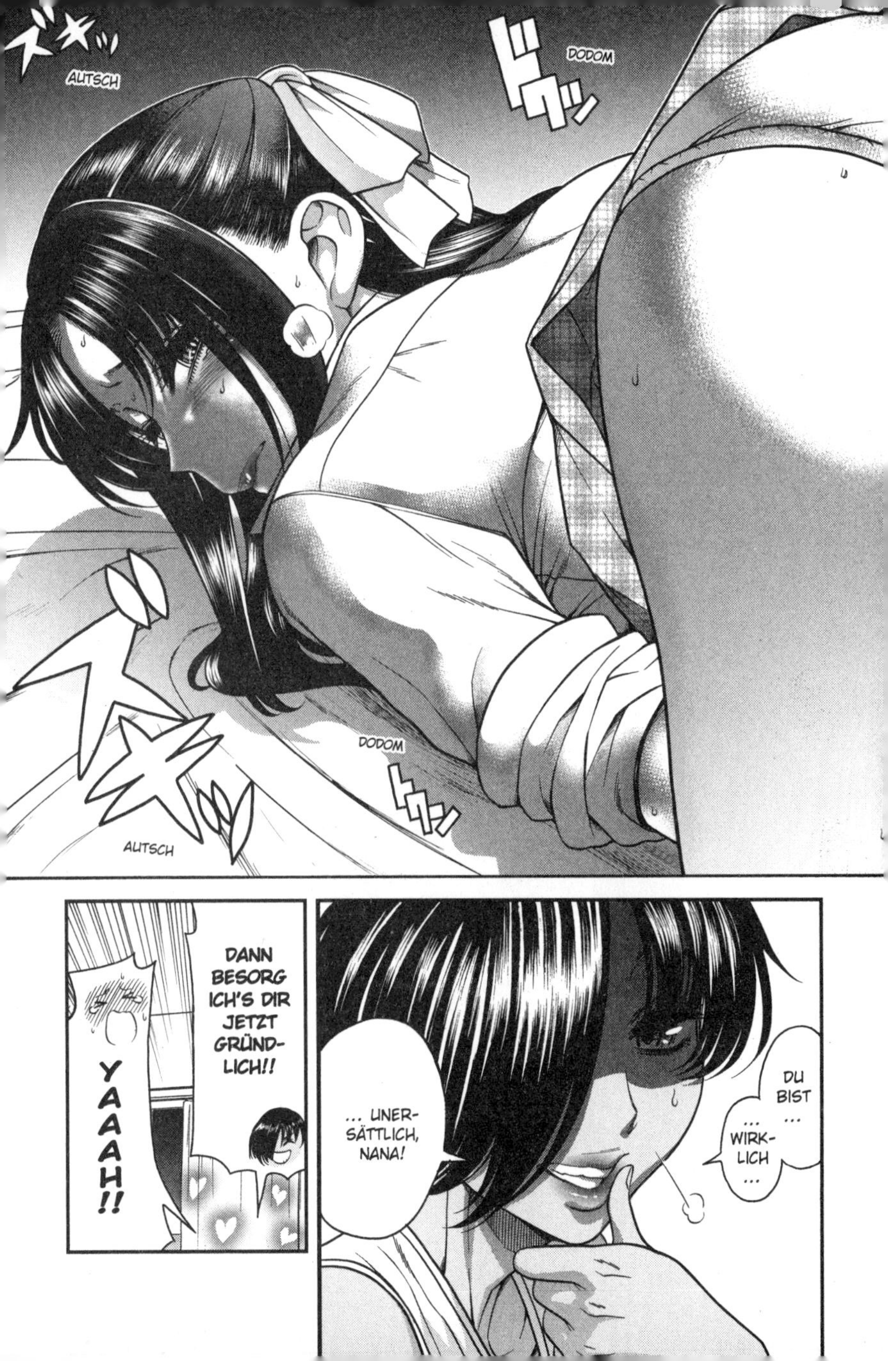

DODOM

AUTSCH

DODOM

AUTSCH

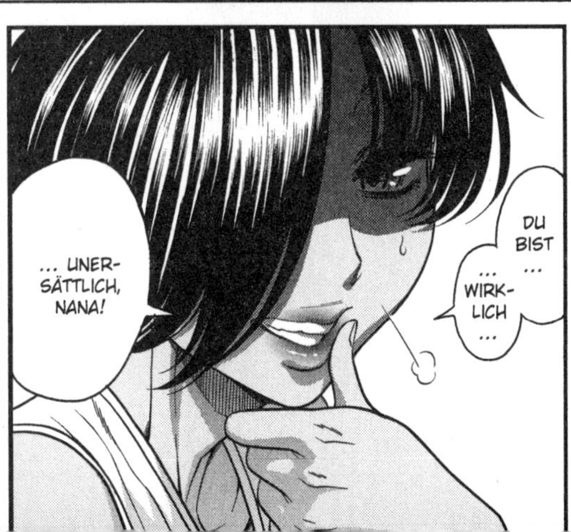

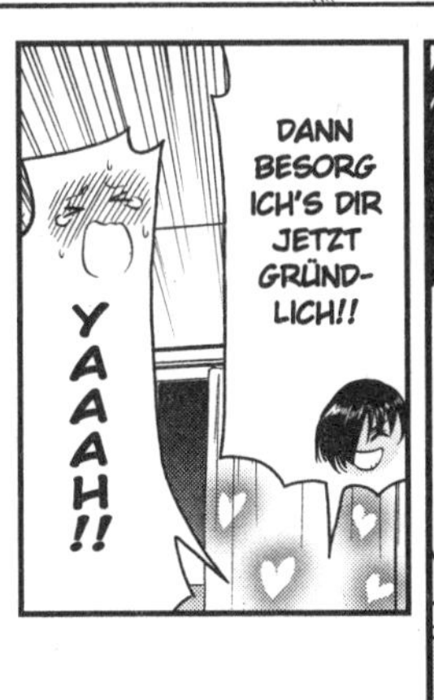

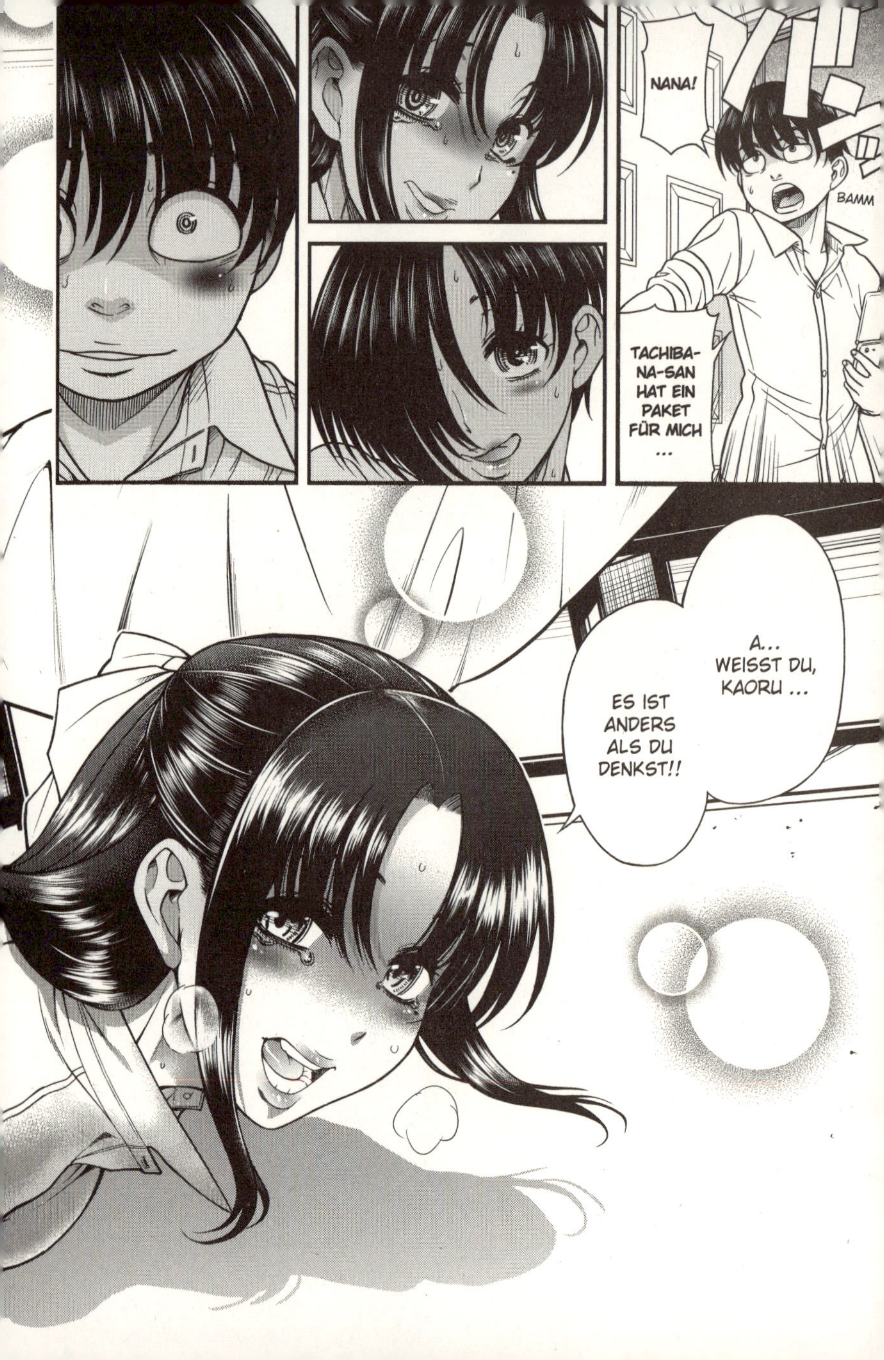
NANA!
BAMM
TACHIBANA-SAN HAT EIN PAKET FÜR MICH …
A… WEISST DU, KAORU …
ES IST ANDERS ALS DU DENKST!!

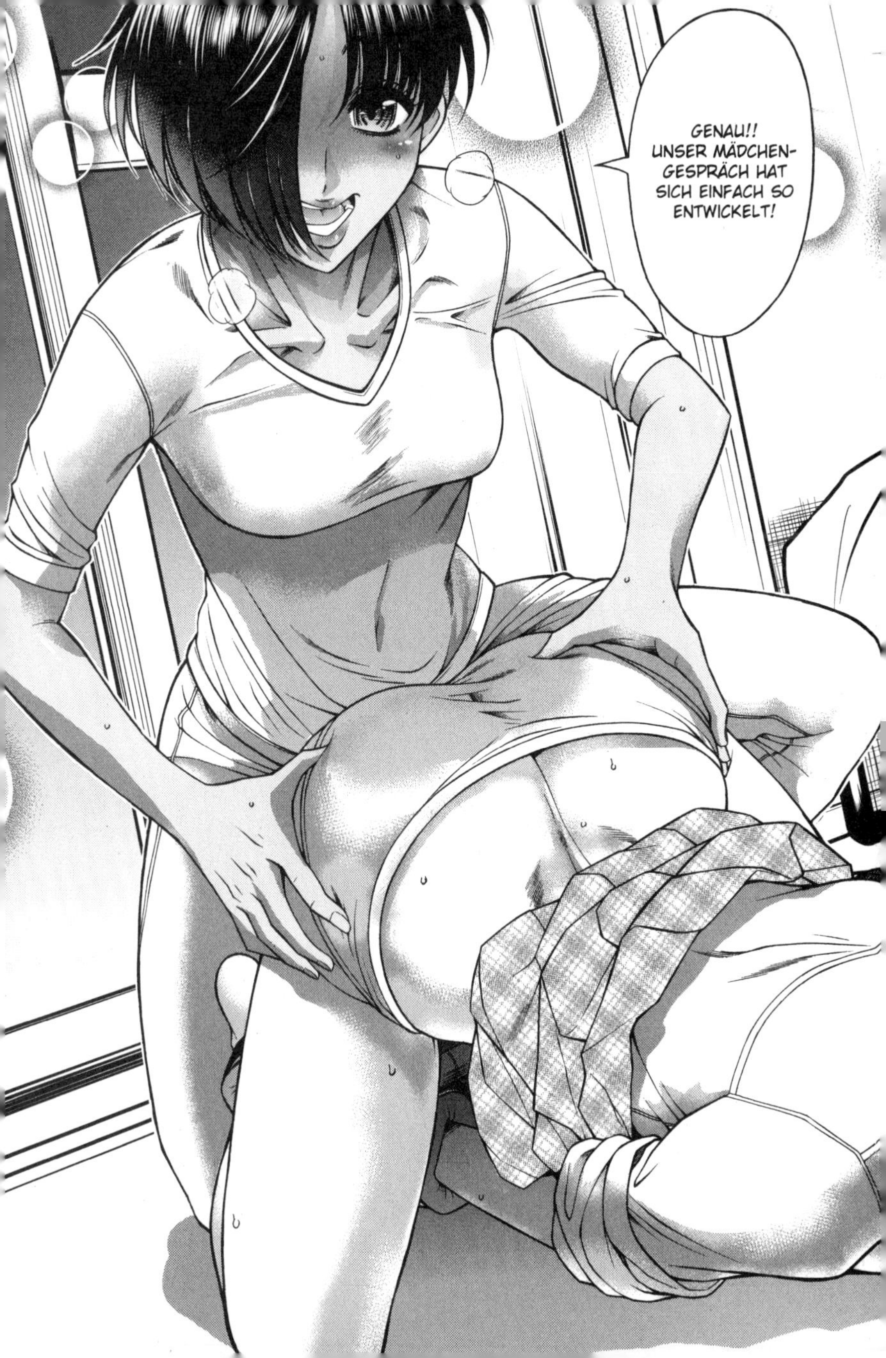
GENAU!!
UNSER MÄDCHEN-
GESPRÄCH HAT
SICH EINFACH SO
ENTWICKELT!

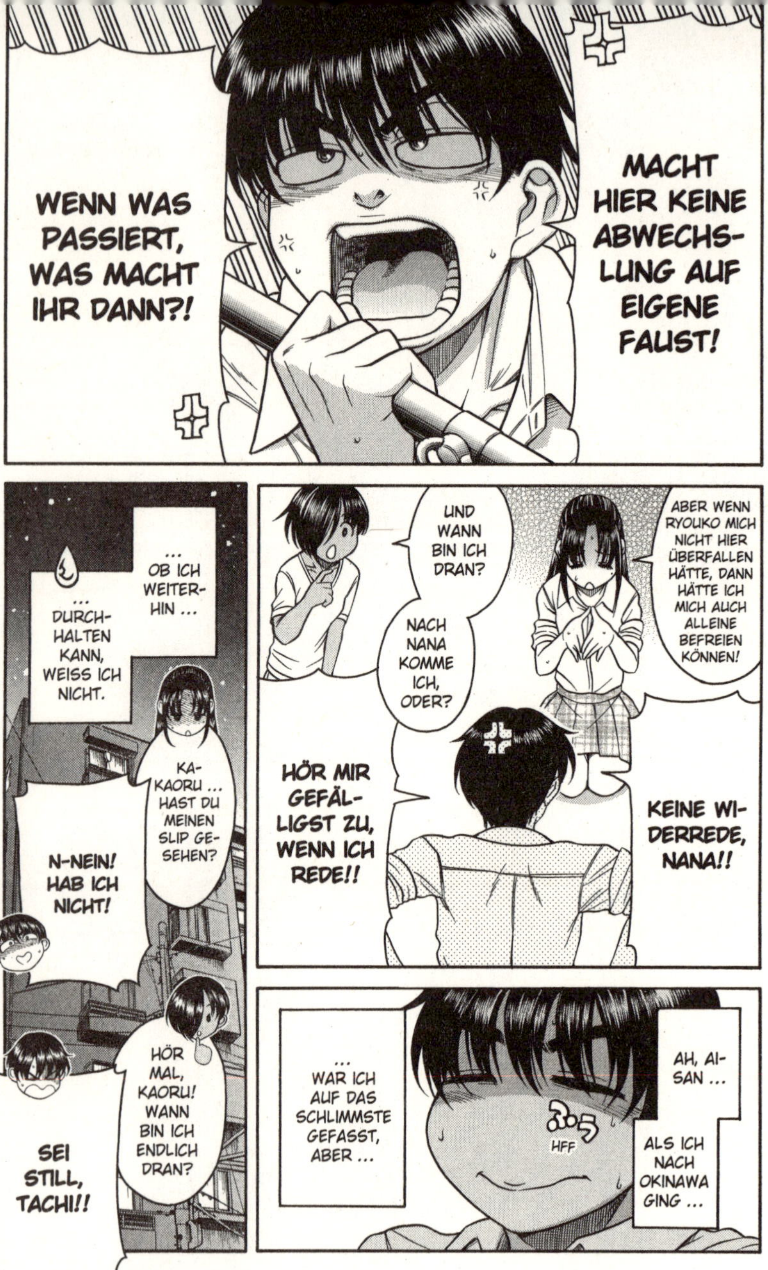

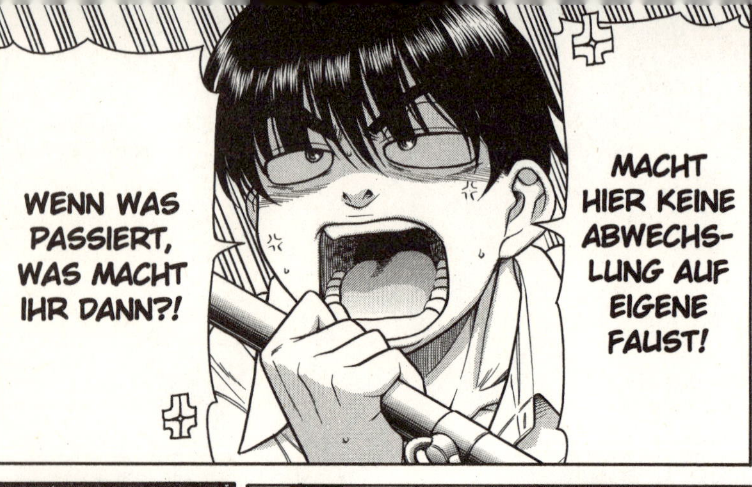
MACHT HIER KEINE ABWECHSLUNG AUF EIGENE FAUST!
WENN WAS PASSIERT, WAS MACHT IHR DANN?!

ABER WENN RYOUKO MICH NICHT HIER ÜBERFALLEN HÄTTE, DANN HÄTTE ICH MICH AUCH ALLEINE BEFREIEN KÖNNEN!
UND WANN BIN ICH DRAN?
NACH NANA KOMME ICH, ODER?
KEINE WIDERREDE, NANA!!
HÖR MIR GEFÄLLIGST ZU, WENN ICH REDE!!
AH, AI-SAN …
ALS ICH NACH OKINAWA GING …
HFF
… WAR ICH AUF DAS SCHLIMMSTE GEFASST, ABER …
… OB ICH WEITERHIN …
… DURCHHALTEN KANN, WEISS ICH NICHT.
KA-KAORU … HAST DU MEINEN SLIP GESEHEN?
N-NEIN! HAB ICH NICHT!
HÖR MAL, KAORU! WANN BIN ICH ENDLICH DRAN?
SEI STILL, TACHI!!

KAPITEL 3: VR IST … EROTISCH!♡

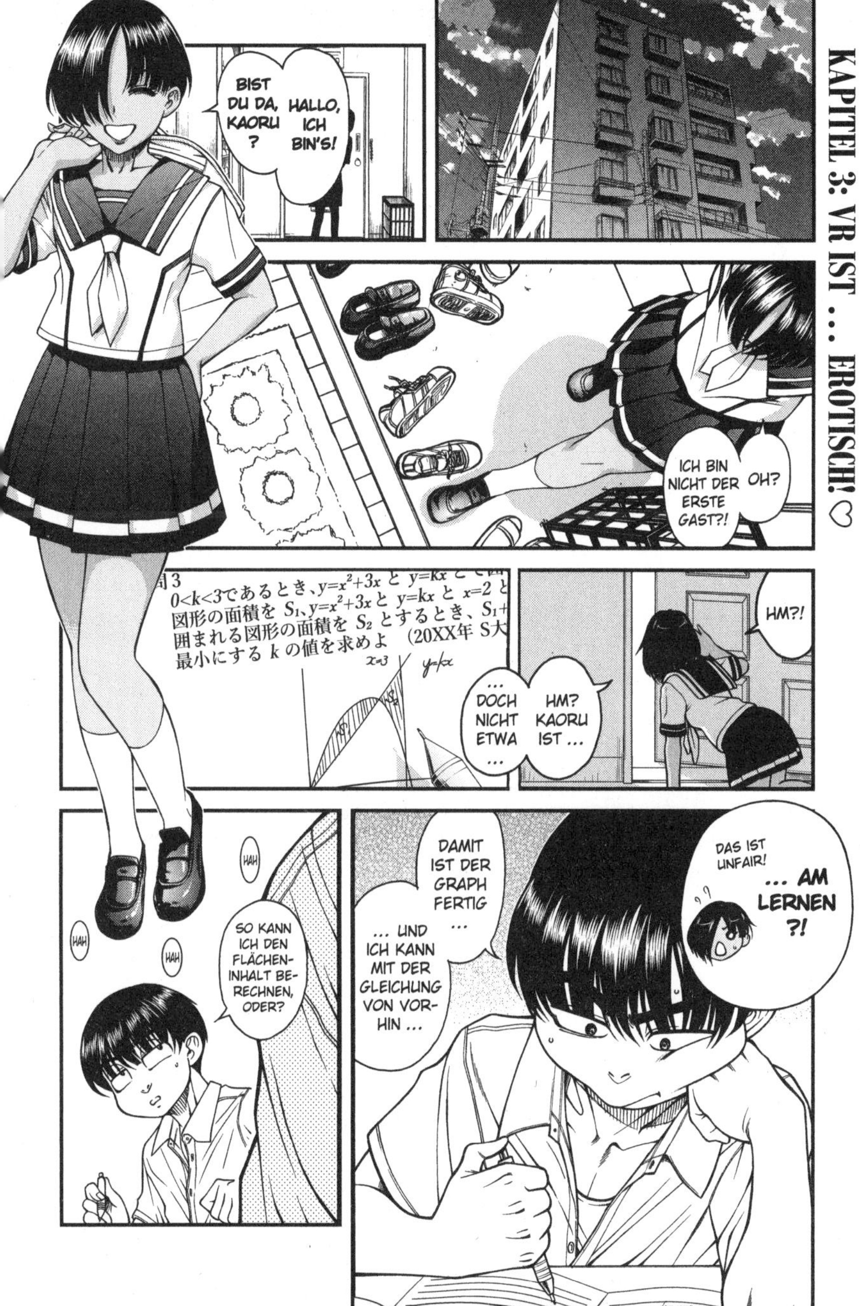

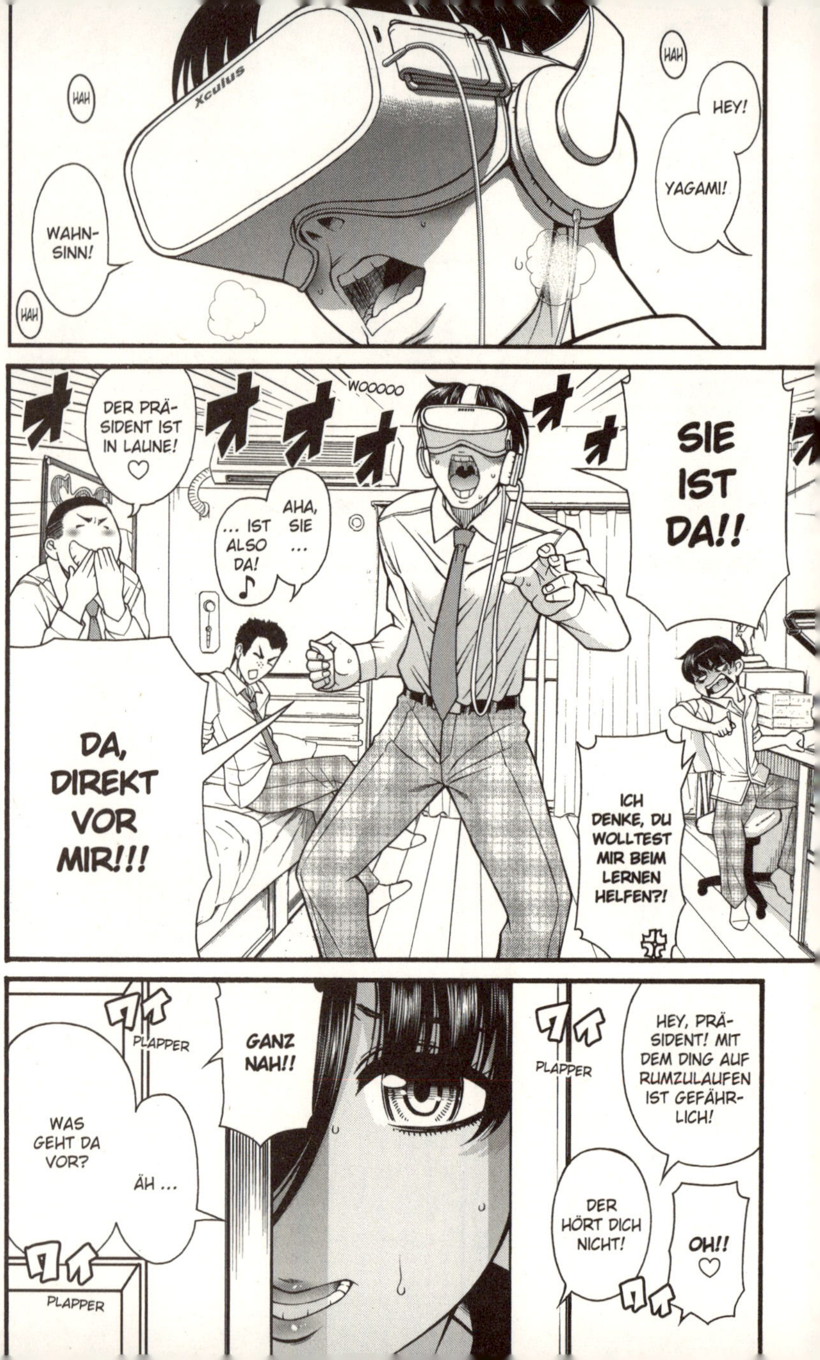

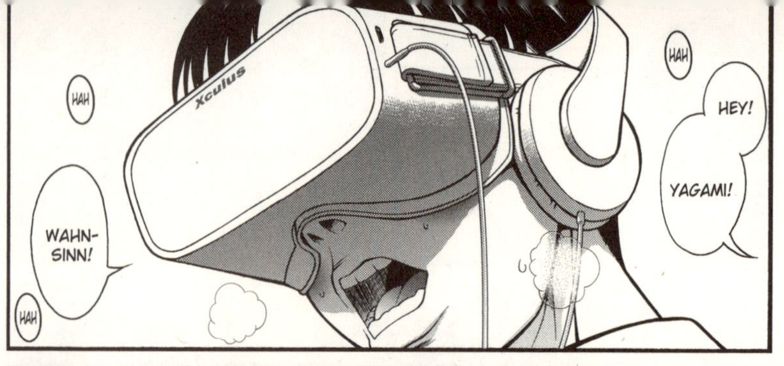
Xculus
HAH
HEY! YAGAMI!
HAH
WAHN-SINN!
HAH

SIE IST DA!!
WOOOOO
AHA, SIE ...
... IST ALSO DA! ♪
DER PRÄSIDENT IST IN LAUNE! ♡
ICH DENKE, DU WOLLTEST MIR BEIM LERNEN HELFEN?!
DA, DIREKT VOR MIR!!!

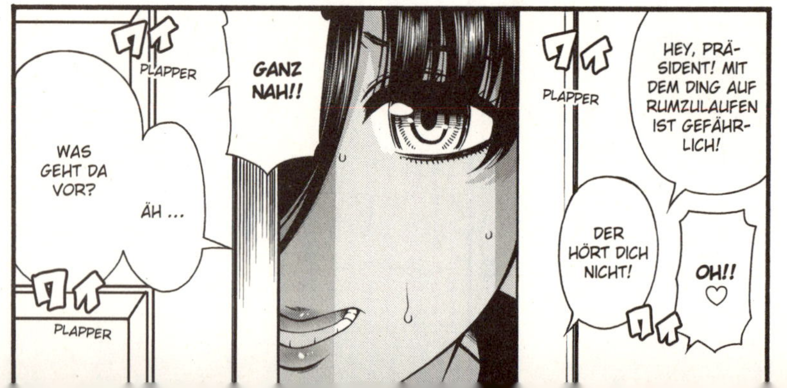
HEY, PRÄSIDENT! MIT DEM DING AUF RUMZULAUFEN IST GEFÄHRLICH!
PLAPPER
OH!! ♡
DER HÖRT DICH NICHT!
GANZ NAH!!
PLAPPER
WAS GEHT DA VOR?
ÄH ...
PLAPPER

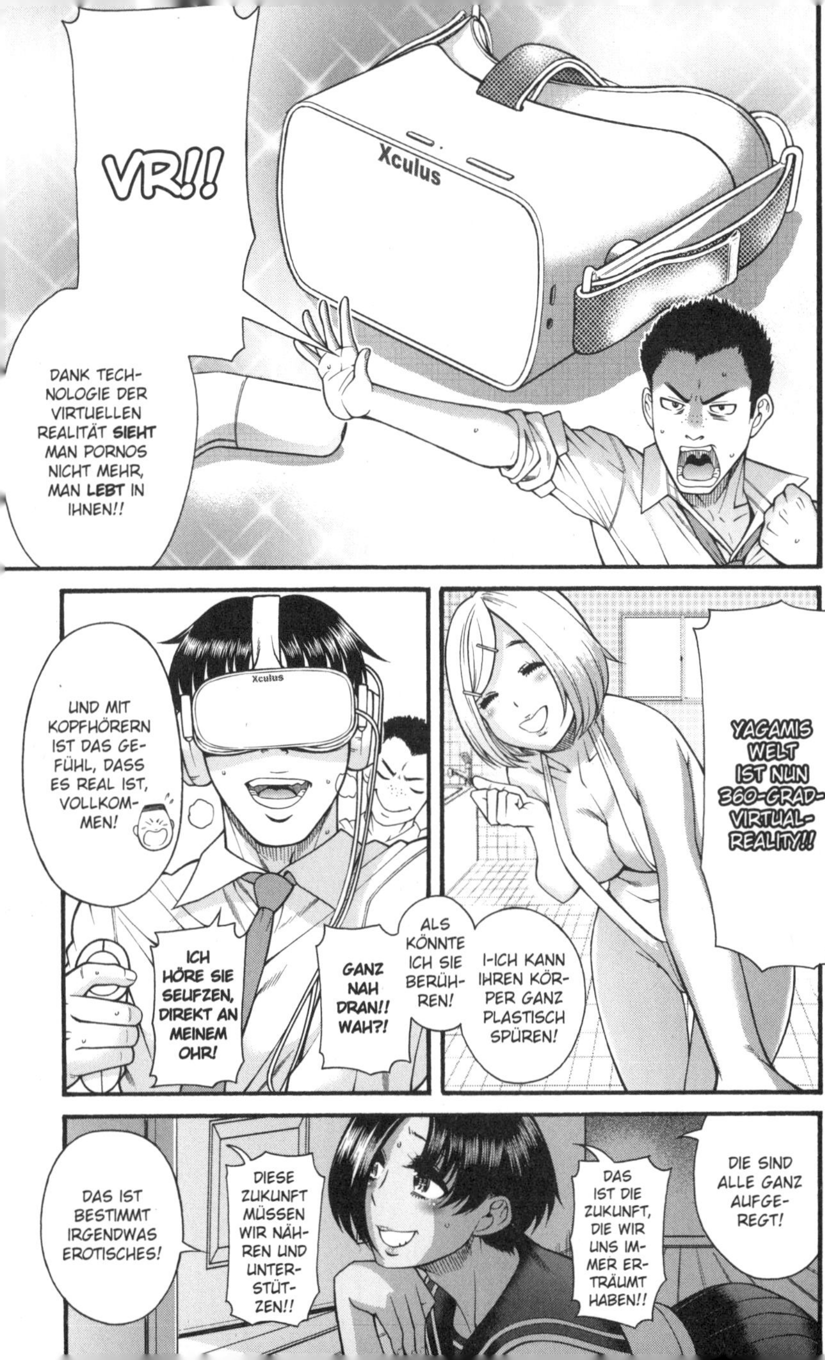

VR!!

DANK TECHNOLOGIE DER VIRTUELLEN REALITÄT **SIEHT** MAN PORNOS NICHT MEHR, MAN **LEBT** IN IHNEN!!

YAGAMIS WELT IST NUN 360-GRAD-VIRTUAL-REALITY!!

I-ICH KANN IHREN KÖRPER GANZ PLASTISCH SPÜREN!

ALS KÖNNTE ICH SIE BERÜHREN!

GANZ NAH DRAN!! WAH?!

ICH HÖRE SIE SEUFZEN, DIREKT AN MEINEM OHR!

UND MIT KOPFHÖRERN IST DAS GEFÜHL, DASS ES REAL IST, VOLLKOMMEN!

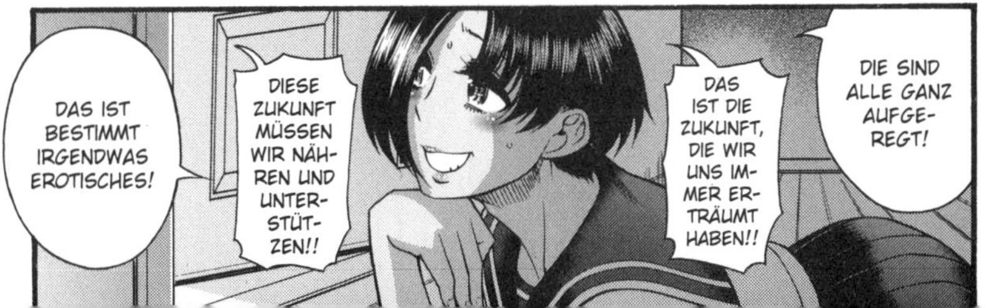

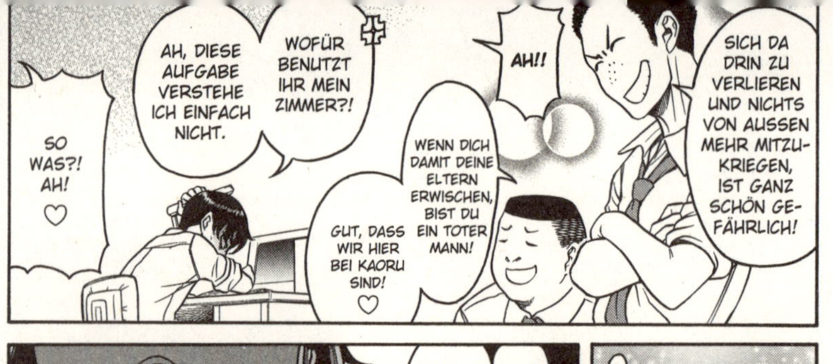
SICH DA DRIN ZU VERLIEREN UND NICHTS VON AUSSEN MEHR MITZU-KRIEGEN, IST GANZ SCHÖN GE-FÄHRLICH!
AH!!
WENN DICH DAMIT DEINE ELTERN ERWISCHEN, BIST DU EIN TOTER MANN!
GUT, DASS WIR HIER BEI KAORU SIND! ♡
WOFÜR BENUTZT IHR MEIN ZIMMER?!
AH, DIESE AUFGABE VERSTEHE ICH EINFACH NICHT.
SO WAS?! AH! ♡

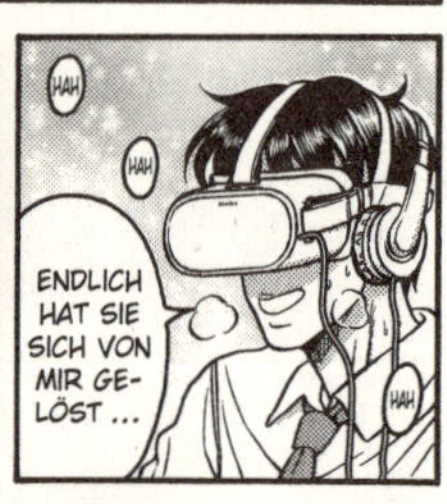
HAH
HAH
ENDLICH HAT SIE SICH VON MIR GELÖST ...
HAH

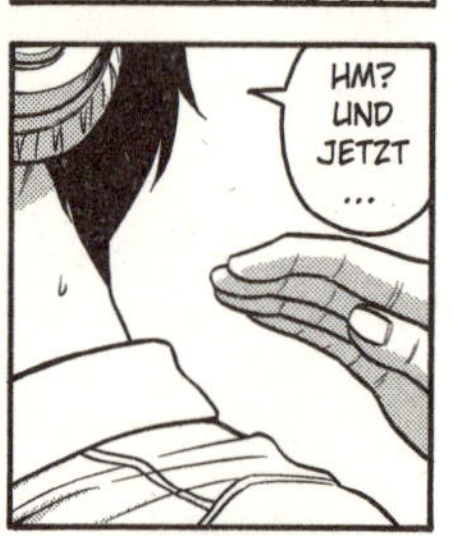
HM? UND JETZT ...

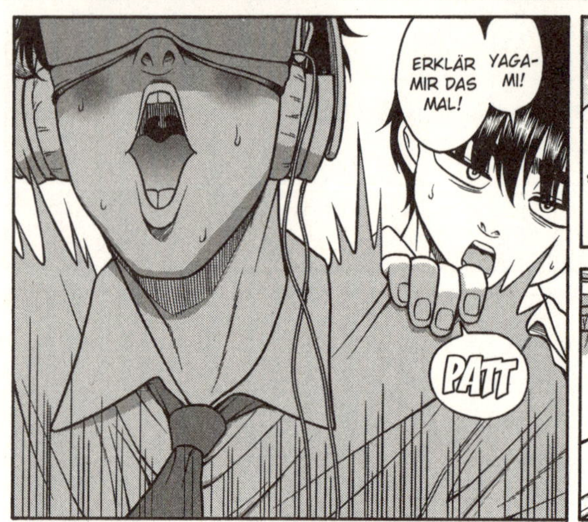
YAGAMI!
ERKLÄR MIR DAS MAL!
PATT

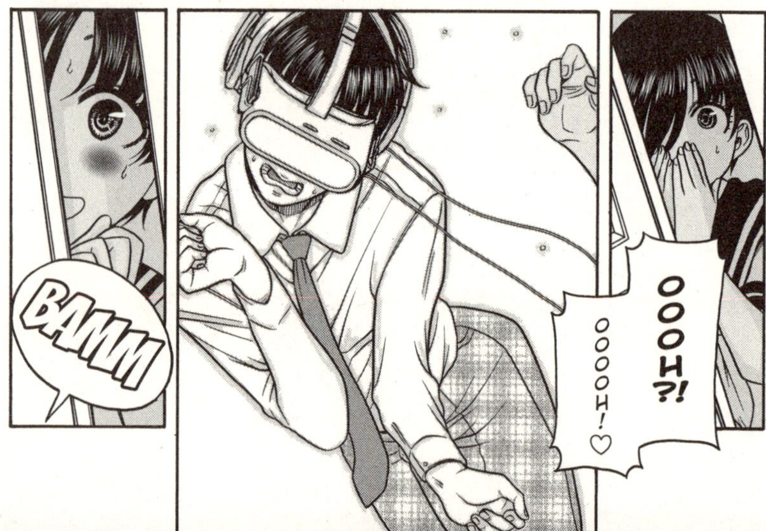
OOOOH?!
OOOOH! ♡
BAMM

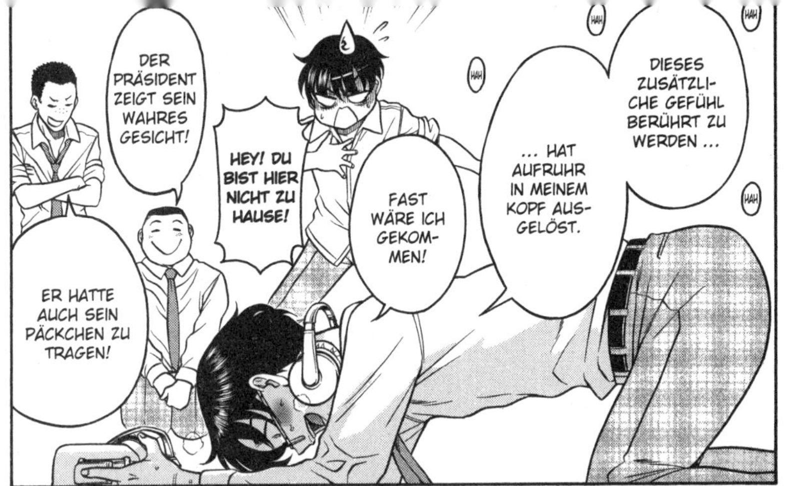
HAH
HAH
DIESES ZUSÄTZLICHE GEFÜHL BERÜHRT ZU WERDEN ...
HAH
... HAT AUFRUHR IN MEINEM KOPF AUSGELÖST.
HAH
FAST WÄRE ICH GEKOMMEN!
HEY! DU BIST HIER NICHT ZU HAUSE!
DER PRÄSIDENT ZEIGT SEIN WAHRES GESICHT!
ER HATTE AUCH SEIN PÄCKCHEN ZU TRAGEN!

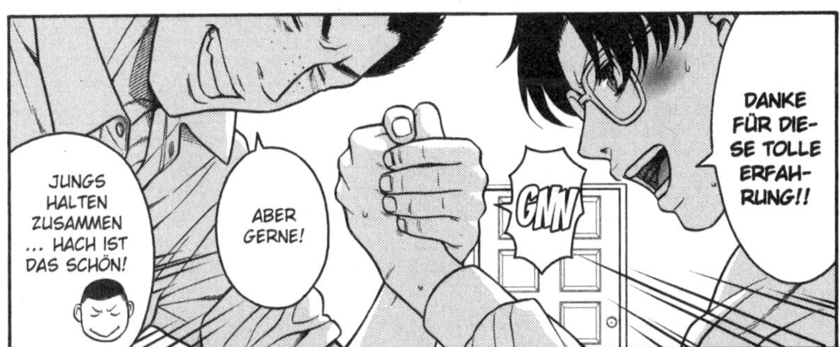
DANKE FÜR DIESE TOLLE ERFAHRUNG!!
GMN
ABER GERNE!
JUNGS HALTEN ZUSAMMEN ... HACH IST DAS SCHÖN!

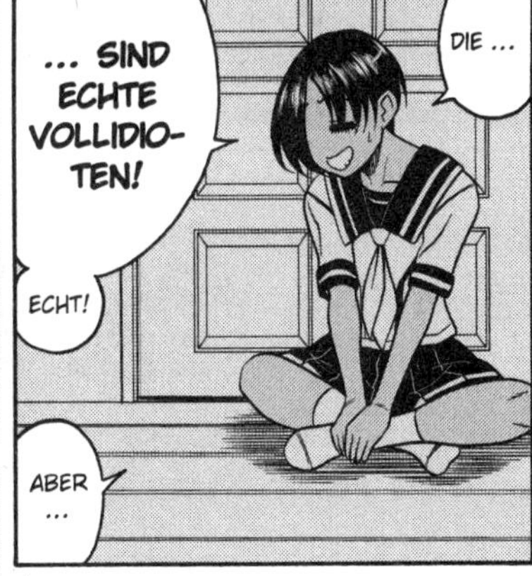
DIE ...
... SIND ECHTE VOLLIDIOTEN!
ECHT!
ABER ...

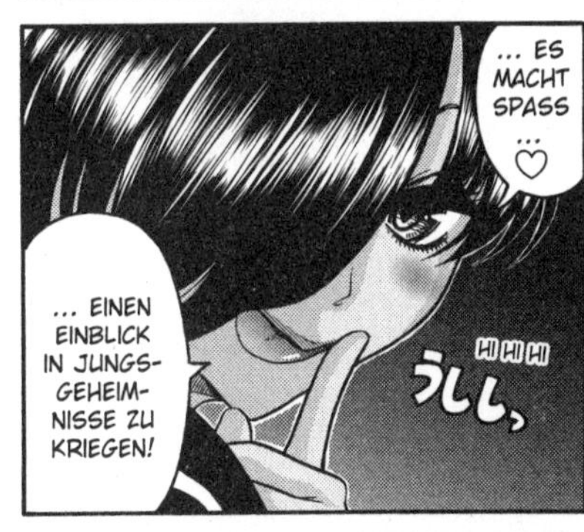
... ES MACHT SPASS ... ♡
... EINEN EINBLICK IN JUNGSGEHEIMNISSE ZU KRIEGEN!
HI HI HI
うしし

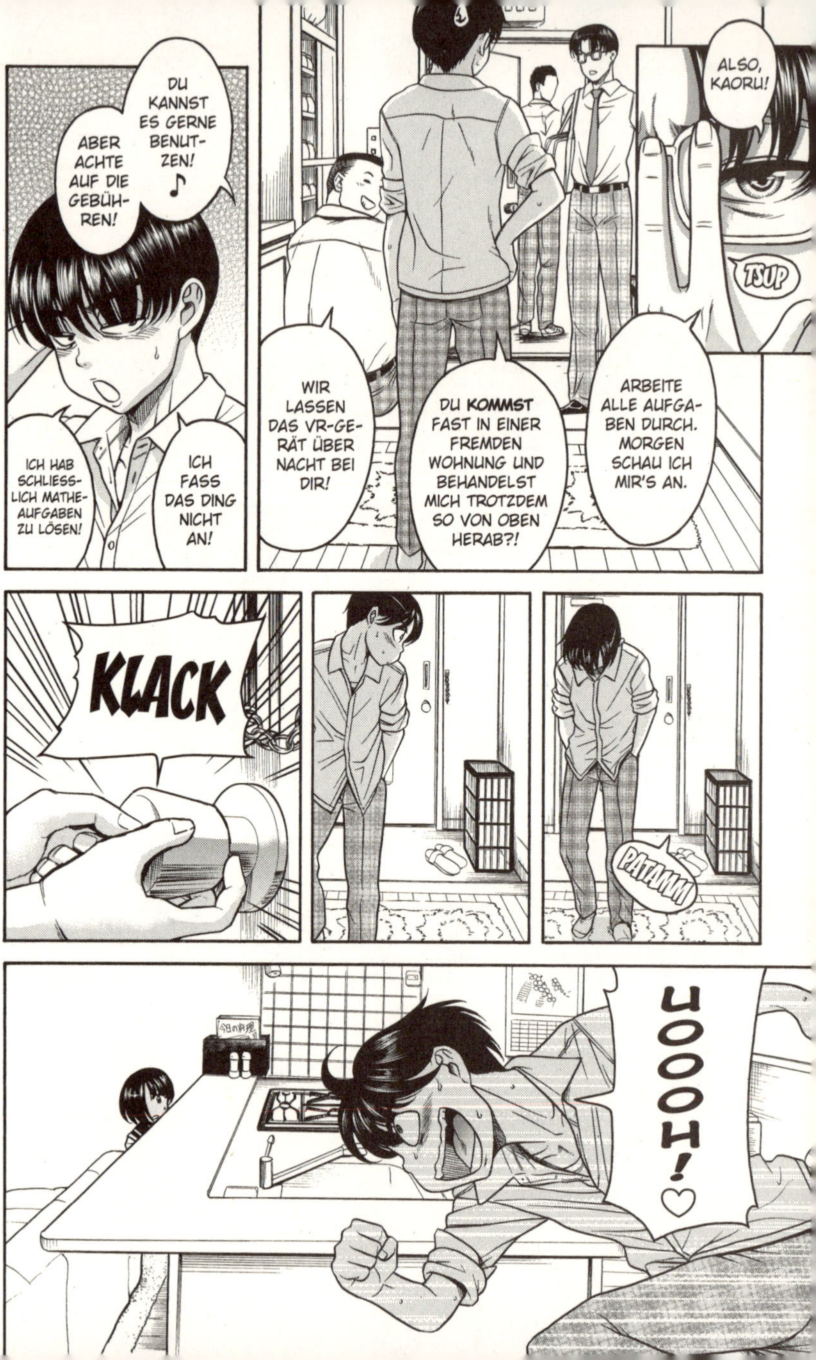

ALSO, KAORU!
TSUP
ARBEITE ALLE AUFGABEN DURCH. MORGEN SCHAU ICH MIR'S AN.
DU **KOMMST** FAST IN EINER FREMDEN WOHNUNG UND BEHANDELST MICH TROTZDEM SO VON OBEN HERAB?!
WIR LASSEN DAS VR-GERÄT ÜBER NACHT BEI DIR!
DU KANNST ES GERNE BENUTZEN! ♪
ABER ACHTE AUF DIE GEBÜHREN!
ICH FASS DAS DING NICHT AN!
ICH HAB SCHLIESSLICH MATHEAUFGABEN ZU LÖSEN!

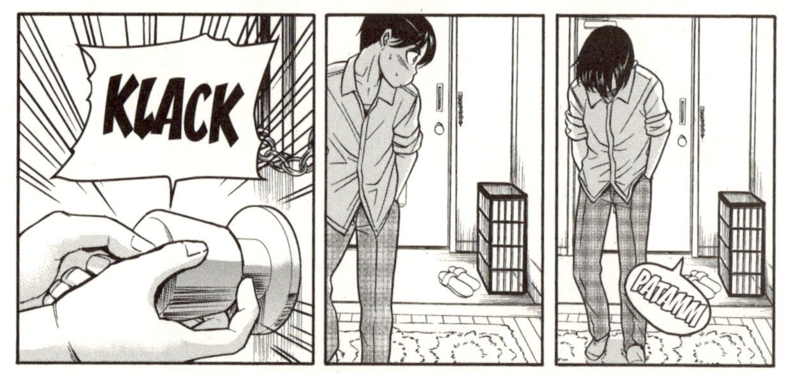

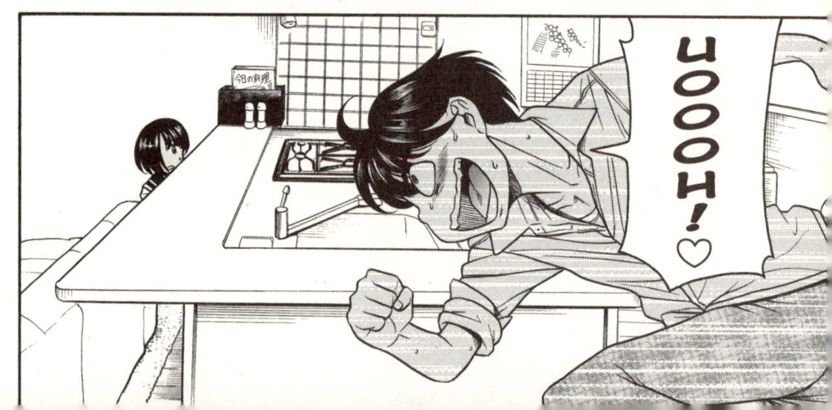

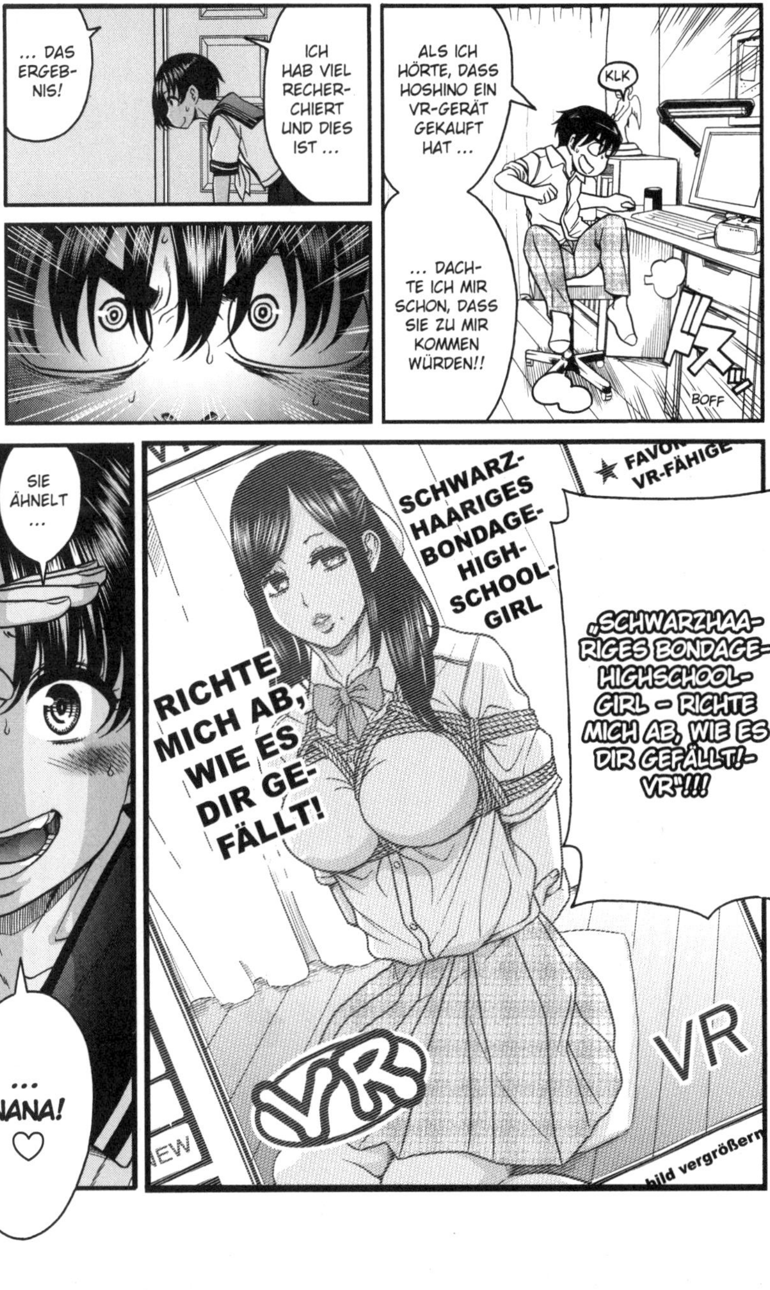

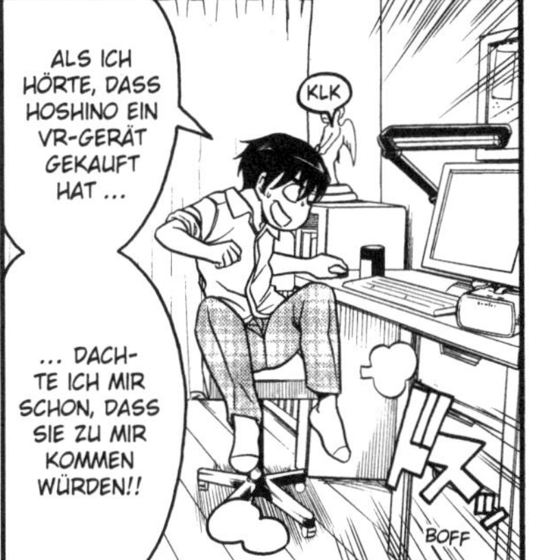

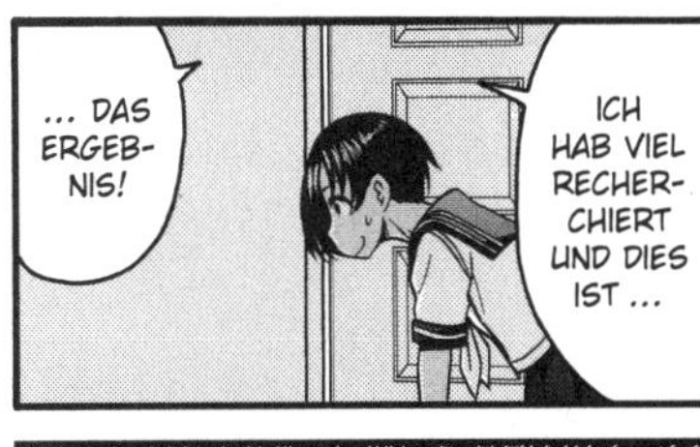

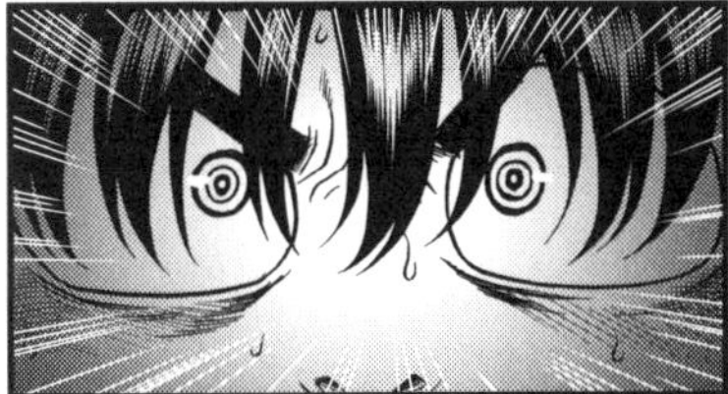

FAVOR…
VR-FÄHIGE
„SCHWARZHAARIGES BONDAGE-HIGHSCHOOL-GIRL – RICHTE MICH AB, WIE ES DIR GEFÄLLT!-VR"!!!
SCHWARZHAARIGES BONDAGE-HIGH-SCHOOL-GIRL
RICHTE MICH AB, WIE ES DIR GEFÄLLT!
VR
VR
NEW
bild vergrößern

SIE ÄHNELT …
… NANA! ♡

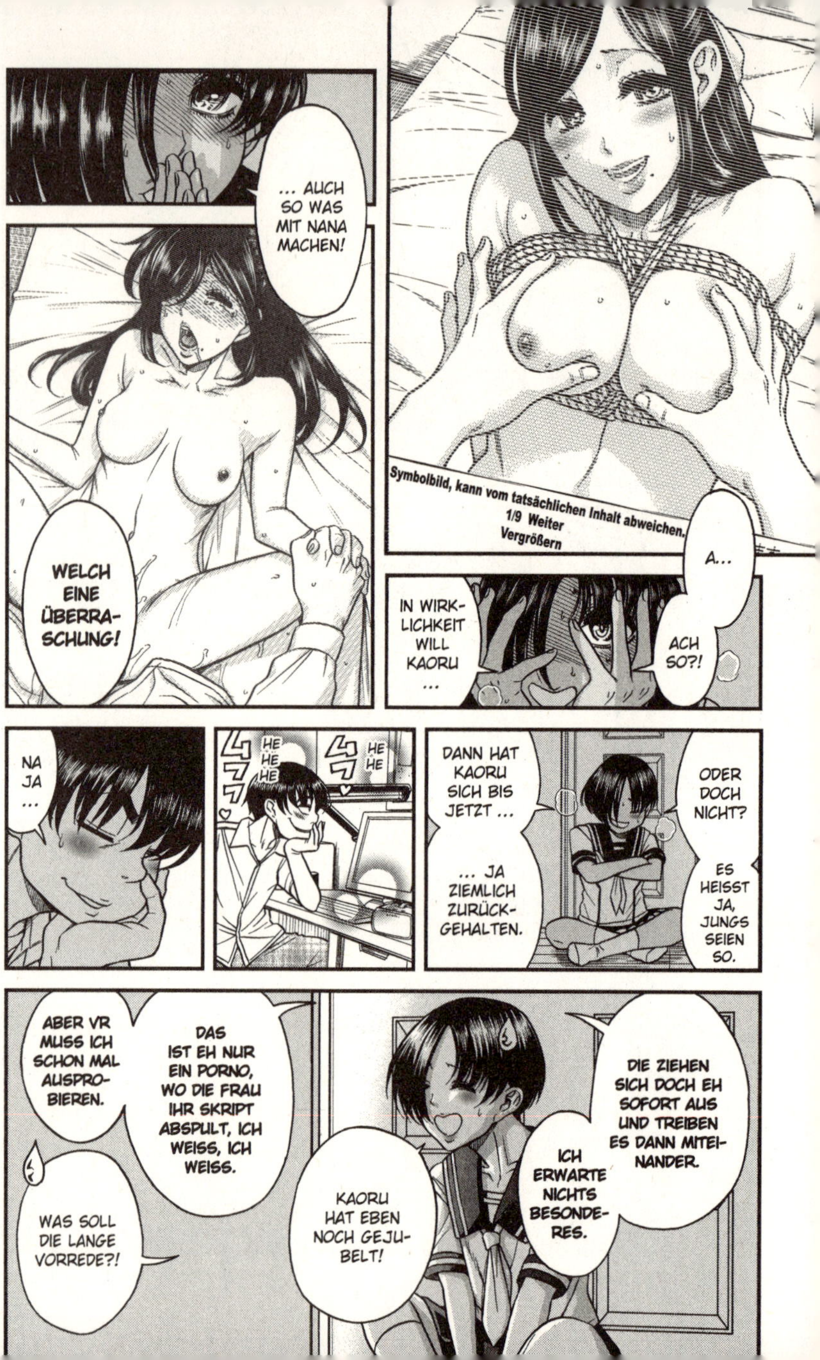

Symbolbild, kann vom tatsächlichen Inhalt abweichen.
1/9 Weiter
Vergrößern

... AUCH SO WAS MIT NANA MACHEN!

WELCH EINE ÜBERRA-SCHUNG!

A...

ACH SO?!

IN WIRK-LICHKEIT WILL KAORU ...

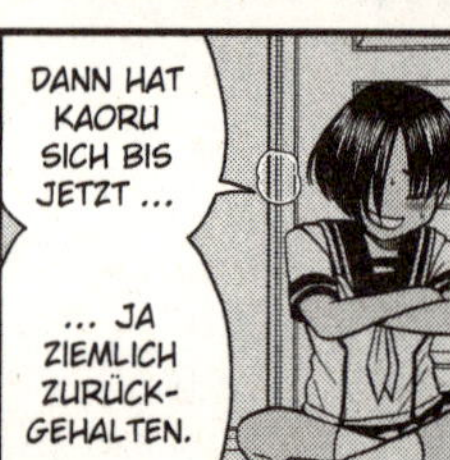

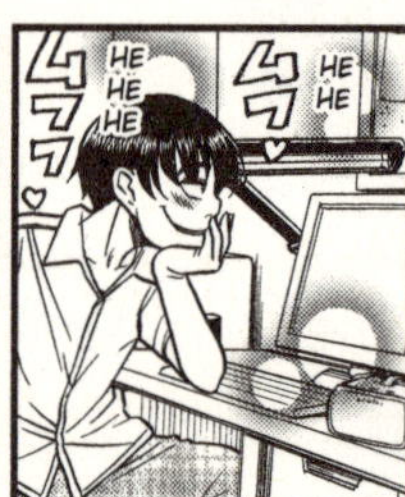

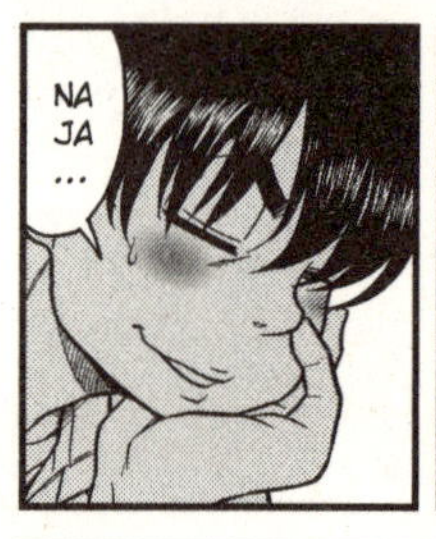

DIE ZIEHEN SICH DOCH EH SOFORT AUS UND TREIBEN ES DANN MITEI-NANDER.

ICH ERWARTE NICHTS BESONDE-RES.

DAS IST EH NUR EIN PORNO, WO DIE FRAU IHR SKRIPT ABSPULT, ICH WEISS, ICH WEISS.

ABER VR MUSS ICH SCHON MAL AUSPRO-BIEREN.

KAORU HAT EBEN NOCH GEJU-BELT!

WAS SOLL DIE LANGE VORREDE?!

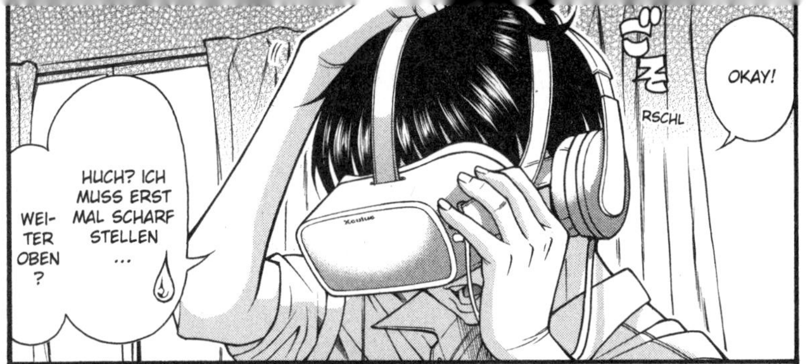
OKAY!
RSCHL
HUCH? ICH MUSS ERST MAL SCHARF STELLEN ...
WEI-TER OBEN ?
Xculus

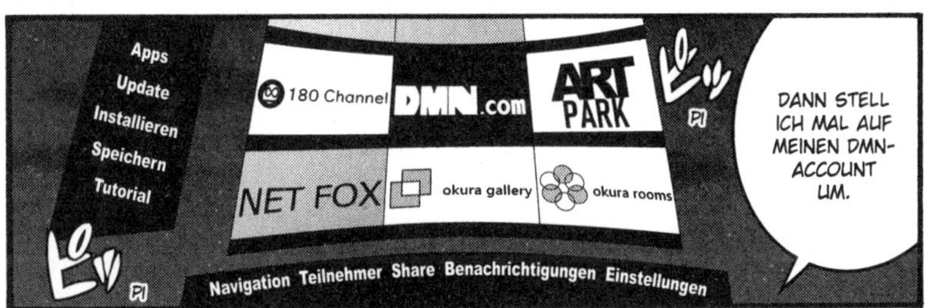
DANN STELL ICH MAL AUF MEINEN DMN-ACCOUNT UM.
PI
Apps
Update
Installieren
Speichern
Tutorial
180 Channel
DMN.com
ART PARK
NET FOX
okura gallery
okura rooms
Navigation Teilnehmer Share Benachrichtigungen Einstellungen
PI

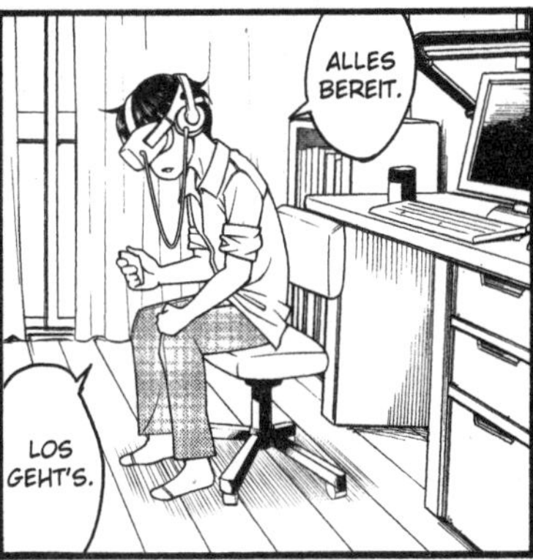
ALLES BEREIT.
LOS GEHT'S.

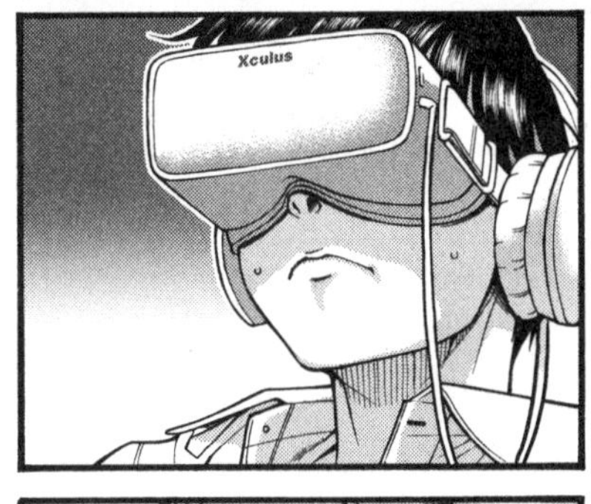
Xculus

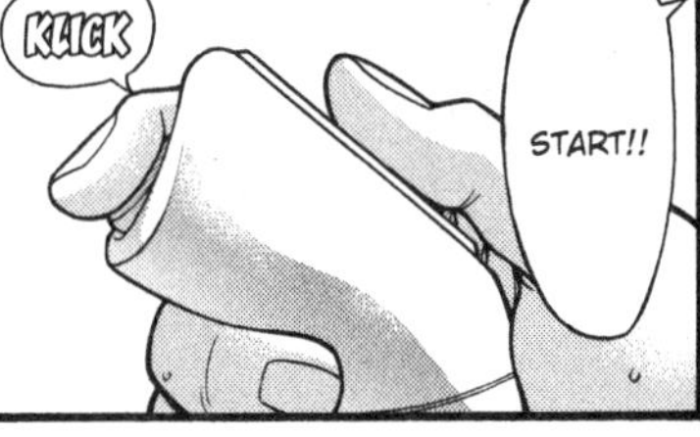
START!!
KLICK

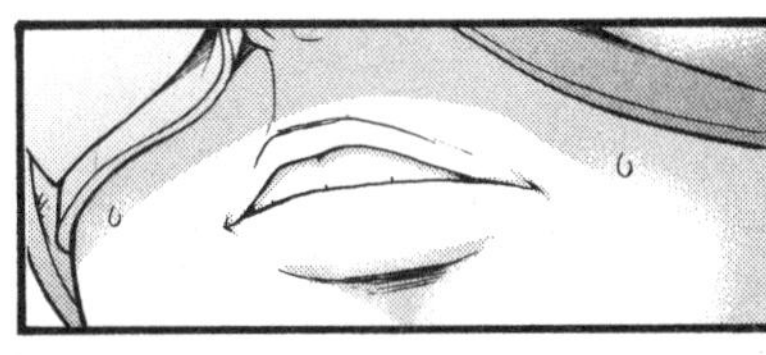

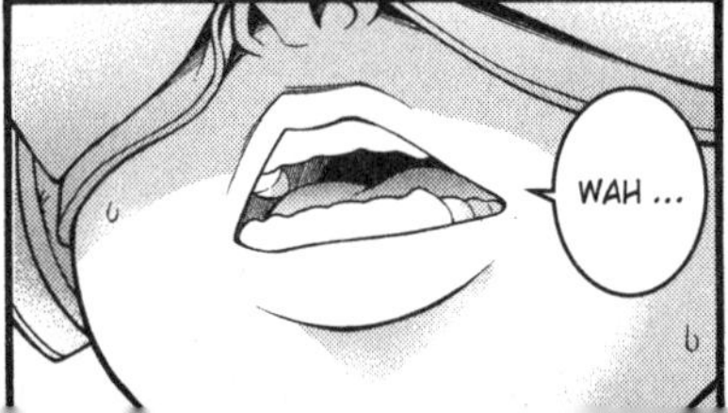
WAH ...

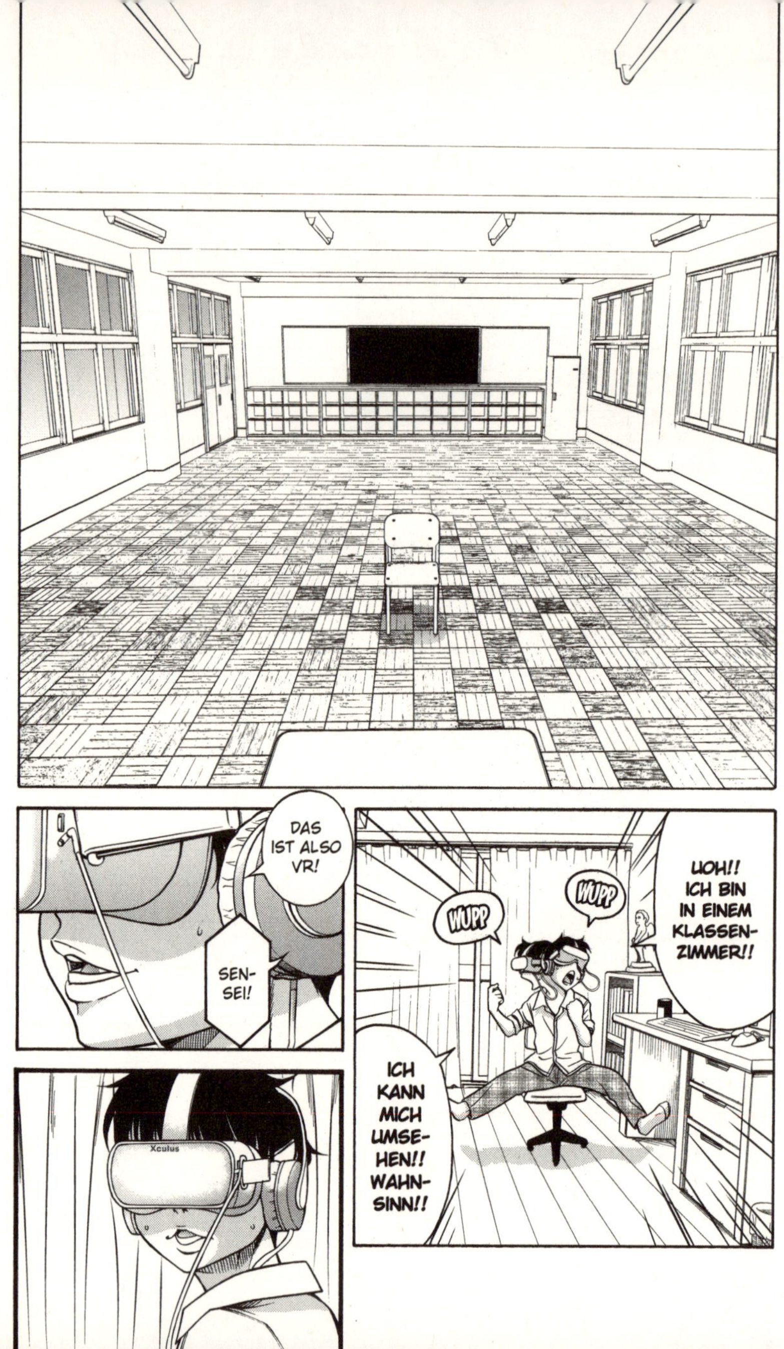
UOH!! ICH BIN IN EINEM KLASSEN-ZIMMER!!
WUPP
WUPP
ICH KANN MICH UMSE-HEN!! WAHN-SINN!!
DAS IST ALSO VR!
SEN-SEI!
Xculus

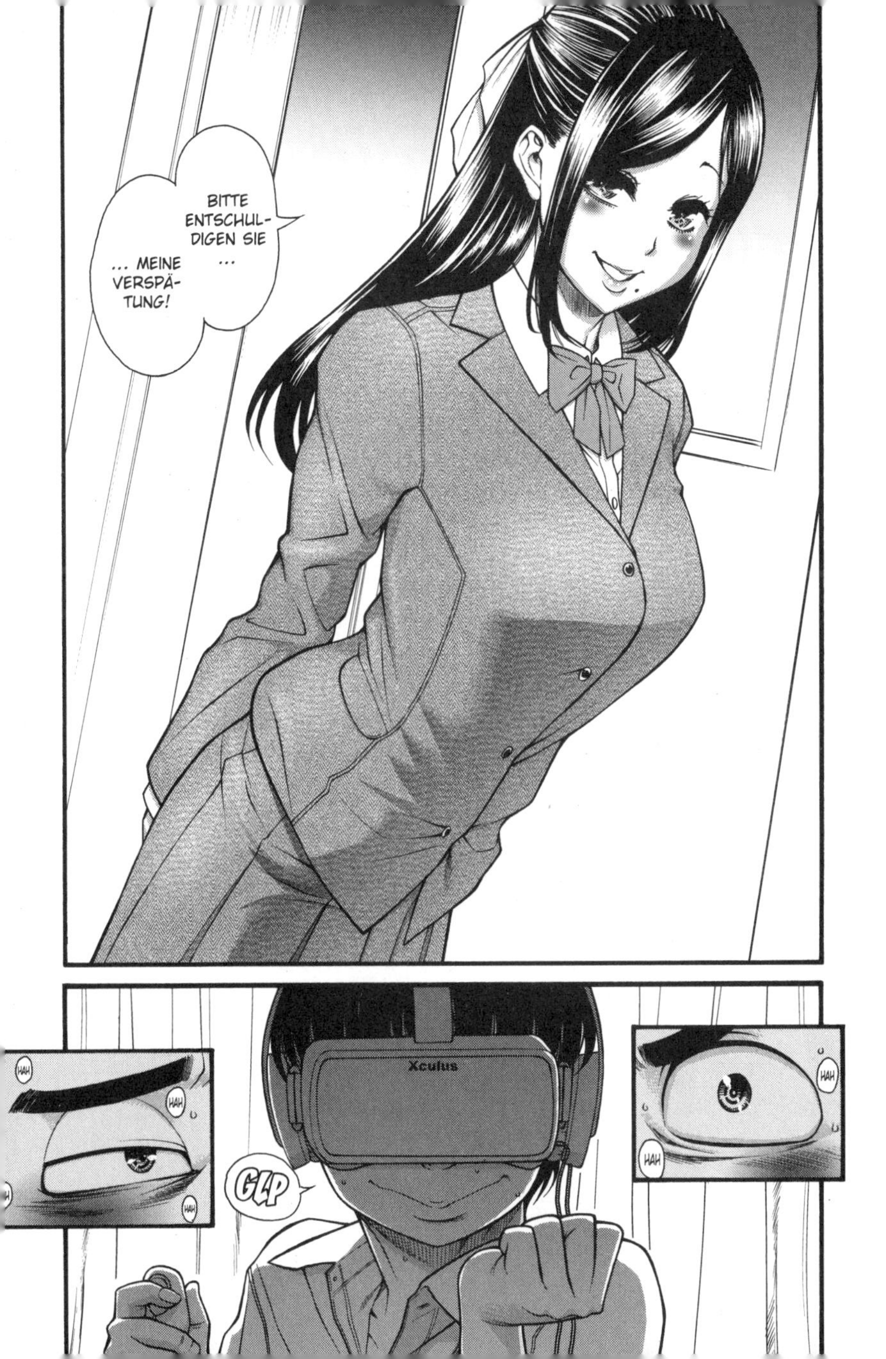

BITTE ENTSCHULDIGEN SIE ...
... MEINE VERSPÄTUNG!

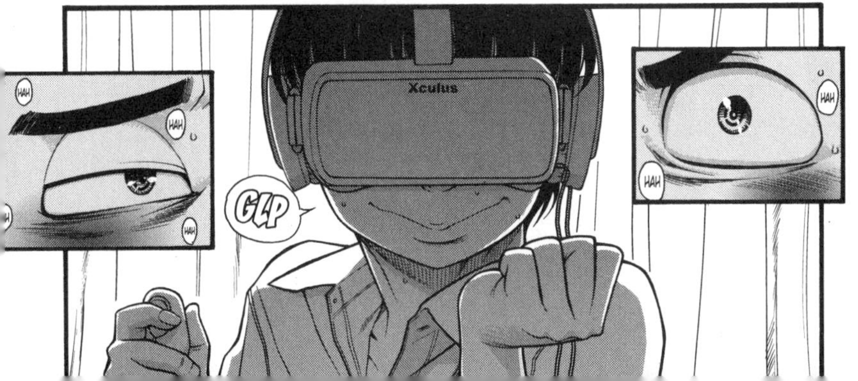

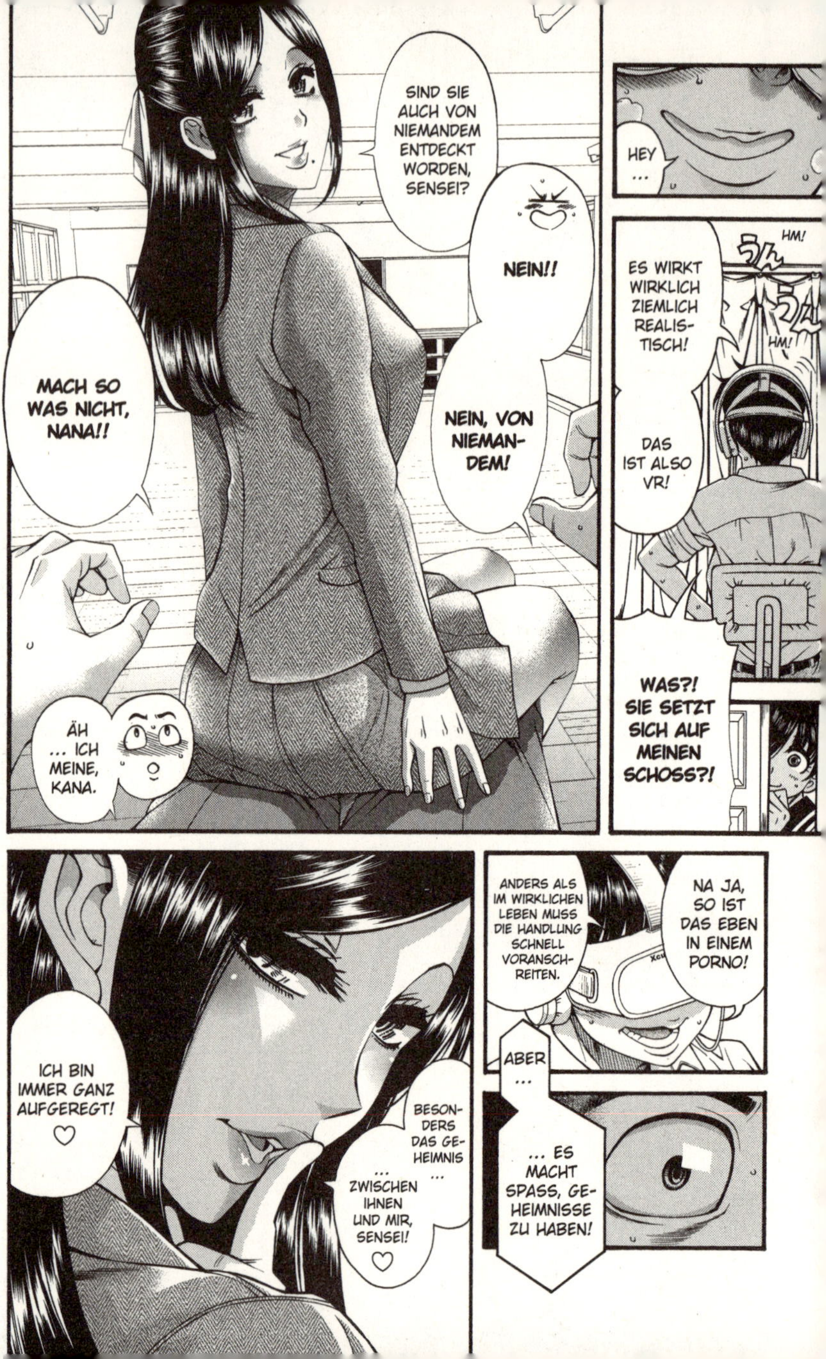

HEY ...

HM!

HM!

ES WIRKT WIRKLICH ZIEMLICH REALISTISCH!

DAS IST ALSO VR!

WAS?! SIE SETZT SICH AUF MEINEN SCHOSS?!

SIND SIE AUCH VON NIEMANDEM ENTDECKT WORDEN, SENSEI?

NEIN!!

NEIN, VON NIEMANDEM!

MACH SO WAS NICHT, NANA!!

ÄH ... ICH MEINE, KANA.

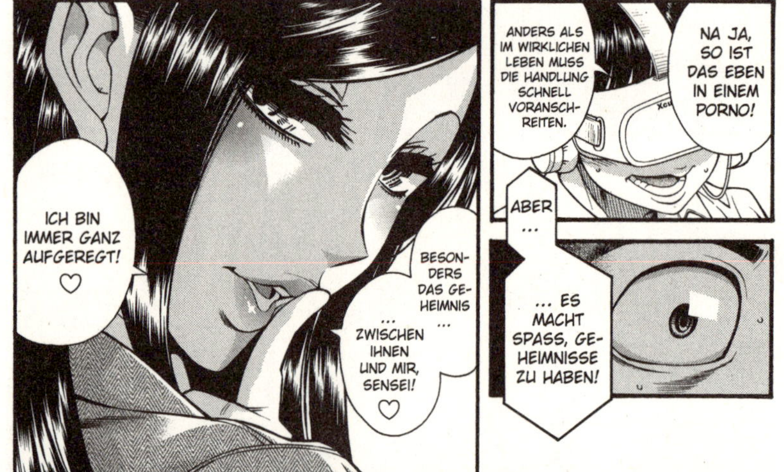

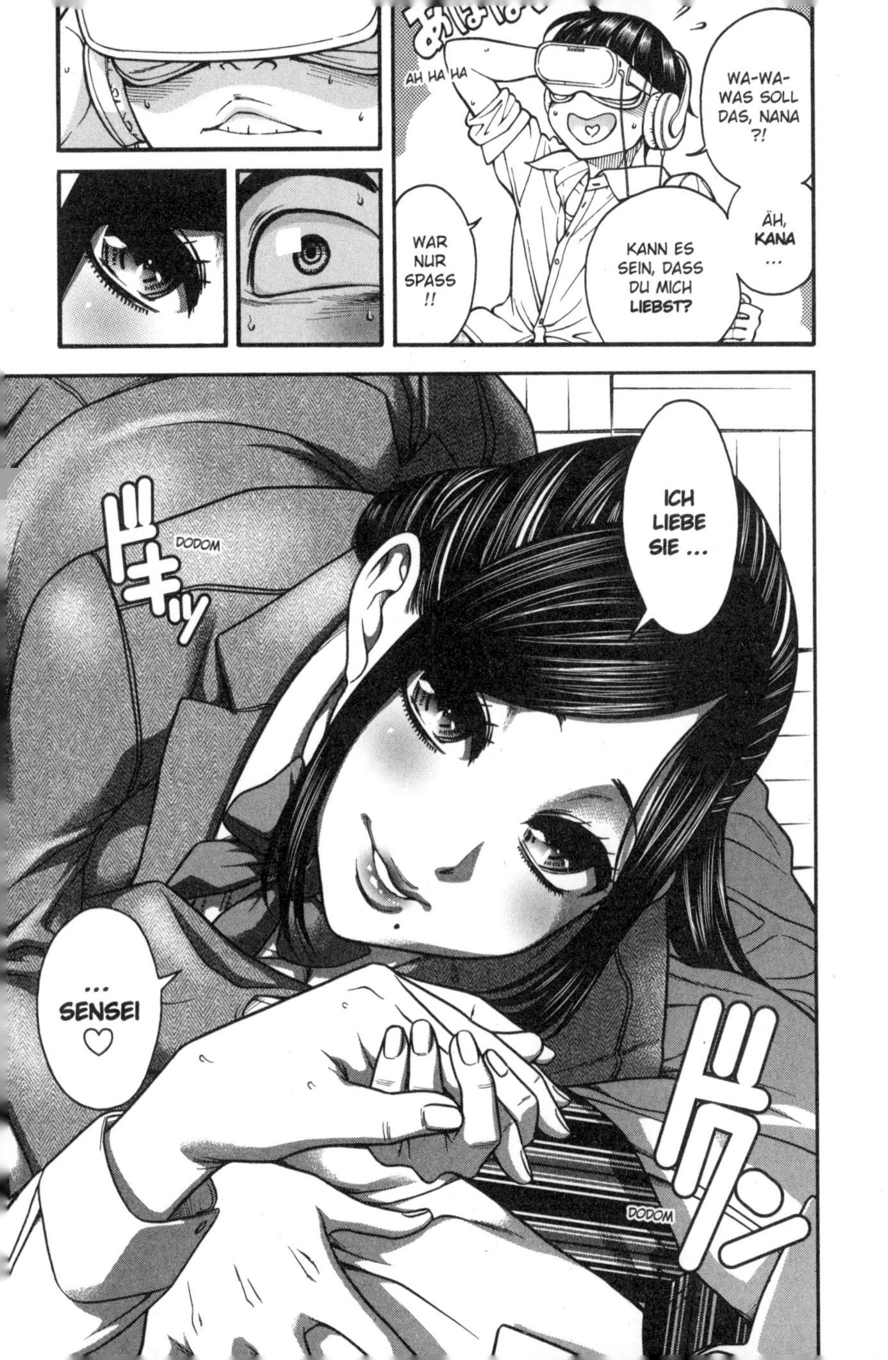

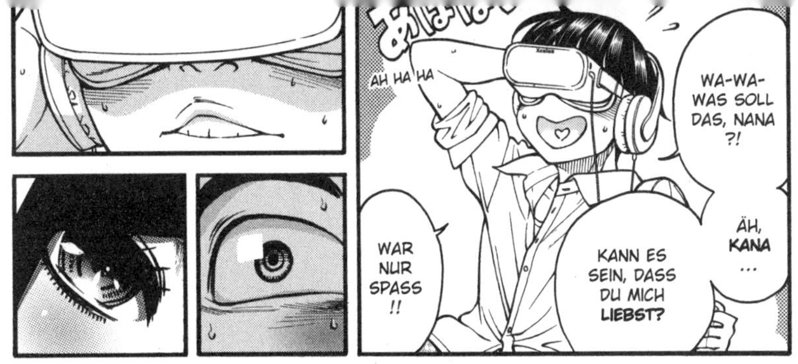
AH HA HA
WA-WA-WAS SOLL DAS, NANA ?!
ÄH, KANA ...
KANN ES SEIN, DASS DU MICH LIEBST?
WAR NUR SPASS !!
ICH LIEBE SIE ...
DODOM
... SENSEI ♡
DODOM

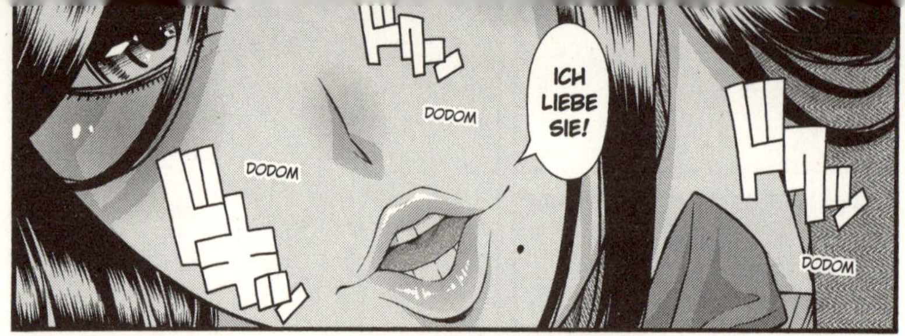
ICH LIEBE SIE!
DODOM
DODOM
DODOM

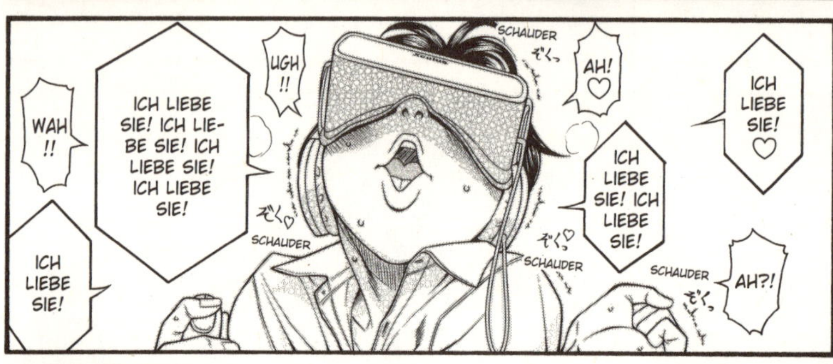
ICH LIEBE SIE! ♡
AH! ♡
SCHAUDER
ICH LIEBE SIE! ICH LIEBE SIE!
SCHAUDER
AH?!
SCHAUDER
UGH !!
ICH LIEBE SIE! ICH LIEBE SIE! ICH LIEBE SIE! ICH LIEBE SIE!
SCHAUDER
WAH !!
ICH LIEBE SIE!

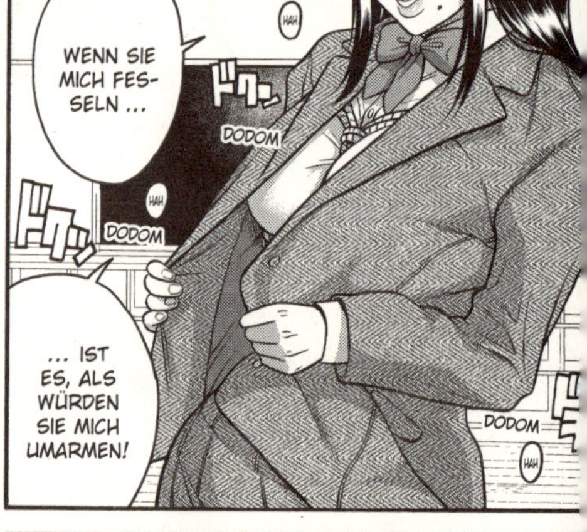
HAH
WENN SIE MICH FESSELN ...
DODOM
HAH
DODOM
... IST ES, ALS WÜRDEN SIE MICH UMARMEN!
DODOM
HAH

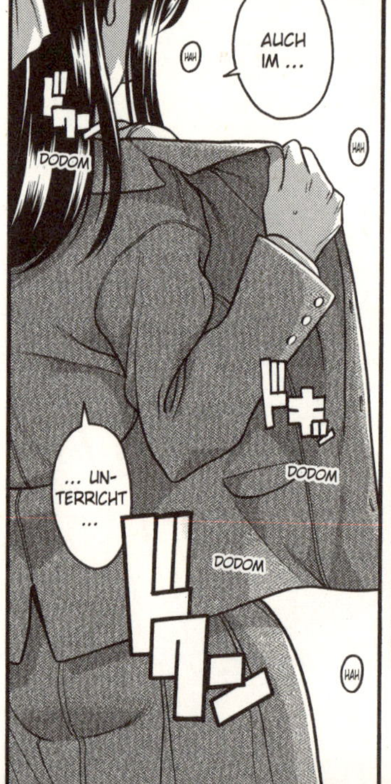
AUCH IM ...
HAH
DODOM
HAH
DODOM
... UNTERRICHT ...
DODOM
HAH

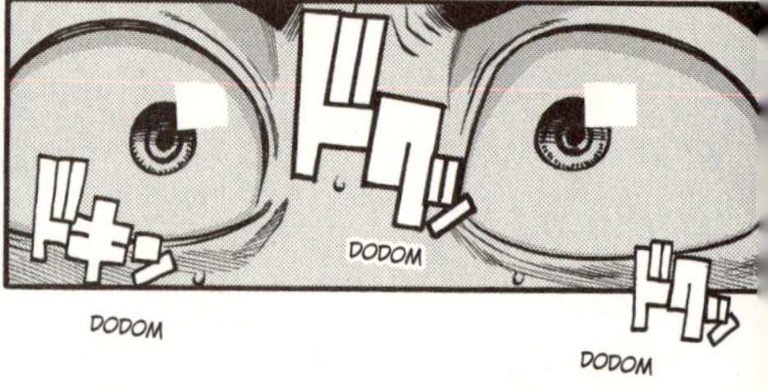
DODOM
DODOM
DODOM

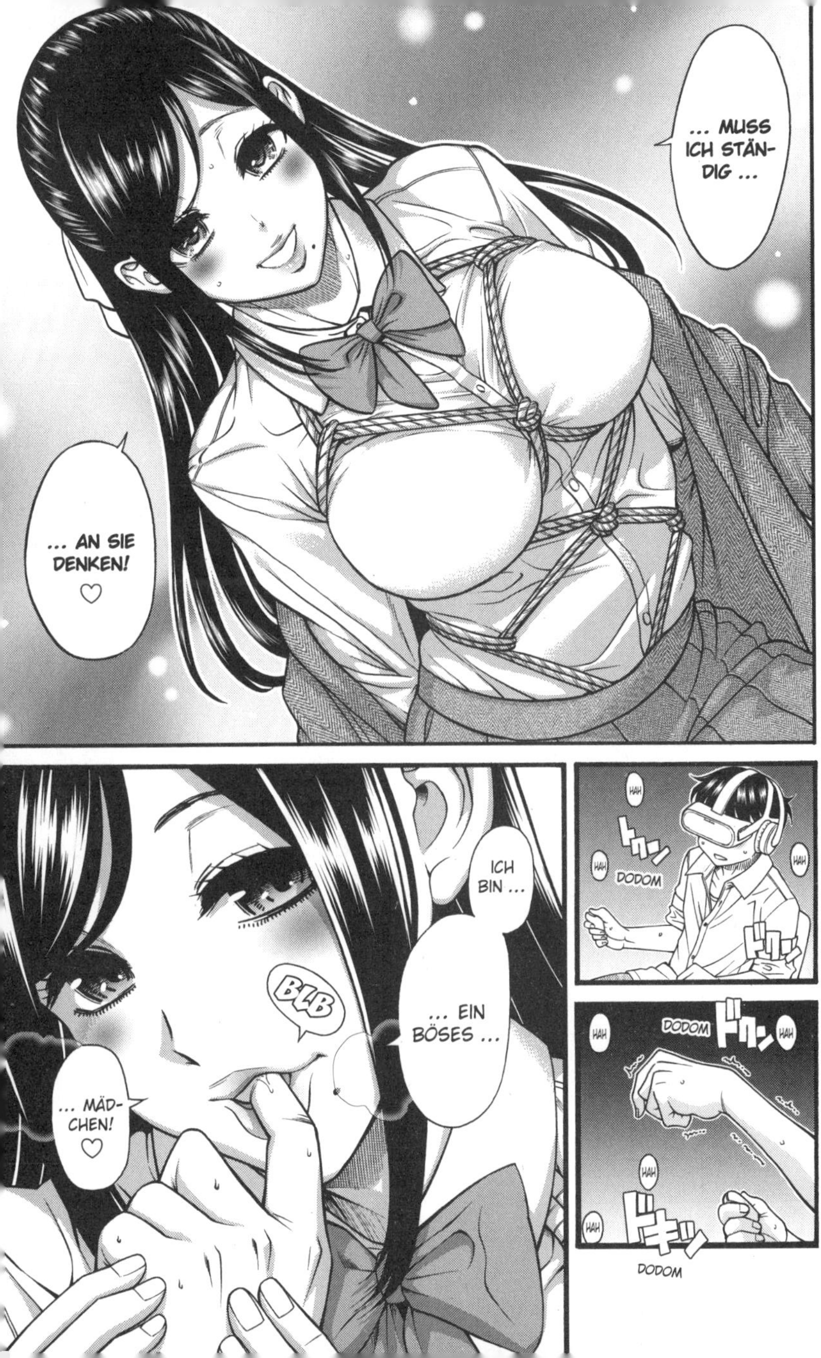

... MUSS ICH STÄN-DIG ...

... AN SIE DENKEN! ♡

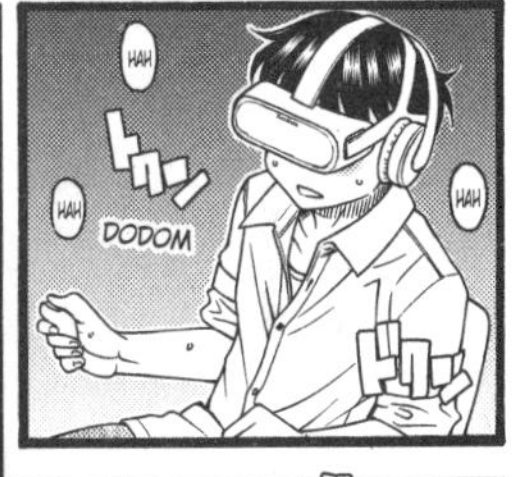

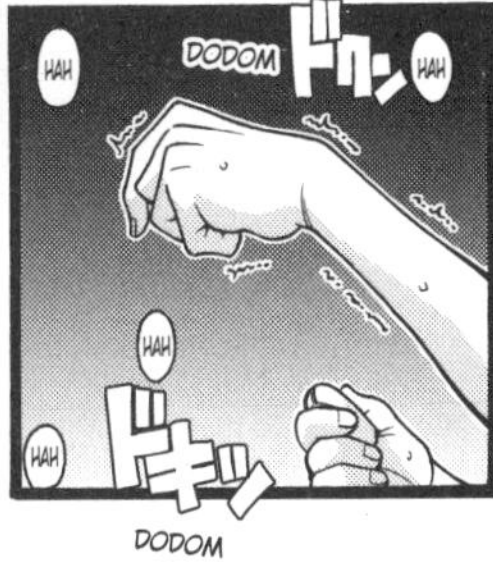

DODOM

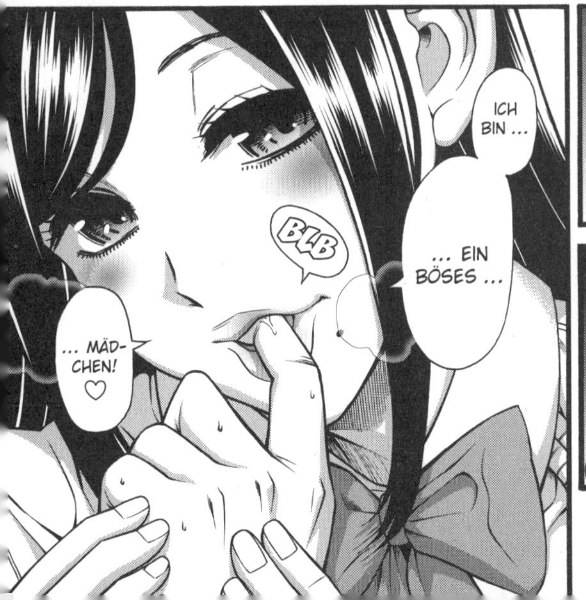

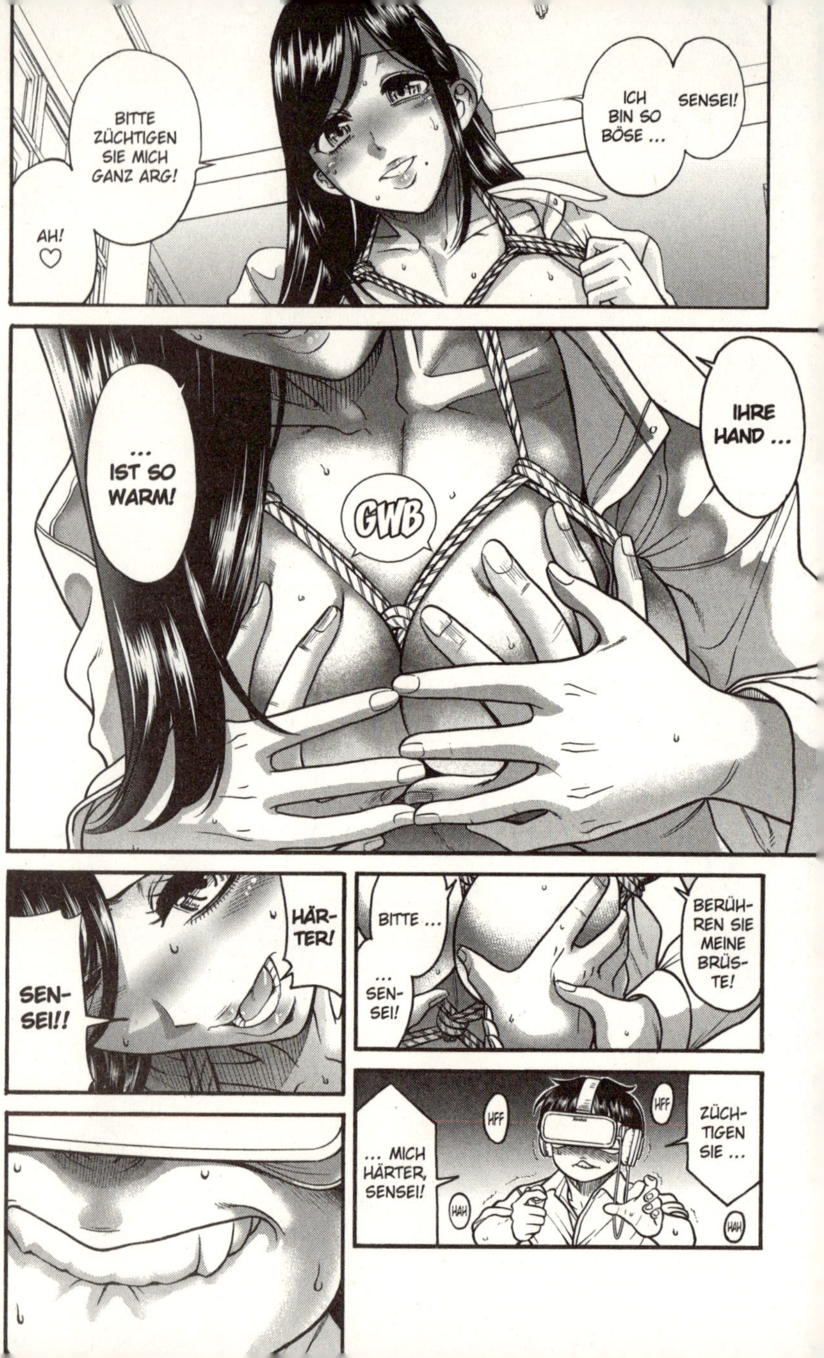

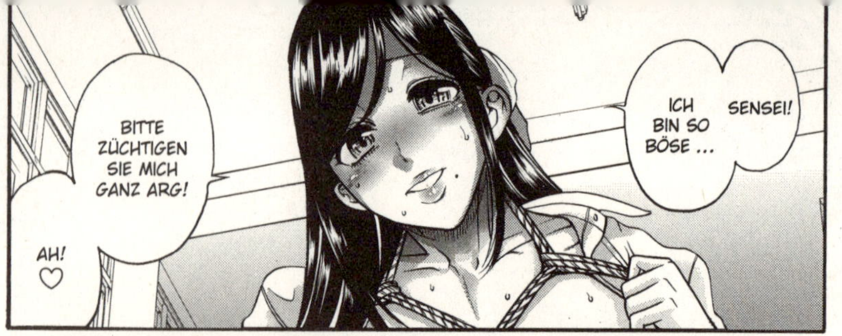

IHRE HAND ...

GWB

... IST SO WARM!

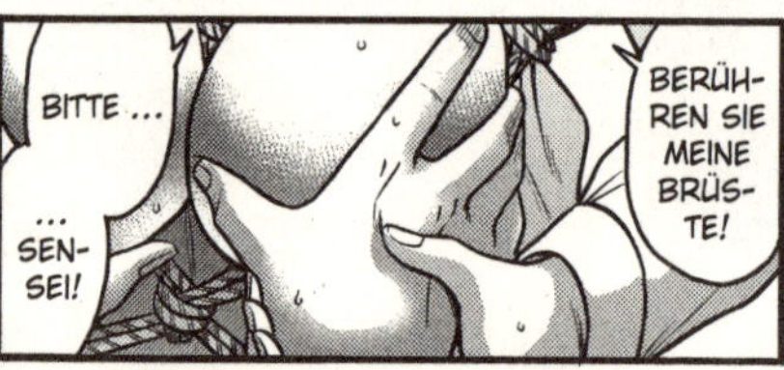

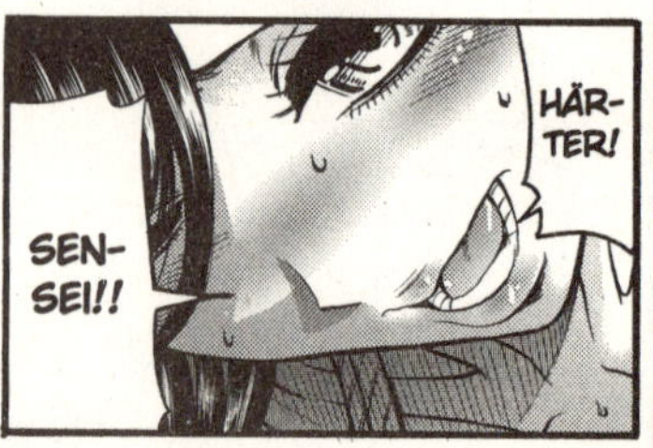

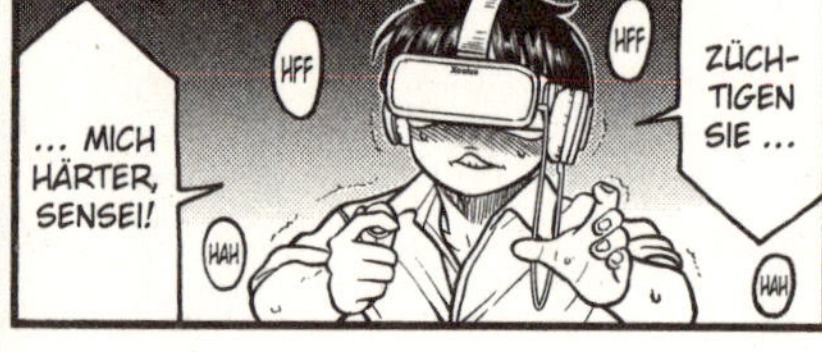

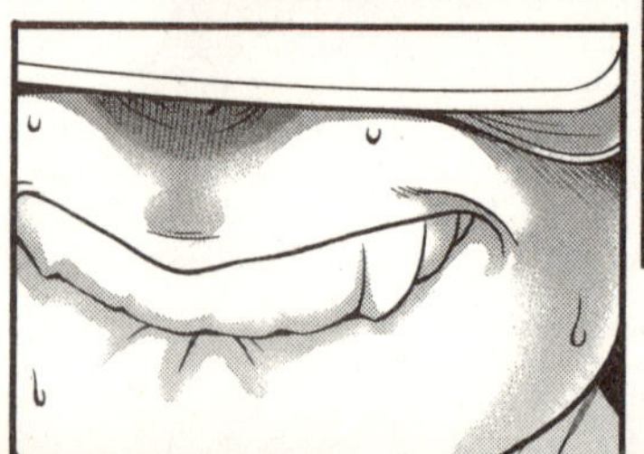

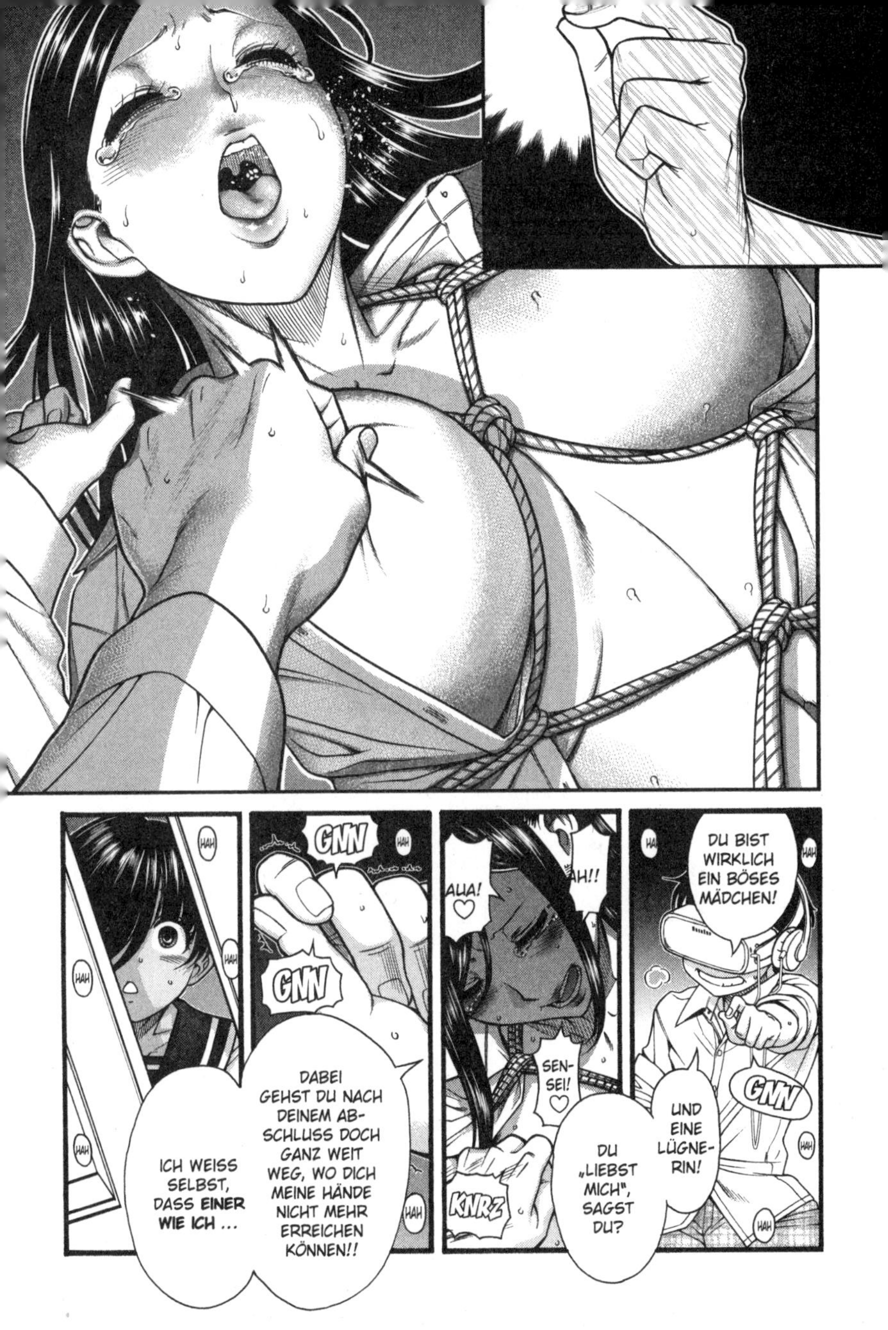

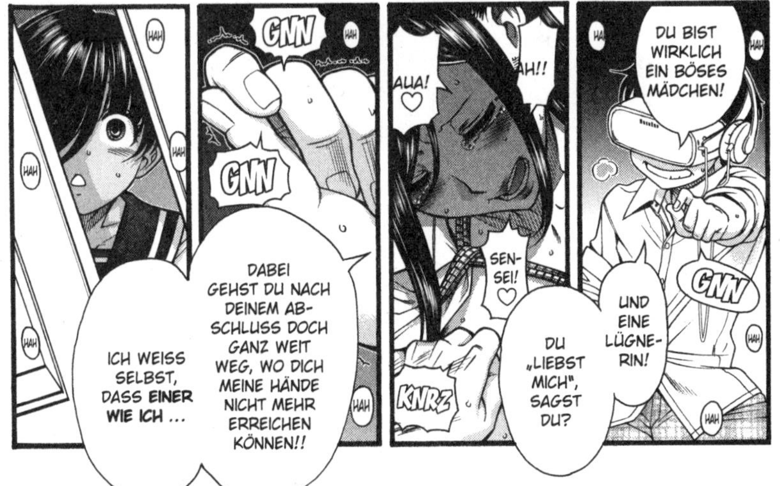
HAH
DU BIST WIRKLICH EIN BÖSES MÄDCHEN!
HAH
GNN
UND EINE LÜGNE-RIN!
HAH
HAH
AH!!
AUA! ♡
SEN-SEI! ♡
KNRZ
DU „LIEBST MICH“, SAGST DU?
GNN
HAH
GNN
DABEI GEHST DU NACH DEINEM AB-SCHLUSS DOCH GANZ WEIT WEG, WO DICH MEINE HÄNDE NICHT MEHR ERREICHEN KÖNNEN!!
HAH
HAH
HAH
HAH
HAH
ICH WEISS SELBST, DASS EINER WIE ICH …

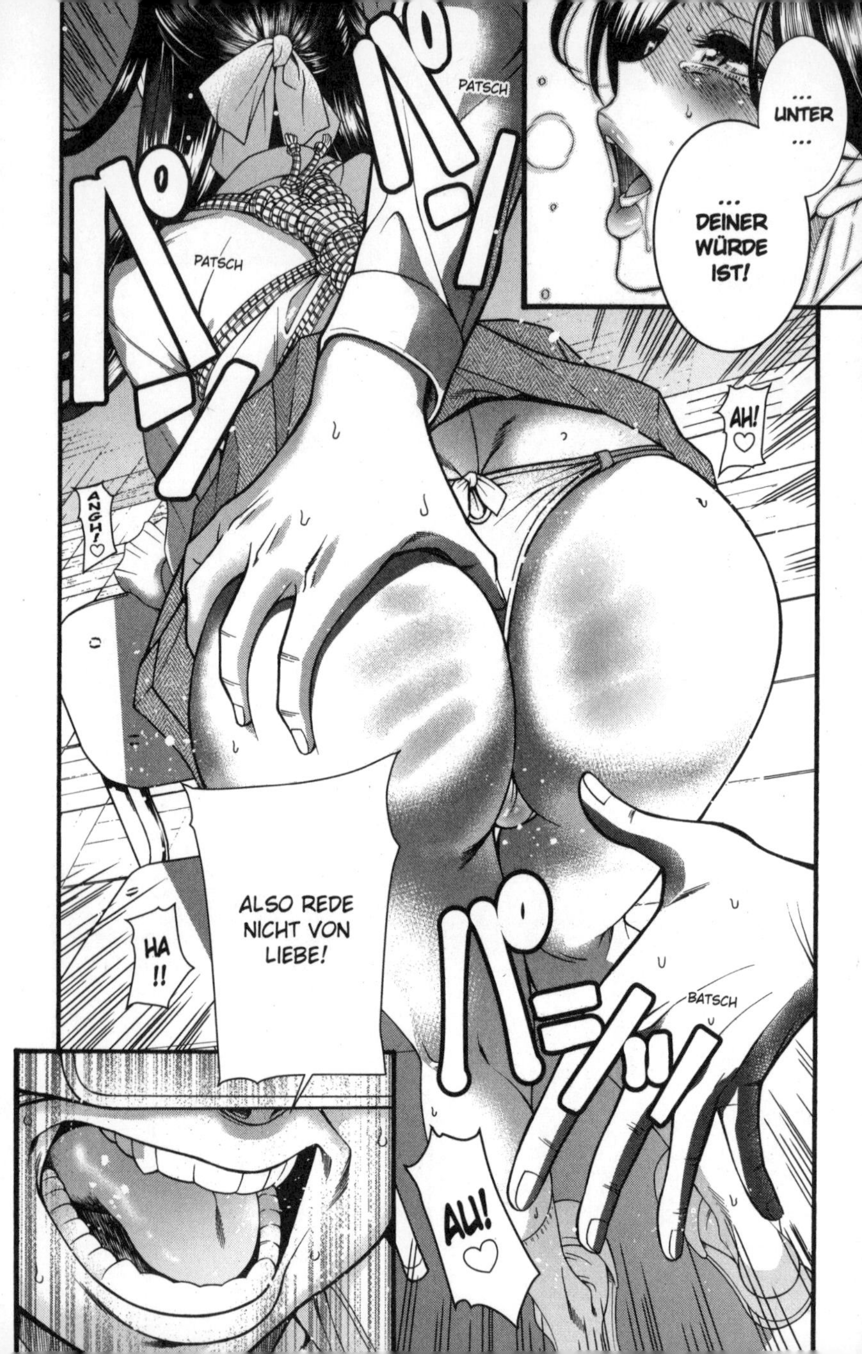

... UNTER ...
... DEINER WÜRDE IST!
PATSCH
PATSCH
AH! ♡
ANGH! ♡
ALSO REDE NICHT VON LIEBE!
HA !!
BATSCH
AU! ♡

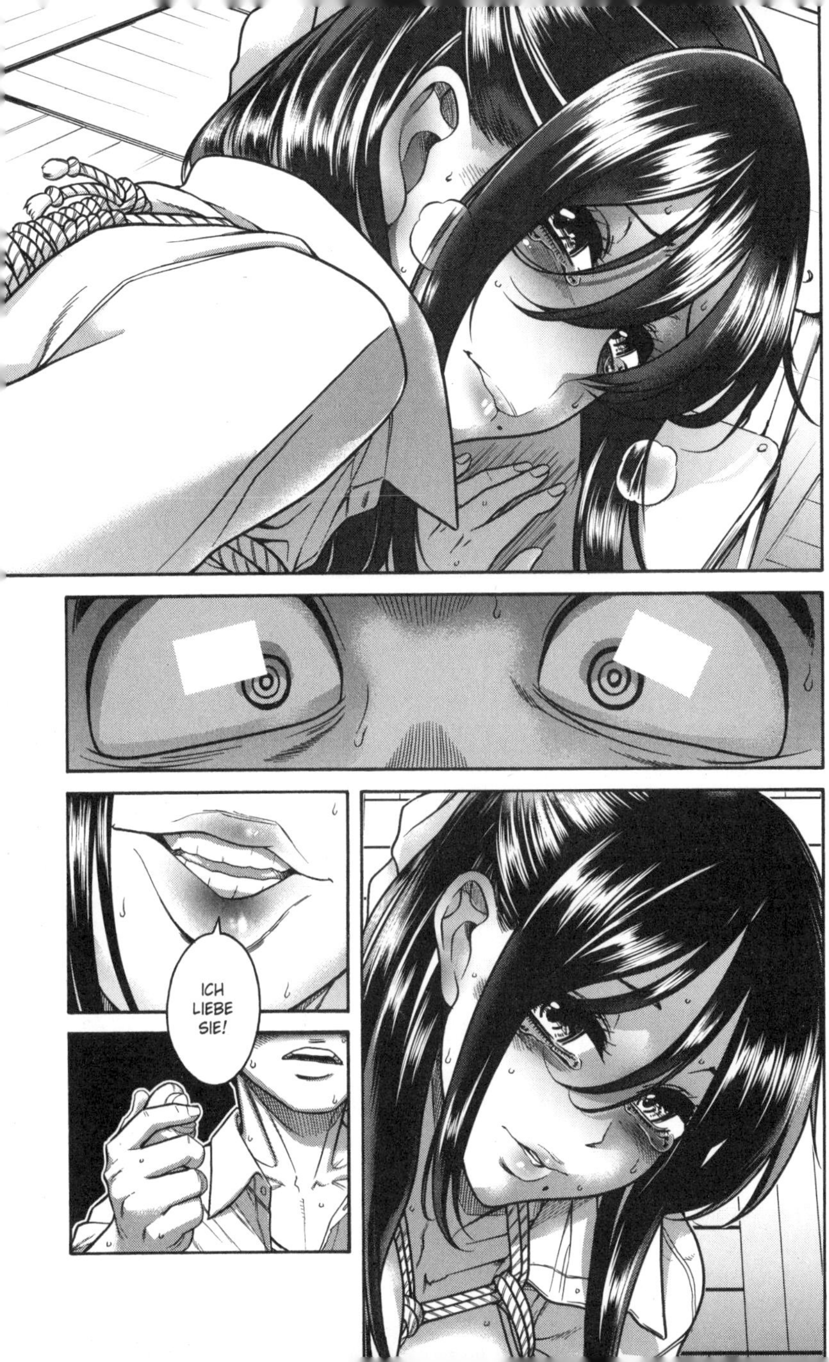

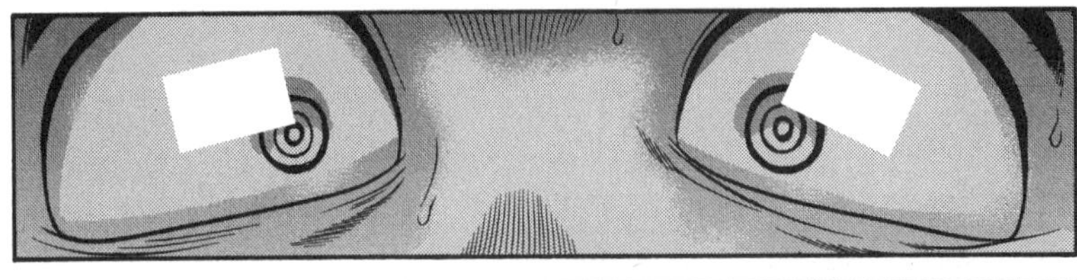

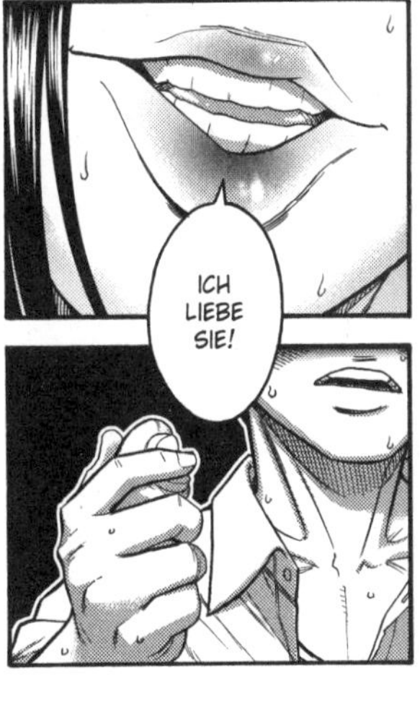
ICH LIEBE SIE!

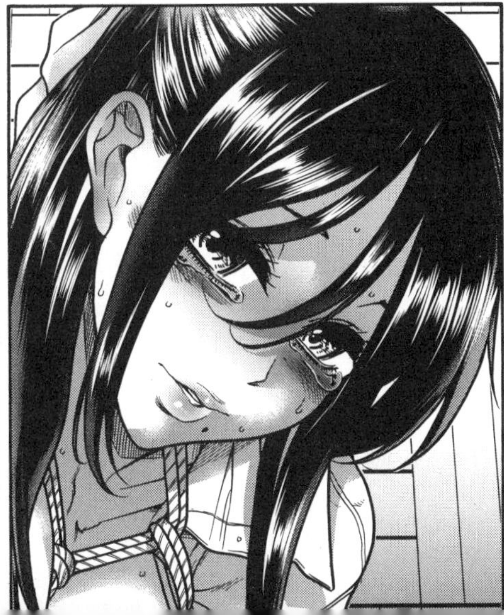

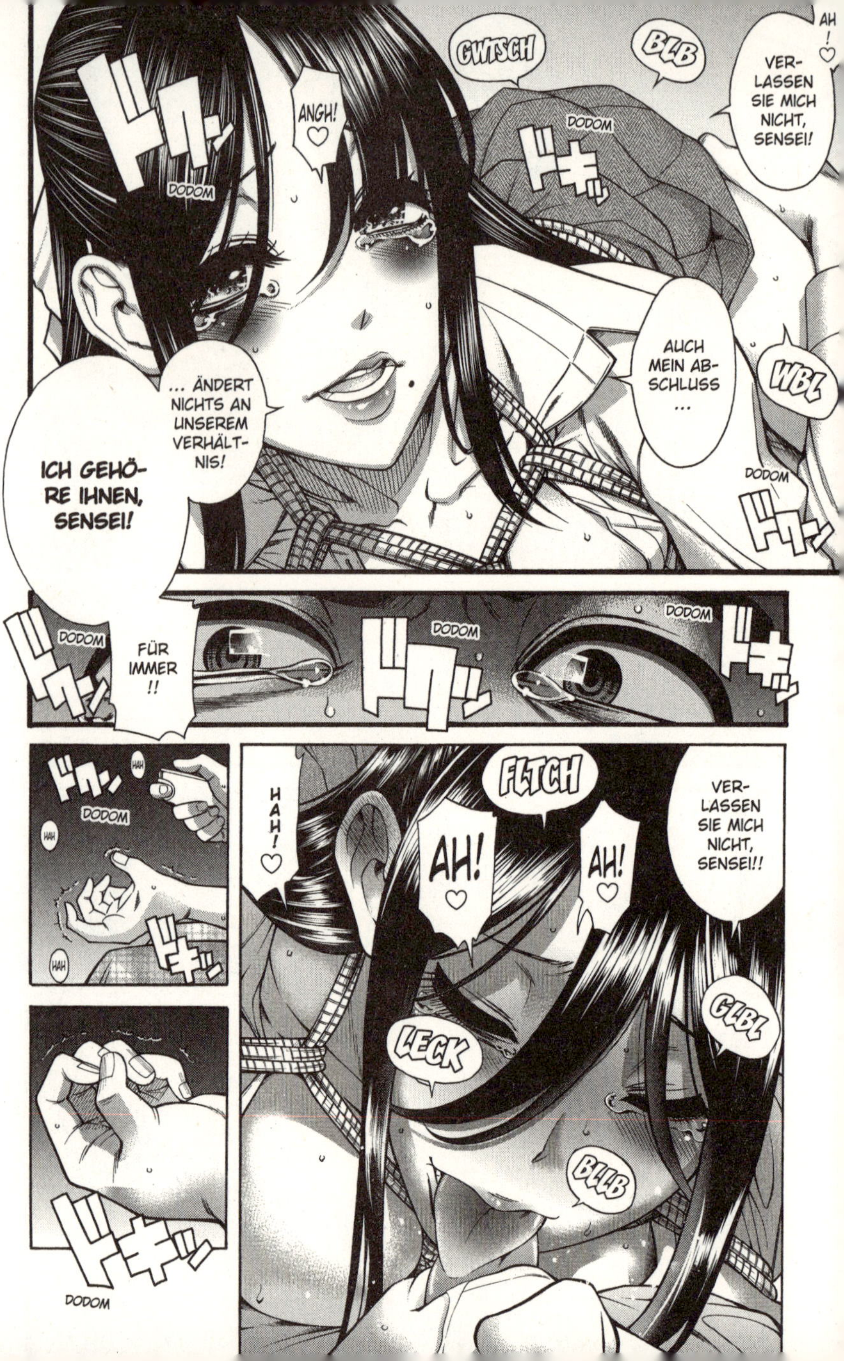

AH! ♡
VERLASSEN SIE MICH NICHT, SENSEI!
BLB
GWTSCH
ANGH! ♡
DODOM
DODOM
AUCH MEIN ABSCHLUSS …
WBL
DODOM
… ÄNDERT NICHTS AN UNSEREM VERHÄLTNIS!
ICH GEHÖRE IHNEN, SENSEI!

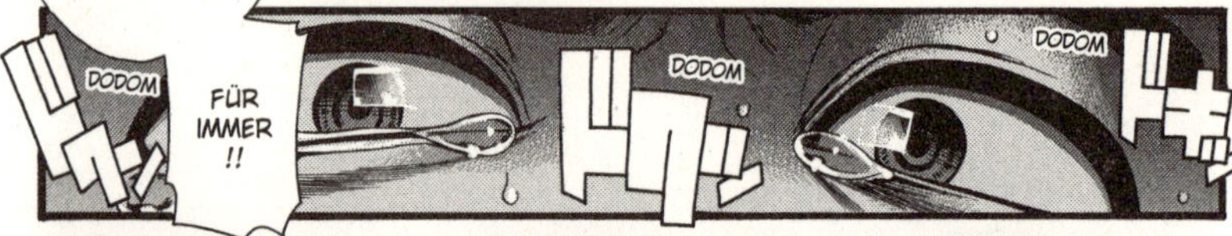

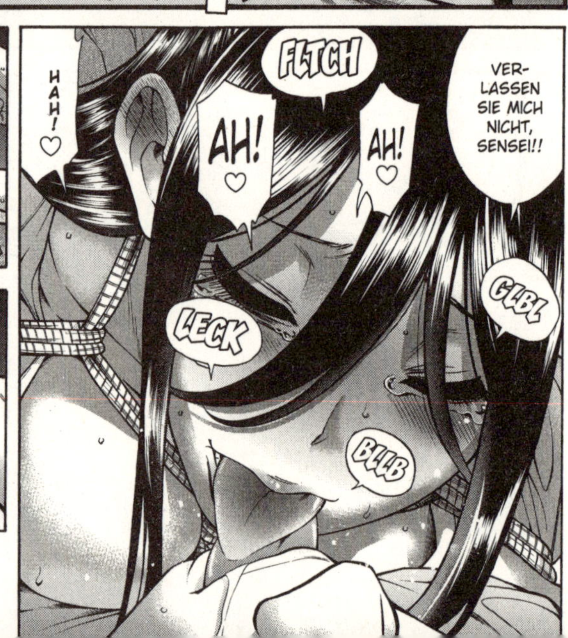

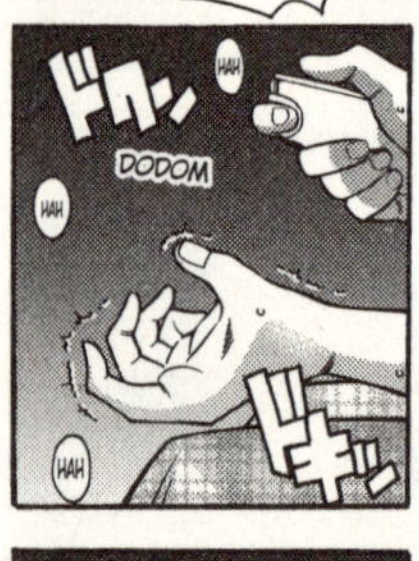

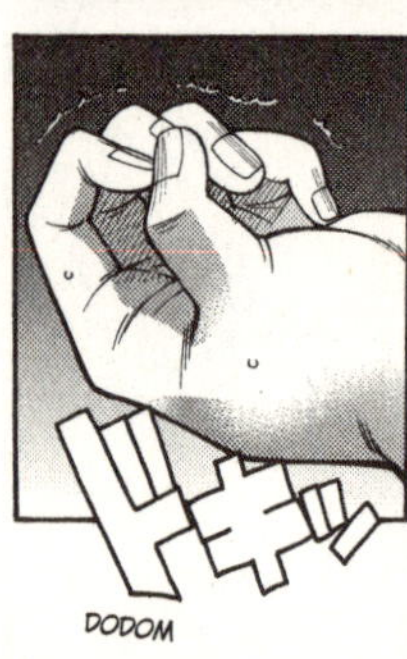

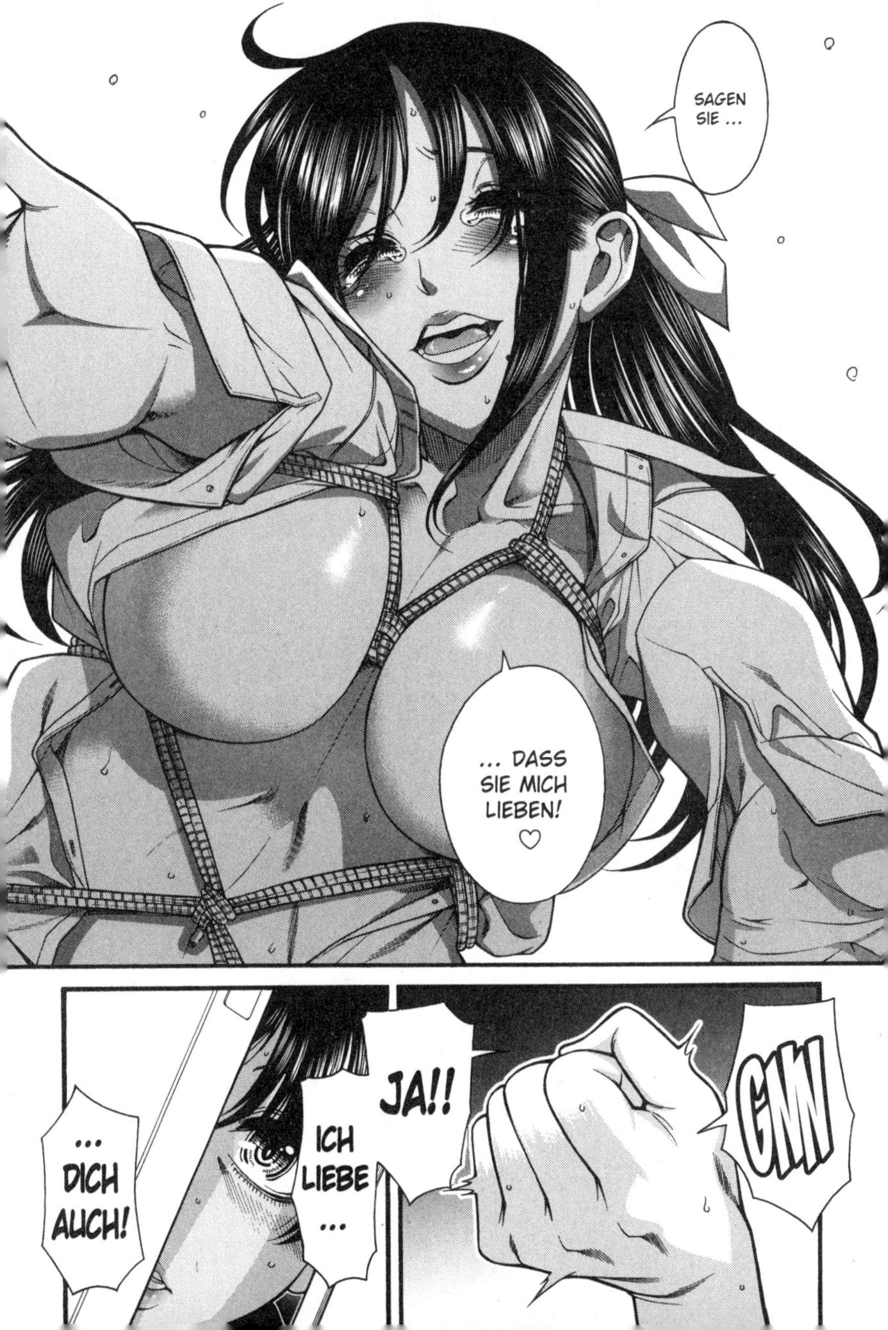

SAGEN SIE …

… DASS SIE MICH LIEBEN! ♡

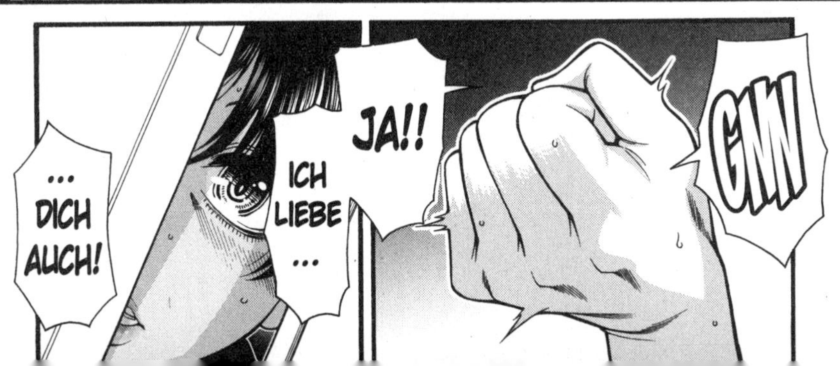

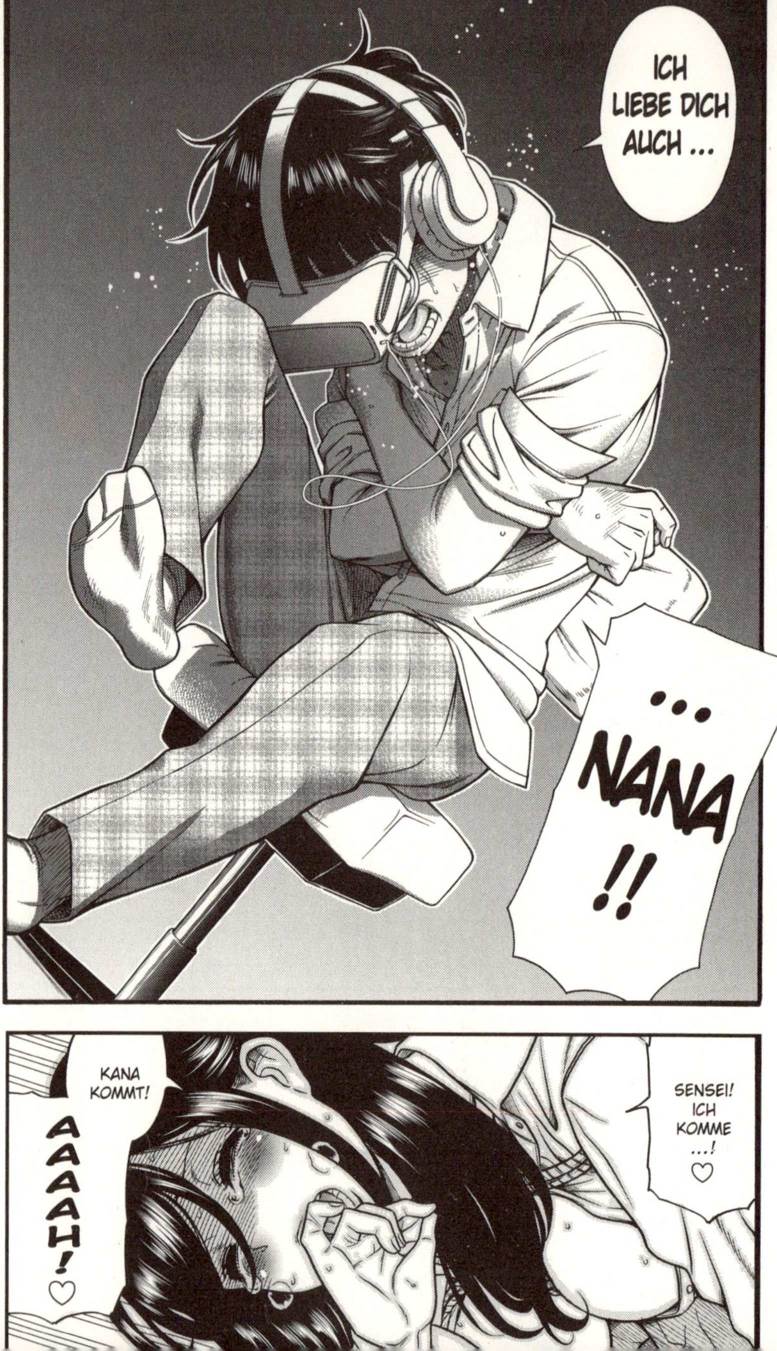

ICH LIEBE DICH AUCH ...

... NANA !!

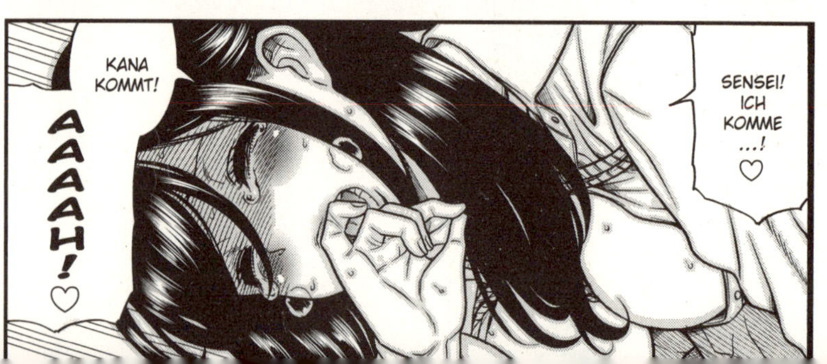

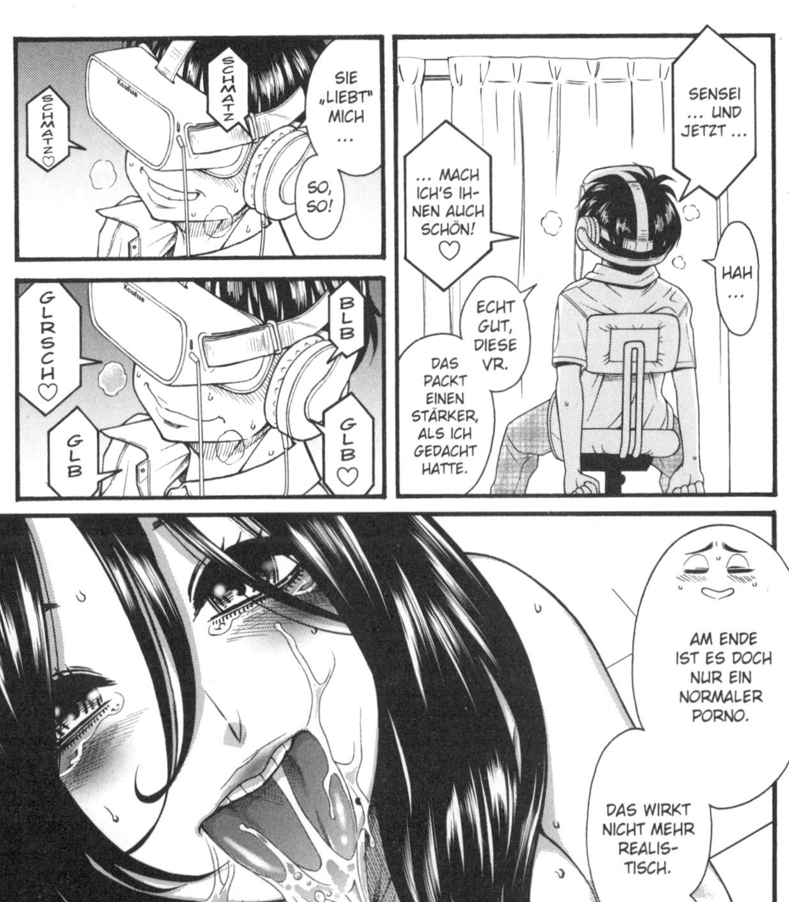
SENSEI … UND JETZT …
… MACH ICH'S IHNEN AUCH SCHÖN! ♡
HAH …
ECHT GUT, DIESE VR.
DAS PACKT EINEN STÄRKER, ALS ICH GEDACHT HATTE.
SIE „LIEBT" MICH …
SO, SO!
SCHMATZ
SCHMATZ♡
BLB
GLB♡
GLRSCH♡
GLB
AM ENDE IST ES DOCH NUR EIN NORMALER PORNO.
DAS WIRKT NICHT MEHR REALISTISCH.
MIT SM HAT ES AUCH NICHTS MEHR ZU TUN.
ABER DAS IST ANSCHEINEND ERST DIE HÄLFTE.

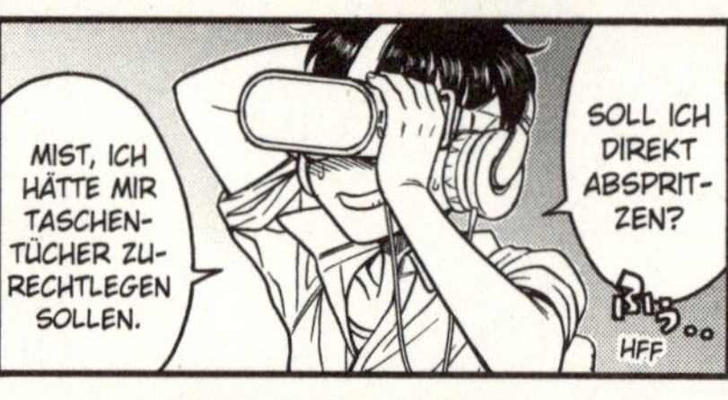
SOLL ICH DIREKT ABSPRITZEN?
HFF
MIST, ICH HÄTTE MIR TASCHENTÜCHER ZURECHTLEGEN SOLLEN.

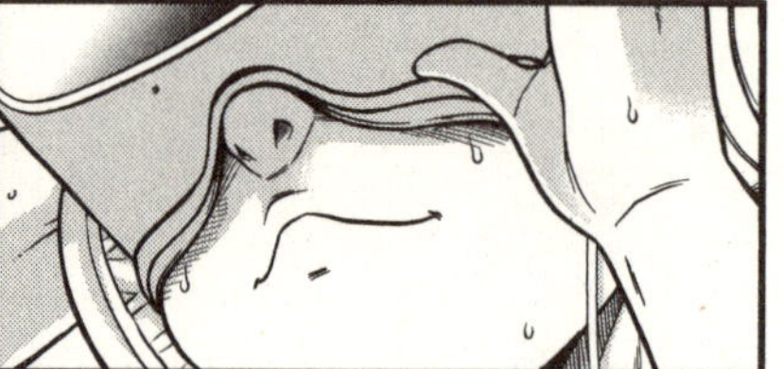

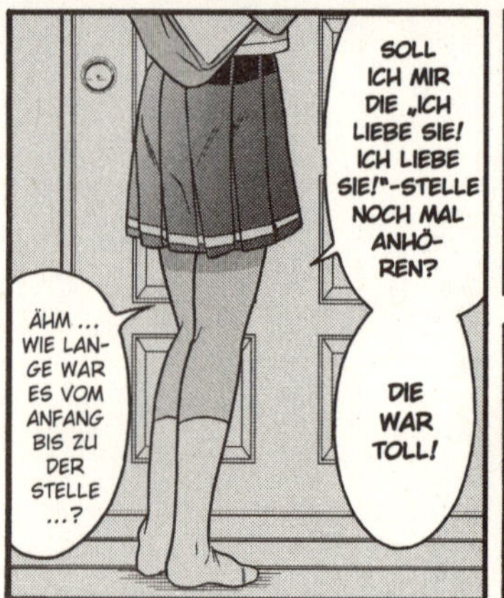
SOLL ICH MIR DIE „ICH LIEBE SIE! ICH LIEBE SIE!"-STELLE NOCH MAL ANHÖREN?
DIE WAR TOLL!
ÄHM ... WIE LANGE WAR ES VOM ANFANG BIS ZU DER STELLE ...?

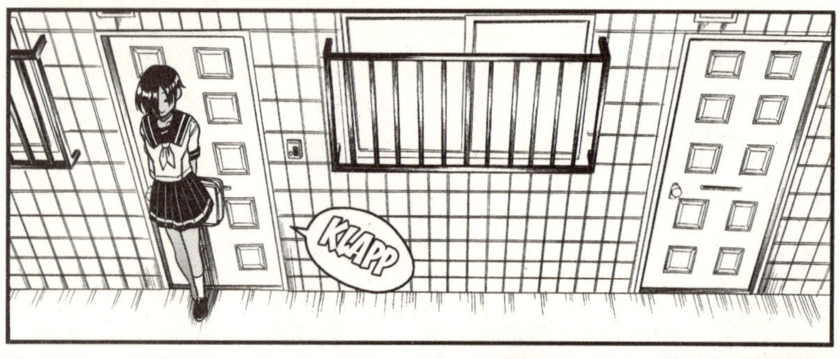
KLAPP

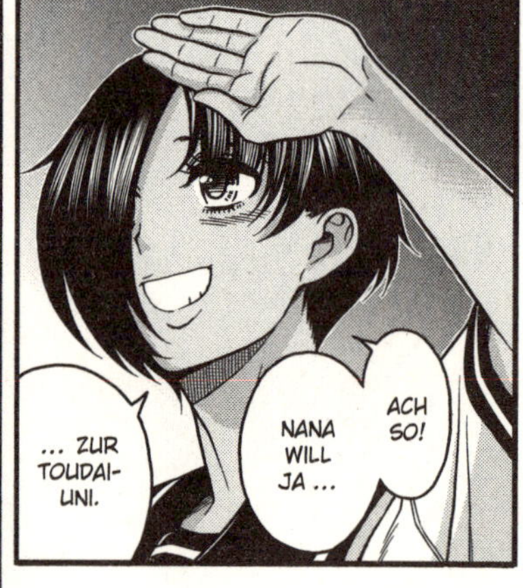
ACH SO!
NANA WILL JA ...
... ZUR TOUDAI-UNI.

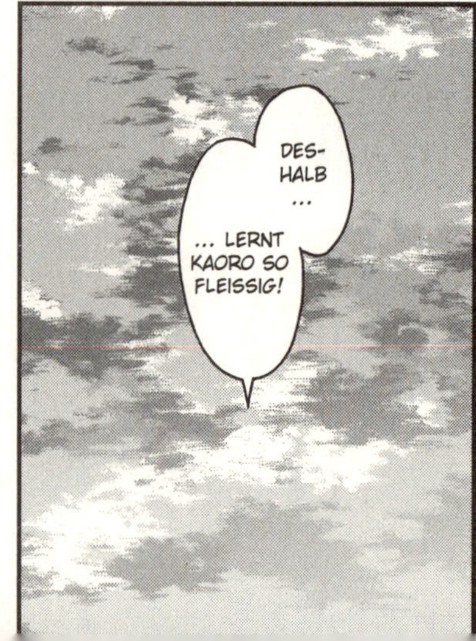
DESHALB ...
... LERNT KAORO SO FLEISSIG!

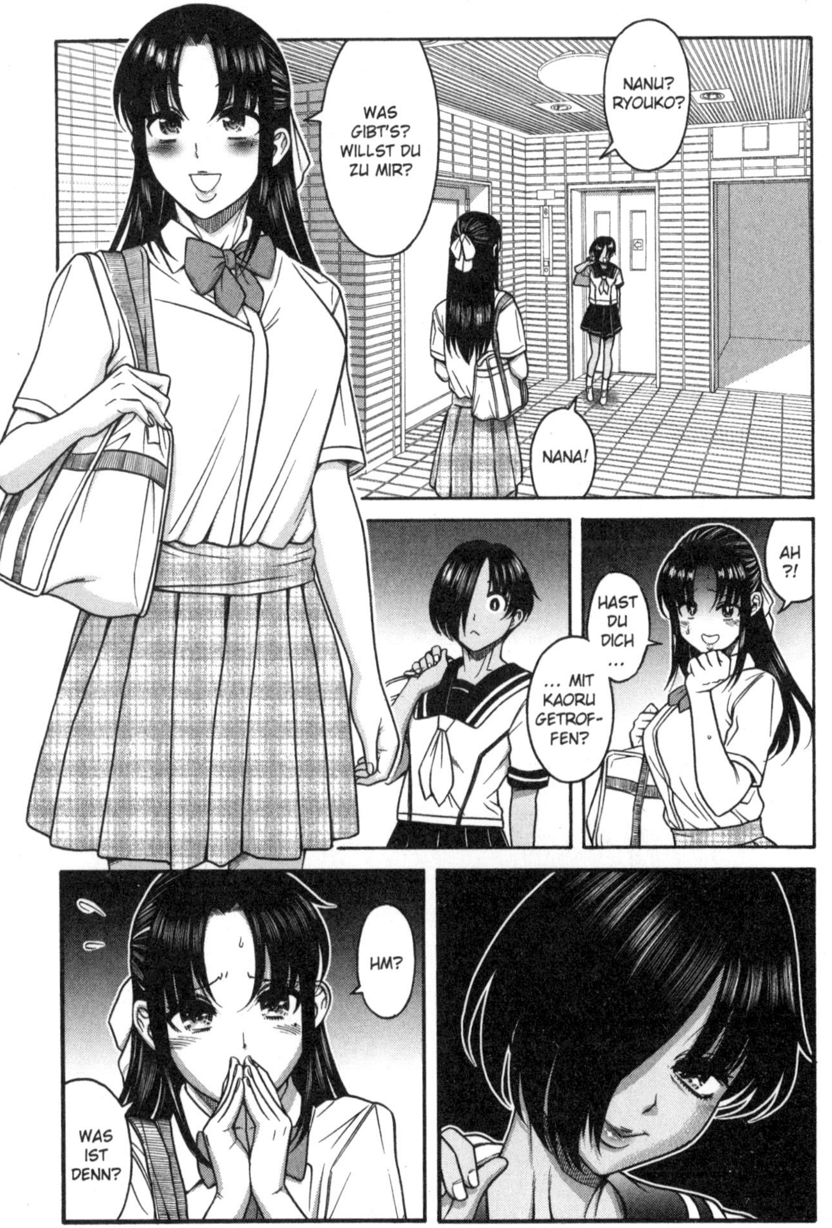
NANU? RYOUKO?
NANA!
WAS GIBT'S? WILLST DU ZU MIR?
AH ?!
HAST DU DICH ...
... MIT KAORU GETROF-FEN?
HM?
WAS IST DENN?

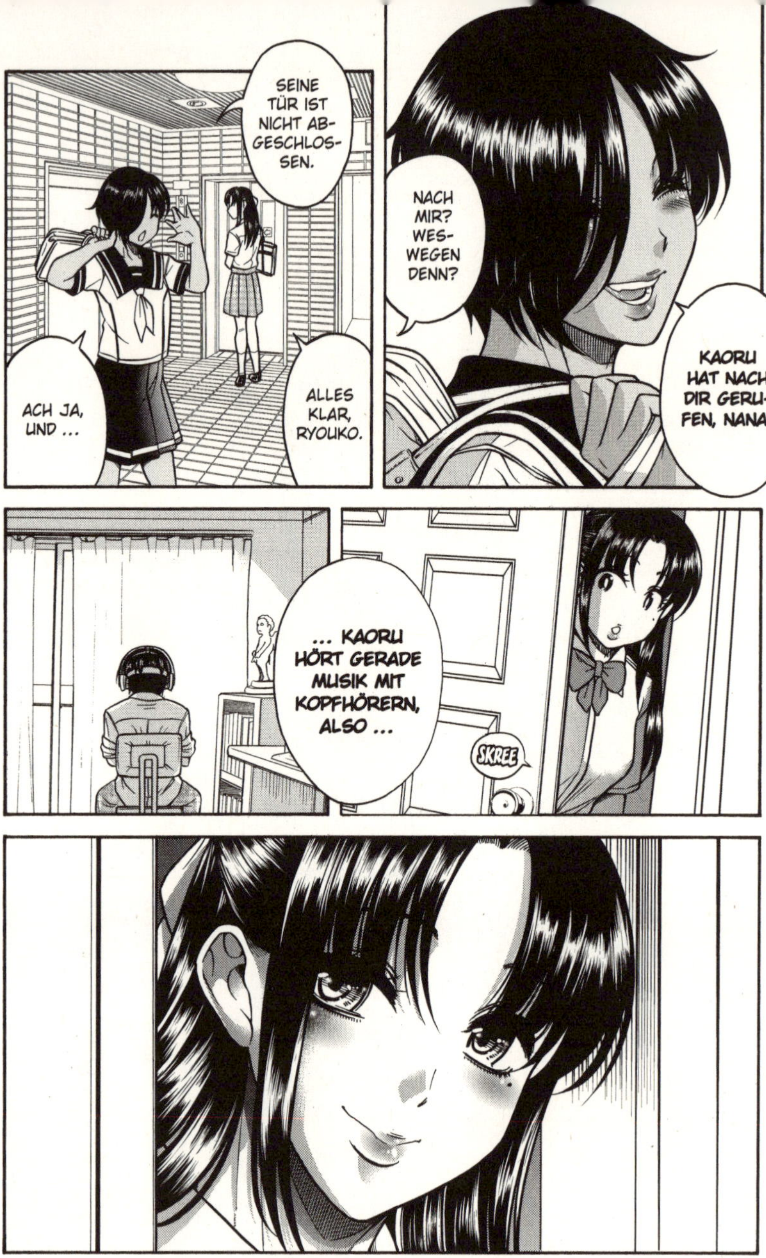

KAORU HAT NACH DIR GERUFEN, NANA!

NACH MIR? WESWEGEN DENN?

ALLES KLAR, RYOUKO.

ACH JA, UND ...

SEINE TÜR IST NICHT ABGESCHLOSSEN.

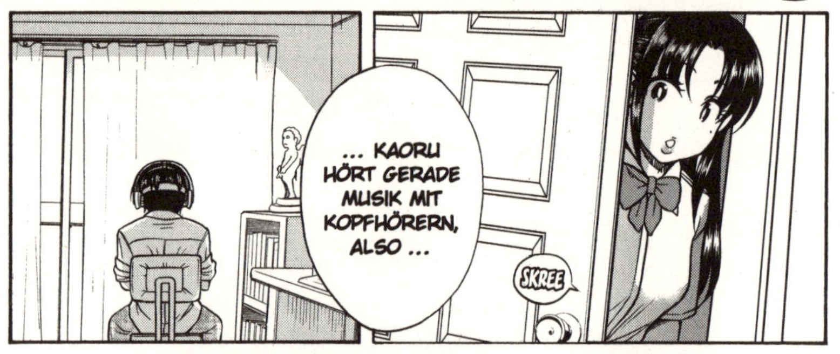

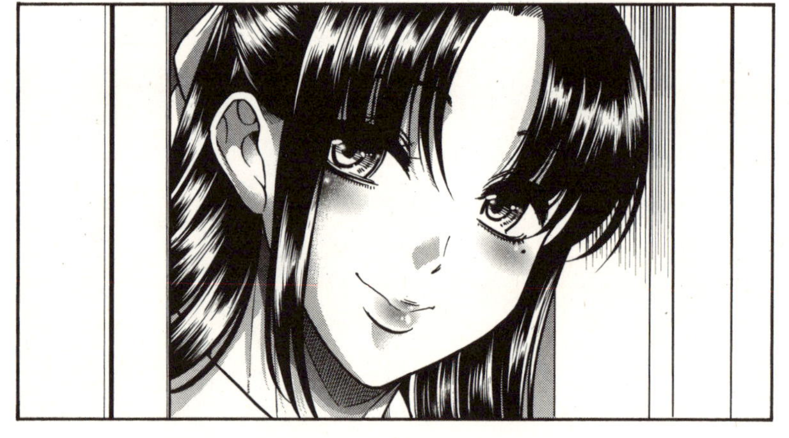

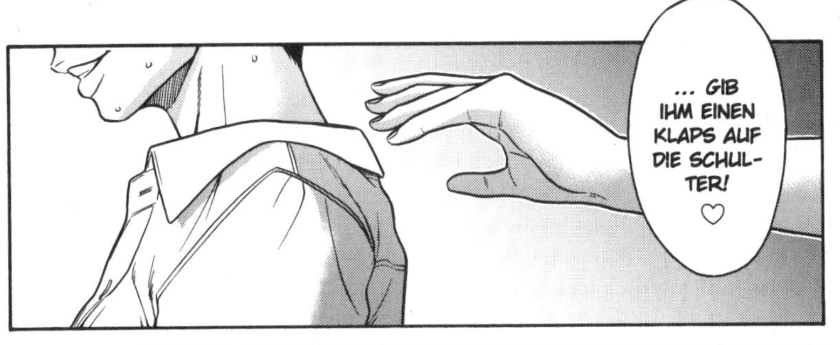
... GIB IHM EINEN KLAPS AUF DIE SCHULTER! ♡

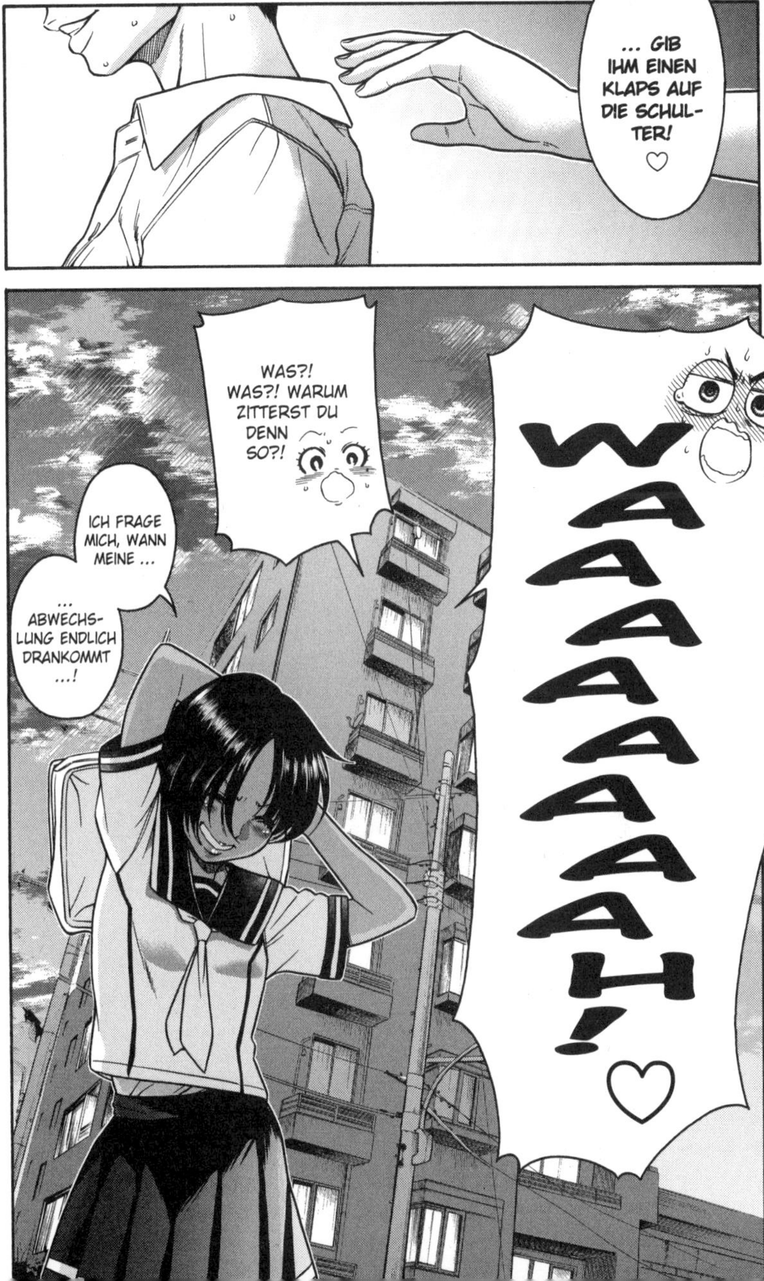

WAAAAAAAAH! ♡
WAS?! WAS?! WARUM ZITTERST DU DENN SO?!
ICH FRAGE MICH, WANN MEINE ...
... ABWECHSLUNG ENDLICH DRANKOMMT ...!

KAPITEL 4: ICH BIN BEREIT FÜRS KERZEN-SPIEL!

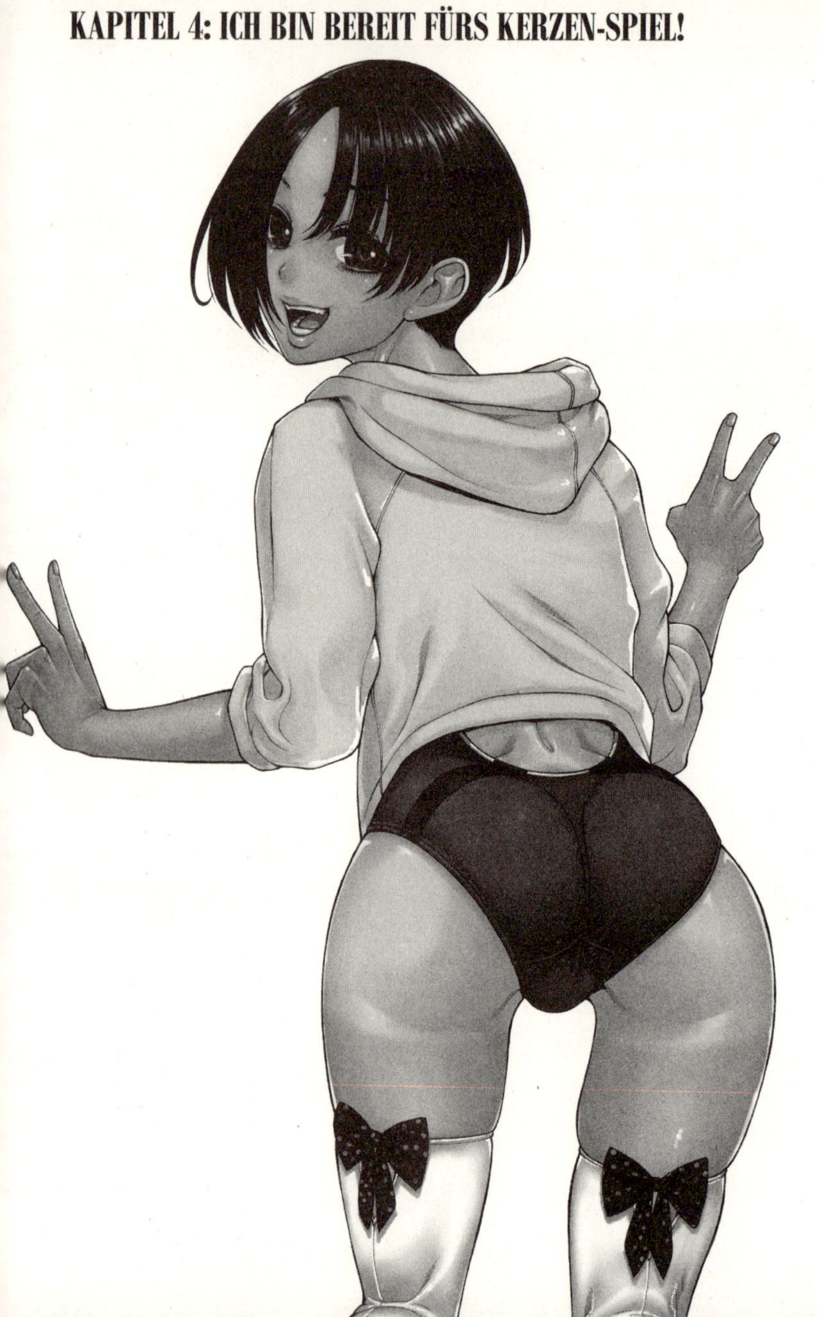

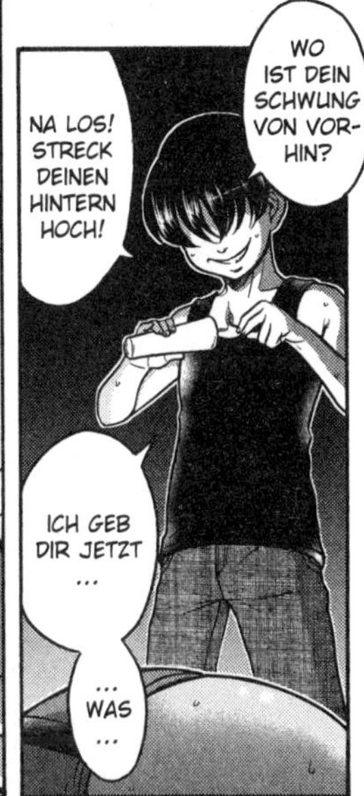
WO IST DEIN SCHWUNG VON VORHIN?
NA LOS! STRECK DEINEN HINTERN HOCH!
ICH GEB DIR JETZT ...
... WAS ...

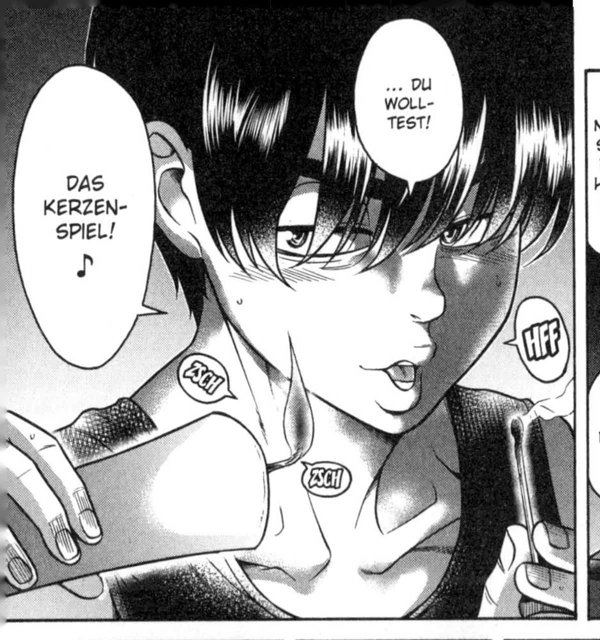
... DU WOLLTEST!
DAS KERZENSPIEL! ♪
HFF
ZSCH
ZSCH

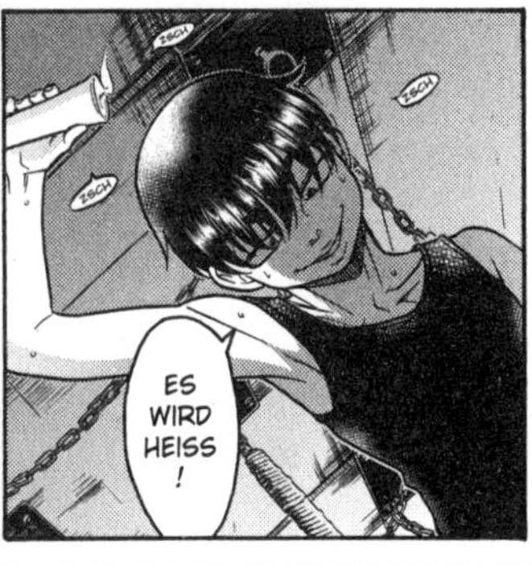
ZSCH
ZSCH
ZSCH
ES WIRD HEISS!

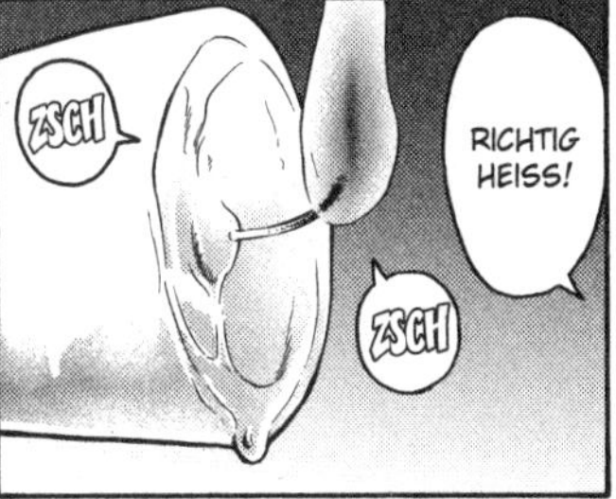
RICHTIG HEISS!
ZSCH
ZSCH

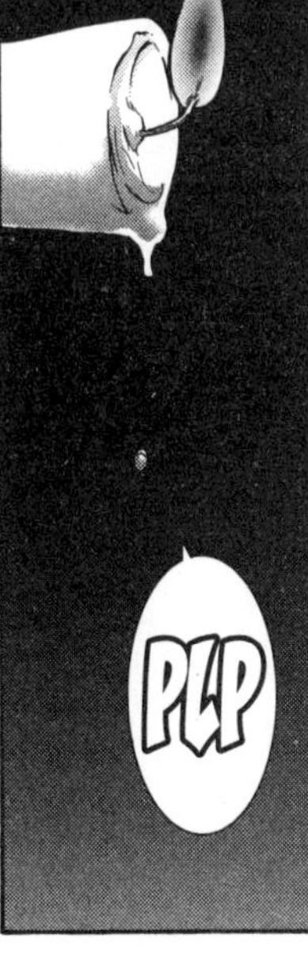
PLP

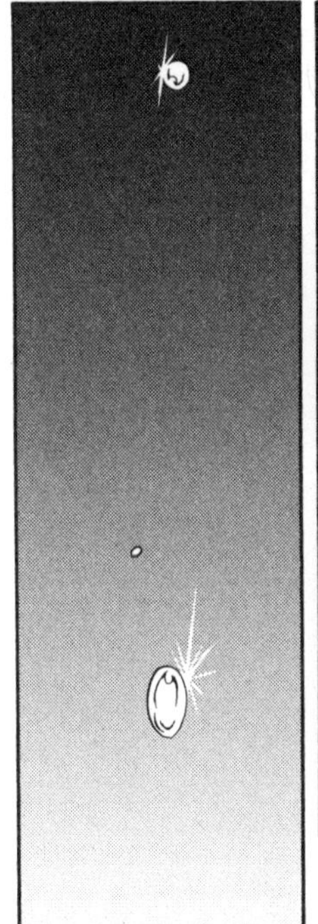

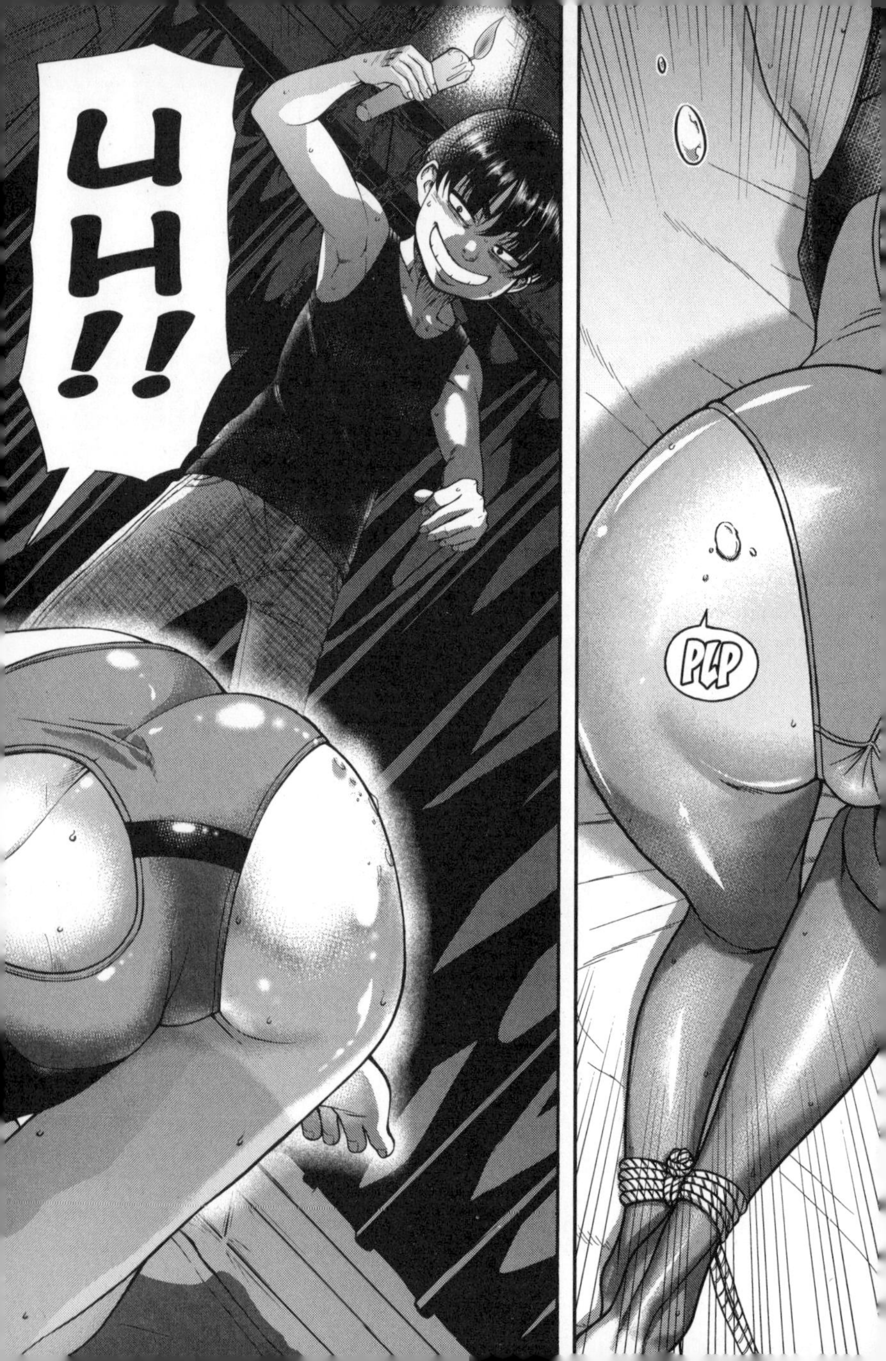
UH!!
PLP

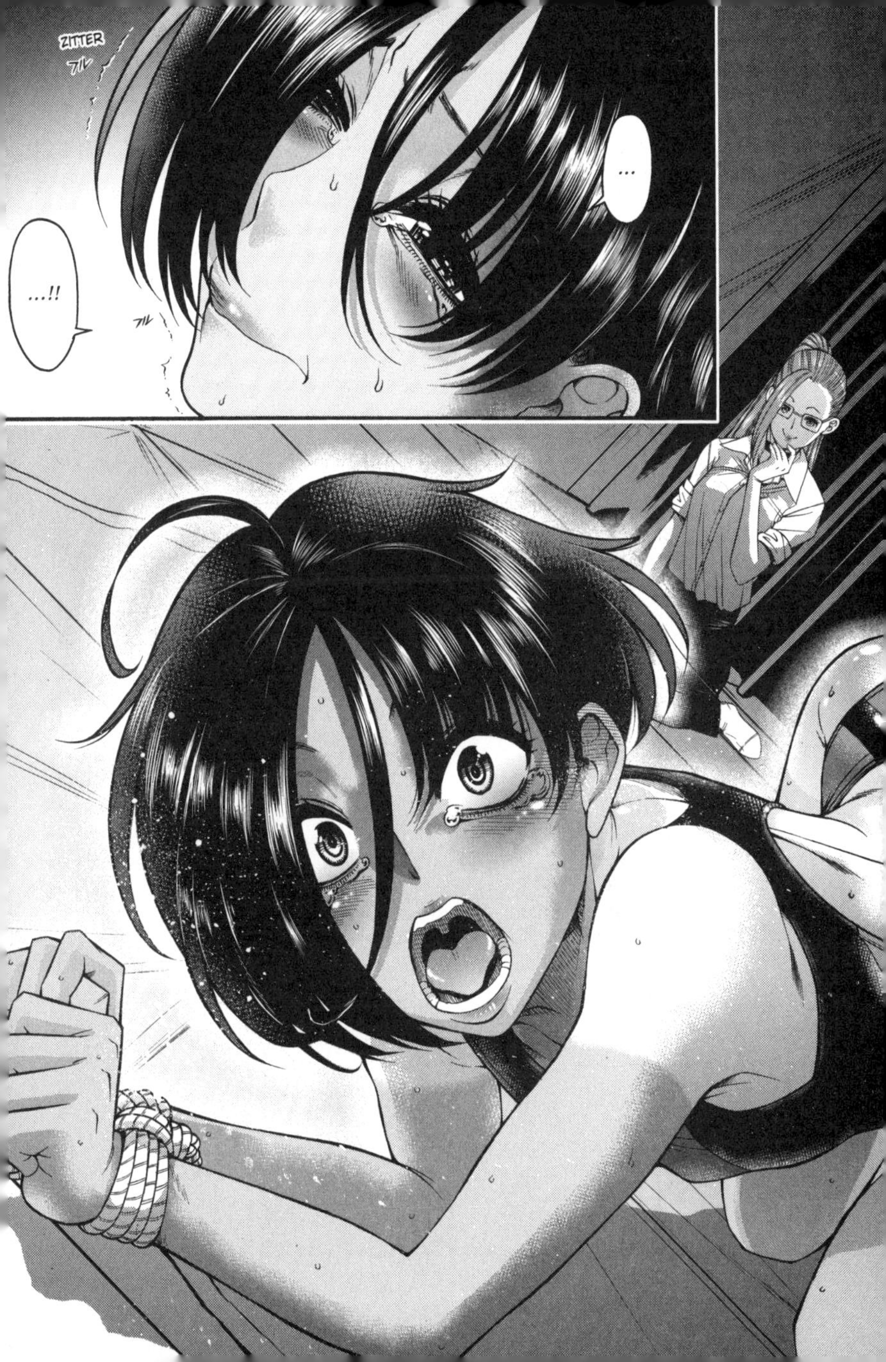
...
ZITTER
フル
フル
...!!

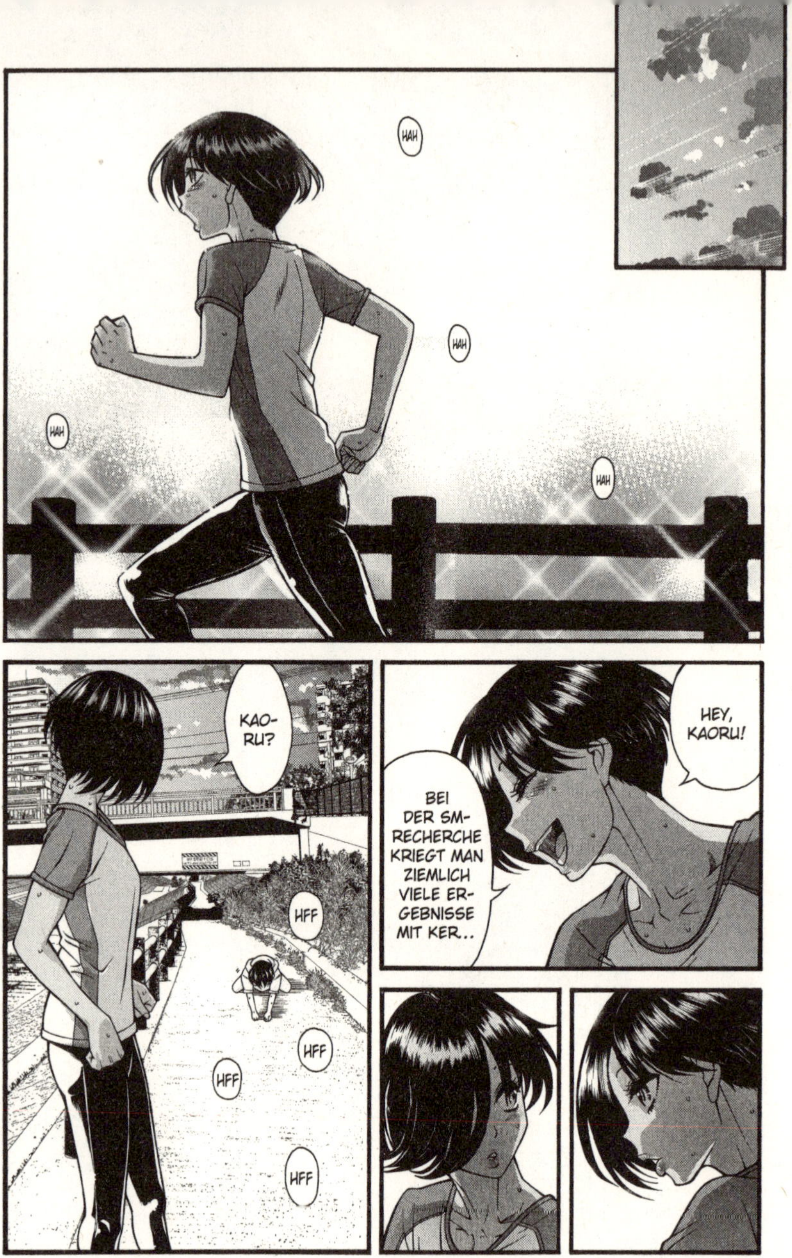

HAH
HAH
HAH
HAH

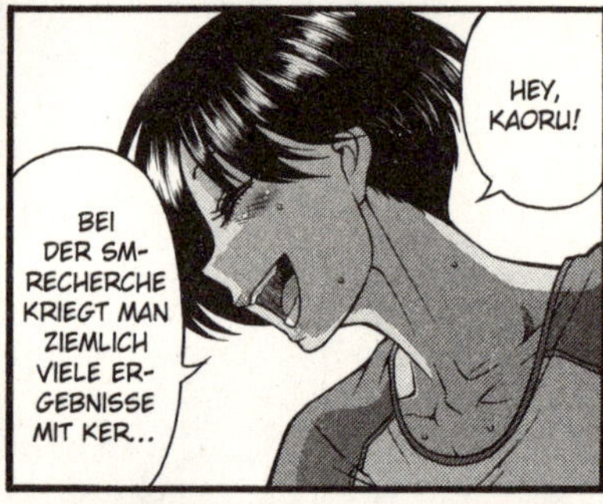

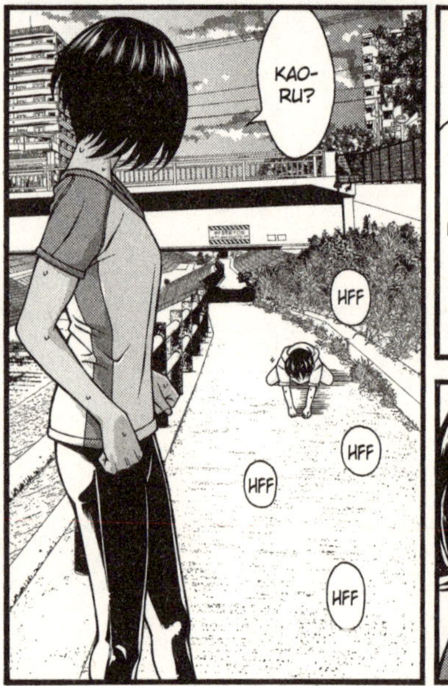

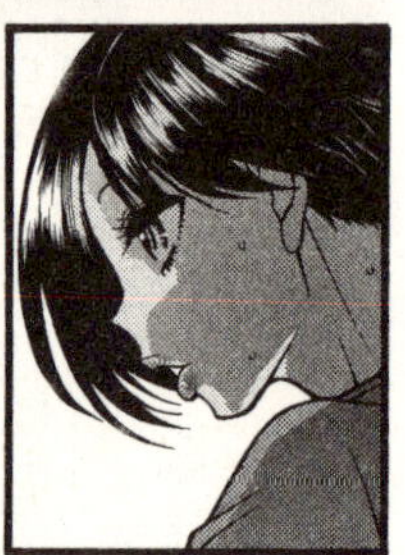

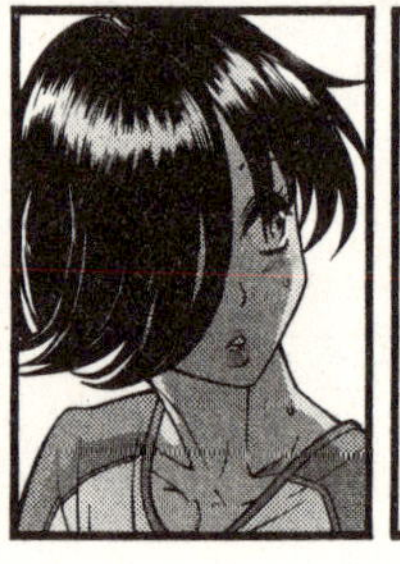

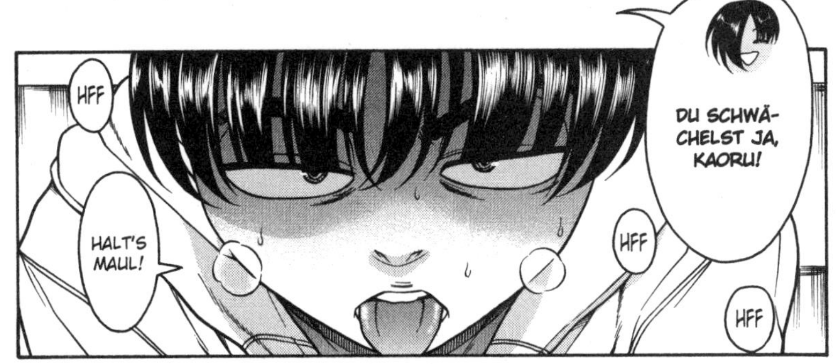
DU SCHWÄ-
CHELST JA,
KAORU!
HFF
HFF
HFF
HALT'S
MAUL!

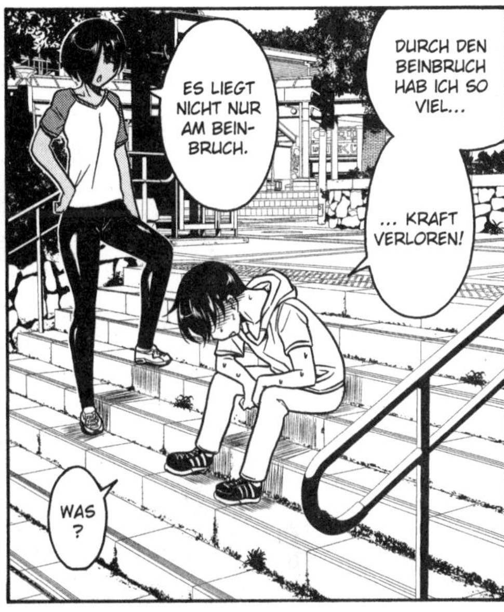
DURCH DEN
BEINBRUCH
HAB ICH SO
VIEL...
... KRAFT
VERLOREN!
ES LIEGT
NICHT NUR
AM BEIN-
BRUCH.
WAS
?

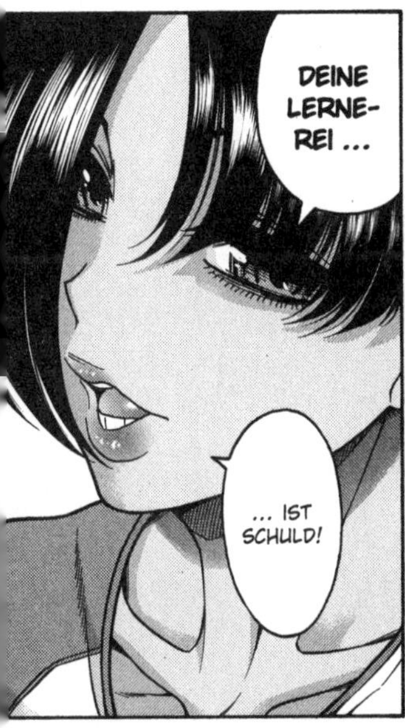
DEINE
LERNE-
REI ...
... IST
SCHULD!

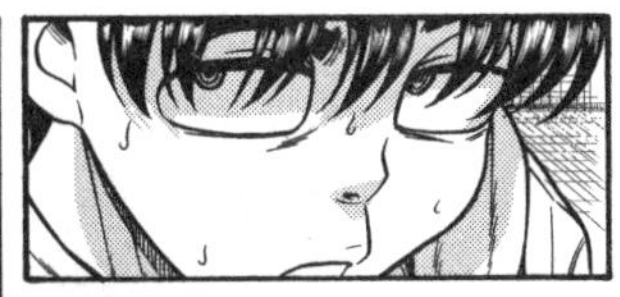

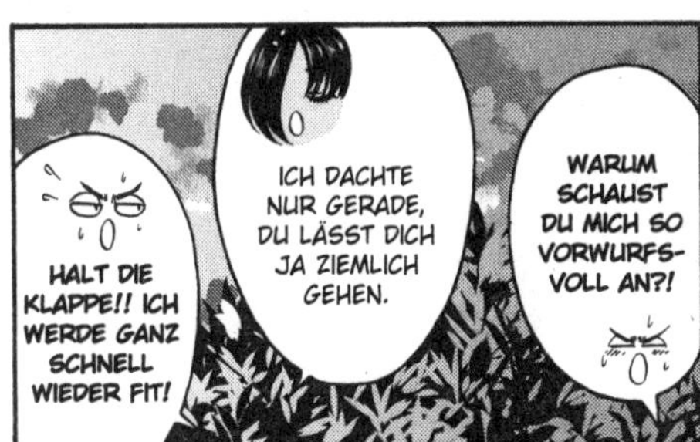
WARUM
SCHAUST
DU MICH SO
VORWURFS-
VOLL AN?!
ICH DACHTE
NUR GERADE,
DU LÄSST DICH
JA ZIEMLICH
GEHEN.
HALT DIE
KLAPPE!! ICH
WERDE GANZ
SCHNELL
WIEDER FIT!

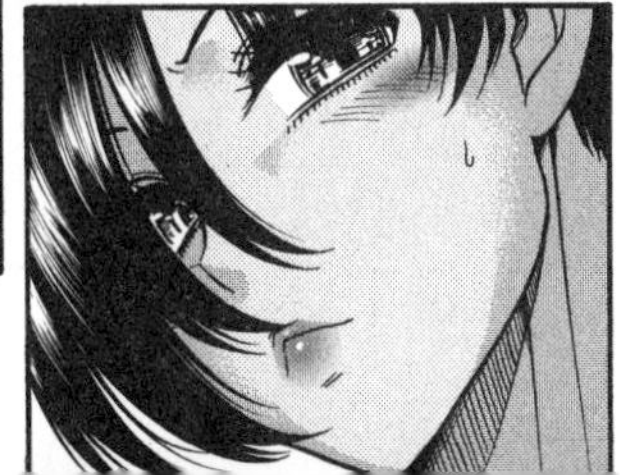

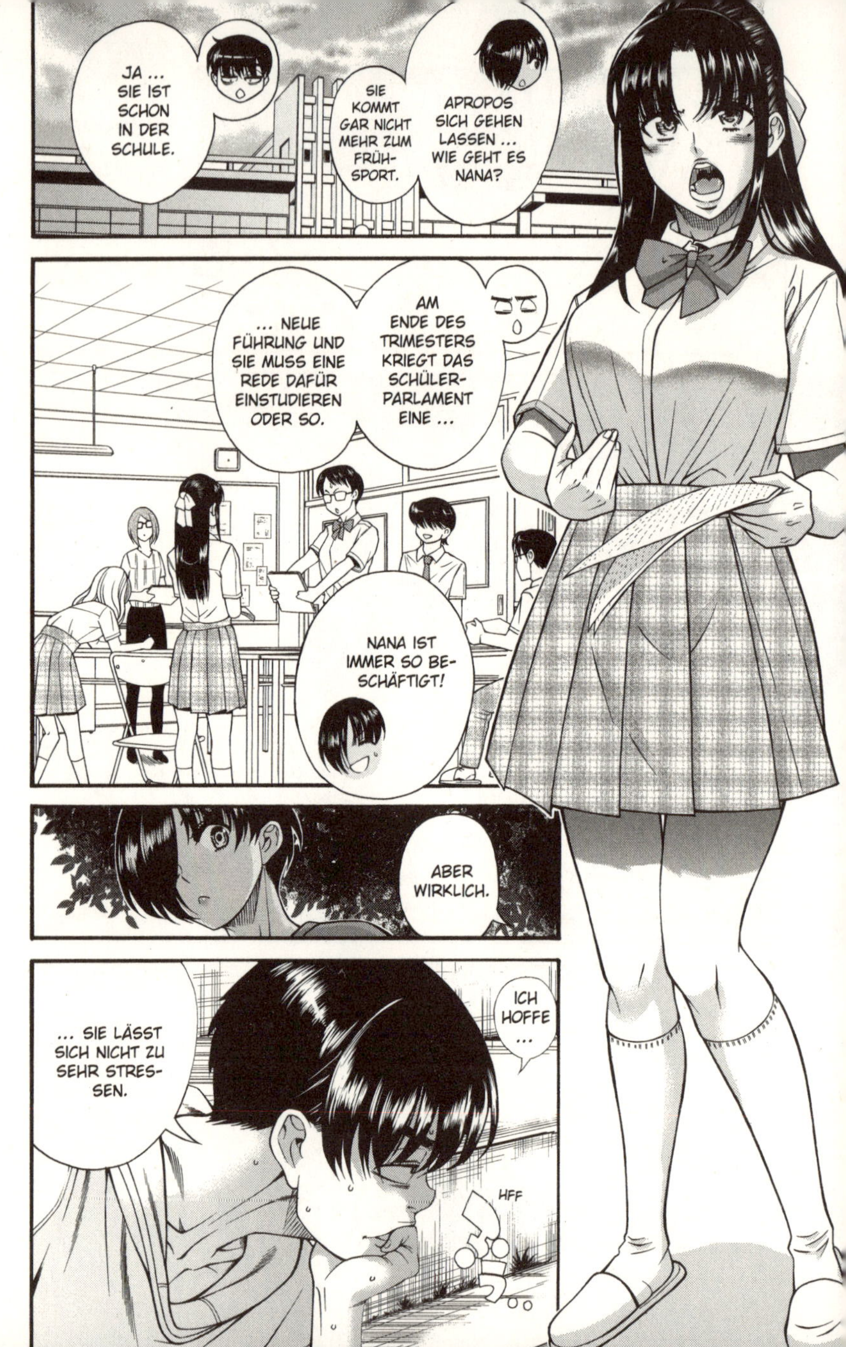
APROPOS SICH GEHEN LASSEN ... WIE GEHT ES NANA?
SIE KOMMT GAR NICHT MEHR ZUM FRÜH-SPORT.
JA ... SIE IST SCHON IN DER SCHULE.
AM ENDE DES TRIMESTERS KRIEGT DAS SCHÜLER-PARLAMENT EINE ...
... NEUE FÜHRUNG UND SIE MUSS EINE REDE DAFÜR EINSTUDIEREN ODER SO.
NANA IST IMMER SO BE-SCHÄFTIGT!
ABER WIRKLICH.
ICH HOFFE ...
... SIE LÄSST SICH NICHT ZU SEHR STRES-SEN.
HFF

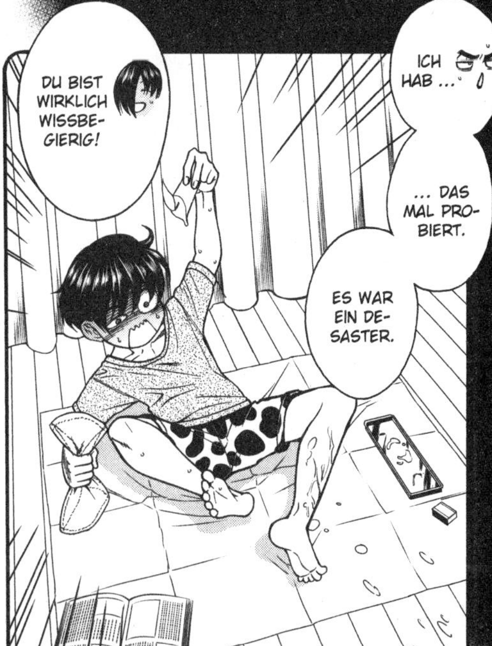
ICH HAB …
… DAS MAL PROBIERT.
ES WAR EIN DESASTER.
DU BIST WIRKLICH WISSBEGIERIG!

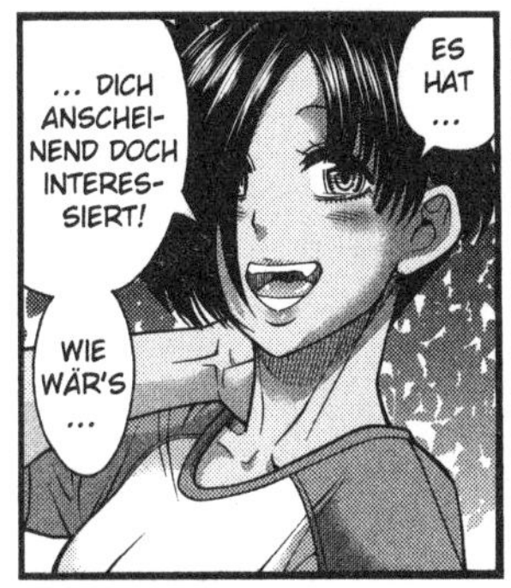
ES HAT …
… DICH ANSCHEINEND DOCH INTERESSIERT!
WIE WÄR'S …

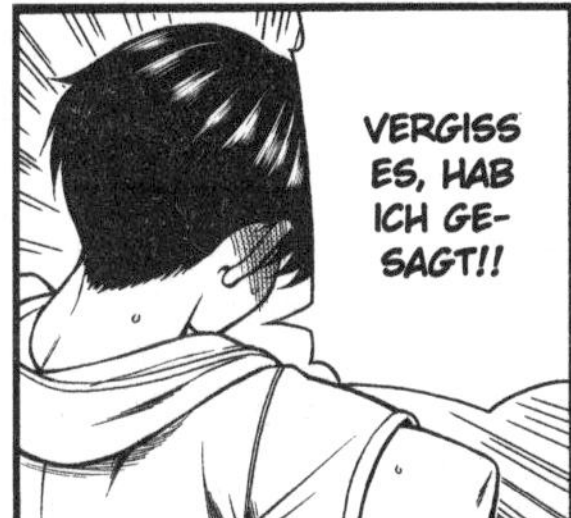
VERGISS ES, HAB ICH GESAGT!!

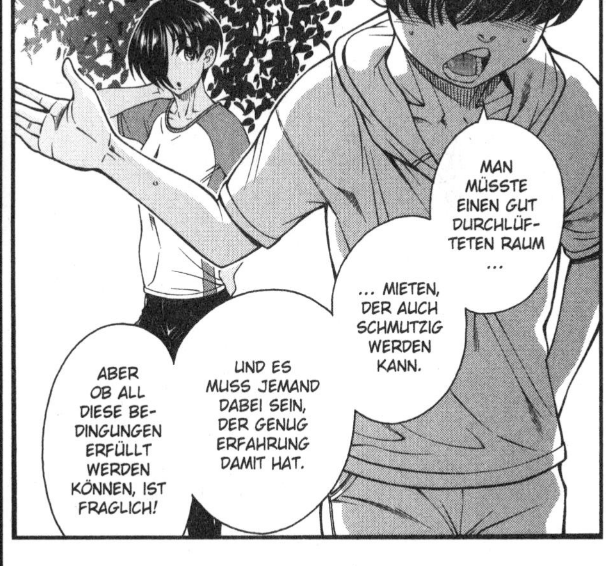
MAN MÜSSTE EINEN GUT DURCHLÜFTETEN RAUM …
… MIETEN, DER AUCH SCHMUTZIG WERDEN KANN.
UND ES MUSS JEMAND DABEI SEIN, DER GENUG ERFAHRUNG DAMIT HAT.
ABER OB ALL DIESE BEDINGUNGEN ERFÜLLT WERDEN KÖNNEN, IST FRAGLICH!

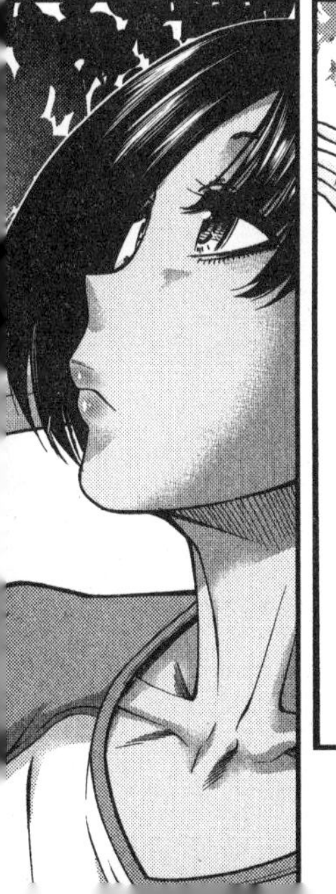

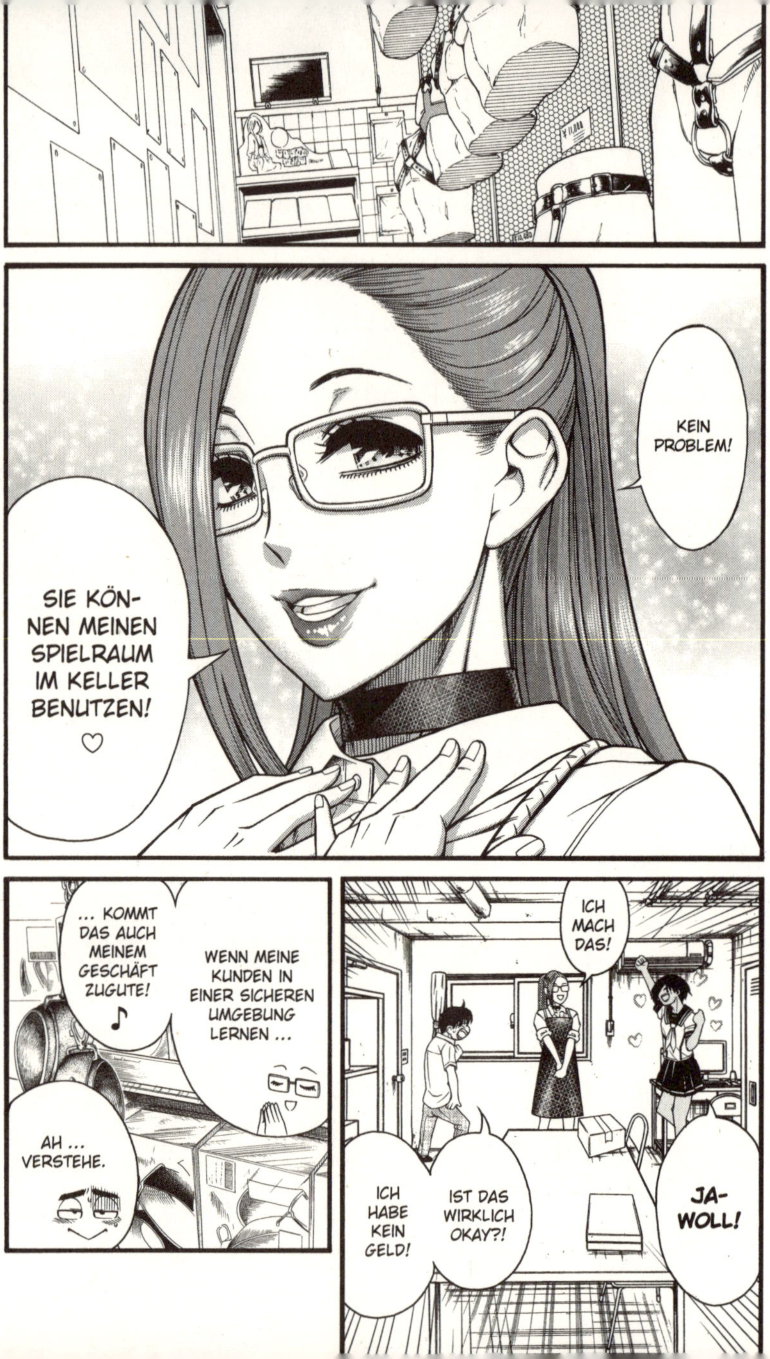

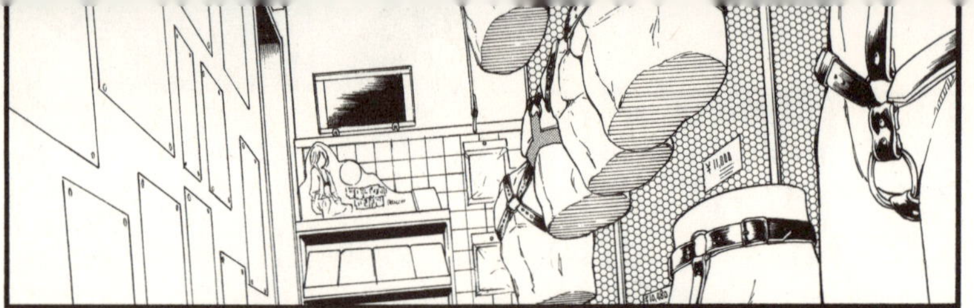

KEIN PROBLEM!

SIE KÖNNEN MEINEN SPIELRAUM IM KELLER BENUTZEN! ♡

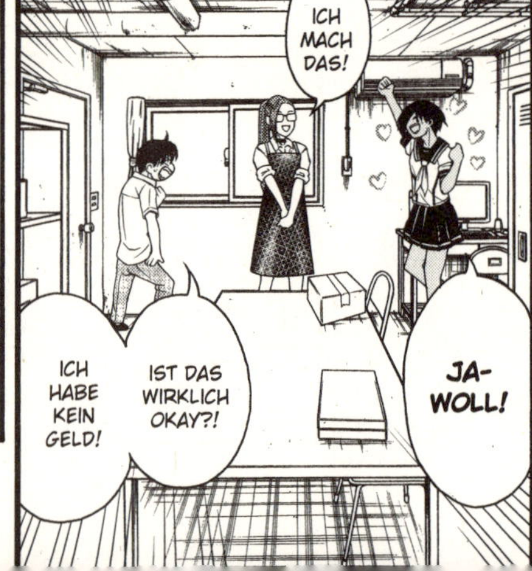

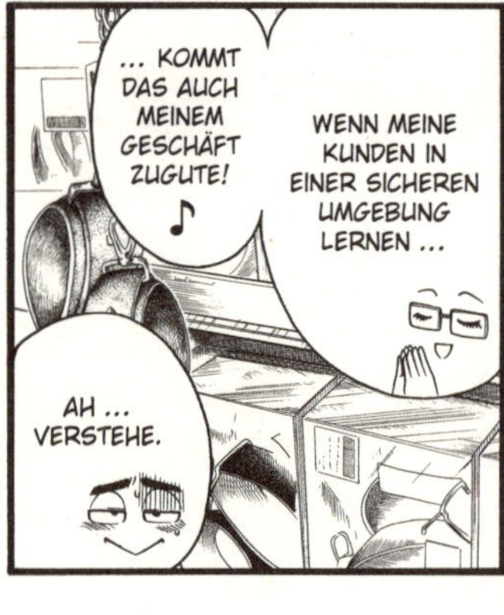

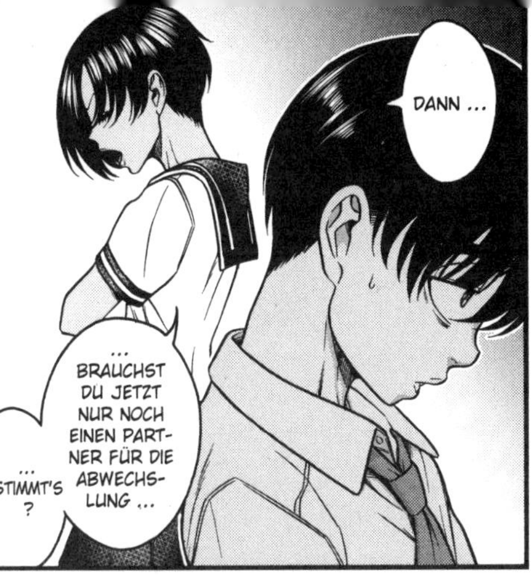
DANN ...
... BRAUCHST DU JETZT NUR NOCH EINEN PARTNER FÜR DIE ABWECHSLUNG ...
... STIMMT'S ?

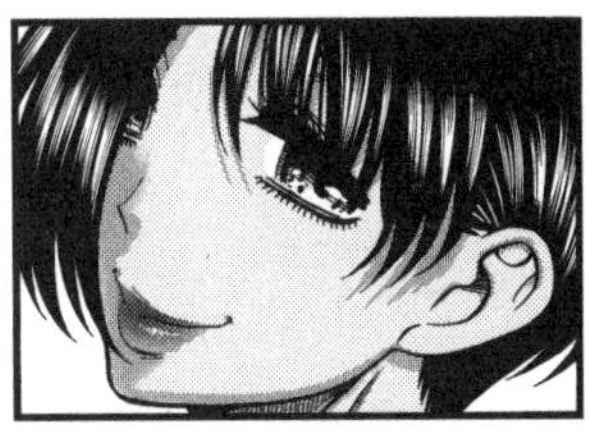

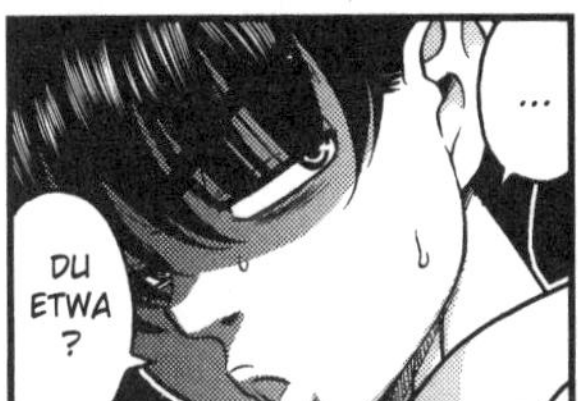
...
DU ETWA ?

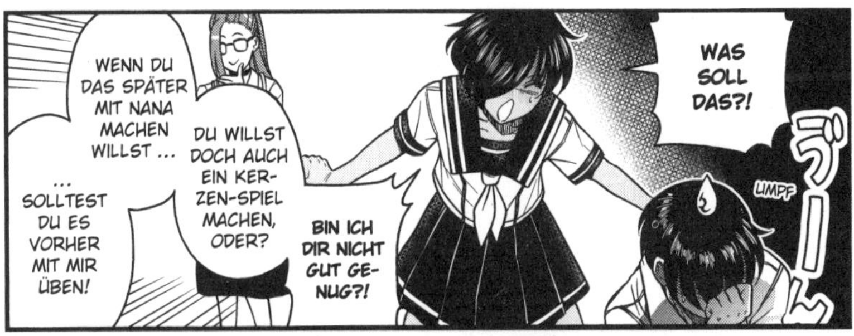
WAS SOLL DAS?!
UMPF
BIN ICH DIR NICHT GUT GENUG?!
DU WILLST DOCH AUCH EIN KERZEN-SPIEL MACHEN, ODER?
WENN DU DAS SPÄTER MIT NANA MACHEN WILLST ...
... SOLLTEST DU ES VORHER MIT MIR ÜBEN!

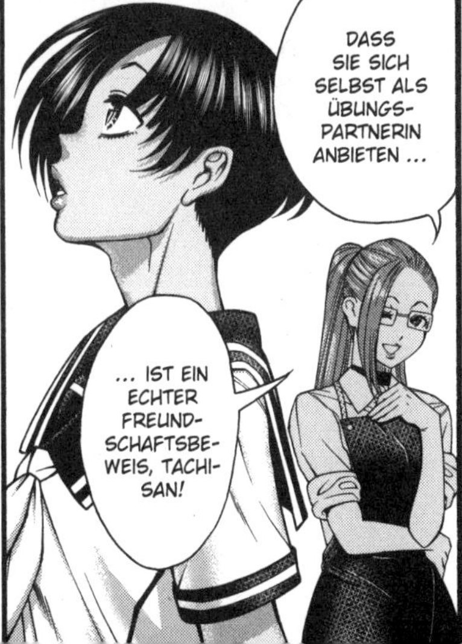
DASS SIE SICH SELBST ALS ÜBUNGSPARTNERIN ANBIETEN ...
... IST EIN ECHTER FREUNDSCHAFTSBEWEIS, TACHI-SAN!

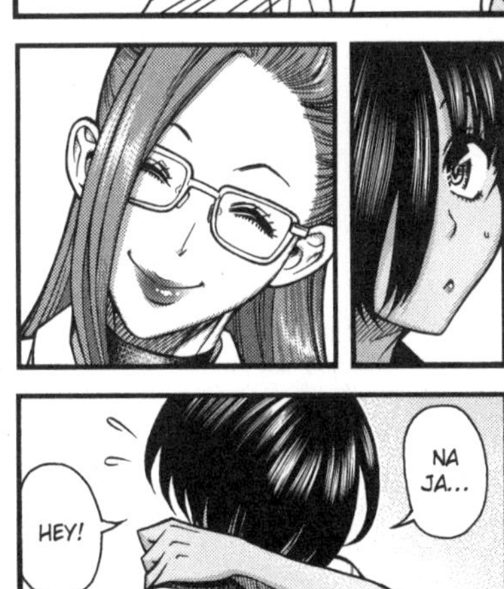
NA JA...
HEY!

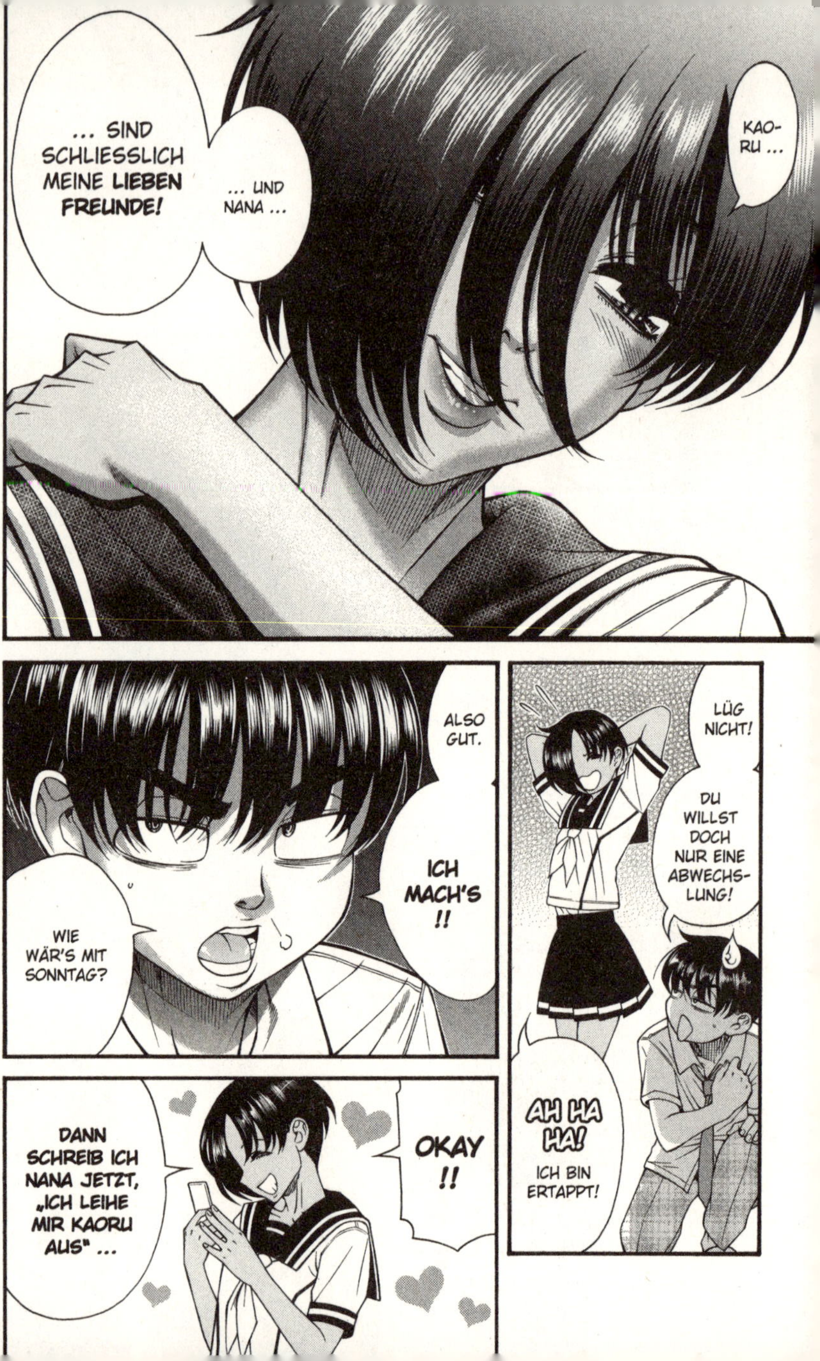

KAO-RU …

… UND NANA …

… SIND SCHLIESSLICH MEINE **LIEBEN FREUNDE!**

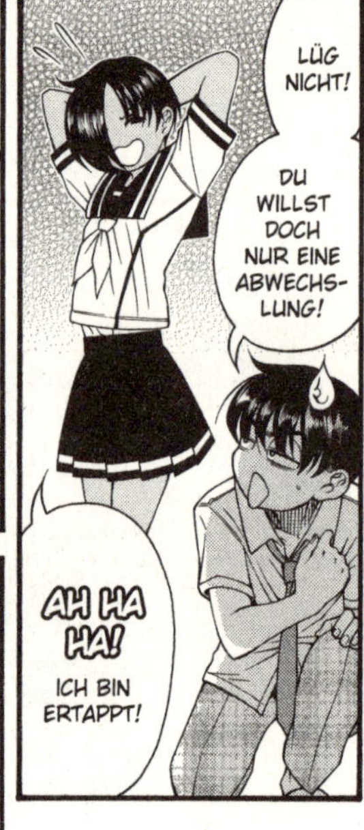

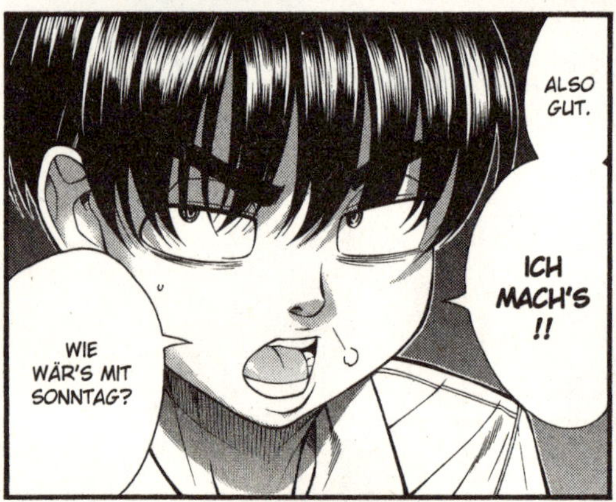

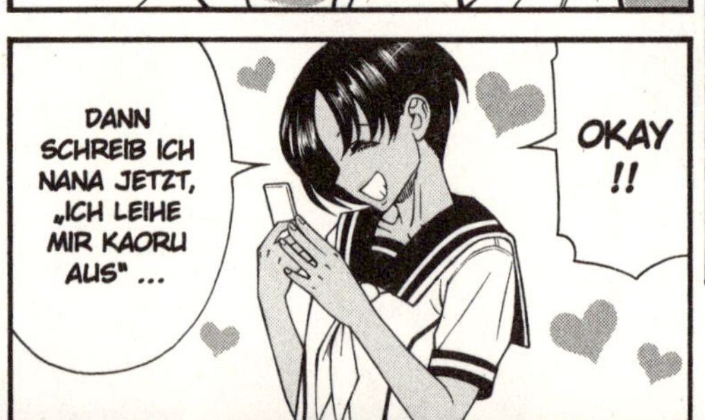

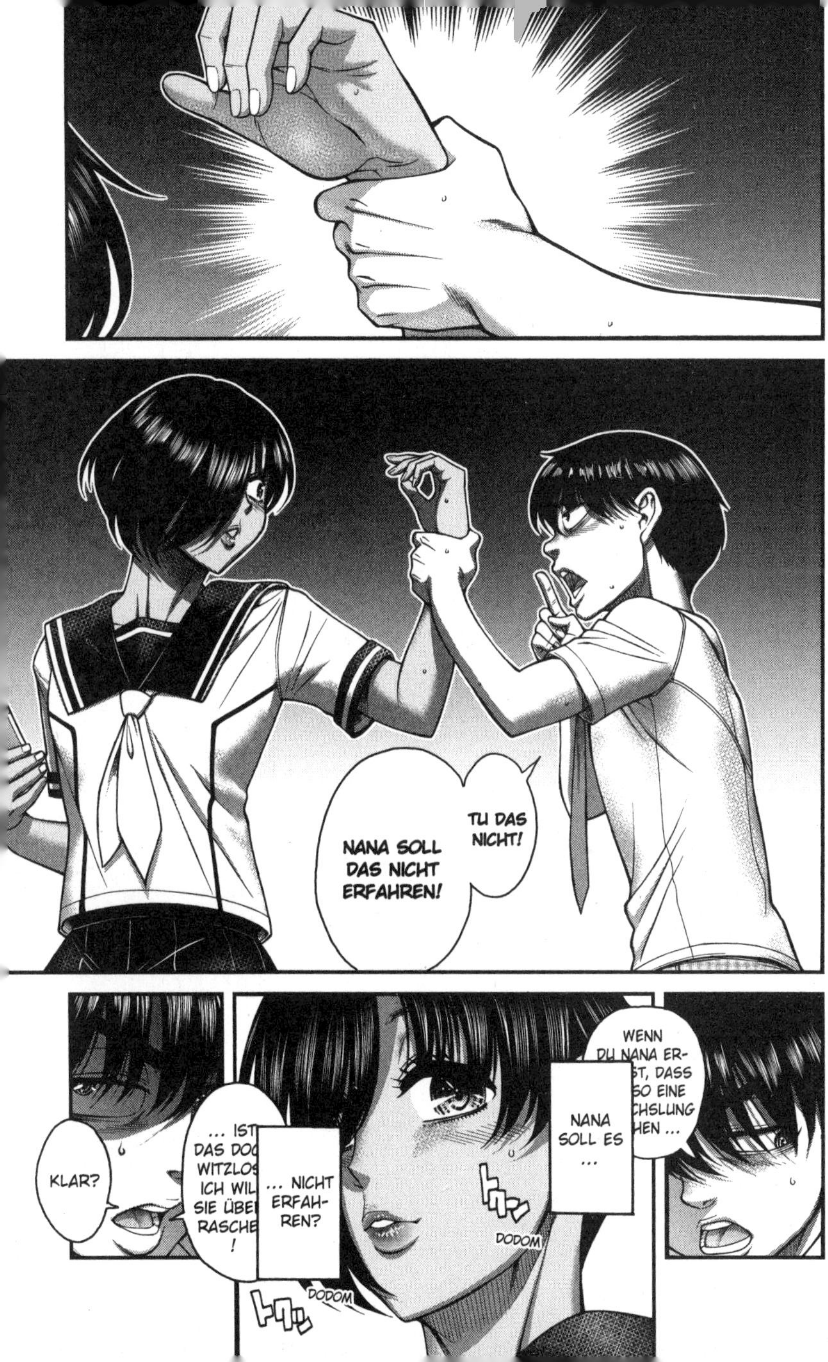

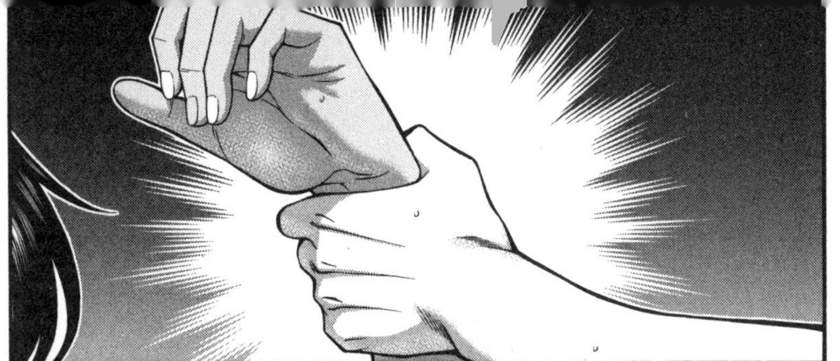

TU DAS NICHT!
NANA SOLL DAS NICHT ERFAHREN!

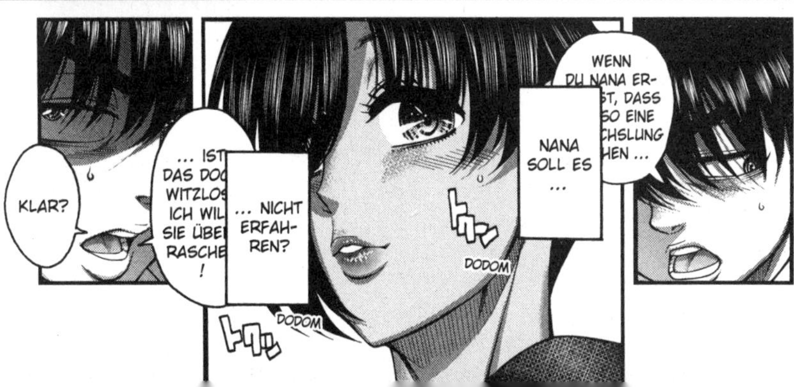

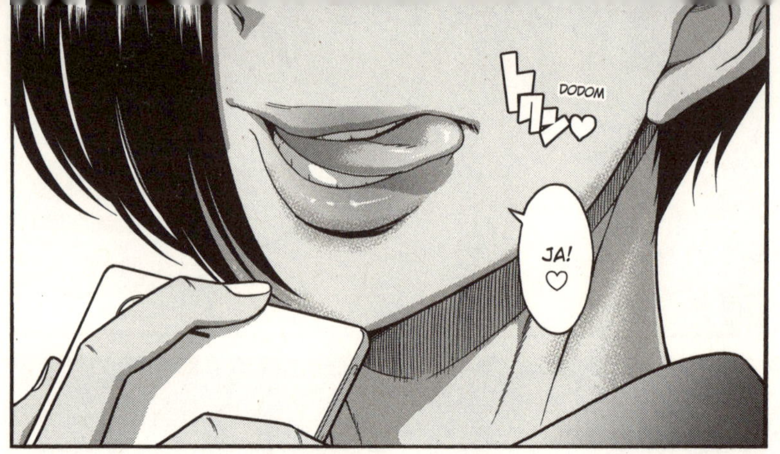
DODOM
JA! ♡

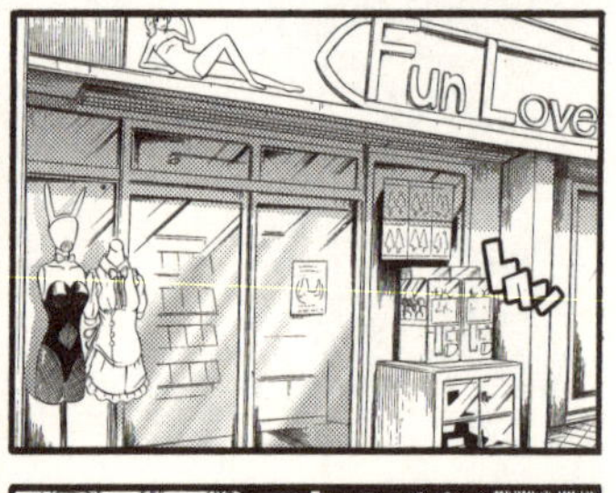
Fun Love

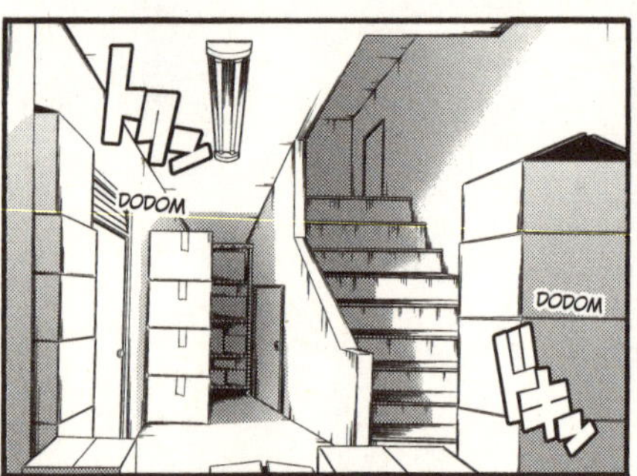
DODOM
DODOM

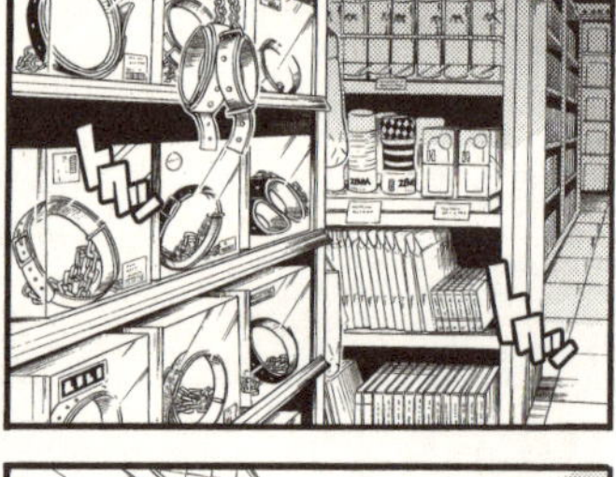

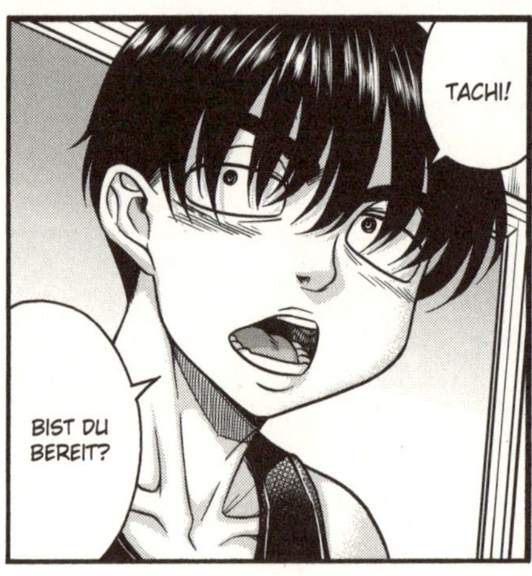
TACHI!
BIST DU BEREIT?

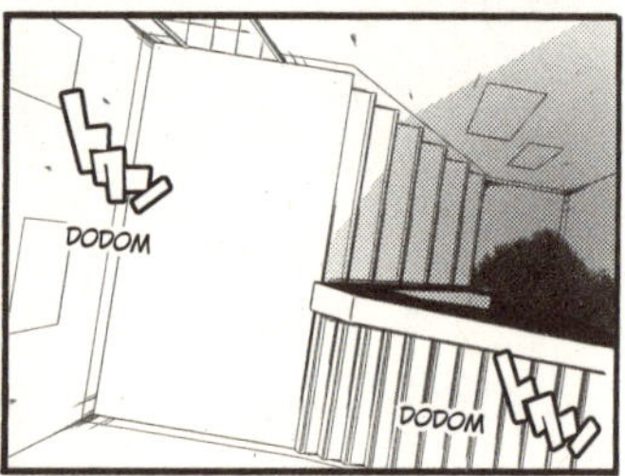
DODOM
DODOM

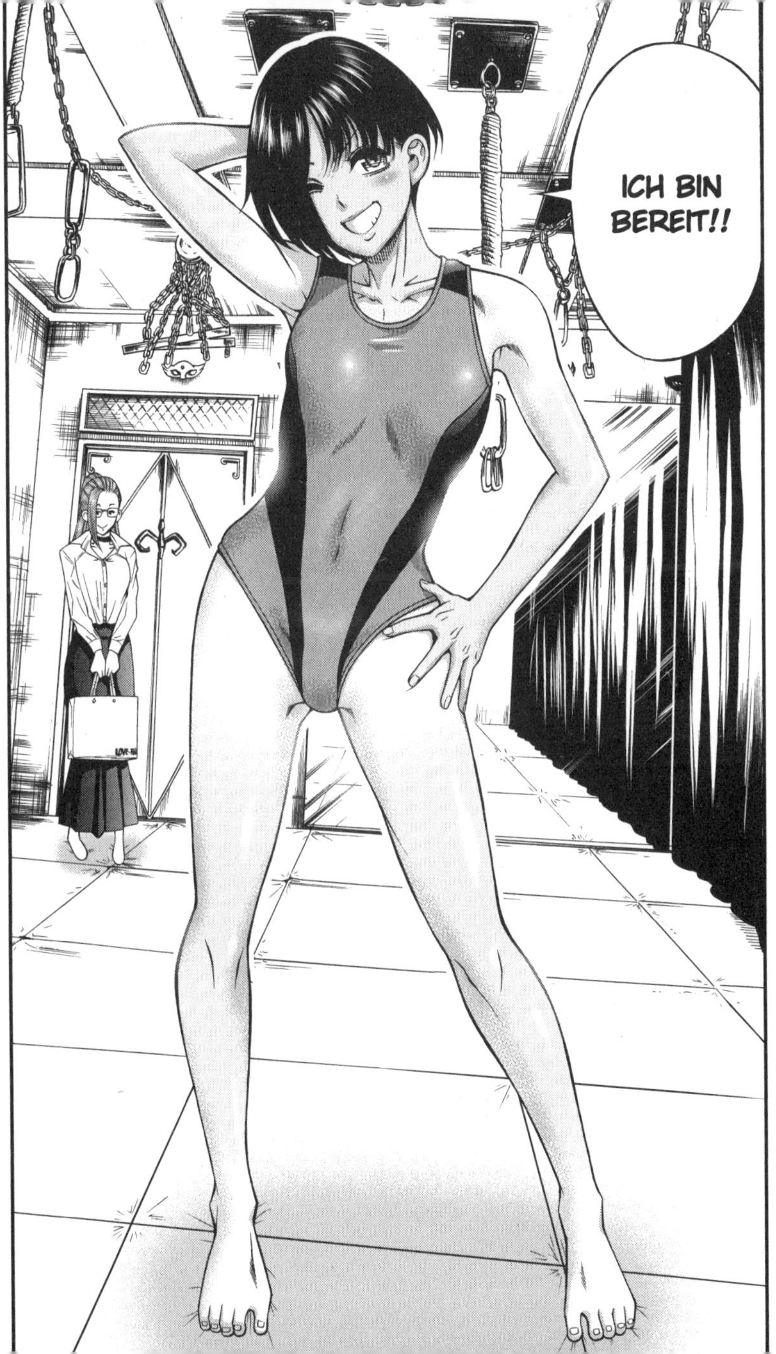
ICH BIN BEREIT!!

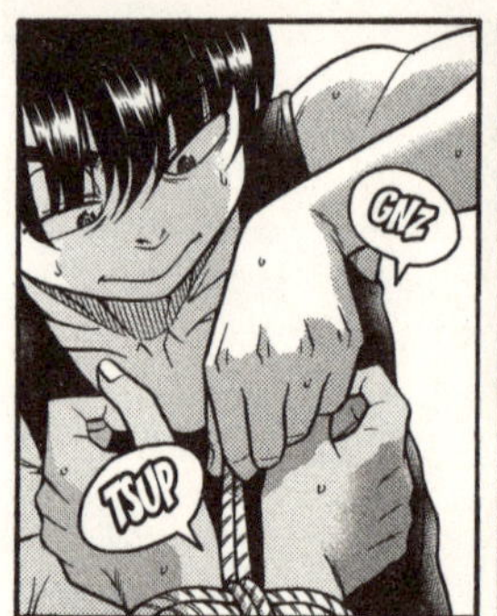
GNZ
TSUP

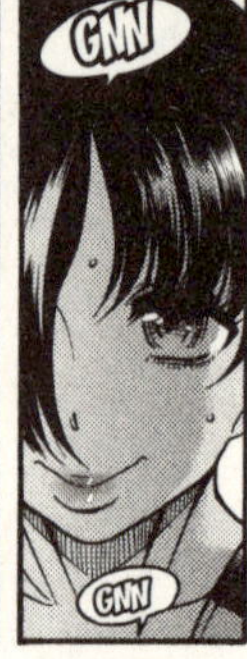
GNN
GNN

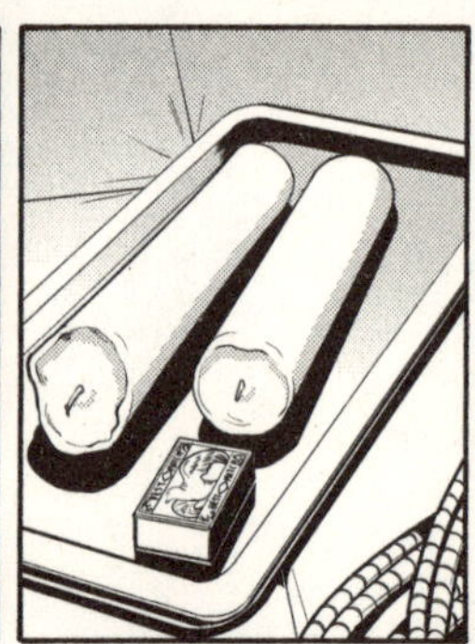

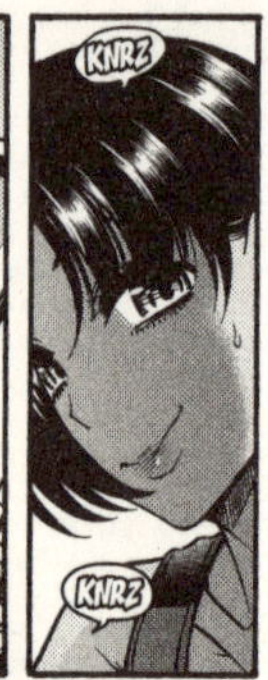
KNRZ
KNRZ

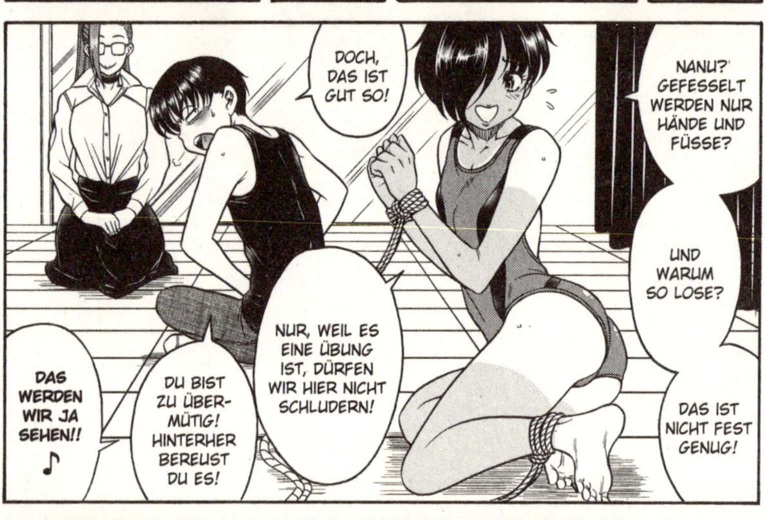
NANU? GEFESSELT WERDEN NUR HÄNDE UND FÜSSE?
UND WARUM SO LOSE?
DAS IST NICHT FEST GENUG!
DOCH, DAS IST GUT SO!
NUR, WEIL ES EINE ÜBUNG IST, DÜRFEN WIR HIER NICHT SCHLUDERN!
DU BIST ZU ÜBERMÜTIG! HINTERHER BEREUST DU ES!
DAS WERDEN WIR JA SEHEN!! ♪

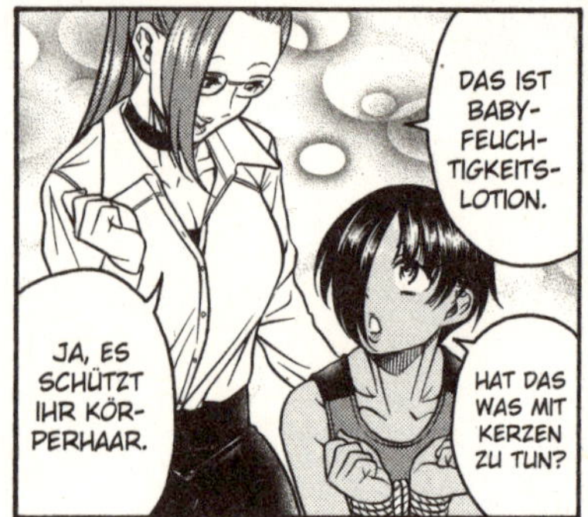
DAS IST BABY-FEUCHTIGKEITS-LOTION.
HAT DAS WAS MIT KERZEN ZU TUN?
JA, ES SCHÜTZT IHR KÖRPERHAAR.

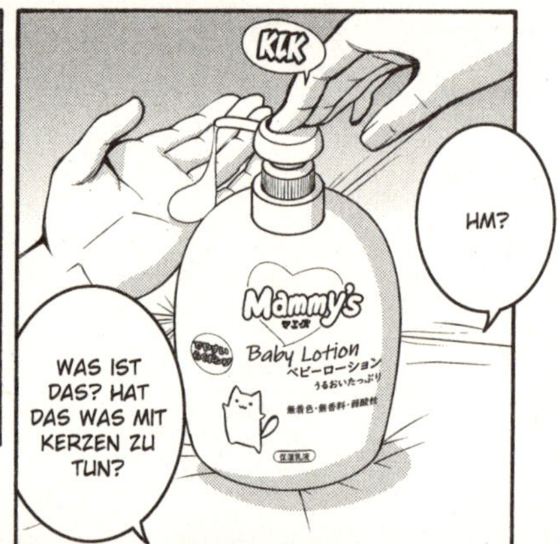
KLK
HM?
WAS IST DAS? HAT DAS WAS MIT KERZEN ZU TUN?
Mammy's
Baby Lotion
ベビーローション

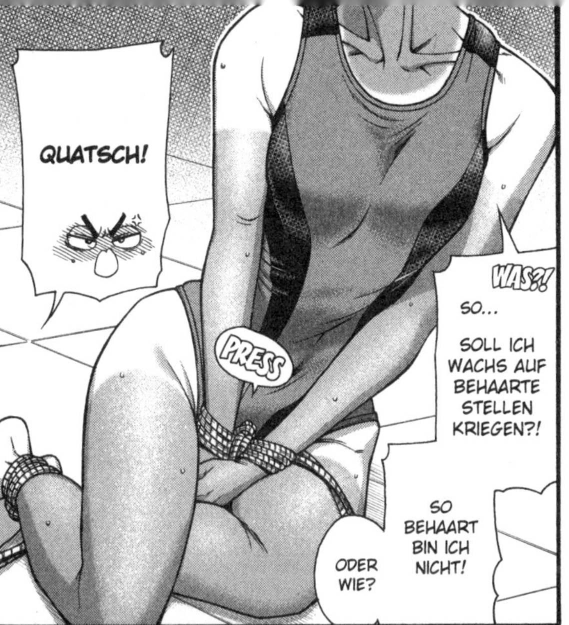
WAS?!
SO...
SOLL ICH WACHS AUF BEHAARTE STELLEN KRIEGEN?!
PRESS
QUATSCH!
SO BEHAART BIN ICH NICHT!
ODER WIE?

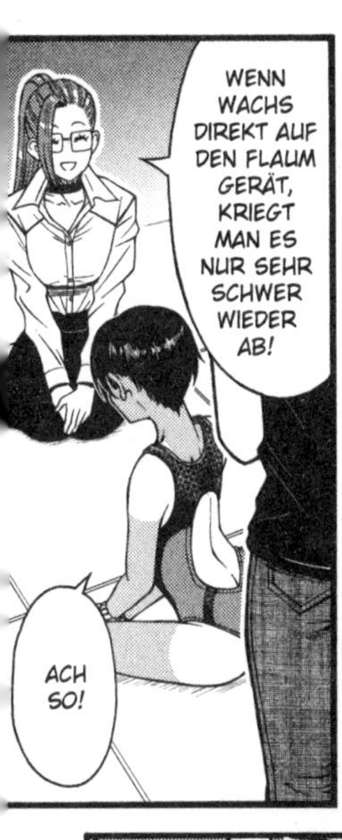
WENN WACHS DIREKT AUF DEN FLAUM GERÄT, KRIEGT MAN ES NUR SEHR SCHWER WIEDER AB!
ACH SO!

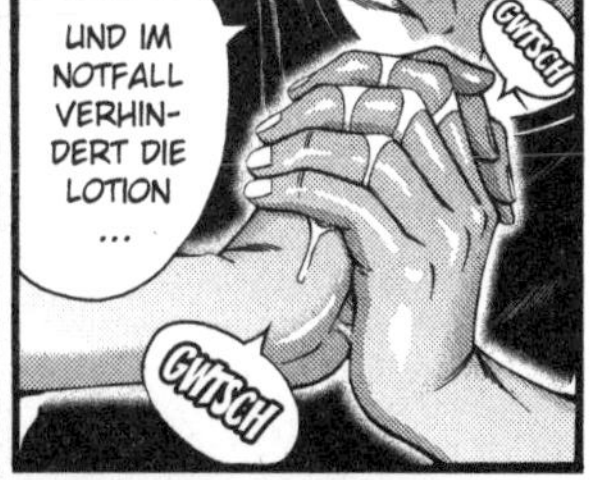
GWTSCH
UND IM NOTFALL VERHINDERT DIE LOTION ...
GWTSCH

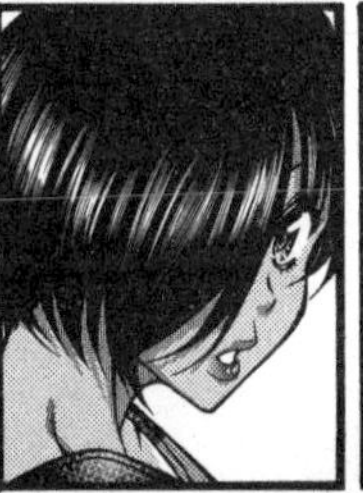

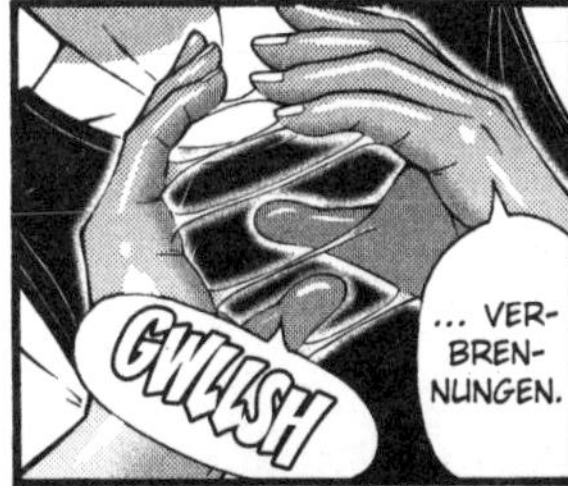
... VERBRENNUNGEN.
GWLLSH

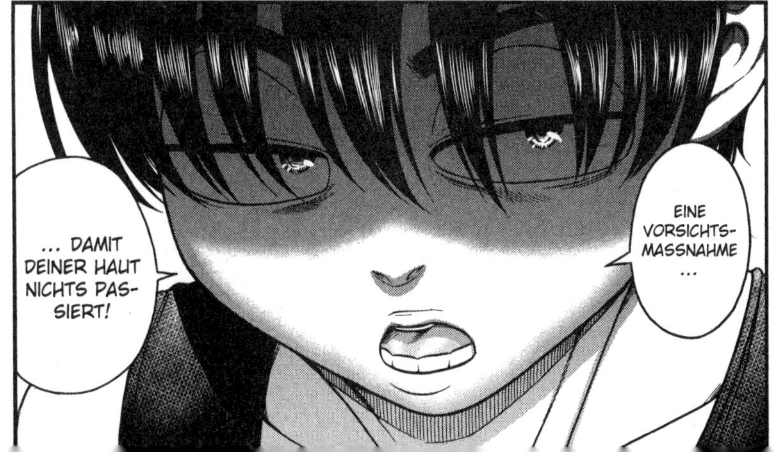
EINE VORSICHTSMASSNAHME ...
... DAMIT DEINER HAUT NICHTS PASSIERT!

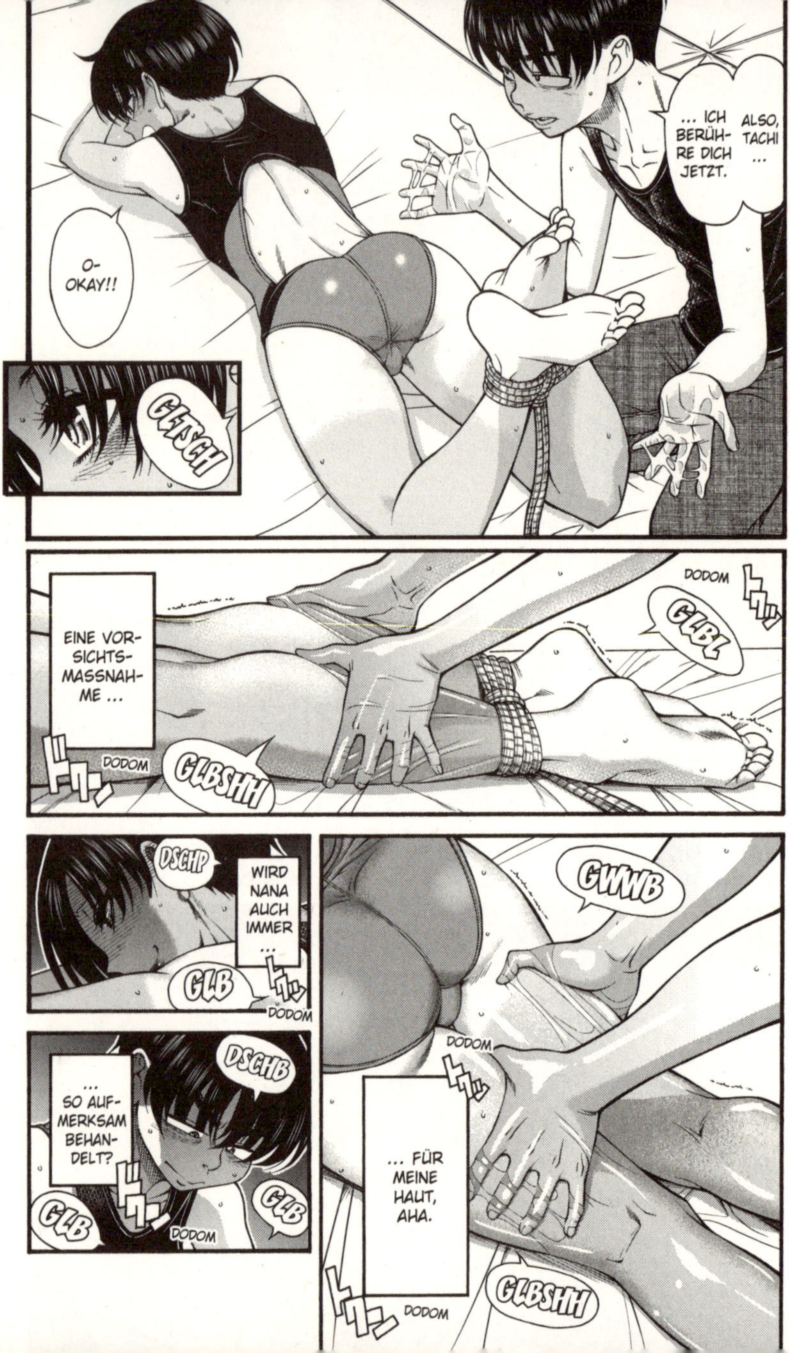

ALSO, TACHI ...
... ICH BERÜHRE DICH JETZT.
O-OKAY!!
GLTSCH

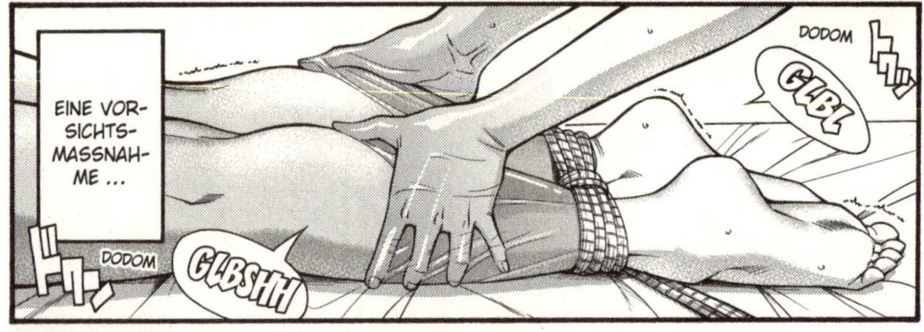

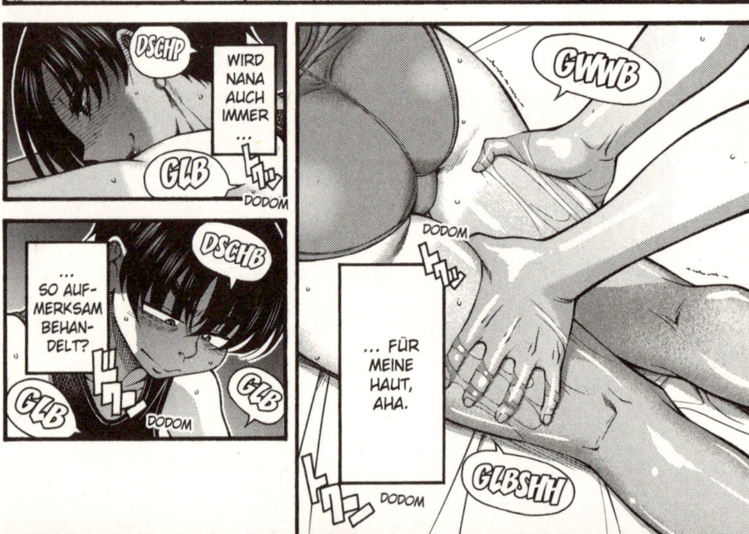

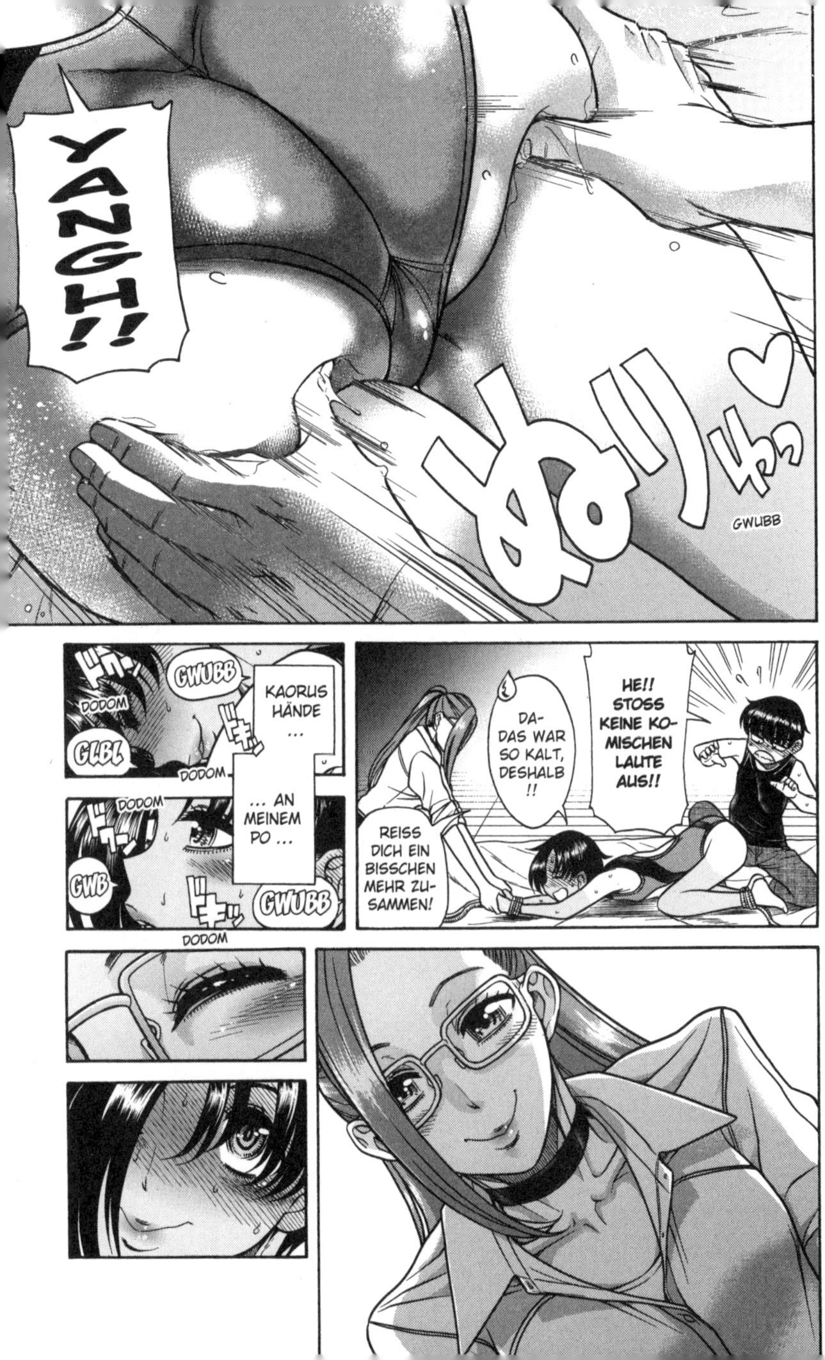

YANGH!!

ぬりゅっ

GWUBB

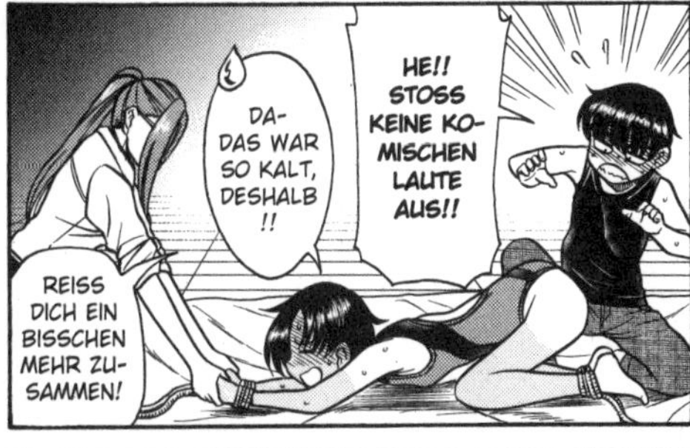

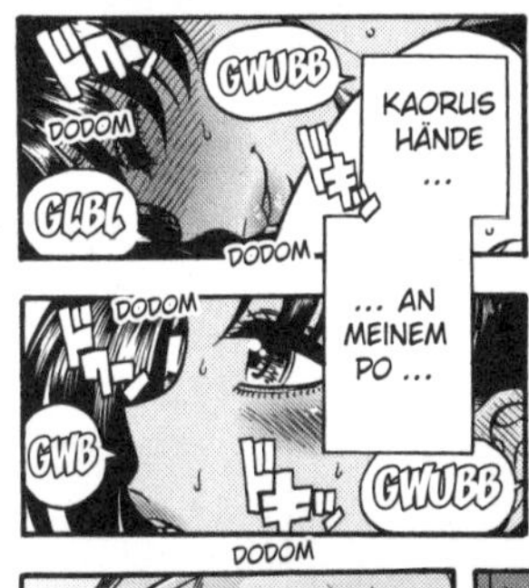

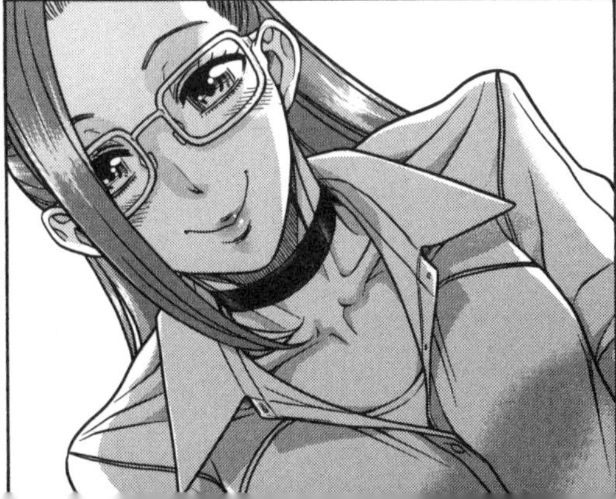

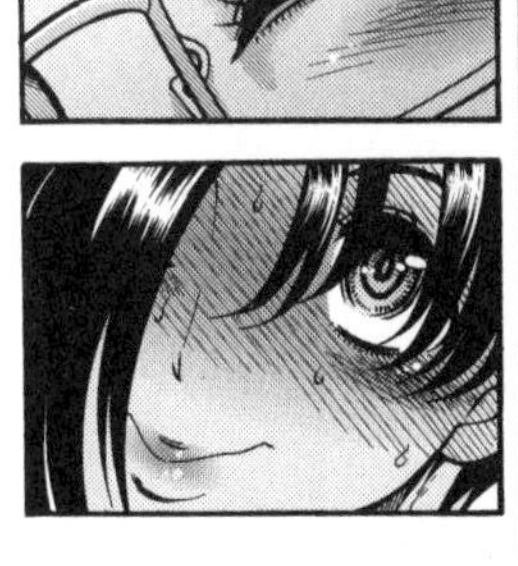

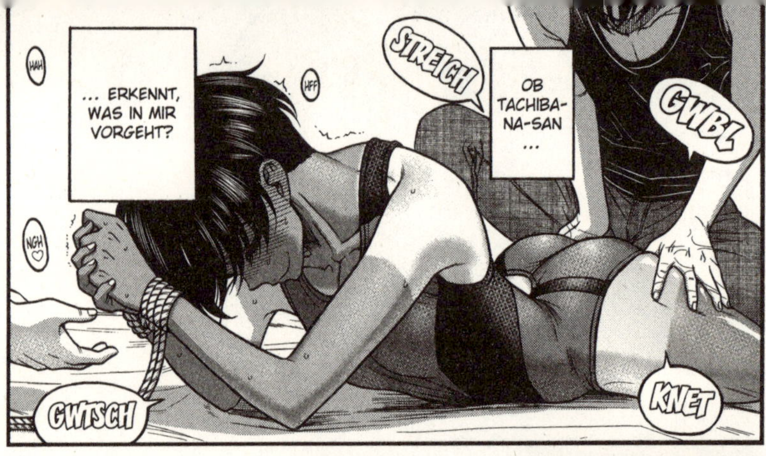
GWBL
STREICH
OB TACHIBANA-SAN ...
HFF
... ERKENNT, WAS IN MIR VORGEHT?
HAH
NGH♡
KNET
GWTSCH

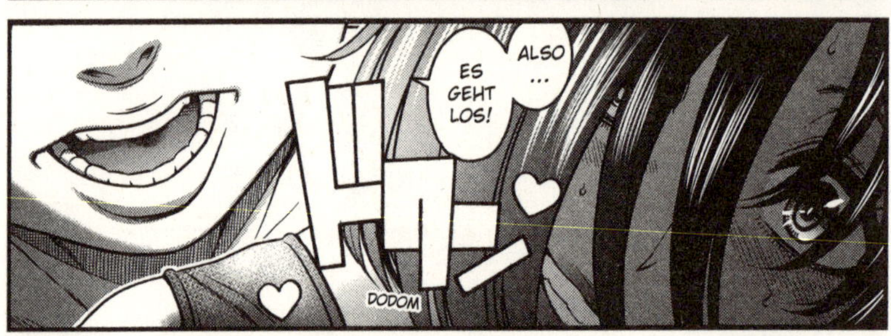
ALSO ...
ES GEHT LOS!
DODOM

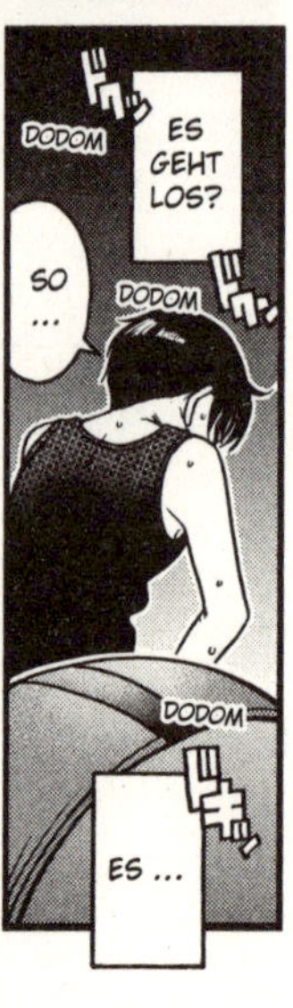
DODOM
ES GEHT LOS?
DODOM
SO ...
DODOM
ES ...

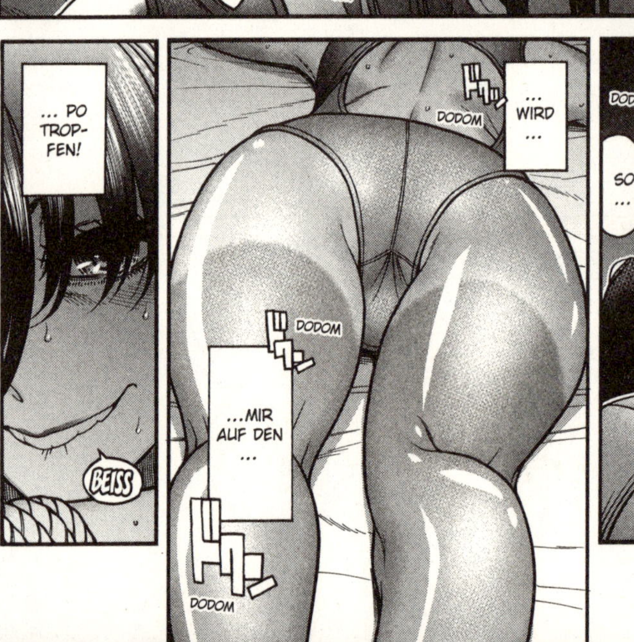
DODOM
... WIRD ...
DODOM
...MIR AUF DEN ...
DODOM
... PO TROPFEN!
BEISS

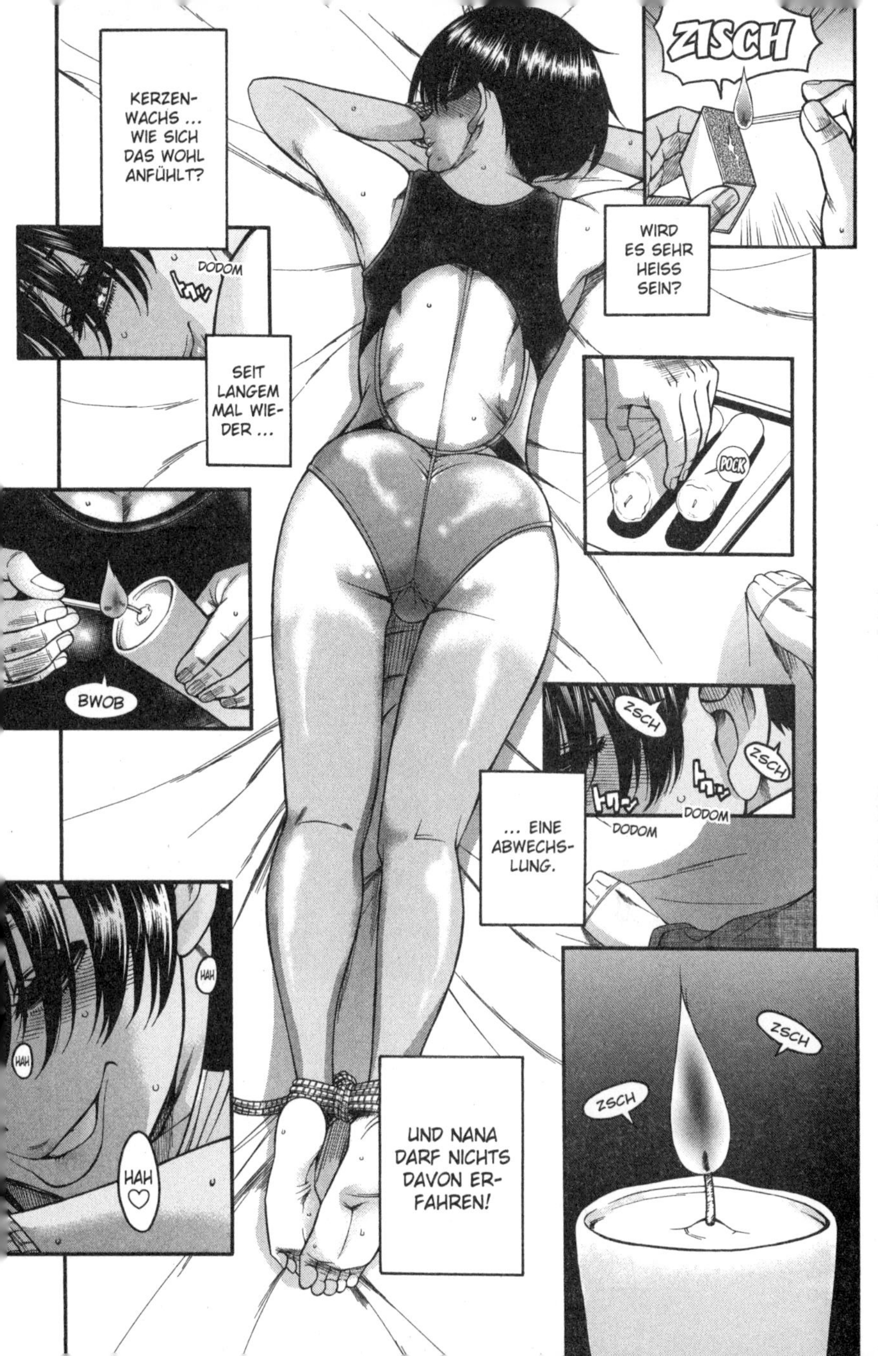
ZISCH
WIRD ES SEHR HEISS SEIN?
KERZEN-WACHS ... WIE SICH DAS WOHL ANFÜHLT?
DODOM
POCK
SEIT LANGEM MAL WIE-DER ...
BWOB
ZSCH
ZSCH
DODOM
DODOM
... EINE ABWECHS-LUNG.
ZSCH
ZSCH
HAH
HAH
HAH ♡
UND NANA DARF NICHTS DAVON ER-FAHREN!

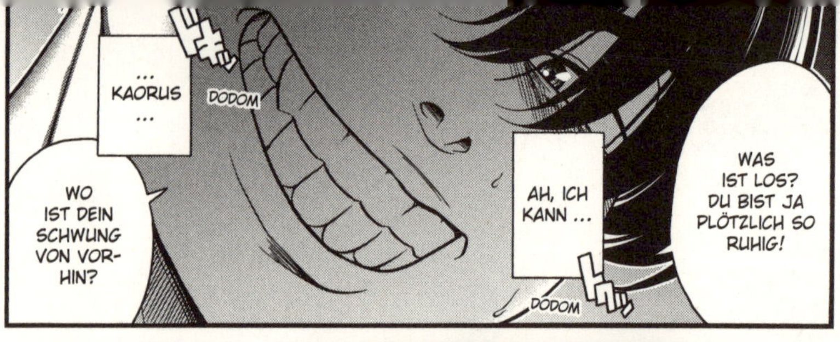
WAS IST LOS? DU BIST JA PLÖTZLICH SO RUHIG!
AH, ICH KANN ...
DODOM
DODOM
... KAORUS ...
WO IST DEIN SCHWUNG VON VOR-HIN?

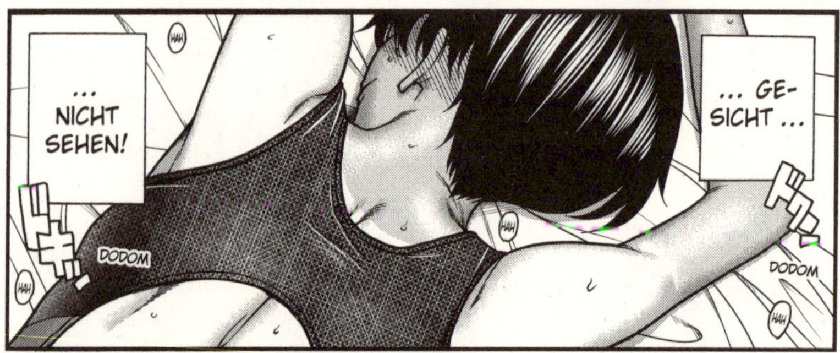
... GE-SICHT ...
DODOM
HAH
HAH
... NICHT SEHEN!
HAH
DODOM
HAH

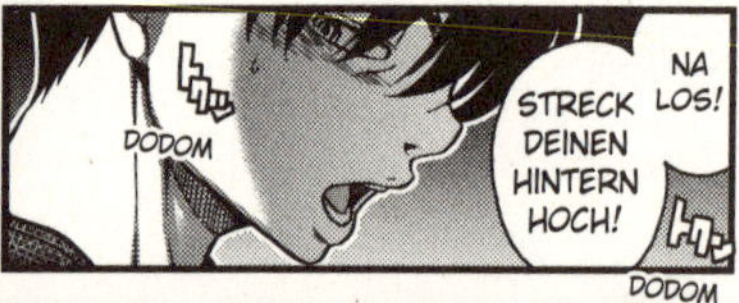
NA LOS!
STRECK DEINEN HINTERN HOCH!
DODOM
DODOM

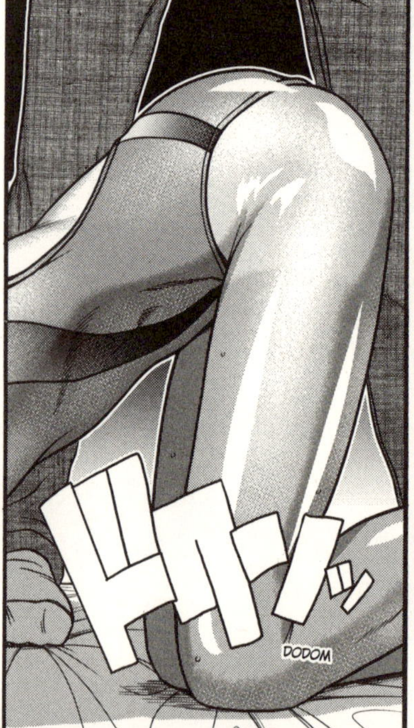
DODOM

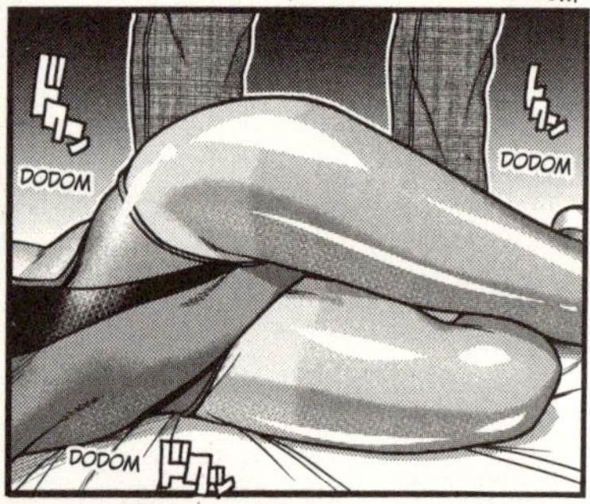
DODOM
DODOM
DODOM

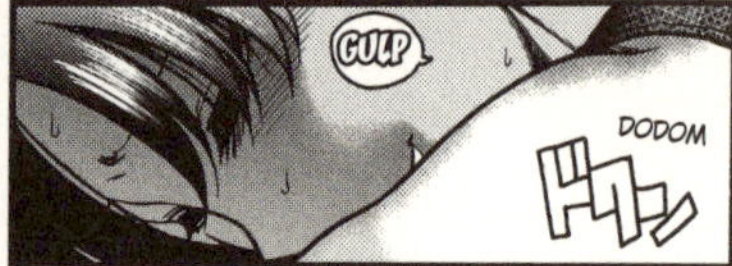
GULP
DODOM

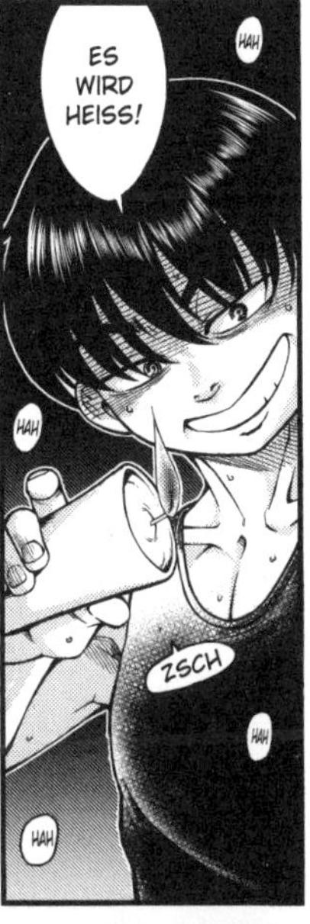
HAH
ES WIRD HEISS!
HAH
ZSCH
HAH
HAH

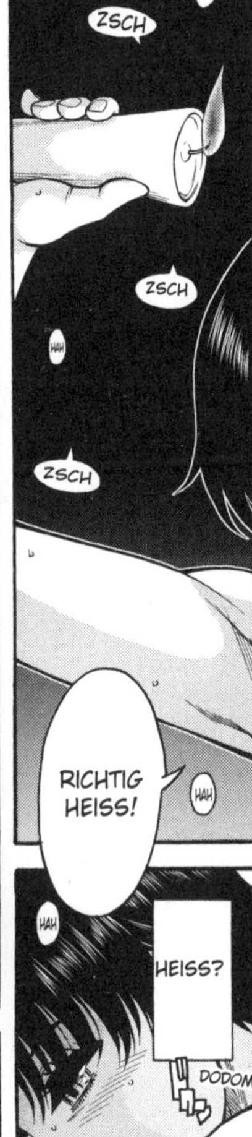
HAH
ZSCH
ZSCH
HAH
ZSCH
RICHTIG HEISS!
HAH
HAH
HEISS?
DODOM
HAH
HEISS ...
DODOM
HAH

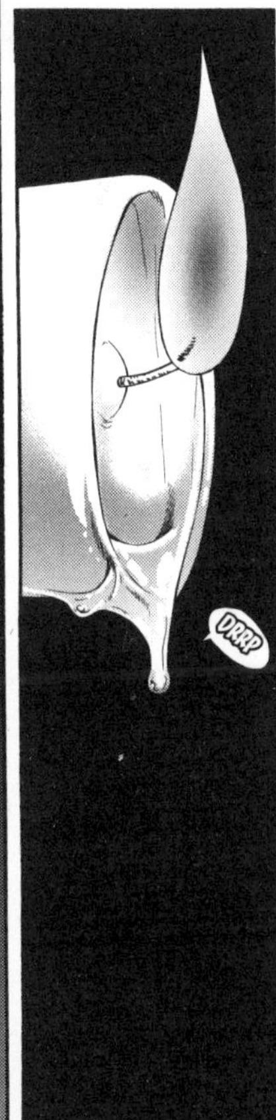
DRRP

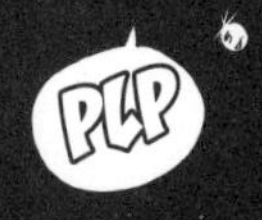
PLP

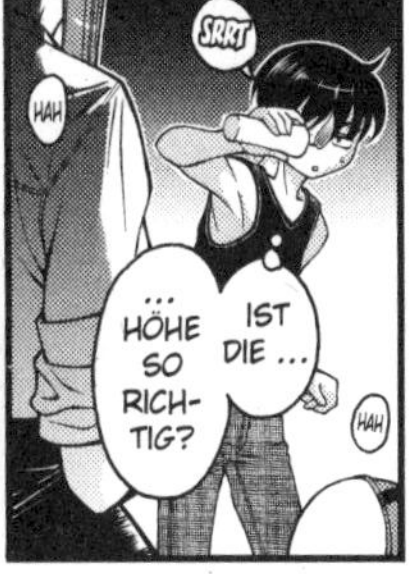
SRRT
HAH
IST DIE ...
... HÖHE SO RICH-TIG?
HAH

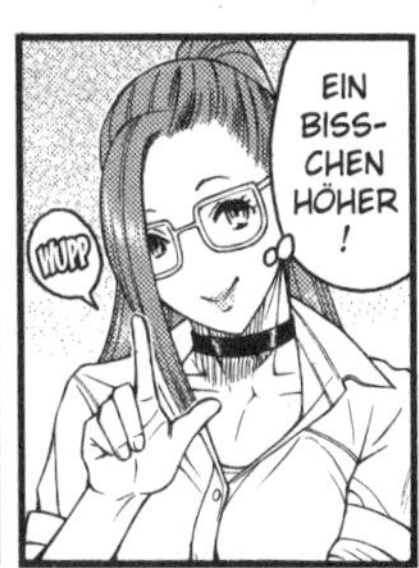
EIN BISS-CHEN HÖHER!
WUPP

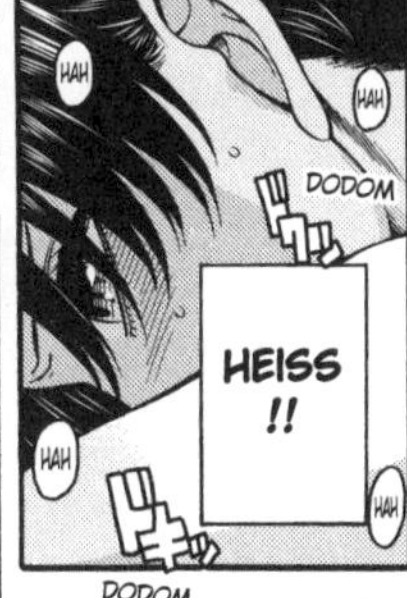
HAH
HAH
DODOM
HEISS !!
HAH
HAH

DODOM

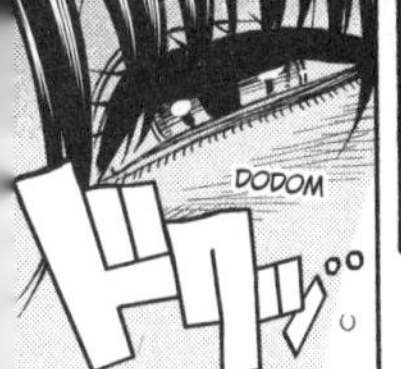
DODOM

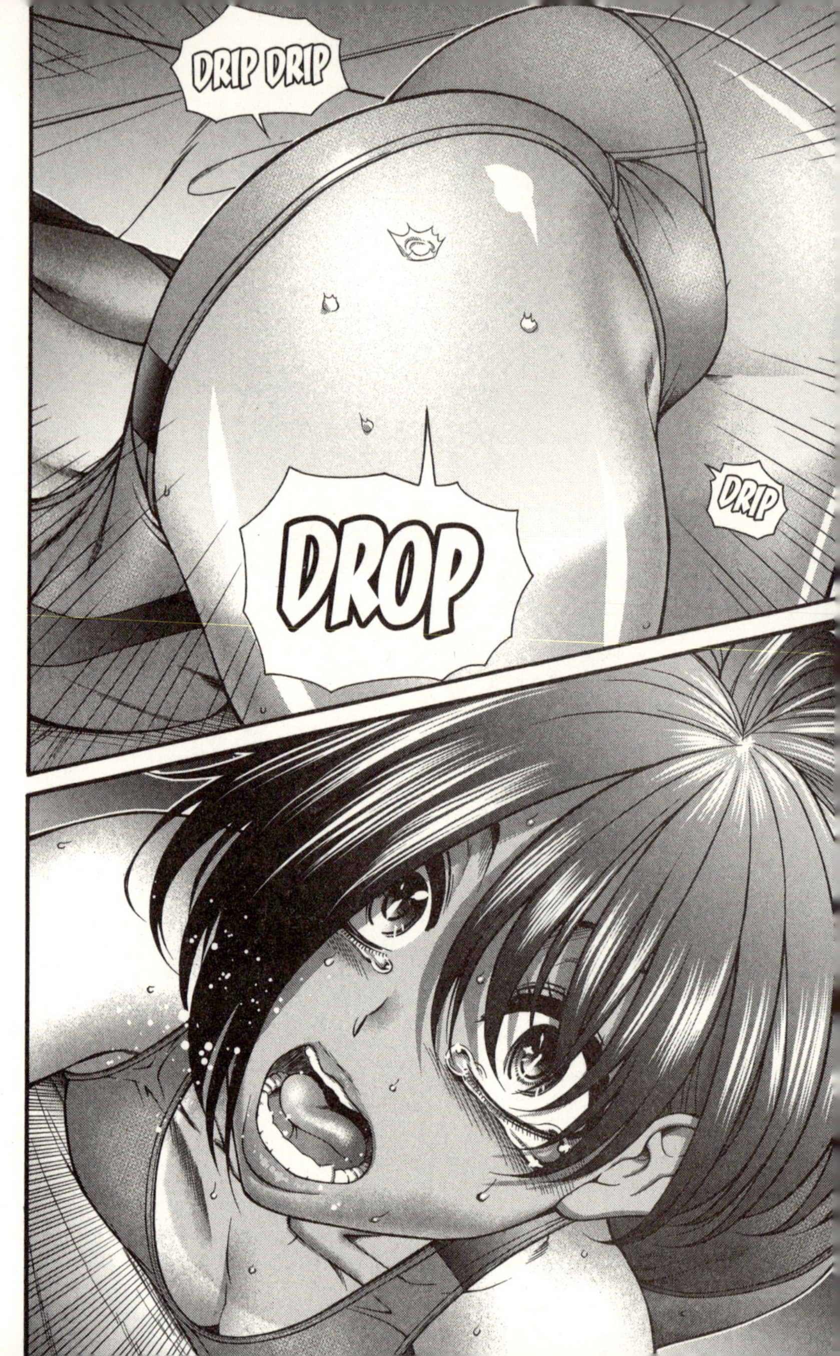
DRIP DRIP
DRIP
DROP

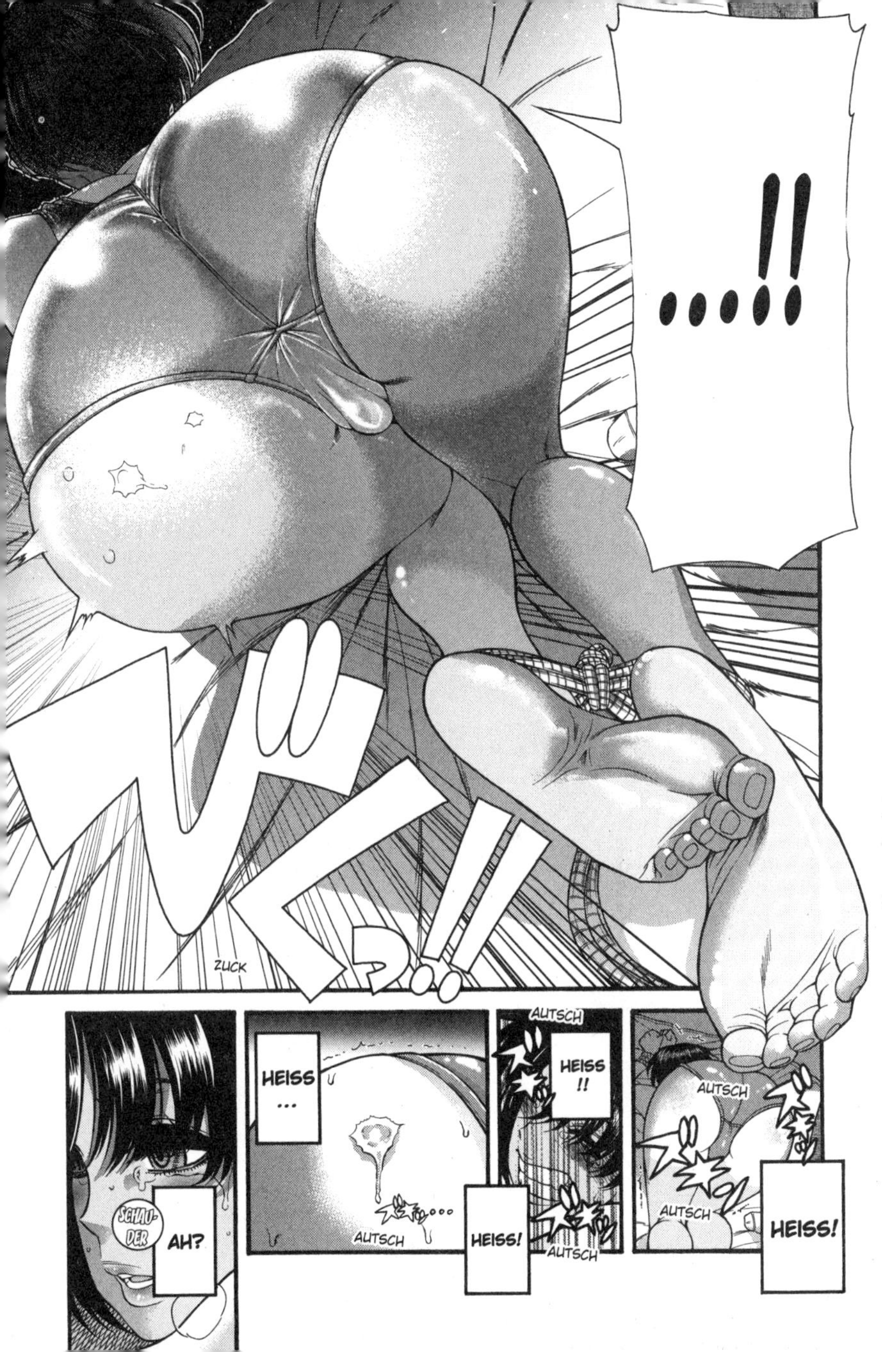

....!!
ZUCK
AUTSCH
AUTSCH
HEISS!
AUTSCH
HEISS !!
AUTSCH
HEISS ...
AUTSCH
HEISS!
SCHAU-DER
AH?

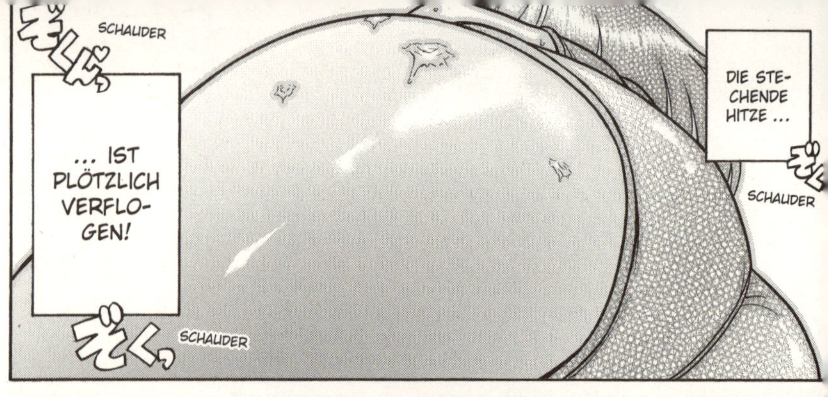

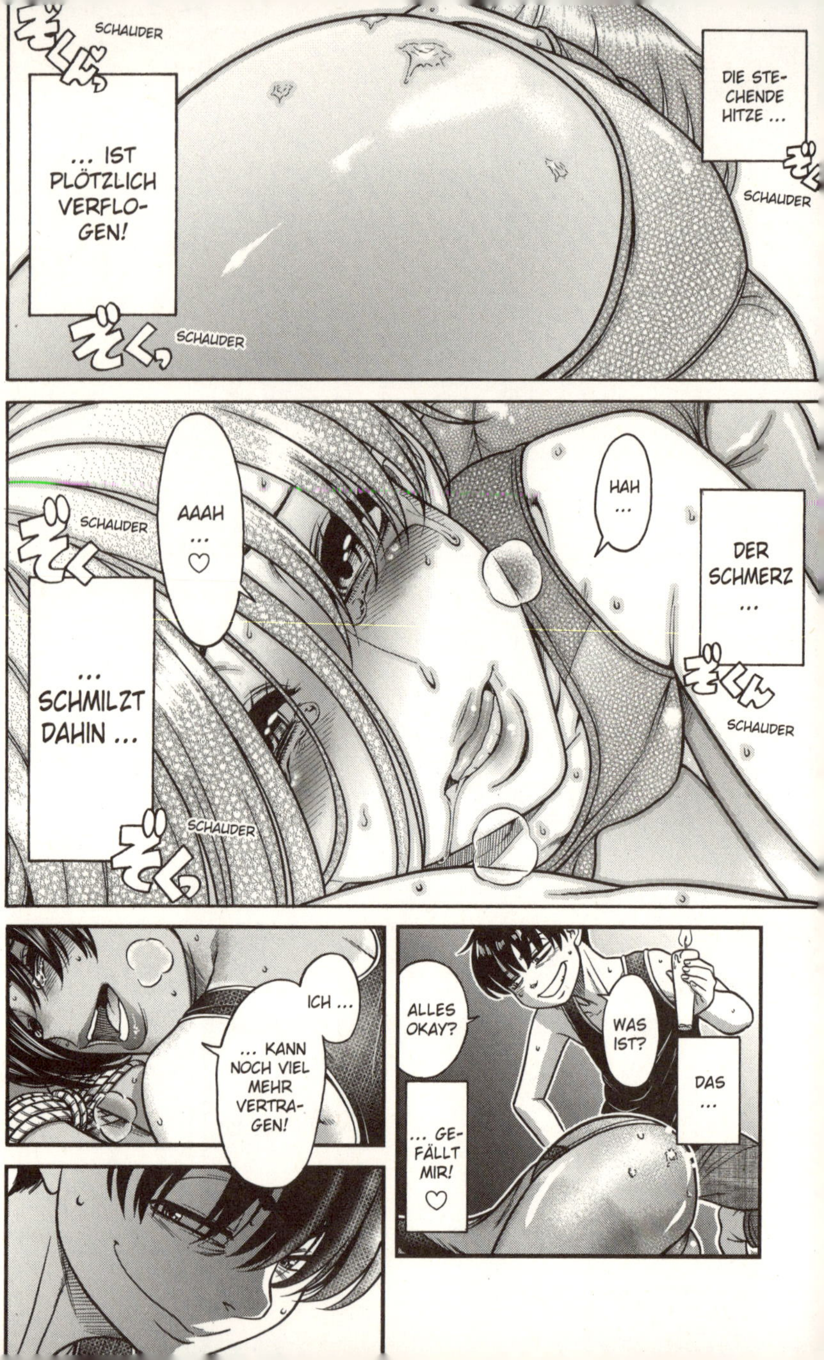

HAH …

DER SCHMERZ …

SCHAUDER

AAAH … ♡

SCHAUDER

… SCHMILZT DAHIN …

SCHAUDER

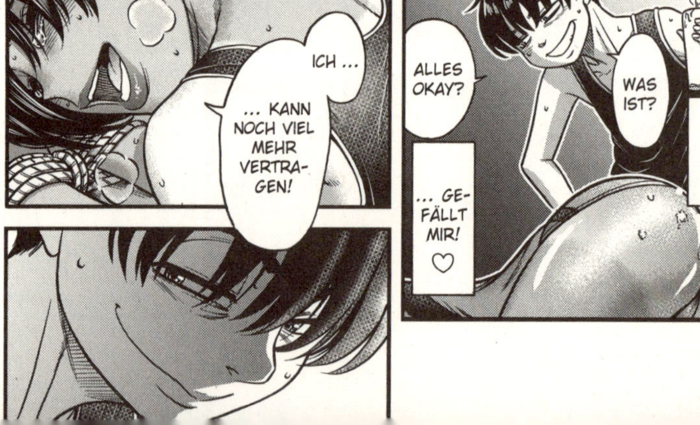

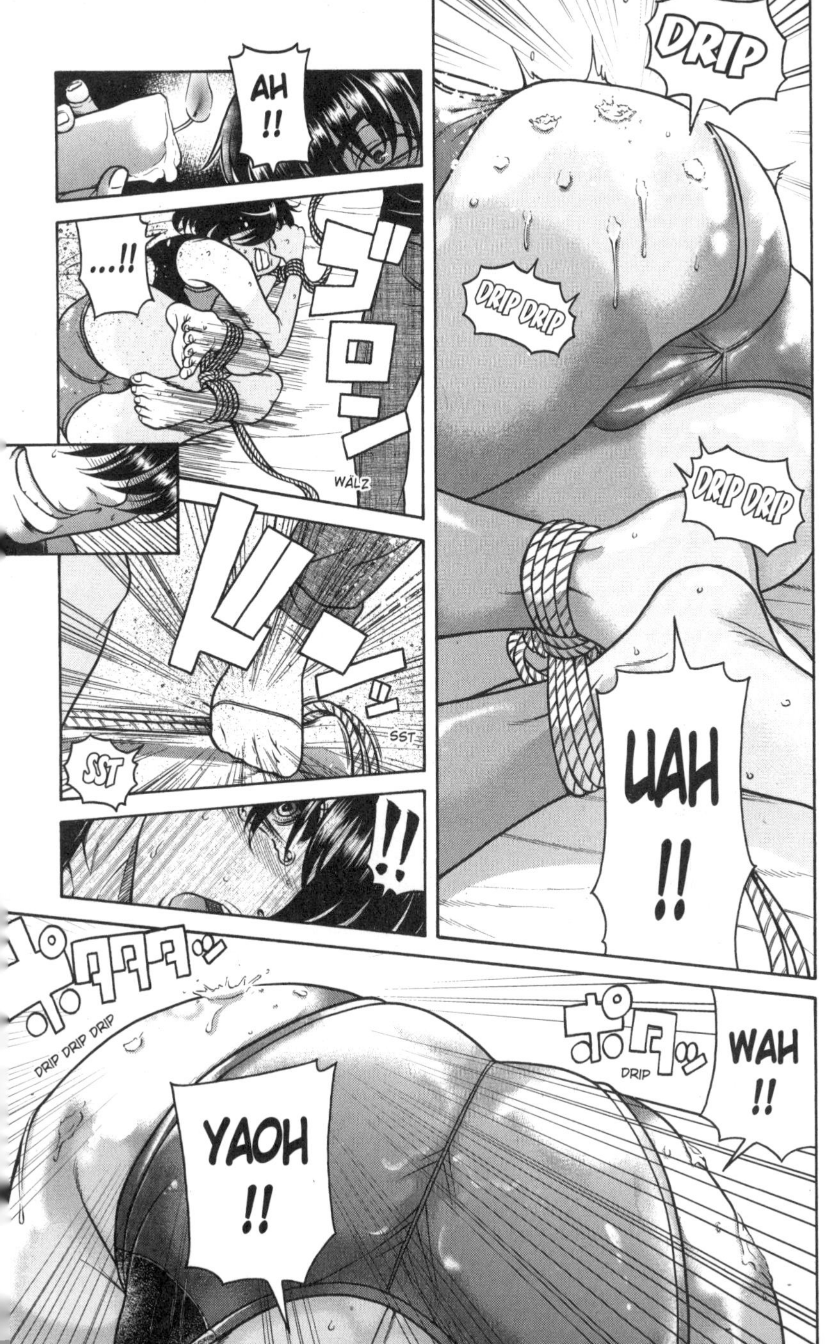

DRIP
DRIP DRIP
DRIP DRIP
UAH !!
AH !!
...!!
ゴロン
WÄLZ
SST
SST
!!
WAH !!
ポタッ
DRIP
YAOH !!
ポタタタッ
DRIP DRIP DRIP

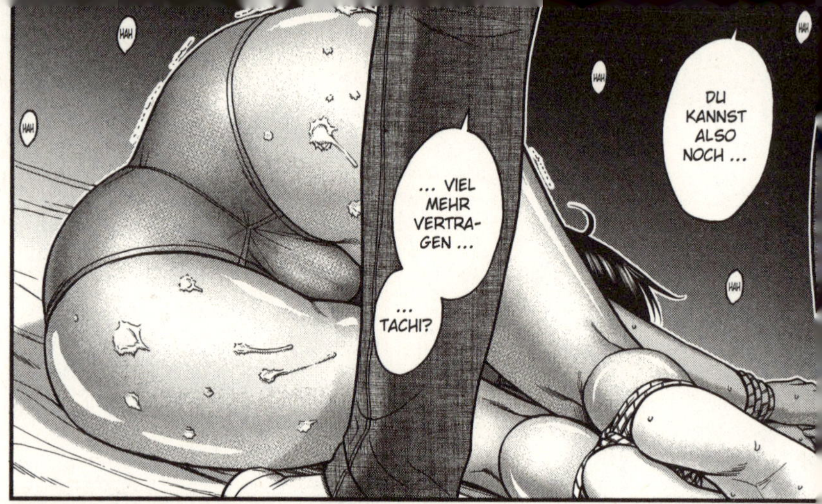
DU KANNST ALSO NOCH ...
... VIEL MEHR VERTRAGEN ...
... TACHI?
HAH
HAH
HAH
HAH
HAH

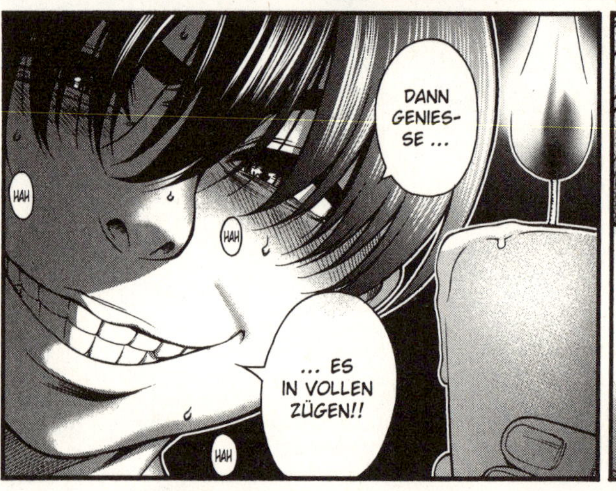
DANN GENIESSE ...
... ES IN VOLLEN ZÜGEN!!
HAH
HAH
HAH

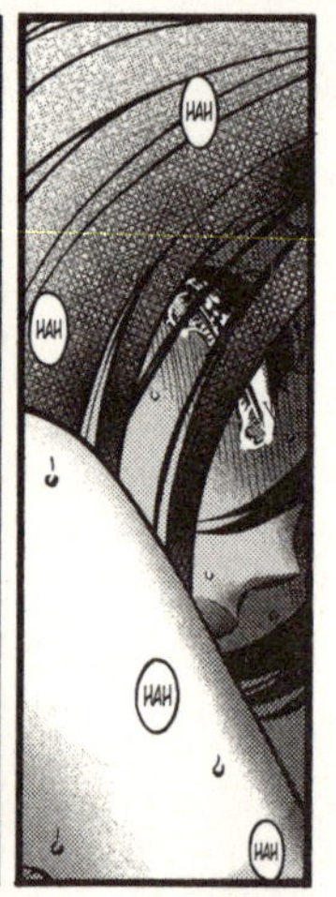
HAH
HAH
HAH
HAH

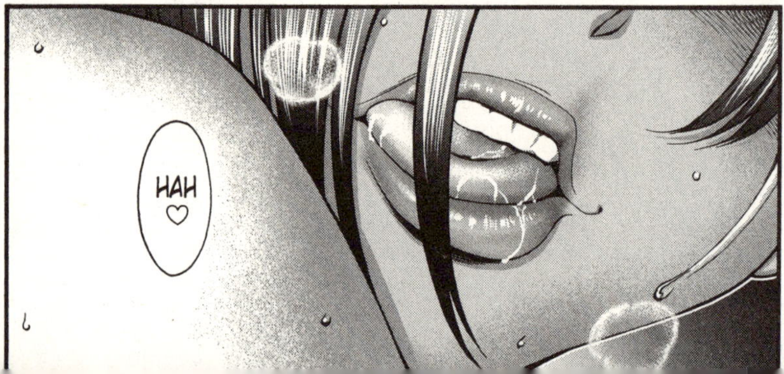
HAH ♡

KAPITEL 5: … BIS DU NICHT MAL MEHR SCHREIEN KANNST!

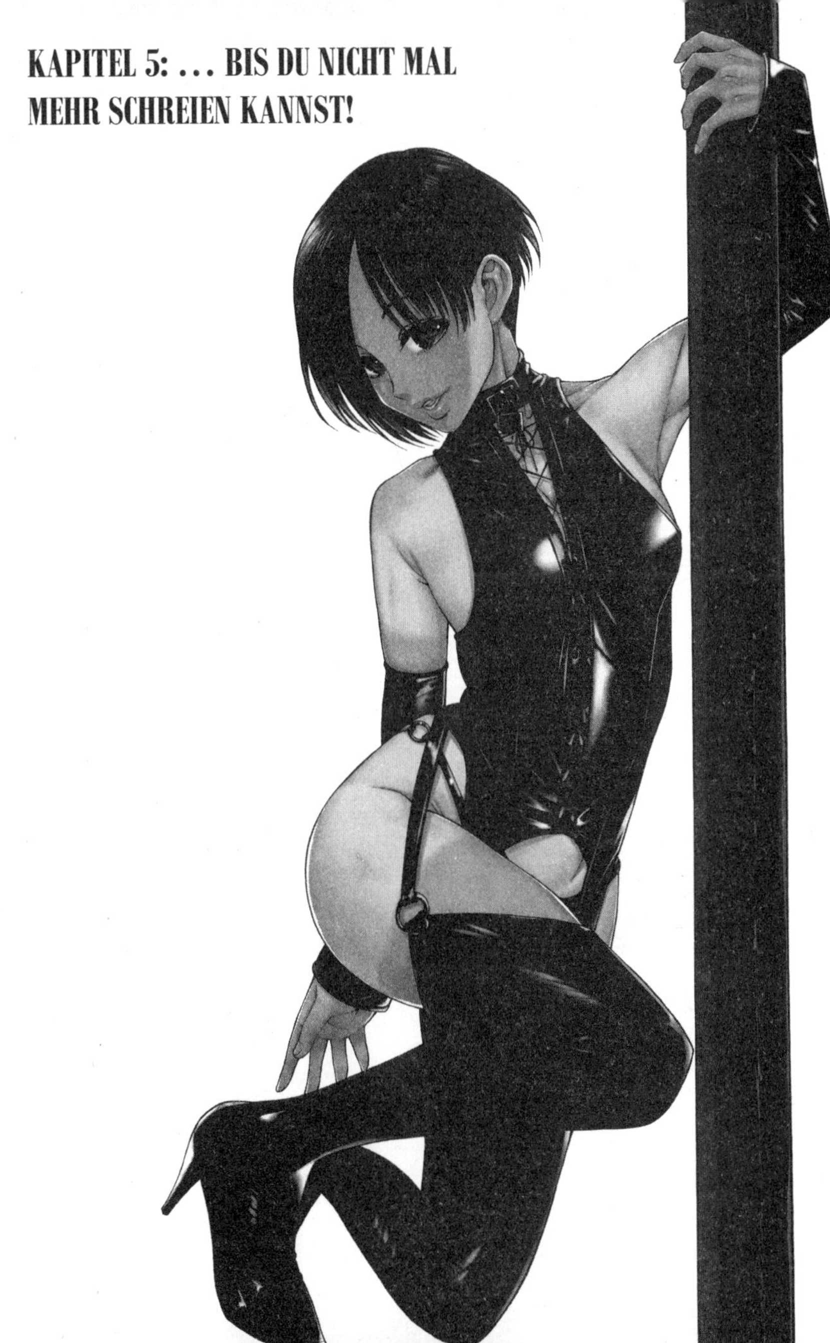

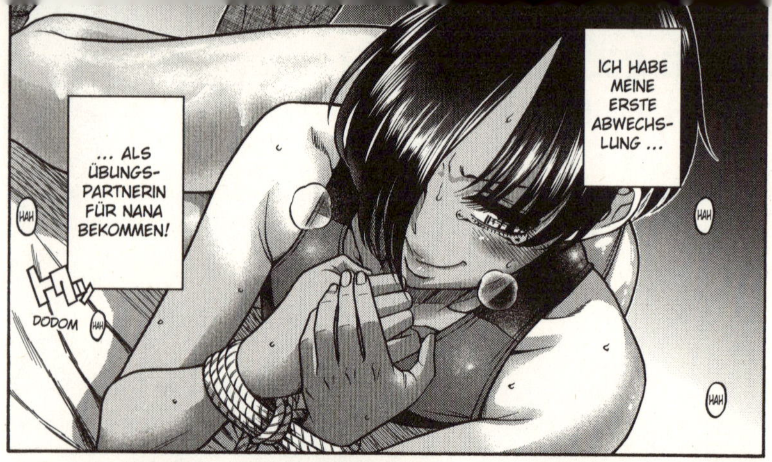
ICH HABE MEINE ERSTE ABWECHS-LUNG …
… ALS ÜBUNGS-PARTNERIN FÜR NANA BEKOMMEN!
HAH
HAH
HAH
HAH
DODOM

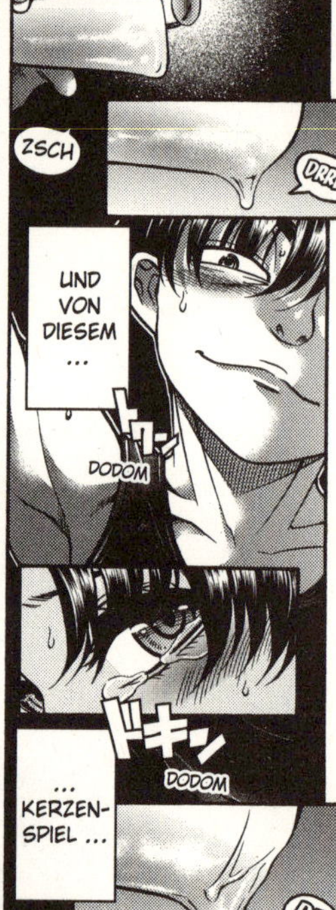
ZSCH
ZSCH
DRRP
UND VON DIESEM …
DODOM
DODOM
… KERZEN-SPIEL …
DZP
DZP

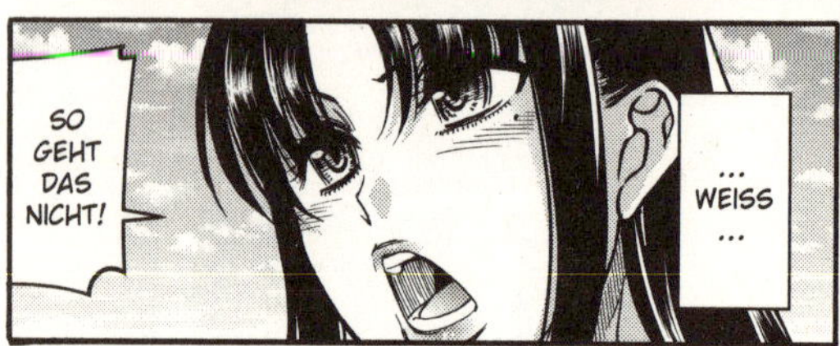
… WEISS …
SO GEHT DAS NICHT!

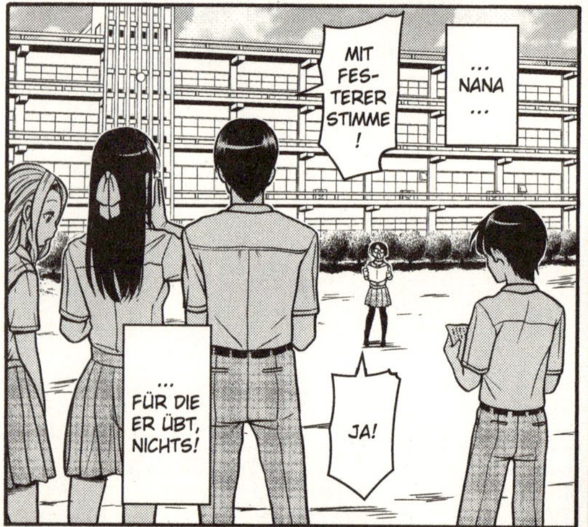
… NANA …
MIT FES-TERER STIMME!
… FÜR DIE ER ÜBT, NICHTS!
JA!

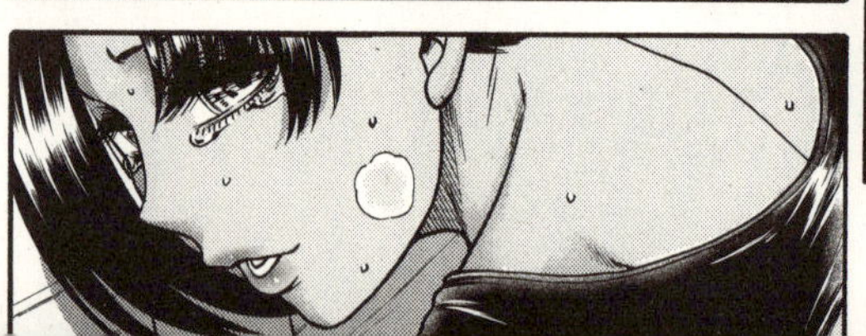

ZUCK
UH !!

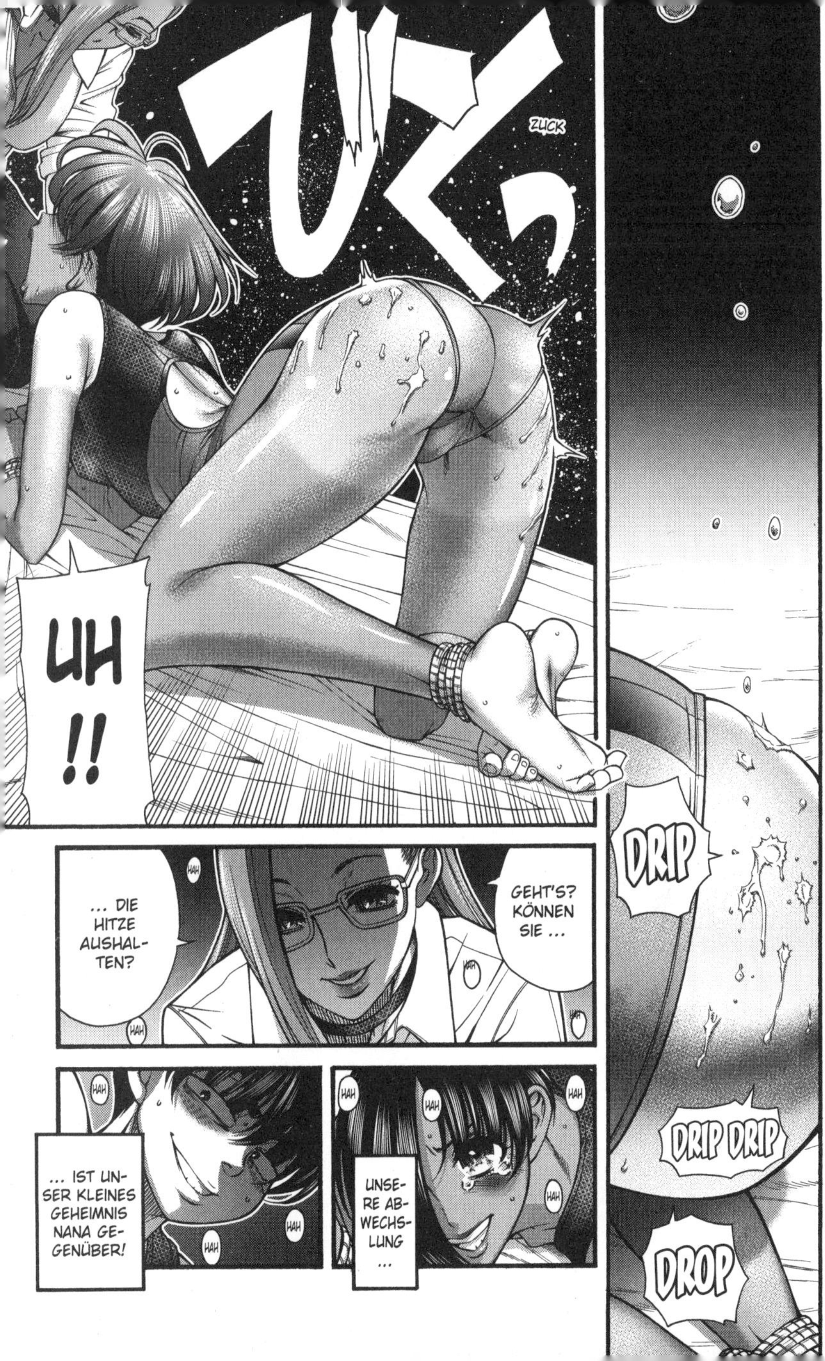

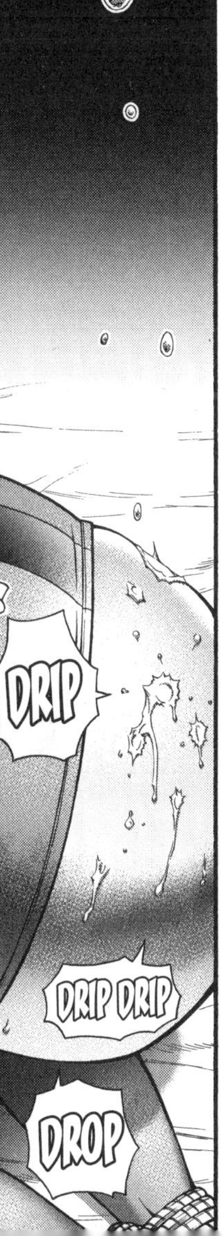
DRIP
DRIP DRIP
DROP

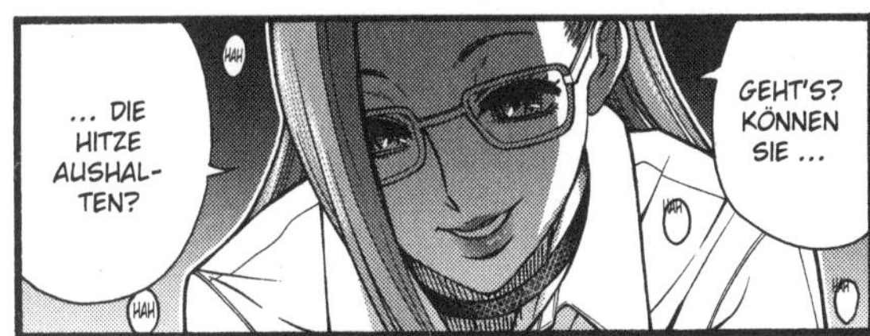
GEHT'S? KÖNNEN SIE ...
HAH
... DIE HITZE AUSHAL-TEN?
HAH
HAH
HAH

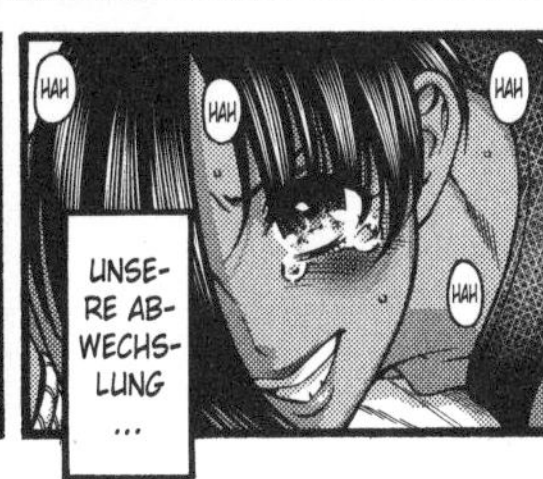
HAH
HAH
HAH
HAH
UNSE-RE AB-WECHS-LUNG ...

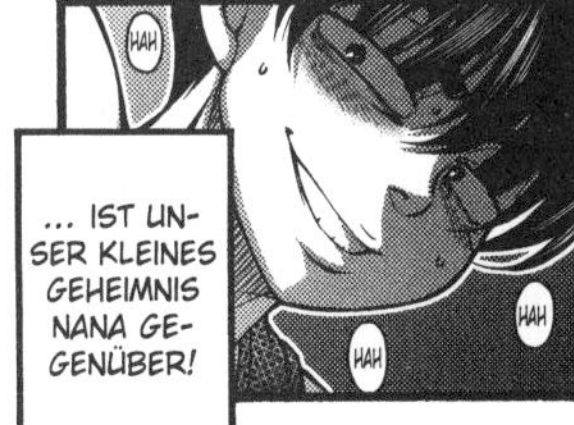
HAH
HAH
HAH
... IST UN-SER KLEINES GEHEIMNIS NANA GE-GENÜBER!

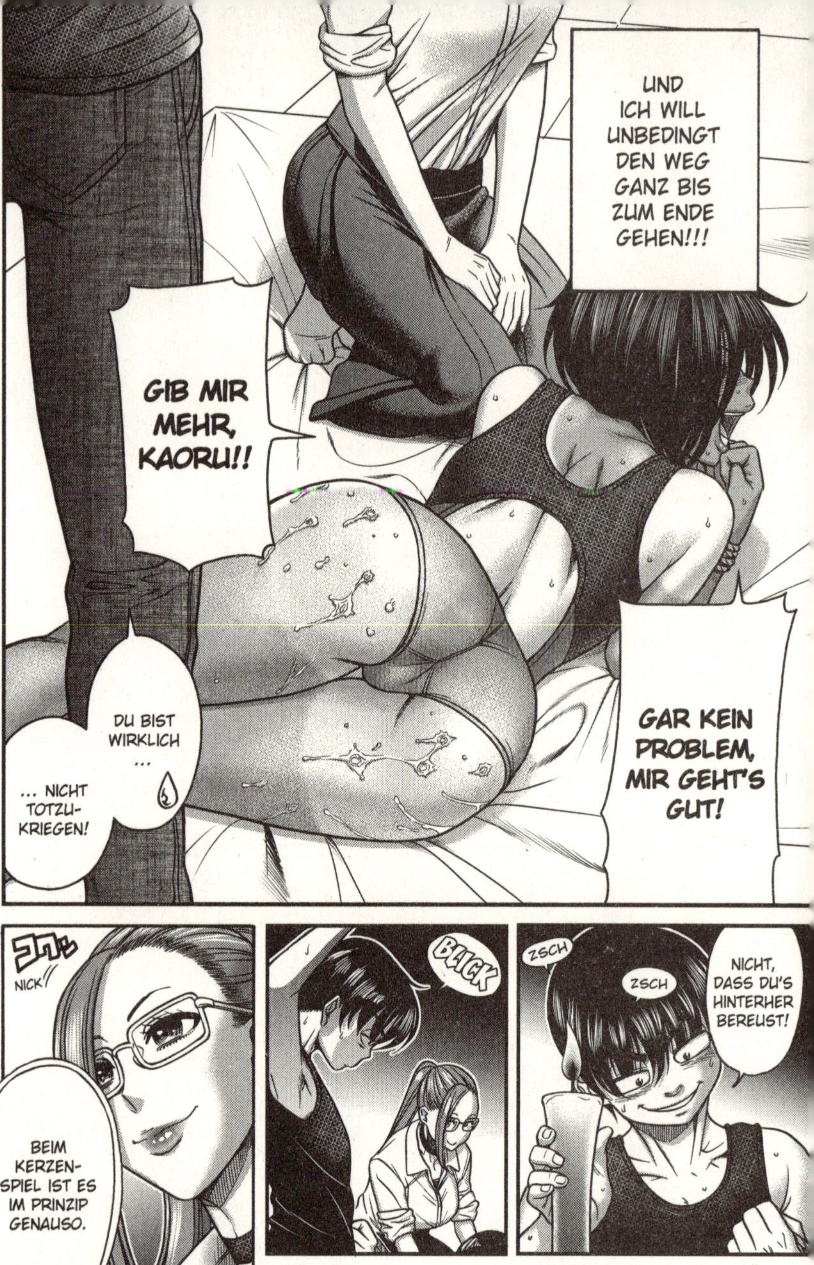

UND ICH WILL UNBEDINGT DEN WEG GANZ BIS ZUM ENDE GEHEN!!!

GAR KEIN PROBLEM, MIR GEHT'S GUT!

GIB MIR MEHR, KAORU!!

DU BIST WIRKLICH ...

... NICHT TOTZU-KRIEGEN!

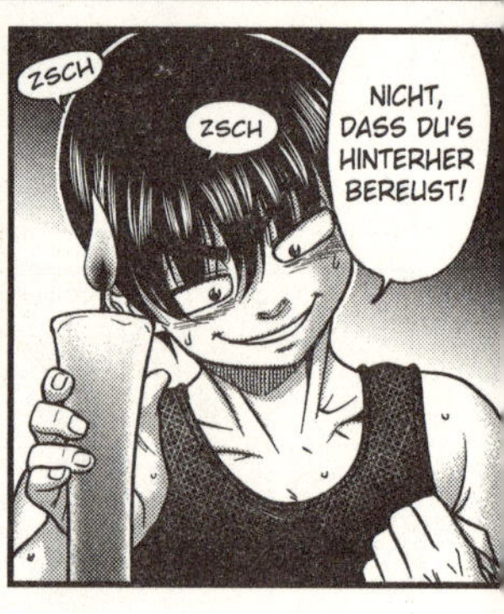

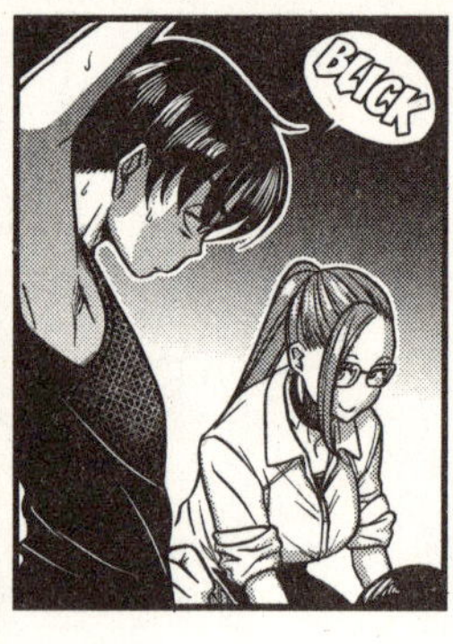

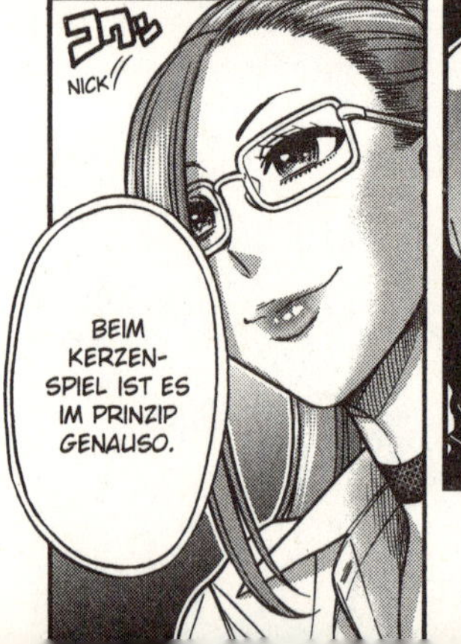

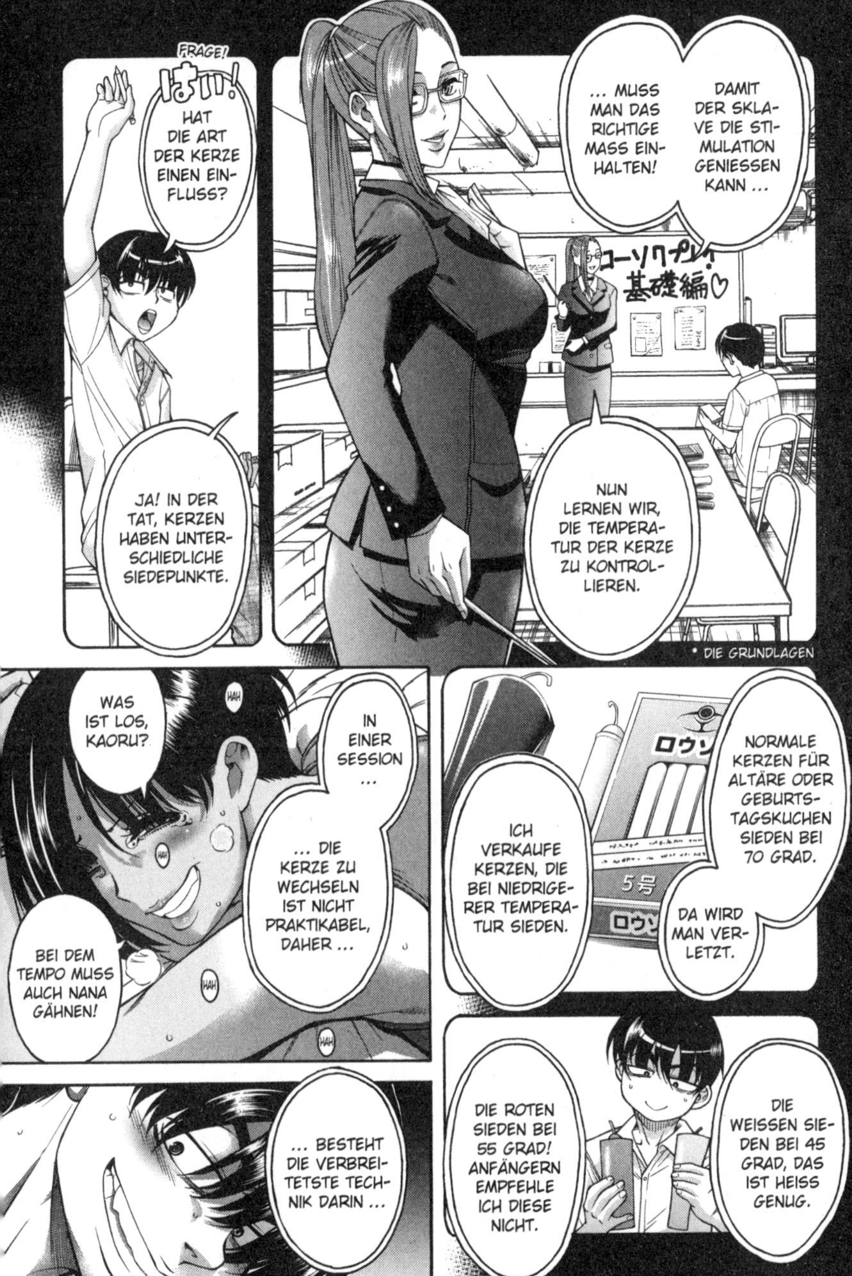
DAMIT DER SKLAVE DIE STIMULATION GENIESSEN KANN …
… MUSS MAN DAS RICHTIGE MASS EINHALTEN!
コーソクプレイ 基礎編♡
NUN LERNEN WIR, DIE TEMPERATUR DER KERZE ZU KONTROLLIEREN.
* DIE GRUNDLAGEN
FRAGE!
はい!
HAT DIE ART DER KERZE EINEN EINFLUSS?
JA! IN DER TAT, KERZEN HABEN UNTERSCHIEDLICHE SIEDEPUNKTE.
NORMALE KERZEN FÜR ALTÄRE ODER GEBURTSTAGSKUCHEN SIEDEN BEI 70 GRAD.
DA WIRD MAN VERLETZT.
ICH VERKAUFE KERZEN, DIE BEI NIEDRIGERER TEMPERATUR SIEDEN.
IN EINER SESSION …
… DIE KERZE ZU WECHSELN IST NICHT PRAKTIKABEL, DAHER …
WAS IST LOS, KAORU?
HAH
HAH
HAH
HAH
BEI DEM TEMPO MUSS AUCH NANA GÄHNEN!
DIE WEISSEN SIEDEN BEI 45 GRAD, DAS IST HEISS GENUG.
DIE ROTEN SIEDEN BEI 55 GRAD! ANFÄNGERN EMPFEHLE ICH DIESE NICHT.
… BESTEHT DIE VERBREITETSTE TECHNIK DARIN …

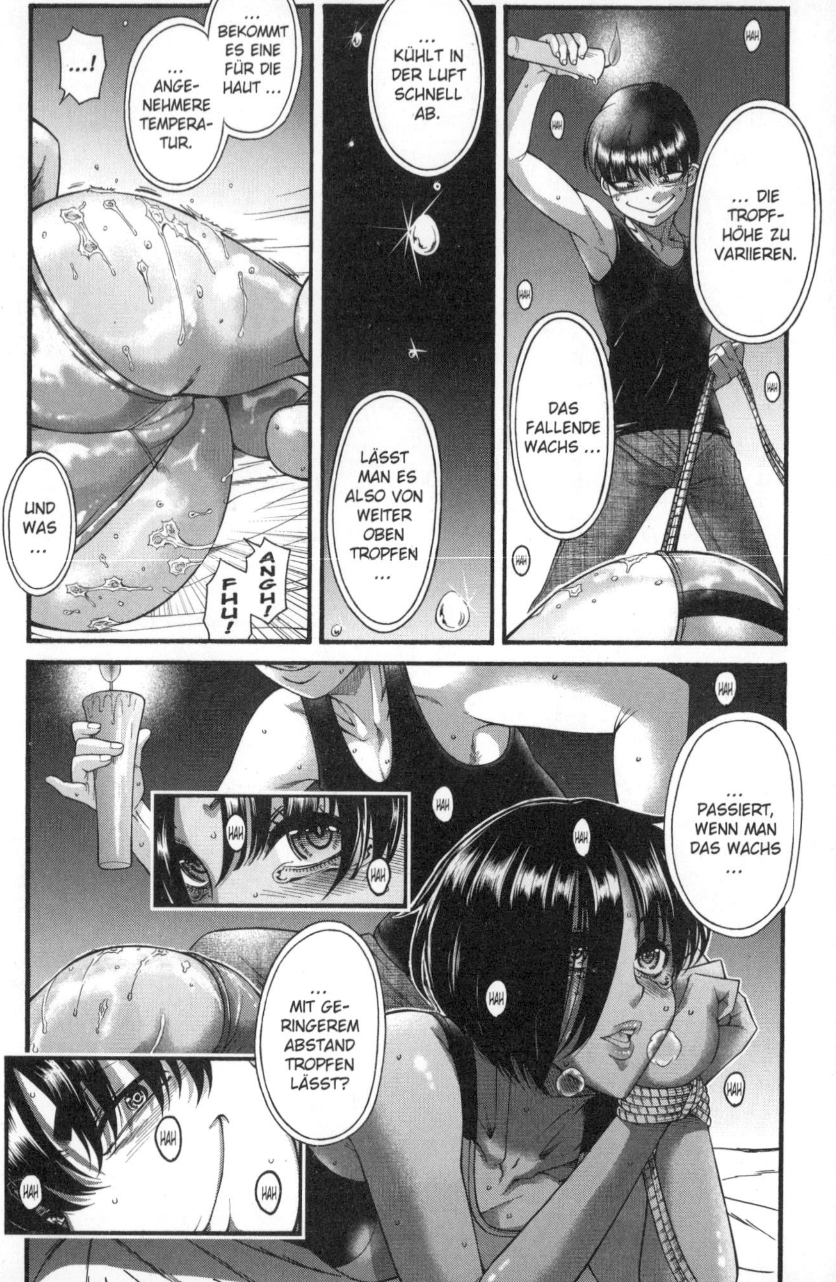

HAH

... DIE TROPFHÖHE ZU VARIIEREN.

HAH

HAH

DAS FALLENDE WACHS ...

HAH

HAH

... KÜHLT IN DER LUFT SCHNELL AB.

LÄSST MAN ES ALSO VON WEITER OBEN TROPFEN ...

... BEKOMMT ES EINE FÜR DIE HAUT ...

... ANGENEHMERE TEMPERATUR.

...!

ANGH!

FHU!

UND WAS ...

HAH

... PASSIERT, WENN MAN DAS WACHS ...

HAH

HAH

HAH

HAH

HAH

... MIT GERINGEREM ABSTAND TROPFEN LÄSST?

HAH

HAH

HAH

HAH

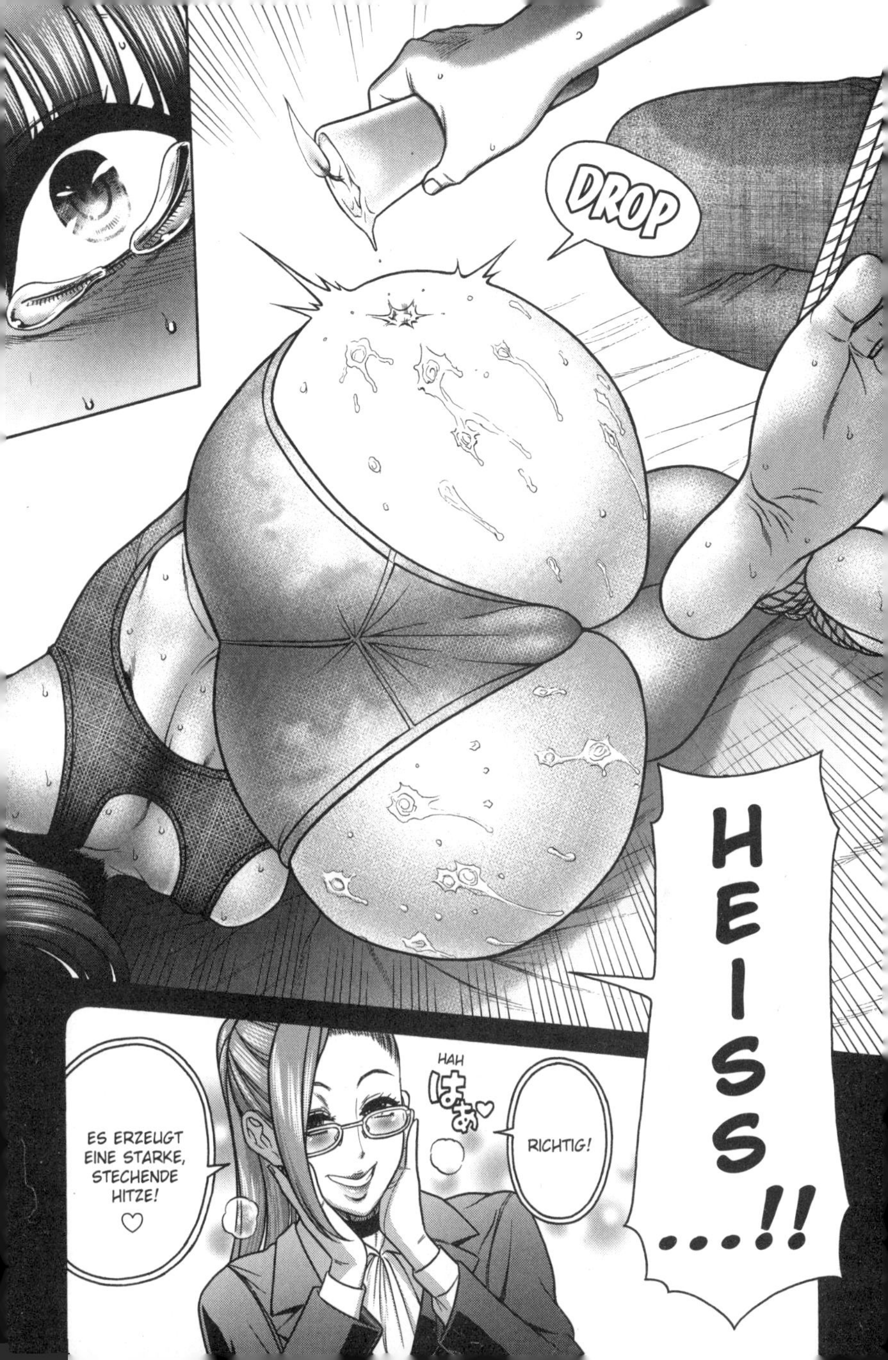
DROP
HEISS...!!
RICHTIG!
HAH
はぁ♥
ES ERZEUGT EINE STARKE, STECHENDE HITZE! ♡

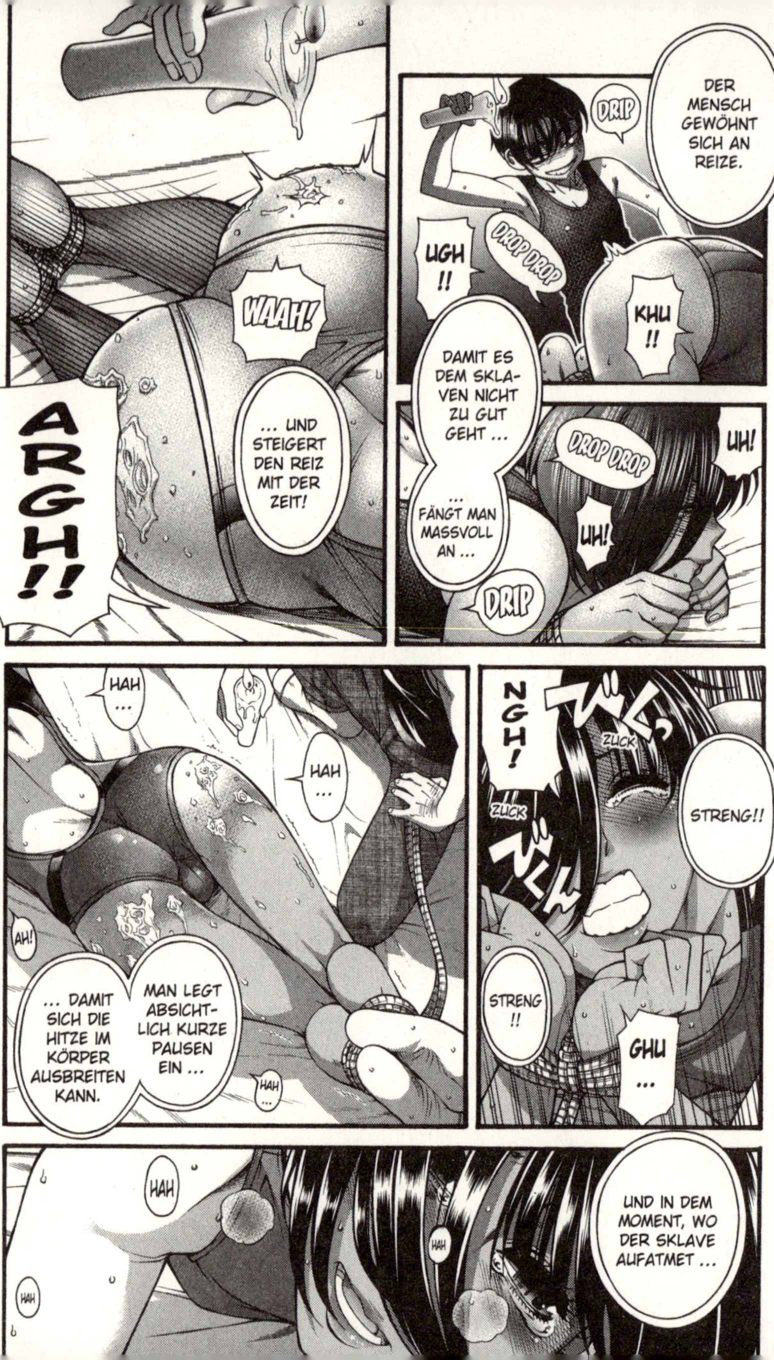

DER MENSCH GEWÖHNT SICH AN REIZE.
DRIP
UGH!!
DROP DROP
KHU!!
DAMIT ES DEM SKLAVEN NICHT ZU GUT GEHT ...
... FÄNGT MAN MASSVOLL AN ...
DROP DROP
UH!
UH!
DRIP
WAAH!
... UND STEIGERT DEN REIZ MIT DER ZEIT!
ARGH!!

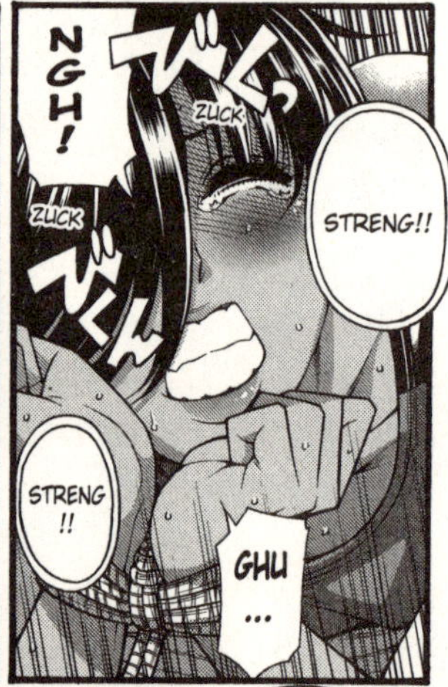

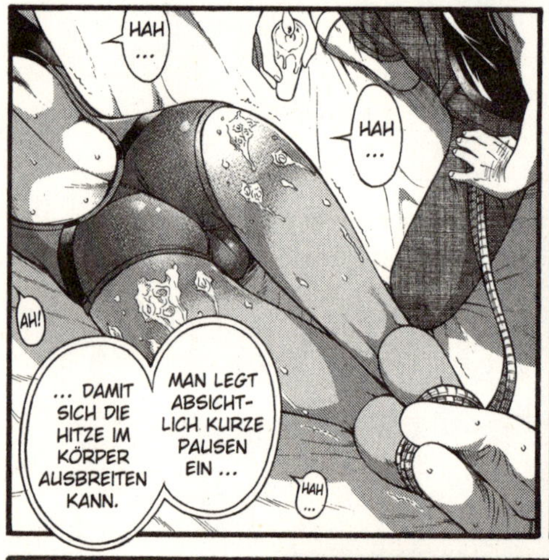

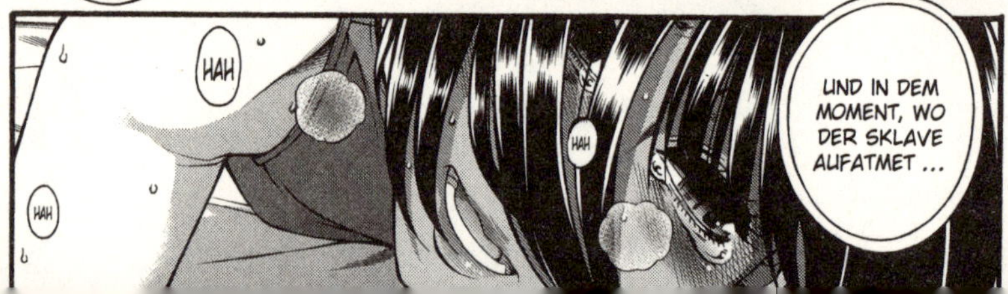

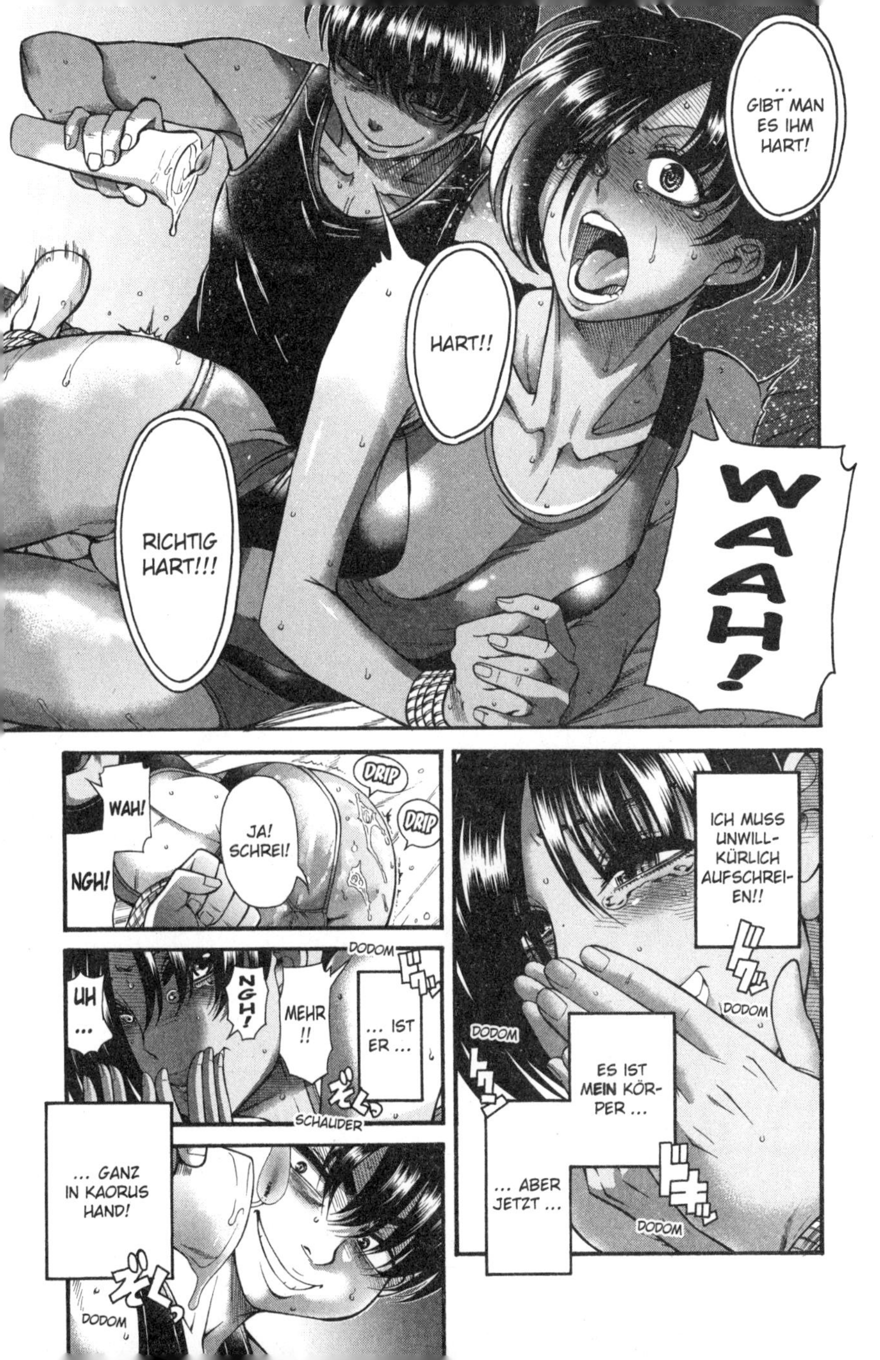

... GIBT MAN ES IHM HART!

HART!!

RICHTIG HART!!!

WAAAH!

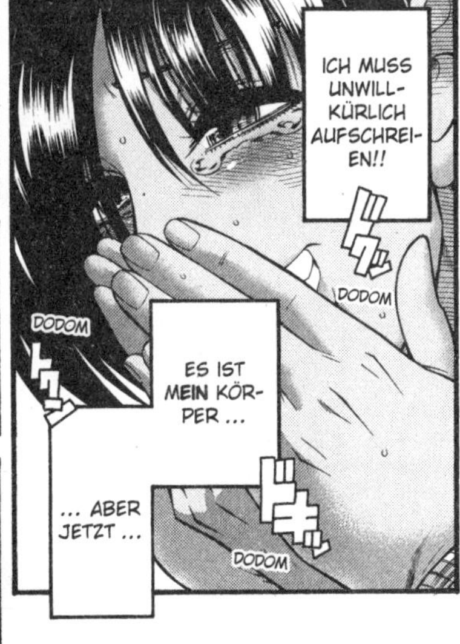

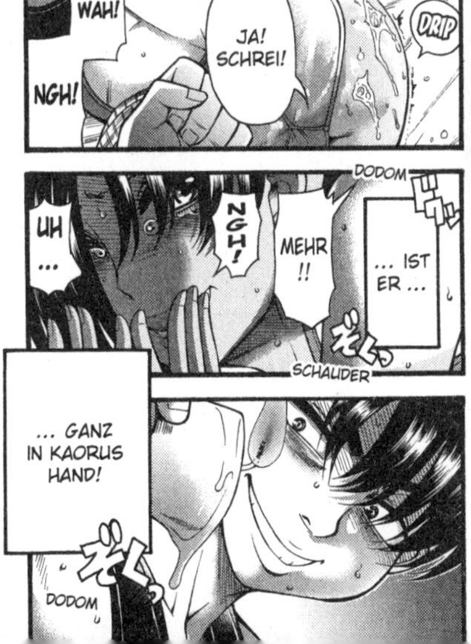

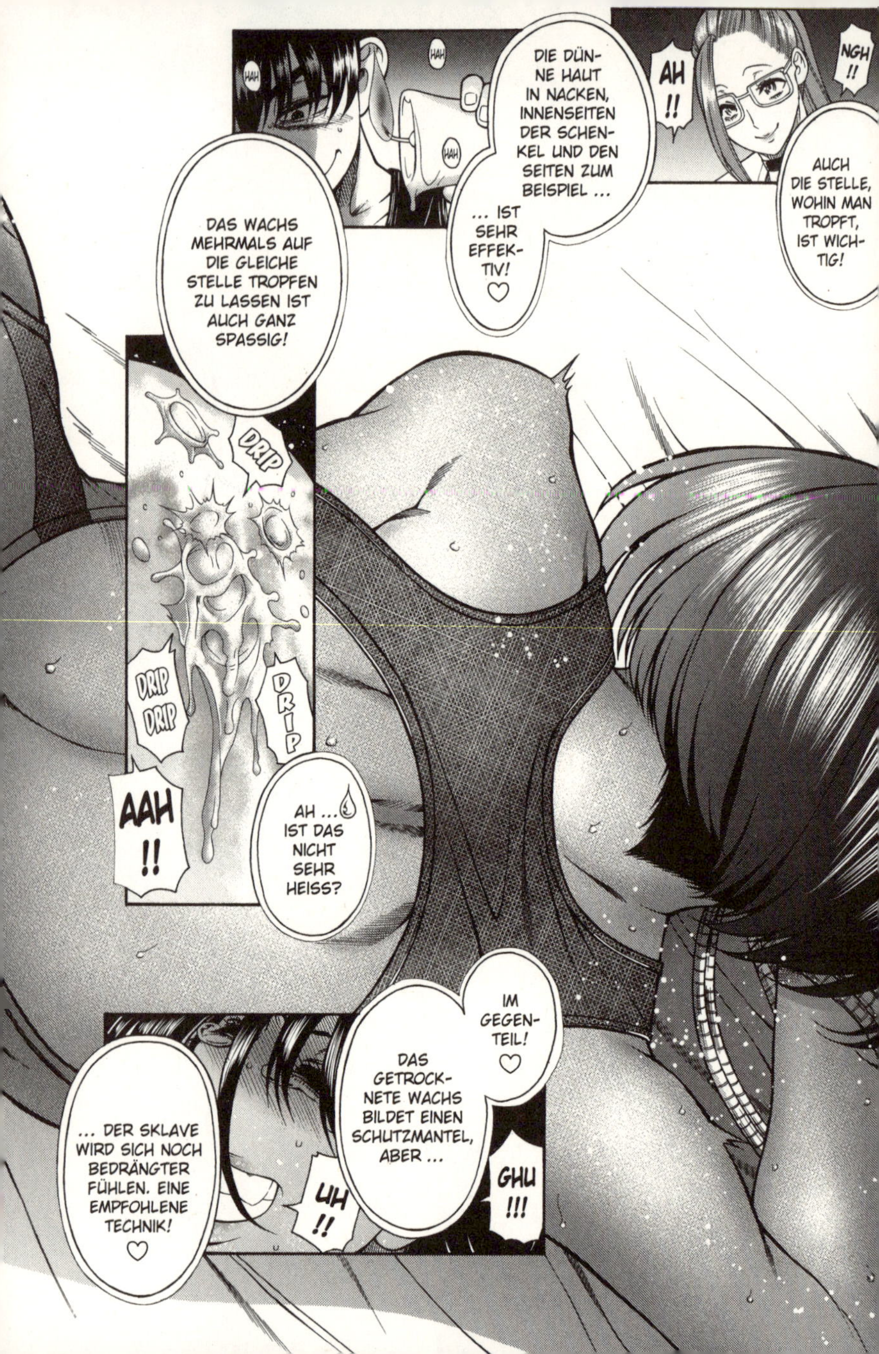
NGH !!
AH !!
AUCH DIE STELLE, WOHIN MAN TROPFT, IST WICHTIG!
DIE DÜNNE HAUT IN NACKEN, INNENSEITEN DER SCHENKEL UND DEN SEITEN ZUM BEISPIEL …
… IST SEHR EFFEKTIV! ♡
HAH
HAH
HAH
HAH
DAS WACHS MEHRMALS AUF DIE GLEICHE STELLE TROPFEN ZU LASSEN IST AUCH GANZ SPASSIG!
DRIP
DRIP
DRIP DRIP
AAH !!
AH … IST DAS NICHT SEHR HEISS?
IM GEGENTEIL! ♡
DAS GETROCKNETE WACHS BILDET EINEN SCHUTZMANTEL, ABER …
GHU !!!
UH !!
… DER SKLAVE WIRD SICH NOCH BEDRÄNGTER FÜHLEN. EINE EMPFOHLENE TECHNIK! ♡

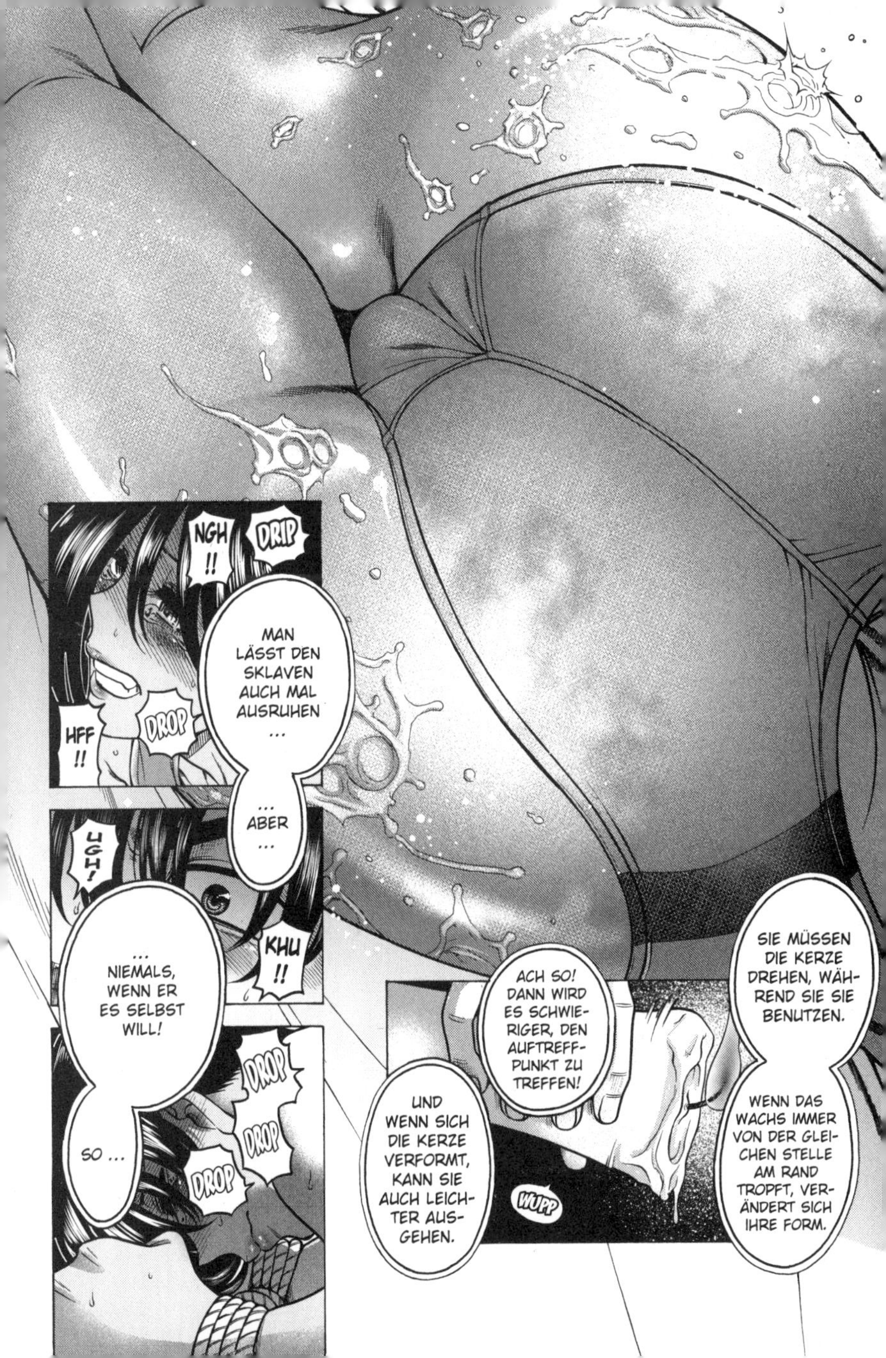
NGH !!
DRIP
MAN LÄSST DEN SKLAVEN AUCH MAL AUSRUHEN …
HFF !!
DROP
… ABER …
UGH!
KHU !!
… NIEMALS, WENN ER ES SELBST WILL!
DROP
DROP
DROP
SO …
SIE MÜSSEN DIE KERZE DREHEN, WÄHREND SIE SIE BENUTZEN.
WENN DAS WACHS IMMER VON DER GLEICHEN STELLE AM RAND TROPFT, VERÄNDERT SICH IHRE FORM.
ACH SO! DANN WIRD ES SCHWIERIGER, DEN AUFTREFFPUNKT ZU TREFFEN!
UND WENN SICH DIE KERZE VERFORMT, KANN SIE AUCH LEICHTER AUSGEHEN.
WUPP

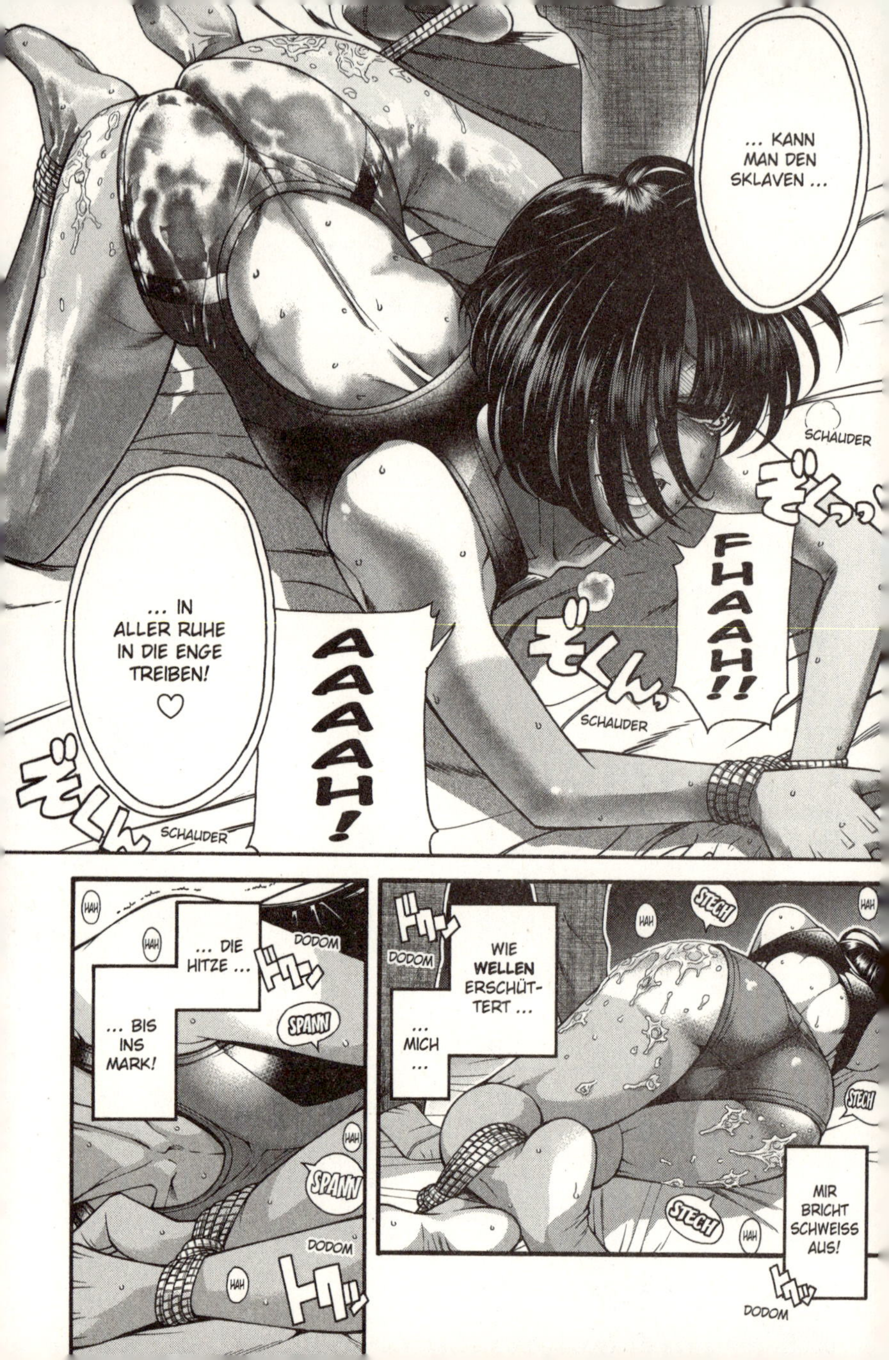

... KANN MAN DEN SKLAVEN ...

SCHAUDER

FHAAAH!!

SCHAUDER

... IN ALLER RUHE IN DIE ENGE TREIBEN! ♡

AAAAAH!

SCHAUDER

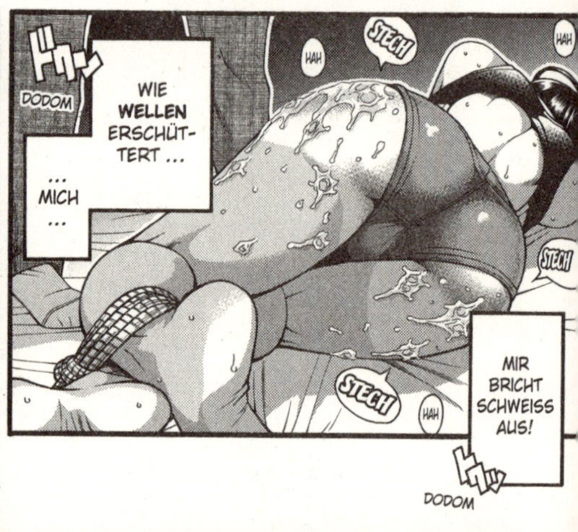

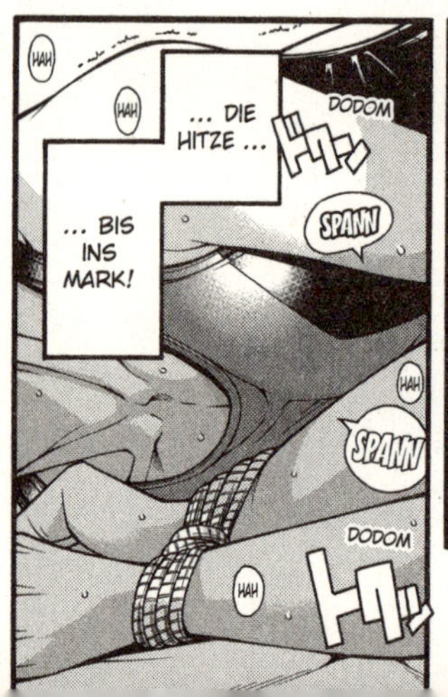

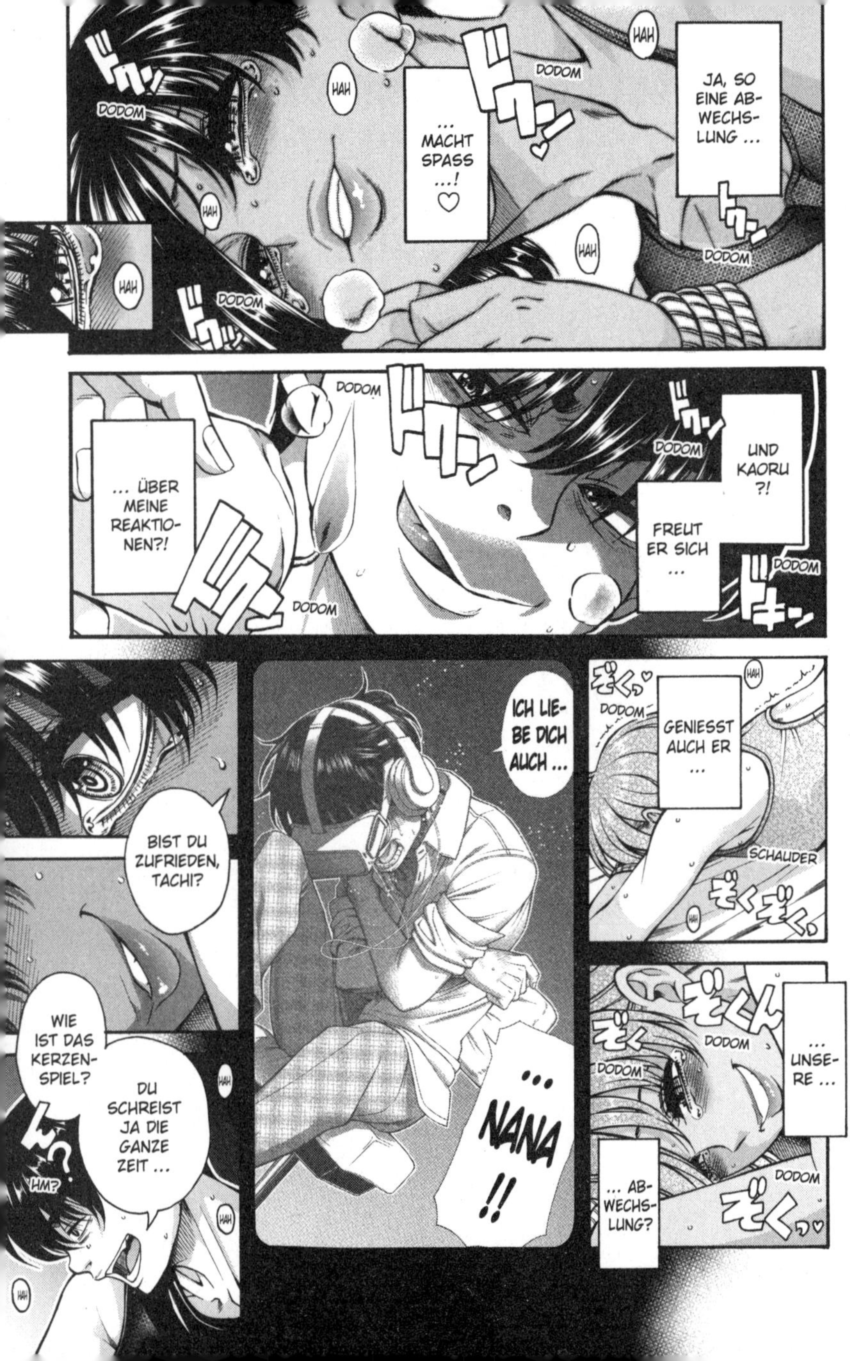

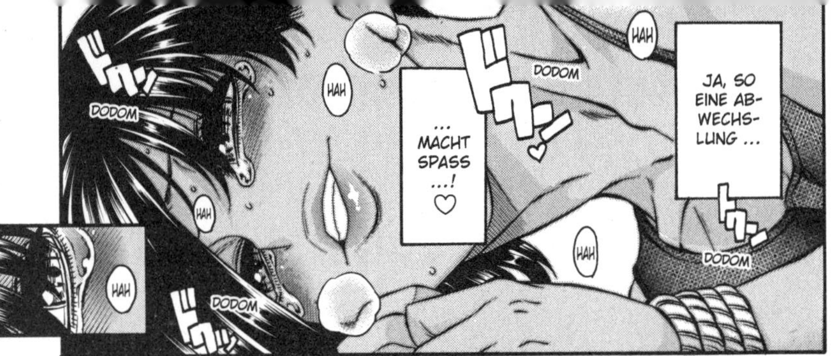

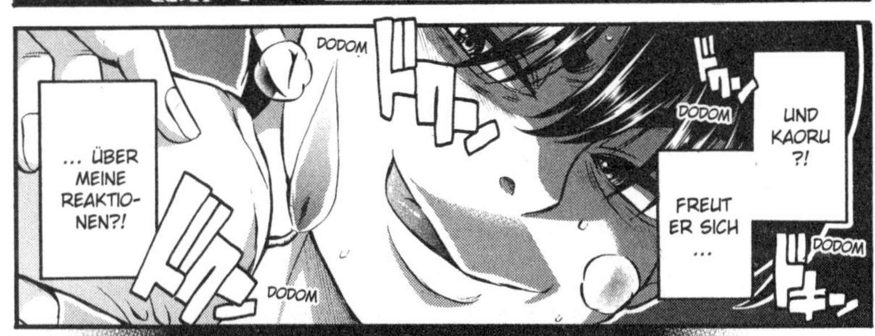

HAH
DODOM
GENIESST AUCH ER ...
SCHAUDER
... UNSERE ...
DODOM
DODOM
... ABWECHSLUNG?
DODOM
ICH LIEBE DICH AUCH ...
... NANA !!
BIST DU ZUFRIEDEN, TACHI?
WIE IST DAS KERZENSPIEL?
DU SCHREIST JA DIE GANZE ZEIT ...
HM?
HAH
HAH
HAH

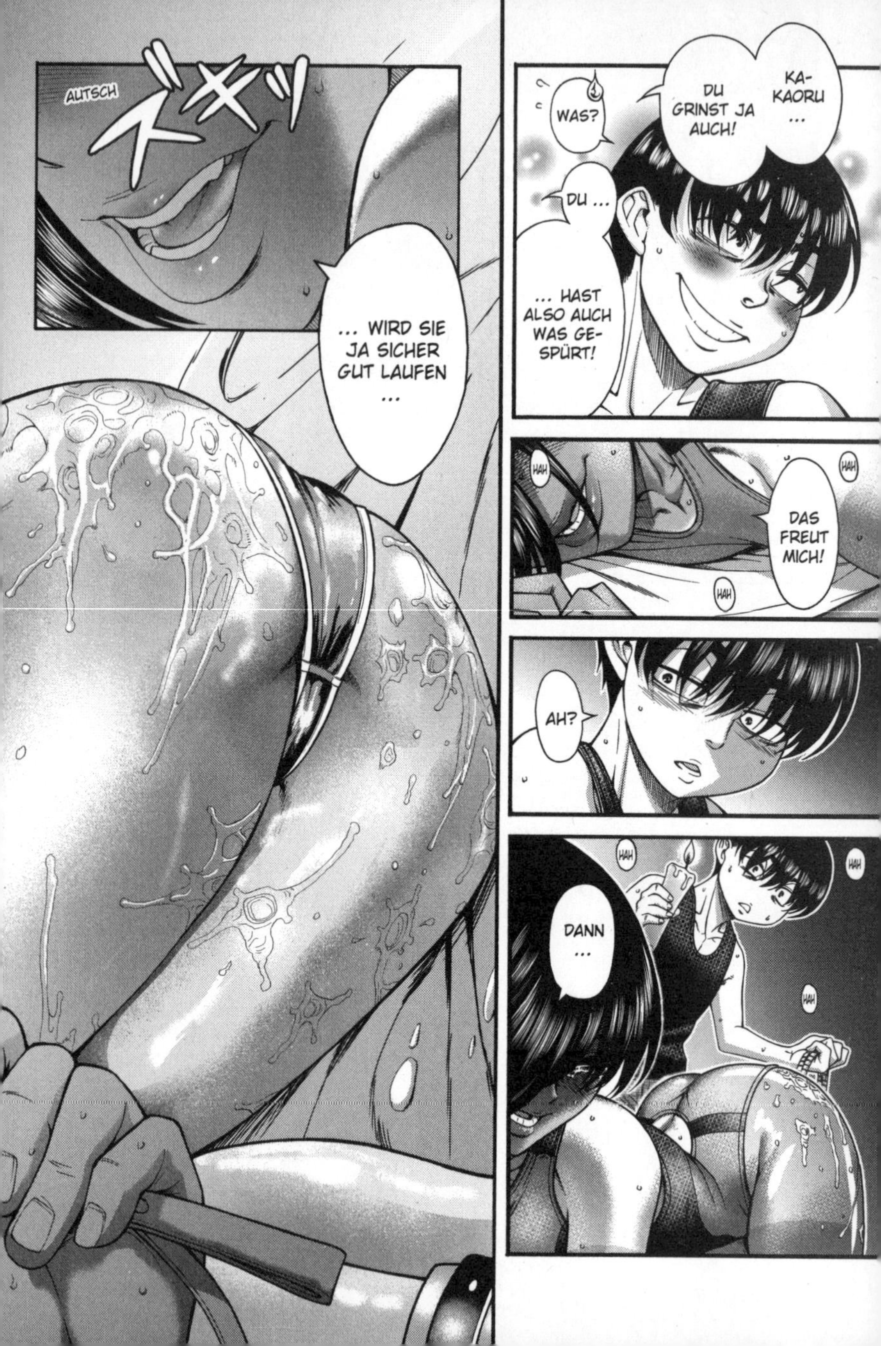
KA-KAORU ...
DU GRINST JA AUCH!
WAS?
DU ...
... HAST ALSO AUCH WAS GE-SPÜRT!
HAH
HAH
DAS FREUT MICH!
HAH
AH?
HAH
HAH
DANN ...
HAH
AUTSCH
... WIRD SIE JA SICHER GUT LAUFEN ...

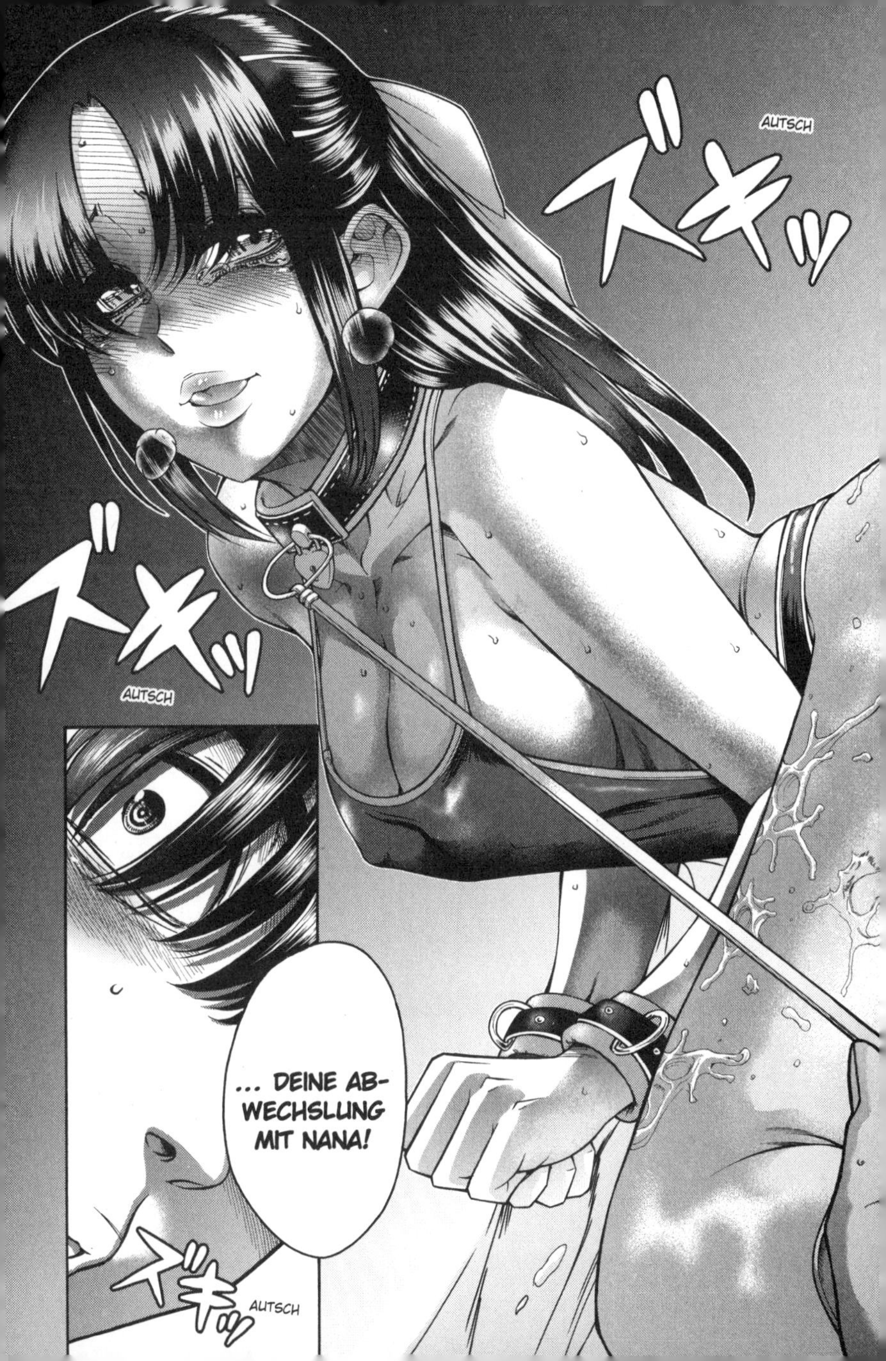
ズキッ
AUTSCH
ズキッ
AUTSCH
... DEINE AB-
WECHSLUNG
MIT NANA!
ズキッ
AUTSCH

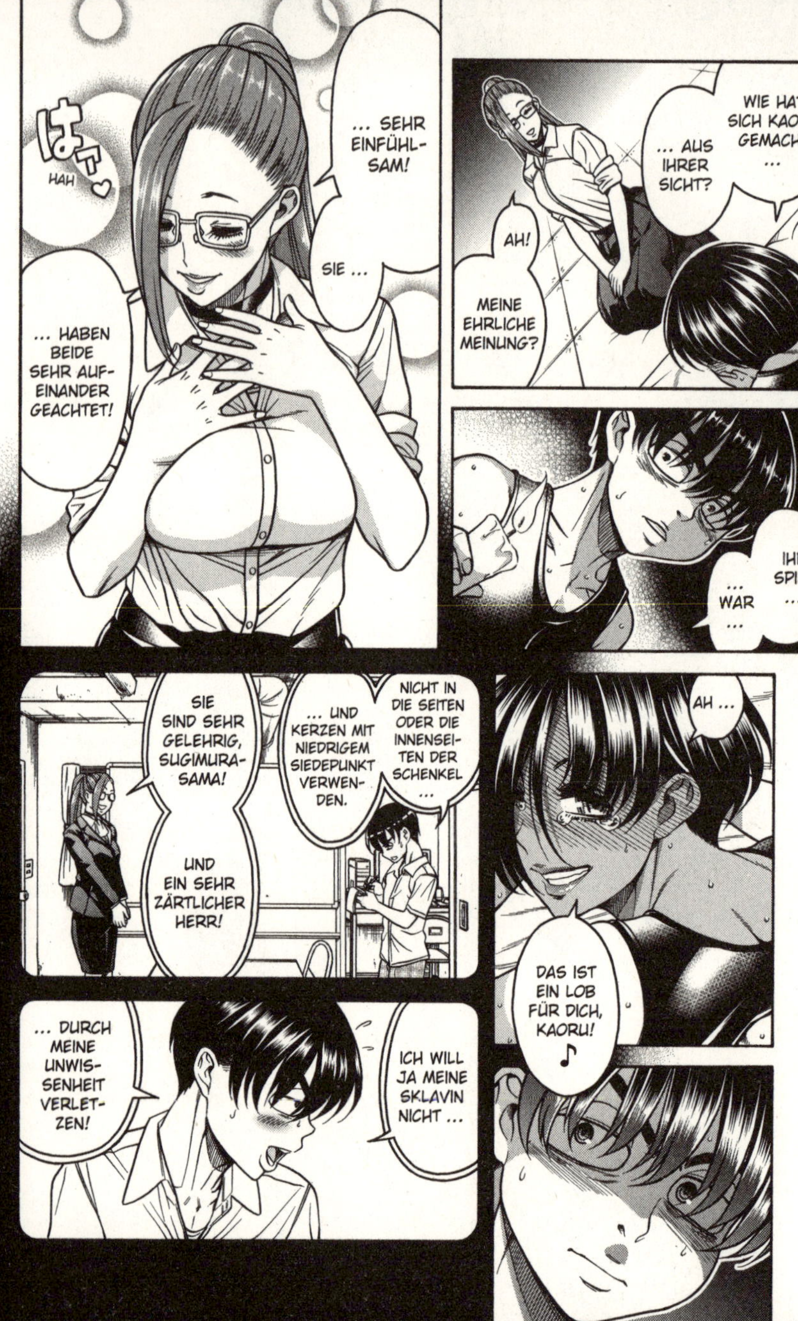
WIE HAT SICH KAORU GEMACHT …
… AUS IHRER SICHT?
AH!
MEINE EHRLICHE MEINUNG?
… SEHR EINFÜHL-SAM!
SIE …
… HABEN BEIDE SEHR AUF-EINANDER GEACHTET!
はァ
HAH ♥
IHR SPIEL …
… WAR …
AH …
DAS IST EIN LOB FÜR DICH, KAORU! ♪
NICHT IN DIE SEITEN ODER DIE INNENSEI-TEN DER SCHENKEL …
… UND KERZEN MIT NIEDRIGEM SIEDEPUNKT VERWEN-DEN.
SIE SIND SEHR GELEHRIG, SUGIMURA-SAMA!
UND EIN SEHR ZÄRTLICHER HERR!
ICH WILL JA MEINE SKLAVIN NICHT …
… DURCH MEINE UNWIS-SENHEIT VERLET-ZEN!

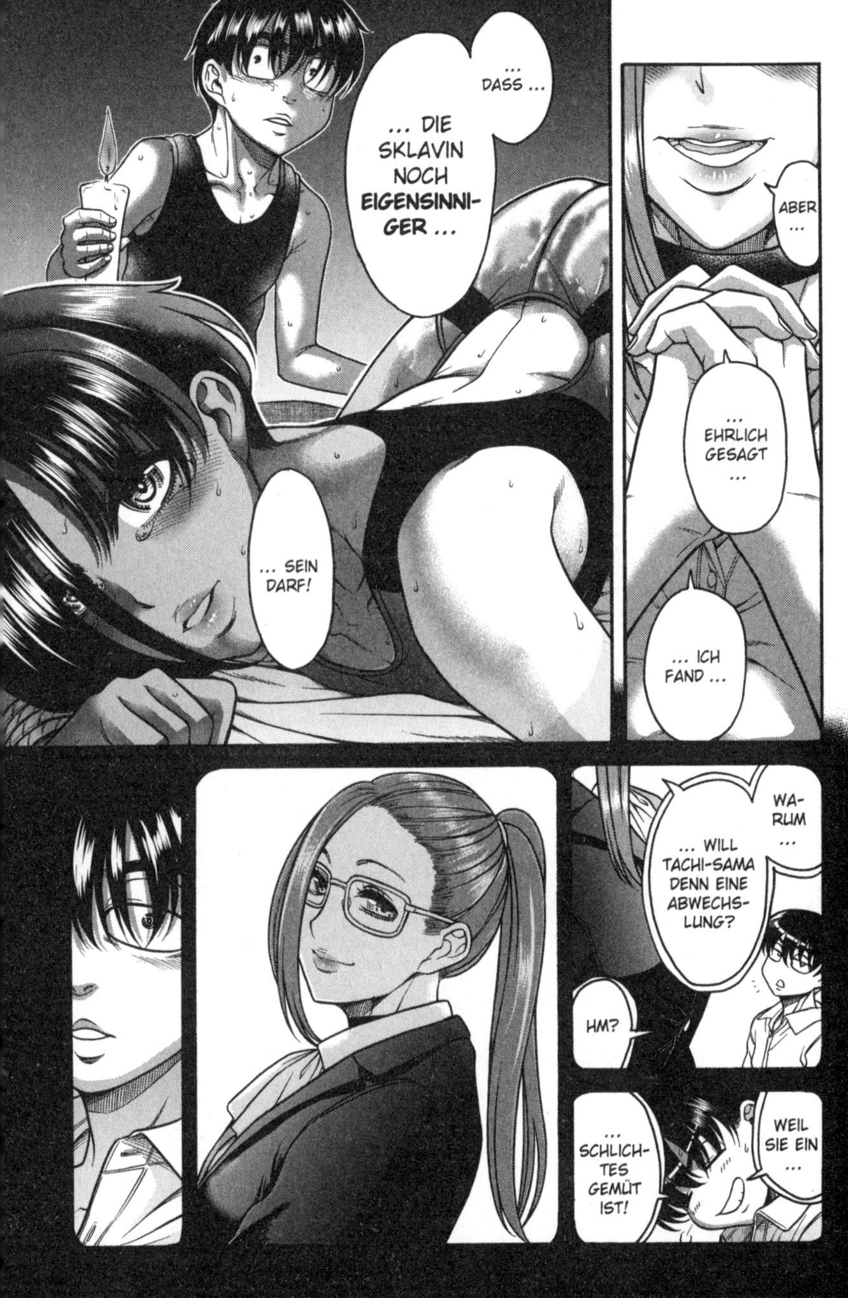

ABER ...
... EHRLICH GESAGT ...
... ICH FAND ...
... DASS ...
... DIE SKLAVIN NOCH EIGENSINNIGER ...
... SEIN DARF!
WARUM ...
... WILL TACHI-SAMA DENN EINE ABWECHSLUNG?
HM?
WEIL SIE EIN ...
... SCHLICHTES GEMÜT IST!

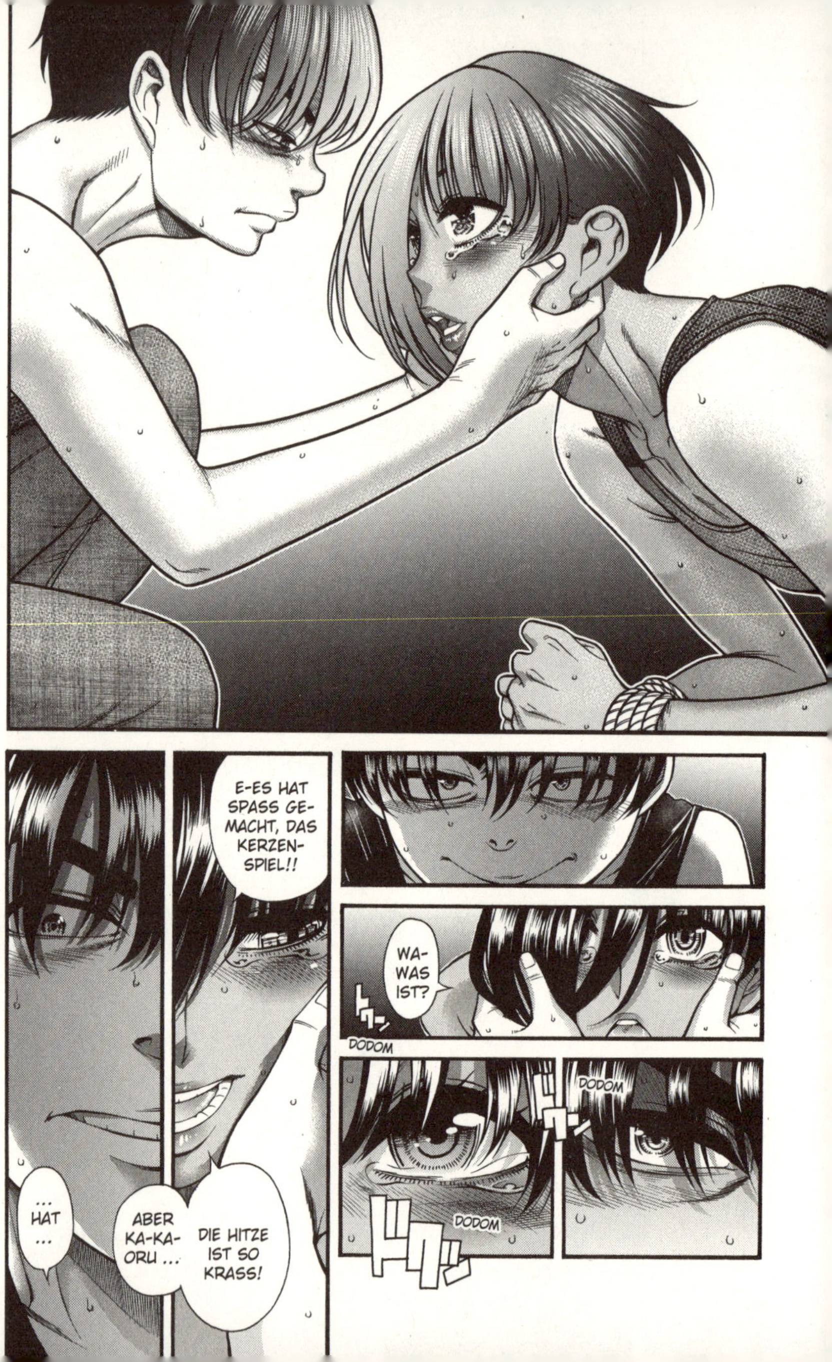

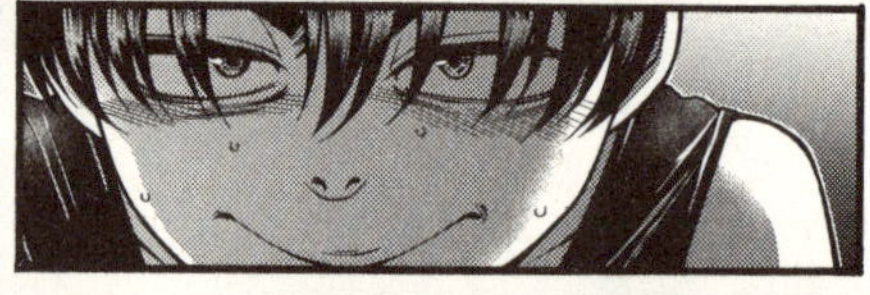

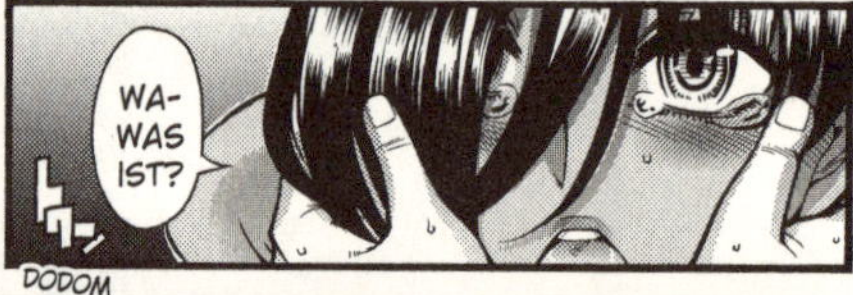
WA-WAS IST?

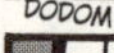
DODOM

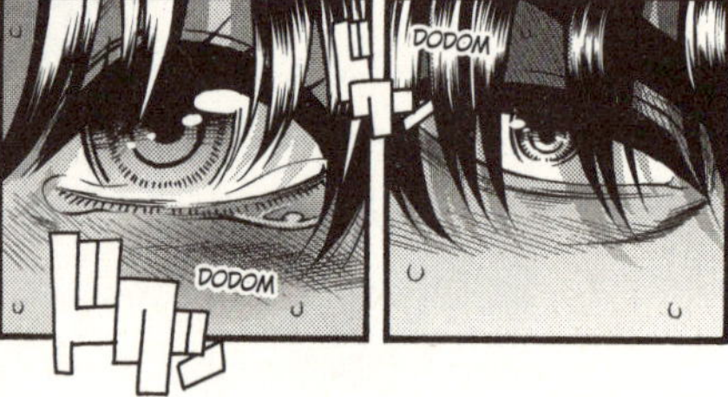
DODOM
DODOM

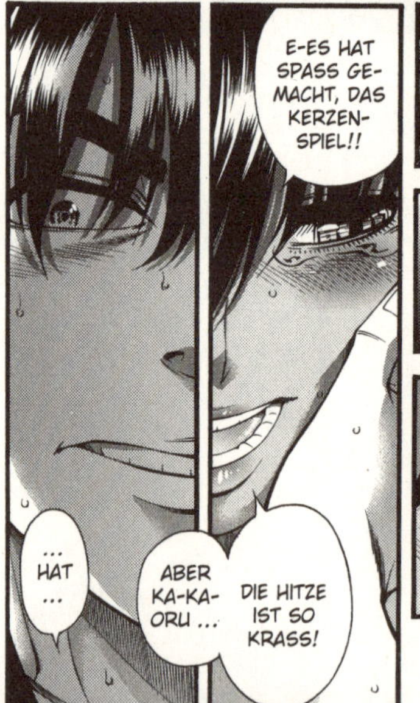
E-ES HAT SPASS GE-MACHT, DAS KERZEN-SPIEL!!
DIE HITZE IST SO KRASS!
ABER KA-KA-ORU ...
... HAT ...

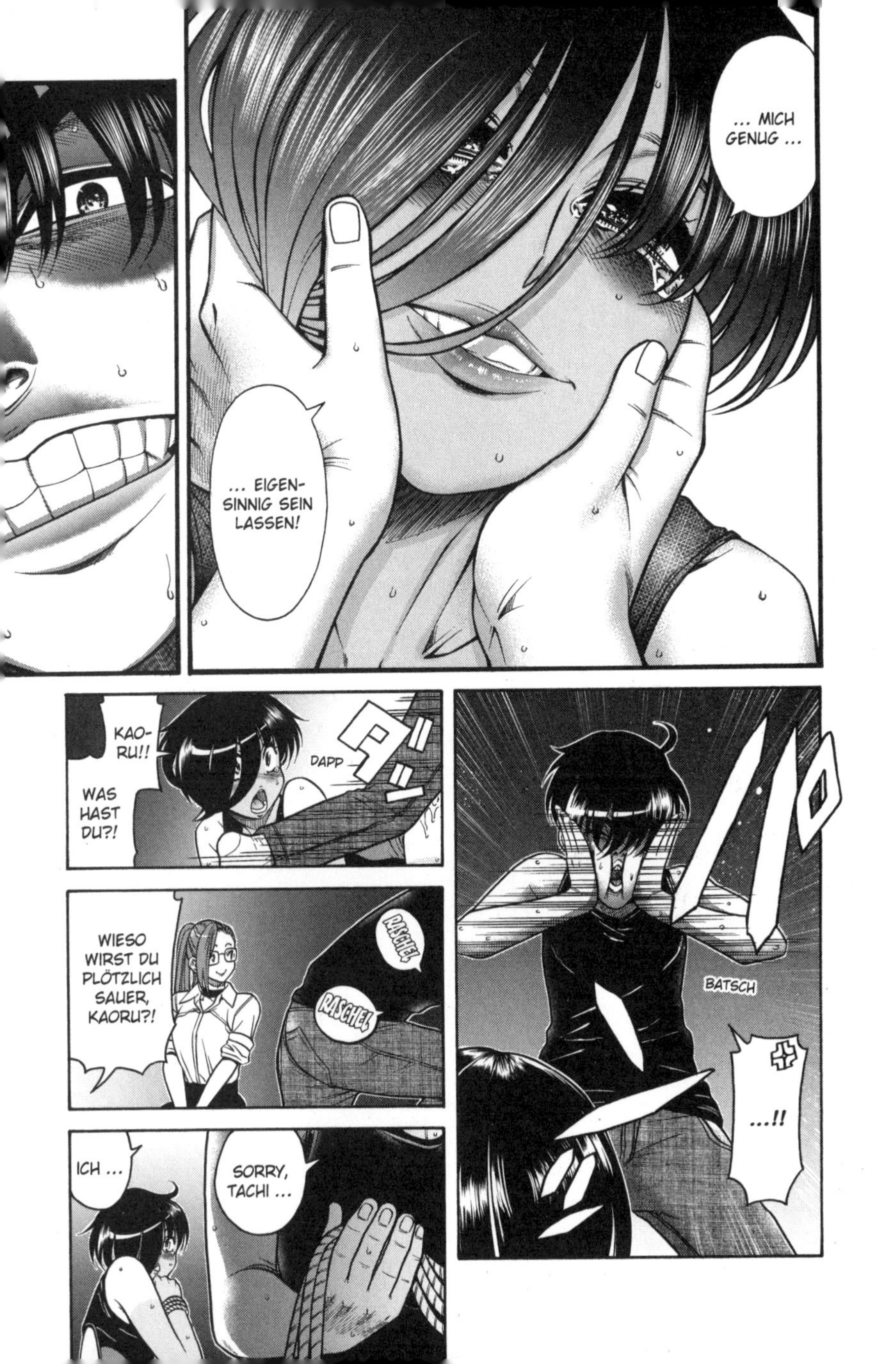

... MICH GENUG ...

... EIGEN-SINNIG SEIN LASSEN!

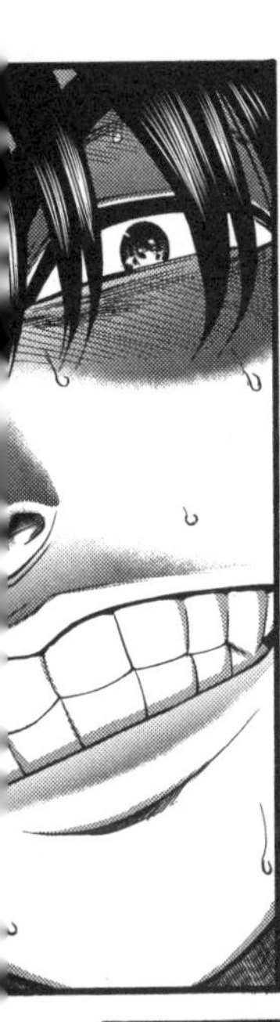

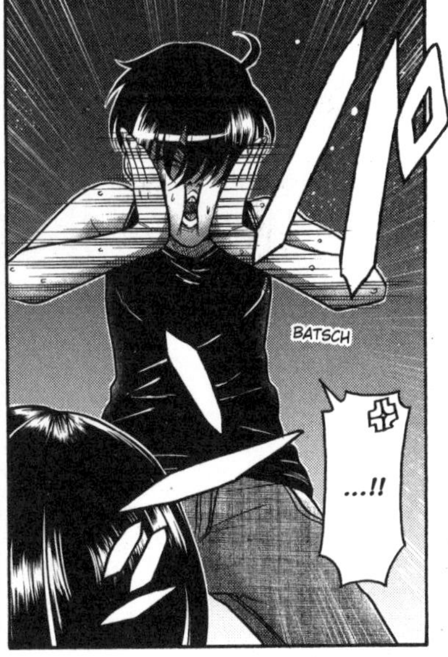

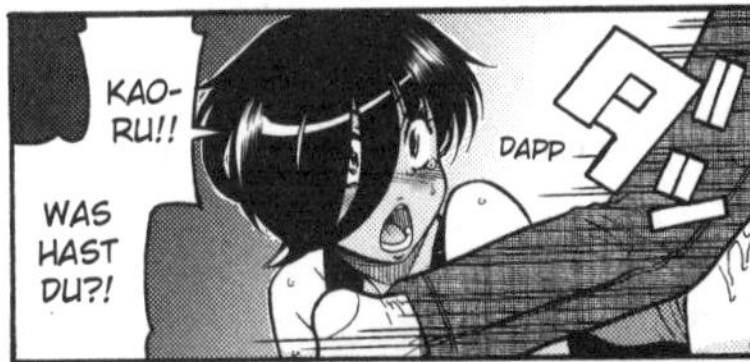

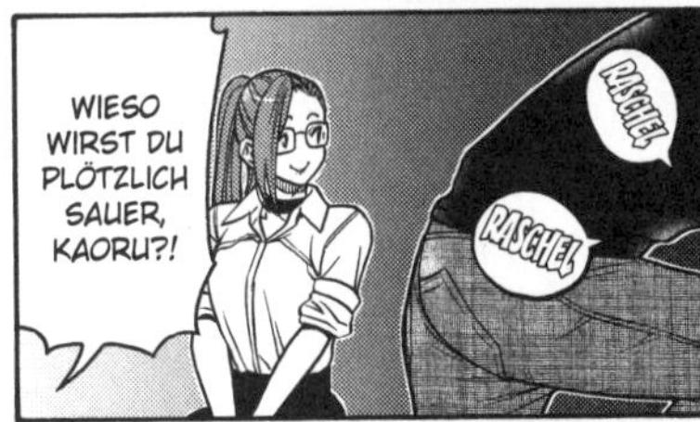

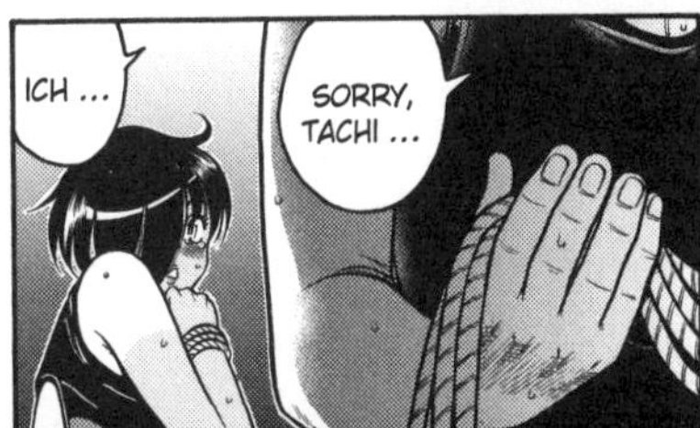

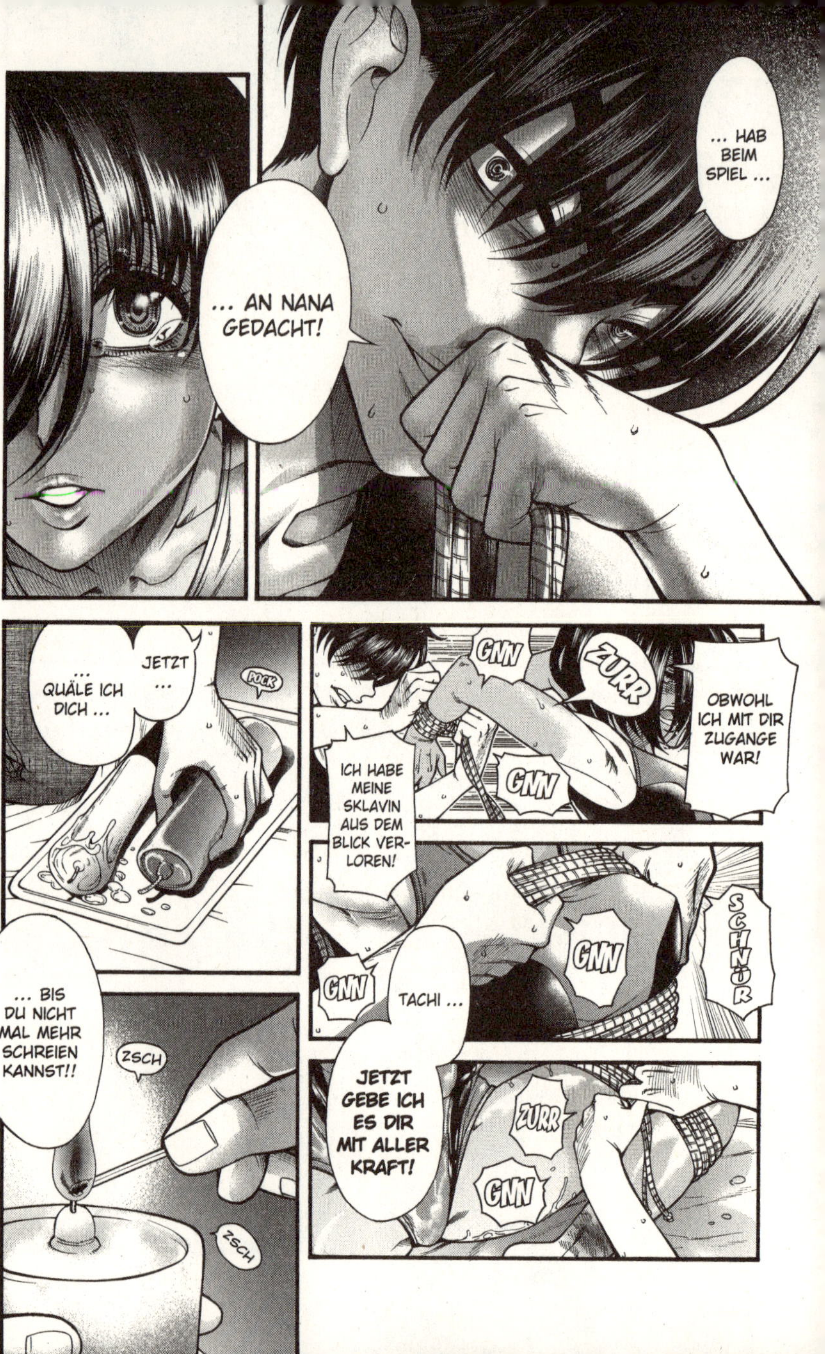

... HAB BEIM SPIEL ...

... AN NANA GEDACHT!

OBWOHL ICH MIT DIR ZUGANGE WAR!

ZURR

GNN

ICH HABE MEINE SKLAVIN AUS DEM BLICK VERLOREN!

GNN

SCHNÜR

GNN

TACHI ...

GNN

ZURR

GNN

JETZT GEBE ICH ES DIR MIT ALLER KRAFT!

JETZT ...

... QUÄLE ICH DICH ...

POCK

... BIS DU NICHT MAL MEHR SCHREIEN KANNST!!

ZSCH

ZSCH

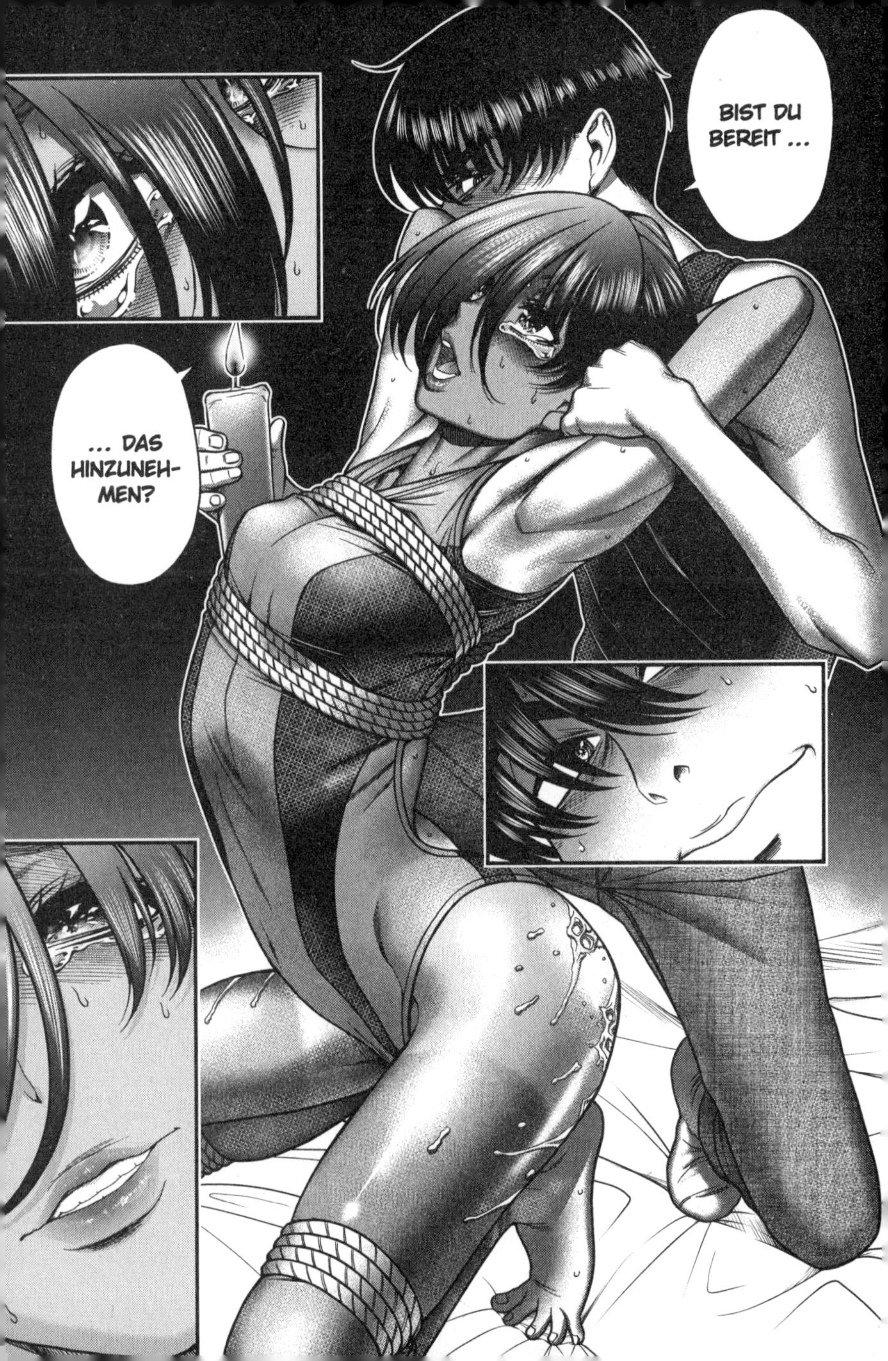
BIST DU BEREIT …
… DAS HINZUNEHMEN?

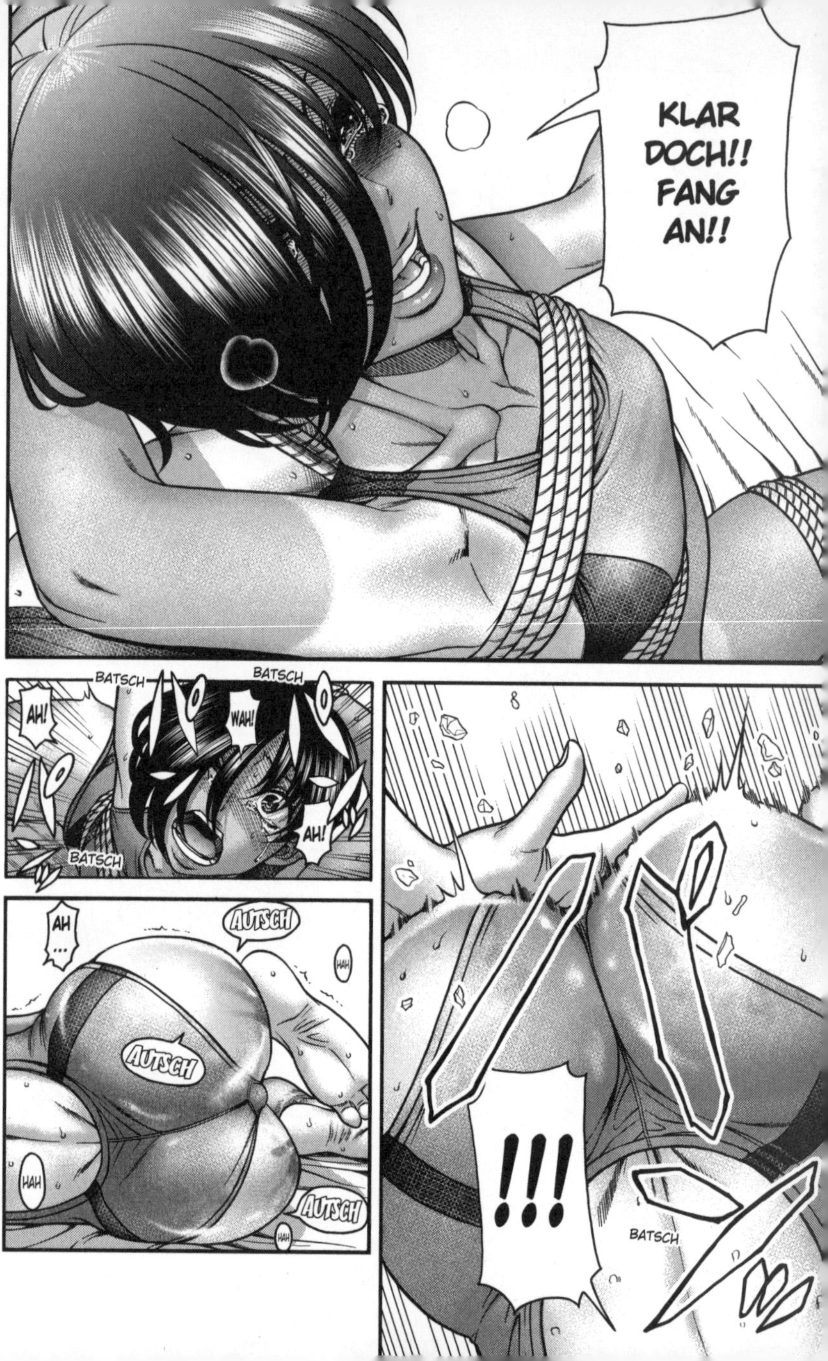

KLAR DOCH!! FANG AN!!

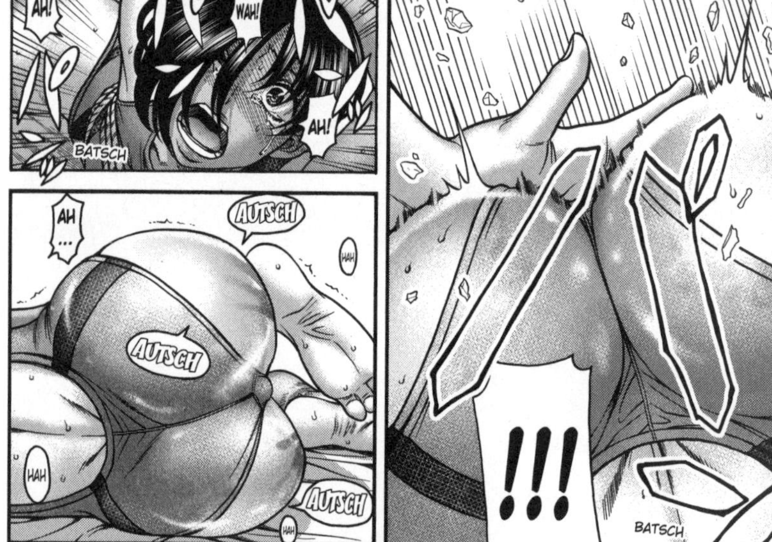

DRIP
GYAAH!

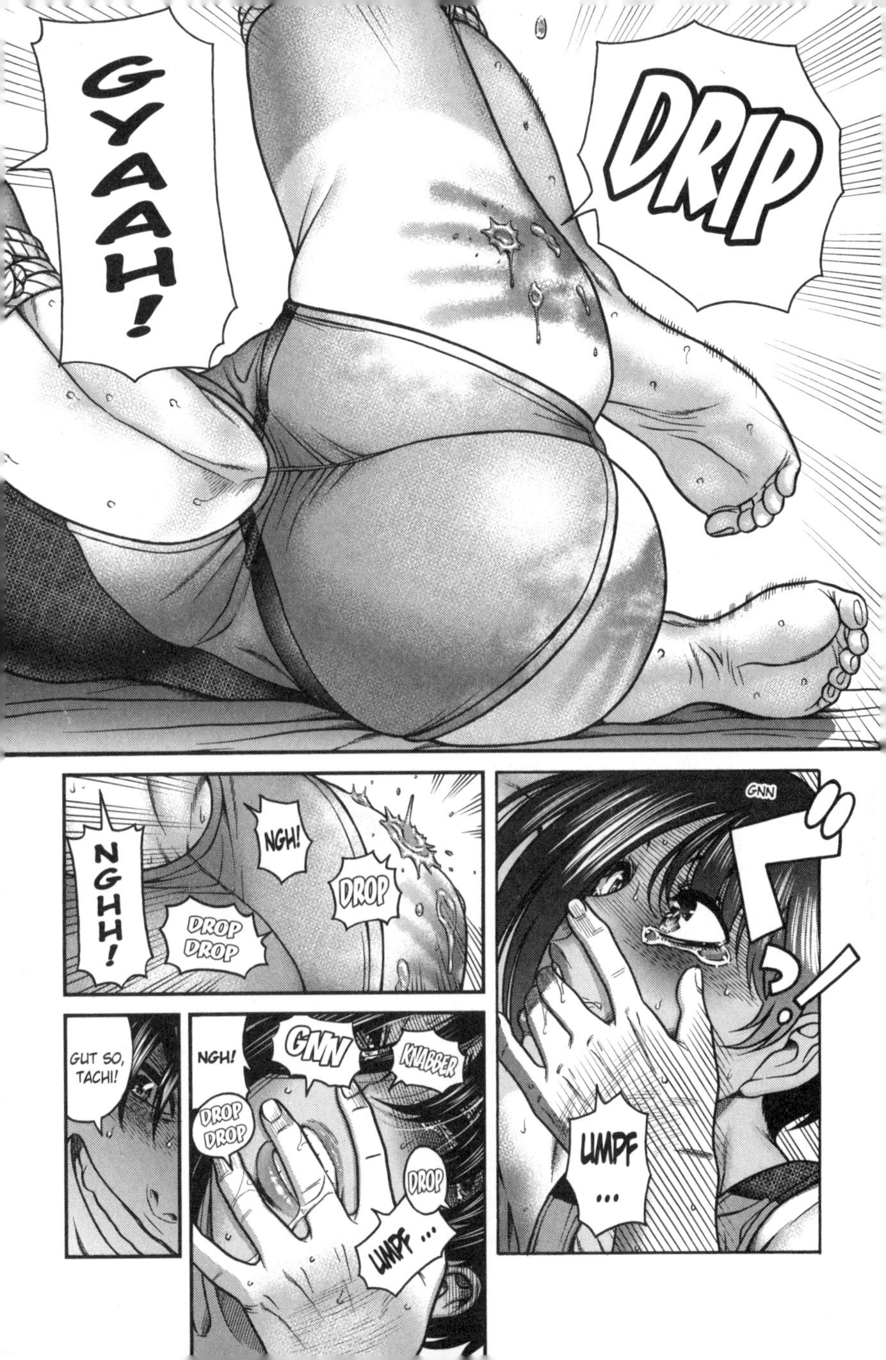

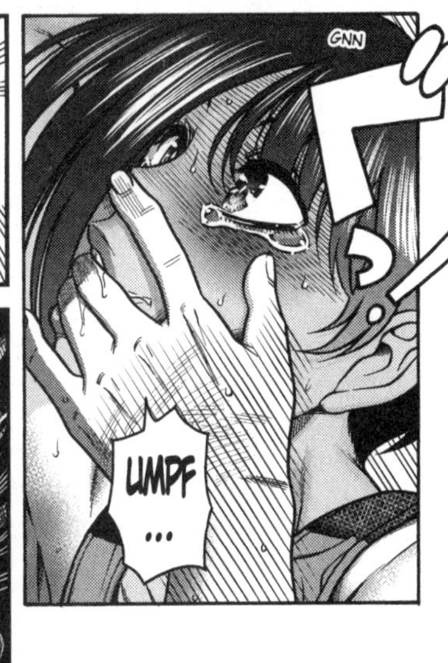
GNN
UMPF ...

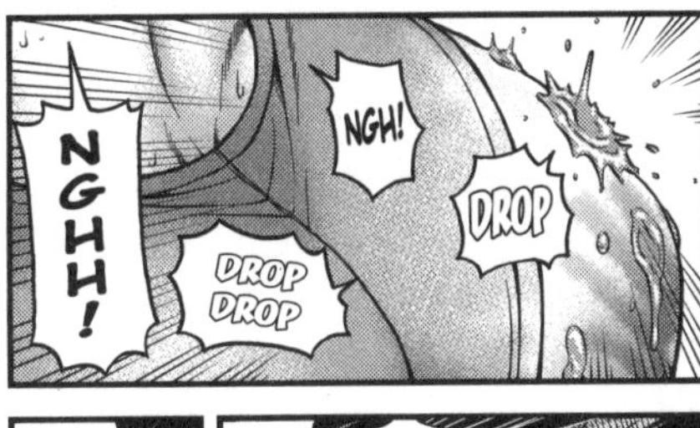
NGH!
DROP
DROP DROP
NGHH!

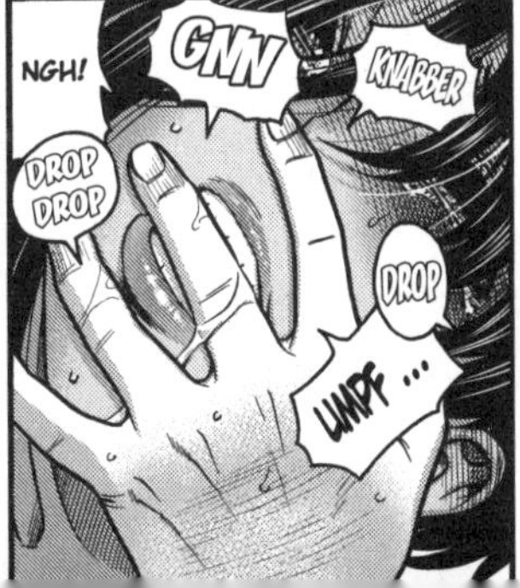
KNABBER
GNN
NGH!
DROP DROP
DROP
UMPF ...

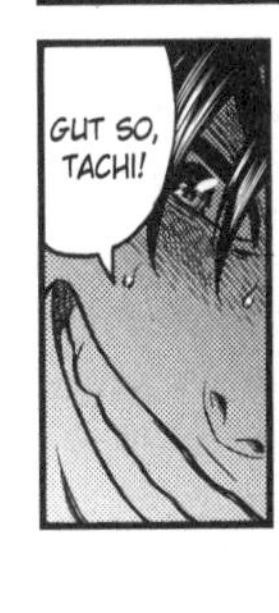
GUT SO, TACHI!

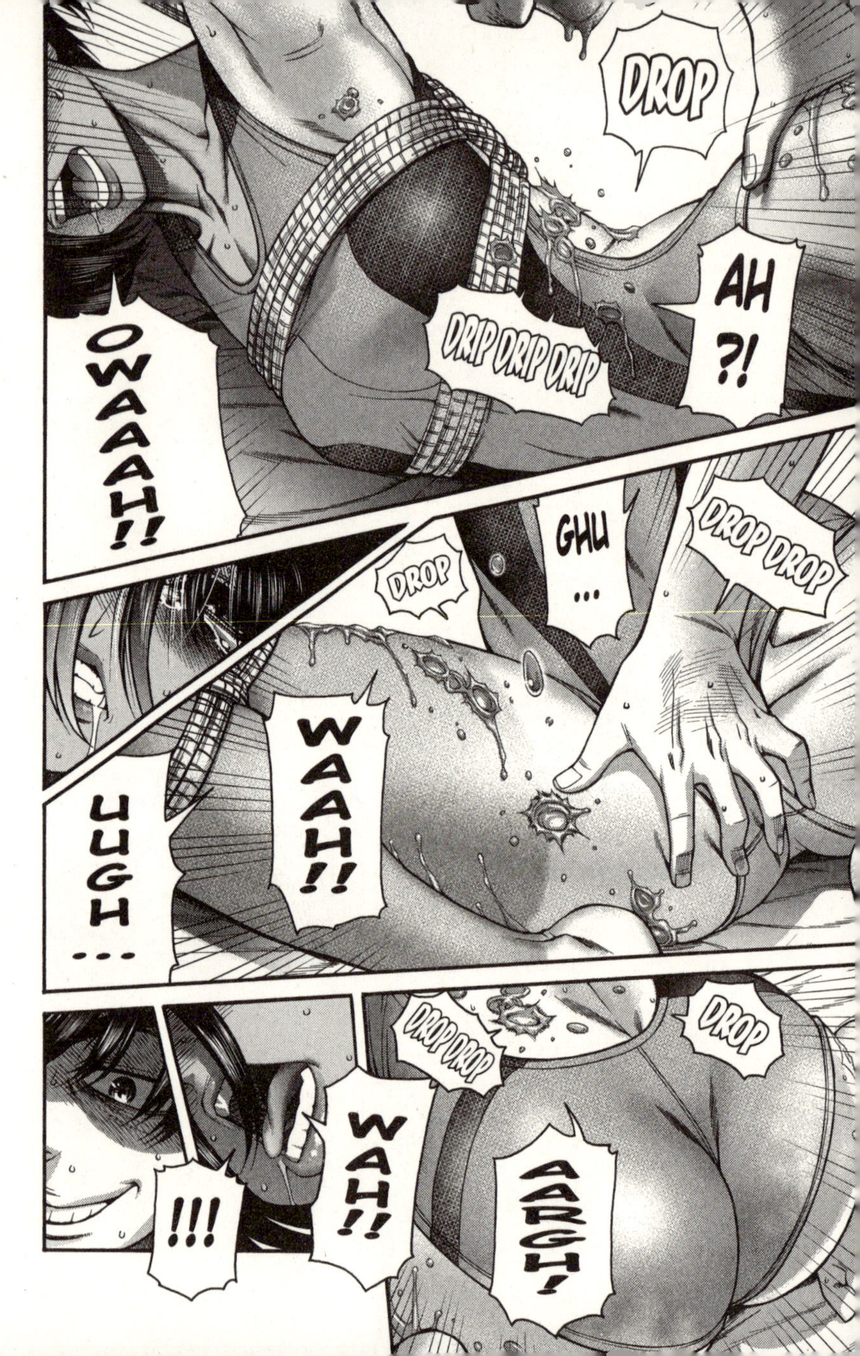
DROP
AH ?!
DRIP DRIP DRIP
OWAAAH!!
DROP DROP
GHU ...
DROP
WAAH!!
UUGH ...
DROP
DROP DROP
AARGH!
WAH!!
!!!

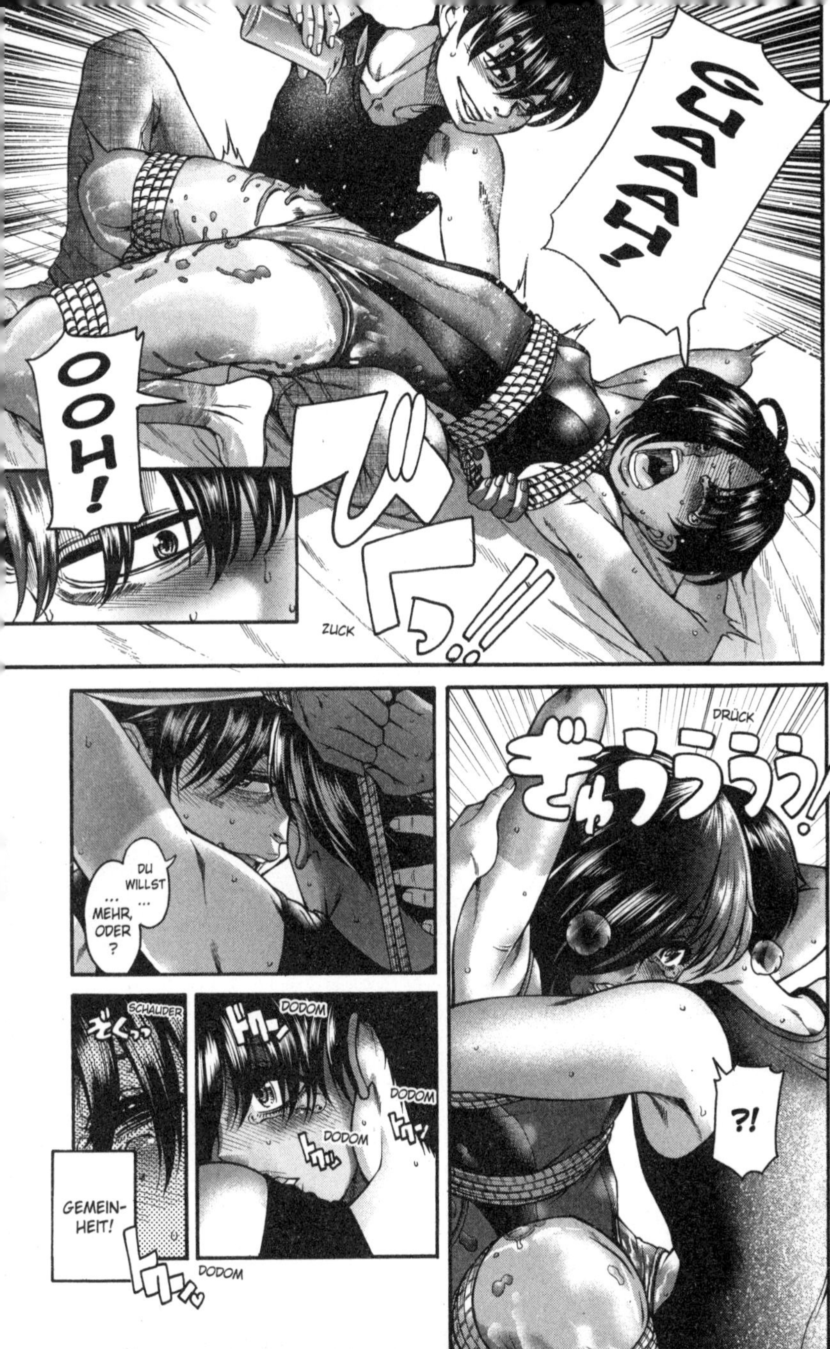

GUAAAH!

OOH!

ZUCK

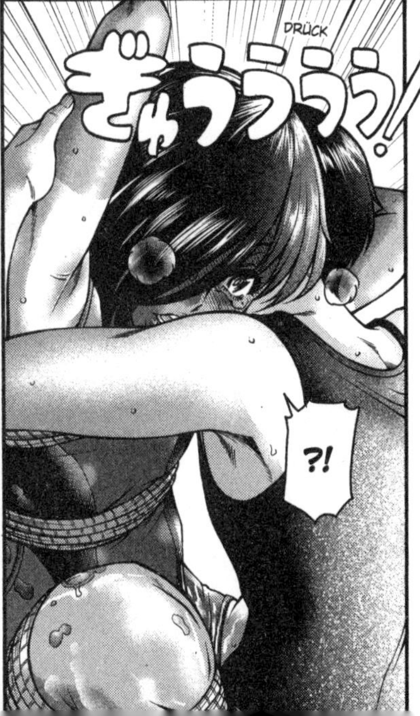

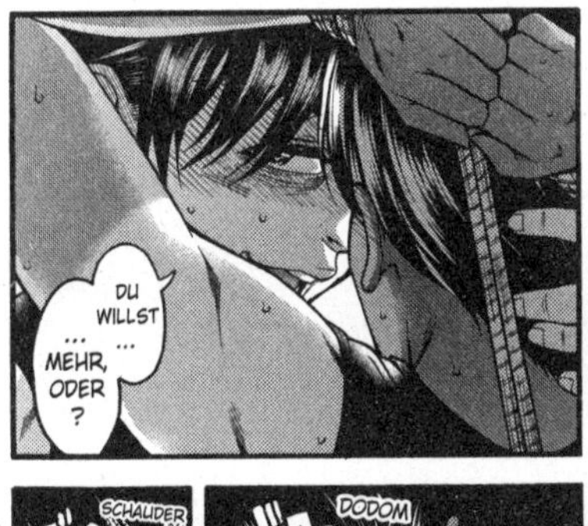

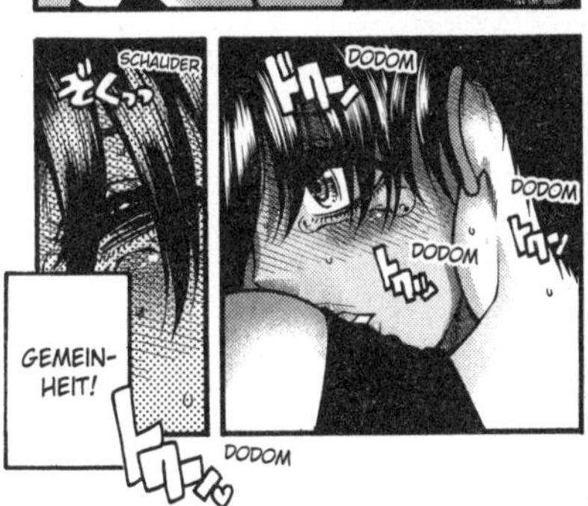

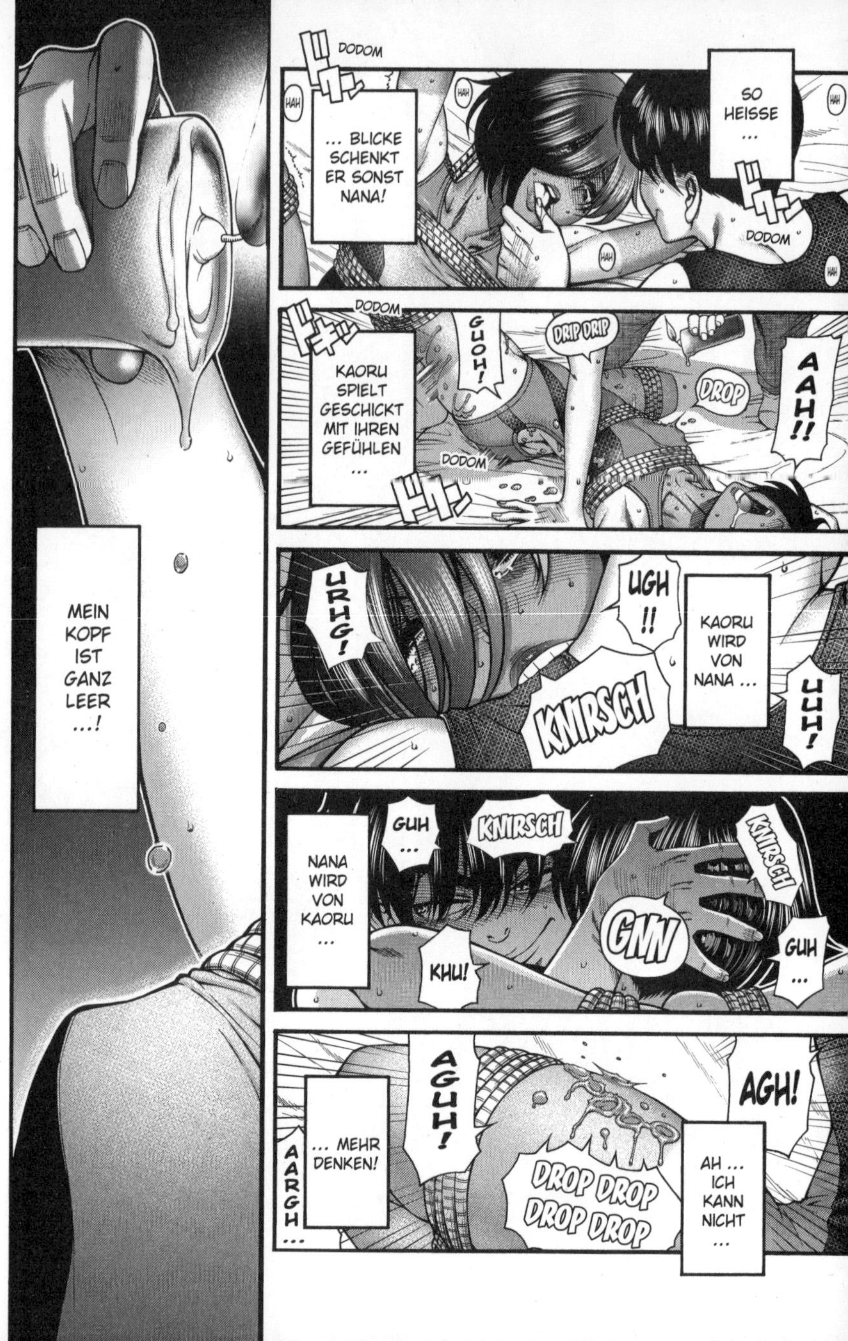
DODOM
HAH
SO HEISSE …
HAH
… BLICKE SCHENKT ER SONST NANA!
HAH
DODOM
HAH
HAH
DODOM
AAH!!
DRIP DRIP
GUOH!
KAORU SPIELT GESCHICKT MIT IHREN GEFÜHLEN …
DROP
DODOM
UUH!
KAORU WIRD VON NANA …
UGH !!
URHG!
KNIRSCH
KNIRSCH
KNIRSCH
GUH …
NANA WIRD VON KAORU …
GMN
GUH …
KHU!
MEIN KOPF IST GANZ LEER …!
AGH!
AH … ICH KANN NICHT …
DROP DROP DROP DROP
AGUH!
… MEHR DENKEN!
AARGH …

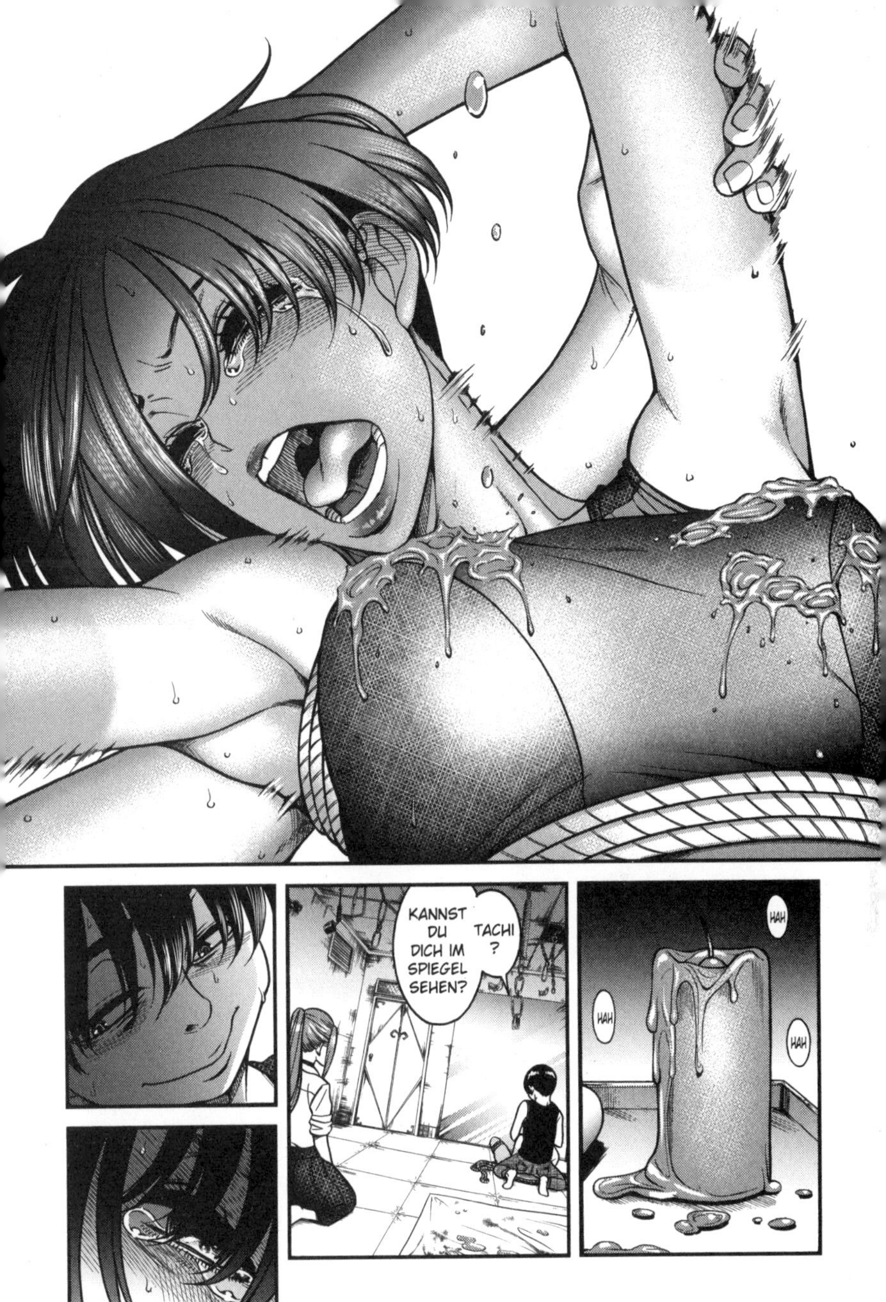

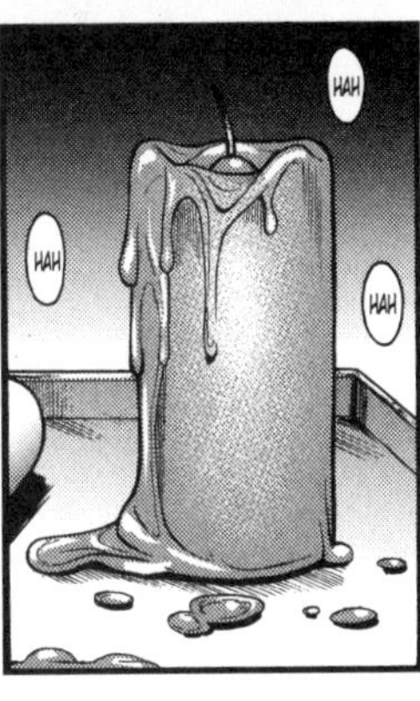
HAH
HAH
HAH

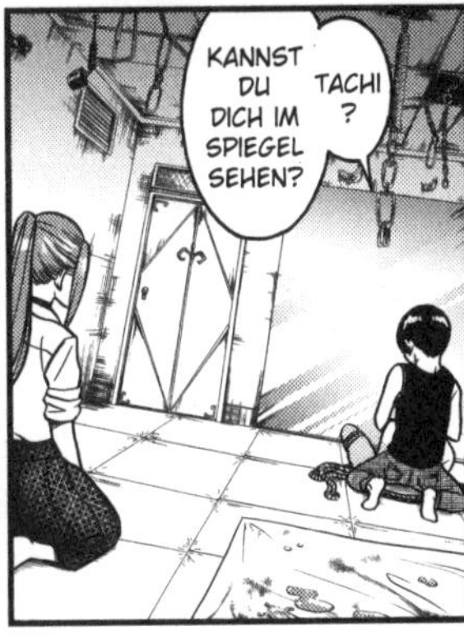
TACHI ?
KANNST DU DICH IM SPIEGEL SEHEN?

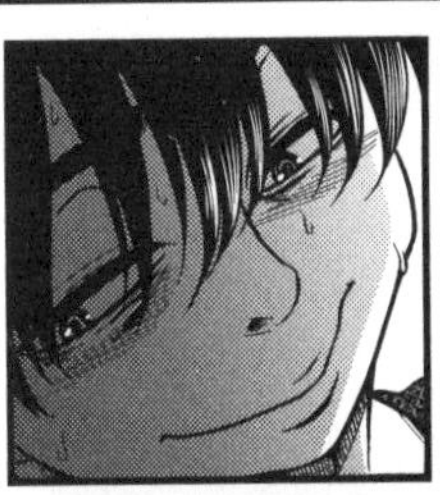

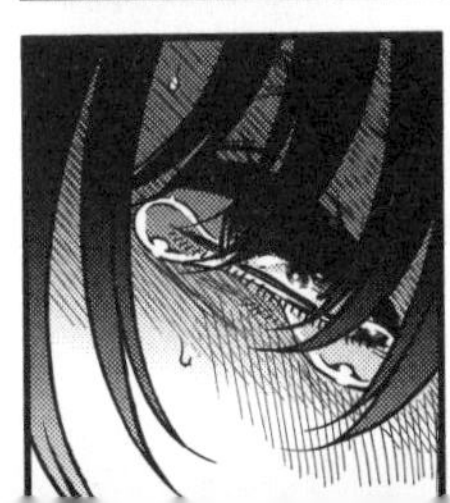

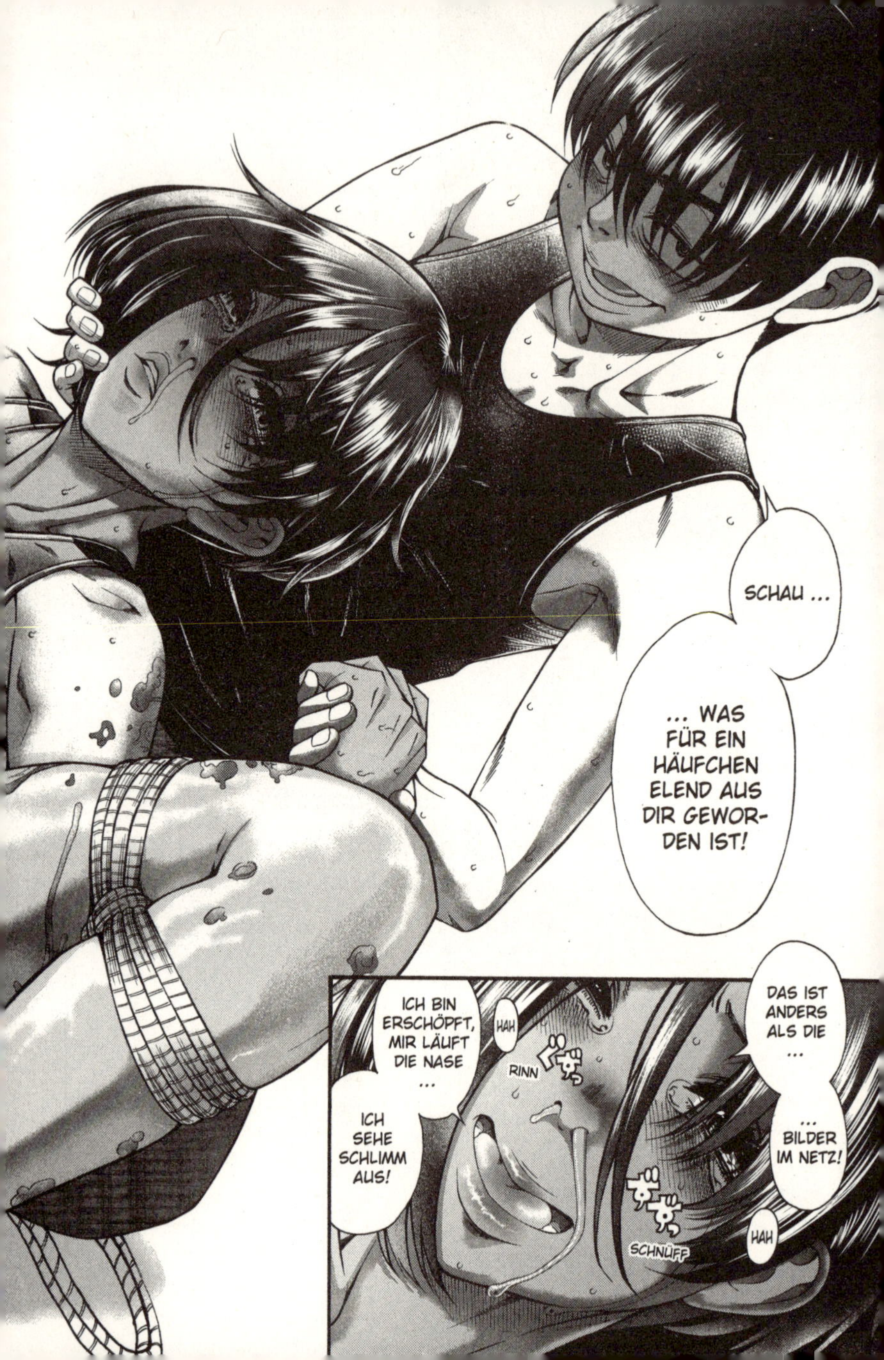
SCHAU ...
... WAS FÜR EIN HÄUFCHEN ELEND AUS DIR GEWORDEN IST!
DAS IST ANDERS ALS DIE ...
... BILDER IM NETZ!
HAH
SCHNÜFF
ICH BIN ERSCHÖPFT, MIR LÄUFT DIE NASE ...
HAH
RINN
ICH SEHE SCHLIMM AUS!

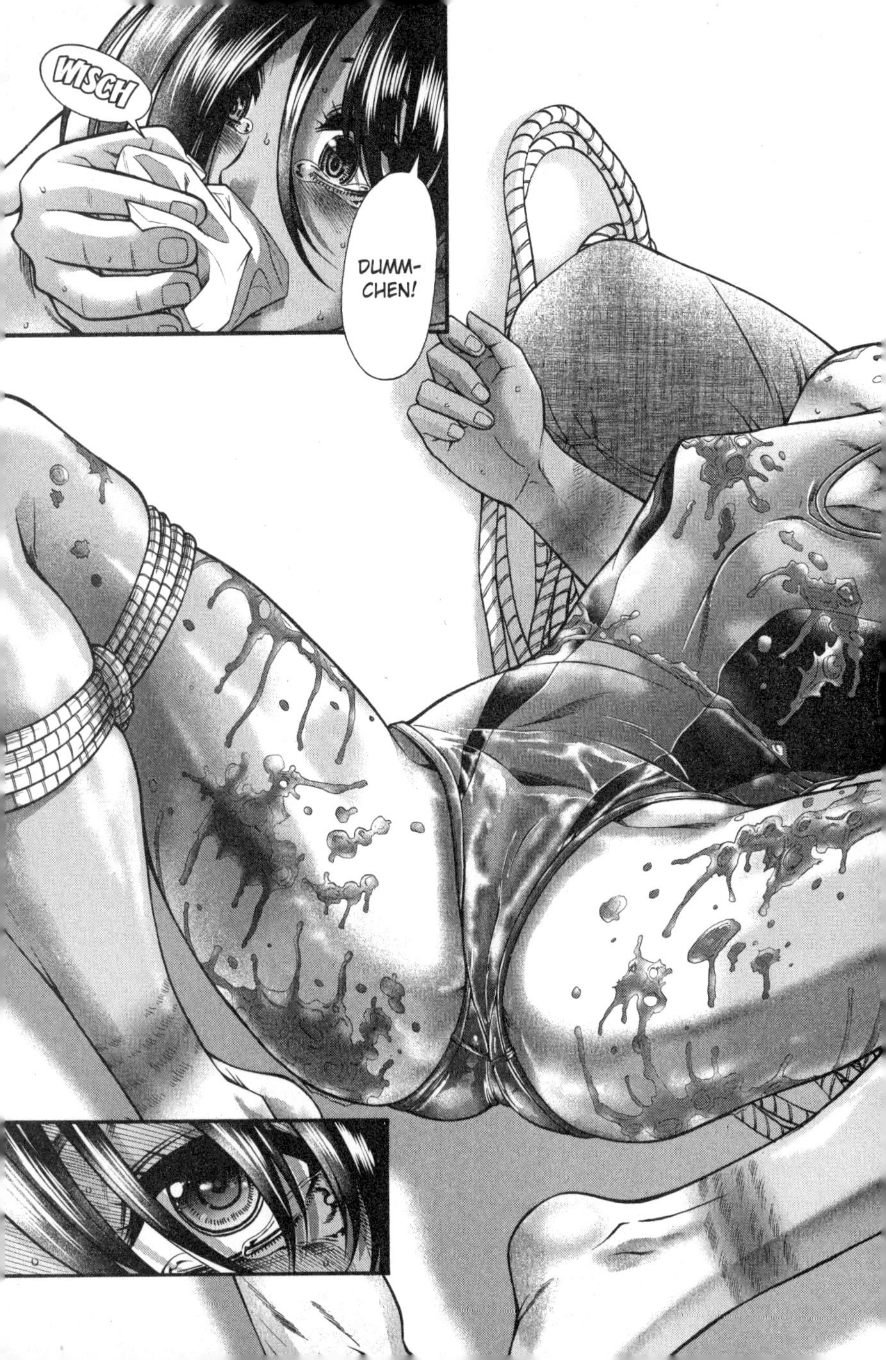
WISCH
DUMM-
CHEN!

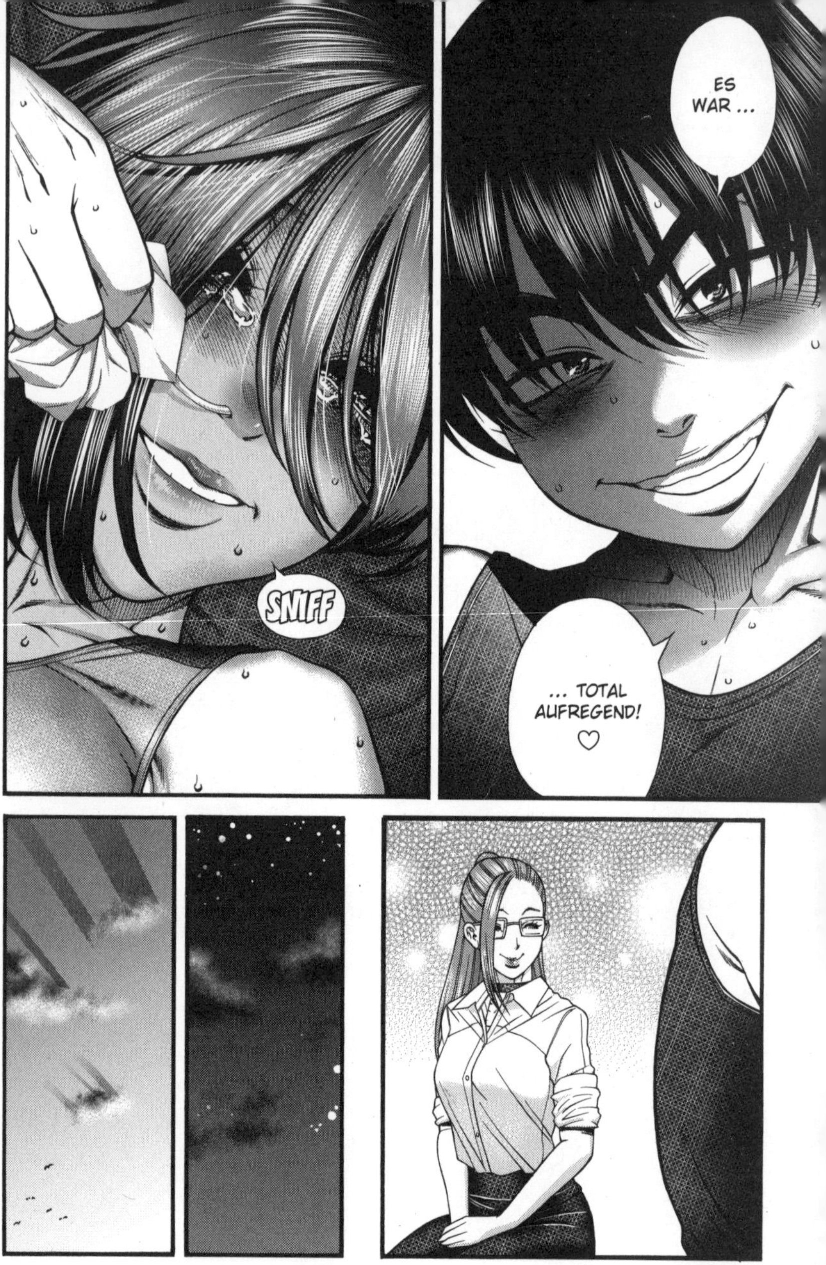

ES WAR ...

... TOTAL AUFREGEND! ♡

SNIFF

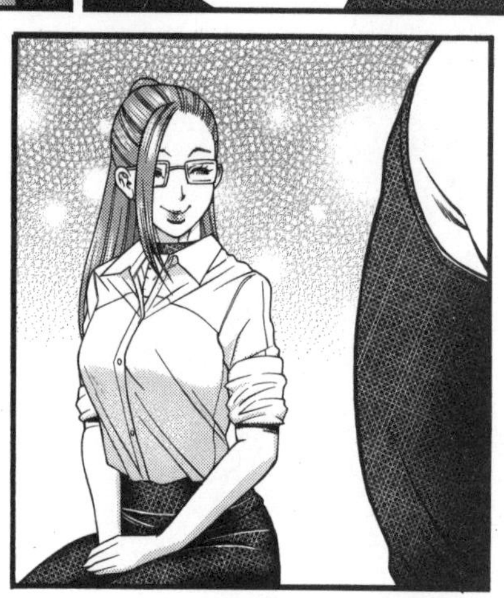

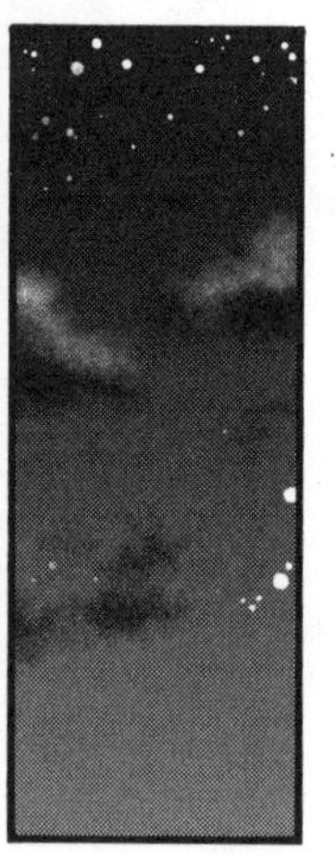

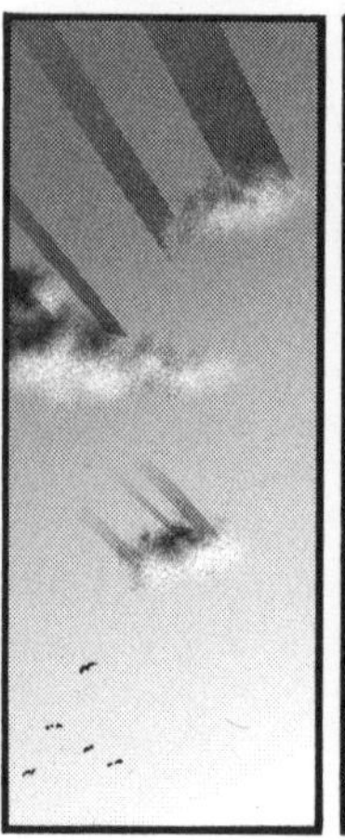

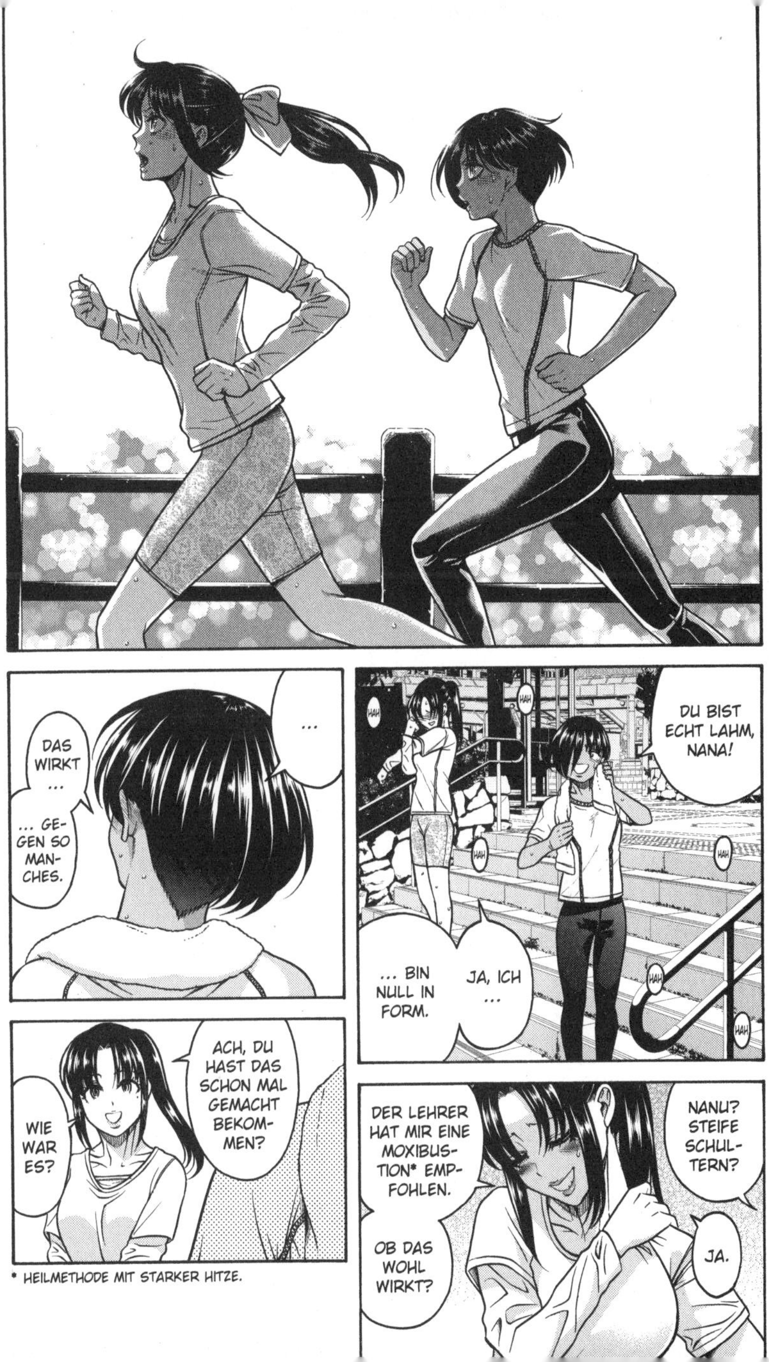

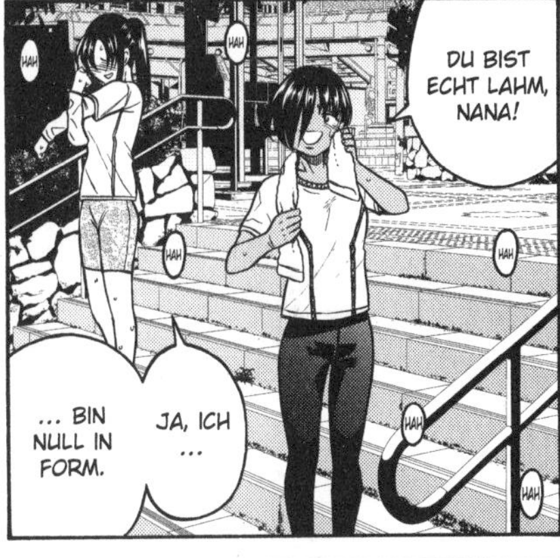

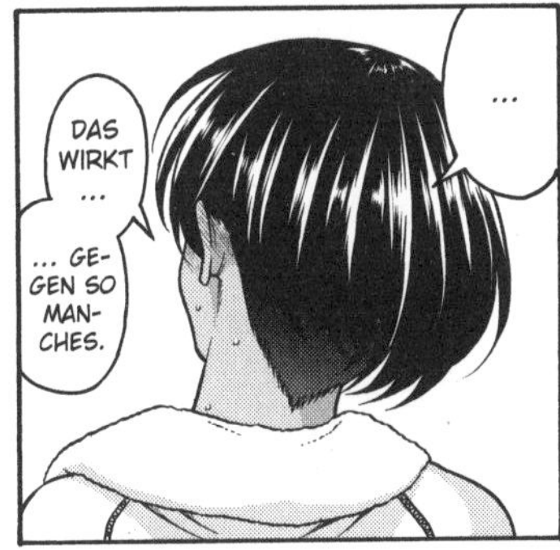

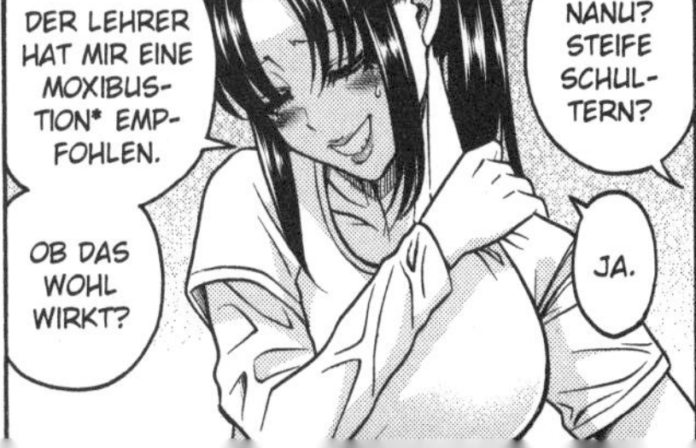

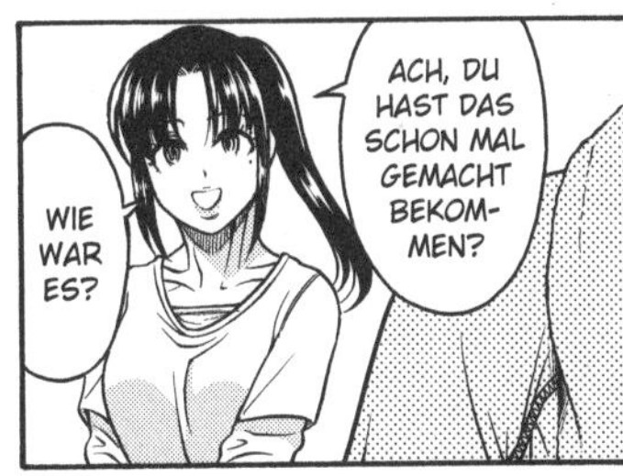

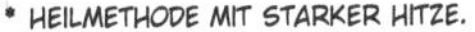
* HEILMETHODE MIT STARKER HITZE.

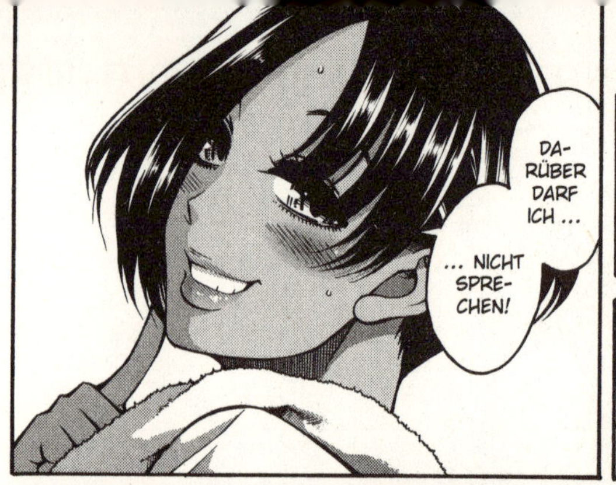

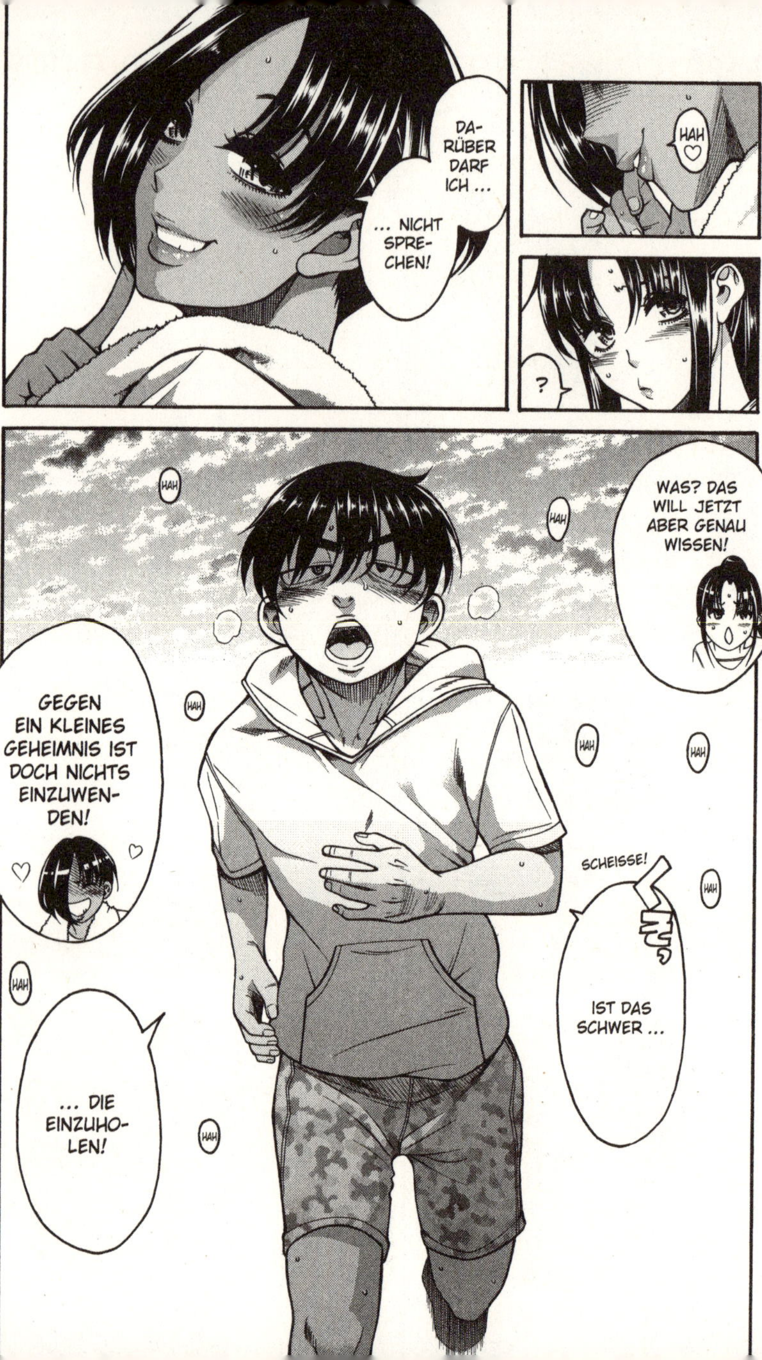

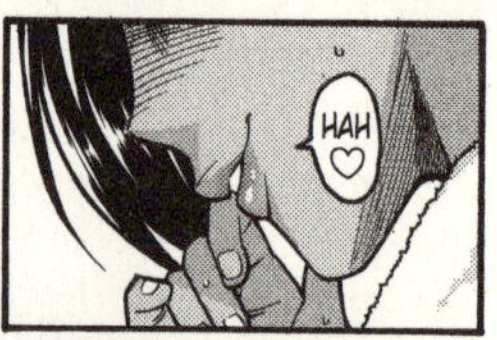

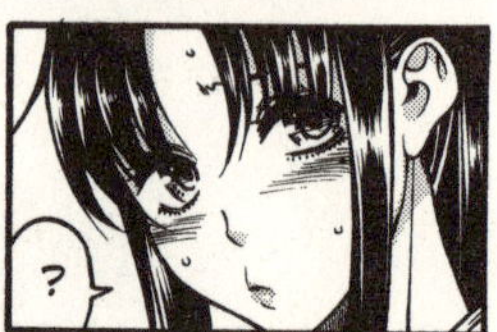

HAH
HAH
WAS? DAS WILL JETZT ABER GENAU WISSEN!
GEGEN EIN KLEINES GEHEIMNIS IST DOCH NICHTS EINZUWEN-DEN!
HAH
HAH
HAH
SCHEISSE!
IST DAS SCHWER …
HAH
HAH
… DIE EINZUHO-LEN!
HAH

KAPITEL 6: DER BEWEIS, DASS ICH KEIN BRAVES MÄDCHEN BIN

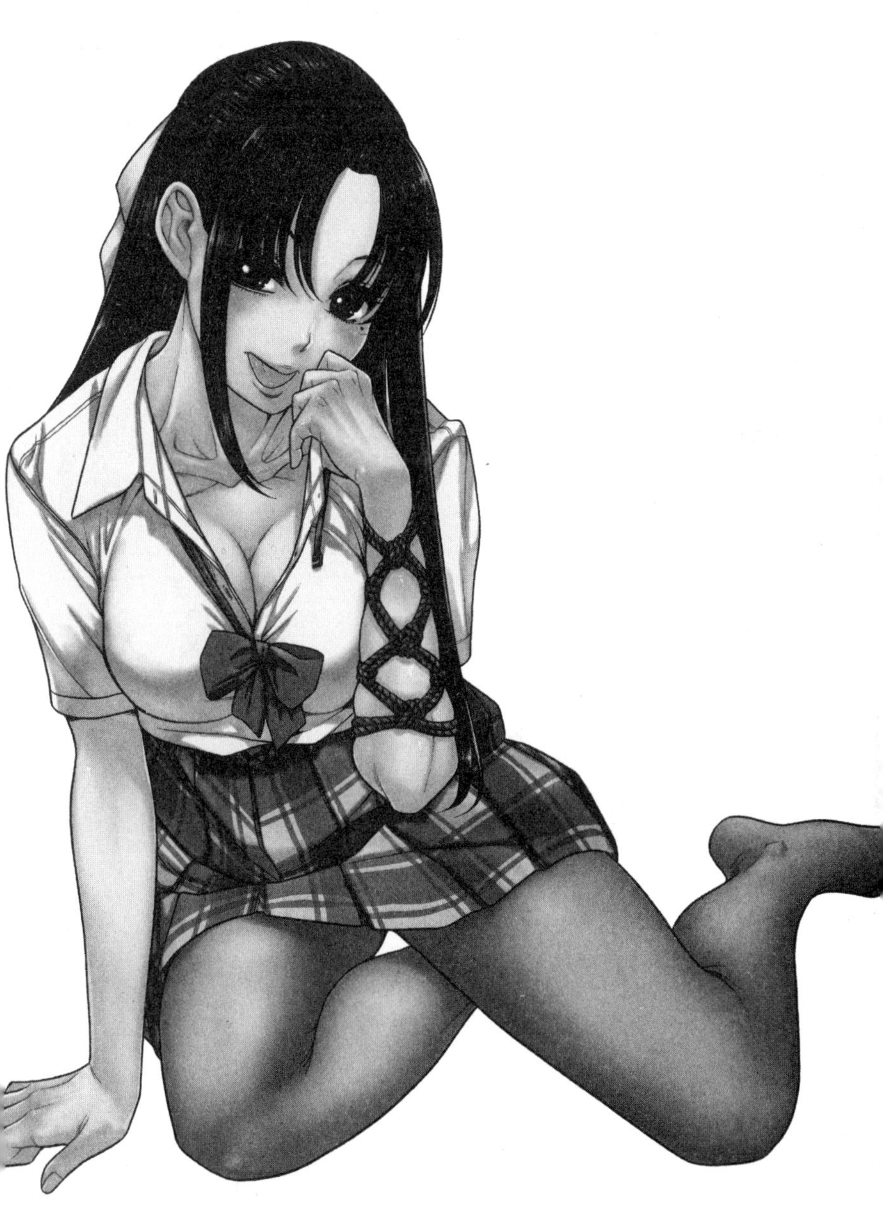

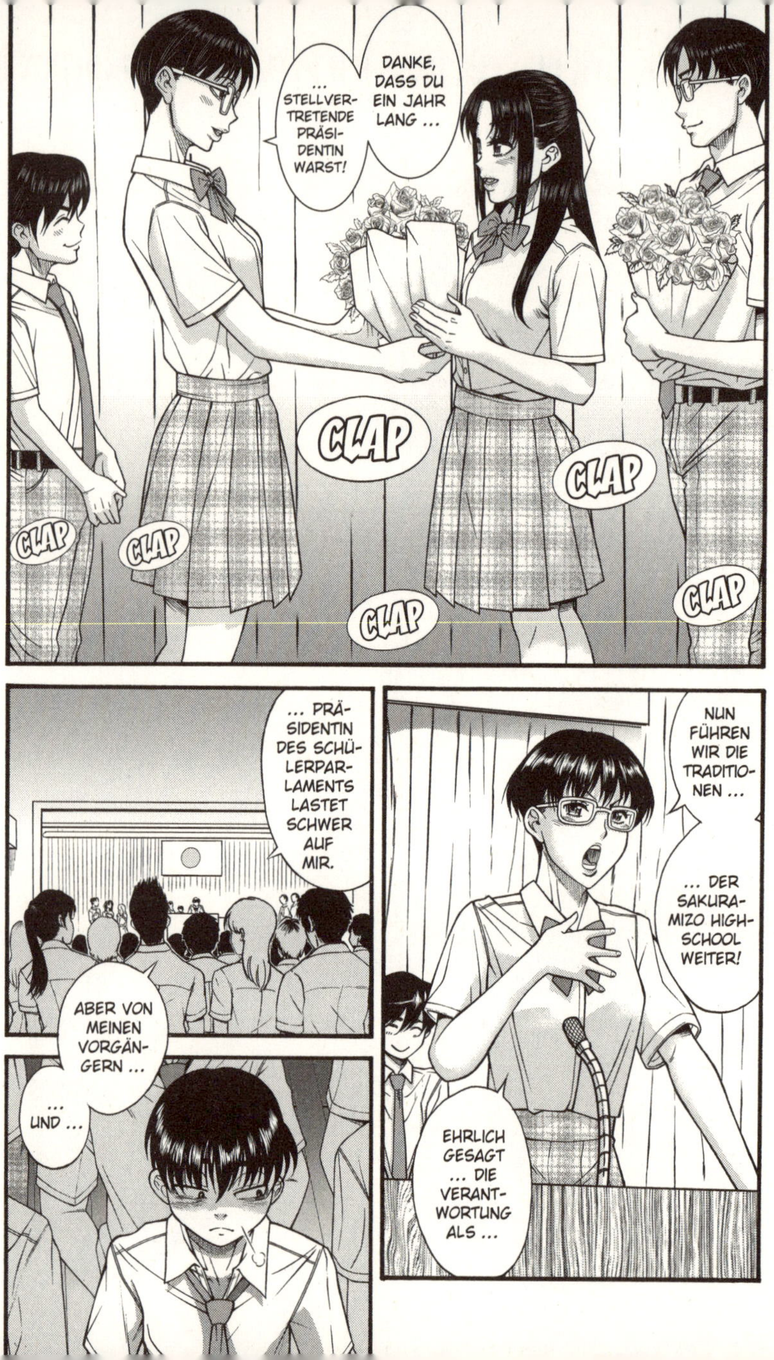

DANKE, DASS DU EIN JAHR LANG ...
... STELLVERTRETENDE PRÄSIDENTIN WARST!
CLAP
CLAP
CLAP
CLAP
CLAP
CLAP
NUN FÜHREN WIR DIE TRADITIONEN ...
... DER SAKURAMIZO HIGHSCHOOL WEITER!
EHRLICH GESAGT ... DIE VERANTWORTUNG ALS ...
... PRÄSIDENTIN DES SCHÜLERPARLAMENTS LASTET SCHWER AUF MIR.
ABER VON MEINEN VORGÄNGERN ...
... UND ...

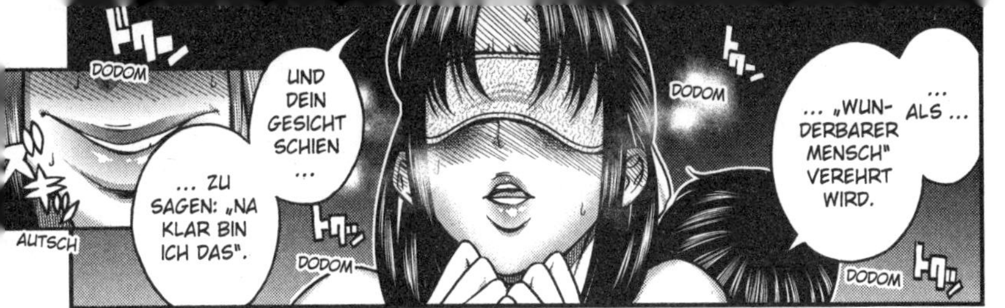

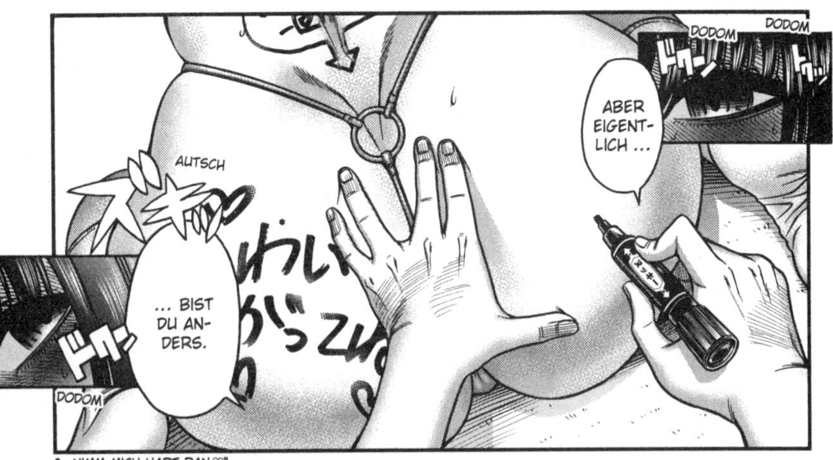

* „NIMM MICH HART RAN♡"

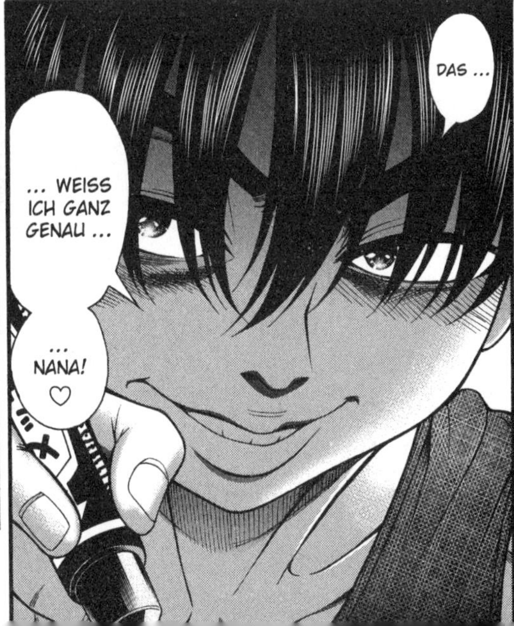

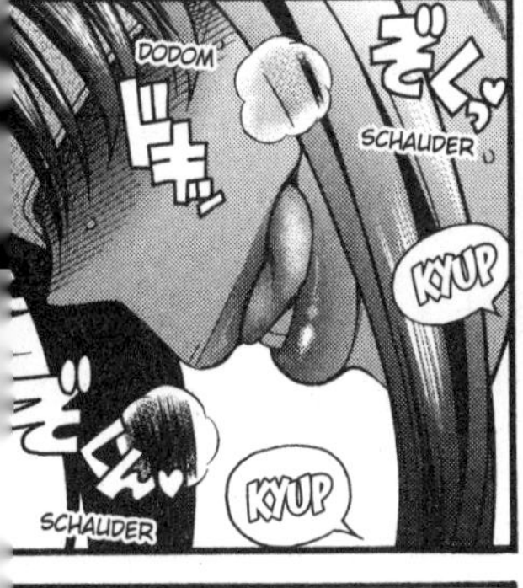

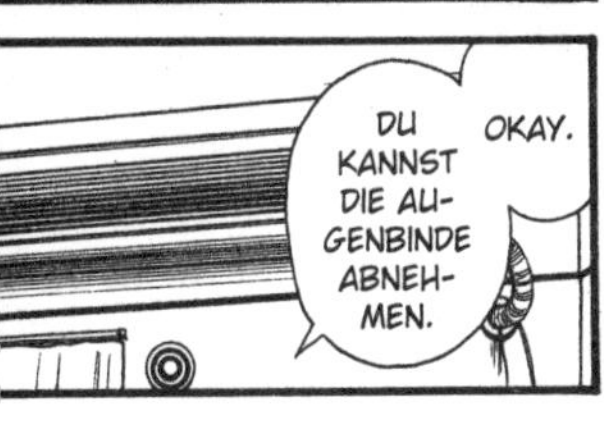

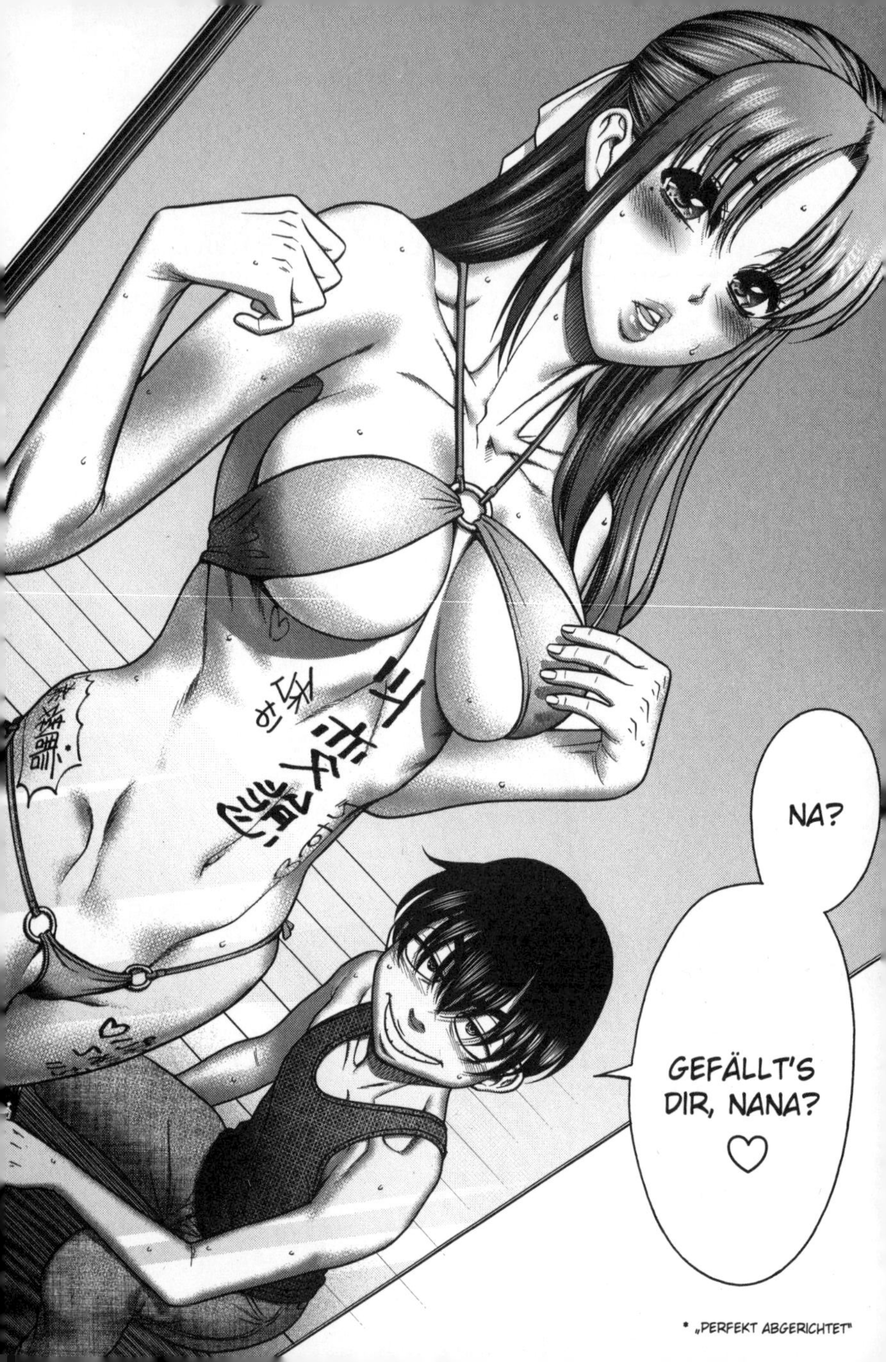
NA?
GEFÄLLT'S DIR, NANA? ♡
* „PERFEKT ABGERICHTET"

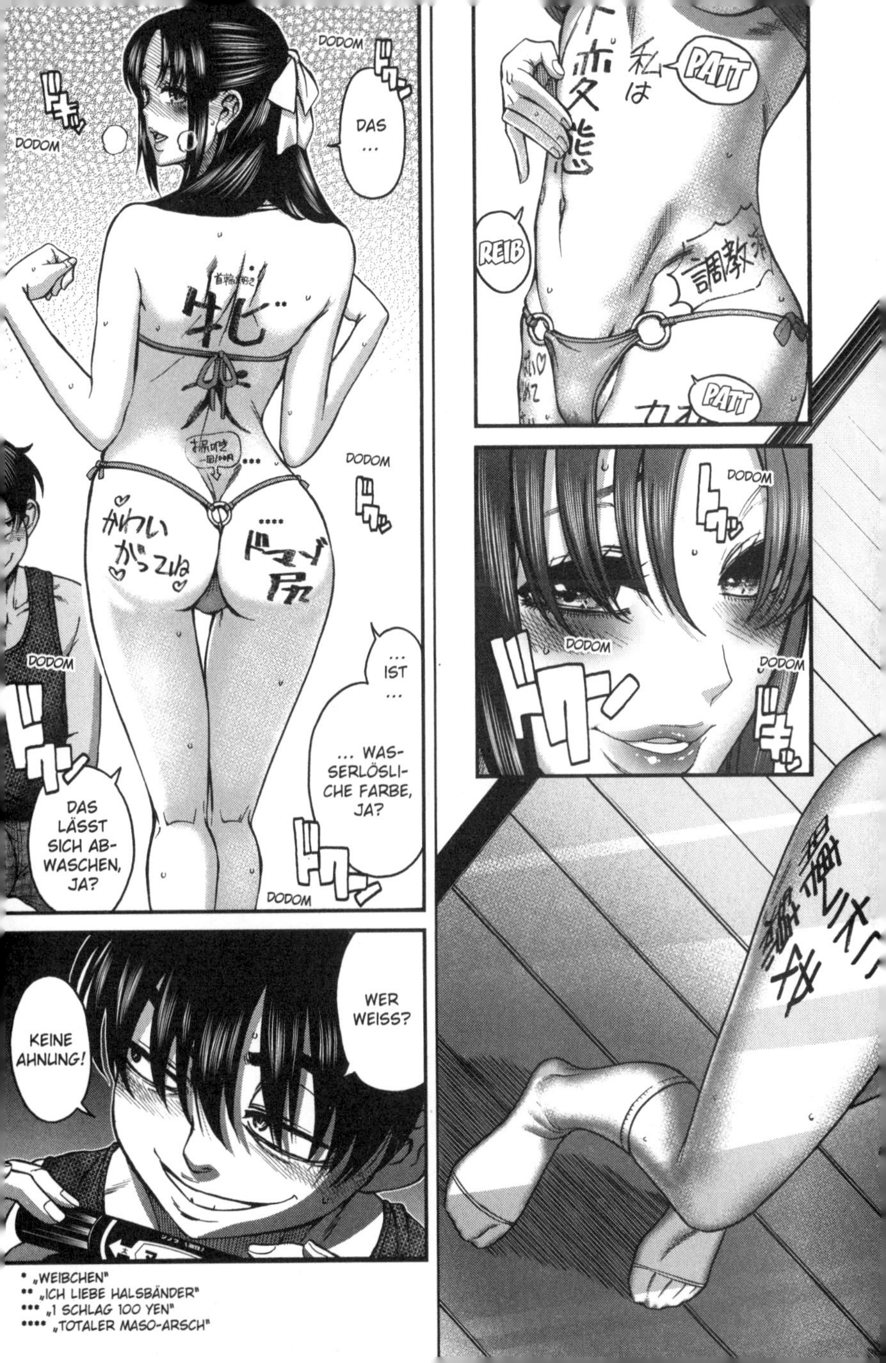

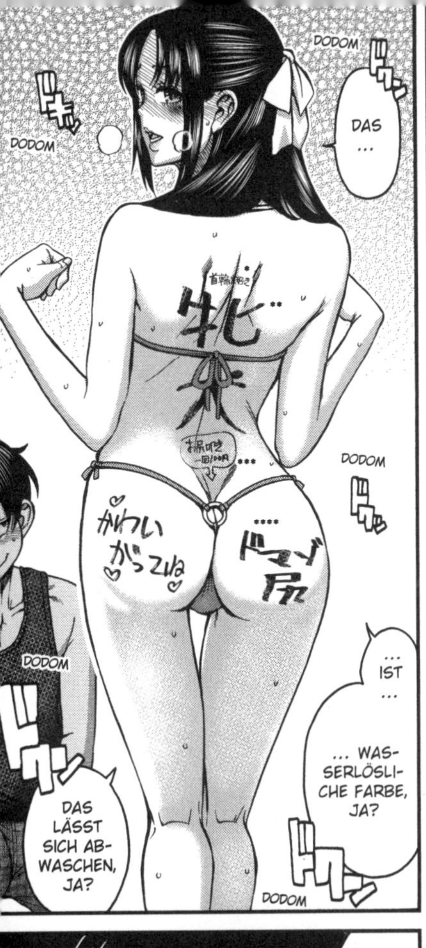

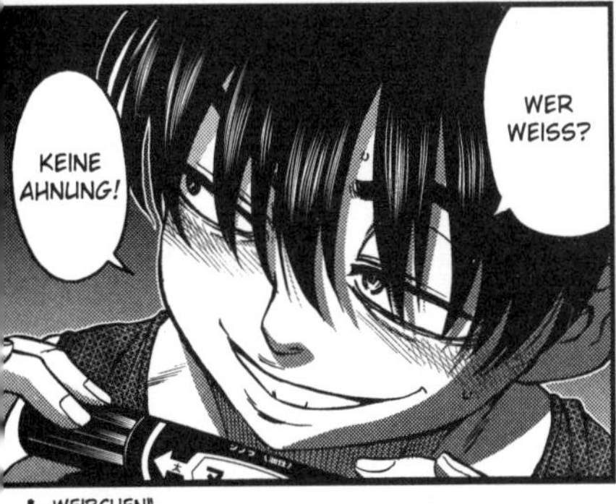

* „WEIBCHEN"
** „ICH LIEBE HALSBÄNDER"
*** „1 SCHLAG 100 YEN"
**** „TOTALER MASO-ARSCH"

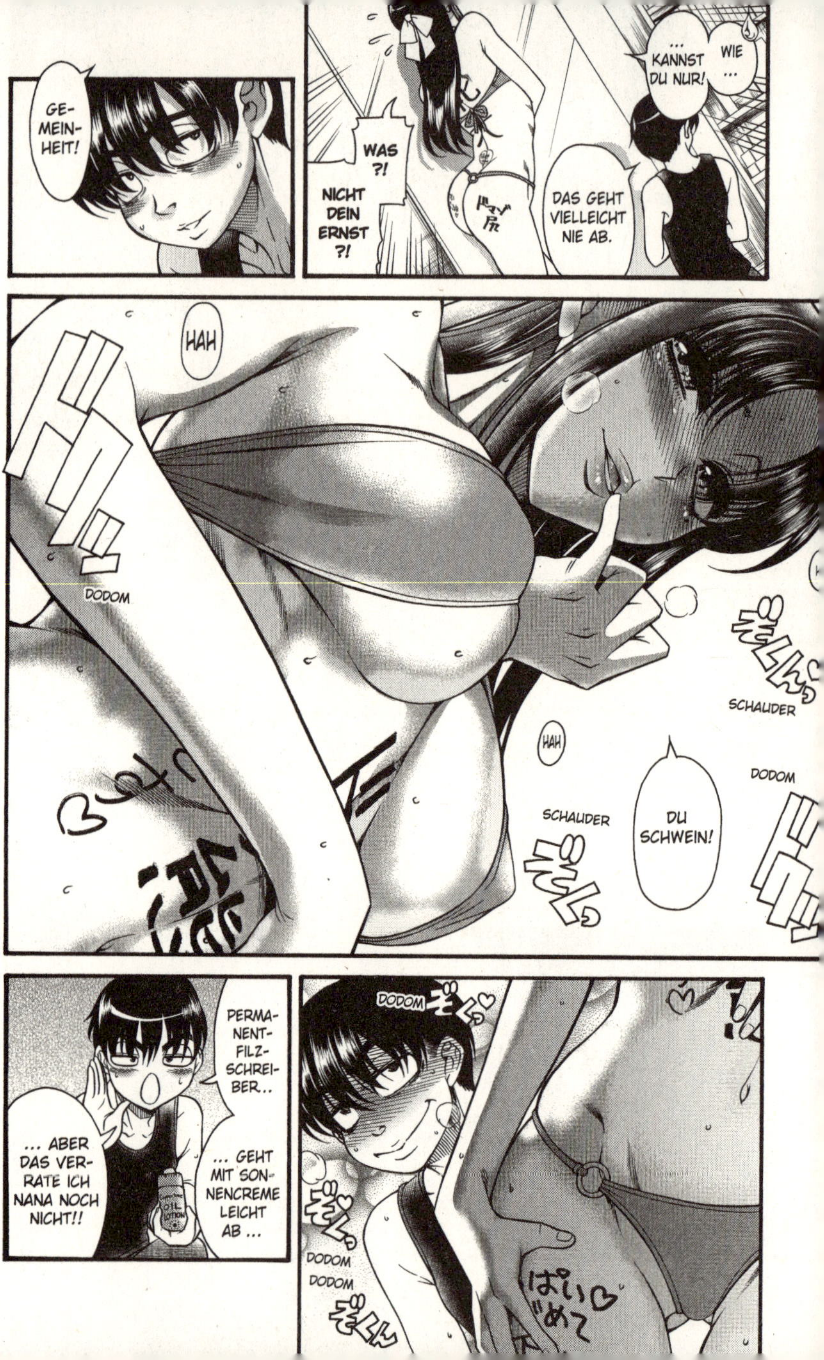

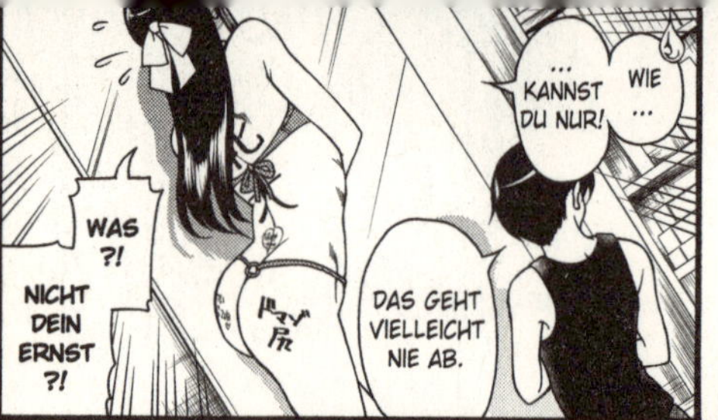

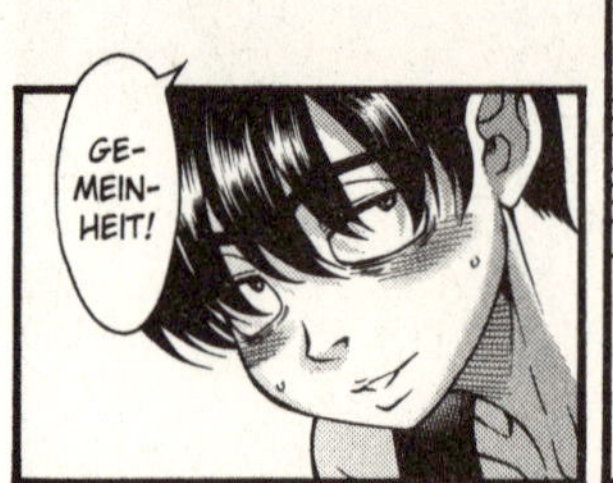

HAH
DODOM
SCHAUDER
HAH
DU SCHWEIN!
DODOM
SCHAUDER

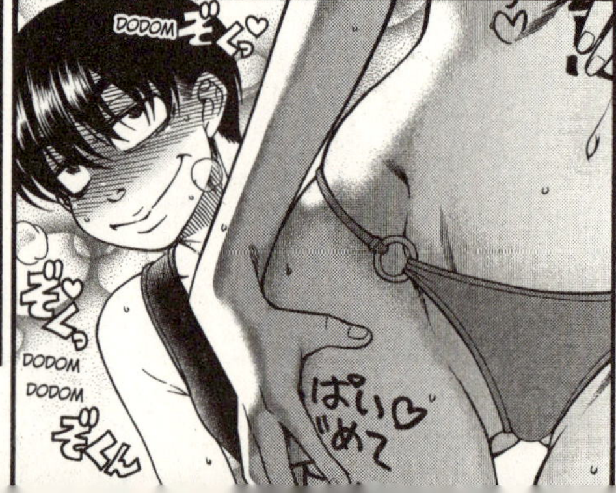

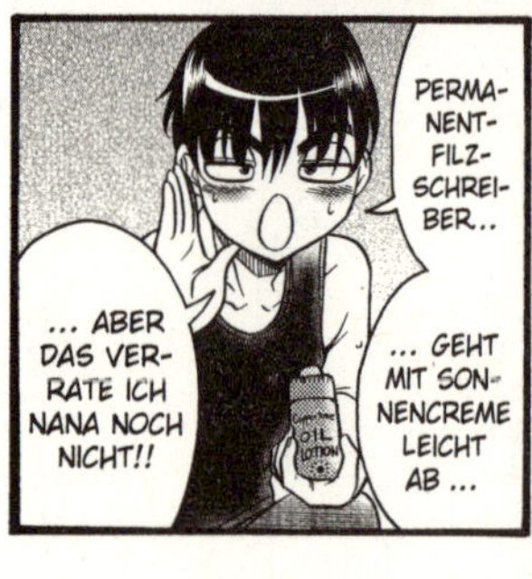

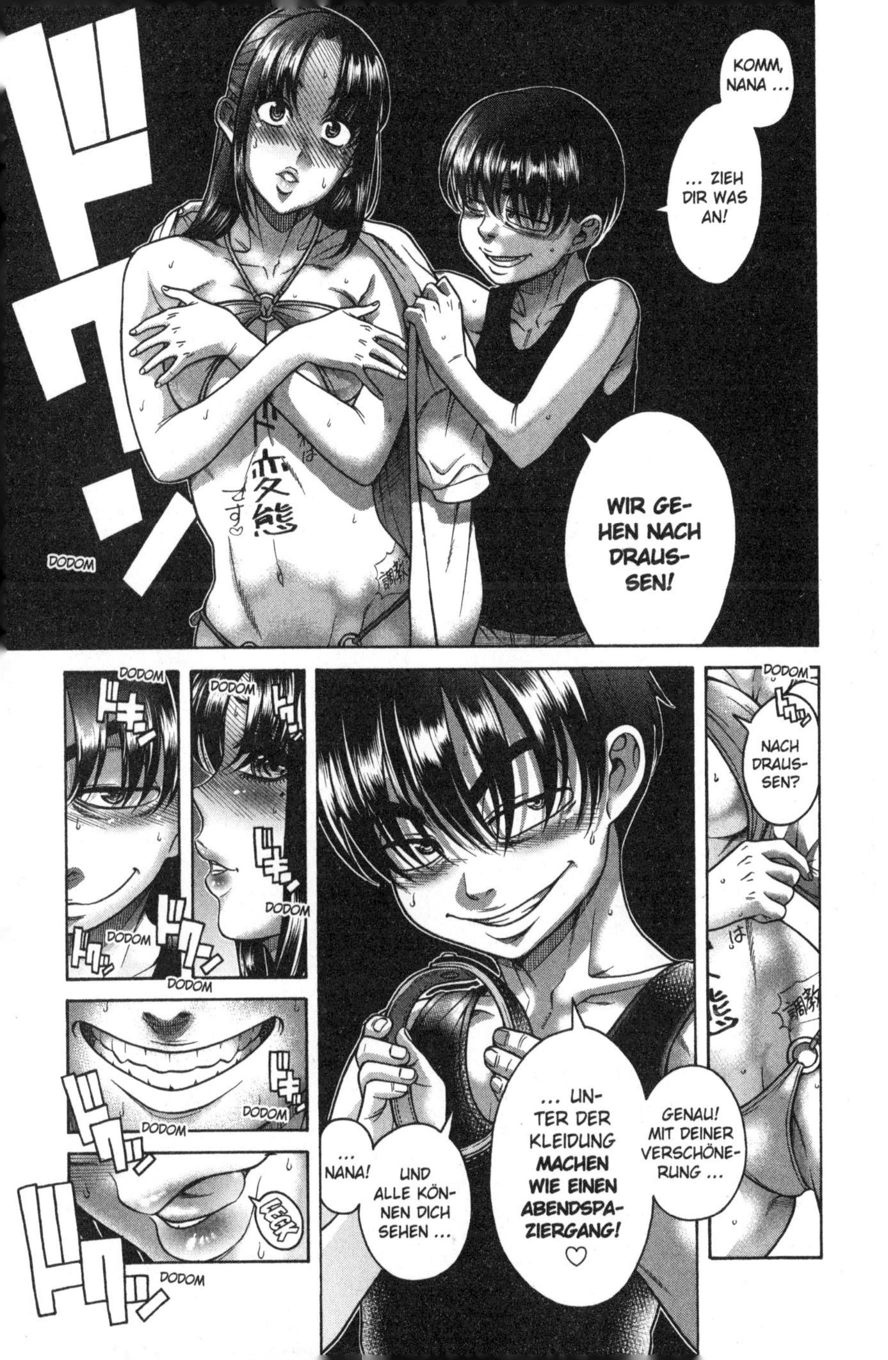

KOMM, NANA …
… ZIEH DIR WAS AN!
WIR GEHEN NACH DRAUSSEN!
DODOM
DODOM
NACH DRAUSSEN?
GENAU! MIT DEINER VERSCHÖNERUNG …
… UNTER DER KLEIDUNG MACHEN WIE EINEN ABENDSPAZIERGANG! ♡
UND ALLE KÖNNEN DICH SEHEN …
… NANA!
DODOM
DODOM
DODOM
DODOM
DODOM
DODOM
DODOM
LECK
DODOM

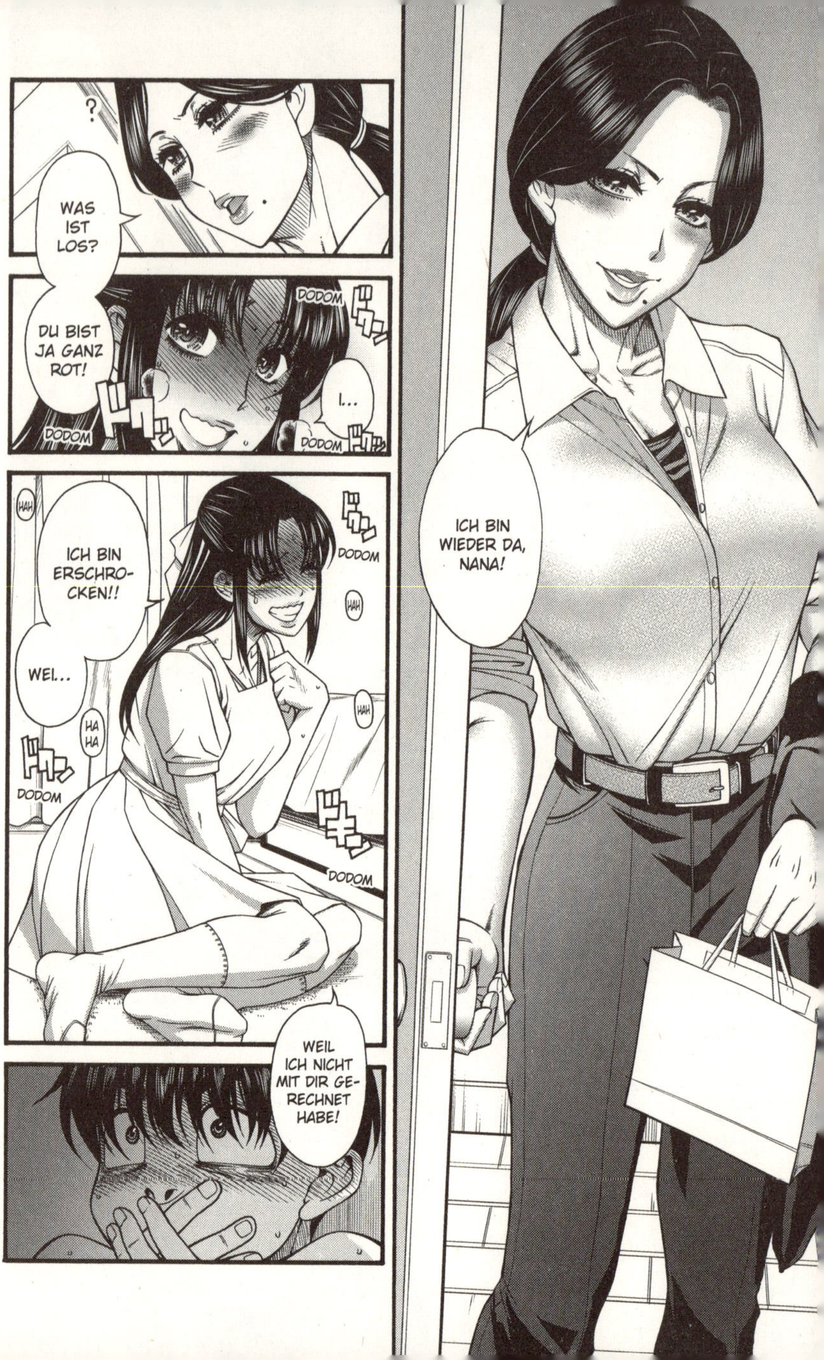

ICH BIN WIEDER DA, NANA!

?

WAS IST LOS?

DU BIST JA GANZ ROT!

DODOM

I...

DODOM

DODOM

ICH BIN ERSCHROCKEN!!

HAH

DODOM

HAH

WEI...

HA HA

HAH

DODOM

DODOM

WEIL ICH NICHT MIT DIR GERECHNET HABE!

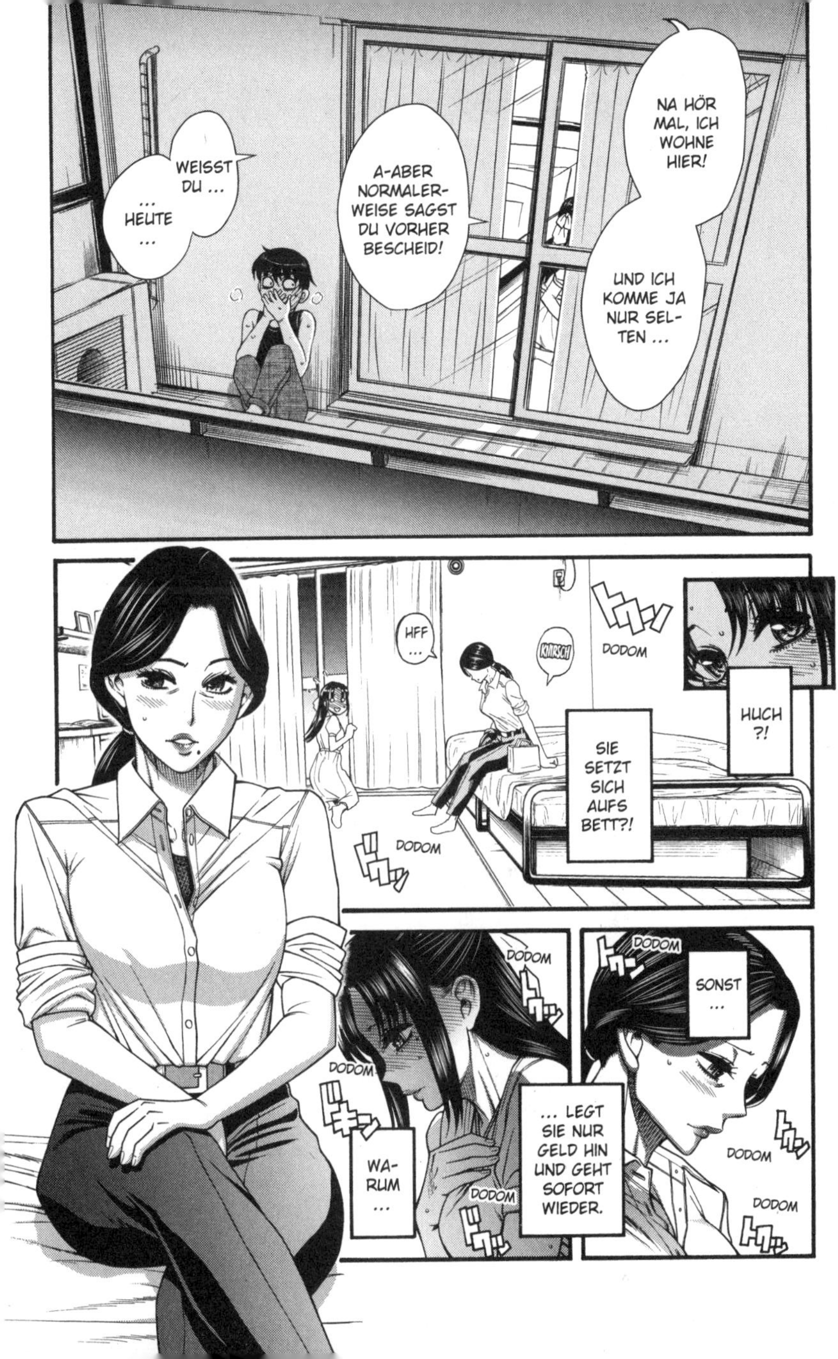

NA HÖR MAL, ICH WOHNE HIER!

UND ICH KOMME JA NUR SELTEN ...

A-ABER NORMALERWEISE SAGST DU VORHER BESCHEID!

WEISST DU ...

... HEUTE ...

HUCH ?!

DODOM

SIE SETZT SICH AUFS BETT?!

KNIRSCH

HFF ...

DODOM

SONST ...

DODOM

DODOM

... LEGT SIE NUR GELD HIN UND GEHT SOFORT WIEDER.

DODOM

DODOM

DODOM

WARUM ...

DODOM

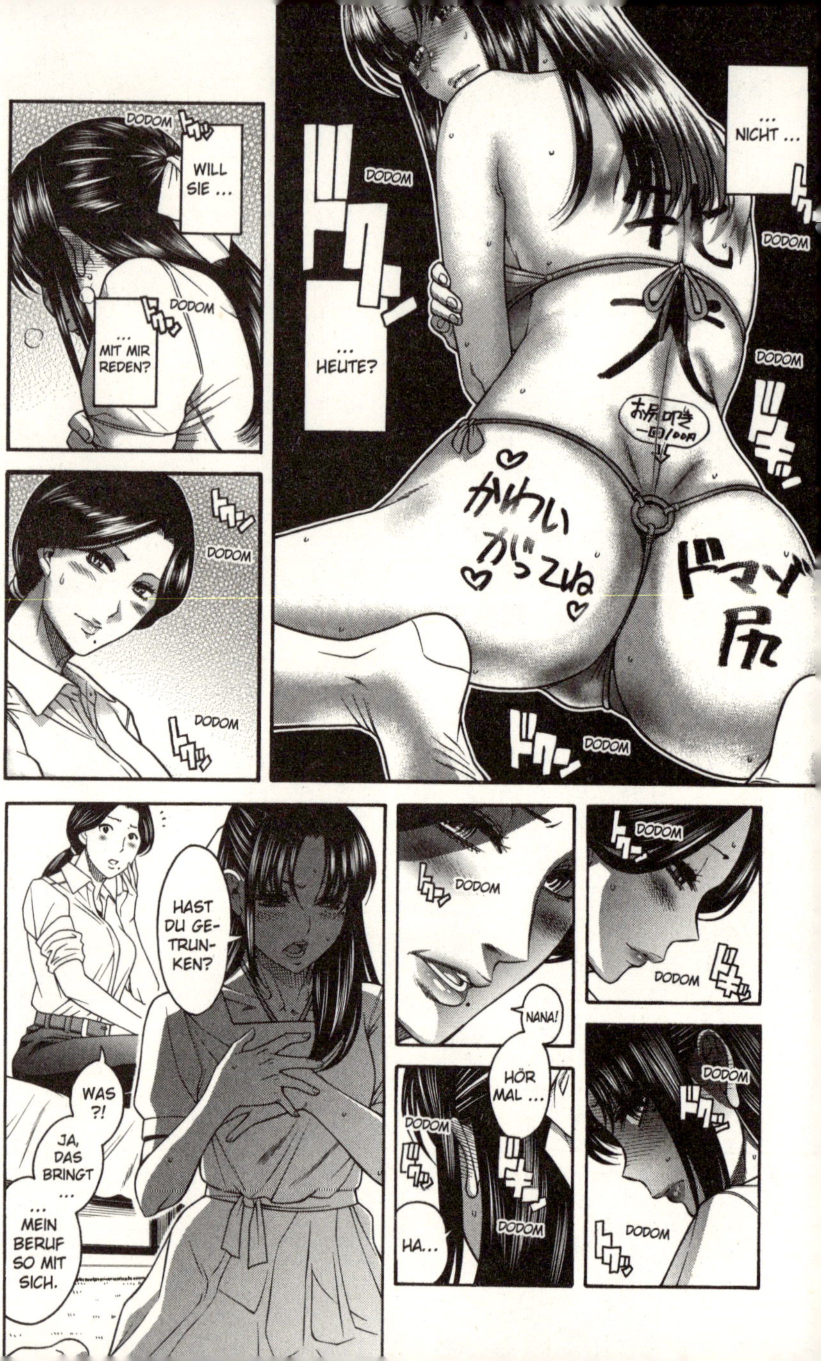

... NICHT ...
DODOM
... HEUTE?
DODOM
DODOM
DODOM

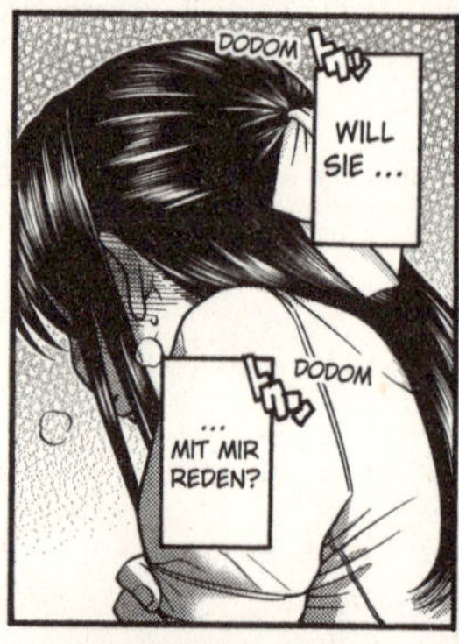

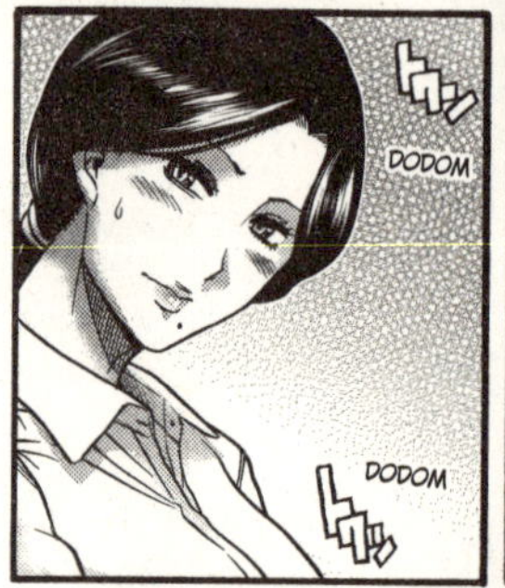

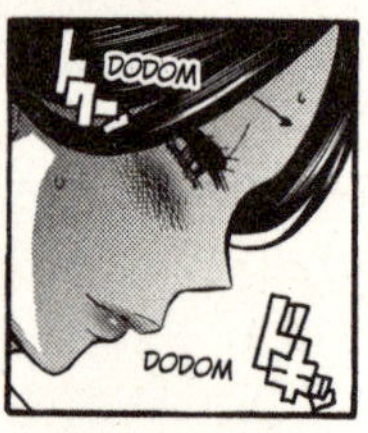

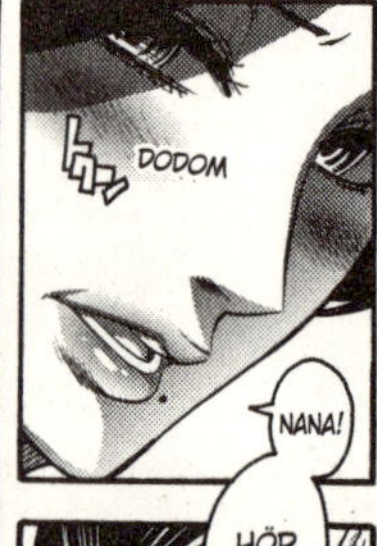

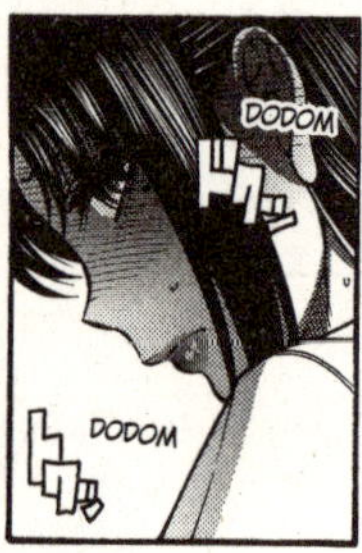

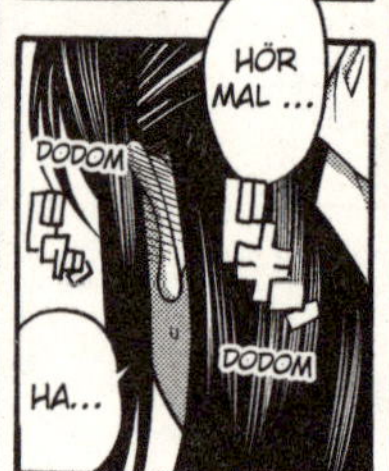

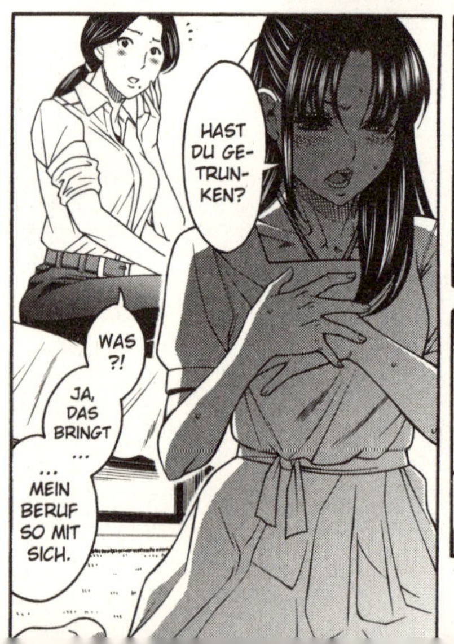

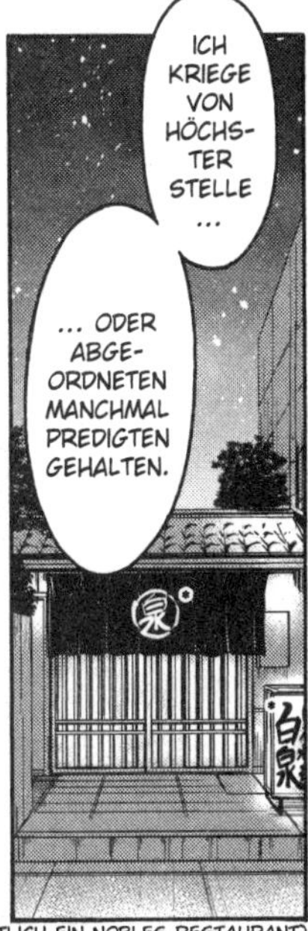

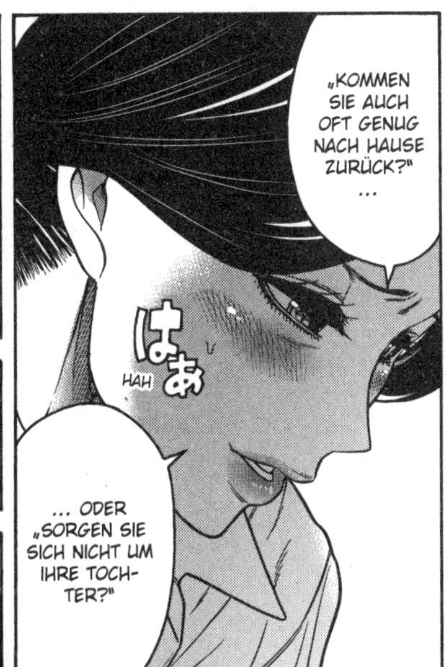

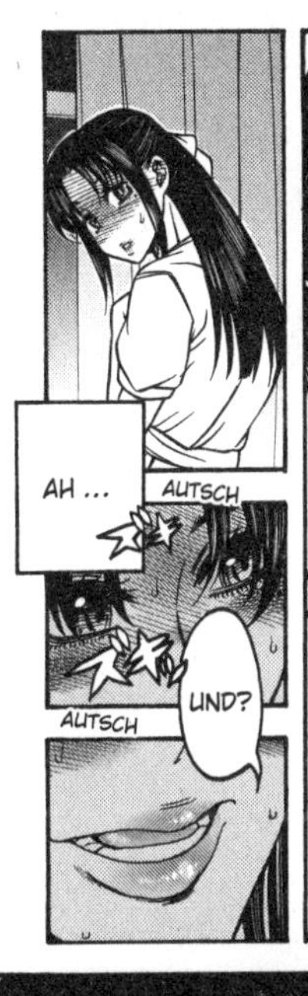

* (VERMUTLICH EIN NOBLES RESTAURANT)

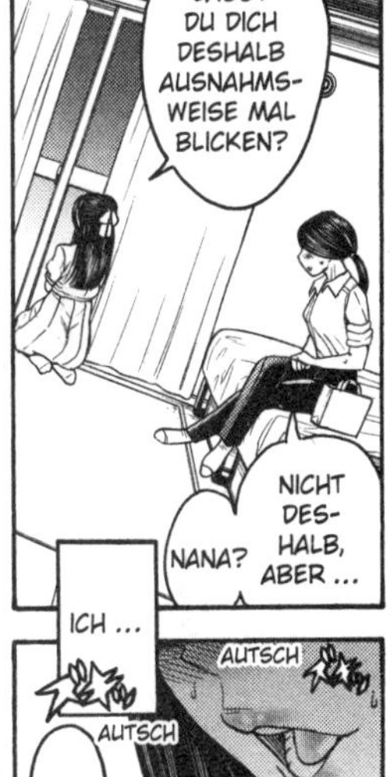

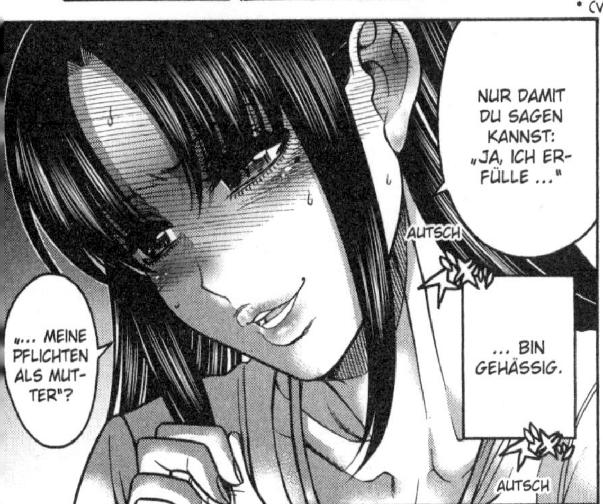

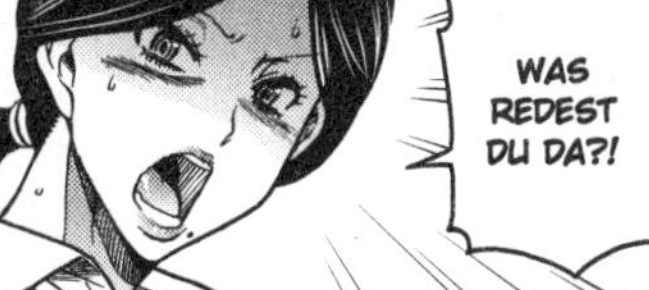

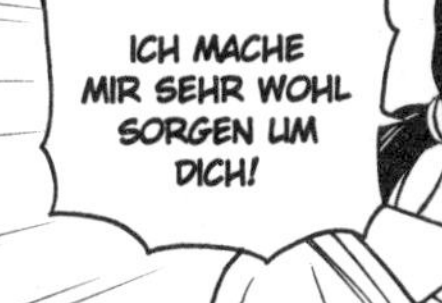

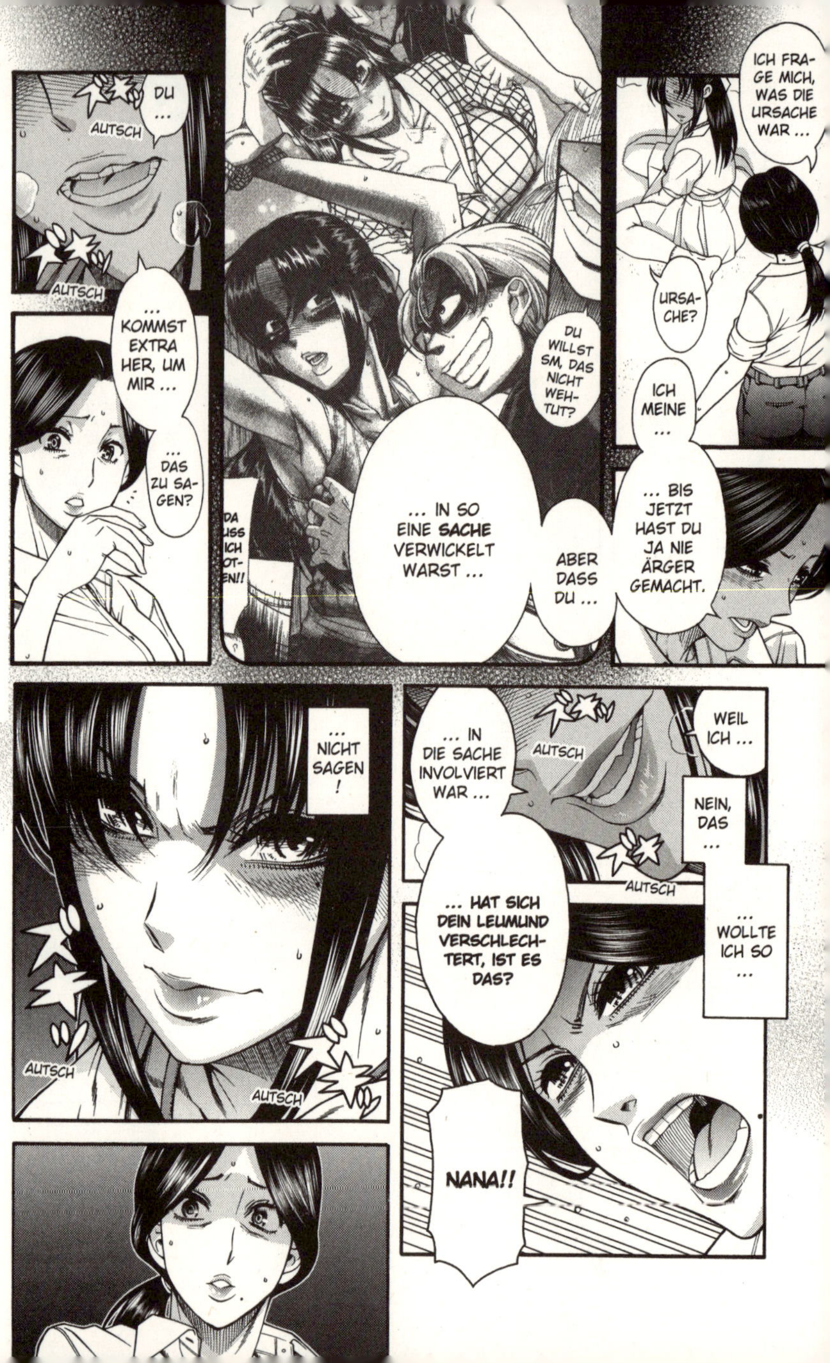

ICH FRAGE MICH, WAS DIE URSACHE WAR …
URSACHE?
ICH MEINE …
… BIS JETZT HAST DU JA NIE ÄRGER GEMACHT.
ABER DASS DU …
… IN SO EINE **SACHE** VERWICKELT WARST …
DU WILLST SM, DAS NICHT WEHTUT?
DU …
AUTSCH
AUTSCH
… KOMMST EXTRA HER, UM MIR …
… DAS ZU SAGEN?
WEIL ICH …
AUTSCH
… IN DIE SACHE INVOLVIERT WAR …
NEIN, DAS …
AUTSCH
… WOLLTE ICH SO …
… HAT SICH DEIN LEUMUND VERSCHLECHTERT, IST ES DAS?
NANA!!
… NICHT SAGEN!
AUTSCH
AUTSCH

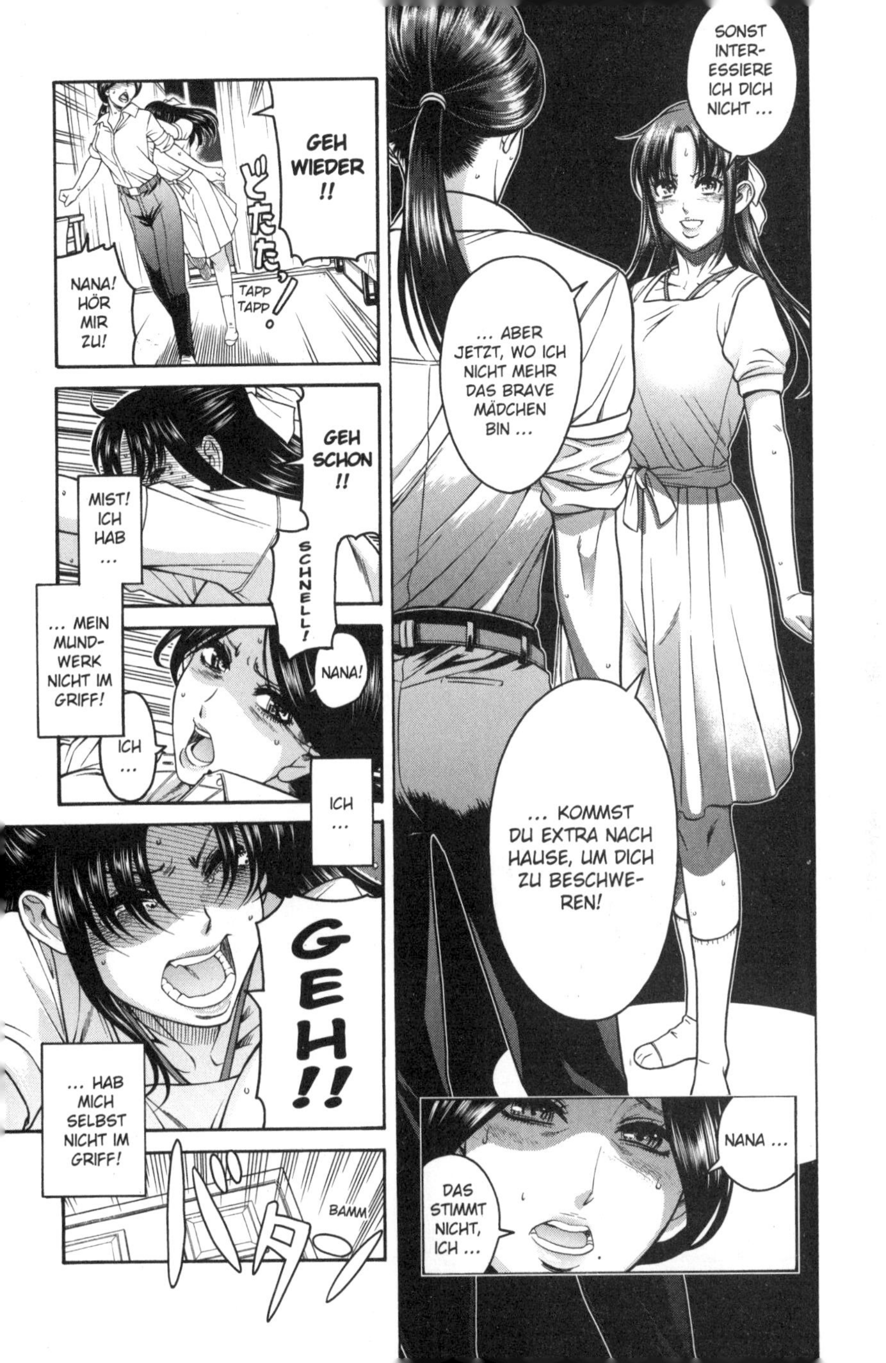

SONST INTERESSIERE ICH DICH NICHT …

… ABER JETZT, WO ICH NICHT MEHR DAS BRAVE MÄDCHEN BIN …

… KOMMST DU EXTRA NACH HAUSE, UM DICH ZU BESCHWEREN!

NANA …

DAS STIMMT NICHT, ICH …

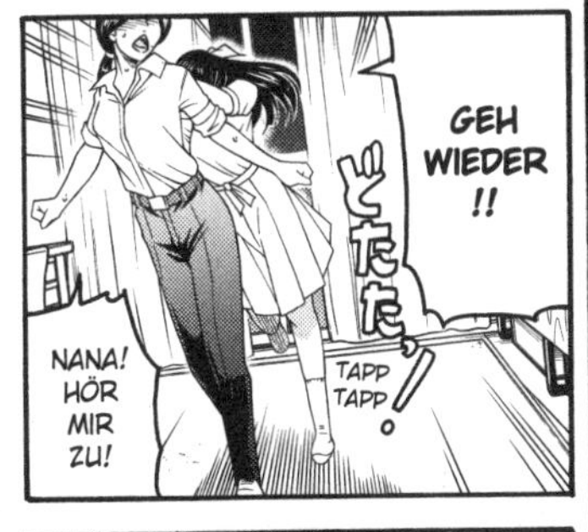

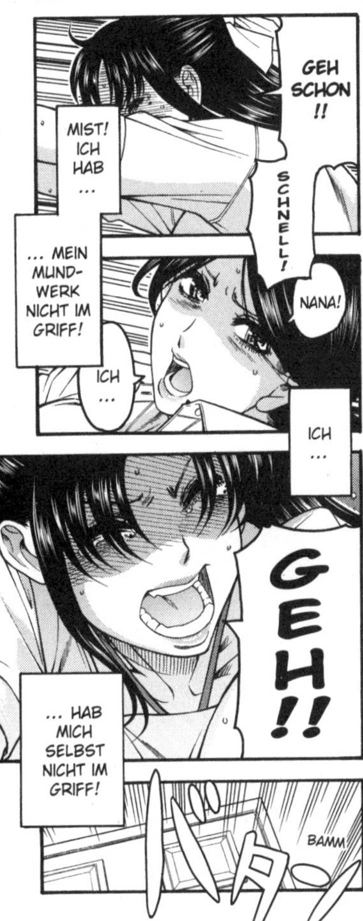

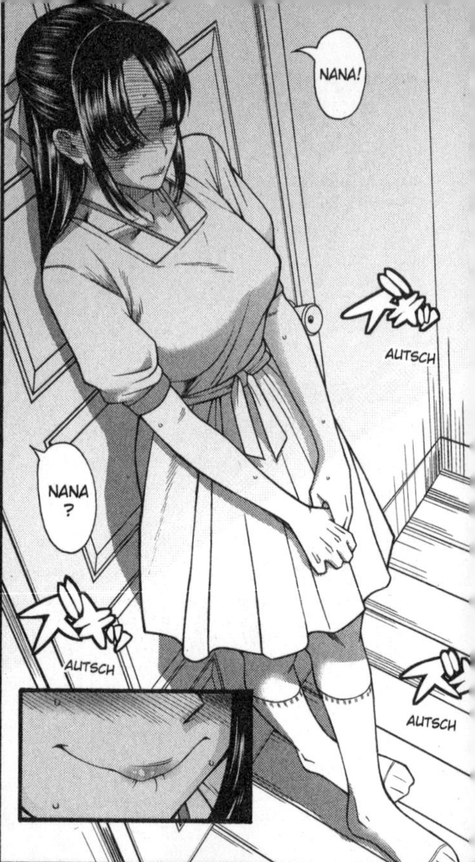
NANA!
AUTSCH
NANA
?
AUTSCH
AUTSCH

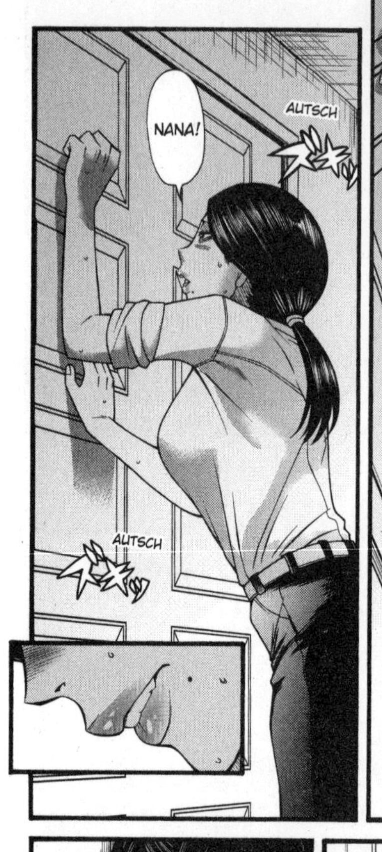
AUTSCH
NANA!
AUTSCH

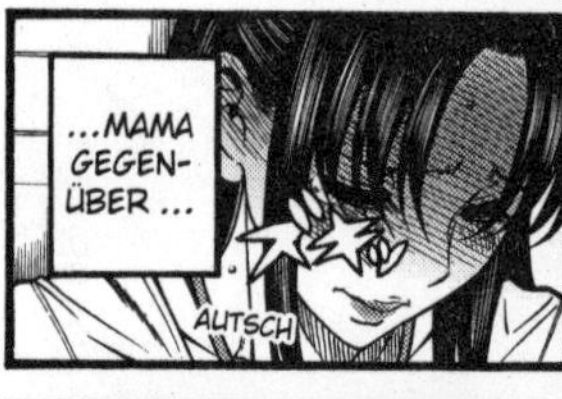
...MAMA GEGEN-ÜBER ...
AUTSCH

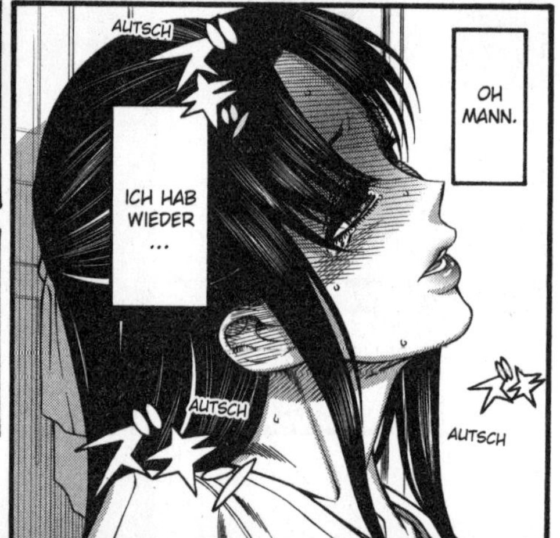
OH MANN.
AUTSCH
ICH HAB WIEDER ...
AUTSCH
AUTSCH

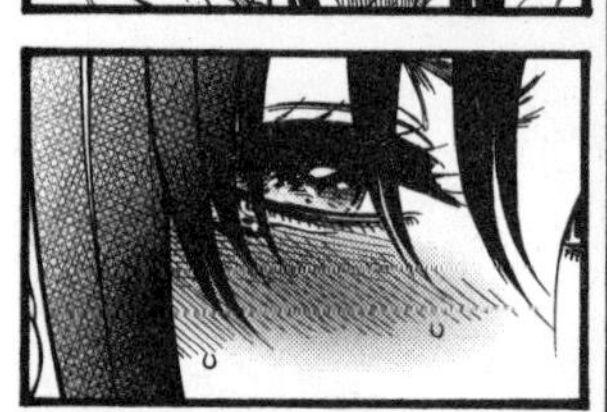

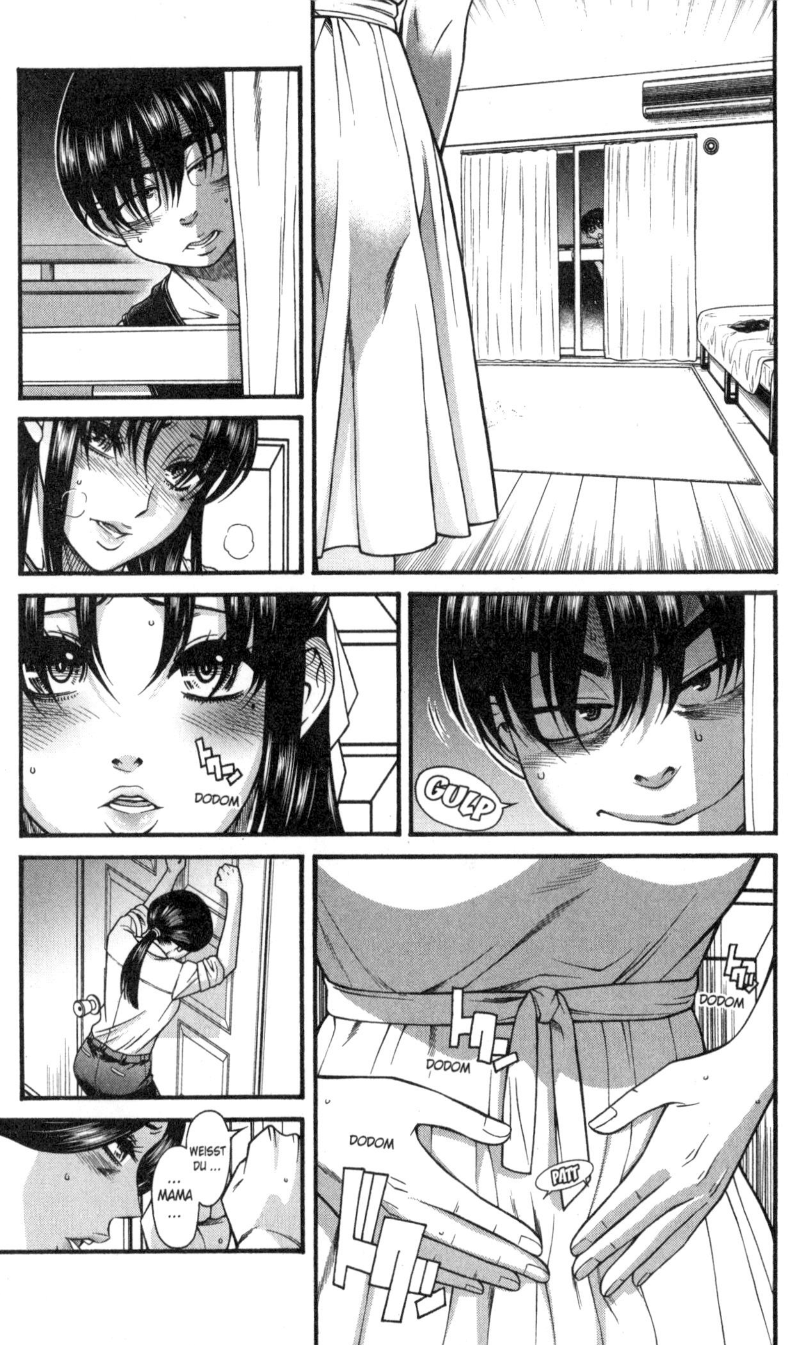
GULP
DODOM
DODOM
DODOM
DODOM
PATT
WEISST DU ...
... MAMA ...

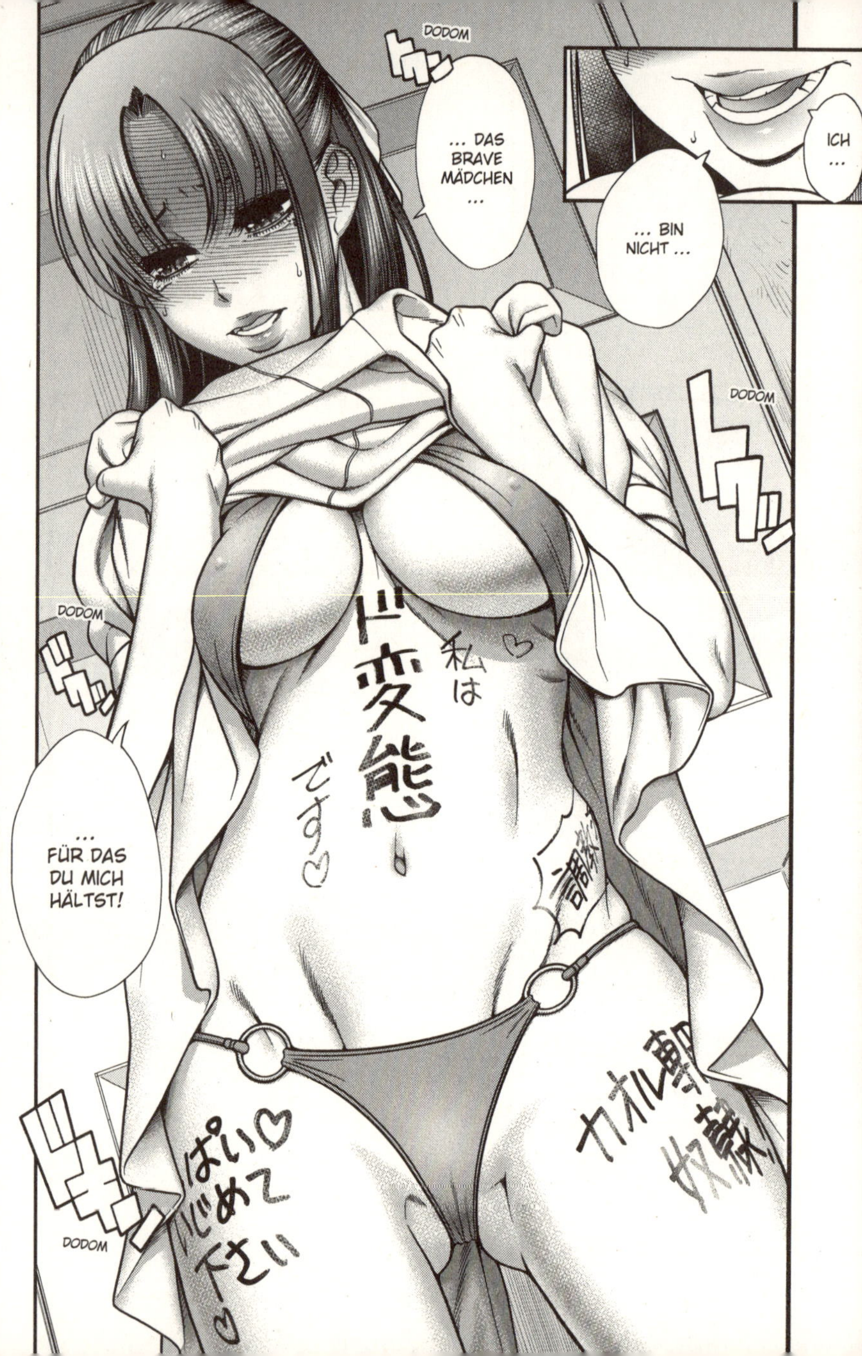
DODOM
ICH ...
... BIN NICHT ...
... DAS BRAVE MÄDCHEN ...
DODOM
DODOM
... FÜR DAS DU MICH HÄLTST!
DODOM
私は ド変態です♡
カオル専用 奴隷

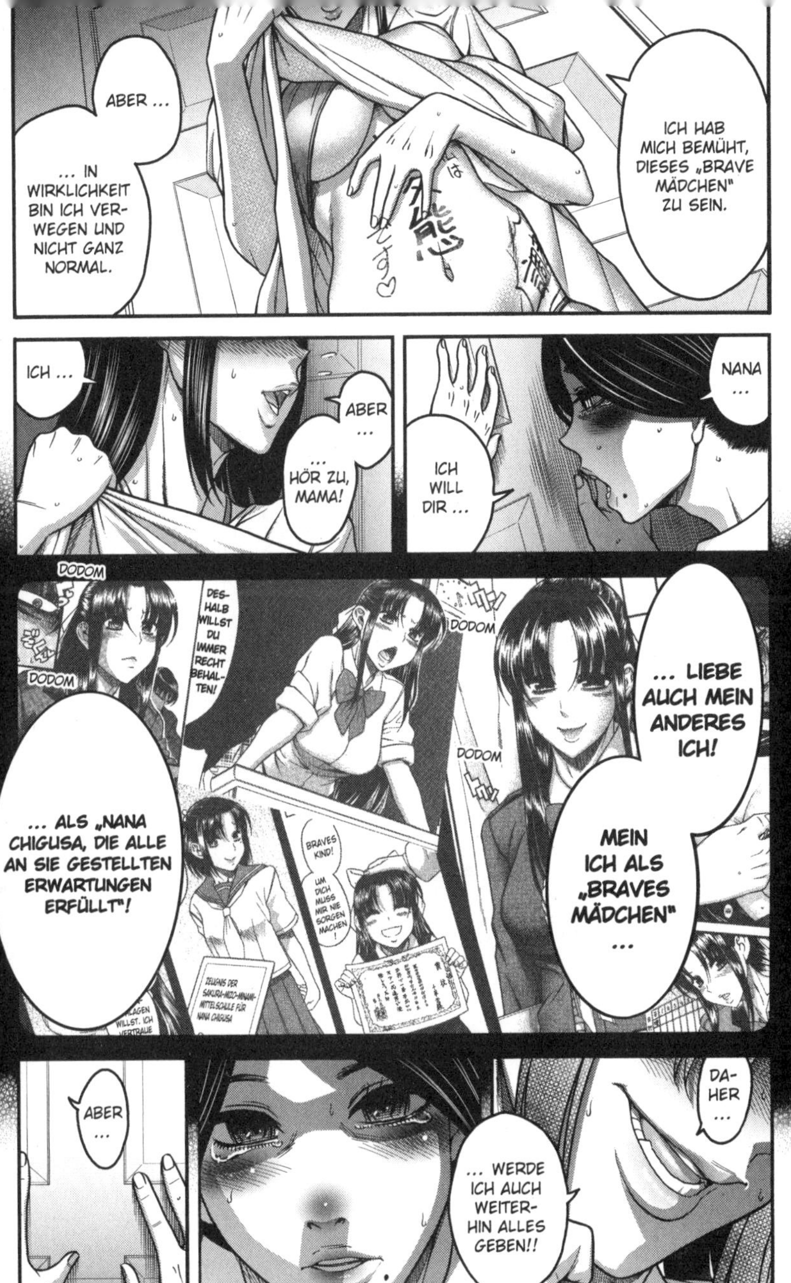
ICH HAB MICH BEMÜHT, DIESES „BRAVE MÄDCHEN" ZU SEIN.
ABER …
… IN WIRKLICHKEIT BIN ICH VERWEGEN UND NICHT GANZ NORMAL.
NANA …
ICH WILL DIR …
ABER …
… HÖR ZU, MAMA!
ICH …
DODOM
DODOM
DODOM
DODOM
… LIEBE AUCH MEIN ANDERES ICH!
MEIN ICH ALS „BRAVES MÄDCHEN" …
DESHALB WILLST DU IMMER RECHT BEHALTEN!
BRAVES KIND!
UM DICH MUSS MIR NIE SORGEN MACHEN!
ZEUGNIS DER SAKURA-MIZO-MINAMI-MITTELSCHULE FÜR NANA CHIGUSA
… ALS „NANA CHIGUSA, DIE ALLE AN SIE GESTELLTEN ERWARTUNGEN ERFÜLLT"!
DAHER …
… WERDE ICH AUCH WEITERHIN ALLES GEBEN!!
ABER …

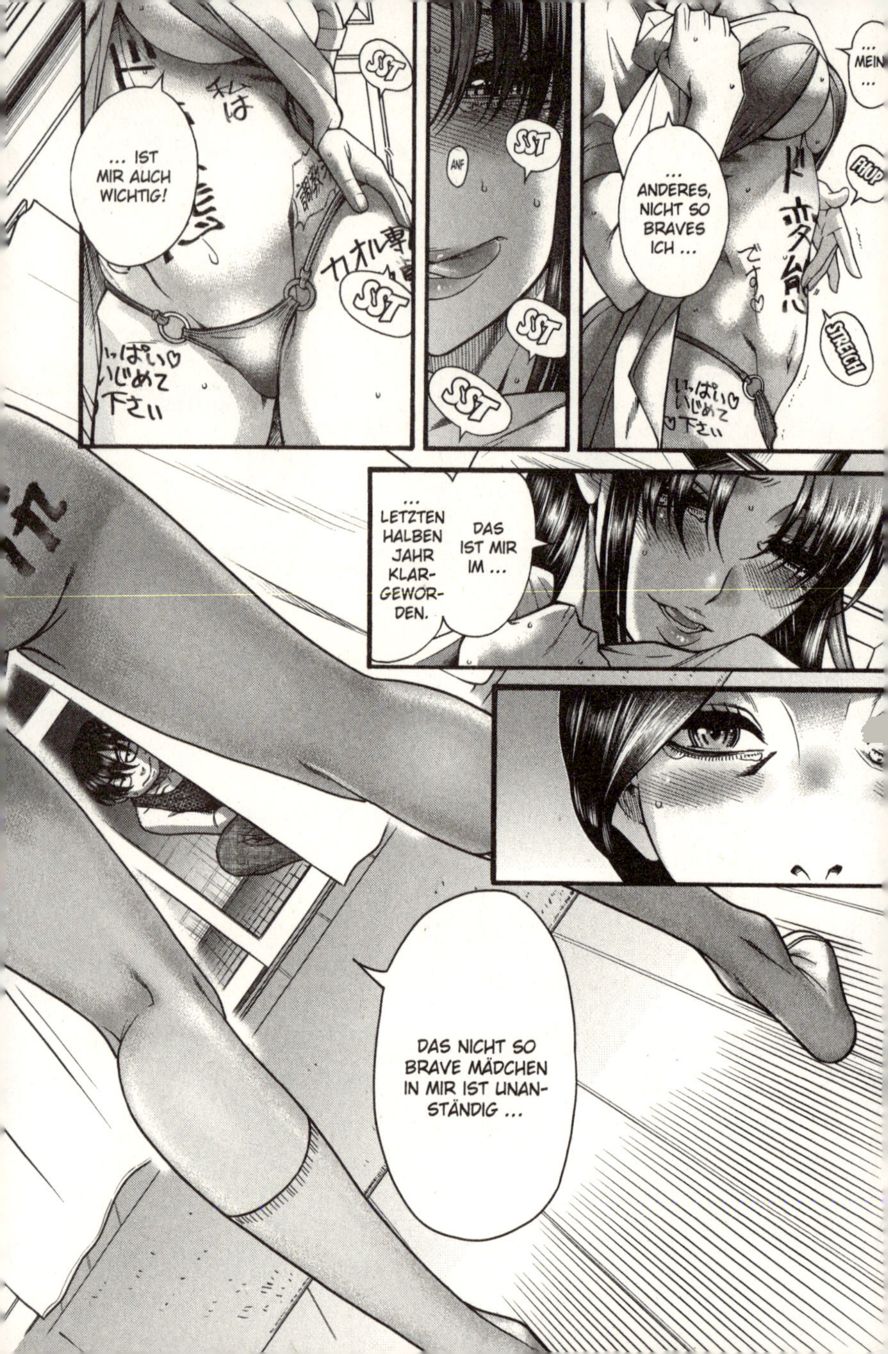
… MEIN …
FHUP
… ANDERES, NICHT SO BRAVES ICH …
ド変態です♡
STRETCH
いっぱい♡いじめて♡下さい
SST
ANF
SST
SST
SST
… IST MIR AUCH WICHTIG!
私は
いっぱい♡いじめて下さい
DAS IST MIR IM …
… LETZTEN HALBEN JAHR KLARGEWORDEN.
DAS NICHT SO BRAVE MÄDCHEN IN MIR IST UNANSTÄNDIG …

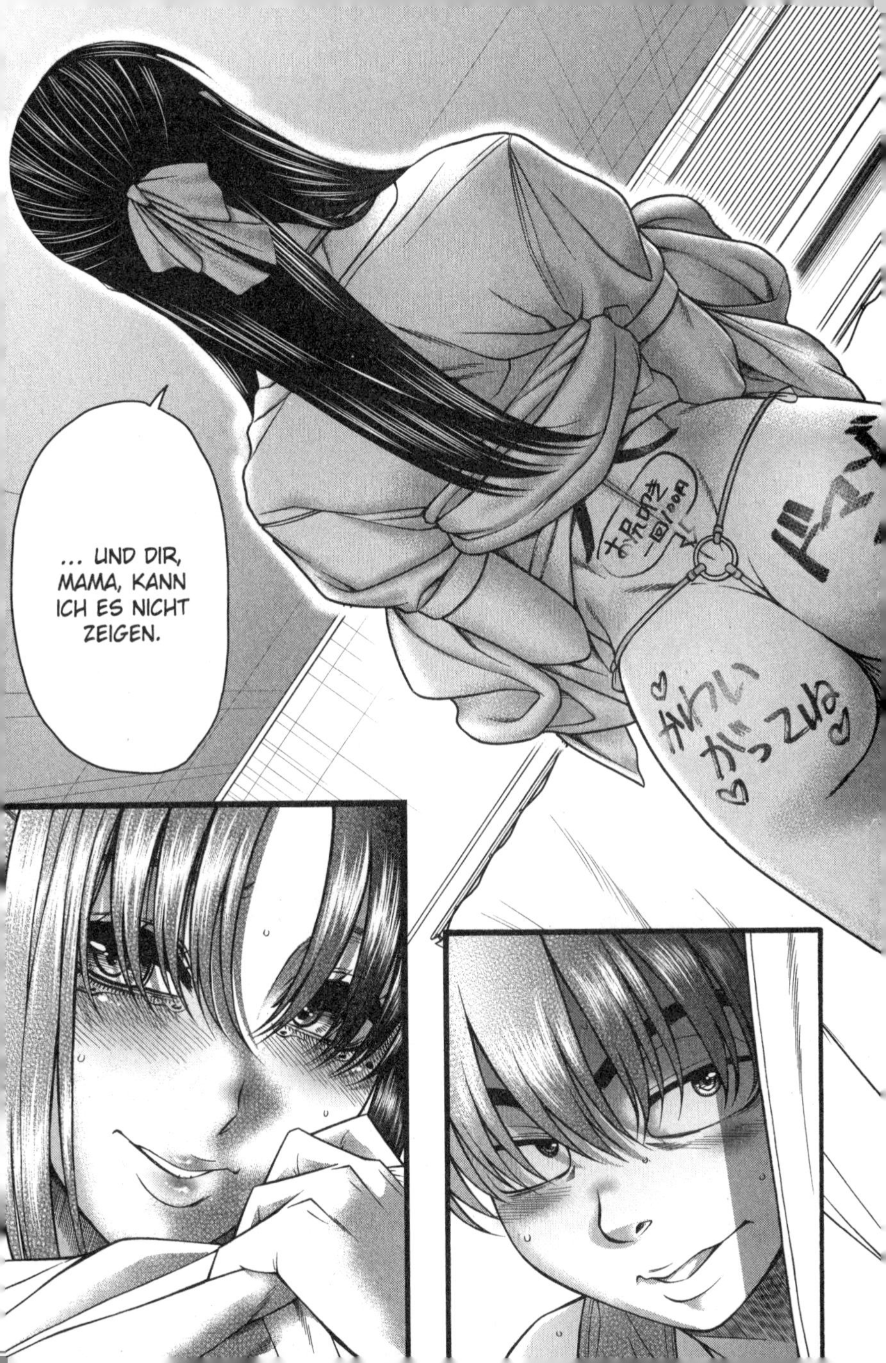
… UND DIR, MAMA, KANN ICH ES NICHT ZEIGEN.

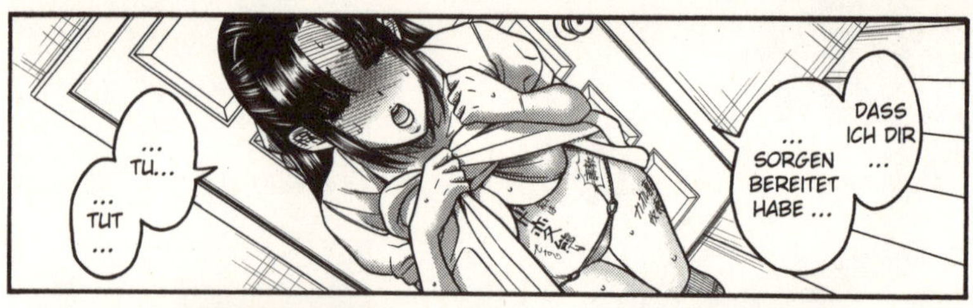
DASS ICH DIR ...
... SORGEN BEREITET HABE ...
... TU...
... TUT ...

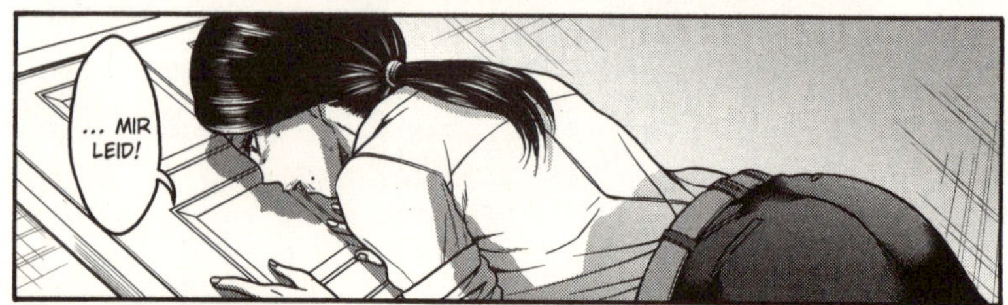
... MIR LEID!

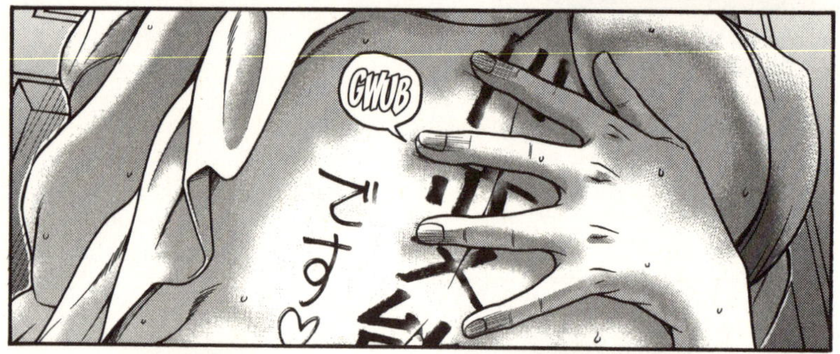
GWUB
です

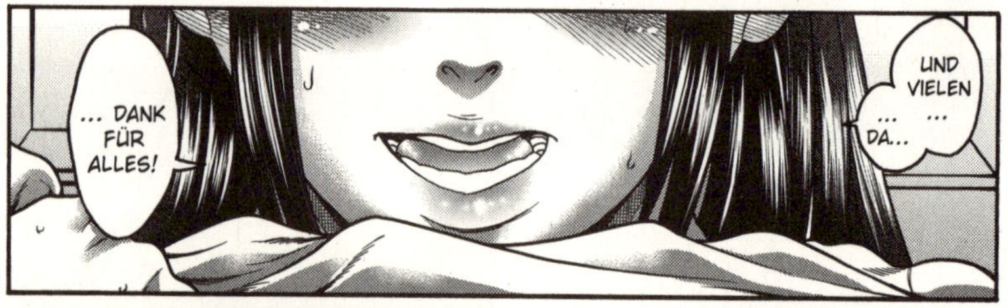
UND VIELEN ...
... DA...
... DANK FÜR ALLES!

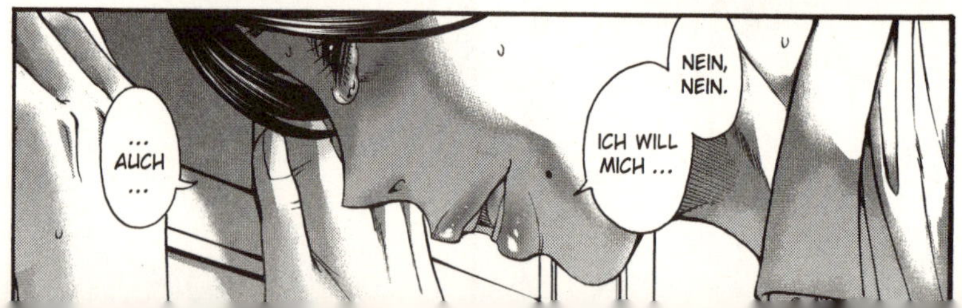
NEIN, NEIN.
ICH WILL MICH ...
... AUCH ...

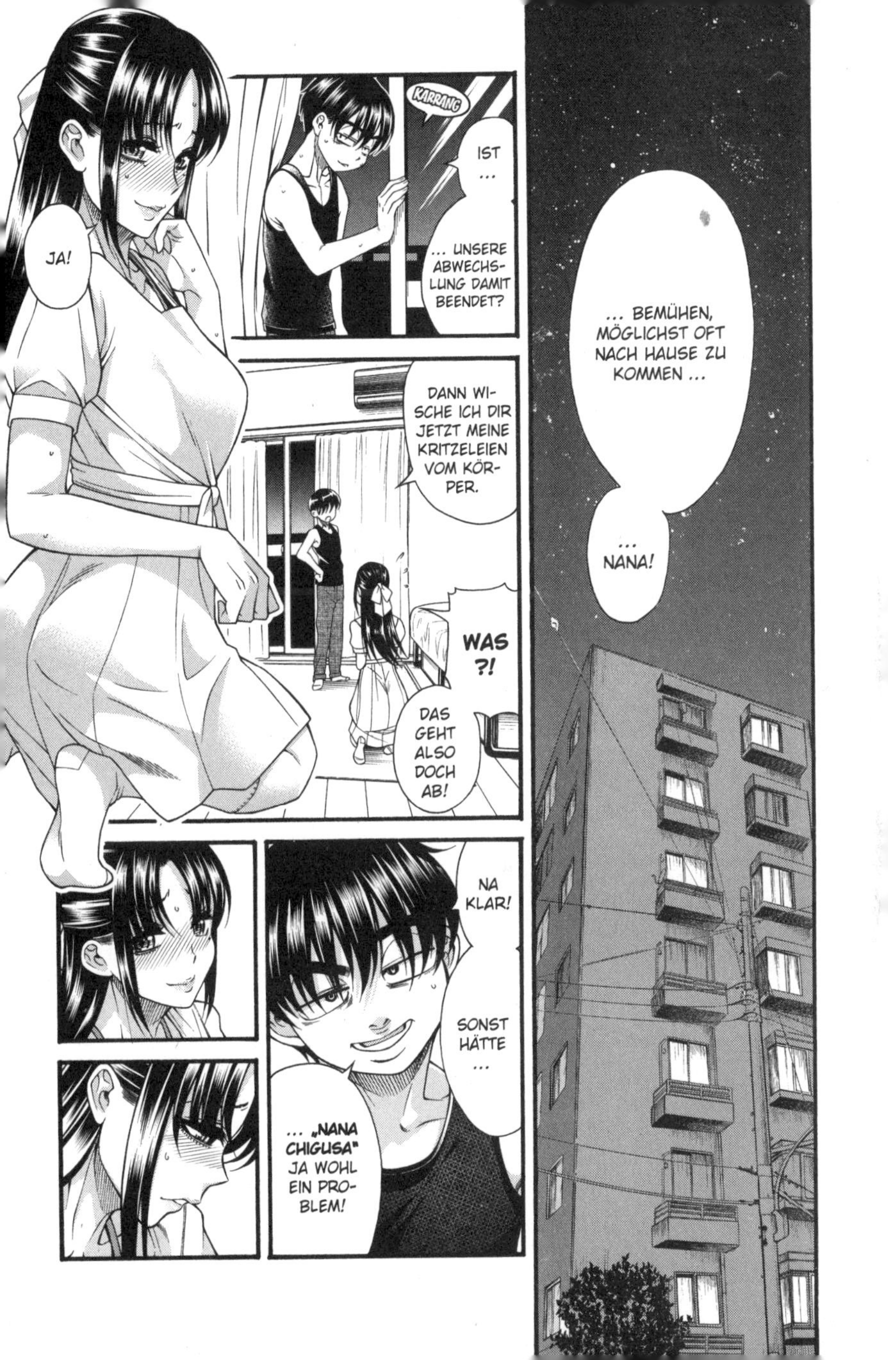

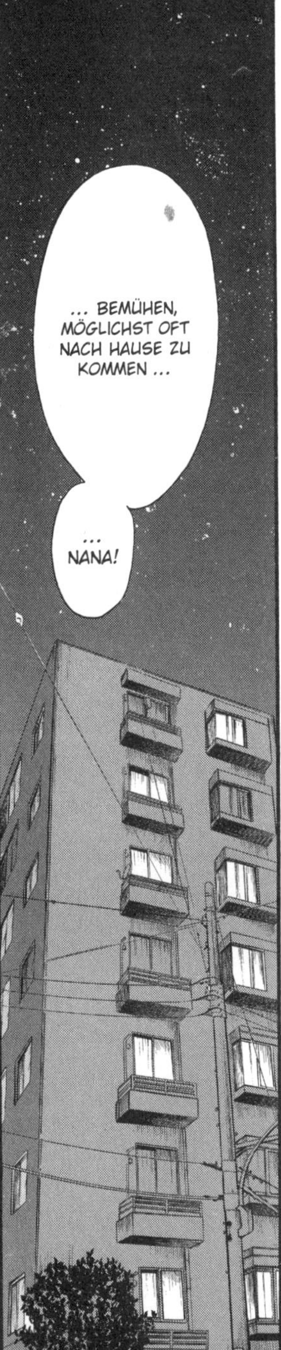
… BEMÜHEN, MÖGLICHST OFT NACH HAUSE ZU KOMMEN …
… NANA!

KARRANG
IST …
… UNSERE ABWECHSLUNG DAMIT BEENDET?
JA!
DANN WISCHE ICH DIR JETZT MEINE KRITZELEIEN VOM KÖRPER.
WAS ?!
DAS GEHT ALSO DOCH AB!
NA KLAR!
SONST HÄTTE …
… „NANA CHIGUSA" JA WOHL EIN PROBLEM!

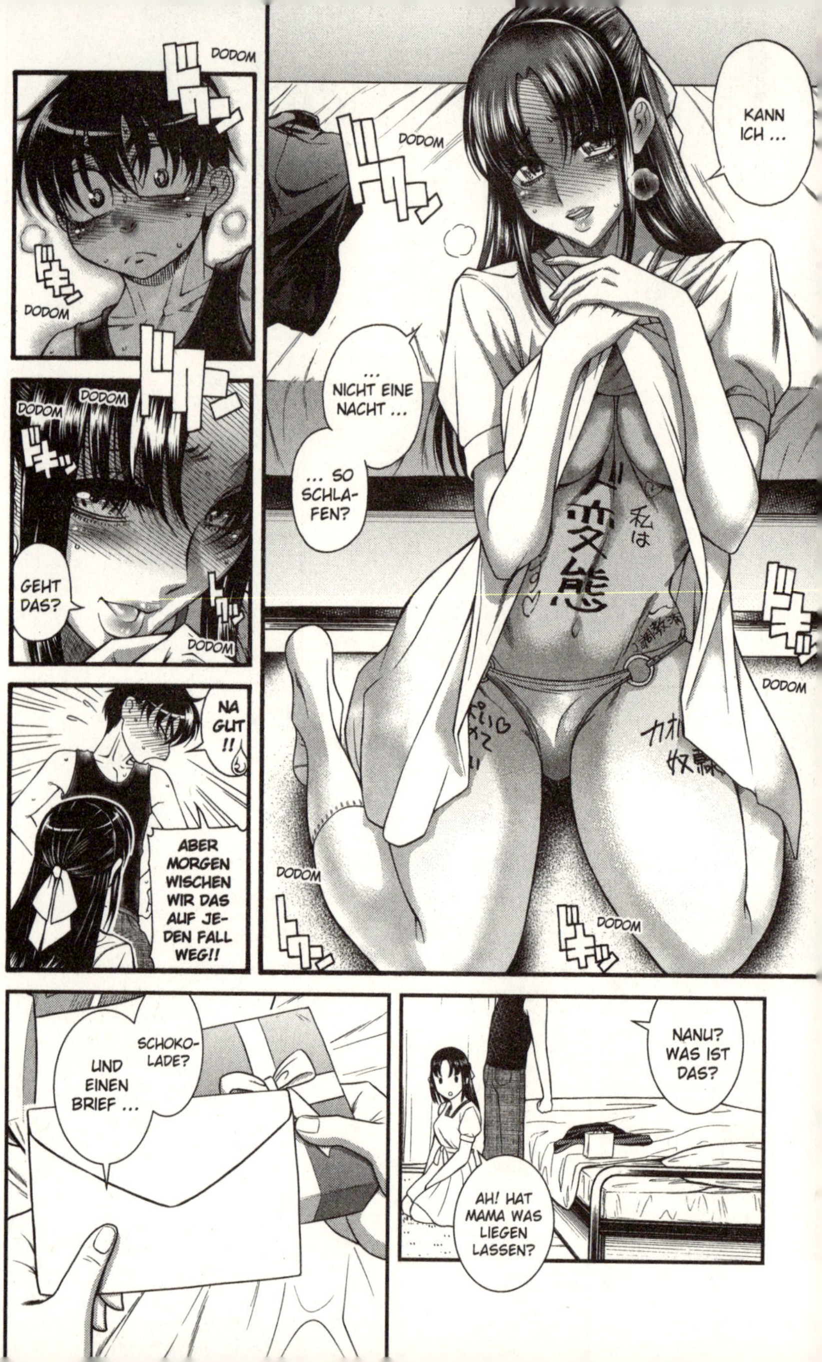

KANN ICH ...
... NICHT EINE NACHT ...
... SO SCHLAFEN?
私は
変態
DODOM
DODOM

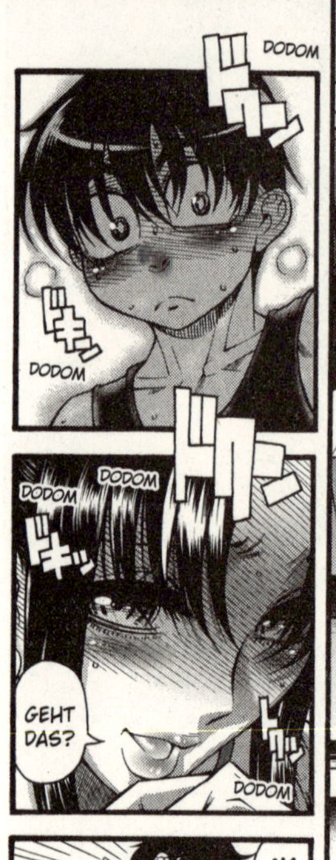

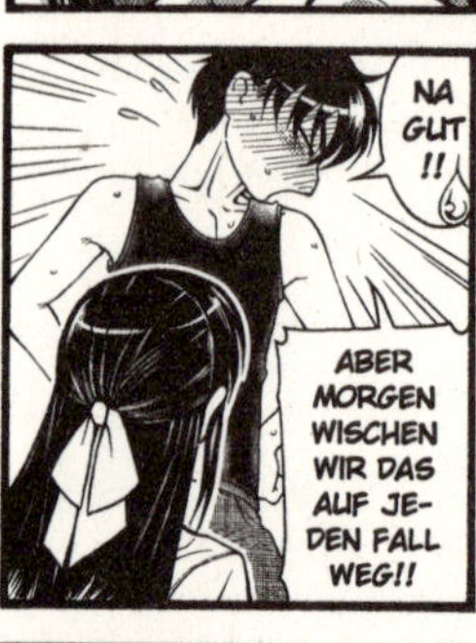

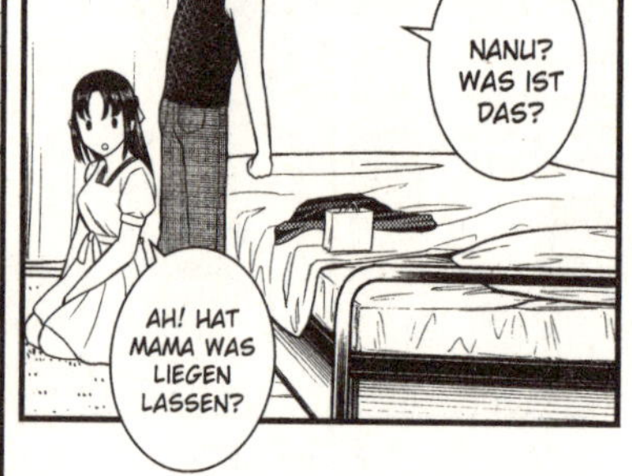

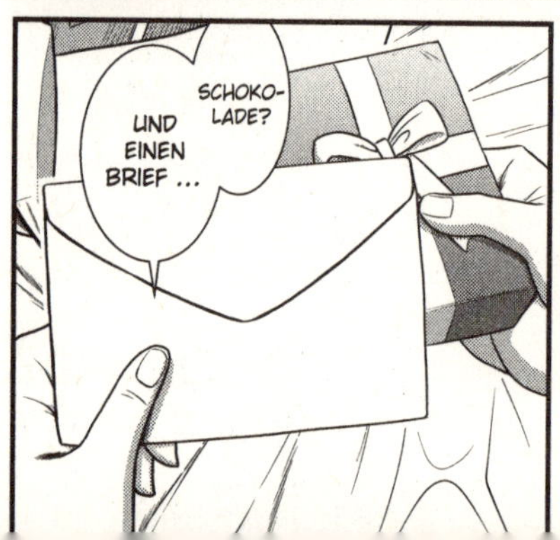

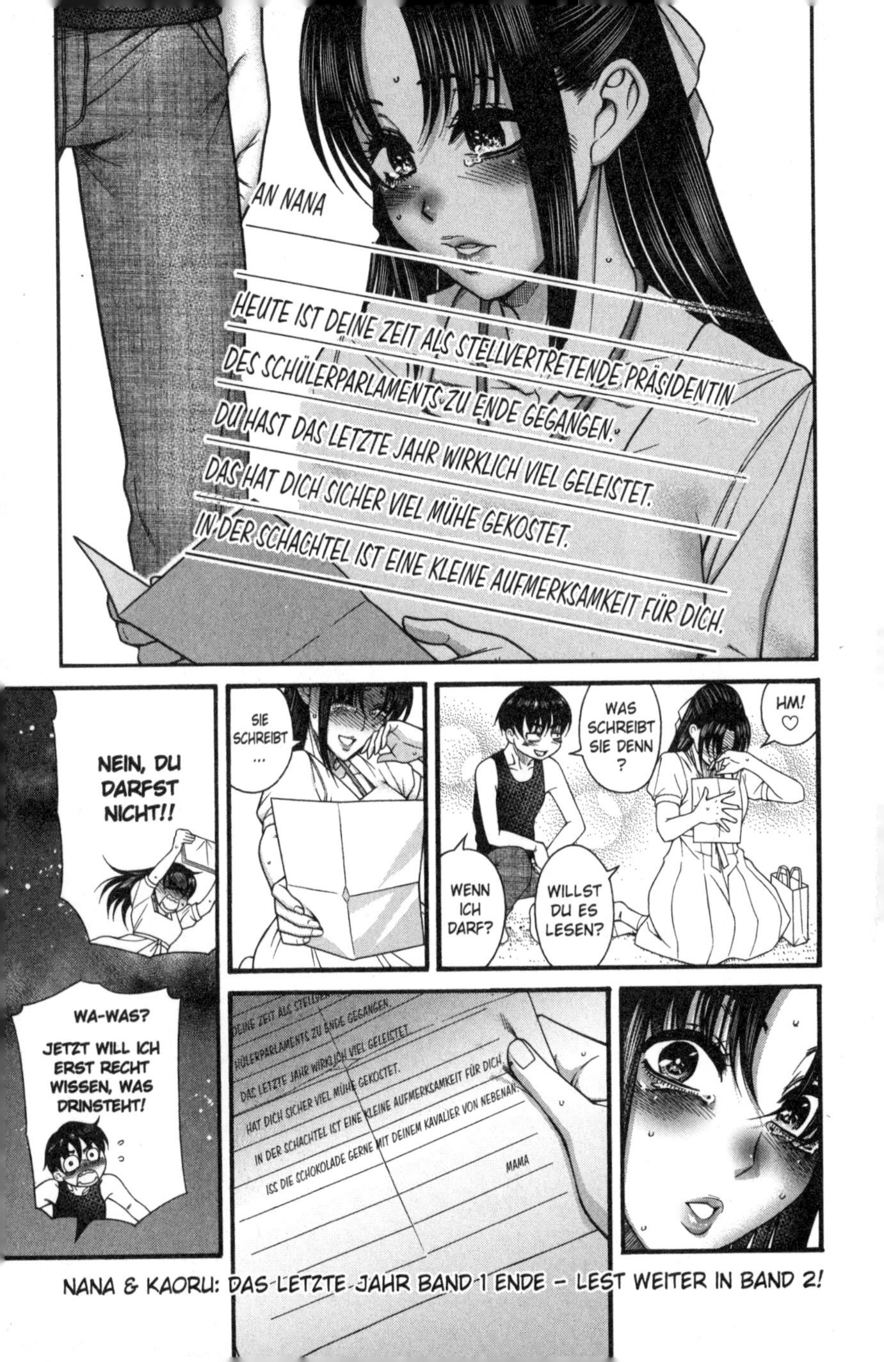

AN NANA

HEUTE IST DEINE ZEIT ALS STELLVERTRETENDE PRÄSIDENTIN
DES SCHÜLERPARLAMENTS ZU ENDE GEGANGEN.
DU HAST DAS LETZTE JAHR WIRKLICH VIEL GELEISTET.
DAS HAT DICH SICHER VIEL MÜHE GEKOSTET.
IN DER SCHACHTEL IST EINE KLEINE AUFMERKSAMKEIT FÜR DICH.

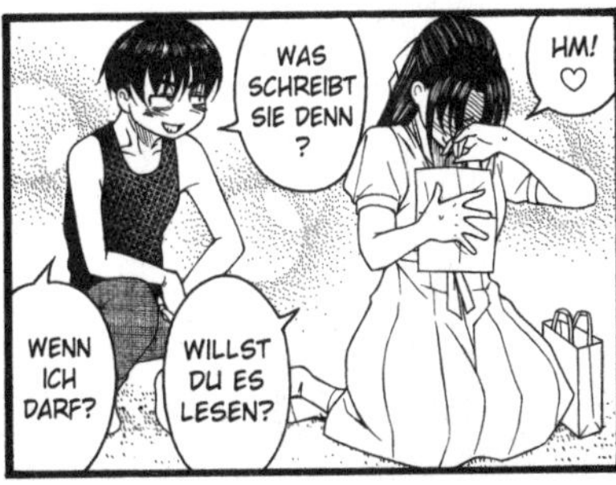

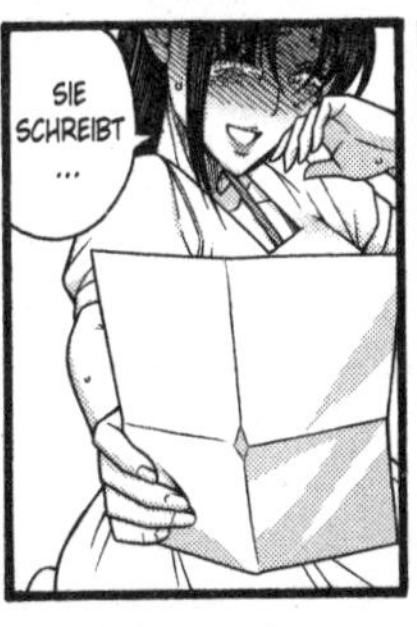

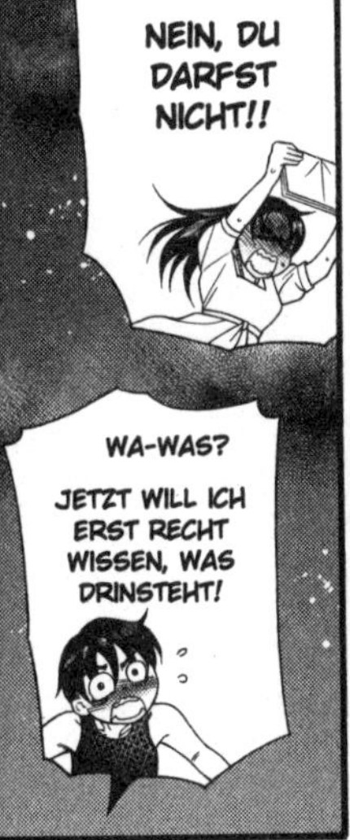

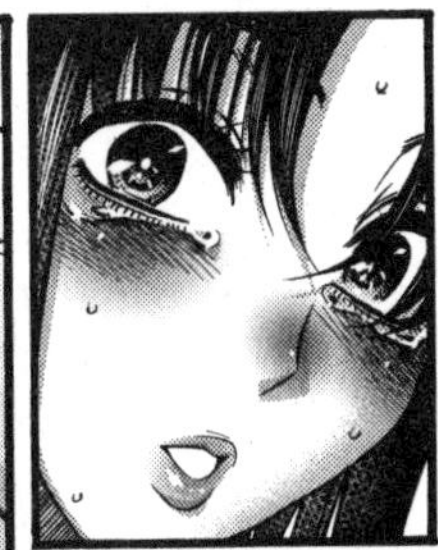

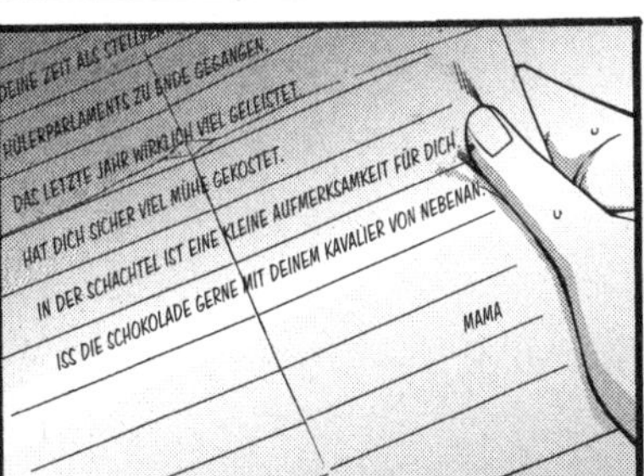
DEINE ZEIT ALS STELLV...
...HÜLERPARLAMENTS ZU ENDE GEGANGEN.
DAS LETZTE JAHR WIRKLICH VIEL GELEISTET.
HAT DICH SICHER VIEL MÜHE GEKOSTET.
IN DER SCHACHTEL IST EINE KLEINE AUFMERKSAMKEIT FÜR DICH.
ISS DIE SCHOKOLADE GERNE MIT DEINEM KAVALIER VON NEBENAN.
MAMA

NANA & KAORU: DAS LETZTE JAHR BAND 1 ENDE – LEST WEITER IN BAND 2!

Nächste Nummer

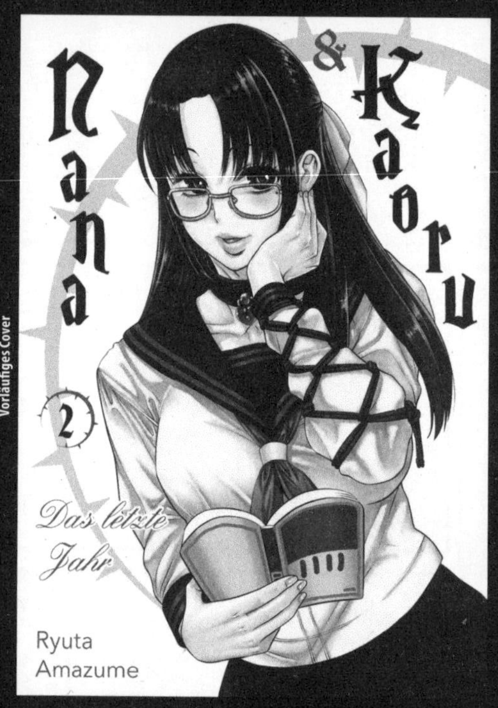

Vorläufiges Cover

Ab Juni

Achtung!

Dieser Comic wird wie im Original gelesen:
von rechts nach links,
also fangt einfach von der anderen Seite des Buches an
und stürzt euch in die Welt von

Nana & Kaoru

Das letzte Jahr

NANA & KAORU: DAS LETZTE JAHR erscheint bei **PANINI MANGA**, Schloßstraße 76, D-70176 Stuttgart. NANA & KAORU: DAS LETZTE JAHR wird unter Lizenz in Deutschland von PANINI Verlags-GmbH veröffentlicht. Druck: LEGO PRINT S.p.A. Anzeigenverkauf: BLAUFEUER VERLAGSVERTRETUNGEN GmbH, info@blaufeuer.com. Es gelten die Anzeigenpreise gemäß der Mediadaten 2023. Direkt-Abos auf **www.paninicomics.de**. Geschäftsführer **Hermann Paul**, Publishing Director Europe **Marco M. Lupoi**, Finanzen/Logistik **Felix Bauer**, Marketing Director **Holger Wiest**, Marketing **Dr. Rebecca Haar**, **Jessica Langer**, Vertrieb **Alexander Bubenheimer**, PR/Presse **Steffen Volkmer**, Publishing Manager **Lisa Pancaldi**, Redaktion **Stephanie Jakob**, **Matthias Korn**, **Daniela Uhlmann**, Übersetzung **Burkhard Höfler** Proofreading **Ricarda Nugk**, grafische Gestaltung **Rudy Remitti**, **Nicola Spano**, Art Director **Alessandro Gucciardo**, Redaktion Panini Comics **Elisa Panzani**, **Ludovica Ungari**, Repro/Packager **Alessandro Nalli** (coordinator), **Anna Boselli**, **Mario Da Rin Zanco**, **Valentina Esposito**, **Luca Ficarelli**, **Simone Guidetti**, **Linda Leporati**, **Fabio Melatti**. ISBN 978-3-7416-3234-1

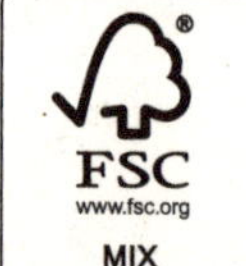

Digitale Ausgaben: ISBN 978-3-7367-9640-9 (.pdf) / ISBN 978-3-7367-9641-6 (.epub) / ISBN 978-3-7367-9639-3 (.mobi)

Bibliografische Information der Deutschen Nationalbibliothek
Die Deutsche Nationalbibliothek verzeichnet diese Publikation in der Deutschen Nationalbibliografie; detaillierte bibliografische Daten sind im Internet über dnb.d-nb.de abrufbar.

2. Überblick über die Landschaft und ihre Entstehung

Nähert man sich München von Norden, so quert man zunächst, von der Donau kommend, das durch zahllose Tälchen zerschnittene sandige Tertiär-Hügelland mit den charakteristischen Stangenwäldern der Hopfengärten in der Hallertau. Nach Überquerung des breiten Ampertales hat man von den letzten Molassehügeln bei Föhnwetter plötzlich einen weiten Blick über die eintönige Münchener Schotterebene mit ihrem Häusermeer. Sie steigt langsam nach Süden zu den Moränenhügeln an. Dahinter erhebt sich jäh die Alpenkette, in mehreren Kulissen gestaffelt. Manchmal geht der Blick durch tiefe Quertäler bis in die weiß schimmernden vergletscherten Zentralalpen. Durch diese Alpentore schoben sich die Gletscher während der Eiszeiten bis ins Alpenvorland. Die folgenden Abbildungen geben einen Überblick über den geologischen Aufbau des Voralpenlandes und insbesondere über die Moränen- und Schotterablagerungen des Isar-Loisach-Gletschers.

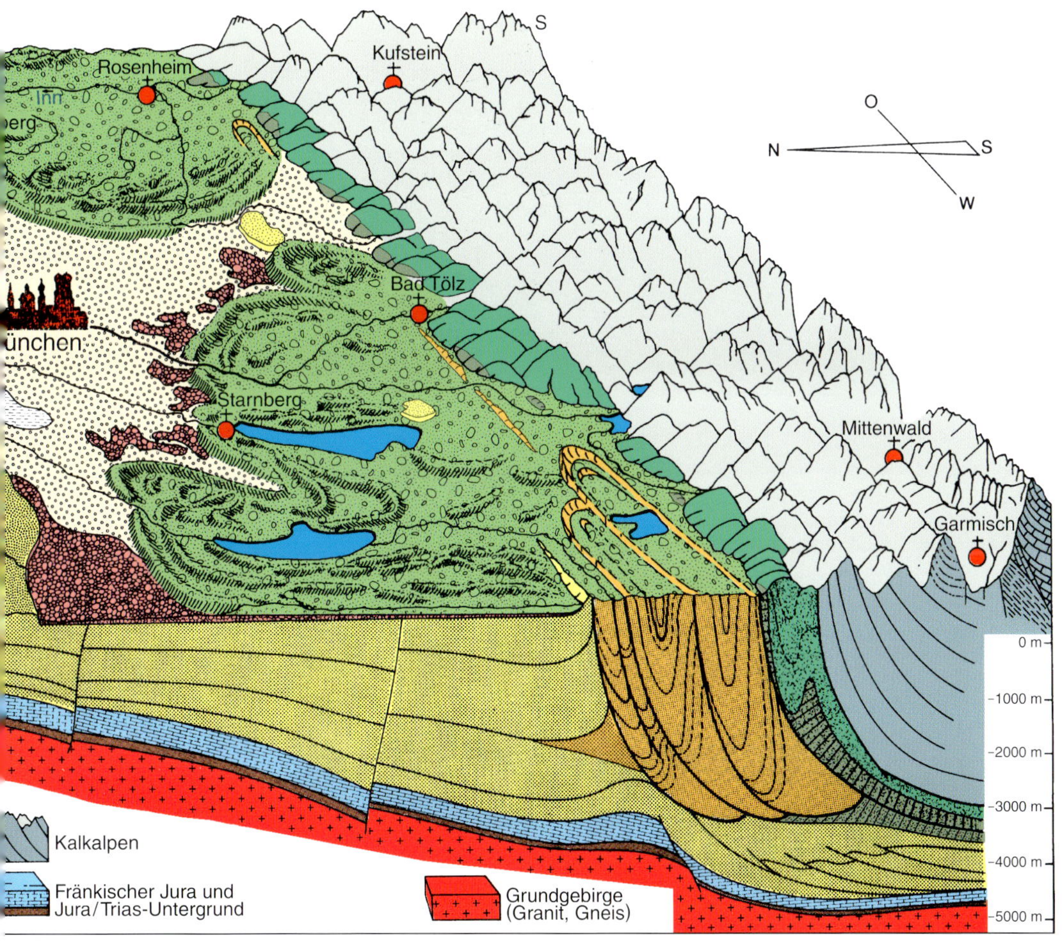

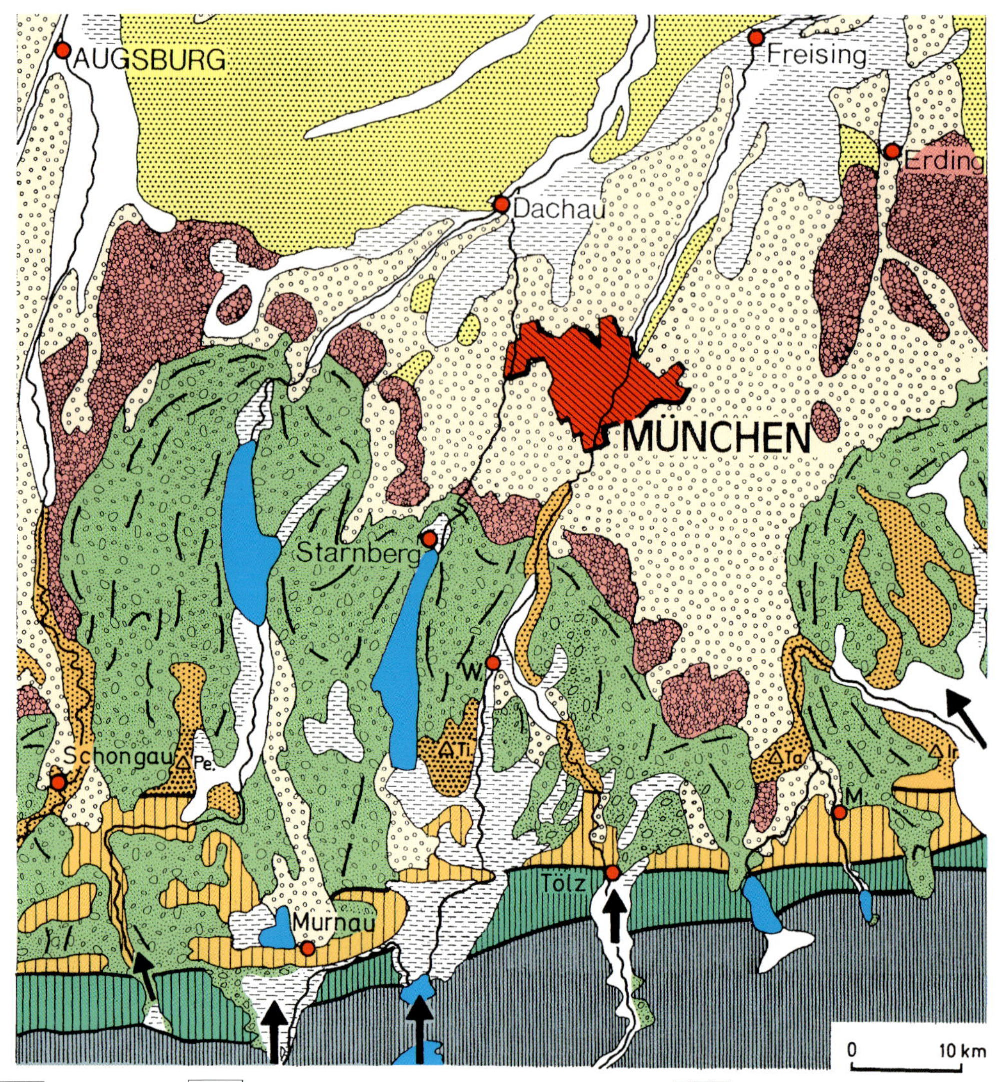

Moor, Torf; Holozäne Fluss- und Seeablagerungen; Schotter versch. Eiszeiten; Jungmoränen mit Wallform (Würm-Eiszeit); Ältere Moränen (Mindel-Riß-Eiszeit); Obere Süßwassermolasse; Faltenmolasse; Helvetikum u. Flysch; Kalkalpin; Störung; Alpentore.

Abb. 2. Geologisches Übersichtskärtchen der Umgebung von München mit den Ablagerungen der Eiszeit zwischen den Alpen im Süden und der jungtertiären Oberen Süßwassermolasse im Norden. Vor den Alpentoren breiten sich die Jungmoränen-Züge mit eingelagerten Mooren und Seen girlandenförmig aus. Davor liegt der verwaschene und zum Teil abgetragene Altmoränenzug. Im Gegensatz zu dem halbkreisförmigen Inn-Gletscher ist der Isar-Loisach-Gletscher stärker gegliedert, da er durch mehrere Alpentore gespeist wurde. Zwischen diesen beiden großen Gletscherzungen breitet sich die Münchener Schotterebene als Aufschüttung der Gletscherflüsse aus. An ihrem Nordrand tritt das Grundwasser an die Oberfläche und führte zu ausgedehnten Moorbildungen (Dachauer und Erdinger Moos). M. = Miesbach, W. = Wolfratshausen, Pe. = Peißenberg, Ti. = Tischberg, Ta. = Taubenberg, Ir. = Irschenberg.

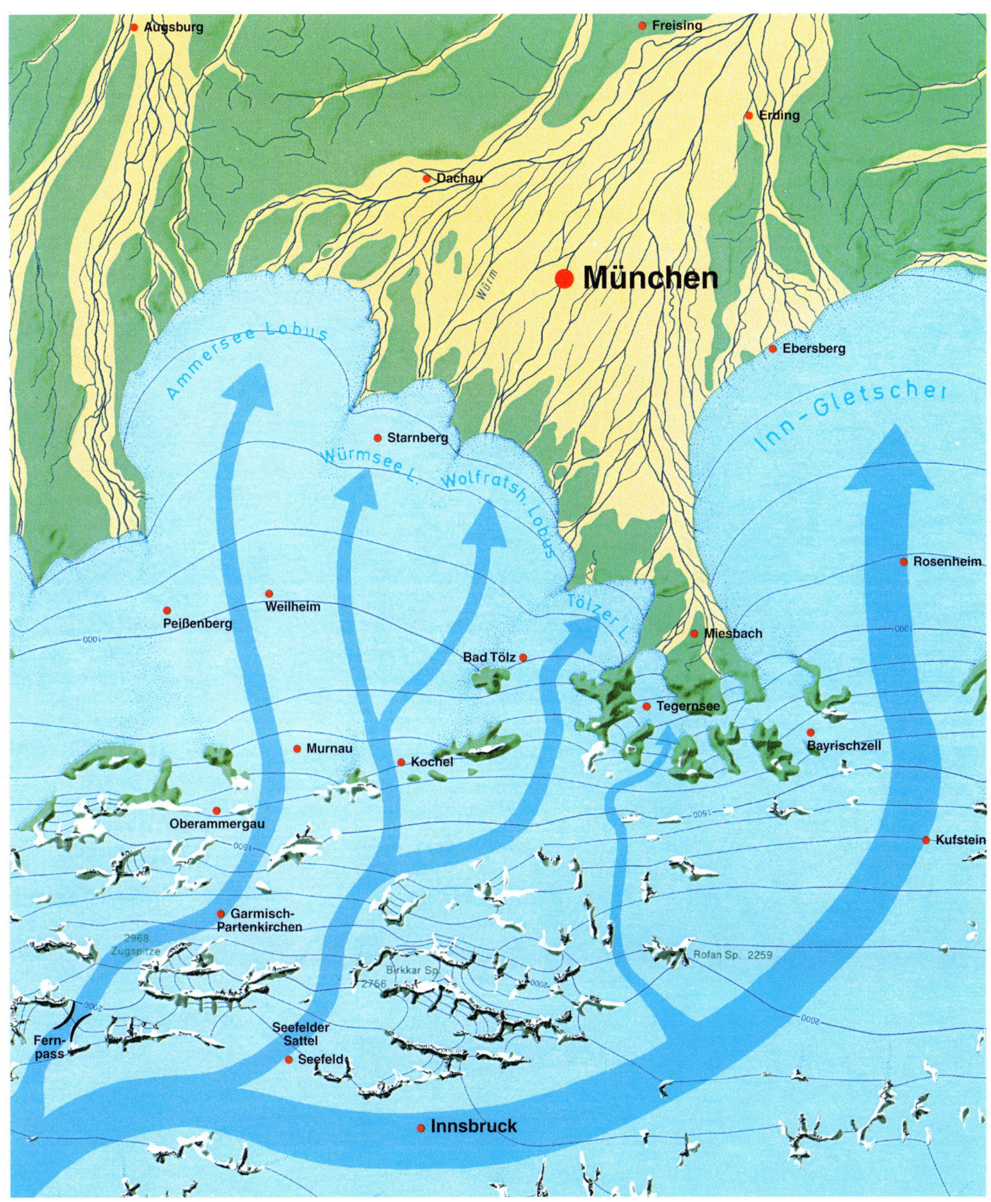

Abb. 3. Das gleiche Gebiet wie in Abbldung 2 (etwas erweitert) während der letzten Eiszeit. Der größte Teil des Gebietes wird vom Eis des Isar-Loisach-Gletschers im Westen und des Inn-Gletschers im Osten bedeckt. Nur einzelne höhere Gipfel (Nunataker) ragen aus dem Eisstromnetz der Alpen heraus. Die Eisströme des Isar-Loisach-Gletschers werden über den Fernpass und den Seefelder Sattel vom großen Inn-Gletscher her aus den Zentralalpen heraus versorgt (siehe auch Abb. 7). Ohne scharfe Grenze gehen die Eisströme der Alpenhochtäler in die breiten Gletscherzungen (= Loben) des Vorlandes über, unter ständiger Abnahme der Eismächtigkeit. Sie betrug z.B. am heutigen Kochelsee bis 800 m, am Starnberger See nur noch 200–300 m. Zwischen Isar- und Inn-Gletscher dehnt sich die Münchener Schmelzwasserebene aus, von zahllosen aus dem Gletscher austretenden Bächen durchströmt. Das Tertiär-Hügelland und die Altmoränen sind von Tundren bedeckt. – Ausschnitt aus v. Husen 1987, verändert.

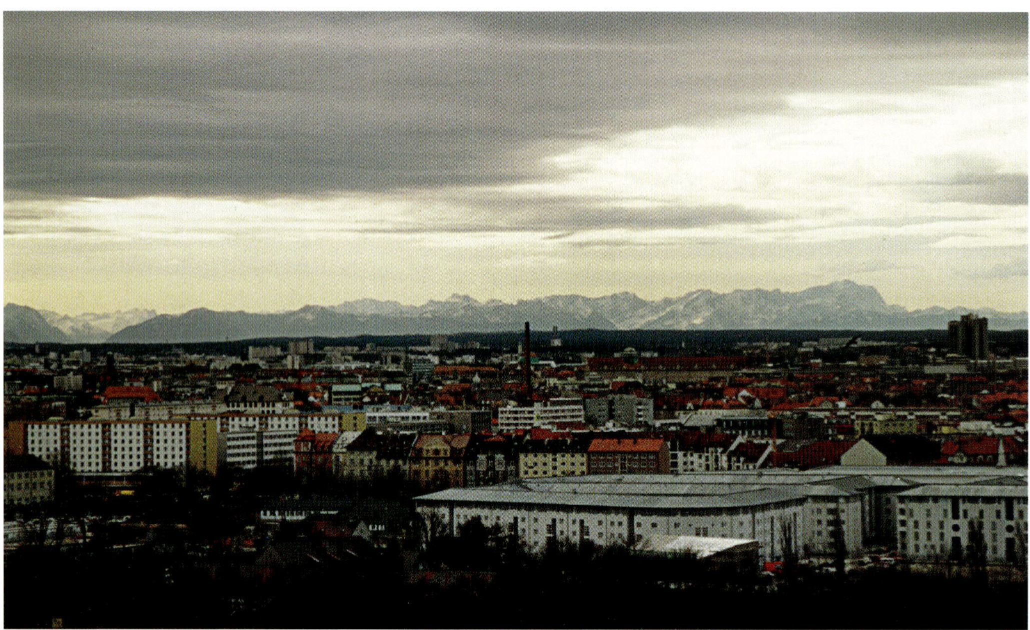

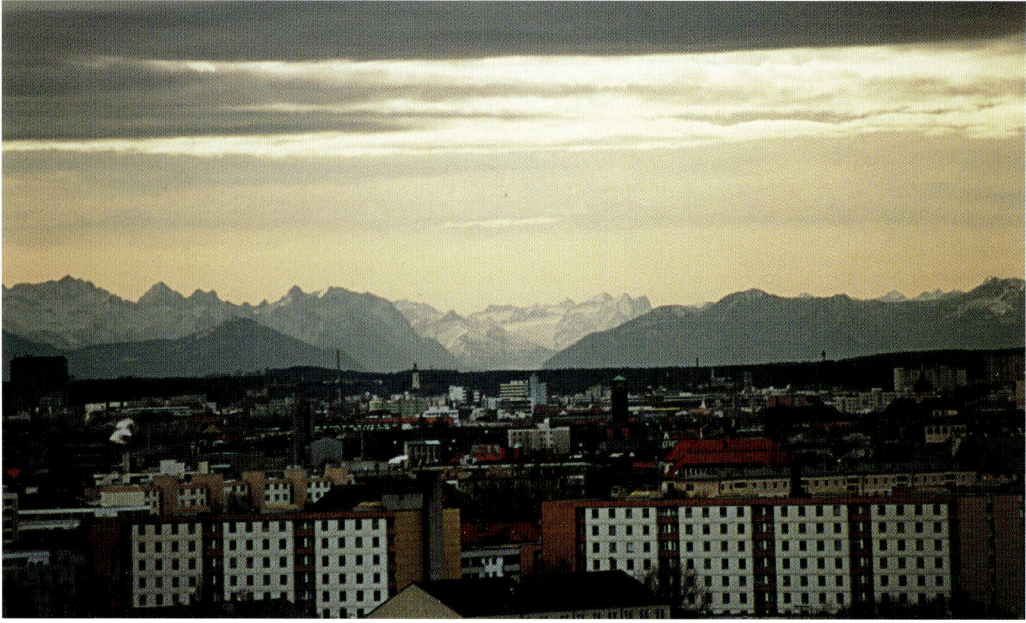

Abb. 4. Blick vom Olympiaberg nach Süden über München auf die Alpenkette. Die Übersichtsaufnahme (oben) gibt einen Teil der Alpenkette vom Wettersteinmassiv (rechts Steilabfall an der Zugspitze) im Westen bis zum Einschnitt am Walchensee im Osten (links) wieder. Diesen Einschnitt zeigt die Aufnahme unten in stärkerer Vergrößerung: Die vorderen Eckpfeiler (dunkel) dieses Alpentores bilden links der Jochberg (1565 m), rechts Herzogstand (1731 m) und Heimgarten (1790 m). Dahinter folgen links die Zacken des Karwendelgebirges (bis 2700 m), in der Mitte schon jenseits des Inntales die noch heute vergletscherten Stubaier Zentralalpen (bis 3510 m). Aus diesem Tor kam in der Eiszeit der Hauptstrom des Isar-Gletschers. – Fotos: K. Bader.

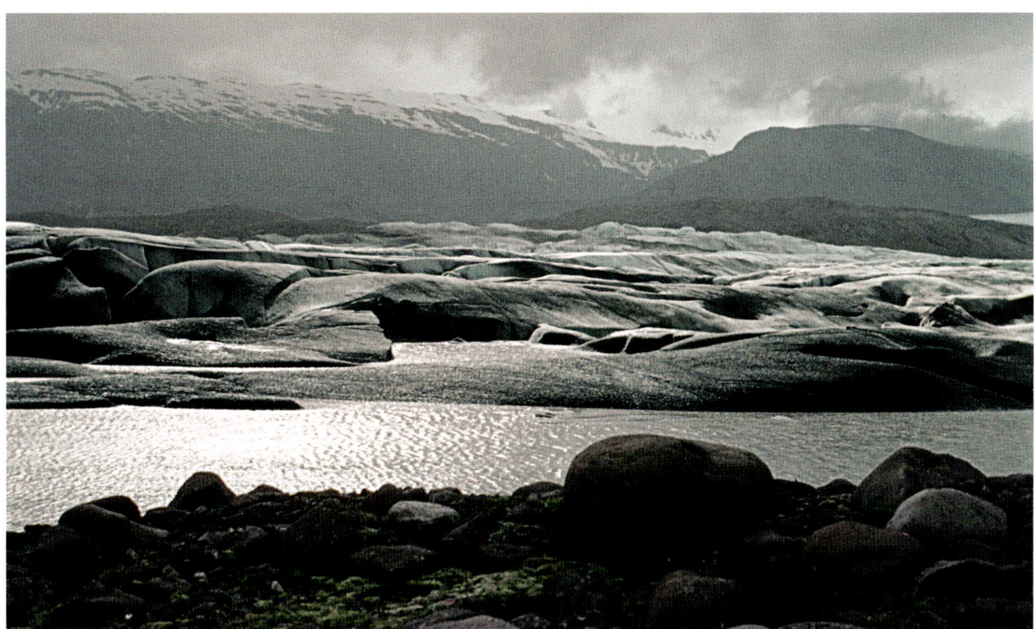

Abb. 5. Das Foto zeigt das Ende einer ausgedehnten Gletscherzunge mit Eisrandsee, wie sie heute in Island (oder Grönland) beobachtet werden können; davor große Moränengeschiebe. Im Hintergrund erkennt man die großen Firnfelder, die den Eisnachschub liefern (Nährgebiet).

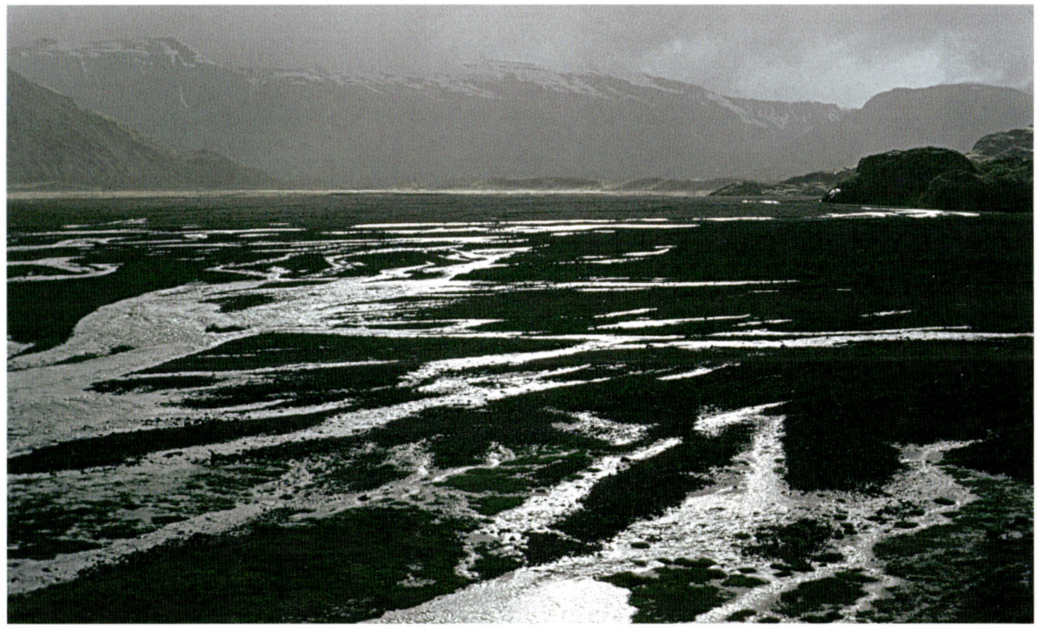

Abb. 6. Vor den Gletscherzungen breiteten sich riesige Aufschüttungsebenen mit verflochtenen, stets sich verändernden Gletscherbächen aus (Sanderflächen), wie sie heute z.B. in Island noch im Entstehen begriffen sind. Ähnlich ist die Münchener Schotterebene entstanden.

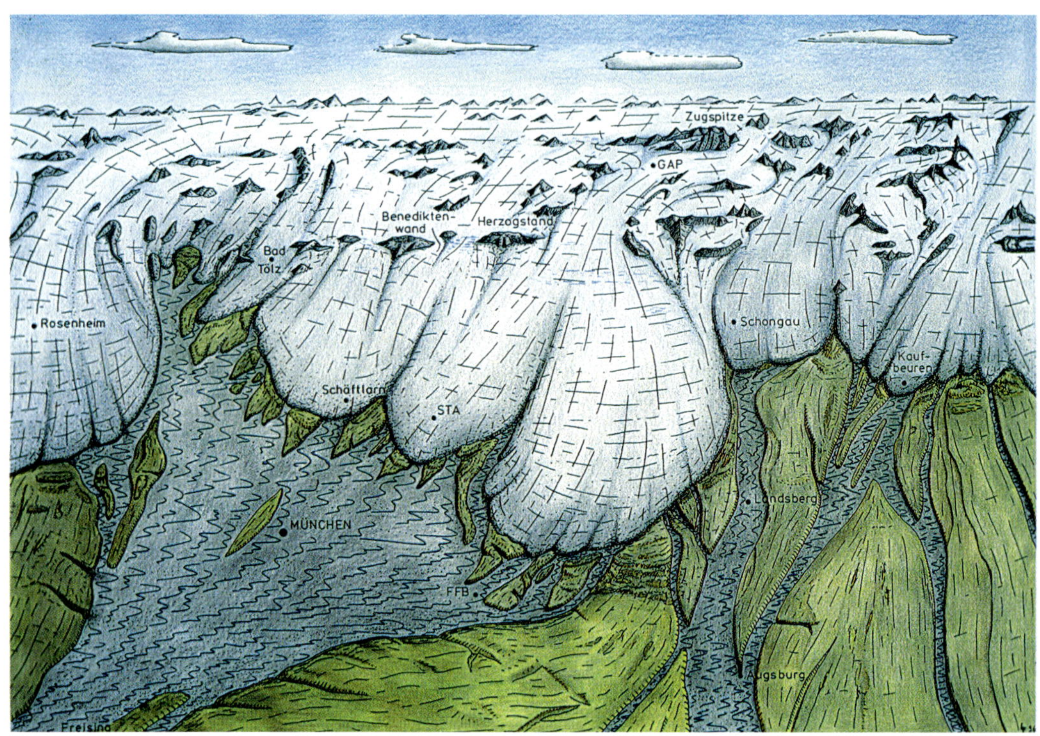

Abb. 7. Das Alpenvorland zur Zeit des Würm-Hochglazials vor 20 000 Jahren nach einer Rekonstruktion von L. Feldmann. Die Gletscherströme breiten sich vom Inntal her über die Kalkalpen nach Norden aus und stoßen weit ins Alpenvorland vor; nur noch die höchsten Gipfel bleiben eisfrei. Die früher vorstoßenden Zentralalpen-Gletscher (vom Ötztal, Wipptal und Zillertal) haben den Inntal-Gletscher so weit aufgestaut, dass er z.T. über den Fernpass (ehemals niedriger) und den Seefelder Sattel nach Norden zum Isar-Loisach-Gletscher abfloss. Westlich der Zugspitze schiebt sich der große Eisstrom des Loisach-Gletschers über Garmisch nach Norden und bildet die am weitesten vorspringende Ammersee-Gletscherzunge. Nach Osten schließen sich die kleineren Zungen von Starnberg, Schäftlarn und Tölz an, die vom Isar-Gletscher über Seefeld gespeist werden. Von diesen Gletscherzungen strömen zahlreiche verflochtene Schmelzwasserbäche nach Norden und schütten die Münchener Schotterebene auf. Der Abfluss nach Osten ist durch den großen Inn-Gletscher blockiert, so dass alle Schmelzwässer sich im Trichter von Freising zwischen den Tertiär-Rücken zum heutigen unteren Isartal sammeln. Rechts im Bild sind die nicht so weit vorstoßenden Zungen des Lech-Gletschers dargestellt, dessen Schmelzwässer die von älteren Eiszeiten stammenden ausgedehnten Schotterterrassen zerschneiden. Vor dem Isar-Loisach-Gletscher sind dagegen nur kleine Reste von Hochterrassen und Altmoränen erhalten geblieben; der größte Teil ist durch die jungen Schmelzwasserabflüsse zerstört und zugedeckt worden, bei München schaut noch ein kleiner Rest der Hochterrasse heraus. GAP = Garmisch-Partenkirchen, STA = Starnberg, FFB = Fürstenfeldbruck.

3. Die Charakterzüge der Eiszeitlandschaft südlich von München

Das Gebiet des Isar-Loisach-Gletschers mit dem Würmsee gehört seit Penck zu den klassischen Gebieten der Eiszeitforschung und ist namengebend für die Jungeiszeit (Würm-Eiszeit) geworden. Schon vorher hat hier Zittel die charakteristischen Formen der Landschaft und der sie aufbauenden Sedimente beobachtet und aufgrund seiner Kenntnis der skandinavischen Gletschergebiete als glazial gedeutet. Wir zitieren im folgenden einige Abschnitte seiner genauen Beschreibung von 1874, wobei einschränkend zu beachten ist, dass heute neue Erkenntnisse hinzugekommen sind (insbesondere sind die Hügelketten östlich und westlich des Starnberger Sees, die er nur als Grundmoränen bezeichnet, Reste von Rückzugsmoränen, welche die Grundmoränen überdecken):

»Südlich von München ist der Charakter der Moränenlandschaft in dem Landstrich, welcher zwischen dem Gebirge und einer im Norden durch eine ungefähr von Pfaffenhofen über Leutstetten, Schäftlarn, Endelhausen, ... gezogenen Grenzlinie liegt, in der Oberflächenbeschaffenheit am bestimmtesten ausgeprägt. Jede mit Terrainzeichnung versehene Karte in etwas grösserem Maßstabe zeigt, wie sich aus der fast tafelförmigen Münchener Hochebene plötzlich ein Hügelzug erhebt, hinter welchem die Landschaft ihren Character sehr auffällig verändert. Statt der einförmigen, nur zuweilen durch Thaleinschnitte unterbrochenen Fläche beginnt hinter dem erwähnten Höhenzug ein auffällig coupiertes, anmuthiges und wechselvolles Hügelland. Die mittlere Höhe desselben ist kaum beträchtlicher als die der Münchener Hochebene, auch gibt es ... keine eigentlichen Berge darin. Die Hügelzüge differiren in der Höhe nur wenig von einander, aber sie verlaufen durchaus regellos, häufig in langgezogenen Rücken, manchmal auch bogenförmig, oder sie sind in einzelne kegelförmige Kuppen aufgelöst. In den grösseren Einsenkungen glänzen die klaren Wasserspiegel des Ammer-, Würm- und Kochelsee, die kleineren Kessel werden ausgefüllt von fischreichen Seen, Teichen und Weihern (Ostersee, Maisingersee, Esssee, Pilsen-See, Wörthsee, Buchsee, Wolfsee, Thanninger Weiher, usw.), deren Häufigkeit in der Moränenlandschaft ebenso gross ist, als ihre Seltenheit im Tafelland. Da wo in Einsenkungen eine offene Wasserfläche fehlt, wird ihre Stelle meist von einem nassen Torfmoos oder von sumpfigen Wiesen ausgefüllt. In der Richtung der thalähnlichen Depressionen herrscht ebensowenig ein bestimmtes Gesetz, wie bei den Hügelzügen; in einzelnen fliessen Bäche (und zwar zuweilen in einer dem allgemeinen Wasserlauf geradezu entgegengesetzter Richtung, wie der von Nordost nach Südwest laufende Eglinger Bach), andere bieten das eigenthümliche Schauspiel von Trockenthälern [z. B. Gleißental] dar. Die tiefen und breiten Rinnsale der Isar, Loisach, Würm und Ammer sind erst spät in die Moränenlandschaft eingerissen und gehören entschieden der postglacialen Zeit an. Das eben geschilderte mit erratischen Blöcken mehr oder weniger übersäete Hügelland stellt die Grundmoräne [und Rückzugsmoränen] eines alten Gletschers dar, welchen ich als *Isargletscher* bezeichnen will. Das Material derselben besteht der Hauptsache nach aus Kies, Lehm mit eingestreuten Geschieben und scharfkantigen Blöcken. Vom geschichteten Diluvialkies, welcher häufig zu fester Nagelflue zusammengebacken ist, lässt sich der Gletscherschutt sehr bestimmt unterscheiden. Die Geschiebe stecken ganz unregelmäs-

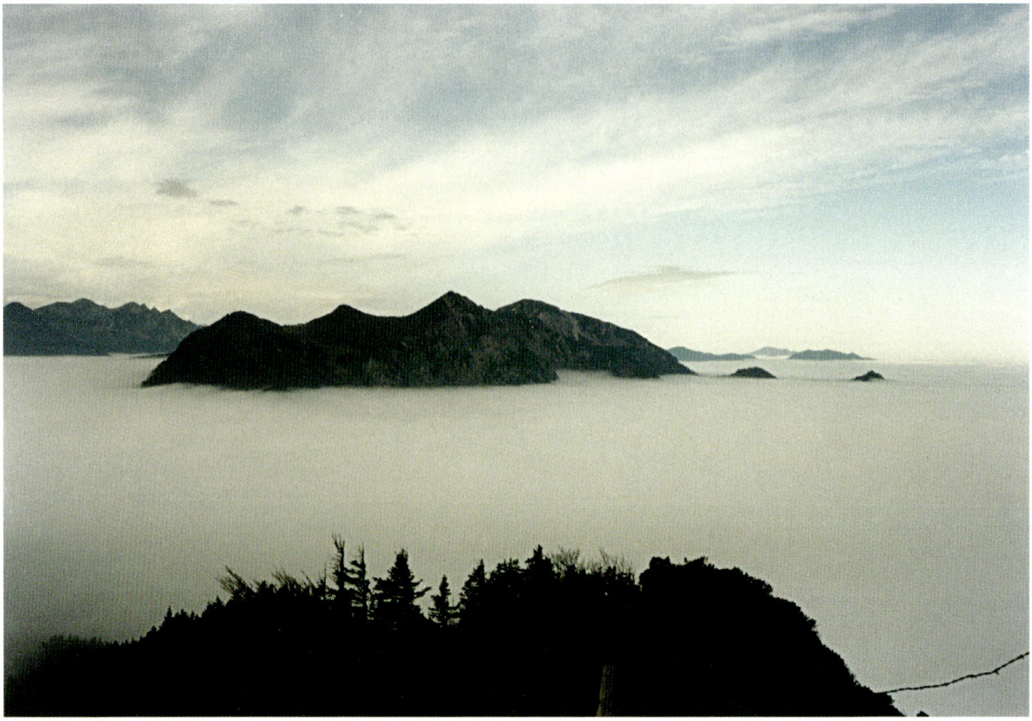

Abb. 8. Blick vom Jochberg nach Westen über das Nebelmeer, das einen Eindruck von der ehemaligen Vereisung gibt. Über die Gletscherströme ragten einzelne Massive heraus wie Herzogstand und Heimgarten in der Mitte, links das Krottenkopf-Massiv (2086 m), rechts im Hintergrund die Flyschberge bei Unterammergau (rechts außen Hörnle, 1548 m). Zwischen Jochberg (1565 m) und Herzogstand (1731 m) schob sich der Hauptgletscherstrom des Isar-Gletschers ins Vorland. – Foto H. Welzenbach.

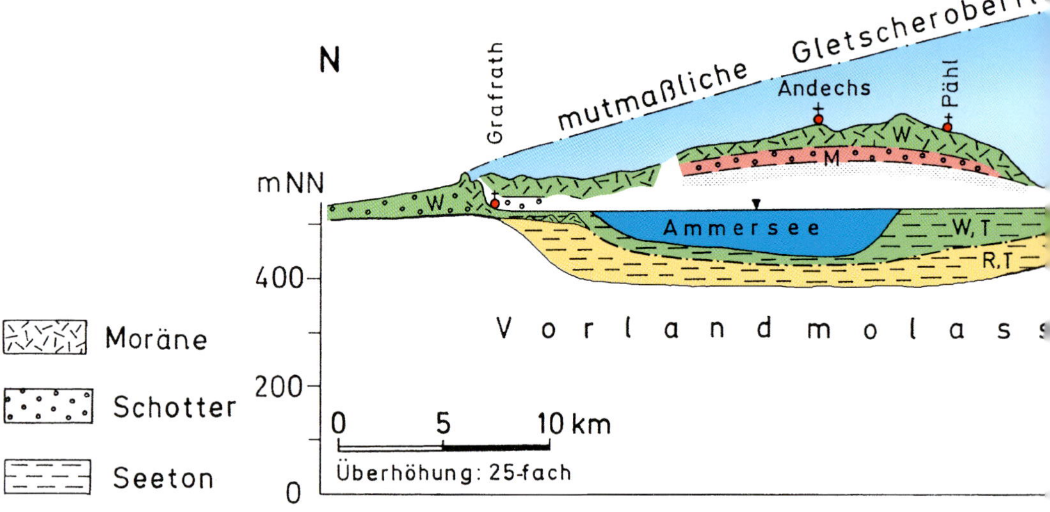

Abb. 9. Längsschnitt durch den Loisach-Gletscher (rechts nach BADER *1979, links nach* PENCK *&* BRÜCKNER *1901, ergänzt). Er zeigt die mächtige Gletscherzunge, die im Voralpenland rasch ausdünnt. Innerhalb der Alpen hat der Gletscher im Gegensatz zu einem gleichmäßigen Flusstal ein sehr unregelmäßiges Relief ausgehobelt, je nach Härte des Untergrundes. Besonders die weichen Raibler Schichten mit Gipseinlagerungen haben bei Oberau eine erhebliche Übertiefung des Trogtales zugelassen. Die harten Kreide-Quarzite der Kögel im Murnauer Moor haben dagegen dem Eis ebenso widerstanden wie die steilstehenden Sandsteinrippen der Faltenmolasse. In den weicheren Schichten der Vorlandmolasse wurden nur flache, aber breite Zungenbecken ausgeschürft und subglazial ausgespült. Beim Abschmelzen des Eises gegen Ende der Riß-Eiszeit entstand hier das große Ammersee-Becken. Es wurde rasch wieder mit Seeton aufgefüllt. Ähnlich erging es dem inneralpinen übertieften Trogtal. Die Seenketten dort wurden ebenfalls nacheinander mit Seeton und Deltaschottern zugeschüttet. Der letzte Gletschervorstoß der Würm-Eiszeit hat diese Sedimente innerhalb der Alpen nur wenig abgeschürft. Die Seetone des Ammersee-Beckens wurden dagegen großenteils ausgeräumt und beim endgültigen Rückschmelzen des Eises wieder z.T. mit jüngerem Seeton aufgefüllt. Das Zungenbecken ist im Norden bei Grafrath von Endmoränenzügen umgrenzt, an die sich die Münchener Schotterebene anschließt. Die Fortsetzung dieses Moränenzuges gegen Andechs ist im Hintergrund dargestellt. Er liegt dort auf verfestigten Schottern der Mindel-Eiszeit (Nagelfluh-Deckenschotter).*

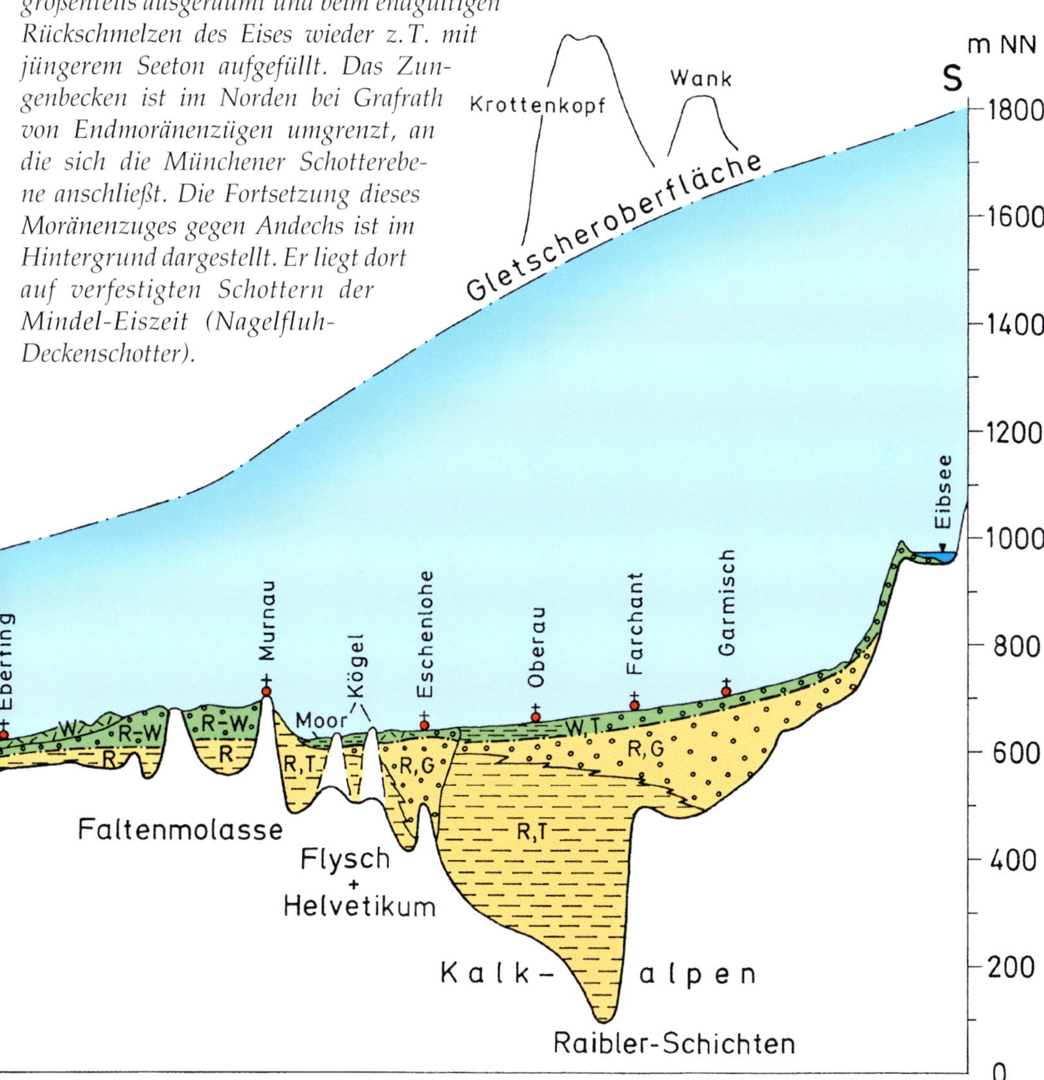

sig in einem zähen gelblich grauen Lehm, ihre Oberfläche ist gewöhnlich abgeschliffen aber glänzend und frisch, nicht durch Abreibung getrübt und fleckig, wie dies bei Rollsteinen [Flussgeröllen] fast immer der Fall ist. Die Ecken und Kanten sind zwar abgerundet, aber ihre Form ist unregelmässig und keineswegs eiförmig oder kugelig wie die gewöhnliche Gestalt der Rollsteine. Auch für die Grösse des Moränenschuttes gibt es keine bestimmte Regel. Sandkörner, nussgrosse Geschiebe liegen mit faust- und kopfgrossen Stücken durcheinander und diesen sind abgerundete oder scharfkantige Blöcke von ein oder mehreren Cubikfuss Grösse beigemischt. Das ganze Material der Grundmoräne stammt aus den bayerischen und tyroler Alpen. Vorherrschend sind krystallinische Gebirgsarten und Kalksteine von verschiedener Farbe, etwas seltener Sandstein und Mergelschiefer aus dem tertiären Vorland.

Das entscheidenste und untrüglichste Merkmal für Glacialgebilde bilden die gekritzten Geschiebe. Auf krystallinischen Gebirgsarten, quarzreichen Sandsteinen und Hornstein lassen sich solche Kritzen nur äusserst selten beobachten, dagegen sieht man sie in ausgezeichneter Deutlichkeit auf Kalkstein, namentlich auf Stücken von dunkler Färbung. In einer ungestörten, durch spätere Wasserfluthen nicht durchwaschenen Grundmoräne trägt fast jedes Kalkgeschiebe oder Gerölle solche Kritzen, die oft so scharf sind, als ob sie mit einer Nadel eingerissen wären. Auf weichem Tertiär-Sandstein bemerkt man gleichfalls häufig Gletscherritzen, allein sie verlaufen unbestimmter, sind weniger vertieft und meist viel breiter, als auf Kalkstein. Für die Richtung der Kritzen gibt es keine bestimmte Regel, häufig laufen sie parallel, zuweilen gehen sie auch quer durcheinander, immer aber sind sie geradlinig.

Die Grundmoränen [und Rückzugsmoränen] zeigen sich am schönsten und reinsten erhalten auf den höher gelegenen Theilen des Hügellandes. In der Umgebung des Ostersees, oberhalb Ambach, Ammerland, bei Münsing, auf der Höhe bei Eurasburg und Wolfratshausen, bei Starnberg, Leutstetten, Oberpöcking, Schäftlarn, Harmating u. s. w. hat man Gelegenheit den Moränenschutt in vielen Kiesgruben aufgeschlossen zu sehen.

An erratischen Blöcken ist das ganze Gebiet ziemlich reich; sie liegen entweder im Schutt begraben oder frei auf der Oberfläche. Gümbel erwähnt die Blockreihe längs des östlichen Ammerseeufers, sie finden sich auch ziemlich häufig auf den Hügeln zu beiden Seiten des Starnbergersee's und im Moränenland östlich der Isar. In grosser Anzahl liegen sie nach Angabe des Herrn von Barth im Dietramszeller Wald. Am häufigsten findet man quarzigen oder glimmerreichen Gneiss, zuweilen Hornblendegestein oder Granatgneiss, seltener Kalkstein oder Dolomit. Der mächtigste Irrblock im ganzen Gebiet aus lichtgrauem Kalkstein bestehend, liegt dicht am Waldrand beim Steinsberger Hof auf der Höhe von Peretshofen. Spuren von tiefen Bohrlöchern zeigen, dass er bereits vielfach als Steinbruch gedient hat, aber nichts desto weniger beträgt seine Höhe noch immerhin gegen 6 m. bei etwa 9 m. Länge und vielleicht 5 m. Breite. Eine Erwerbung und Erhaltung dieses ausgezeichneten Findlings wäre sehr wünschenswerth, denn ohne solche Massregel dürfte er in der an Bausteinen armen Gegend bald spurlos verschwunden sein. Die Mehrzahl der erratischen Blöcke stammt aus Tyrol und zwar aus dem Oetzthal. Ihr Transport durch Hochfluthen über die 3–5000 Fuss hohen Pässe der bayerischen Alpen ist absolut undenkbar; ihre Anwesenheit überhaupt nur durch Gletscher zu erklären.

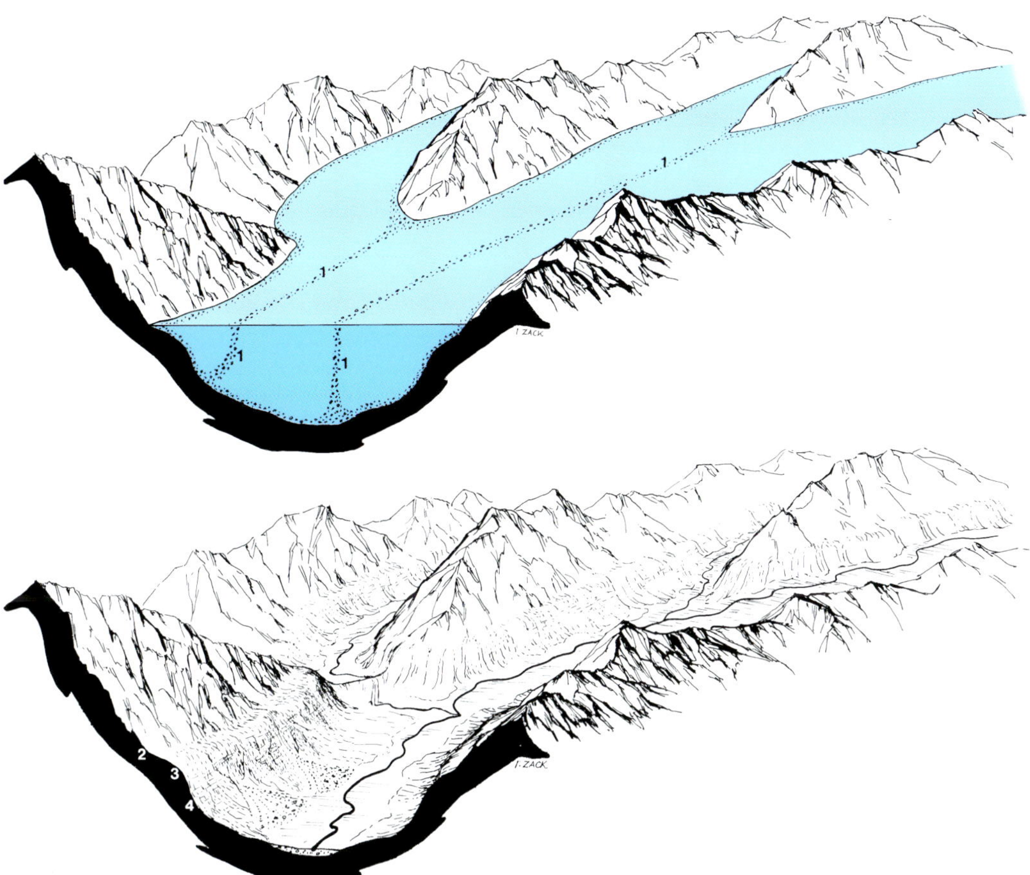

Abb. 10. Ein Eisstrom, der sich aus zwei ca. gleich mächtigen Talgletschern bildete (die jeweiligen Eismassen werden durch die Mittelmoräne [1] getrennt), hat das Tal zu einem Trogtal überformt. Oberhalb der Eisströme war nur die Frostverwitterung tätig, die zu scharf modellierten Formen führte. Nach dem Abschmelzen sind die überschliffenen Formen und die des Trogtales schön zu erkennen: Schliffkehle (2), Trogschulter (3), Trogwand (4), die mehr oder weniger deutlich in den Tälern entwickelt sind. Das kleine Nebental, das von dem wesentlich schwächeren Eisstrom erfüllt war und demnach auch nicht so stark tiefer gelegt wurde, mündet heute als Hängetal mit einer deutlichen Stufe ins Haupttal; diese Stufe ist noch nicht durch den Bach wieder zerschnitten, sondern wird in einem Wasserfall überwunden. – Nach v. Husen 1987.

Die Endmoräne ist auf der Stark'schen Karte [Z. deutsch. Alpenver. **4**: 67–78, 1873.] von Ober-Pfaffenhofen (östlich vom Ammersee) an bis zur österreich'schen Grenze verzeichnet. Sie bildet zwei durch eine tiefe, in der Nähe von Miesbach endigende Bucht getrennte Halbbogen, von denen der westliche die Endmoräne des Isargletschers und das Gebiet des Würm- und Ammersees umspannt, während der östliche dem eigentlichen Inngletscher angehört … Von Pfaffenhofen bis Ebersberg ist der Verlauf der Endmoräne durch die Oberflächenbeschaffenheit so bestimmt angedeutet, dass hier keine Täuschung möglich ist. ... Es verdient übrigens Beachtung, dass die Hauptzüge der Findlingsblöcke sowohl östlich, als westlich vom Starnberger-See in zurückspringenden Buchten der Endmoräne endigen. Möglicherweise entsprechen sie ehemaligen Mittelmoränen [Rückzugsmoränen]. Hinsichtlich der Zusammensetzung unterscheidet sich die Endmoräne von der Grundmoräne hauptsächlich durch die beträchtliche Menge grösserer, theils scharfkantiger, theils etwas abgerundeter Blöcke, welche zwischen feinerem Schutt eingestreut sind, im Uebrigen findet man in beiden die nämlichen Gesteine und diese auch so ziemlich in gleicher Vertheilung. Die Kalksteine, theilweise auch die Sandsteinblöcke und Geschiebe sind stark gekritzt und gelangten offenbar meist aus der Grundmoräne an den Gletscherrand. Unter den krystallinischen Gesteinen finden sich am häufigsten Blöcke und Geschiebe von Hornblendeschiefer, Hornblendegneiss, Hornblendegestein mit Granat, Granatgneiss, Quarzgneiss und Glimmergneiss. Granit oder Glimmerschiefer, welche im Inngebiet eine so grosse Rolle spielen, fehlen dem Moränenbogen des Isargletschers fast gänzlich [mit Ausnahme des Julier Granites] und auch weissen Quarz beobachtete ich in der Nähe des Starnberger-Sees nur selten, sehr häufig dagegen in der Endmoräne bei Kirchseeon.

Für die krystallinischen Gesteine lässt sich der Oetzthalstock [samt Engadin und Silvretta] als Heimath bezeichnen; schwieriger dagegen ist die Herkunft der verschiedenen dunklen und lichten Kalksteine zu bestimmen. Sie stammen insgesammt aus den bayerischen und nordtyrolischen Alpen, vereinzelte Versteinerungen (z. B. Dachsteinbivalven bei Kirchseeon, Ammoniten im Fleckenmergel am Starnberger See, Gyroporellen im Wettersteinkalk von Leutstetten etc.) liefern hin und wieder wohl auch einen genaueren Hinweis ihrer Herkunft, allein bei der Mehrzahl der Kalkgerölle muss auf eine ganz sichere Bestimmung verzichtet werden. Von jüngeren Gesteinen habe ich Nummulitenkalk vom Blomberg bei Tölz, Flyschsandstein und Flyschschiefer und besonders häufig oligocänen Sandstein, sowie Mergelsandstein mit Cyrenen, Melanien und sonstigen Versteinerungen aus der Gegend von Penzberg, Tölz und Miesbach gefunden. Eine auffallende und sehr häufige Erscheinung in den Endmoränen bilden die Blöcke von festem Diluvialconglomerat, welche aus den tiefer gelegenen Theilen des bayerischen Hügellandes herrühren.

In der Nähe von München ist die Endmoräne des Isargletschers durch Stein- oder Kiesgruben besonders schön aufgeschlossen unmittelbar links neben der Eisenbahn, einige hundert Schritt südlich vom Bahnhof Mühlthal, ferner zwischen Leutstetten und Wangen, bei Hohenschäftlarn, auf der Dinghartinger Höhe im Strasseneinschnitt, sodann weiter südöstlich im Dorfe Linden. Die Endmoräne des Inngletschers wurde bei Kirchseeon durch Kiesgruben stark angeschnitten, sie ist ausserdem bei Reut nördlich von Ebersberg, bei Haus und Mattenbett u. a. O. gut entblösst. Sie besteht auch hier aus Blocklehm und gekritzten Geschieben, allein in der Vertheilung des Materials lässt sich eine Verschiedenheit vom westlichen Moränenbogen wahrnehmen. Die krystallinischen Gesteine herrschen entschieden vor und zwar stellen sich jetzt Glimmerschiefer, Granit und weisser Quarz besonders reichlich ein, während die Hornblende- und Granatgesteine sowie Kalksteine etwas sparsamer auftreten. Bei Kirchseeon liegen mächtige Blöcke von Diluvialconglomerat im Moränenwall; sie sind selten ganz scharfrandig, sondern wie die meisten übrigen Blöcke etwas an den Ecken und Kanten abgerundet. ...

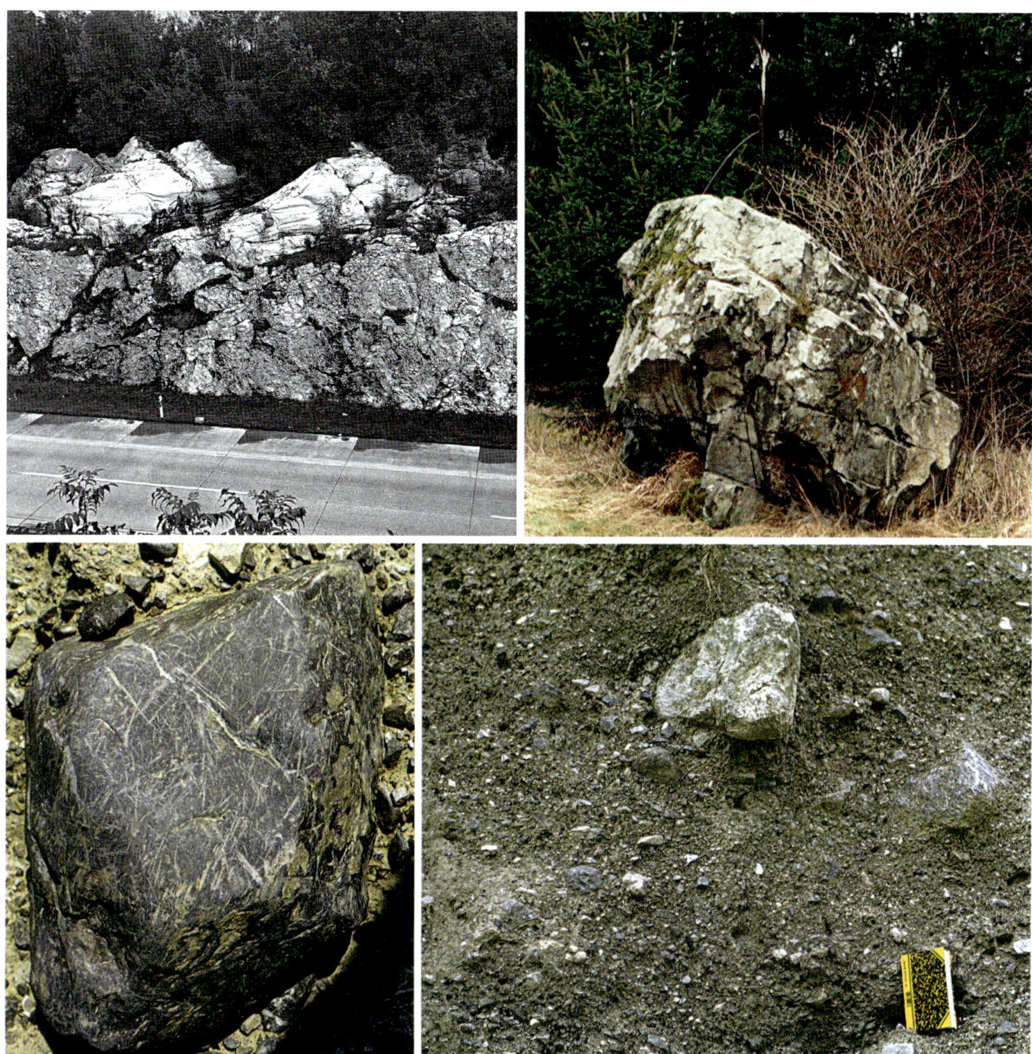

Abb. 11. Wirkungen und Sedimente des Eises. Oben links: Gletscherschliff auf Felsuntergrund (im Inntal). Er entsteht durch die schleifende Wirkung der im Eis eingefrorenen Gesteinsgeschiebe. Oben rechts: Amphibolit-Findling bei Percha. Solche tonnenschwere »erratische Blöcke« wurden vom Eis z.T. bis aus den Zentralalpen ins Alpenvorland transportiert; ihre Oberfläche ist ebenfalls vom Eis poliert. Unten links: Gekritztes Kalkgeschiebe als typisches Erkennungsgestein der Moränen. Unten rechts: Ungeschichtete und unsortierte Geschiebe- und Gesteinsblöcke in einer tonigen Grundmasse kennzeichnen die Moränen.

Der Gletscherboden konnte in der Hochebene von keinem der früheren Beobachter nachgewiesen werden, was sich leicht durch den Umstand erklären lässt, dass der ehemalige Eisstrom bei seinem Austritt aus dem Gebirge die Ebene bereits mit einer ziemlich mächtigen Decke von meist lockerem Geröll belegt fand, in welcher er keine dauernden Spuren hinterlassen konnte. Nur ausnahmsweise ragte ein Riff festen Tertiärgesteins aus dem losen Kiese hervor oder letzterer war stellenweise bereits zu festen Nagelfluebänken erhärtet und bot dem Gletscher eine Unterlage dar, auf welcher er seine abrundenden, glättenden und kritzenden Wirkungen einzeichnen konnte.

An zwei Stellen ist es mir gelungen den ehemaligen Gletscherboden mit Sicherheit zu constatiren und zwar beidemal im Gebiet des Isargletschers.

Am Schwaighof beim Ostersee erhebt sich aus dem Diluvialkies ein schmaler in ostwestlicher Richtung streichender Rücken von hartem, gelbgefärbtem sandigem Grobkalk, der in einzelnen Bänken viele kleine Gerölle führt und beinahe zu einem Conglomerat wird. Das in zwei Steinbrüchen abgebaute Gestein enthält ziemlich häufig Zähne von Carcharodon und Lamna, Steinkerne von Cardium, Cytherea, Pecten palmatus, Austern, sowie schlecht erhaltene Bryozoen und Corallen, gehört also der jüngeren (miocänen) Meeresmolasse an. Das Riff wird ringsum sowohl oben als seitlich durch eine exquisite Grundmoräne mit Blocklehm und geritzten Geschieben verhüllt. Da wo durch den Steinbruchbetrieb die Abräumung des Moränenschuttes erforderlich war und die Oberfläche des tertiären Sandkalksteines blosgelegt ist, sieht man dieselbe vollständig abgeschliffen und stellenweise, wenn auch nicht besonders deutlich mit Kritzen bedeckt. Die grobkörnige, rauhe Gesteinsbeschaffenheit war hier offenbar der Erhaltung von Gletscherstreifen ungünstig, aber das ganze Riff trägt das bestimmte Gepräge eines durch Gletscherthätigkeit hergestellten »Rundhöckers«.

Einen zweiten, wichtigeren Punkt, wo der Isargletscher seinen Boden in unverkennbarer Weise gezeichnet hat, entdeckte ich mit Baron von Barth bei Schäftlarn, 5 Stunden [!] südlich von München. Dem stattlichen Benedictinerkloster gegenüber am rechten Isarufer steht die feste diluviale Nagelflue in steilen Felswänden an und wird in ansehnlichen Brüchen als Baustein gewonnen. Hat man der Strasse nach Strasslach folgend die Höhe des Plateaus erreicht, so sieht man im obersten Steinbruch unmittelbar über der Nagelflue eine Ablagerung von zähem gelblichem Lehm mit sparsam eingestreuten, deutlich geritzten Geröllen. Die Arbeiter hatten zufällig eine Fläche von vielleicht 12 □Fuss abgeräumt und hier sah man wie sich unter der schützenden Lehmdecke die Gletscherwirkungen in wundervoller Deutlichkeit erhalten hatten. Die oberste Schicht der Nagelflue war vollständig abgeschliffen, die Gerölle des erhärteten Conglomerats erschienen wie mit einem Messer durchschnitten und die ganze Oberfläche war mit dicht gedrängten, parallelen scharfen Kritzen bedeckt, welche insgesammt in südnördlicher Richtung verliefen. In kleiner Entfernung unterhalb dieses interessanten Aufschlusses hört die Endmoräne auf, welche hier unwiderleglich die in ansehnlicher Mächtigkeit entwickelten Bänke des älteren, geschichteten Diluviums überlagert. ...«

Im folgenden geht Zittel auf die Herkunft der kristallinen Findlingsblöcke aus den Zentralalpen ein. Er zieht daraus den Schluss,

»dass sich von dem Hauptgletscher, welcher das ganze Innthal nebst den tributären Seitenthälern und den östlichen Theil der bayerischen Hochebene erfüllte, Seitenarme abzweigten, welche gewisse niedrige Joche überschritten und so durch die bayerischen Alpen nach der Ebene gelangen konnten. So wurde die oben als Isargletscher

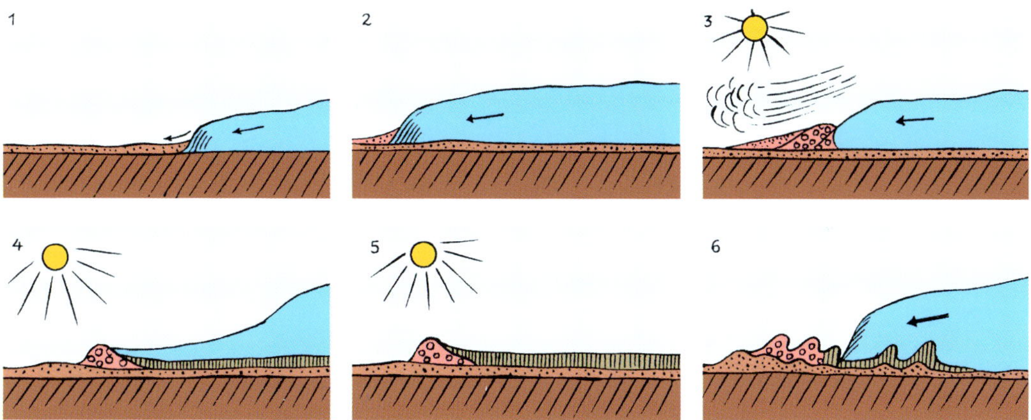

Abb. 12. Entstehung der Gletscherablagerungen. – Nach v. Bülow 1947.
1–2. *Das Eis rückt heran; sein Schmelzwasser breitet Sand- und Kiesfächer aus (Vorstoßschotter) über die der Gletscher hinwegschreitet.* **3.** *Wo Nachschub und Abschmelzen sich die Waage halten, häuft sich am Eisrand die Endmoräne und vor ihr der Schmelzwassersand an. Gletscherwind treibt braune Staubwolken ins Vorland (Löß).* **4.** *Mit wärmer werdendem Klima schmilzt der Gletscher dahin; sein erdiger Inhalt bleibt als Grundmoräne liegen.* **5.** *Grundmoräne, Endmoräne und Schmelzwasserabsätze …* **6.** *… werden vom erneut vorstoßenden Eise aufgestaucht und pressen sich in Hohlräume des Eises. Zurück bleibt schließlich eine wildbewegte Hügellandschaft (Stauchmoräne).*

bezeichnete Eismasse südlich von München von mehreren Gletscherarmen gespeist, unter denen der westliche nördlich von Imst die Passhöhe überschritt und über Garmisch und Murnau das Flachland erreichte. Ein zweiter Arm folgte, nachdem er oberhalb Zirl den Leutaschpass in einer Höhe von 3600' passirt hatte (woselbst mächtige Schuttmassen seine Anwesenheit bezeugen) der Isar über Mittenwald nach Walchensee, von wo er in gerader Richtung weiterschreitend sich vor dem Kochelsee mit dem westlichen Arm sich vereinigte. Zwei weitere Seitengletscher kamen nach Stark aus dem unteren Innthal. Der eine von Jenbach über Achthal und Fall nach Tölz mit einer Seitenabzweigung über Kreut nach Tegernsee, der andere von Rattenberg nach Kreut, Rottach und Schliersee.

Alle diese Arme, welche im Isargletscher der bayerischen Hochebene zusammenflossen, waren in ziemlich enge Thäler eingeschlossen und mussten überall sehr hochgelegene Pässe von 3000–4000 Fuss Höhe überschreiten. Da sie, wie aus der Verbreitung des Hochgebirgsdiluvium hervorgeht, jene Uebergangsstellen nicht beträchtlich überragten, so mussten sie bei ihrem Abschmelzen sehr bald so weit vermindert sein, dass die Pässe eisfrei und damit die nördlichen Gletscherarme von dem Hauptgletscher im Innthal und dessen riesiger Firnmulde abgeschnitten wurden.«

Diese für die Erforschungsgeschichte bedeutsamen Beobachtungen von Zittel können auch heute noch in der Landschaft nachvollzogen werden. Dies wird anhand der später folgenden Exkursionsbeschreibungen näher ausgeführt. Schwieriger ist es jedoch, den internen Aufbau der Moränen und ihre Geschiebe sehen zu können, da die alten Kiesgruben

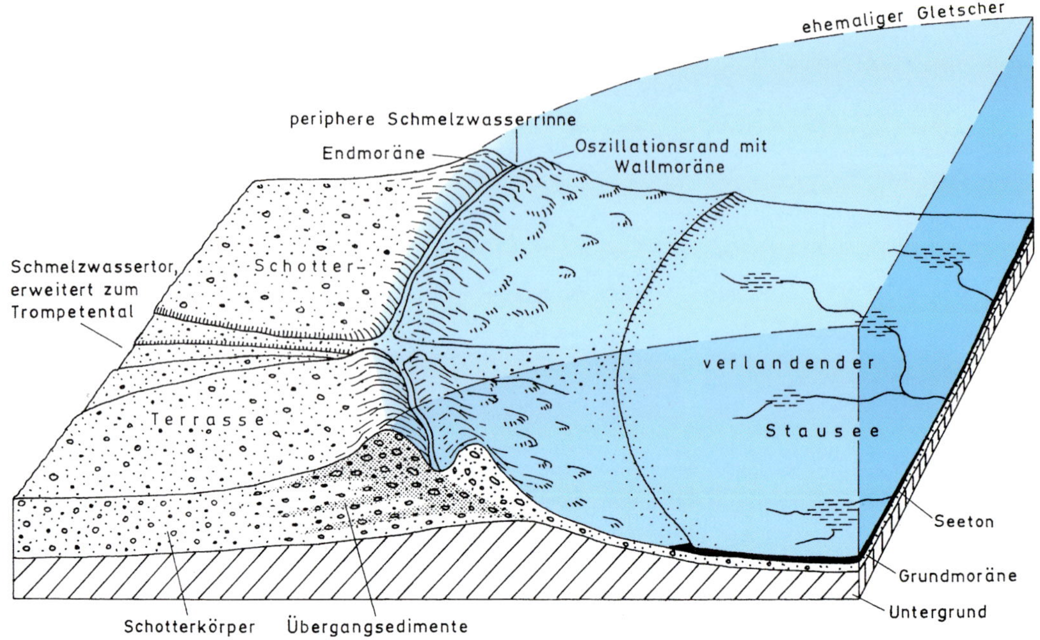

Abb. 13. Typische Gestaltung eines Endmoränenwalls mit Übergang in die Schotterterrassen davor und die Stauseebildung dahinter. Beim Zurückweichen des Gletschers entsteht ein zweiter Stillstandsrand. Die Schmelzwasser sammeln sich davor in einer peripheren Schmelzwasserrinne, strömen durch das ehemalige Gletschertor und schneiden sich trompetenartig in die Schotterterrassen davor ein. – Nach Penck & Brückner *1901.*

im Moränengebiet fast alle aufgefüllt sind. Es sollen hier aber die wichtigsten glazialen Formen und ihr interner Aufbau geschildert und abgebildet werden (vgl. auch Erläuterung der Fachbegriffe in Kap. 7).

In den Hochalpen ist noch heute die abtragende Wirkung der Gletscher deutlich sichtbar. In ihren Nährgebieten graben sie tiefe Karmulden ein, unterhalb haben sie die engen, V-förmigen Flusstäler zu breiten U-förmigen Trogtälern ausgehobelt, z. B. im Reintal im Wettersteingebirge. Gletscherschliffe auf dem festen Felsuntergrund zeugen allenthalben von dieser abhobelnden Tätigkeit. Die heute überall abschmelzenden Restgletscher hinterlassen klar ausgeprägte Seiten- und Endmoränen.

Die eiszeitlichen Gletscher dagegen stießen in großen, von den Zentralalpen gespeisten Eisströmen weit in das Alpenvorland vor. Noch vor dem Austritt aus den Alpen haben sie nicht nur die Täler verbreitert, sondern den Untergrund je nach Härte des Gesteins verschieden tief ausgeschürft, z. B. im Loisachtal zwischen Farchant und Oberau bis 400 m unter das heutige Tal. Am Austritt vor den Alpentoren verbreiterten sich die Gletscherströme zu großen Gletscherkuchen mit anschließenden Gletscherzungen. Mit abnehmender Eismächtigkeit ließ die ausschürfende Wirkung nach; nur in der Hauptstromrichtung von den Alpentoren nach Norden werden noch schmale, aber nicht mehr so tiefe Zungenbecken (Ammersee, Starnberger See, Wolfratshausener Becken) in den weichen Molasseschichten ausgearbeitet und subglazial ausgespült.

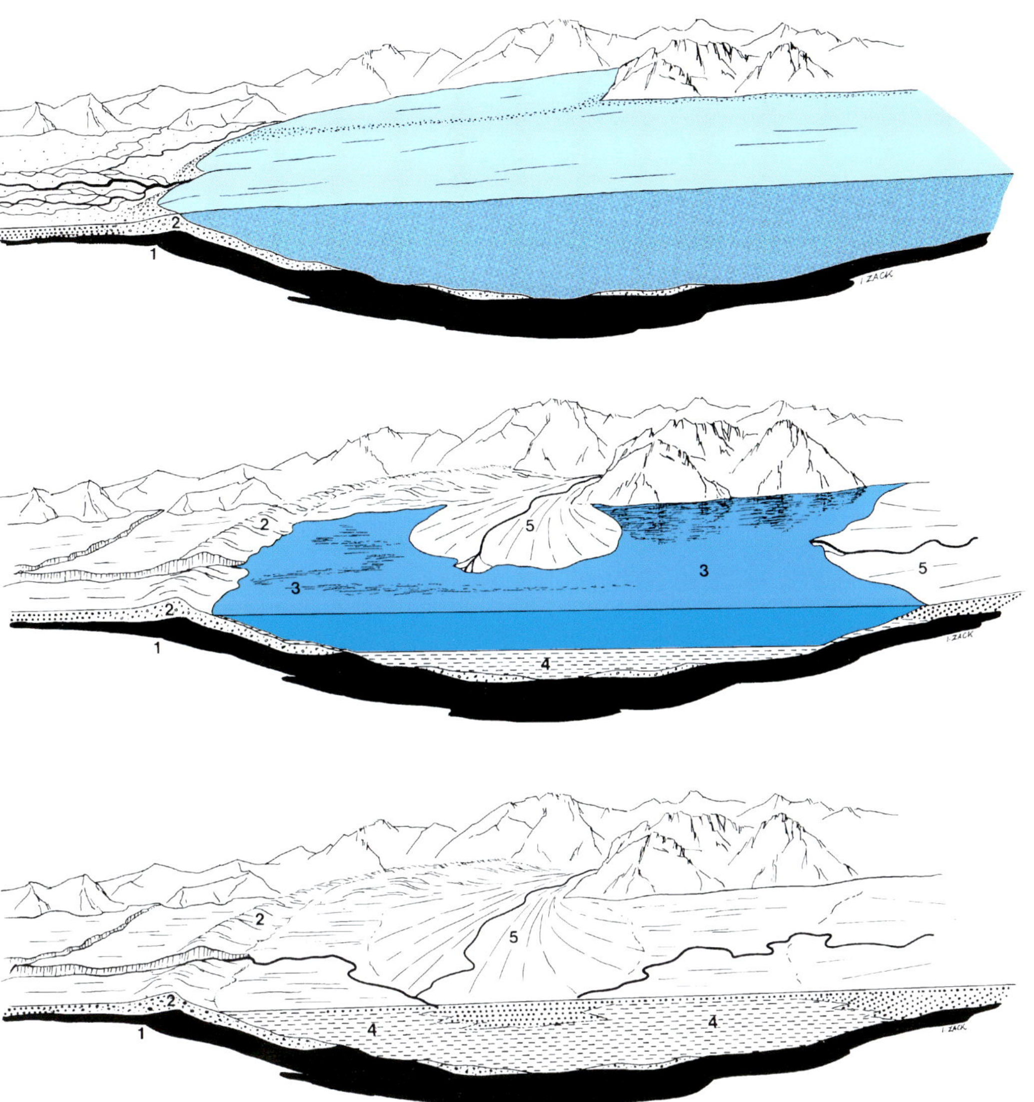

Abb. 14. Zungenbecken und ihre Entwicklung. Die durch die Eiserosion entstandenen, gegenüber dem Untergrund (1) oft mehrere 100 m übertieften Zungenbecken werden von Endmoränen (2) umschlossen. An diese schließt die gleich alte Terrassenschüttung an, die eine mächtige Füllung des Tales im Vorfeld des Gletschers über große Entfernung darstellt. Parallel mit dem Abschmelzen des Eises und dem Zurückweichen der Eisfront wurden Moräne und Terrasse zerschnitten, und es bildete sich in der nun eisfreien Wanne ein See (3) aus. In diesem lagerten sich im Becken feinkörnige Sedimente (4) (Schwebstoffe) ab, während an der Mündung der Flüsse und Bäche Deltas mit den gröberen Ablagerungen (5) (Sand, Kies) entstanden. In den Gebieten mit hoher Schwebfracht (besonders Gebiete mit kristallinen Gesteinen) sind die Becken bereits bald nach ihrer Bildung verfüllt worden, während im Bereich kalkalpiner Flüsse die Seen oft bis heute erhalten blieben. – Nach v. Husen 1987.

Am abschmelzenden Ende des Gletscherstroms wurde der mittransportierte Gesteinsschutt abgelagert. Bei längeren Stillstandsphasen kam es dabei zur Bildung von Endmoränenwällen halbkreisförmig um die Zungenbecken. Die Moränen bestehen aus unsortierten Geschieben und großen Blöcken in mergeliger Grundmasse. Auch Schrammen auf der Oberfläche der Geschiebe beweisen den schiebenden Transport durch das Eis. Die am Ende des Gletschers z. T. in Toren austretenden Schmelzwässer verfrachteten das feinere Material (Kies und Sand) und lagerten es in Sanderflächen ab (z. B. Münchener Schotterebene). Bei stärkerem Abschmelzen des Gletschers blieb sein gesamter Gesteinsschutt am Boden liegen und bildete die mergelreiche Grundmoräne. Das Abschmelzen erfolgte jedoch in Phasen; bei kürzeren Stillständen kam es somit zur Bildung von weiteren, meist kleineren Rückzugsmoränenwällen. Dadurch entstand das komplizierte Bild der Moränengirlanden um die Zungenbecken, wie es die Karte von Rothpletz (S. 42–43) so anschaulich zeigt. Im Staubereich zwischen der Ammersee- und der Würmsee-Gletscherzunge vor und auf Tertiär-Rücken wurden die Grundmoräne und vorher abgelagerte Schotter z. T. zu den Schwärmen der charakteristischen, stromlinienförmigen Drumlinhügel umgeformt (Drumlinfelder von Andechs und Eberfing). Sind beim Rückschmelzen der Gletscher Eisblöcke in den Moränen und Schotterfeldern zurückgeblieben, so bildeten sich nach dem Abtauen daraus kleine Hohlformen, die sog. Toteiskessel. Größere Toteisgebiete wurden zu reich gegliederten Seenlandschaften (z. B. die Eiszerfallslandschaft der Osterseen). Mündeten weiterhin große Flüsse in diese Seenbecken, so wurden sie rasch aufgefüllt, wie z. B. das Wolfratshausener Becken durch die Isar und das Kochelseebecken durch die Loisach. An der Einmündung dieser Flüsse entstanden große Kiesdeltas (z. B. Geretsrieder und Großweiler Schotterfeld); im See selbst lagerte sich die tonige Gletschertrübe als Seeton ab. Die ehemaligen Gletscherabflüsse im Norden der Zungenbecken haben sich heute zu tiefen Talschluchten eingeschnitten (Würmdurchbruch, Isartal). An den Hängen dieser jungen Täler kommt es immer wieder zu großen Bergrutschen. Kleinere Gletscherabflüsse sind trockengefallen (z. B. Gleißental bei Deisenhofen und Teufelsgraben bei Holzkirchen).

Nach der Eiszeit haben sich auf den wasserstauenden Seetonen besonders am niederschlagsreichen Alpenrand große Moore gebildet (Murnauer Moor, Kocheler Moor, Penzberg-Königsdorfer Moor). Außerdem ist ein Teil der Toteisseen und der großen Zungenbeckenseen verlandet (z. B. Ammersee-Moor, Leutstettener Moor). Stellenweise haben sich auch Kalktuffe am Rande der Seen abgeschieden (z. B. Pollinger Tuff südlich Weilheim).

4. Wie war der Ablauf der Eiszeiten?

In unseren bisherigen Schilderungen haben wir nur allgemein von der Wirkung einer Vergletscherung geschrieben. Die junge Landschaft der Moränenwälle ist hauptsächlich ein Werk der letzten Vereisung, der sog. Würm-Eiszeit. Ihr Vorlandgletscher bestand nur 10000 Jahre (ca. 25000–15000 vor heute*). Das Eiszeitalter begann jedoch in den Alpen sicher schon vor einer Million Jahren und brachte zahlreiche Vereisungsperioden mit immer wiederkehrenden Vorstößen der Gletscher ins Alpenvorland und anschließendem Abschmelzen in Wärmeperioden. Untersuchungen an Tiefseebohrkernen und ihrem Fauneninhalt lieferten eine genaue Klimakurve. Sie zeigt, dass schon vor 2,47 Mio. Jahren die Abkühlung auf der Nordhalbkugel begann und dass sich fast 20 verschiedene Vereisungsphasen nachweisen lassen.

In unserem Raum spielen jedoch nur die letzten vier Eiszeiten eine erkennbare Rolle, die schon Penck nachgewiesen hat (Günz-, Mindel-, Riß- und Würm-Eiszeit). Die drei älteren Eiszeiten, in denen nach heutiger Erkenntnis jeweils mehrere Eisvorstöße erfolgten, hat Penck nach oberschwäbischen Flüssen benannt, an deren Abfolgen von Schotterterrassen die Eiszeiten gut zu erkennen sind. Die ältesten liegen oben, sind meist durch Kalklösungen zu Nagelfluh verfestigt und haben mächtige Verwitterungs- und Lößlehmbedeckung (Deckenschotter). Weiter in sie eingeschnitten ist die Hochterrasse der Riß-Eiszeit und die Niederterrasse der Würm-Eiszeit. Im Gegensatz zu dieser klaren Terrassentreppe im Iller-Lech-Gebiet liegen in der Münchener Schotterebene die älteren verfestigten Schotter unten, die jüngeren meist darüber.

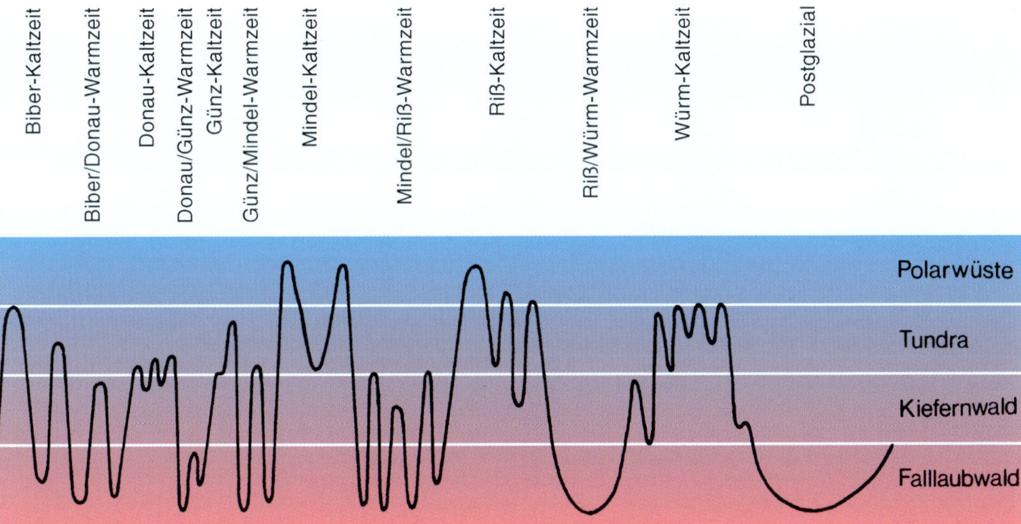

Abb. 15. Aus der Veränderung der Vegetation im Verlauf der verschiedenen Kalt- und Warmzeiten in Mitteleuropa kann auf die Temperaturschwankungen geschlossen werden. Man erkennt deutlich, dass jede Kaltzeit nochmals durch Wärmeperioden untergliedert ist und es daher zu mehreren Eisvorstößen kommt.

* Bei diesen Altersangaben handelt es sich um ^{14}C-Alter; Kalenderjahre sind es ca. 1000–1500 mehr.

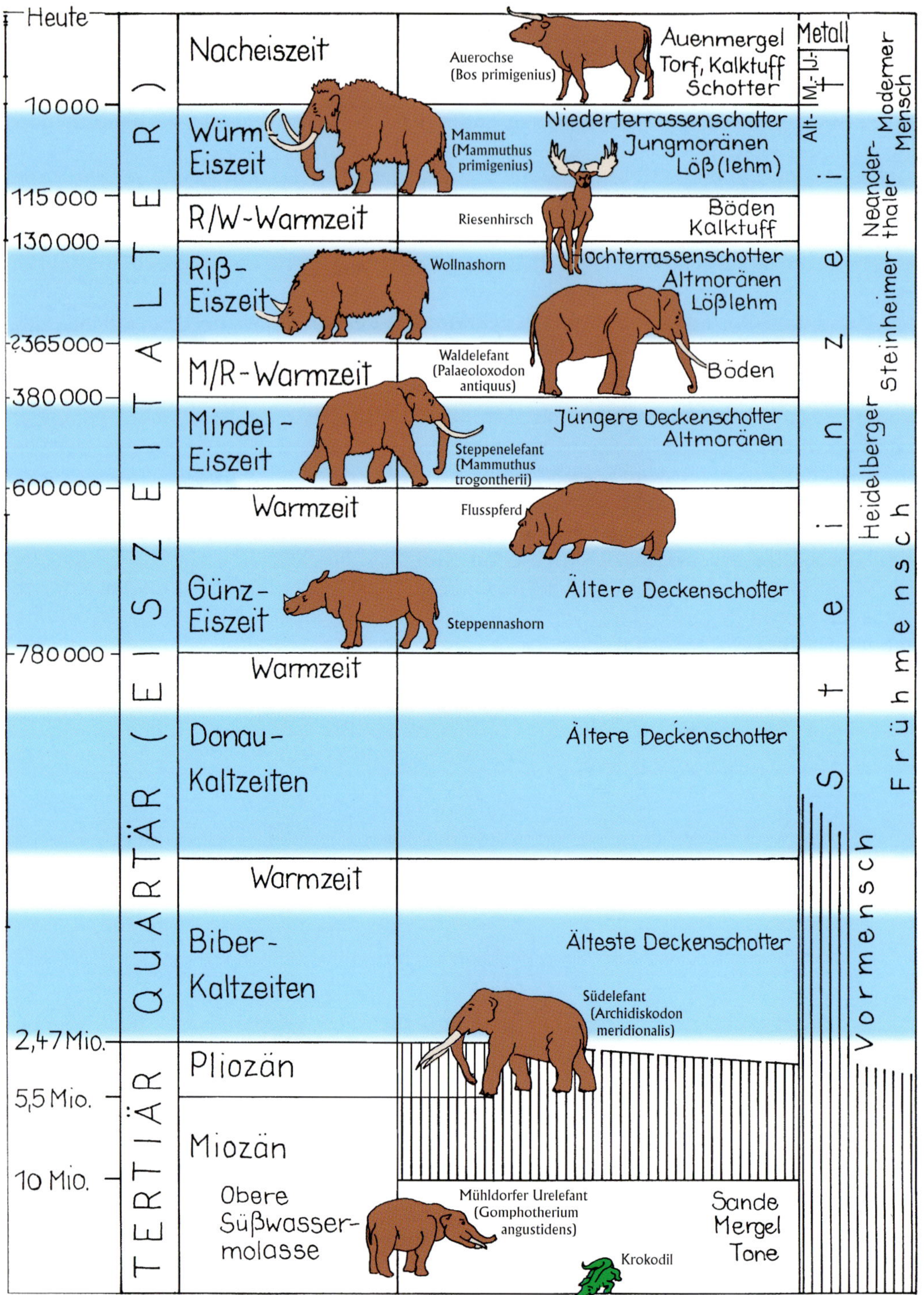

Abb. 16. Gliederung des Eiszeitalters (Quartärs) und die Entwicklung der eiszeitlichen Fauna. – Nach Entwurf DOPPLER.

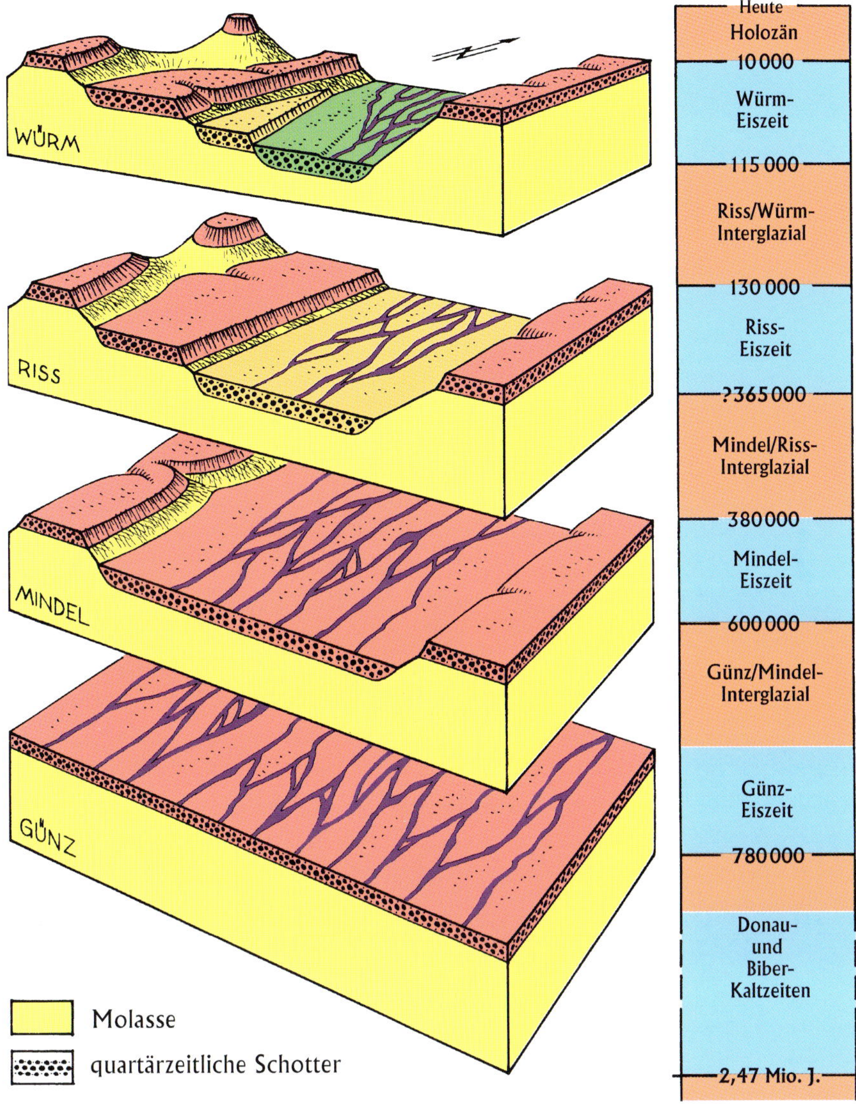

Abb. 17. Entwicklung der Terrassenlandschaft im westlichen bayerischen Alpenvorland.
Günz-Eiszeit: Die von Süden kommenden Schmelzwasserflüsse bilden riesige Schotterflächen, die Älteren Deckenschotter.
Mindel-Eiszeit: Die von Süden geschütteten Schmelzwasserschotter füllen sehr breite, in die älteren Deckenschotter eingeschnittene Täler aus, die Jüngeren Deckenschotter.
Riß-Eiszeit: Die rißeiszeitlichen Schmelzwässer finden in die beiden Deckenschotter eingesenkte Täler vor, die sie mit den Hochterrassenschottern ausfüllen.
Würm-Eiszeit: Die Niederterrassenschotter der letzten Vereisungsperiode liegen am tiefsten. Die älteren Schotterfluren sind nur noch in Resten erhalten.
Rechts ist die schematische Untergliederung des Quartärs im Alpenraum dargestellt. Anfang und Ende der Eiszeiten (blau) und Interglazialzeiten (rot) sind in ^{14}C-Jahren vor heute angegeben; dabei entsprechen 10300 ^{14}C-Jahre 11580 Kalenderjahren. Die Altersangaben für die älteren Eiszeiten sind noch sehr unsicher. – Nach Scholz & Scholz 1981.

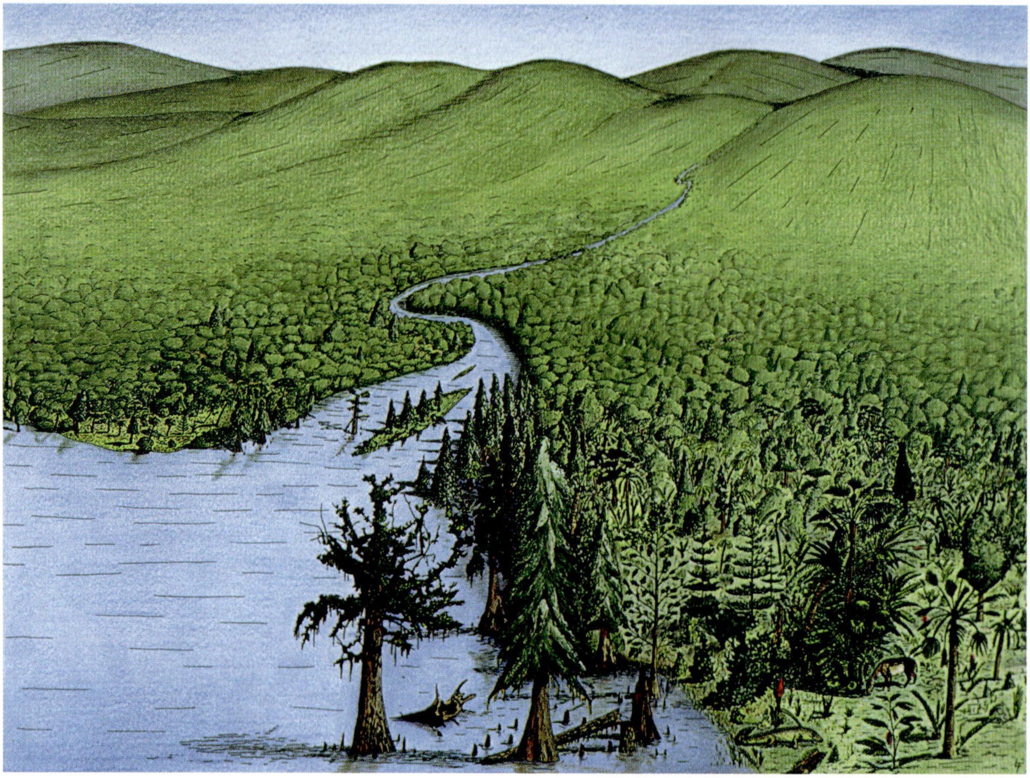

Abb. 18. Landschaftsbild des nördlichen Alpenvorlandes zur Entstehungszeit der Oberen Süßwassermolasse (Miozän). Im Bereich der Flussmündungen wächst ein Sumpfwald mit Sumpfzypressen (vorne links, Taxodium distichum) und Wasserfichten (Glyptostrobus), aus denen später die Braunkohle entsteht. Typisch für diese Arten sind die aus dem Wasser herausragenden Luftwurzeln (Pneumatophore). Auf dem trockenen Festland breitet sich ein subtropischer Wald aus, in dem neben verschiedenen Laubbäumen (u.a. Walnussgewächse: Juglandaceen, Erle: Alnus, Esche: Fraxinus, Ahorn: Acer, Lorbeergewächse: Cinnamomum polymorphum und Daphnogene), Palmen, Schachtelhalm (Equisetum) und Mammutbäume (Sequoia) wachsen. Die Alpen haben noch den Charakter eines Mittelgebirges. – Entwurf und Zeichnung L. Feldmann.

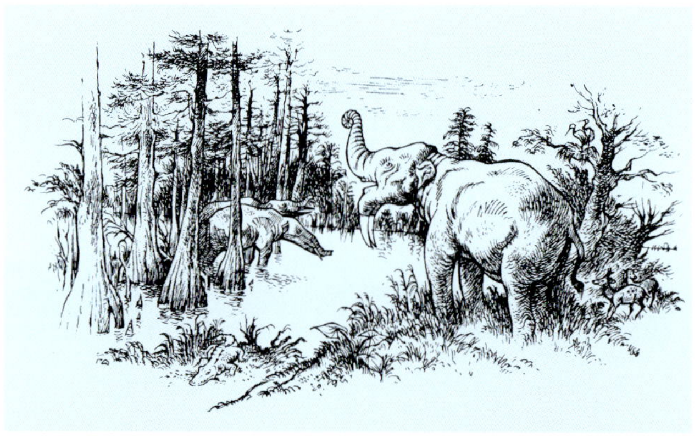

Abb. 19. Lebensbild in der Zeit der Oberen Süßwassermolasse. Überschwemmungsgebiet mit Sumpfzypressenwald; rechts der Hauerelefant Dinotherium, dahinter zwei Zwerghirsche, links vorne ein Krokodil, dahinter zwei Gomphotherien (Mühldorfer Urelefant). – Aus Scholz 1981.

4.1. Die tertiäre Landschaft vor der Eiszeit

Im warmen Klima der ausgehenden Tertiärzeit vor etwa 10–15 Mio. Jahren wurden große Schuttströme aus den aufsteigenden Alpen in das Molassebecken geschüttet (Obere Süßwassermolasse). Der Hauptstrom kam von Südosten aus dem Salzach- und Enns-Gebiet (Ur-Salzach und Ur-Enns). Riesige Sumpfwälder bedeckten die Flussniederungen, in denen sich eine subtropische Flora und Fauna entfaltete. In unserem Gebiet kamen kleinere Schuttfächer, die gröbere Geröllschüttungen in die Feinsandniederungen brachten, direkt aus den Alpen. Diese groben Schuttkegel bilden heute charakteristische Berge vor den Ausgängen der ehemaligen tertiären Alpenflüsse (Peißenberg, Tischberg und Taubenberg). Durch das Eis sind sie später als Härtlinge gegenüber ihrer weicheren Umgebung aus Feinsand herauspräpariert worden und haben wie Eisbrecher den Eisstrom in einzelne Gletscherzungen geteilt (z. B. am Tischberg).

Gegen Ende der Tertiärzeit kam es durch Hebung im Westen zur Umkehrung der Entwässerungsrichtung im Molassebecken; es bildete sich allmählich die nach Osten entwässernde Donau mit ihren Nebenflüssen heraus. Mit der Abkühlung des Klimas tieften sich die Flüsse in die Molassesande ein. Erstmals kann nun der etwaige Verlauf der Ur-Isar festgestellt werden, die von Bad Tölz nach Osten abbog und bei Wasserburg in den Ur-Inn mündete. Auch Wolfratshausener-, Starnberger- und Ammersee-Becken müssen schon durch vorglaziale Flüsse (Ur-Loisach und Ur-Ammer) vorgezeichnet worden sein.

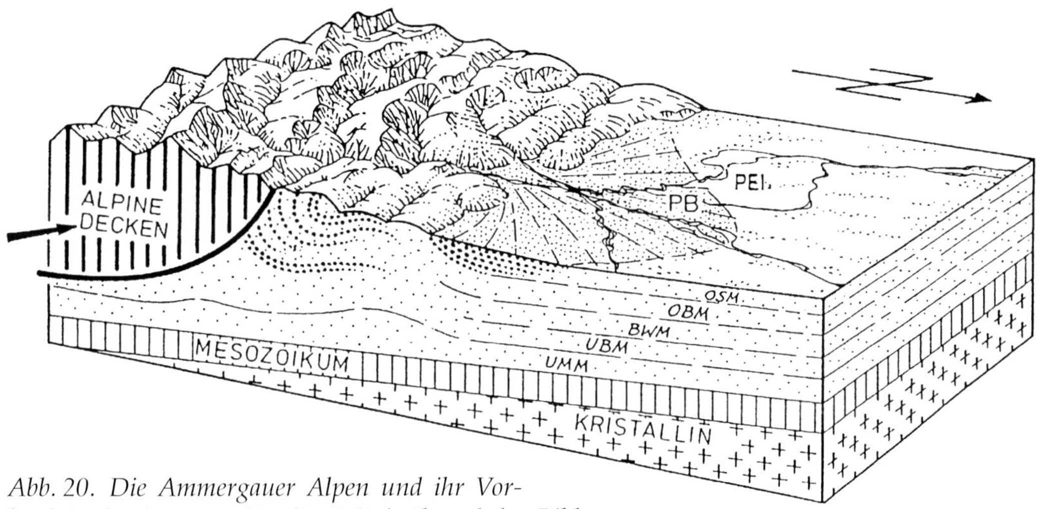

Abb. 20. Die Ammergauer Alpen und ihr Vorland in der jüngeren Tertiär-Zeit (während der Bildung der Oberen Süßwassermolasse). Rasch fließende Alpenflüsse schieben im Gebiet des Hohen Peißenberges (PB) einen ausgedehnten Schwemmfächer aus Schottern nach Norden ins Molassebecken vor. Zur gleichen Zeit entstehen im Osten, Norden und Westen dieses Fächers, etwa bei Peiting (PEI), feinkörnige Sedimente. Während die Ablagerung der Molassegesteine weiter im Norden noch im Gange ist, werden ihre südlicher gelegenen Teile von den nordwärts drängenden alpinen Decken zusammengestaucht und gefaltet. UMM = Untere Meeresmolasse, UBM = Untere Bunte Molasse, BWM = Brackwassermolasse, OBM = Obere Bunte Molasse, OSM = Obere Süßwassermolasse. – Zeichnung Scholz, Ms.

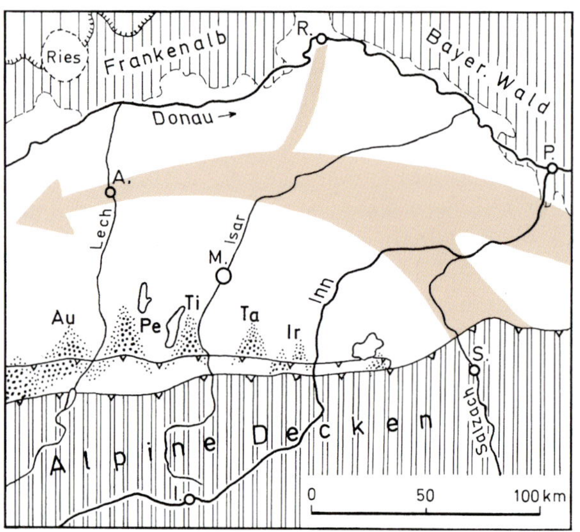

Abb. 21. Paläogeographisches Kärtchen zur Zeit der Oberen Süßwassermolasse. Die großen Flusssysteme von Ur-Salzach (mit Ur-Inn, bei Salzburg in die Salzach mündend) und Ur-Enns schieben von Südosten ihre Glimmersandfächer in das absinkende Molassebecken. Dagegen lieferten die kurzen Flussläufe aus den Kalkalpen nur kleine Geröllfächer. Sie bilden heute infolge ihrer größeren Verwitterungsbeständigkeit die charakteristischen Molasseberge vor den Alpen (Au = Auerberg, Pe = Peißenberg, Ti = Tischberg, Ta = Taubenberg, Ir = Irschenberg). – Nach Scholz *&* Scholz *1981.*

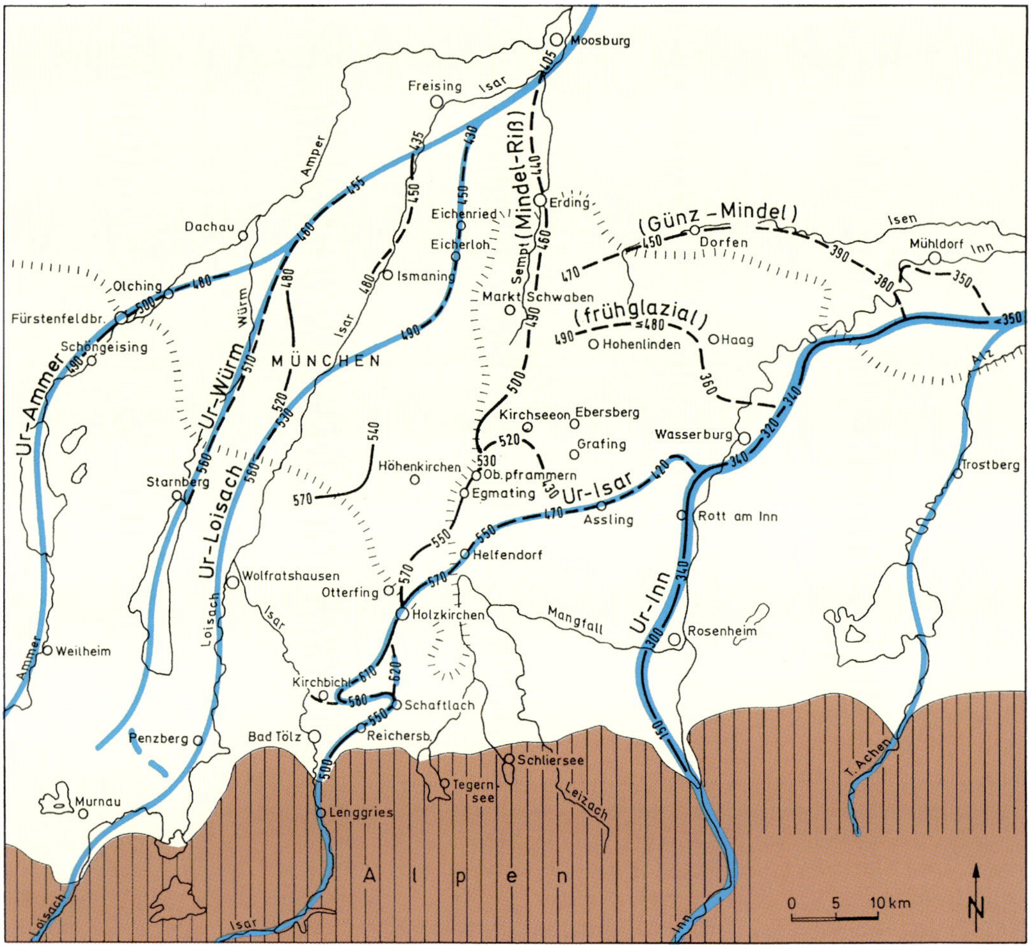

4.2. Die lange Zeit der frühen Vereisungen (Altpleistozän: Biber, Donau, Günz und Mindel)

ca. 2,47–0,4 Mio. Jahre vor heute

Über die langandauernden frühen Eiszeiten ist nur wenig Gesichertes bekannt, da die älteren Moränen immer wieder durch nachfolgende Gletscher überfahren und einplaniert wurden. Nur ihre oft verfestigten Schotterablagerungen im nördlichen Vorland sind teilweise erhalten. Sie bilden die Schotterterrassen-Treppen an Iller und Lech* und auch den Nagelfluhsockel unter der südlichen Münchener Schotterebene; sie reichen noch weit nach Süden unter die Jungmoränen. Die alten Gletschervorstöße folgten den vorglazialen Flusstälern und formten sie allmählich in die Zungenbecken aus. Die dazwischen liegenden harten Nagelfluhplatten blieben stehen und wirkten später auch als Gletscherteiler. Moränenreste sind nur von der letzten Alteiszeit (Mindel) bekannt, insbesondere dort, wo sie am weitesten nach Norden vorstießen und nicht von jüngeren Gletschern überfahren wurden (z. B. südlich Dorfen oder in kleinerem Umfang östlich Fürstenfeldbruck und bei Wangen an der Starnberger Autobahn); es besteht nach Kunz auch die Möglichkeit, dass es sich hier um frührißeiszeitliche Moränen handelt.

In Bohrungen wurden zwischen dem Starnberger See und dem Wolfratshausener Becken ältere, wohl mindelzeitliche Moränen unter jüngeren Moränen angetroffen, die durch zwischeneiszeitliche Verwitterungslehme ähnlich wie bei den Nagelfluhabfolgen getrennt sind. Da an den Beckenrändern die verfestigten Deckenschotter weit nach Süden reichen, müssen sich hier beim Rückzug des Gletschers periphere Schmelzwasser-Schotterstränge abgelagert haben, z. T. haben die Gletscher auch ihre Vorstoßschotter überfahren.

Durch den Vorstoß des mindelzeitlichen Inn-Gletschers bis nach Dorfen und die Ablagerung seiner Moränenwälle wurde die Ur-Isar immer weiter nach Norden abgedrängt, so dass sie schließlich nach der Mindel-Eiszeit bei Moosburg in die Ur-Loisach mündete und deren Tal durch das Molassebecken Richtung Deggendorf zur Donau benützte. Durch den Aufstau der Ur-Isar kam es zur großflächigen Aufschotterung der Münchener Schotterebene.

Hinter den Moränen in den Zungenbecken bildeten sich nach Abtauen des Eises Stauseen, die sich z. T. mit Seetonen füllten; erhalten sind diese alten Seetone nur bei Icking und Schäftlarn am Westrand des Wolfratshausener Beckens.

---

* Nur beiderseits des unteren Lechs bei Augsburg sind Reste von Deckenschottern der ältesten Eiszeiten (Biber u. Donau) zu finden.

◁ *Abb. 22. Vermutliche Flussläufe im Voralpenland vor den Eiszeiten. – Nach* Bader *1982. Durch Bohrungen und geophysikalische Messungen konnten unter den eiszeitlichen Ablagerungen verschiedene Rinnen (blau, mit Höhenangaben) in den tertiären Tonen und Sanden (gelb) festgestellt werden. Während Ammer, Würm und Loisach schon damals in etwa ihren heutigen Lauf angelegt haben (München somit an der Ur-Loisach lag), floss die Ur-Isar wohl von Bad Tölz nach Nordosten in den Inn. Im Laufe der Eiszeiten hat sich die Isar dann immer weiter nach Norden verlagert. Wo die alten Rinnen mit mächtigen eiszeitlichen Schottern gefüllt sind, wie besonders an Würm und Loisach unmittelbar südwestlich München, führen sie große Mengen von Grundwasser und sind für die Wasserversorgung wichtig.*

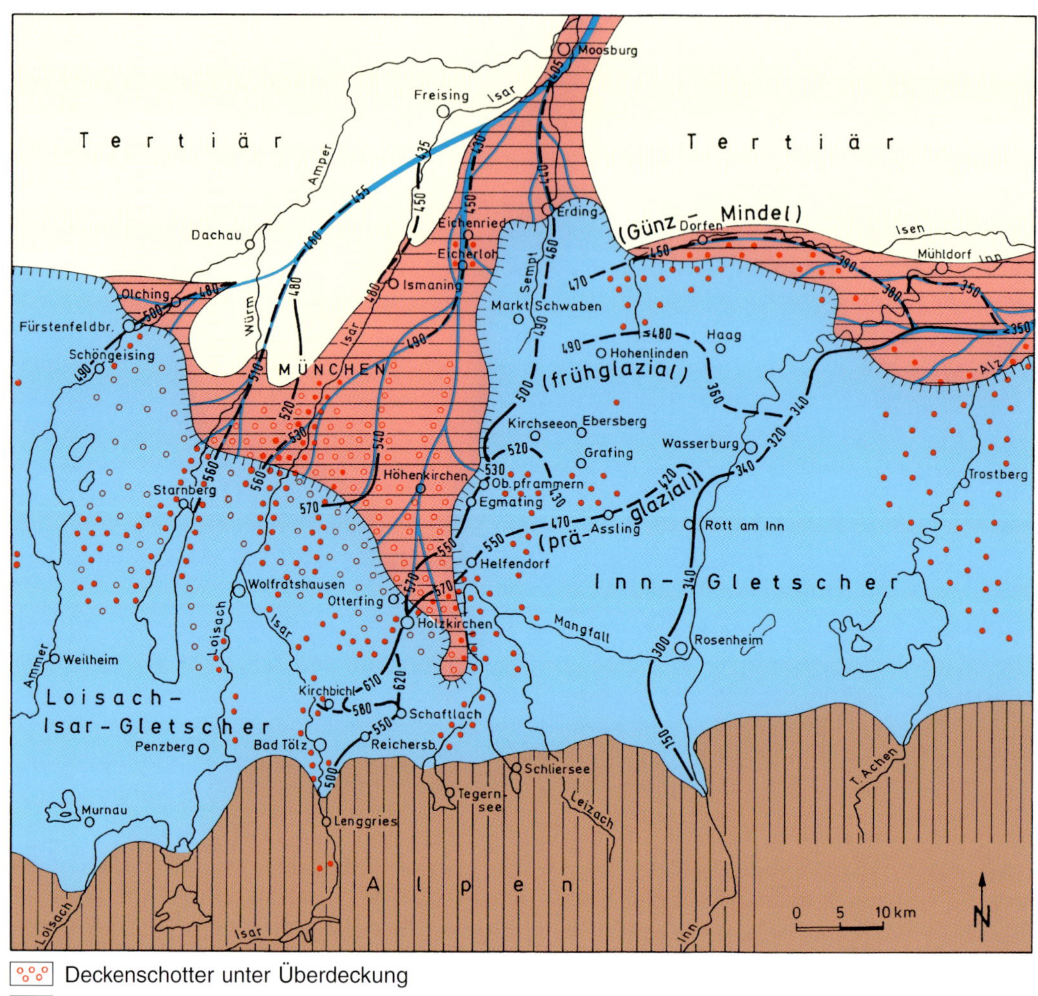

Deckenschotter unter Überdeckung

Deckenschotter anstehend

äußerster Rand der Altmoränen (meist Riß)

Münchener Schotterebene im Aufbau

Abb. 23. Das Voralpenland während der älteren Eiszeiten. – Zum Teil nach Entwurf BADER. *Die älteren Gletschervorstöße haben die alten nach Norden gerichteten Flussläufe benutzt und zu Zungenbecken ausgeschürft. Nur das alte nach Nordosten verlaufende Isartal zwischen Bad Tölz und Wasserburg wurde von Moränen und Schottern verschüttet. Durch den weit nach Norden vorgeschobenen Inn-Gletscher und seine Moränen war der Abfluss nach Osten versperrt, die Schmelzwässer wurden alle trichterartig nach Norden gelenkt. Dabei kam es zur Ausspülung der weichen Tertiärschichten und zur Ablagerung großer Schottermassen im Südteil der Münchener Ebene. Diese Deckenschotter lassen sich zwischen den Zungenbecken noch weit nach Süden unter die Altmoränen verfolgen; sie werden hier z.T. als Vorstoßschotter des vorrückenden Eises gedeutet, z.T. als periphere Schmelzwasser-Schotterstränge, die beim randlichen Abschmelzen des Eises entstanden. Nach Abschmelzen der Gletscher bildeten sich in den Zungenbecken des Ammer-Loisach-Bereichs bereits die ersten Seen. Die Ur-Isar fand ihren Weg über Erding nach Norden und mündete bei Moosburg in die Loisach.*

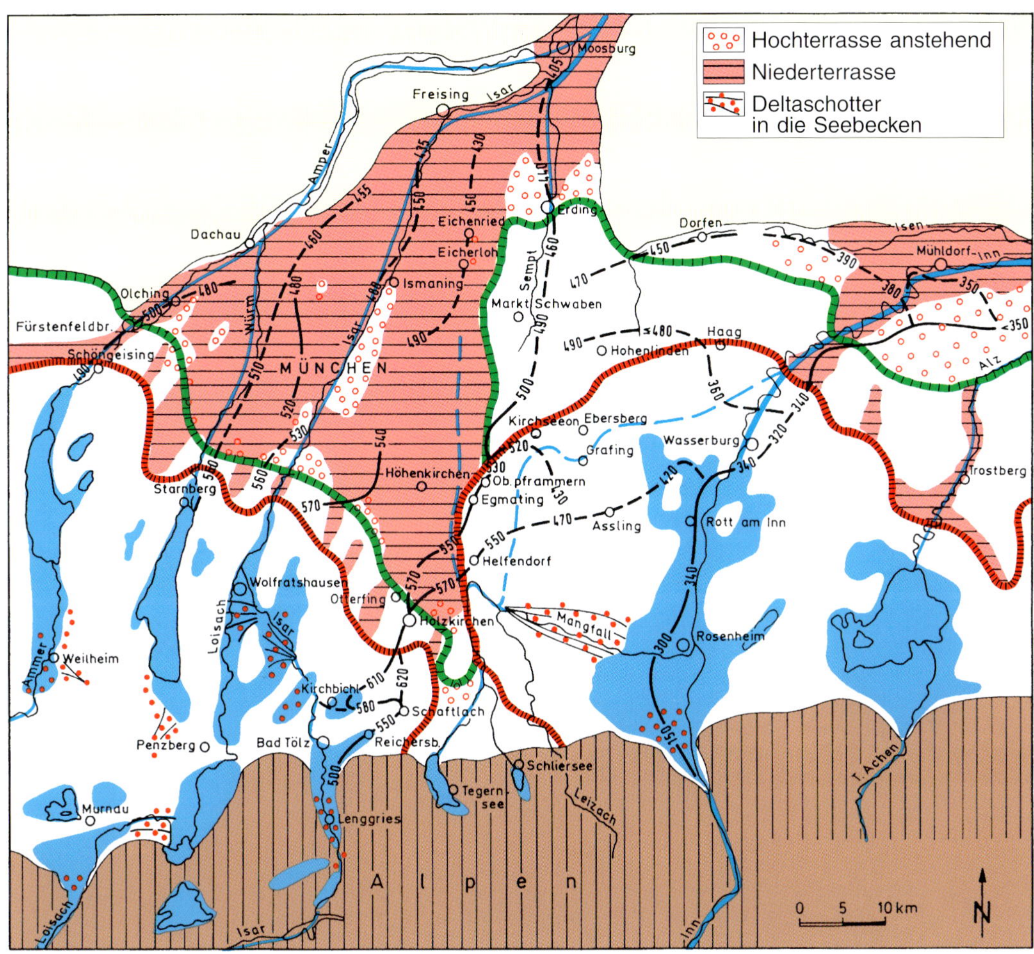

Abb. 24. *Das Voralpenland am Ende der Würm-Eiszeit. – Zum Teil nach Entwurf* Bader.

In der Riß- und Würm-Eiszeit wiederholten sich die in Abbildung 23 geschilderten Vorgänge. Die Münchener Schotterebene dehnte sich weiter nach Norden aus. In der Riß-Eiszeit wurde die Hochterrasse im Süden über die Deckenschotter, im Norden über Tertiär geschüttet. Anschließend wurden in der Würm-Eiszeit große Teile der Hochterrassenschotter abgetragen und in die Niederterrasse eingelagert. Nur wenige Hochterrassen-Inseln mit Lößdecken blieben stehen (z.B. zwischen Berg am Laim und Ismaning). Südlich des weiter zurückliegenden Jungmoränengürtels bildeten sich sukzessive mit dem Zurückschmelzen der Gletscherzungen große Seengebiete, die sofort wieder mit Deltaschottern und Seetonen aufgefüllt wurden (wie z.B. der Wolfratshausener See durch die jetzt dorthin fließende Isar). Das Ammersee-Becken mit nur schwächerem Zufluss wurde nur zur Hälfte aufgefüllt, das Starnberger-See-Becken mit weitgehend fehlendem Zufluss blieb vollkommen erhalten. Die tiefen inneralpinen Becken sind hauptsächlich schon in der Riß-Eiszeit verfüllt und dann von den Würm-Gletschern kaum mehr ausgeräumt worden. Die aus dem Tegernsee kommende Mangfall, die zunächst auch nach Norden über die Schotterebene abfloss, hat mit dem Abschmelzen des Inn-Gletschers wieder einen Durchbruch in das tiefliegende Rosenheimer Becken geschaffen. Als Zwischenstadium wählte sie einen weiten peripheren Bogen nach Nordosten und schuf das heute z.T. trockene sogenannte Glonner Urstromtal zwischen den Rückzugsmoränen des Inn-Gletschers.

4.3. Die tiefe Ausformung der Zungenbecken und die flachen Altmoränen der Riß-Eiszeit

Die über 230 000 Jahre währenden Kaltzeiten des mittleren Pleistozäns wurde durch zwei längere Wärmephasen unterbrochen, so dass eigentlich drei Gletschervorstöße vorliegen (Doppler & Jerz 1995; Schreiner & Ebel 1981). Diese weiten Gletschervorstöße haben die schon im Altpleistozän angelegten Zungenbecken zwischen den Nagelfluhplatten kräftig vertieft und wahrscheinlich in ihrer heutigen Form ausgestaltet. Der über 100 m tiefe Starnberger See gibt noch heute diesen Eindruck wieder. Da er nun außerhalb der Abflussrinnen lag, wurde er nach dem Eisrückzug nicht aufgefüllt und konnte sich bis heute erhalten. Demgegenüber haben kleinere Zuflüsse in den Ammersee Seeton geliefert. Das Wolfratshausener Becken wurde weitgehend durch Loisach und nun wohl auch durch die nach Westen abgelenkte Isar verfüllt.

Girlandenförmig um die Zungenbecken hat der Gletscher die weit nach Norden reichenden Altmoränen abgelagert. Ihr nördlichster Teil ist noch heute zu sehen, da er sich außerhalb der jungen Würm-Moränen befindet. Dort wurden sie durch periglaziales Bodenfließen während der Würm-Eiszeit eingeebnet und von dicken Lößlehmen bedeckt; junge Abflüsse des Würm-Gletschers haben sie z. T. zerschnitten. Vor den Altmoränen liegen die zugehörigen Hochterrassenschotter, das Produkt der Gletscherabflüsse. Sie hatten schon fast die gesamte Münchener Schotterebene überdeckt.

In der Warmzeit zwischen den Eiszeiten hat sich die Vegetation immer wieder rasch ausgebreitet. Zeugen davon geben uns die Blätterkohlen in zwischeneiszeitlichen Tonablagerungen (z. B. bei Großweil).

4.4. Die kurze Würm-Eiszeit und ihre prägnante Jungmoränenlandschaft

Nach der Riß/Würm-Warmzeit begann sich vor etwa 115 000 Jahren das Klima wieder zu verschlechtern. In der über 90 000 Jahre währenden Frühwürm-Eiszeit wechselten kältere waldlose Tundren-Phasen mit wärmeren Waldzeiten. Durch Pollenuntersuchungen konnten Übergänge von wärmeliebenden Eichenmischwäldern zu Fichten-Tannen-Wäldern und Kälte bevorzugenden Kiefern-Birken-Wäldern nachgewiesen werden. An einigen Stellen sind kohlige Ablagerungen mit Pflanzenresten erhalten geblieben, die z. T. eine Altersdatierung mit Hilfe der ^{14}C-Datierung erlauben. So wurden z. B. in den Schieferkohlen in den Vorstoßschottern von Schwaiganger bei Murnau und von Höfen südlich Königsdorf Werte zwischen 65 000 und 60 000 Jahre vor heute gemessen. Etwas jünger (zwischen 45 000 und 40 000 Jahre) sind die höheren Schieferkohlen von Schwaiganger und die von Breinetsried westlich Penzberg, ebenfalls in frühwürmzeitlichen Schottern. Der jüngste Nachweis der Bewaldung vor der eigentlichen Hochwürm-Eiszeit gelang in der Tongrube Baumkirchen östlich Innsbruck mit 27 000 Jahren vor heute an Kiefernstämmen. Am Lansersee südlich Innsbruck wurde schon 14 000 Jahre vor heute eine Wiederbewaldung des Inntals nachgewiesen. Dazwischen lag demnach die nur sehr

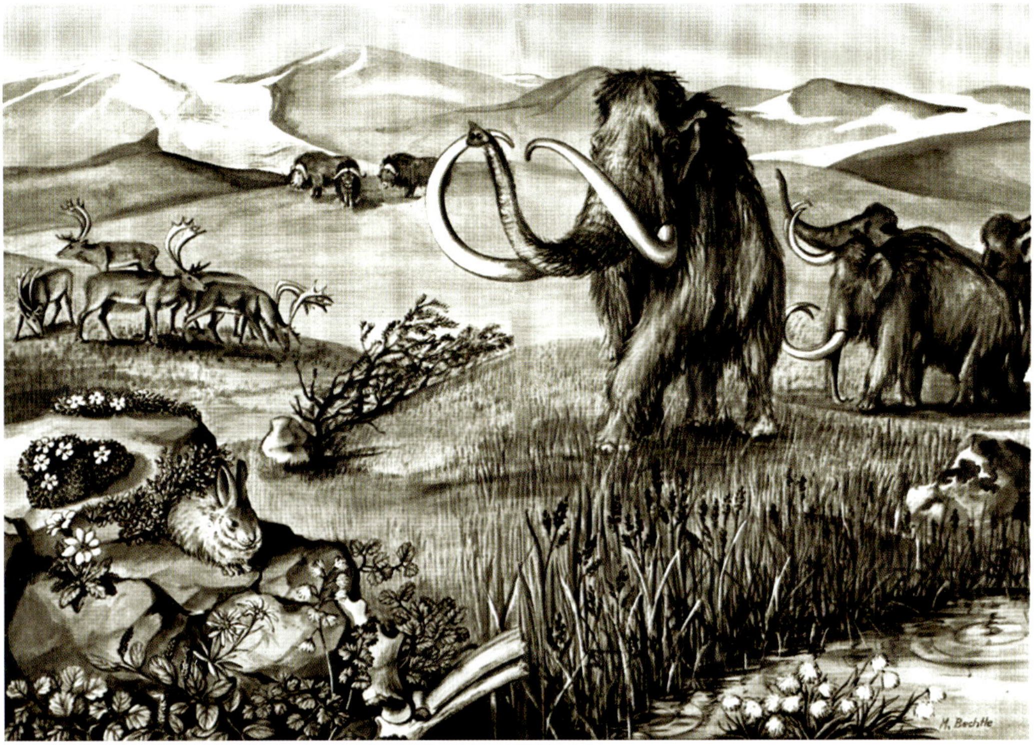

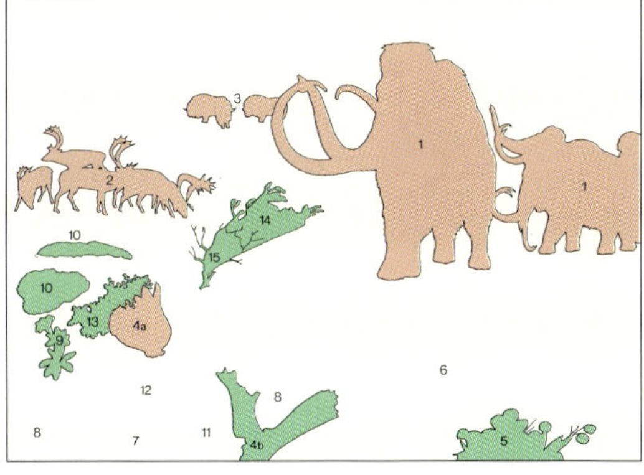

Abb. 25. Jungeiszeitliche Tundrenlandschaft vor den zurückschmelzenden Gletschern mit einer Mammutherde 1, Rentieren 2, Moschusochsen 3, Schneehase 4a, Resten eines von Höhlenhyänen angefressenen Fellnashornskelettes 4b, Zwergsträuchern (Zwergweiden 7, Zwergbuchen 8), Alpenpflanzen (Silberwurz 9, Steinbrech 10, Alpenwiesenraute 11, Edelweiß 12, Krüppelkiefern 14, 15) und Moorpflanzen (Wollgras 5, Riedgräser 6 und Moosbeere 13). – Nach THENIUS 1970.

kurze, aber kräftige hochwürmzeitliche Vereisung, bei der die Gletscher in Schüben fast bis München vorstießen. Die Jahresmitteltemperaturen sanken dabei im Alpenvorland auf Werte unter −3 °C (heute +7 °C). Die nur 10000 Jahre andauernde Hochwürm-Eiszeit hat die Landschaft nicht mehr grundlegend umgewandelt, aber die für den Wanderer so interessanten Jungmoränen-Hügel geschaffen. Diese zeigen noch heute das klare Bild ihrer Entstehung und sind nicht so »verwaschen« und undurchsichtig wie die der älteren Eiszeiten. Der kurzfristige Vorstoß der Würm-Gletscher musste sich an den vorgegebenen Rahmen halten und hat nur in den vorher z. T. verfüllten Zungenbecken die weichen Seetone ausgeräumt. Sein maximaler Eisrand hinterließ einen charakteristischen, z. T. zweigegliederten, girlandenförmigen Endmoränenzug um das Nordende der Zungenbecken. Aus

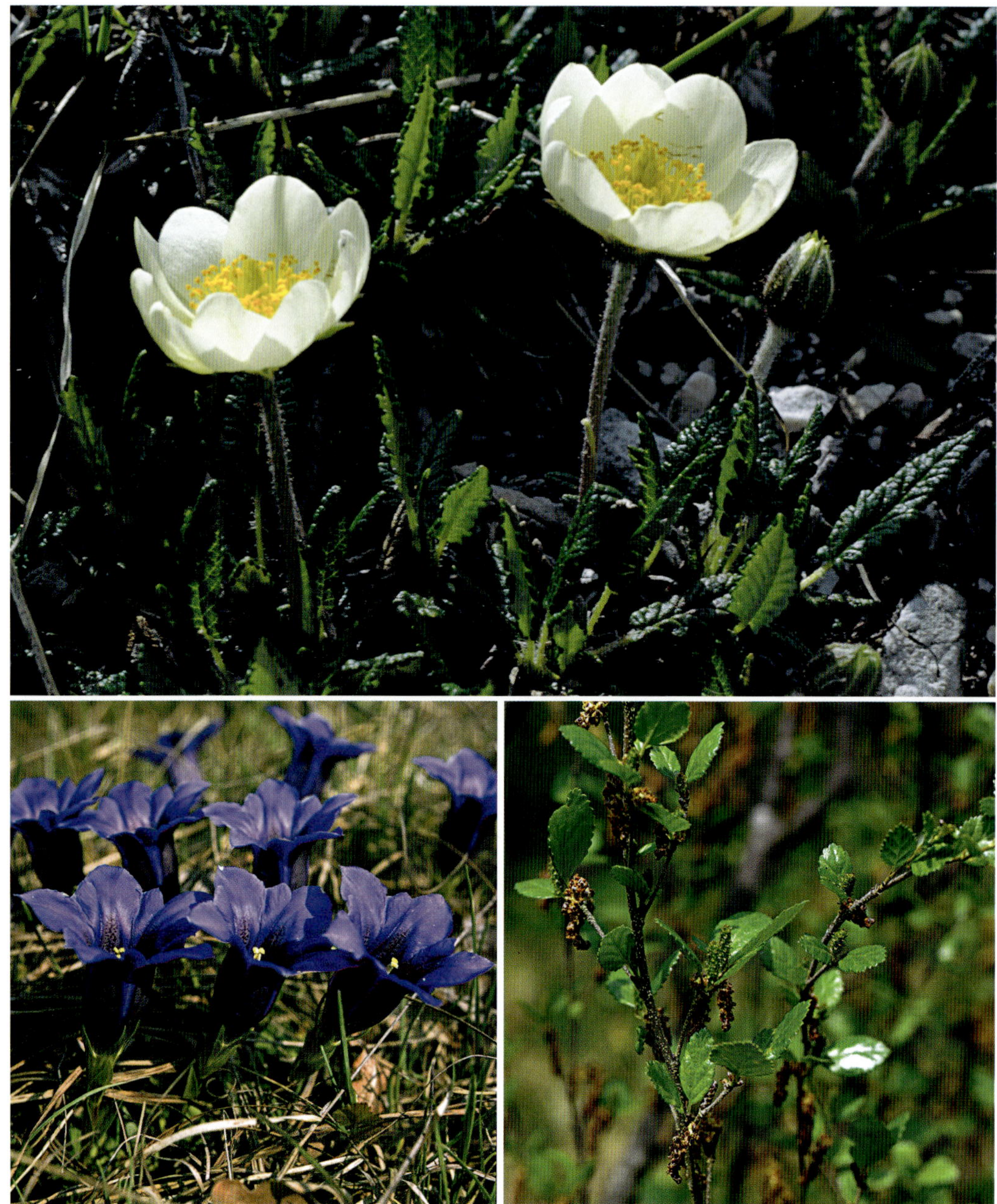

Abb. 26. Heutige Eiszeitreliktpflanzen: oben Silberwurz (Dryas octopetala), unten Stengelloser Enzian (Gentiana clusii) und Niedrige Birke (Betula humilis). – Fotos: TH. SCHAUER.

den Gletschertoren transportierten die Gletscherbäche wiederum große Schottermassen auf die Münchener Schotterebene (Niederterrasse). Dabei wurden die Hochterrassen zum großen Teil aufgearbeitet und ihre Schotter in die Niederterrasse eingelagert.

4.5. Der rasche Rückzug des Isar-Loisach-Gletschers am Ende der Würm-Eiszeit

Nach dem Maximum der Würm-Vereisung um 20000 Jahre vor heute kam es durch schrittweise Klimaerwärmung zum raschen etappenweisen Abschmelzen der Gletscher. Dabei entstanden die folgenden Rückzugsmoränen-Wälle. In Abbildung 27 ist ihr Verlauf vereinfacht und in Linien zusammengefasst.

Phasen	Ammersee-Lobus	Starnberger-See-(Würmsee-)Lobus	Wolfratshausener Lobus
Äußerste Randlage	Pürgen-Stoffen	Neufahrn bei Schäftlarn	–
Haupt-Randlage	Reichling-Schöffelding	Karlsburg-Hanfeld	Hohenschäftlarn
1. Rückzugsphase	St. Ottilien-Hofstetten	Leutstetten-Söcking	Ebenhausen
2. Rückzugsphase	Wessobrunn	Münsing-Starnberg	Icking
3. Rückzugsphase	Weilheim (Trolls »Ammersee-Stadium«)	Eurach	Schönrain

Mit Beginn des Spätglazials erfolgt ein rascher Rückzug mit Zwischenstadien, die aber nur noch selten zu durchgehenden Endmoränenwällen geführt haben und daher schwer zu korrelieren sind. Zum Teil mündeten die Gletscherzungen direkt in Eisstauseen, so dass überhaupt keine Endmoränen gebildet werden konnten, wie z. B. westlich Weilheim. In den tiefen Zungenbecken davor lagen ausgedehnte Toteismassen, welche die Seen aufstauten und die rasche Auffüllung der Seebecken verhinderten. So ist beispielsweise die Ur-Loisach von der Faltenmolasse östlich Murnau über Habach zwischen den Toteisblöcken der heutigen Osterseen und der riesigen Toteismasse im Würmsee-Becken nach Norden ins breite Gautinger Urstromtal abgeflossen; sie hatte ihren Ursprung in einem Gletschertor des Loisach-Gletschers, der sich schon bis Uffing und in die Murnauer Mulde zurückgezogen hatte (siehe Gemälde auf dem hinteren Umschlag). Der Rückzug der Gletscher aus dem weiten Vorland in die engen Alpentäler zwischen 16000 und 10000 Jahren vor heute lässt sich im Loisachtal bis ins Wettersteingebirge an Moränenresten verfolgen. Das Inntal bei Innsbruck war schon 14000 vor heute wieder eisfrei.

Mit dem Abschmelzen des Eises wurden die Zungen- und Stammbecken schrittweise von Norden nach Süden eisfrei und füllten sich mit Schmelzwasser. Dadurch entstand eine ausgedehnte Seenlandschaft. Da die entstehenden Seen durch Zuflüsse sofort wieder mit Seeton und Deltaschottern aufgefüllt wurden, bestanden gleichzeitig immer nur Teile dieser Seenplatte. Während der Starnberger See ohne Zufluss sich bis heute erhalten hat, ist das Ammersee-Becken schon zur Hälfte aufgefüllt. Besonders kurz war die Dauer des Wolfratshausener Sees, da er von Isar und Loisach rasch wieder vollständig verfüllt wurde. Die Loisach hat das tiefe Becken von Murnau vollkommen, das von Kochel weitgehend wieder aufgefüllt. Die Murnauer Molasse-Rippe hat die Loisach nach Osten ins Kochelsee-Becken abgelenkt und dadurch den Starnberger See vor Auffüllung bewahrt.

Auf den stauenden Seetonen haben sich ausgedehnte Niedermoore (= Moose) und Hochmoore (= Filze) entwickelt, die heute große Flächen einnehmen, z. B. das große Murnauer

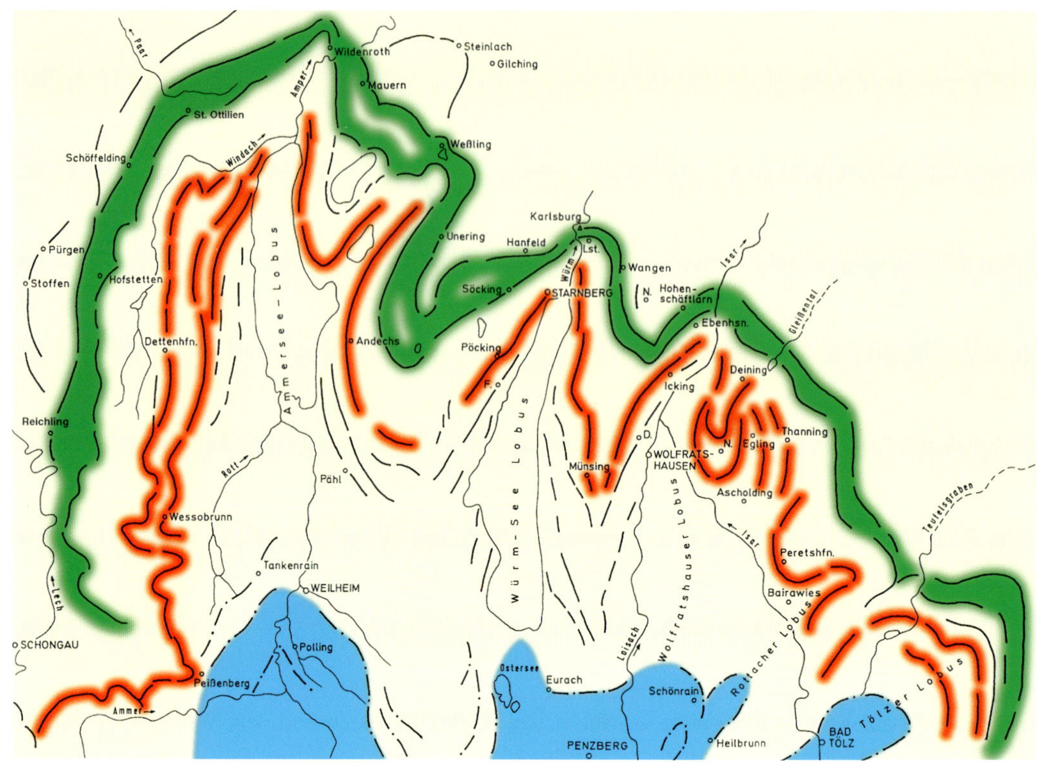

Abb. 27. Die weiteste Ausdehnung des Isar-Loisach-Gletschers und sein stufenweiser Rückzug aus dem Alpenvorland. Der äußere Endmoränenwall (= Haupt-Randlage) bildet noch einen relativ gut zusammenhängenden Girlandenbogen um die Gletscherloben. Dies gilt auch für die 1. Rückzugsphase, den inneren Jungmoränenwall von St. Ottilien-Ebenhausen (grün markiert). Schwierig wird dann die Verknüpfung der weiteren Rückzugsmoränenwälle, da sie nur am Nordende um die Zungenbecken eng gestaffelt sind und nach Süden auseinanderstreben. Bei peripheren Schmelzwasserabflussrinnen entlang des Eises wurde streckenweise überhaupt kein Moränenwall ausgebildet. Der Übersichtlichkeit halber wurde nur ein Teil der Moränenwälle dieser 2. verwirrend ausgebildeten Rückzugsphase dargestellt (im Gegensatz zur Karte von ROTHPLETZ). Der wahrscheinliche Verlauf des Wessobrunner Stadiums ist rot markiert. Stärker nach Süden abgesetzt liegt die 3. Rückzugsphase von Weilheim; da der Geschiebenachschub fehlt, sind nur noch kleine unzusammenhängende Moränenwälle aufgeschüttet worden, deren Verbindung daher unsicher ist. Mit blauer Farbe wurde eine mögliche Ausdehnung der Gletscherzungen zu dieser Zeit angedeutet. Eingetragen sind die namengebenden Orte der einzelnen Rückzugsstadien.

Moos oder das Königsdorfer Weid-Filz. Am Rande der Moore sind durch die jährliche Mahd die berühmten Streuwiesen mit prächtigen Orchideen, Enzianen und Mehlprimeln entstanden. Neben den großen Mooren gibt es in tonigen Senken der Eiszerfallslandschaft eine Unzahl von kleinen Seen und Moorlöchern, an denen diese Flora besonders gut entwickelt ist.

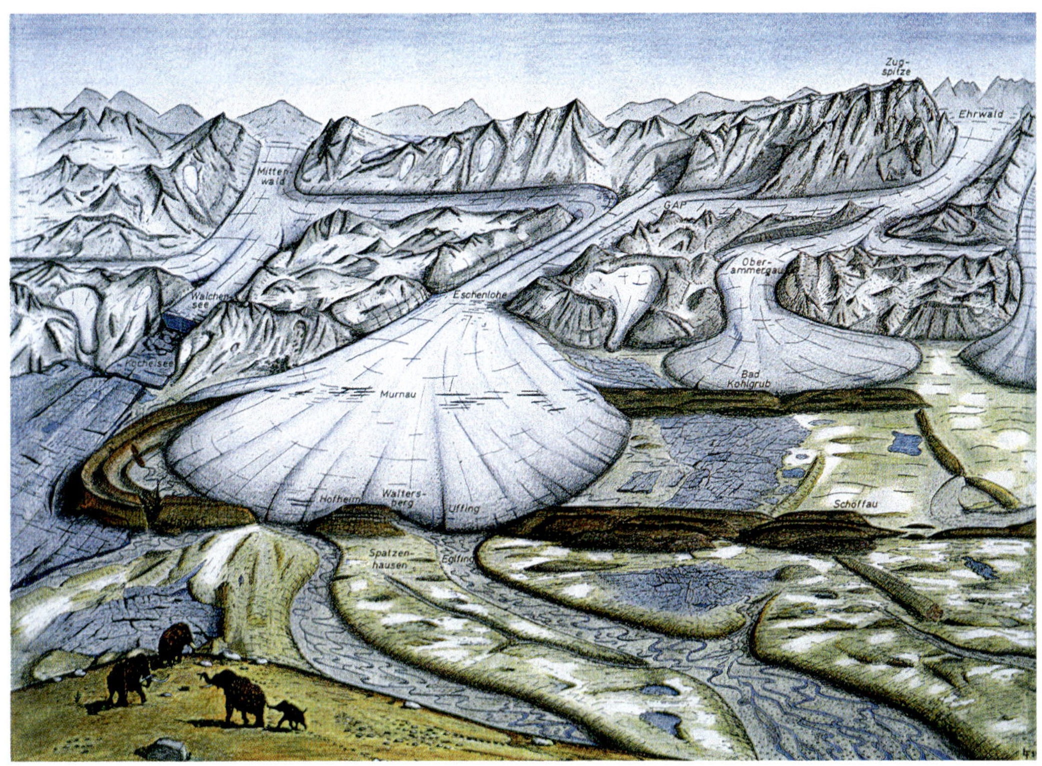

Abb. 28. Das Alpenvorland am Ende der letzten Eiszeit vor ca. 16 000 Jahren.
Vom großen Eisstromnetz des Inntals flossen Gletscherströme über den Fernpass bei Ehrwald und über Seefeld-Mittenwald nach Norden und speisten die großen Gletscherzungen des Isar-Loisach-Gletschers. Unser Bild stellt schon ein Rückzugsstadium gegen Ende der Würm-Eiszeit dar (den sog. Uffinger Halt). Nur der Loisach-Gletscher mit seinem kleineren Seitenarm des Ammer-Gletschers schob sich noch etwas aus dem Gebirge bis ins Vorland und bildete auf den Faltenmolasse-Rippen kleine Rückzugsmoränen. Von den Gletschertoren bei Uffing und Hofheim fließen große Schmelzwasserströme in breiten Urstromtälern Richtung Ammersee ab. Östlich davon liegt bei Habach ein weiterer Schmelzwasserabfluss, die Ur-Loisach, die dem Starnberger See zuströmte. Das Kochelsee-Becken war nur noch mit Toteis verfüllt, da am steilen Kesselberg die Verbindung zum Isar-Gletscher abgebrochen war. – Nach Feldmann *1995.*

Einen ausgezeichneten Überblick über die eiszeitlichen Ablagerungen unseres Gebietes gibt die in kräftigen Farben gehaltene Karte der Jungmoränengürtel des Isar-Loisach-Gletschers in der Darstellung von Rothpletz 1917 (Abb. 29). Er hat zum ersten Mal das gesamte Gebiet einfach und anschaulich dargestellt, wobei er die Rückzugsmoränen vereinfacht als durchgehende Züge abbildete; heute wird das z. T. anders gesehen.

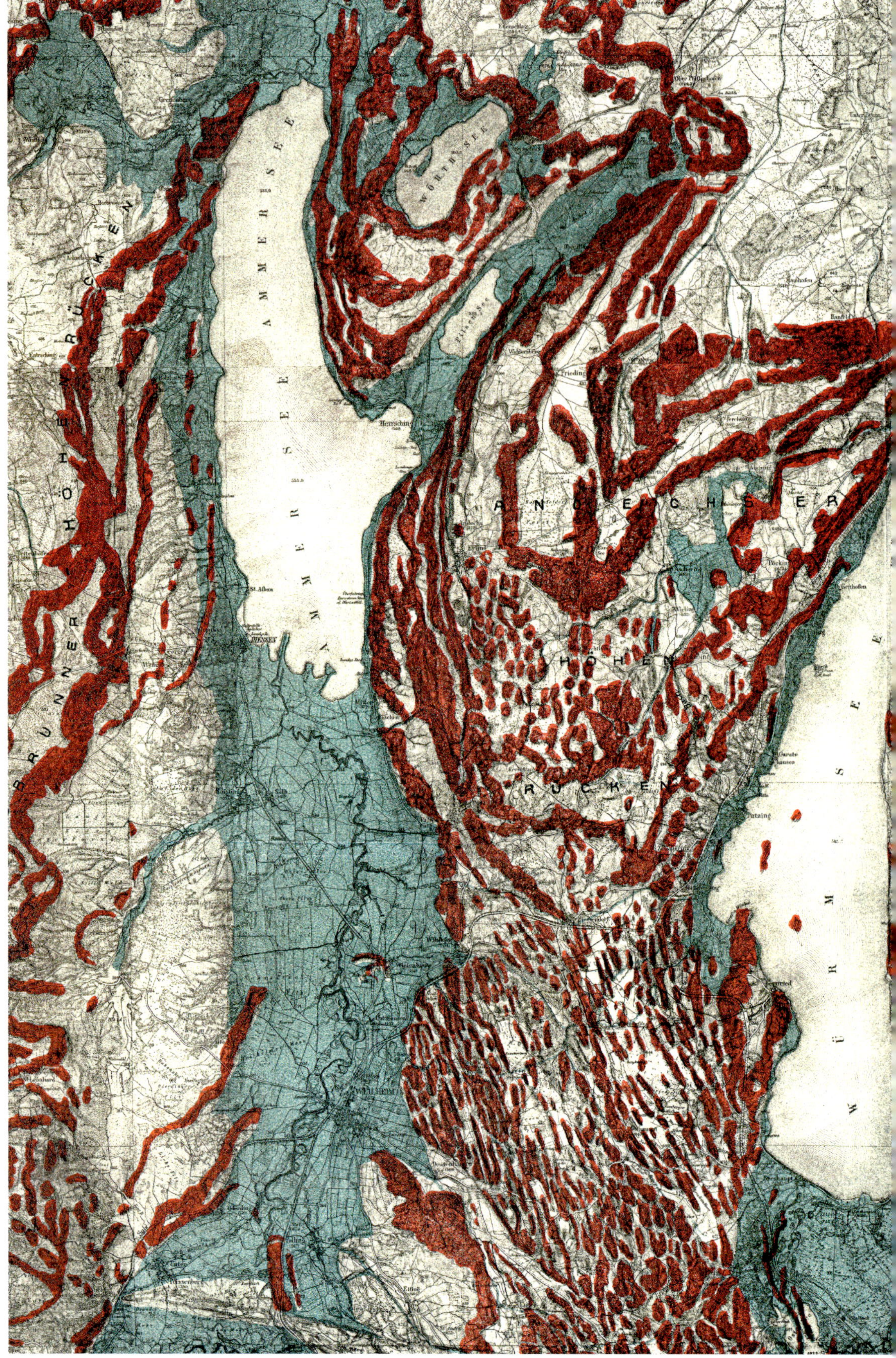

AMMER SEE
HÖHEN
RÜCKEN

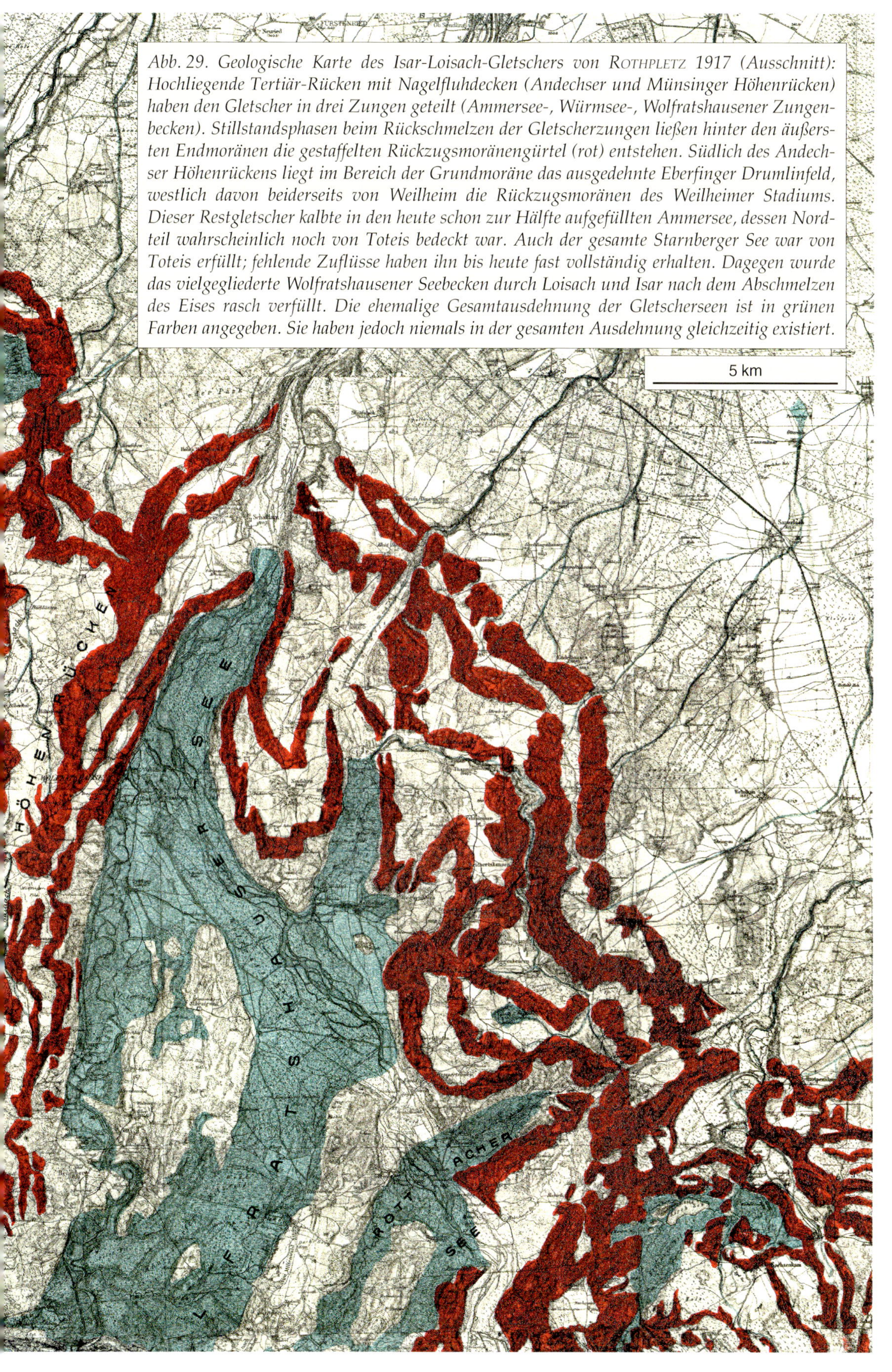

Abb. 29. Geologische Karte des Isar-Loisach-Gletschers von ROTHPLETZ *1917 (Ausschnitt): Hochliegende Tertiär-Rücken mit Nagelfluhdecken (Andechser und Münsinger Höhenrücken) haben den Gletscher in drei Zungen geteilt (Ammersee-, Würmsee-, Wolfratshausener Zungenbecken). Stillstandsphasen beim Rückschmelzen der Gletscherzungen ließen hinter den äußersten Endmoränen die gestaffelten Rückzugsmoränengürtel (rot) entstehen. Südlich des Andechser Höhenrückens liegt im Bereich der Grundmoräne das ausgedehnte Eberfinger Drumlinfeld, westlich davon beiderseits von Weilheim die Rückzugsmoränen des Weilheimer Stadiums. Dieser Restgletscher kalbte in den heute schon zur Hälfte aufgefüllten Ammersee, dessen Nordteil wahrscheinlich noch von Toteis bedeckt war. Auch der gesamte Starnberger See war von Toteis erfüllt; fehlende Zuflüsse haben ihn bis heute fast vollständig erhalten. Dagegen wurde das vielgegliederte Wolfratshausener Seebecken durch Loisach und Isar nach dem Abschmelzen des Eises rasch verfüllt. Die ehemalige Gesamtausdehnung der Gletscherseen ist in grünen Farben angegeben. Sie haben jedoch niemals in der gesamten Ausdehnung gleichzeitig existiert.*

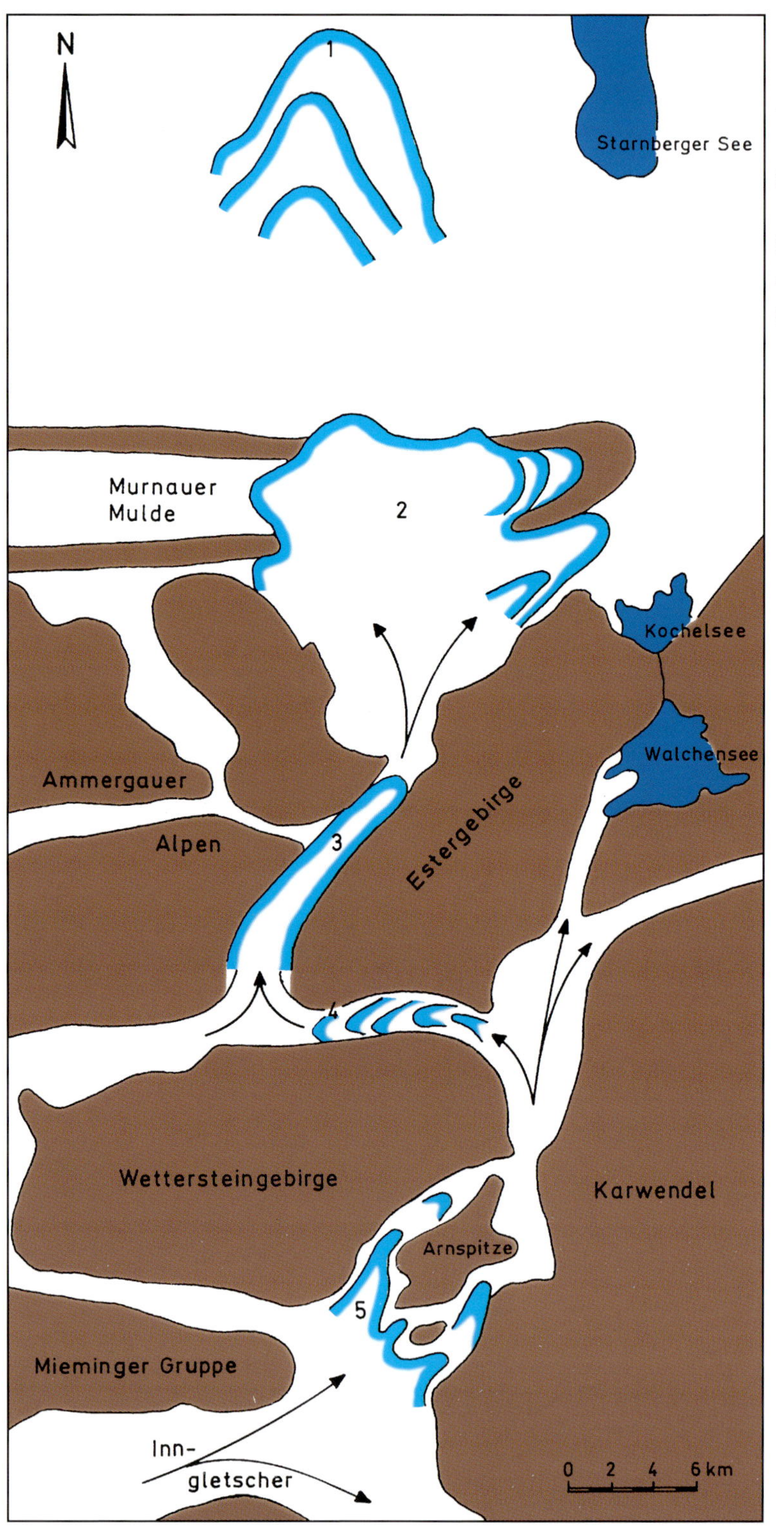

Abb. 30. Spätglaziale Stände des inneralpinen Loisach-Gletschers und der Rückzug der Vereisung im Wettersteingebirge. – Nach HIRTLREITER *1992.*

	Zeit BP	Pollenzone	Inn-Gletscher und Lokalgletscher der österr. Zentralalpen	SGD (m)	Werdenfelser Eisstrom und Lokalgletscher im Wetterstein	SGD (m)
HOLOZÄN		V Boreal	Venediger	wenige Zehnermeter		
	9000				Brunntal	80–140
		IV Präboreal	Schlaten (↑ ?)	Gletscherausdehnung etwa wie 1850		
WÜRM-SPÄTGLAZIAL	10 000		Kromer	70–100		
		III Jüngere Dryas	Bockten	100–150	Brünnl	120–220
			Haupt-Egesen	180–300	Höllentalanger	330–350
					Reintalanger (↓ ?)	400–450
	11 000					
		II Alleröd				
	12 000	Ic Ältere Dryas	Spätwürm-Interstadial			
		Ib Bölling				
	13 000					
			Daun	300–400	Quellen	550–600
			Senders	400–520	Hinterklamm	600–650
	14 000		Gschnitz	600–700	Mitterklamm	700–750
			Steinach	700–800	Bodenlaine	750–800
		Ia Älteste Dryas				
	15 000				**Leutasch**	ca. 900
			Bühl (bei Kufstein)	ca. 950	**Kankertal/Hirschlacke**	ca. 950
	16 000				**Loisachtal**	
					Uffing/Schwaiganger	
	17 000		**Stephanskirchen**		**Weilheim**	
WÜRM	18 000		Hochwürm			

Abb. 31. Vergleich der Rückzugsmoränen des Isar-Loisach-Gletschers mit denen des Inn-Gletschers in den spätglazialen Zeitabschnitten. SGD: Größenordnung der Schneegrenzdepression gegenüber dem Bezugsniveau (BZN) 1850; fett gedruckt sind die Gletscherstände der Ferneisströme. Altersangaben in ^{14}C-Jahren vor heute. – Nach Jerz 1993a (nach Hirtlreiter 1992).

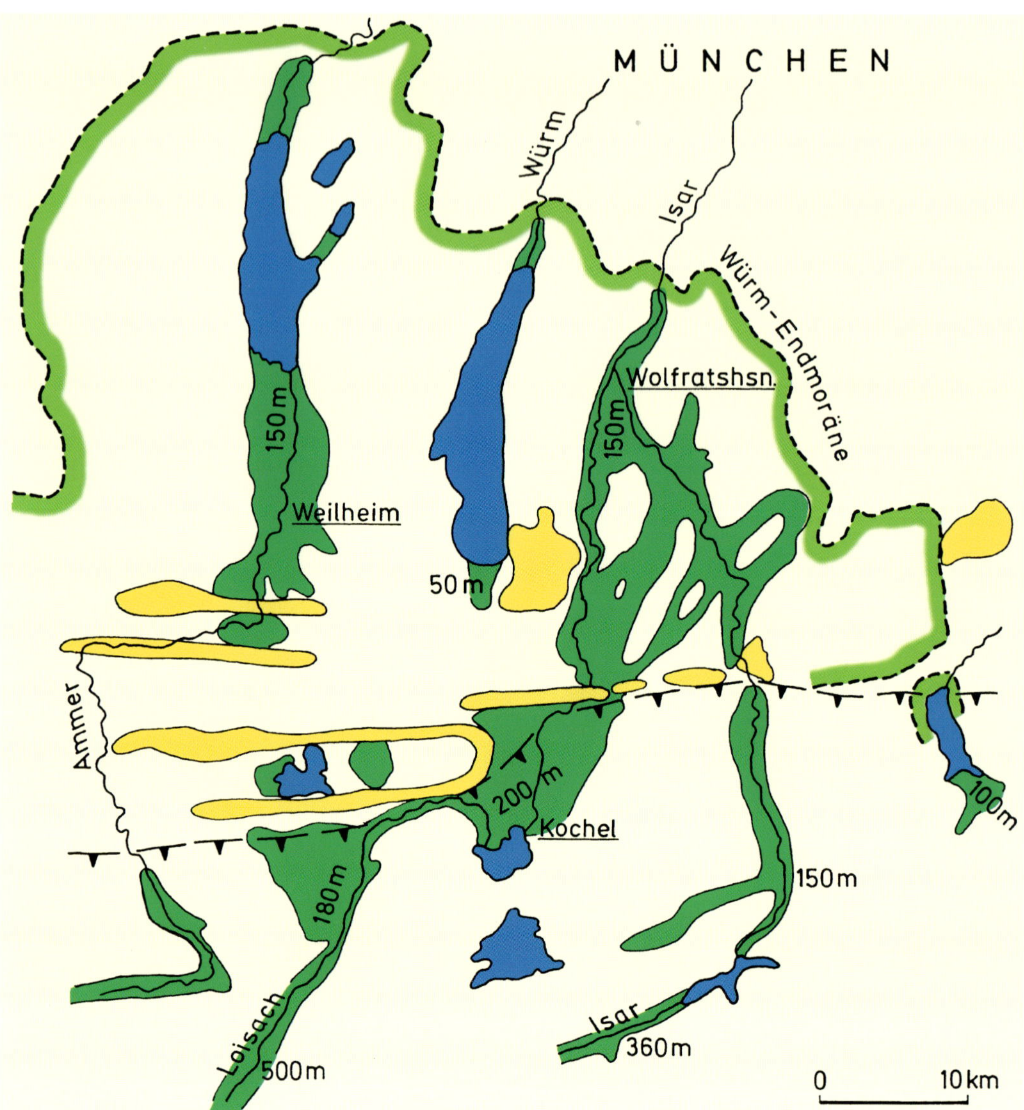

Abb. 32. Die Seenlandschaft in den Stamm- und Zungenbecken des Isar-Loisach-Gletschers. Die ausgedehnten Seebecken bestanden zu keiner Zeit als geschlossene Seenlandschaft. Die Zahlen geben die Tiefe der jetzt aufgefüllten Beckenteile an. Man erkennt deutlich, dass die Gletscher innerhalb der Alpen die tiefsten U-Täler ausgehobelt haben. Nördlich des morphologischen Alpenrandes (gezackte Linie), im Bereich der Molasse (gelb) wurden nur noch flache Zungenbecken gebildet. Die harten Faltenmolasse-Rippen (Sandsteine und Konglomerate) bei Murnau und südlich von Weilheim erlaubten keine Eintiefung (vgl. Abb. 9).

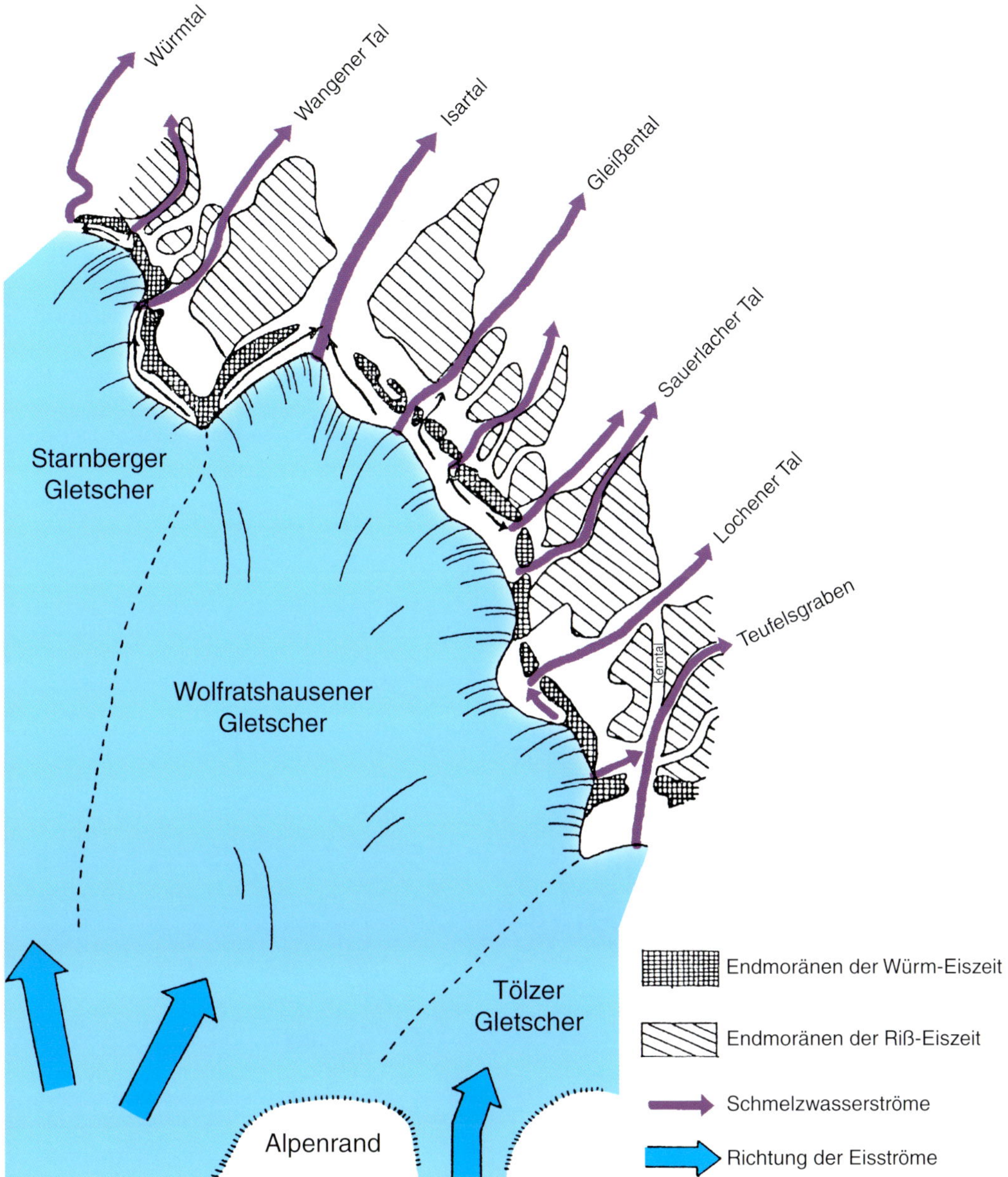

Abb. 33. Die Wolfratshausener Gletscherzungen und ihre zentrifugalen Schmelzwasserabflüsse. Sie sind heute bis auf das Isartal trockengefallen. – Nach SCHUHMACHER *1981.*

Abschließend werfen wir noch einen näheren Blick auf unser erstes Exkursionsgebiet, in das Gletscherbecken von Wolfratshausen und seine späteiszeitliche Entwicklung (Abb. 33–35). Solange die Wolfratshausener Gletscherzunge bis an die Endmoränen reichte, gab es eine Vielzahl von Schmelzwasserabflussrinnen zentrifugal zur Münchener Schotterebene hin. Mit dem komplizierten Rückzug des Eises wurde das gegliederte Relief des Beckens freigelegt und durch Rückzugsmoränen auf den Kuppen verstärkt. Die

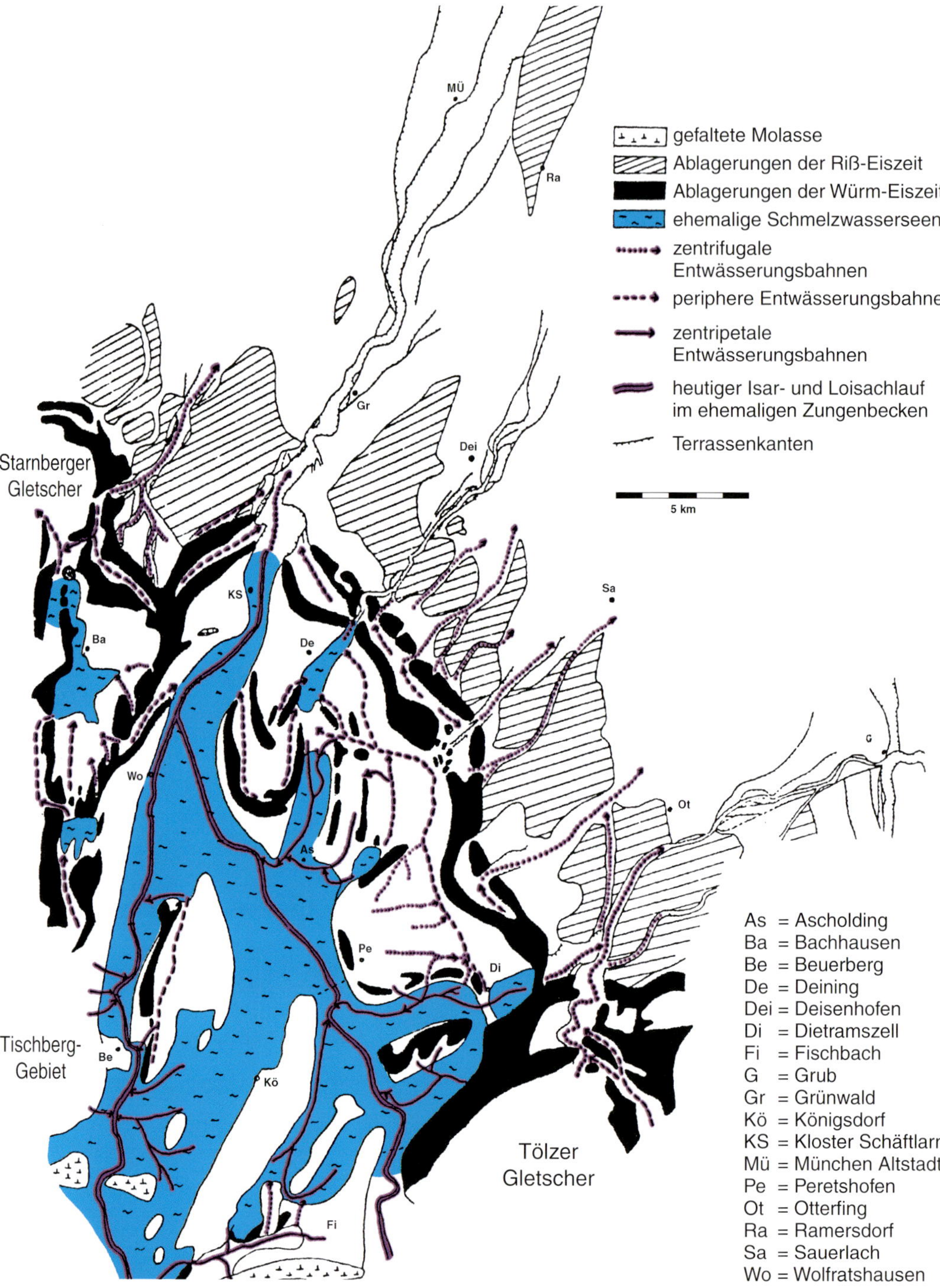

Abb. 34. Die ehemalige Wolfratshausener Gletscherseen-Platte mit ihren Ausbuchtungen nach Penzberg, Bairawies und Tölz gibt das komplizierte Relief im Wolfratshausener Gletscherbecken mit seinen Rückzugsmoränen-Staffeln und Drumlin-Inseln wieder. – Nach Schuhmacher *1981.*

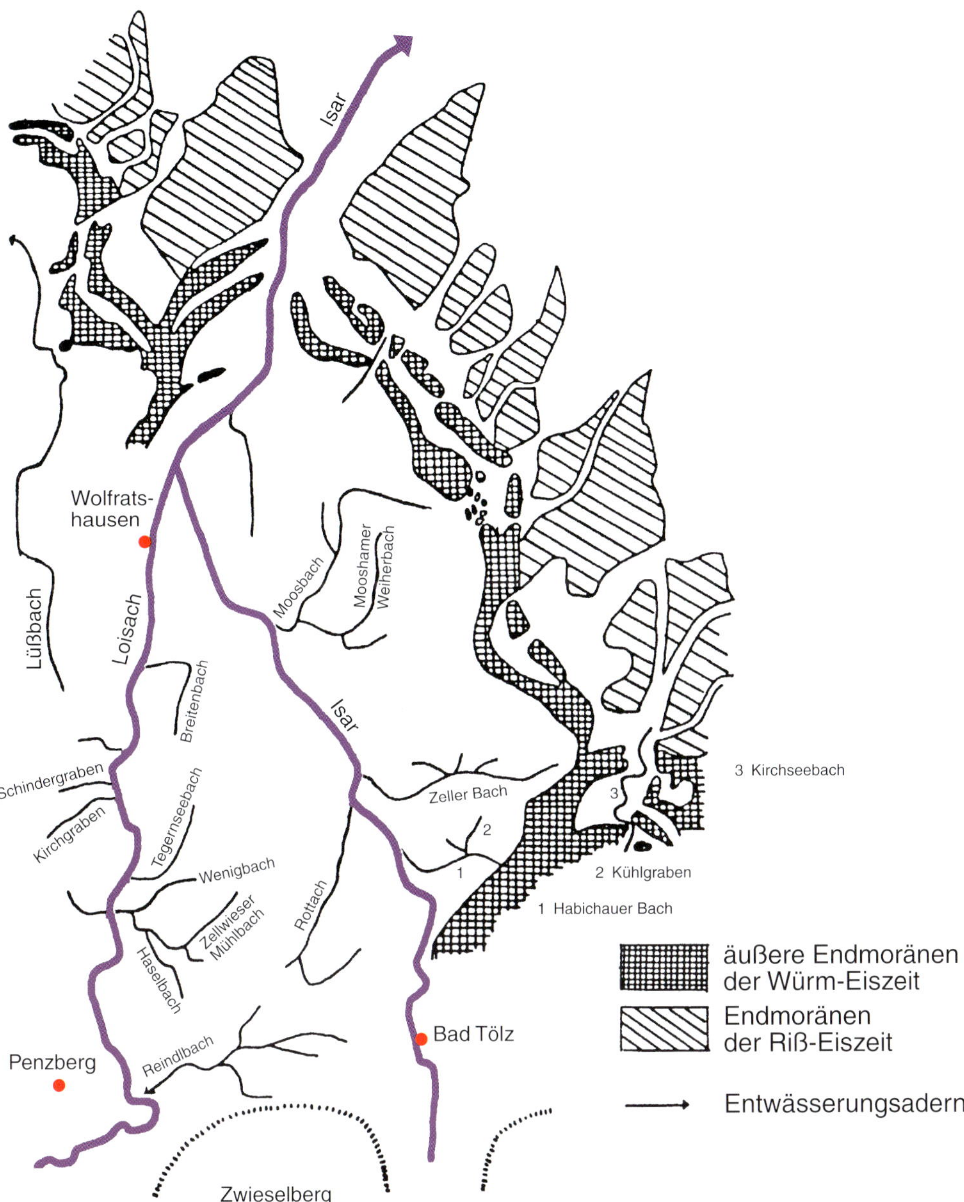

Abb. 35. Das heutige Gewässernetz im Wolfratshausener Becken geht auf die komplizierte eiszeitliche Geschichte zurück. – Nach SCHUHMACHER *1981.*

Entwässerung ging nun umgekehrt zentripetal in das von Seen erfüllte Becken und von dort mit der sich rasch eintiefenden Isar nach Norden. Dadurch wurde der Seespiegel mit dem Rückzug des Eises kontinuierlich abgesenkt und die Seen von Süden her durch Isar und Loisach mit Schottern und Seetonen (aus der Gletschertrübe) aufgefüllt. Die übrigen zentrifugalen Schmelzwasserabflüsse fielen trocken (z. B. Gleißental und Teufelsgraben).

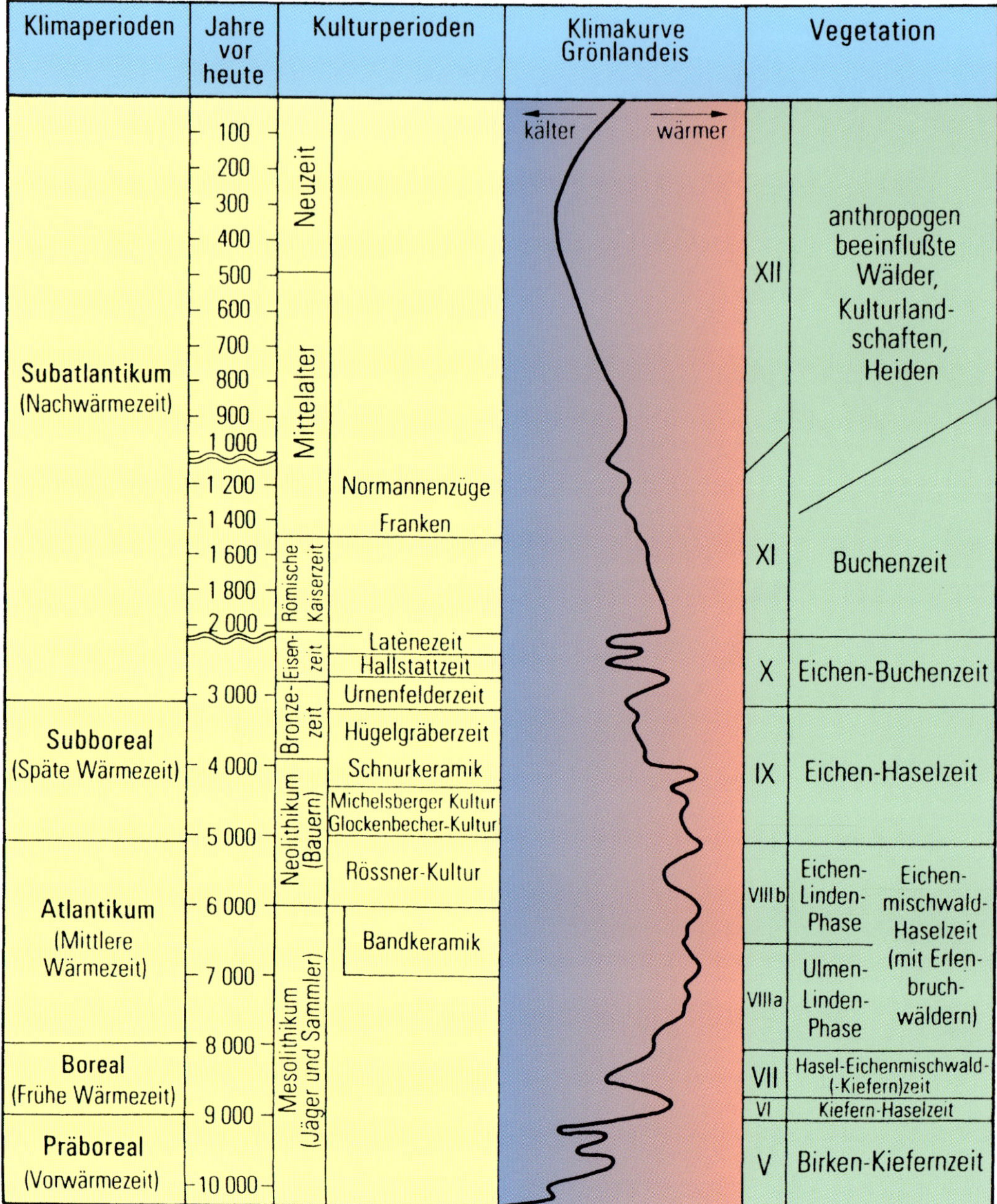

Abb. 36. Klimaphasen, Menschheitsentwicklung und Vegetationsabfolge nach der Eiszeit. Nach der warmen Periode im Atlantikum mit Eichen-Linden-Wäldern folgen allmählich kühlere Phasen mit Buchenwäldern bis zur »kleinen Eiszeit« im 16. bis 19. Jahrhundert. Seitdem steigen die Temperaturen wieder an. Altersangaben in ^{14}C-Jahren vor heute. – Nach KLOSTERMANN *1992, Quartär Niederrhein. Bucht, Krefeld, Geol. L.-Amt.*

5. Isargerölle

(unter Mitarbeit von Dr. O. Ebli, Institut f. Pal. u. hist. Geol. München)

Die Gerölle der Isar stammen nicht nur aus ihrem heutigen Einzugsgebiet, den Kalkalpen und ihrem Vorland, sondern wurden auch durch die Gletscher der Eiszeit aus den Zentralalpen antransportiert und von der Isar wieder umgelagert. Dabei blieben natürlich vor allem die härteren Gesteine erhalten. Einen Überblick gibt die Ausstellung im Rathaus von Garching, eine anschauliche Darstellung dazu ist von G. Grundmann und H. Scholz in ihrem Beitrag »Isarkiesel« im Katalog der 33. Mineralientage München 1996 veröffentlicht. Wir beschränken uns hier auf eine kleine Auswahl.

Betrachtet man die Kiesbänke der Isar z. B. am Flauchersteg, so kann man schon aufgrund der Färbung verschiedene Gerölle unterscheiden. Aus der Masse der überwiegend hell- bis dunkelgrauen fallen rote, grüne und gelblich-braune Exemplare auf. Bei den hell- und dunkelgrauen Geröllen handelt es sich meistens um Kalke und Dolomite, die am Flauchersteg mit ca. 87 % den Hauptanteil bilden. Weißer Wettersteinkalk und hellgrauer bis hellbeiger Hauptdolomit sind auch die Hauptgesteine der Trias der Nördlichen Kalkalpen und liefern noch heute der Isar viele Gerölle. Nur selten erkennt man in ihnen Fossilien, z. B. Algenmatten (Stromatolithe) oder Röhrchen von Wirtelalgen (Dasycladaceen, s. Abb. I7 in Band 9) im Wettersteinkalk, oder Korallen (Abb. 47) und Muscheln (Abb. 46) in den Kössener Kalken des Rhät. Rote Kalke (z. B. Adneter Kalk, Abb. 48) sind untergeordnet und stammen aus dem Jura der Kalkalpen, ebenso die roten Radiolarite (Abb. 50); sie gehören zu den Kieselgesteinen, die mit ca. 3 % vertreten sind.

Aus den Vorbergen der Flysch-Zone stammen u. a. feinkörnige und grobkörnige kalkige Sandsteine; leicht erkennbar ist der grobe Reiselsberger Sandstein (Abb. 43).

Die charakteristischen Gesteine der schmalen Helvetikum-Zone sind der rote alttertiäre Nummulitenkalk (Abb. 45) und der harte kretazische Grünsandstein (vgl. Abb. H6 in Band 9) der Kalkkögel bei Murnau.

Die Molasse liefert feine bräunliche Glimmersandsteine und grobe Konglomerate (vgl. Abb. A1). Sandsteine (vor allem aus Flysch und Molasse) machen ca. 4 % der Gerölle am Flaucher aus.

Besonders auffällig in den Isarauen sind jedoch kristalline Gesteine, obwohl sie nur mit 6 % beteiligt sind. Sie kommen heute nicht mehr im Einzugsgebiet der Isar vor und sind durch die Gletscher vor allem über den Seefelder Sattel und Mittenwald antransportiert worden. Es sind u.a. hellgestreifte Augen- bzw. Flasergneise (Abb. 40), dunkel gesprenkelte Granitgneise u. Granodiorite (Abb. C15), dunkelgrüngebänderte Amphibolite (Abb. 38), weiterhin dunkelgrüne Granatamphibolite (Abb. 39) und helle Quarze. Sie alle kommen in den bis 450 Mio Jahre alten Gneisen der Ötztaler Alpen und der Silvretta vor (siehe R. Brandner, 1985: Geologische Übersichtskarte von Tirol 1:300000). Der Inn-Gletscher, unser wichtigster Zulieferer, hatte dort sein Hauptnährgebiet. Er nahm auch jünger-metamorphe Gesteine aus dem Unterengadiner Fenster auf: jurassisch bis kretazische graue Bündner Schiefer mit Grünschiefern und schwarzen Serpentiniten. Seinen Ursprung hat der Inn-Gletscher im Oberengadin westlich St. Moritz. Von dort stammen z. B. die charakteristischen groben grünlichen Julier-Granite, die etwa 290 Mio Jahre alt sind und ins Karbon gehören (Abb. 42). Ähnliche grünliche Granite stammen aber auch aus der Tasna-Decke des Unterengadiner Fensters.

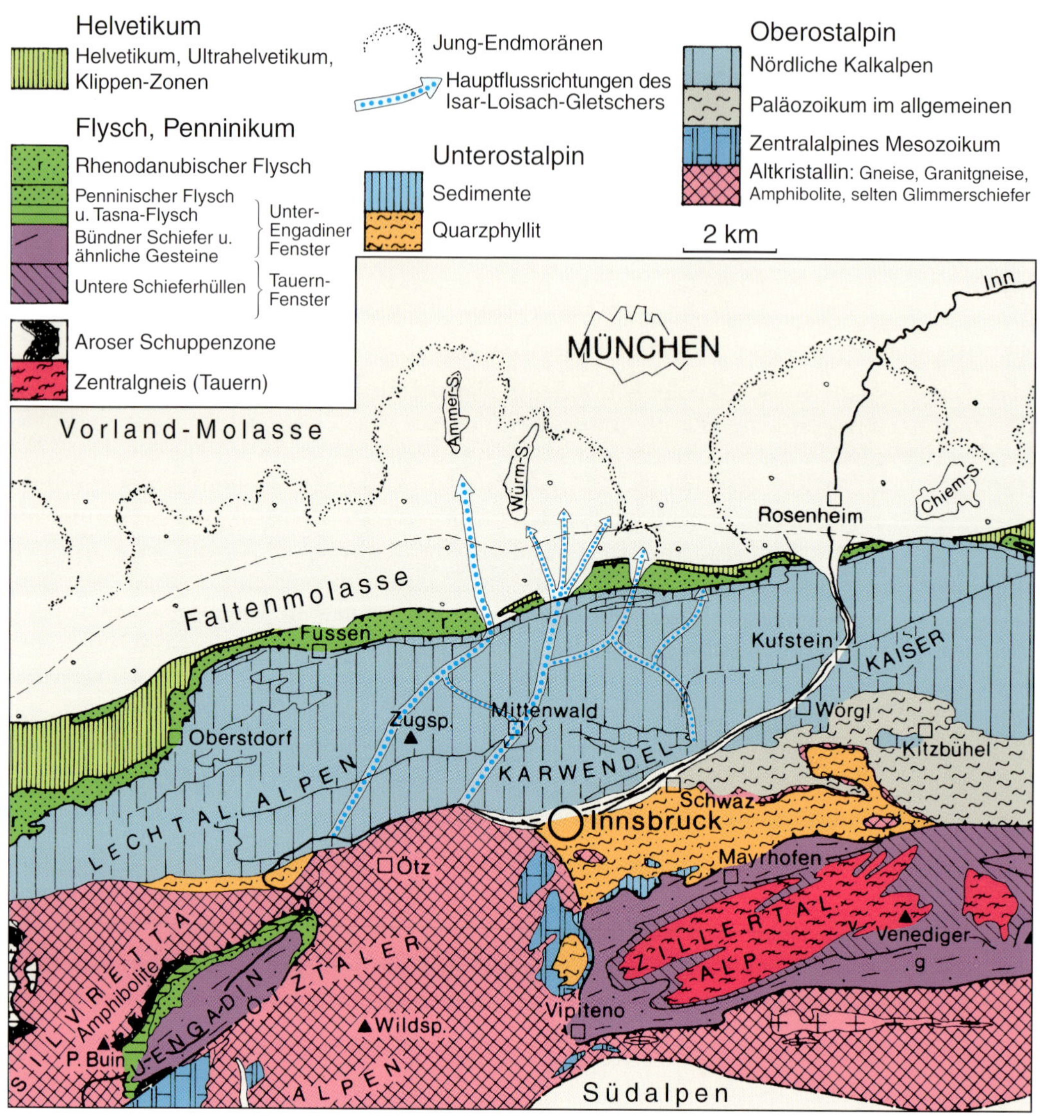

Abb. 37. Vereinfachte geologisch-tektonische Karte der Alpen südlich von München. Sie zeigt die Hauptgesteinseinheiten der Alpen, aus denen der Isar-Loisach-Gletscher seine Geschiebe bezog und die heute umgelagert auch in den Isarschottern gefunden werden. Vor allem die auffälligen kristallinen Gesteine (z.B. grüngebänderte Amphibolite) kommen aus den bis 450 Mio Jahre alten Gneisen der Ötztaler Alpen und besonders der Silvretta. Das Unterengadiner Fenster lieferte u.a. Grünschiefer und Serpentinite. – Nach Bögel & Schmidt: Kleine Geologie der Ostalpen 1976.

Herrn Prof. Dr. G. Masch, Inst. f. Mineralogie und Herrn Dr. R. Scherreiks, Mineralogische Staatssammlung, gebührt Dank für ihre wertvolle Mithilfe bei der Beschreibung der kristallinen Gesteine und für wichtige Informationen über ihren möglichen Herkunftsort. Die Fotos (38–41, 44, 47–50) wurden freundlicherweise von Herrn G. Bergmeier angefertigt. Weitere Fotos stellten Dr. R. Hochleitner, Mineralogische Staatssammlung (42, 46) und Dr. G. Grundmann, Inst. f. Angewandte Mineralogie der TU München (43, 45), zur Verfügung.

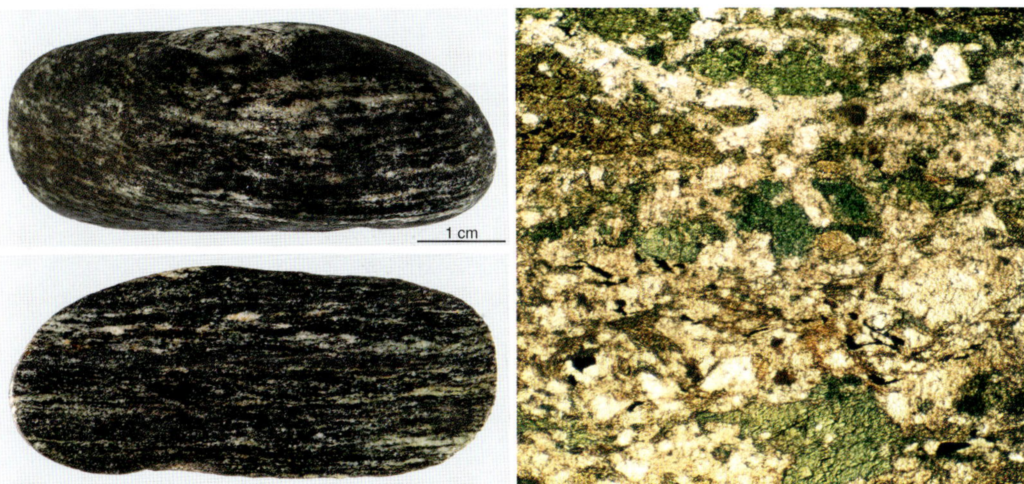

Abb. 38. Amphibolit. Das gut geschieferte Gestein besteht aus einem Wechsel zahlreicher dunkelgrüner und hellerer Lagen. Im Dünnschliff zeigt sich, dass die dunklen Lagen durch Hornblenden, Pyroxene und die namensgebenden grünen Amphibole aufgebaut werden. Des weiteren kommen auch Feldspäte vor. Herkunft: Silvretta-Ötztal.

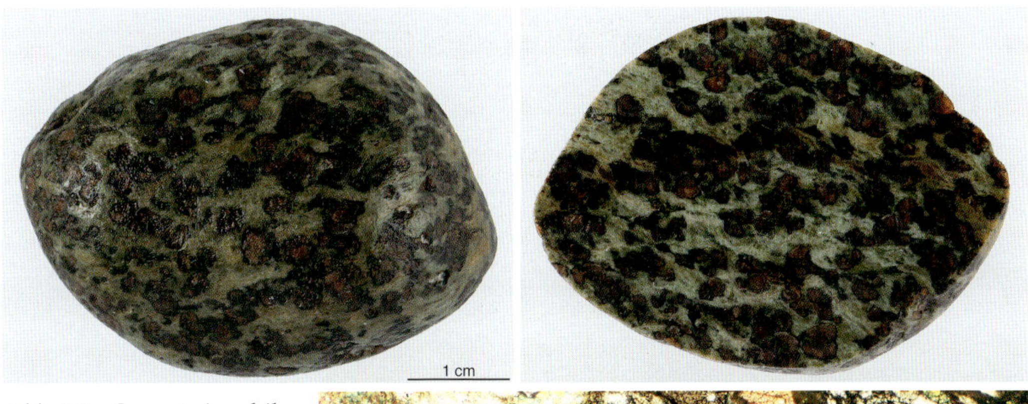

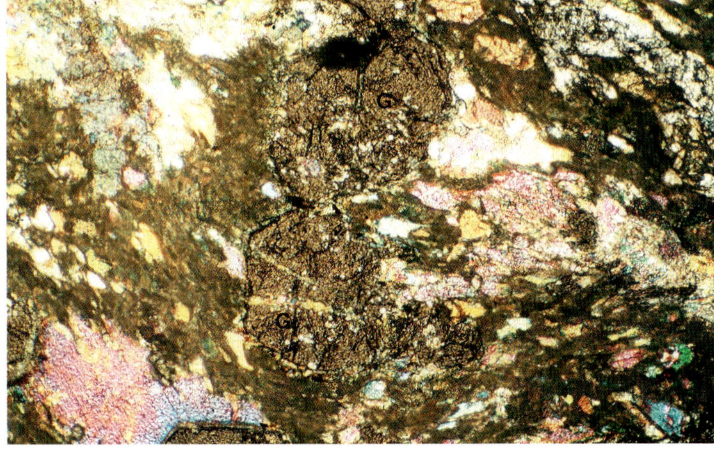

Abb. 39. Granat-Amphibolit: Dieses sehr leicht zu erkennende Gestein fällt durch die zahlreichen großen, dunkelbraunen Granatkristalle, die in einer grünen Grundmasse schwimmen, auf. Im Dünnschliff zeigt sich bei polarisiertem Licht, dass in die Granate (G) häufig auch andere Minerale eingebaut sind (Hornblenden und Pyroxene). Herkunft: Ötztal oder Unterengadin.

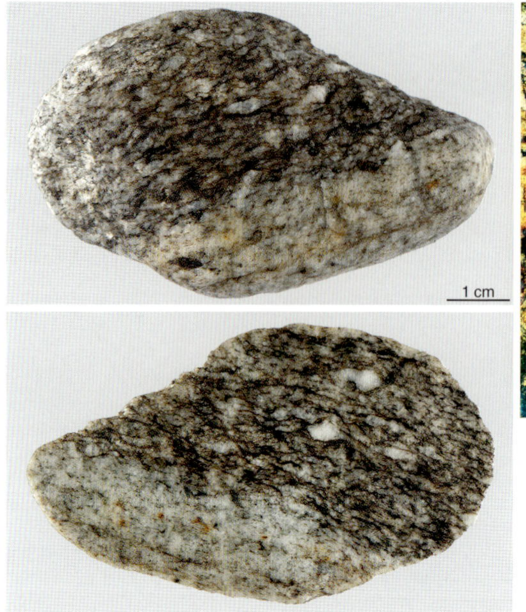

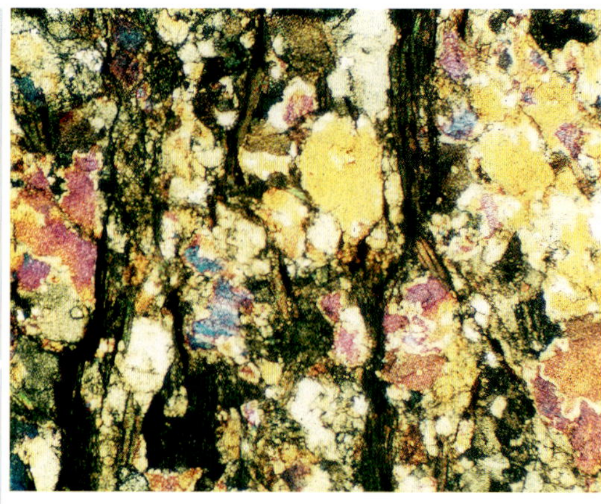

Abb. 40. Augen- oder Flasergneis. Dieses helle Gestein hat einen hohen Anteil an Feldspäten und zeigt eine gut ausgeprägte flaserige Schieferung. Auffällig ist das Vorkommen von großen »Augen« aus weißen Feldspäten. Herkunft: Ötztal oder Penninikum.

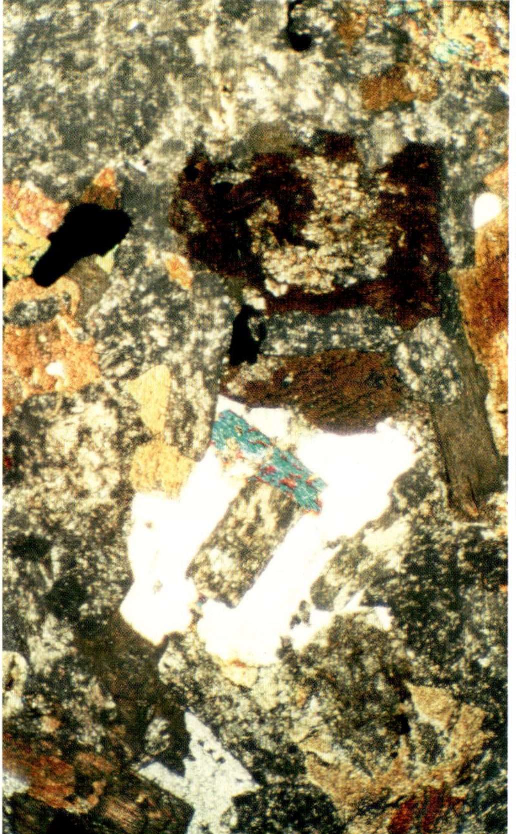

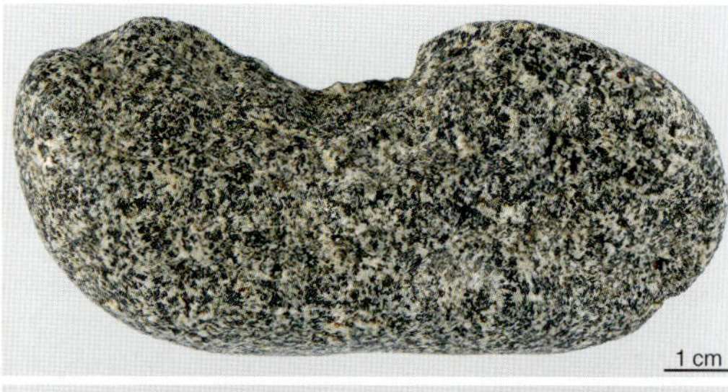

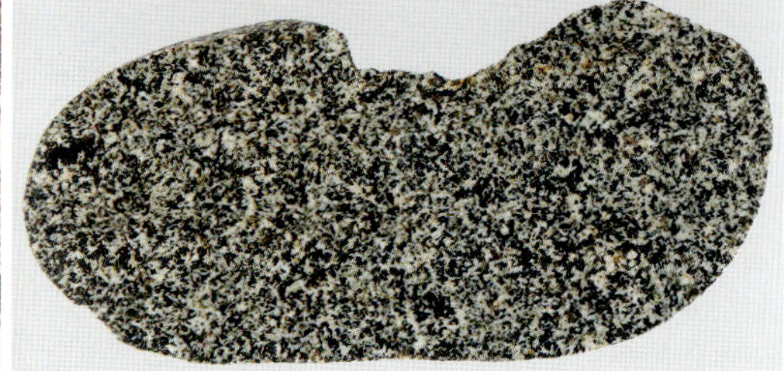

Abb. 41. Diorit-Gabbro. Im Handstück ist dieses sehr harte, schwarzweiß gesprenkelte Gestein durch ein richtungslos-körniges Gefüge charakterisiert, bei dem dunkle Gemengteile überwiegen. Im Dünnschliff erkennt man bei polarisiertem Licht, dass Quarz (hier hell) einen nur geringen Anteil am Gesteinsaufbau hat, während die grünlichen und braunen Pyroxene und Hornblenden überwiegen. Herkunft: vermutlich Ötztal oder Silvretta.

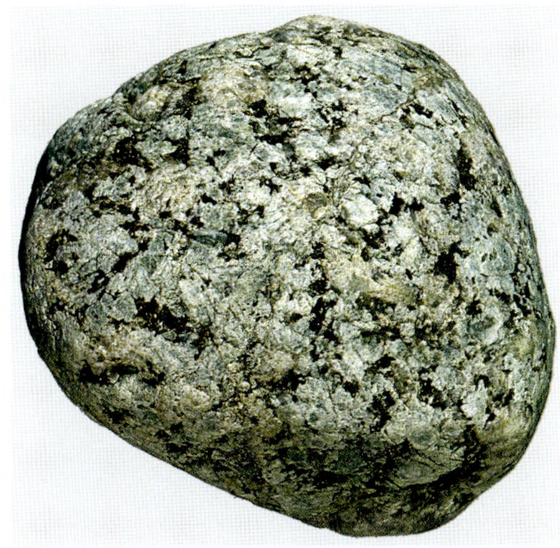

Abb. 42. Julier-Granit: grober hellgrau-hellgrün-gefleckter Granit mit großen Feldspäten. Herkunft: Julierpass westlich St. Moritz.

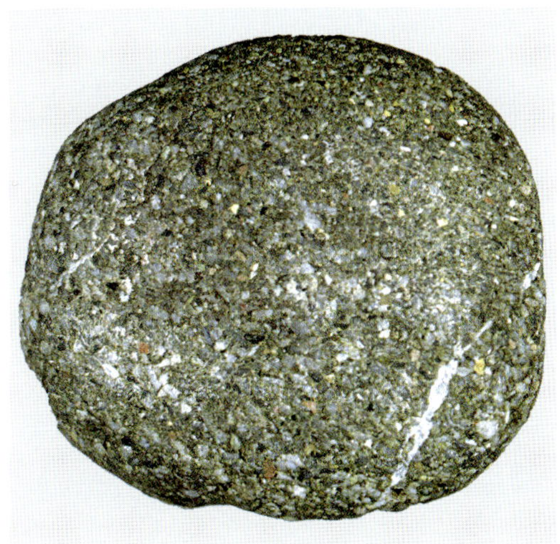

Abb. 43. Reiselsberger Sandstein: hellbraun gefleckte, kieselig gebundene, grobe Grauwacke (eckige Körner). Herkunft: z.B. Flysch vom Blomberg westl. Bad Tölz.

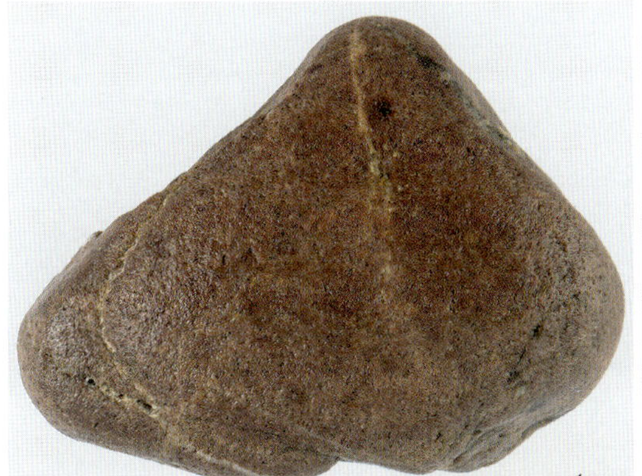

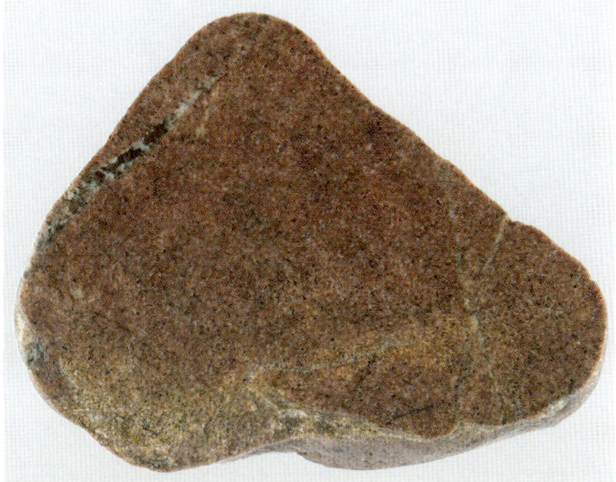

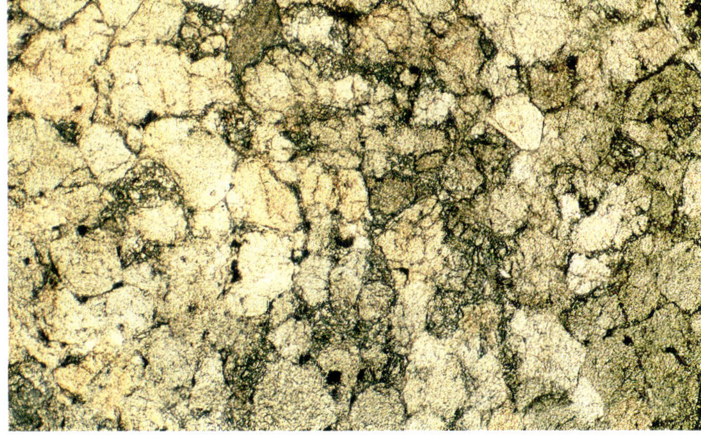

Abb. 44. Alpiner Buntsandstein. Das auffällige rote Gestein ist durch seine Körnigkeit ausgezeichnet. Im Dünnschliff erkennt man, dass es überwiegend aus sehr dichtgepackten eckigen Quarz- und vereinzelten Feldspat-Bruchstücken besteht. Des öfteren kommt auch Erz vor (dunkle Körner). Herkunft: z.B. Arlberg oder Geierstein östlich Lenggries.

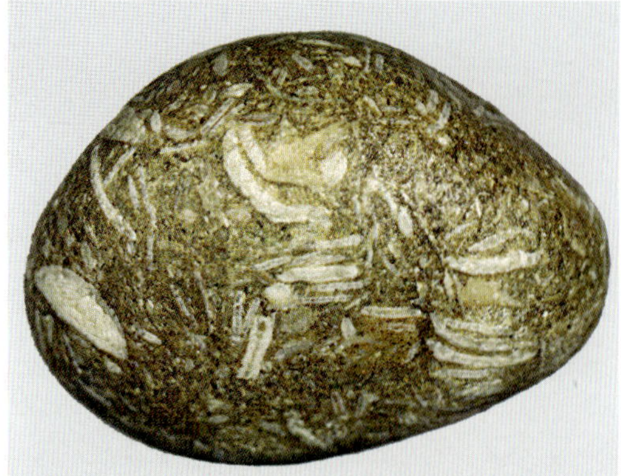

Abb. 45. Nummulitenkalk (Enzenauer Marmor): Roter Kalksandstein mit weißen Querschnitten von Nummuliten (Großforaminiferen). Herkunft: Enzenau westlich Heilbrunn.

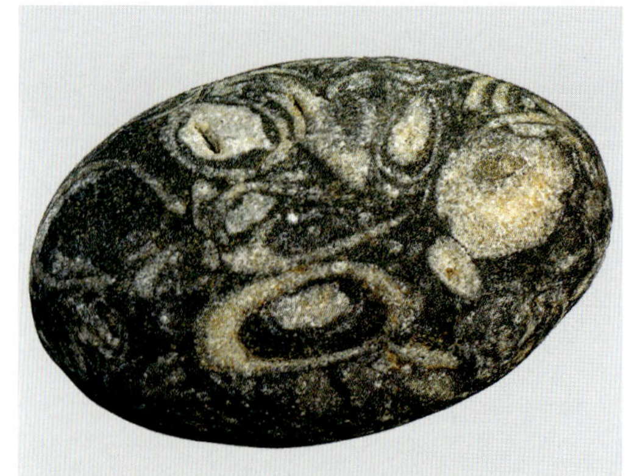

Abb. 46. Kössener Kalk mit Schalenresten: Schillkalk aus dem Rhät. Herkunft: Jachenau oder nördlich Brauneck bei Bad Tölz.

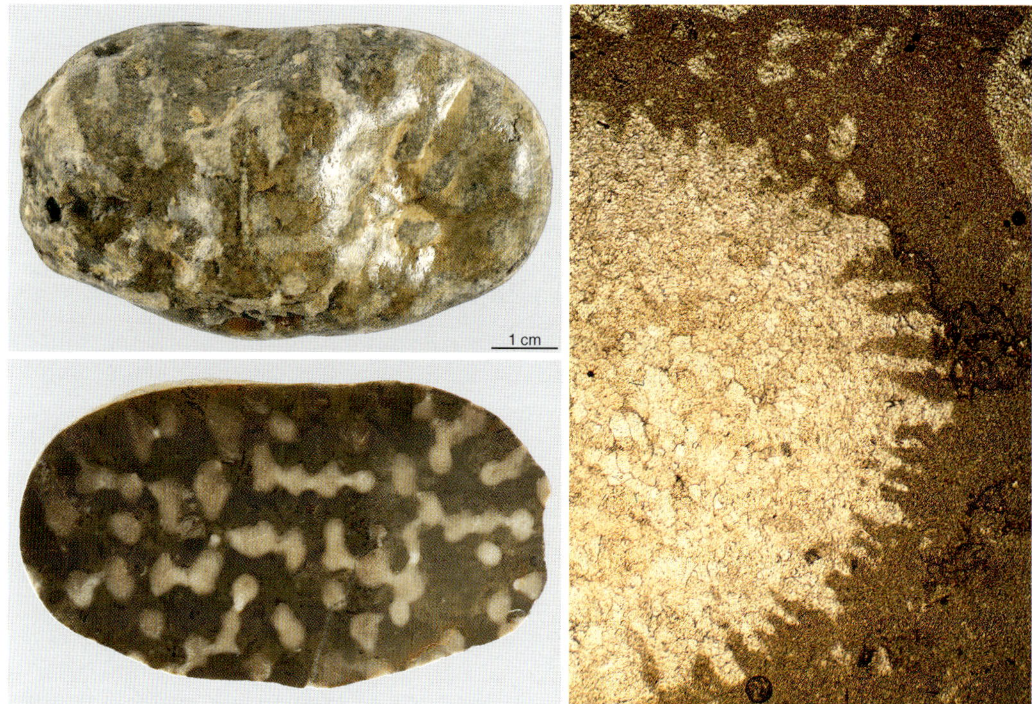

Abb. 47. Kössener Korallenkalk (Rhät). Das Gestein ist durch ästige, hell auskristallisierte Bereiche, zwischen denen sich ein dunkles, feines Sediment befindet, charakterisiert. Im Anschliff, besonders aber im Dünnschliff erkennt man bei manchen der hellen Bereiche eine reliktisch erhaltene Feinstruktur. Die ursprünglich aus Aragonit aufgebauten Korallenkelche sind zu Kalzit umkristallisiert, welcher ein helles Kristallmosaik bildet. Herkunft: Nördliche Kalkalpen, z. B. Jachenau.

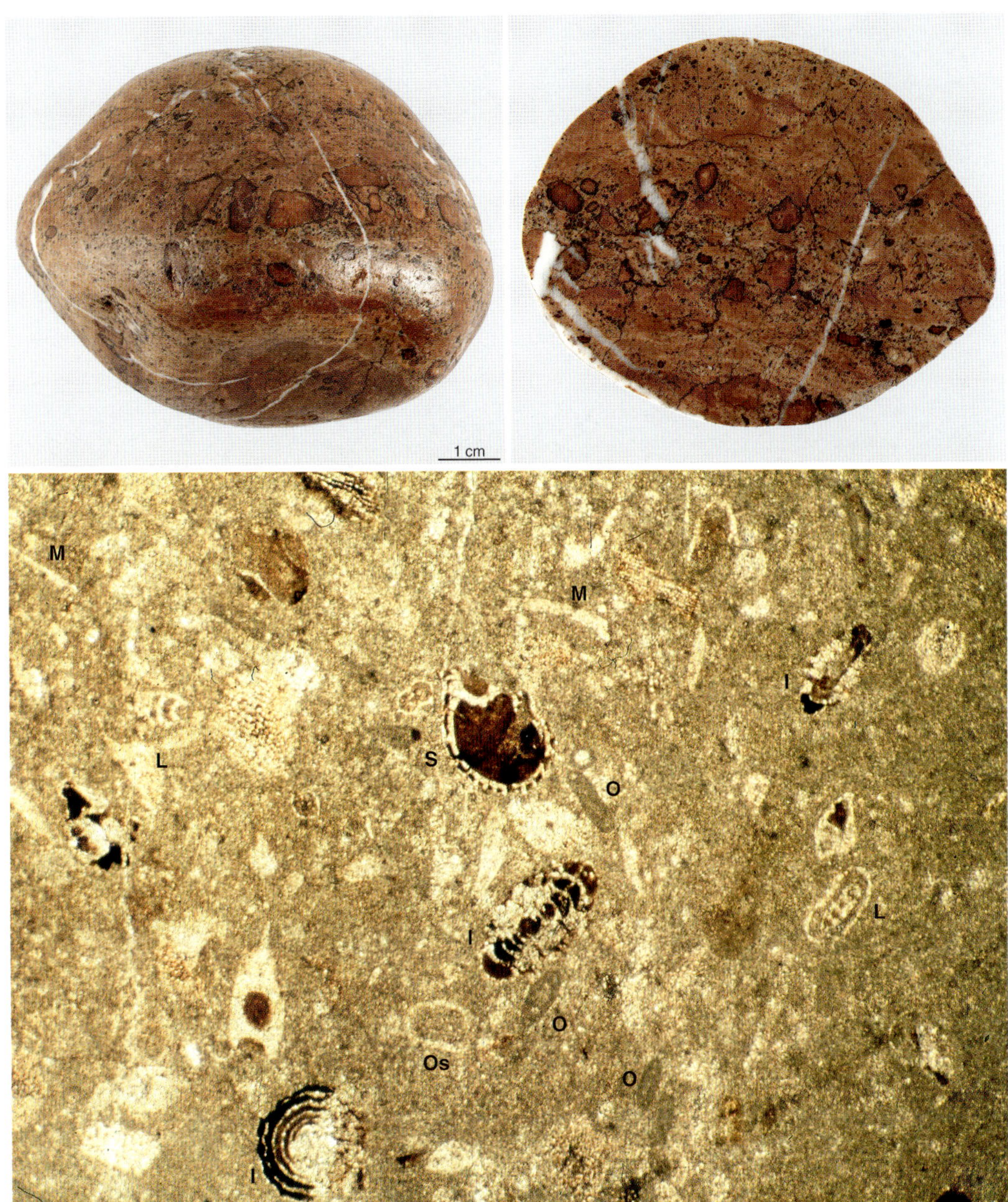

Abb. 48. Adneter Kalk (Lias). Das rote Gestein zeigt bereits als Geröll ein knolliges Gefüge. Diese Knollen sind durch Auflösung des Sediments entstanden und werden durch braune Säume aus Eisen-Mangan-Oxiden überzogen. Der Dünnschliff zeigt, dass dieses Gestein von kleinsten Lebewesen (Foraminiferen: u.a. Involutina liassica [I], Ophthalmidium sp. [O]) und nicht näher zu bestimmenden Lagenidschalern (L); Schnecken (S) und Muschelschälchen (M) aufgebaut ist. Herkunft: Nördliche Kalkalpen, z.B. Jachenau.

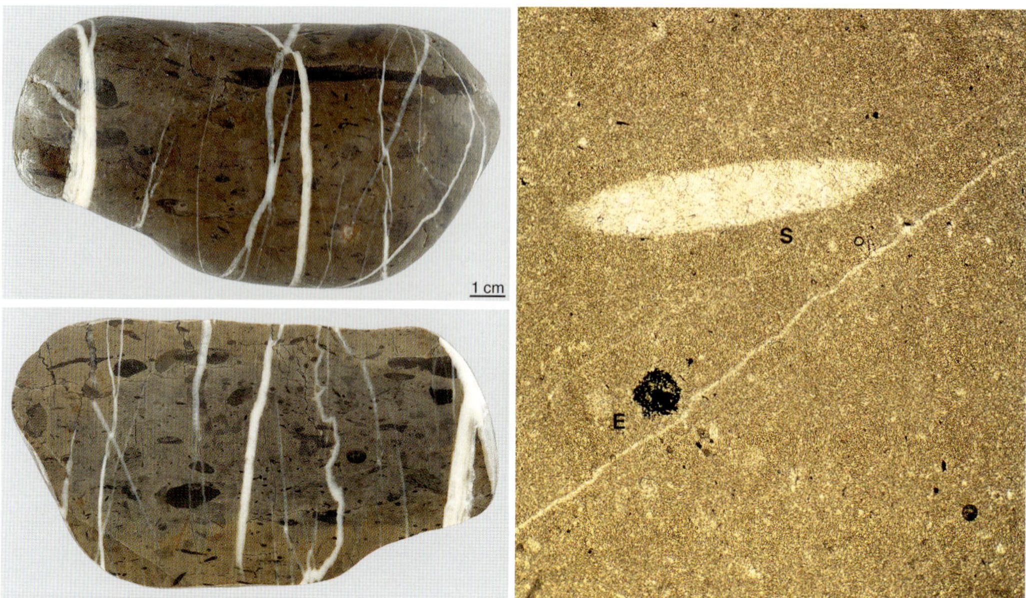

Abb. 49. Fleckenkalk (Lias). Das dunkelgraue Gestein ist anhand der nahezu schwarzen, oftmals verzweigten Streifen und Flecken gut zu erkennen. Bei diesen Bereichen handelt es sich um fossile Grabspuren, in denen organisches Material angereichert ist, und die deshalb so dunkel erscheinen. Der Dünnschliff zeigt, dass die Masse des Gesteins von einem sehr feinen Sediment gebildet wird, in dem aber z.B. auch Eisenerz (E) und Schwammnadeln (S) vorkommen. Herkunft: z.B. Arzbachtal westl. Lenggries.

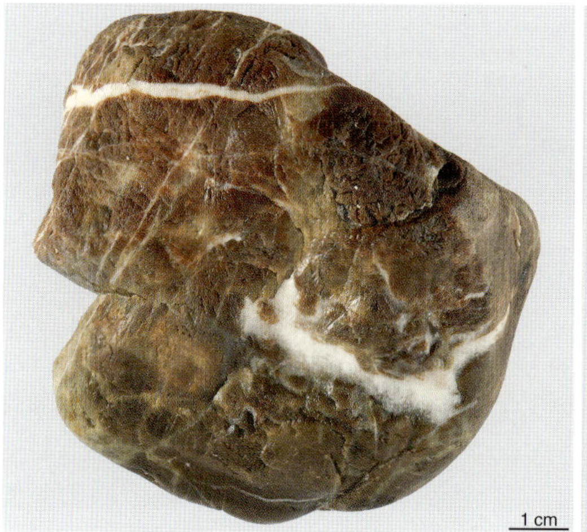

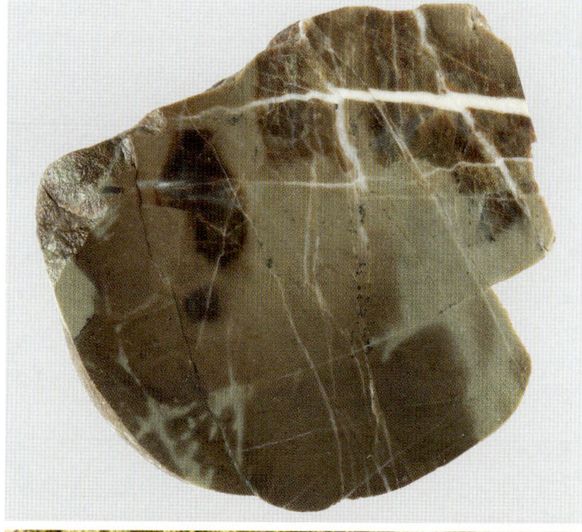

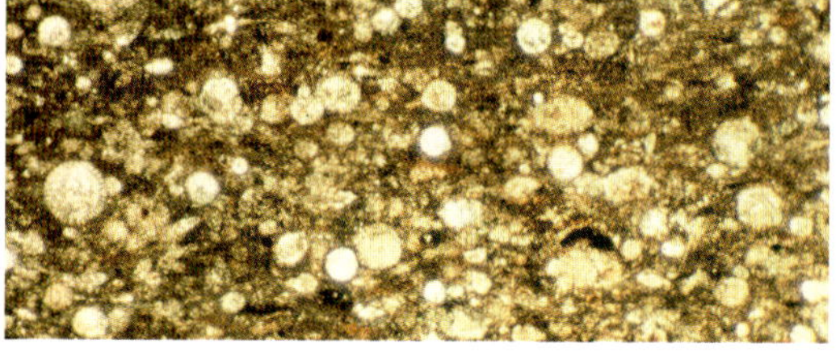

Abb. 50. Radiolarit (Malm). Als wichtiger Vertreter eines Kieselgesteins wird der Radiolarit zu einem sehr großen Teil von Kleinstlebewesen, den namensgebenden Radiolarien aufgebaut. In kalkigeren Varietäten des zumeist rotbraunen Gesteins sind häufig Hornsteinknollen eingelagert. Herkunft: z.B. Leitenberg westl. Lenggries.

6. Exkursionen

Exkursion A: Von der eintönigen Münchener Schotterebene durch das romantische Isartal nach Kloster Schäftlarn

(Routenkarte S. 80, geologische Karten S. 61 u. 81)

Man kann diese Exkursion am ehemaligen Bayerischen Geologischen Landesamt in der
Heßstraße 128 in München beginnen. Dort liegen am Eingang große, bis über 100 t schwe- *A1 A2*
re Findlinge aus den Jungmoränen des Alpenvorlandes. Die geologischen Spezialkarten
1:25000 des Exkursionsgebietes und die geologische Übersichtskarte 1:500000 können
jetzt im Buchhandel oder beim Landesamt für Umwelt (LfU), Bürgermeister-Ulrich-Straße
160, Augsburg, erworben werden. Eine Broschüre über die geologischen Naturdenkmäler
in Oberbayern, von denen einige in unserem Gebiet liegen, ist dort ebenfalls erhältlich.
Von hier geht es die Heßstraße nach Südosten über das »Massmannsbergerl« die Nieder-
terrassenkante hinab auf die Altstadt-Terrasse. Auf dieser fahren wir weiter nach Südosten

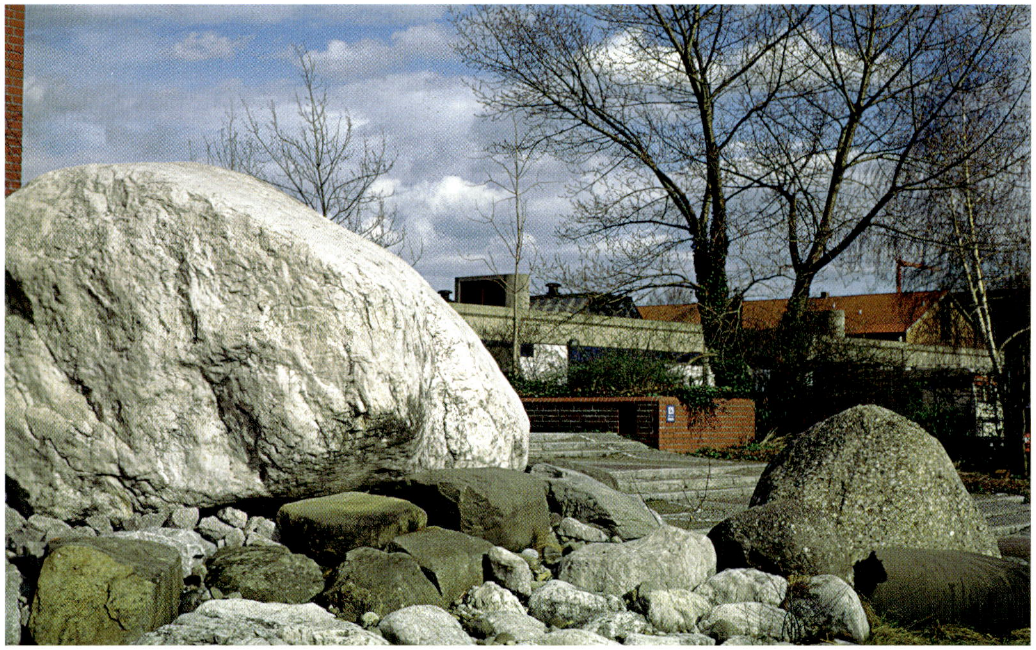

A1. Findlinge aus den Moränen des Voralpenlandes vor dem ehemaligen Geologischen Landesamt. Der über 102 t schwere hellgraue Block aus Wettersteinkalk stammt aus der ehemaligen Kiesgrube Habach südlich vom Starnberger See; er ist oben und unten von Eis glattpoliert. Davor liegen kleinere Findlinge aus dunklen Sandsteinen und Konglomeraten der Molasse- und Flysch-Zone, z.T. mit deutlichen Schrammen (ganz rechts vor Molasse-Konglomerat Reiselsberger Sandstein). Direkt am Gartentor liegen rötliche alttertiäre Nummulitenkalke mit Bryozoenresten und vielen Querschnitten von Großforaminiferen (Nummuliten und Assilinen). Im Vordergrund Kalke und Kristallin-Blöcke (links).

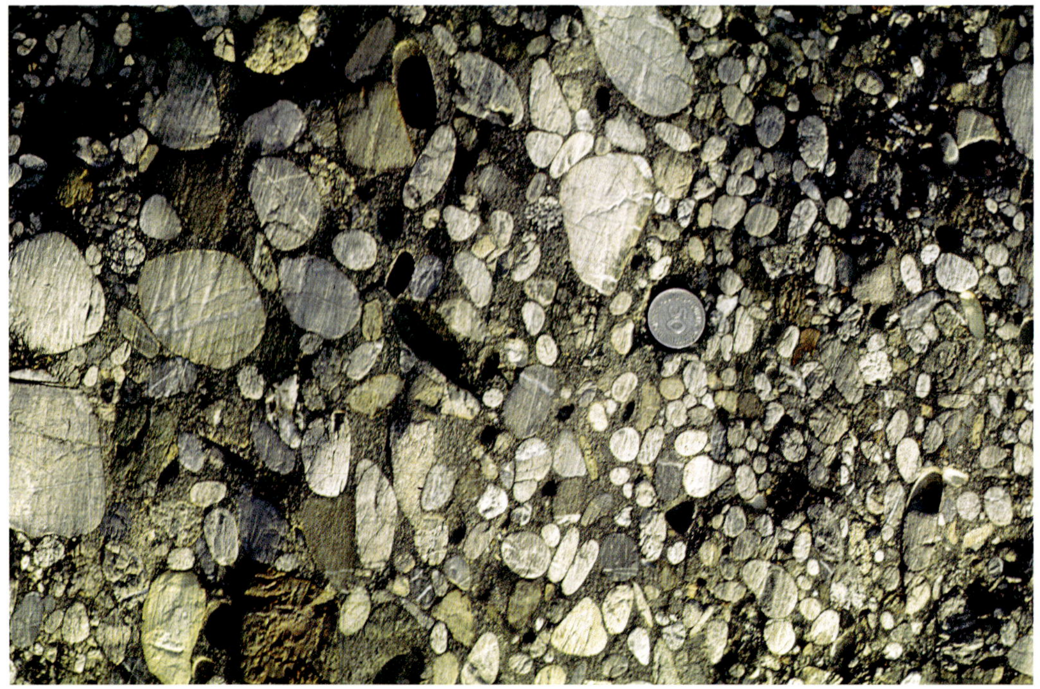

A2. Nahaufnahme (50-Pfennigstück als Maßstab) des Molasse-Konglomerats von Abbildung A1 mit messerscharf durchgeschnittenen Geröllen (aus hellem Kalk und dunklem Sandstein) und gekritzter Oberfläche.

und erreichen an der Luisenstraße direkt vor dem Königsplatz das Geologische Institut der Ludwig-Maximilians-Universität. Vor dem Eingang liegt ein großer Findling aus gefälteltem Gneis aus dem Gebiet des Inn-Gletschers. Im Erdgeschoss befindet sich eine Ausstellung von Gesteinen. In einem dort käuflichen Heft werden die Grundbegriffe der Geologie und die wichtigsten Gesteine sowie ihre Entstehung erläutert. Im anschließenden Paläontologischen Museum* an der Richard-Wagner-Straße 10 sind neben Fossilien aus weit zurückliegenden Erdepochen auch die Skelette eines Urelefanten aus der jüngeren

* Öffnungszeiten: Mo–Do 8–16 Uhr, Fr 8–14 Uhr und jeden 1. Sonntag im Monat 10–16 Uhr.

A3. Geologische Karte von München bis zum Isardurchbruch am Georgenstein. Ausschnitt aus GK50 von Unger *1995. In die große, nach Norden einfallende Münchener Schotterebene der Würm-Eiszeit (= Niederterrasse, W,G2, rote Kreise) hat die Isar im Süden einen tiefen Cañon eingeschnitten, der sich nach Norden verflacht und trompetenförmig erweitert. Dort war Platz für die Altstadt von München (nacheiszeitliche Altstadt-Terrasse, W,G3) und eine günstige Stelle für den Flussübergang mit flachen Terrassenkanten (rote Zähnelung). Der tiefe Cañon im Süden hat sich durch die harten Nagelfluhbänke der Günz/Mindel-eiszeitlichen Deckenschotter (M,G, violett) bis in die weichen Tertiär-Mergel (gelb) eingeschnitten, die meistens von Hangrutschen (blaue Streusignatur) verdeckt sind. Wichtige Quellaustritte auf ihnen sind mit blauen Ringen markiert. Im Süden liegen beiderseits des Isar-Durchbruchs die Altmoränen aus der Riß-Eiszeit (R,M, braun) mit Resten der davor liegenden Hochterrasse (R,G, grüne Kreise).* ▷

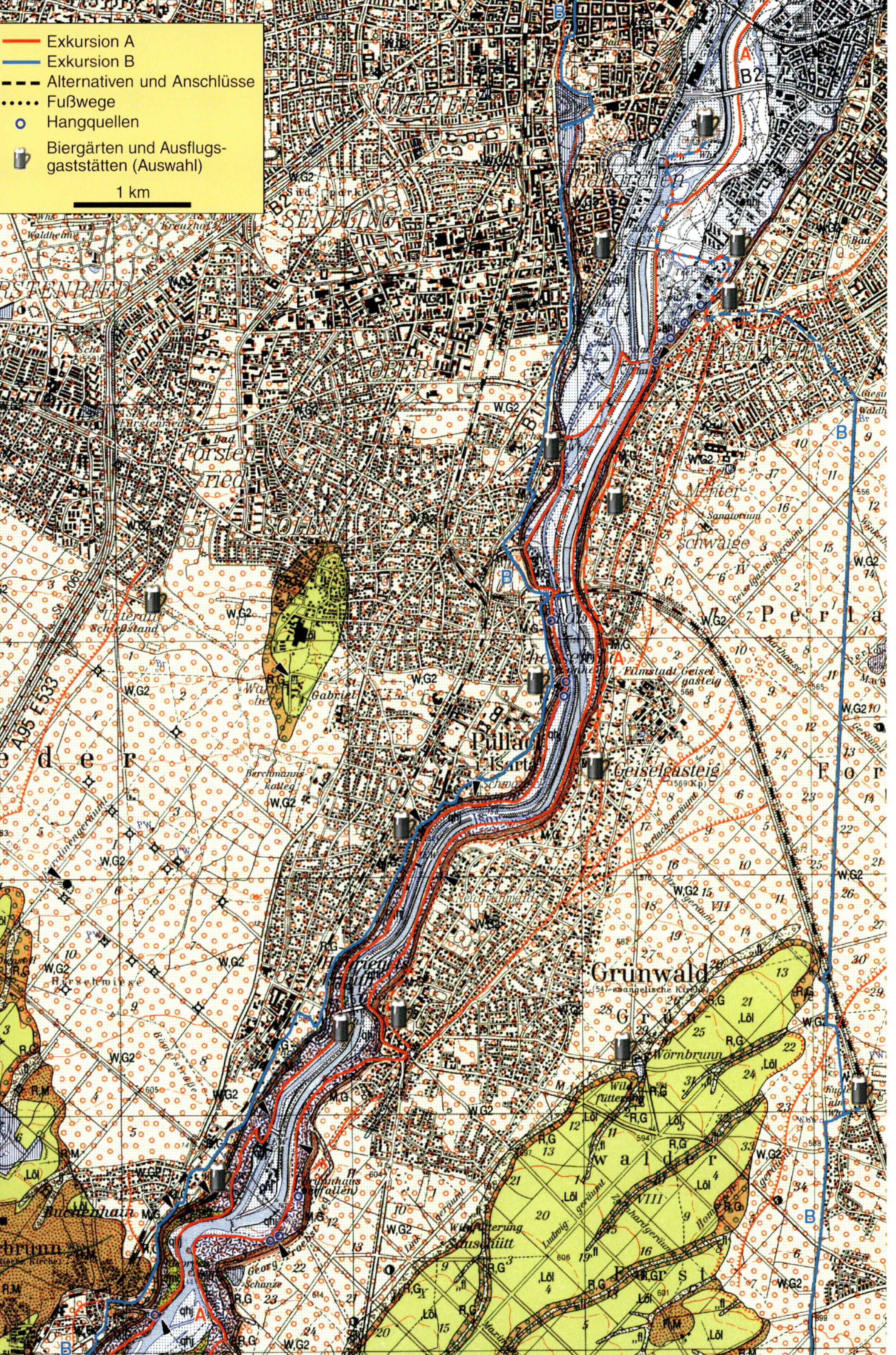

Exkursion A
Exkursion B
Alternativen und Anschlüsse
Fußwege
Hangquellen
Biergärten und Ausflugsgaststätten (Auswahl)
1 km
Pullach
Grünwald
Geiselgasteig

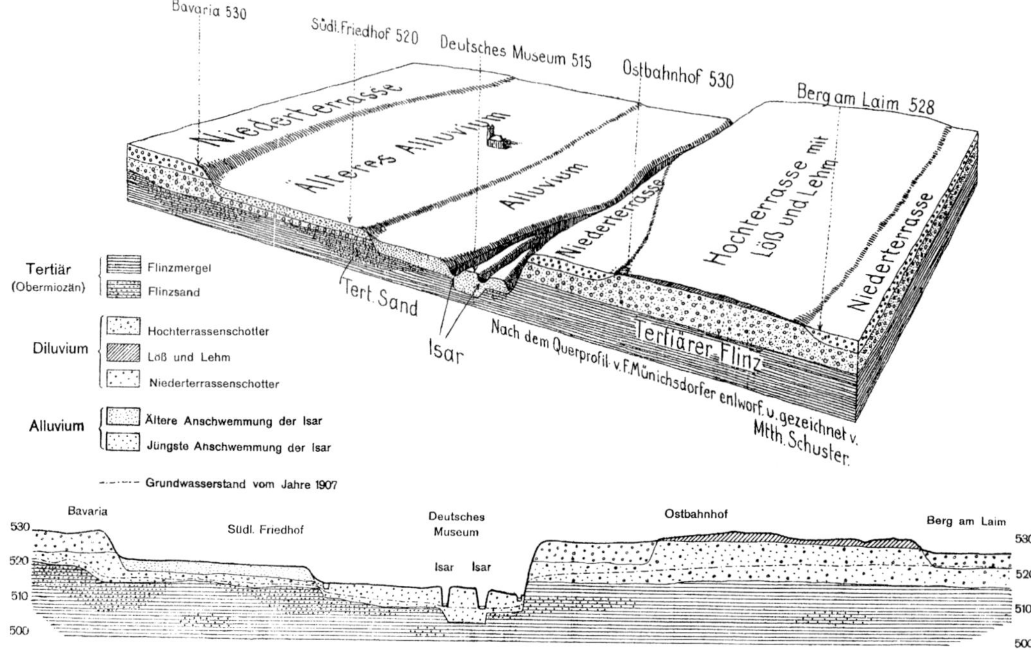

A4. Blockbild und West-Ost-Profil durch den Untergrund von München. Den Untergrund bilden tertiäre Mergel und Glimmersande der Oberen Süßwassermolasse; aus diesen Flinzsandlinsen entnehmen die Münchner Brauereien ihr Wasser. Darüber folgen die Schotter der Riß- und Würm-Eiszeit (Hoch- und Niederterrasse). Die Hochterrasse wurde durch die würmeiszeitlichen Gletscherbäche z. T. ausgeräumt und mit Niederterrassen-Schottern zugedeckt. Nur östlich der Isar ist eine Hochterrassen-Insel erhalten geblieben. Ihre mächtige Lößlehmdecke aus der Würm-Eiszeit lieferte den Rohstoff für die Münchener Ziegeleien (von Berg am Laim bis Ismaning). Neben Ziegeln wurden auch die irdenen Maßkrüge (»Keferloher«) daraus gefertigt. Am Ende der letzten Eiszeit hat sich die Isar in die Niederterrasse eingeschnitten und die Altstadt-Stufe (»Älteres Alluvium«) aufgeschottert. In gleicher Weise wurde nachher die Auen-Stufe (»Alluvium«) gebildet. – Nach MÜNICHSDORFER *1922 (Geogn. Jh.* ***34****).*

Tertiärzeit sowie eines Riesenhirsches und eines Höhlenbären aus der Eiszeit ausgestellt. Im 2. Stock werden weitere eiszeitliche Ablagerungen (Flussgerölle, Geschiebe, interglaziale Kohlen etc.) sowie Pflanzen- und Tierreste gezeigt und in käuflichen Broschüren erläutert. Vom Königsplatz radeln wir die Brienner Straße nach Osten zum Hofgarten. Von hier fahren wir unter dem Altstadtring hindurch zu den Isar-Auen im Englischen Garten hinunter; sie haben noch ihren von vielen Bächen durchzogenen Charakter behalten. Der Biergarten am Chinesischen Turm (1729 erbaut, 1951 wieder aufgerichtet) lädt zum Frühschoppen ein. Die Isar selbst hat sich unterhalb des Maximilianswehres in neuerer Zeit nochmals eingetieft. Von der Luitpoldbrücke, an der die vier bayerischen Stämme
A7 allegorisch in Muschelkalkfiguren dargestellt sind, geht es steil das Hochufer der Isar auf der Oberfläche der Niederterrasse hinauf zum Friedensengel. Diese Siegessäule in korinthischem Stil wurde aus Anlass des 25-jährigen Jubiläums des Friedens von Versailles 1896 von der Stadt München gestiftet und nach einem Entwurf von A. v. HILDEBRAND erbaut. Unmittelbar dahinter beginnt die Hochterrassen-Insel von Berg am Laim.

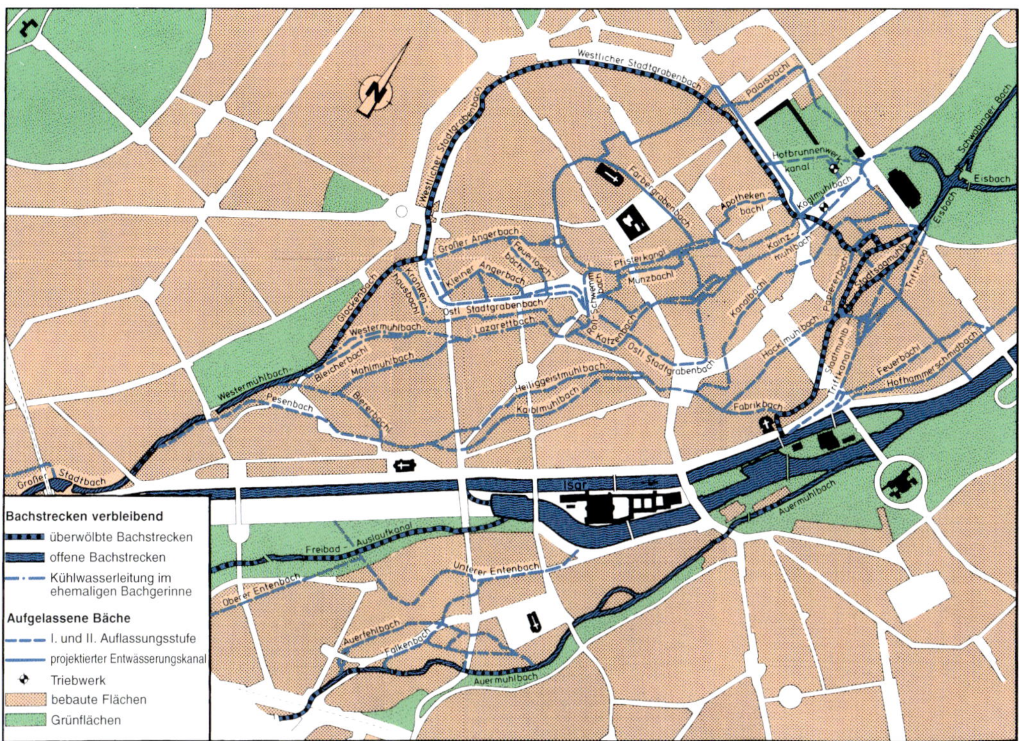

A5. Die Münchner Stadtbäche, die Lebensadern des alten München, dienten der Wasserversorgung und als Abwasserkanäle. Auch die vielen Mühlen und Hammerwerke wurden mit ihnen betrieben. – Nach PLESSEN *[Hrsg.]: »Die Isar«, München 1983.*

Unser Radweg führt direkt am Ostufer der Isar entlang nach Süden. Unmittelbar am Hangfuß liegen mehrere Quellteiche, die ihre Entstehung den wasserstauenden Flinzmergeln A8
des Tertiärs unter den Terrassenschottern verdanken. Schon früh wurden sie in den ersten Brunnenhäusern genützt. Am Grabenausgang nördlich des Maximilianeums kommen A9
Nagelfluhbänke heraus. Der beherrschende Bau des Maximilianeums steht wieder auf der A10
Terrassenkante. Unterhalb ist die Isar durch eine Insel geteilt und fällt in Kaskaden über eine Flusstreppe hinab. Auch die Maximiliansbrücke ist mit Muschelkalk-Quadern gebaut; auf ihr steht ein Brunnen aus eozänem Nummulitenkalk (Helvetikum) von Bad Heilbrunn. Es folgt das Prater-Wehr, an dem die Bäche des Englischen Gartens abgezweigt werden.

An der Ludwigs-Brücke (heutige Brücke 1934/35 erbaut), die über die Kohlen-Insel (mit Deutschem Museum) führt, lagen weitere Brunnenhäuser. Hier überquerte die alte Salzstraße von Salzburg her seit 1158 die Isar und führte durchs Isartor in die Altstadt. Im Innenhof des Deutschen Museums beginnt der 1995 eingerichtete Planetenweg, der von der Sonne ausgehend, die Planeten bis zum Pluto (beim Tierpark) sowohl in Größe als auch Entfernung von der Sonne maßstäblich (1 : 1 290 000 000) darstellt. Parallel zu diesem Weg fahren wir nun Isar-aufwärts durch Parkanlagen und unter den Brücken hindurch bis zum Flaucher. Dort führt ein Holzsteg über das Wehr zur zweiten Einkehr im Biergarten. Unterhalb zeigt die Isar noch einen schwachen Anklang an ihren früheren verzweigten Lauf mit den Schotterflächen dazwischen. Hier kann man die aus dem ganzen Alpenge-

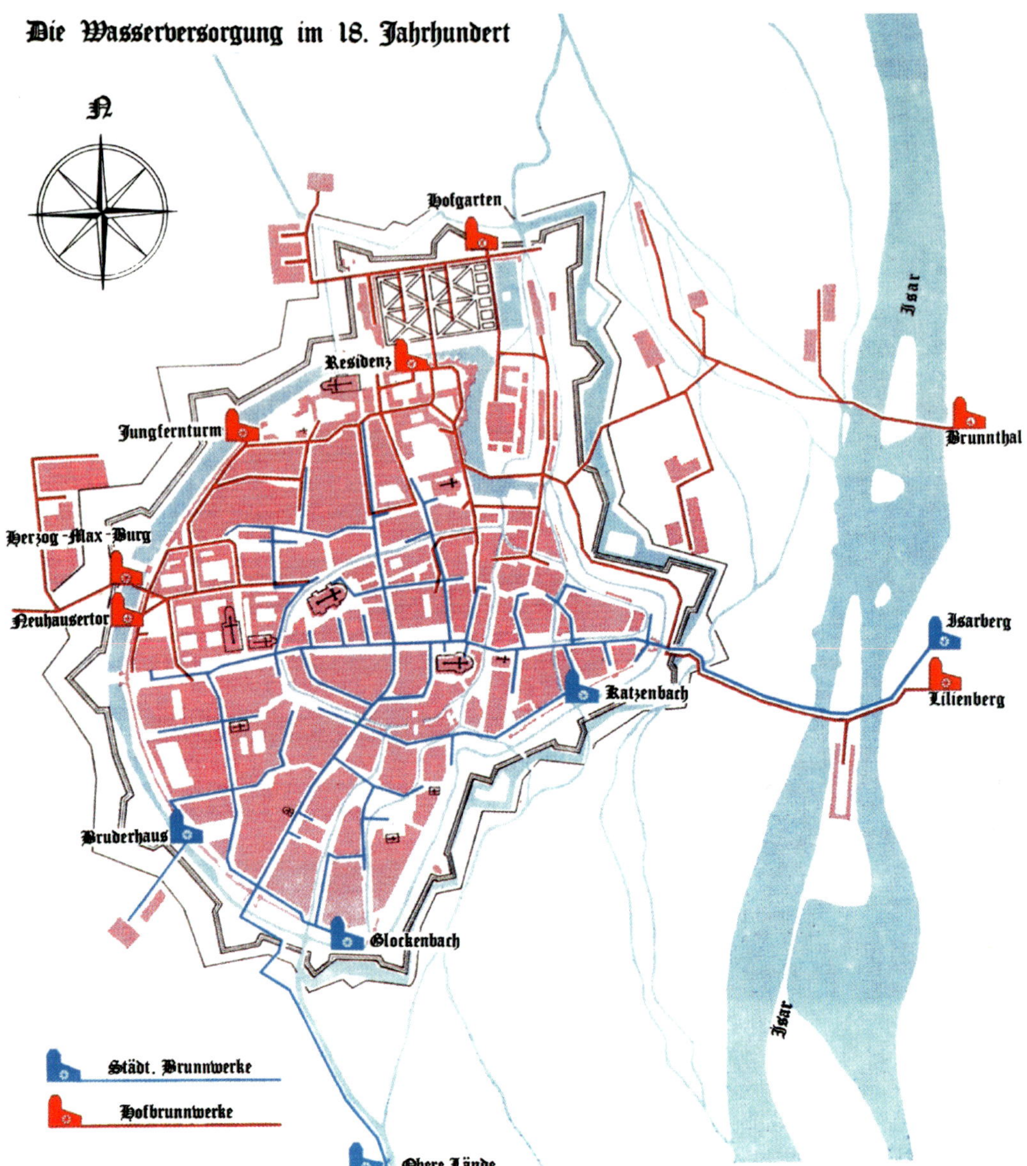

A6. Die Wasserversorgung Münchens im 18. Jahrhundert wurde z.T. aus den auf den Flinzmergeln austretenden Quellen östlich der Isar sichergestellt. – Aus: Wasser für München, Stadtwerke München 1989.

biet stammenden Gerölle der Isar studieren (v.a. Kalke, Dolomite und Kieselgesteine aus den Kalkalpen, daneben Sandsteine aus Flysch und Molasse sowie Granitgneise, Gneise und Amphibolite aus den Zentralalpen; s. Kap. 5, S. 51–58; Gesteine aus den Alpen sind außerdem im Garten des Alpenvereins-Museums auf der Praterinsel ausgestellt). Gestärkt fahren wir am Ostufer entlang weiter nach Süden am Tierpark Hellabrunn vorbei. Die »Sieben Quellen« entspringen dort wieder auf den Flinzmergeln. Hier beginnt der Auer Mühlbach, der direkt am Terrassenfuß entlang bis zum Müllerschen Volksbad nach Nor-

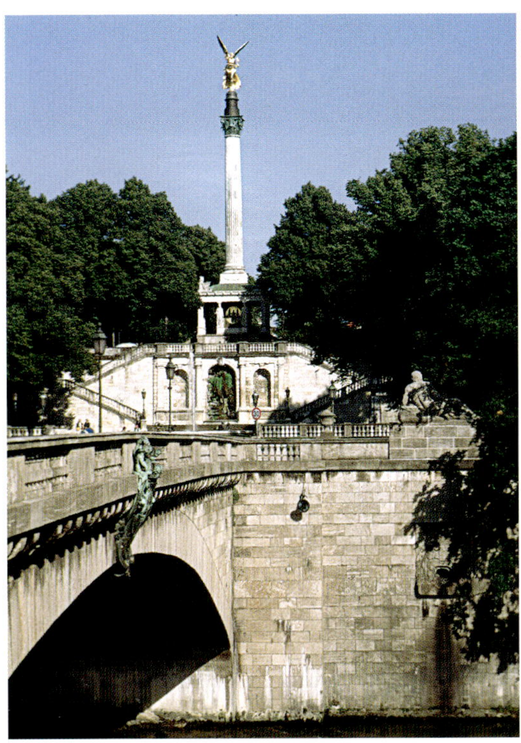

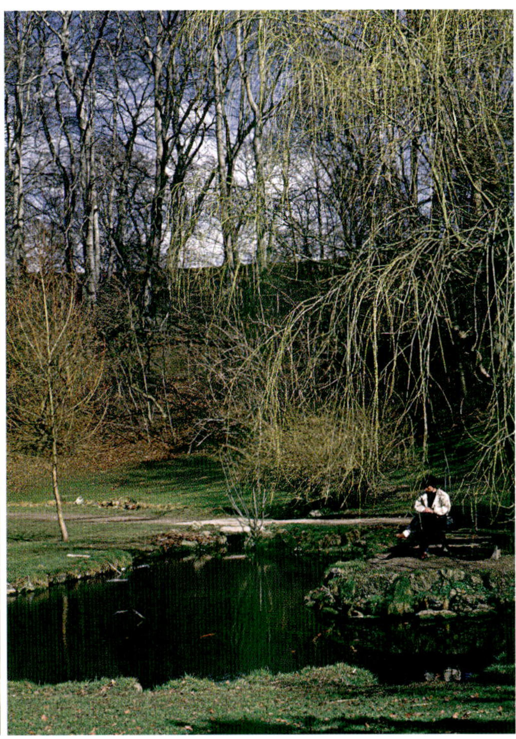

A7. Hochufer der Isar mit Friedensengel.
A8. Quellteich auf den tertiären Flinzmergeln in den Isaranlagen zwischen Friedensengel und Maximilianeum.

den führt; er betrieb viele Mühlen, von denen nur noch die Kraemer'sche existiert, die noch heute einen Teil der Energie aus dem Mühlbach bezieht. Am Marienklausenwehr wird er zusätzlich mit Wasser aus dem Isarkanal gespeist, das durch einen Düker unter der Isar hindurchgeführt wird.

Unter der Marienklause mit der Gedächtnistafel für den Wasseraufseher ACHLEITNER u. a. *A11*
liegt eine Quellgrotte, der sogenannte Jakobsbrunnen, der früher »mehr Lebenskraft spendete als der Gerstensaft« (heute kein Trinkwasser!). Darüber strebt die steile Nagelfluhwand im Buchenwald eindrucksvoll empor. Am Steig sind in den verfestigten groben Deckenschottern kleine Feinsandrinnen angeschnitten, die auf Stillwassergerinne im sonst reißenden Schmelzwasserstrom vor den eiszeitlichen Gletschern hindeuten.

Nun wechseln wir über die Marienklausenbrücke auf die westliche Isarseite. Dort an der Floßlände endet der Floßkanal. Hier wurden früher die Holzstämme aus den Alpenwäldern angelandet; jetzt steigen hier die bierseligen Freizeitflößer von Bord. Wir folgen dem Floßkanal mit seinen kleinen Floßrutschen aufwärts, vorbei am Hinterbrühler See und dem Flößerdenkmal zur Großhesseloher Eisenbahnbrücke, die das hier schon 30 m tiefe Tal überquert. Die alte berühmte Eisenkonstruktion von 1857 wurde neuerdings nach mehreren Sanierungen durch eine stabilere Stahlkonstruktion ersetzt. 1 km weiter südlich liegen unter der Nagelfluhwand wieder Quellsümpfe auf Flinzmergeln mit alten Brunnenhäusern. Die steilen Nagelfluhwände an den Überhängen sind zwischen den

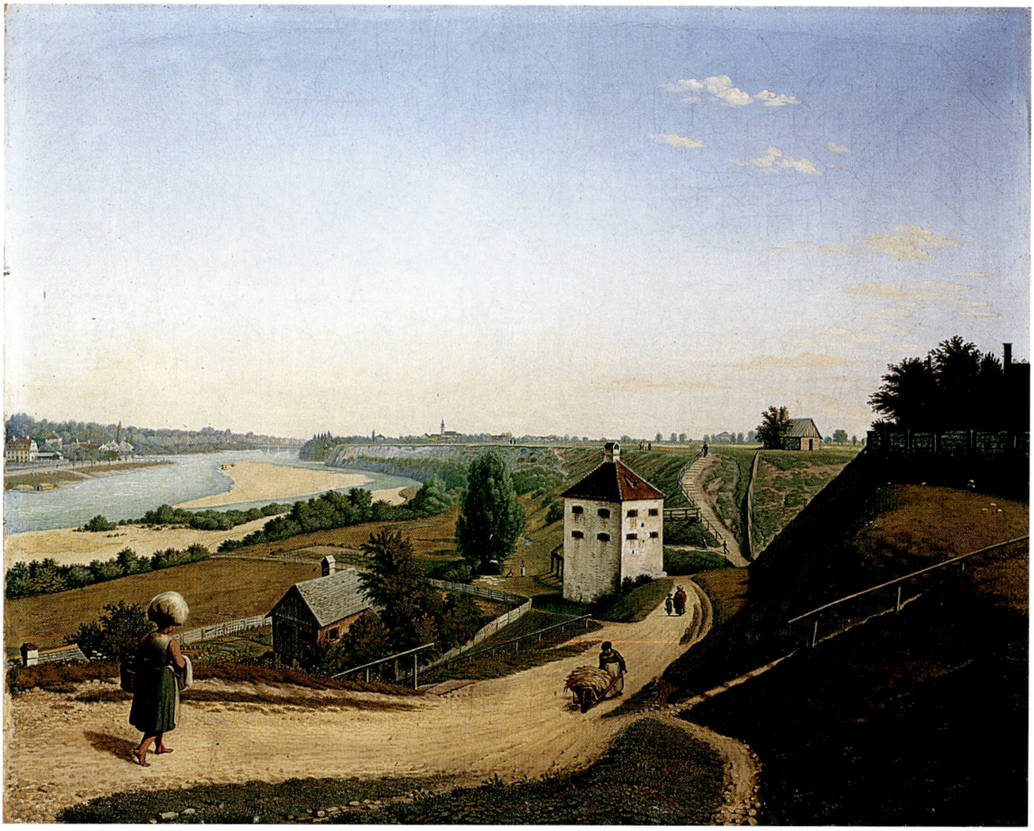

A9. Hofbrunnenhaus nördlich des heutigen Maximilianeums, eines der ältesten Brunnenhäuser Münchens auf den tertiären Flinzmergeln. Im Hintergrund der Prallhang am Isar-Hochufer mit der Bogenhausener Kirche. – Ölgemälde von C. H. Wenng um 1830, Stadtmuseum München.

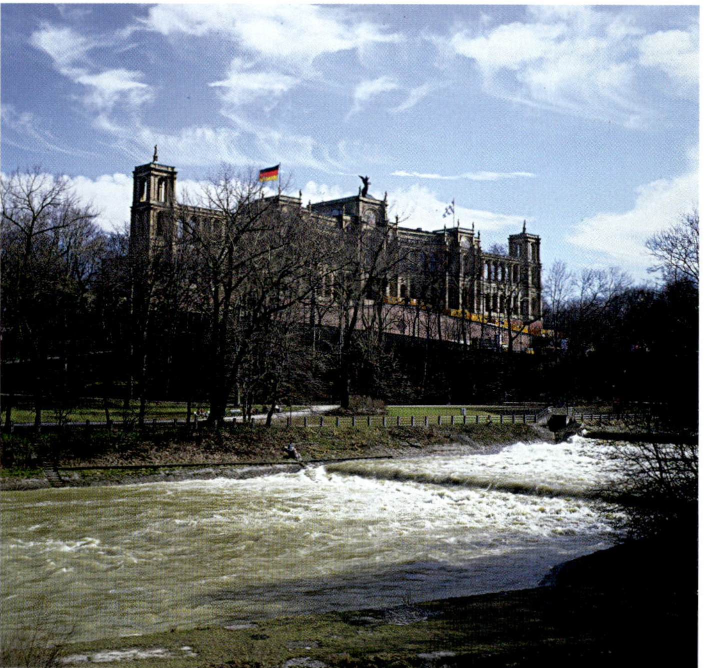

A10. Maximilianeum auf dem Isar-Hochufer mit der heute durch Wehre gezähmten Isar.

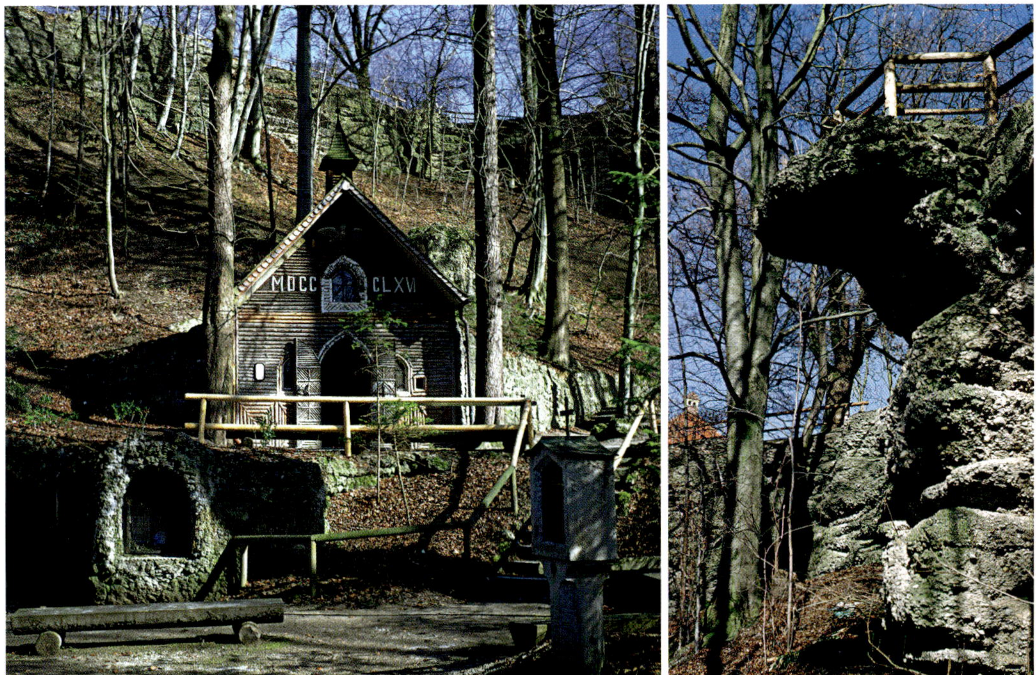

A11. Marienklause südlich vom Tierpark Hellabrunn mit Quellgrotte (links unten) auf Flinzmergeln, darüber Nagelfluhwand. Rechts Nagelfluhfelsen am Steig über der Klause.

silbergrauen Buchenstämmen zu erkennen. Unter der Jugendburg Schwaneck (erbaut für Ludwig Schwanthaler 1842–44, den Bildhauer Ludwigs I., in Nachempfindung einer mittelalterlichen Burg durch den Architekten Friedrich Gärtner) sind die Nagelfluhfelsen von Waldrebe überwuchert. Gut aufgeschlossen sind sie etwas weiter am neuen Bergrutsch unterhalb Pullach.

Dort liegen haushohe abgestürzte Blöcke, an denen der Aufbau und die Zusammenset- A13
zung der Deckenschotter studiert werden können. Es wechseln gröbere und feinere Lagen von Geröll. Die Gerölle bestehen meist aus Kalken (heller Wettersteinkalk, dunkle Kalke und Dolomite aus Trias und Jura), seltener aus feinen z. T. auch gröberen gelbgrünen Molasse- und Flysch-Sandsteinen und roten Jura-Radiolariten.

Östlich vom Elektrizitätswerk von Pullach mit Floßrutsche ist ein weiterer großer Hangrutsch unterhalb von Neugrünwald zu erkennen. Die riesigen abgerutschten Hangschollen bilden langgestreckte Kämme parallel zum Hang. Die verschiedenen Stadien des
Abrutschens können hier beobachtet werden, wie sie im Schema von Baumann 1995 dar- A27
gestellt wurden. Auf der gegenüberliegenden Seite der Isar befindet sich eine Schautafel mit Erläuterungen dieses Phänomens (s. Rückweg S. 77).

Wir nähern uns nun der Grünwalder Brücke, einer der ersten Stahlbetonbrücken der Welt (1903), die abgerissen werden muss, da ihr westliches Lager auf Rutschgelände steht und in Bewegung geraten ist. Auch die Straßenauffahrt nach Westen, vorbei am alten Brückenzollhaus, liegt im Rutschgebiet. Im »Brückenwirt« können wir uns für die Gefahren im Klettergarten stärken und hinüber zur Grünwalder Burg blicken.

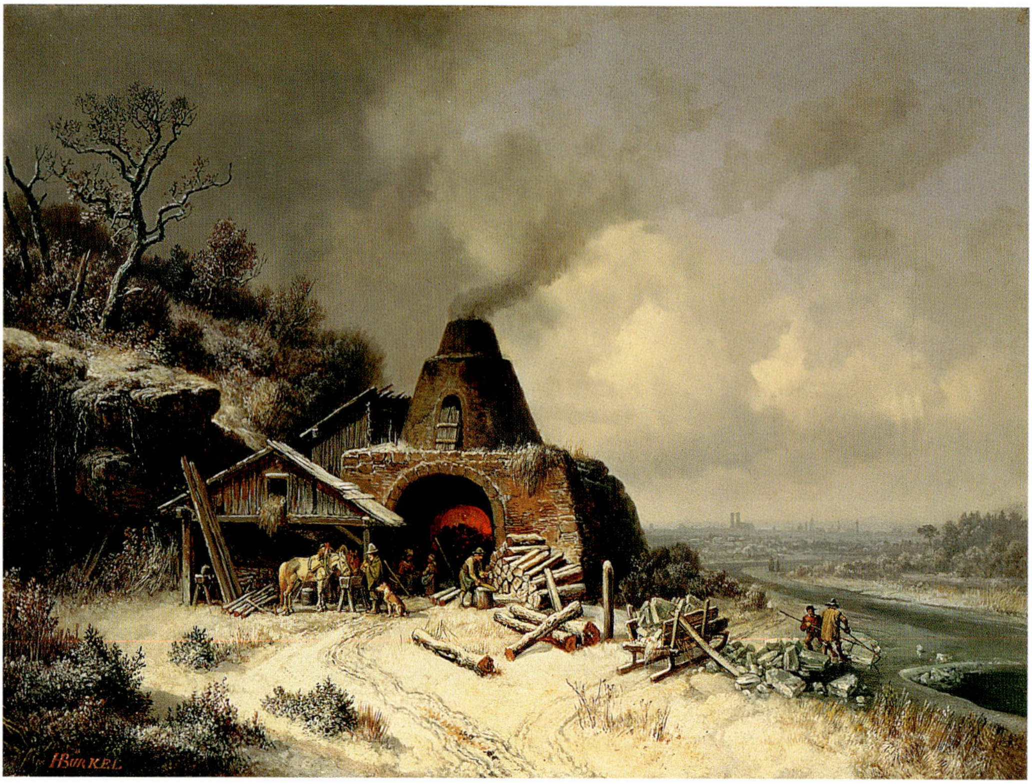

A12. Kalkofen bei Großhesselohe. – Ölbild von H. BÜRKEL um 1865, Stadtmuseum München.

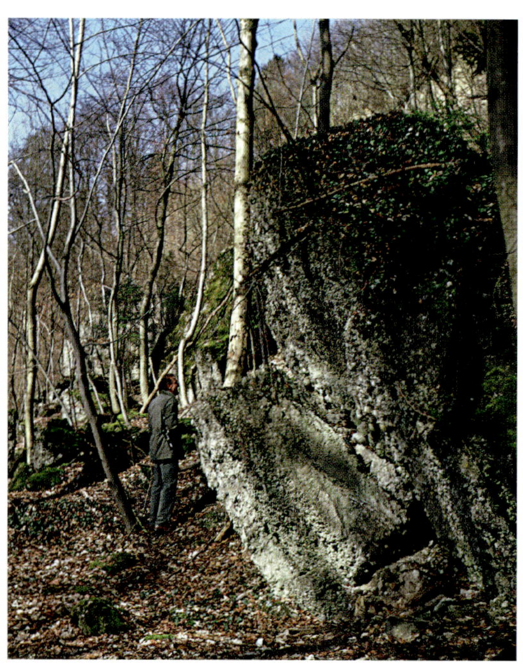

Wir folgen zunächst dem geradlinigen Isarkanal bis kurz vor das Elektrizitätswerk Höllriegelskreuth, das wir oben umfahren müssen. 200 m nördlich der Einmündung der oberen Zufahrt zum E-Werk liegt der berühmte alte Steinbruch in der Nagelfluh, in dem der Maler DIEFFENBACH ein Atelierhäuschen hatte. Hier konnte PENCK erstmals verschiedene eiszeitliche Schotter durch einen Lehmhorizont gliedern.

700 m weiter südlich liegt ein ähnlicher Steinbruch, der heute den Münchnern als Klettergarten dient. Man erreicht ihn nach Passieren der Schneise der Hochspannungsleitung, auf dem vom Radweg

A13. Abgerutschte, steilstehende Nagelfluhbänke unterhalb Pullach mit groben und feinen Kieslagen.

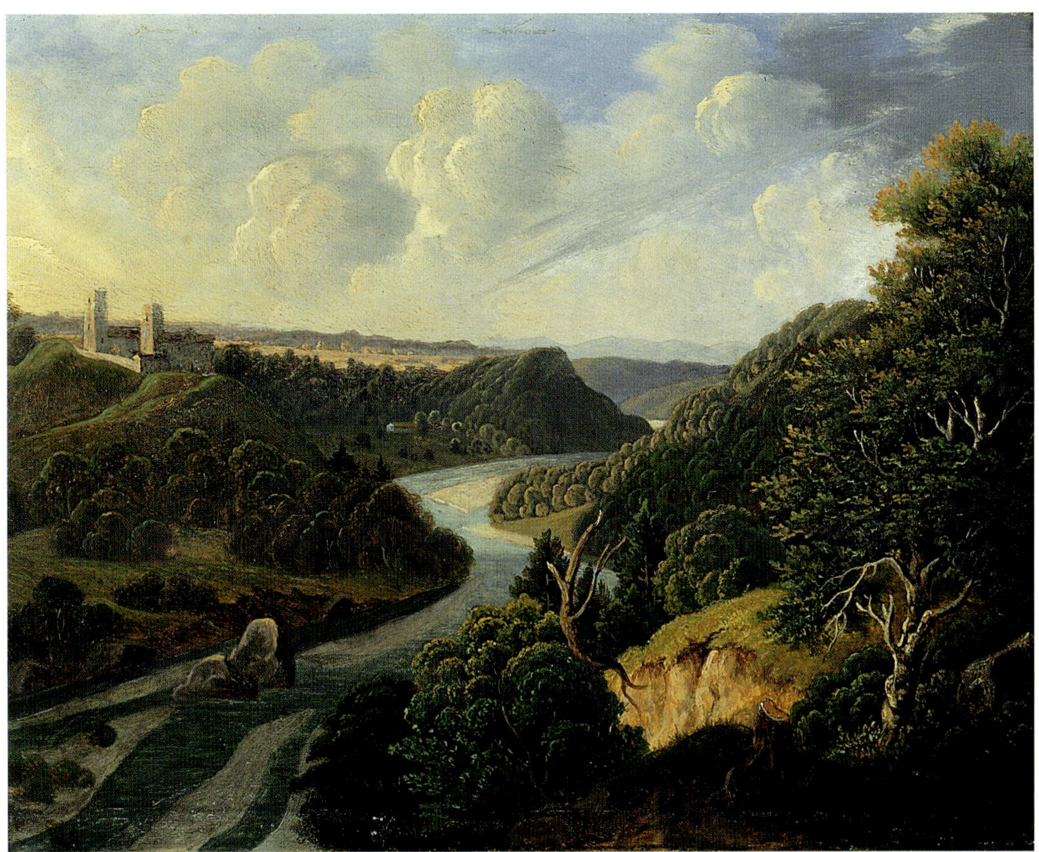

A14. Das wildromantische, tief eingeschnittene Isartal bei Grünwald mit Burg Grünwald gegen Süden. Unten abgestürzte Nagelfluhblöcke. – Ölgemälde von H. E. v. ZEECH 1850, Stadtmuseum München.

nach Baierbrunn abzweigenden markierten Fußweg. Auch hier sind die Nagelfluhwände durch einen markanten Lehm-Horizont mit tiefen geologischen Orgeln gliederbar. Südlich davon wurde durch einen neuen Hangrutsch die Schichtenfolge vom Mindel- bis zum Hochterrassenschotter erschlossen; am Fuß ist eine in die Grobschotter der Günz-Eiszeit eingeschnittene Feinsandrinne (mit verwitterten roten Tonlagen) zu erkennen, die dem Orgel-Horizont des Klettergartens entspricht. Am Treppensteig nördlich des Klettergartens kann man auch noch die groben Hochterrassenschotter der Riß-Eiszeit besichtigen, mit einem Bodenhorizont an ihrer Obergrenze. Der flache Hang darüber wird von den Niederterrassenschottern gebildet. Von hier wird man mit einem Blick in den schönsten Teil des Isartals am Georgenstein für den mühsamen Aufstieg belohnt.

Wir kehren nun wieder zu unserem Rad zurück und fahren auf der alten Römerstraße hinunter zur Isar-Schleife am Georgenstein. Hier, im engsten, über 80 m tiefen Isar-Einschnitt wird diese noch nicht kanalisierte Isar ihrem keltischen Namen (die Reißende) gerecht. Rechts oben leuchtet die helle, frisch entblößte Wand in der Nagelfluh herunter, deren Rutschmassen 1979 über die Flinzmergel bis an die Isar hinunter glitten. Der nasse Weg weist auf sie hin; sie reichen hier schon bis in halbe Hanghöhe hinauf.

A19

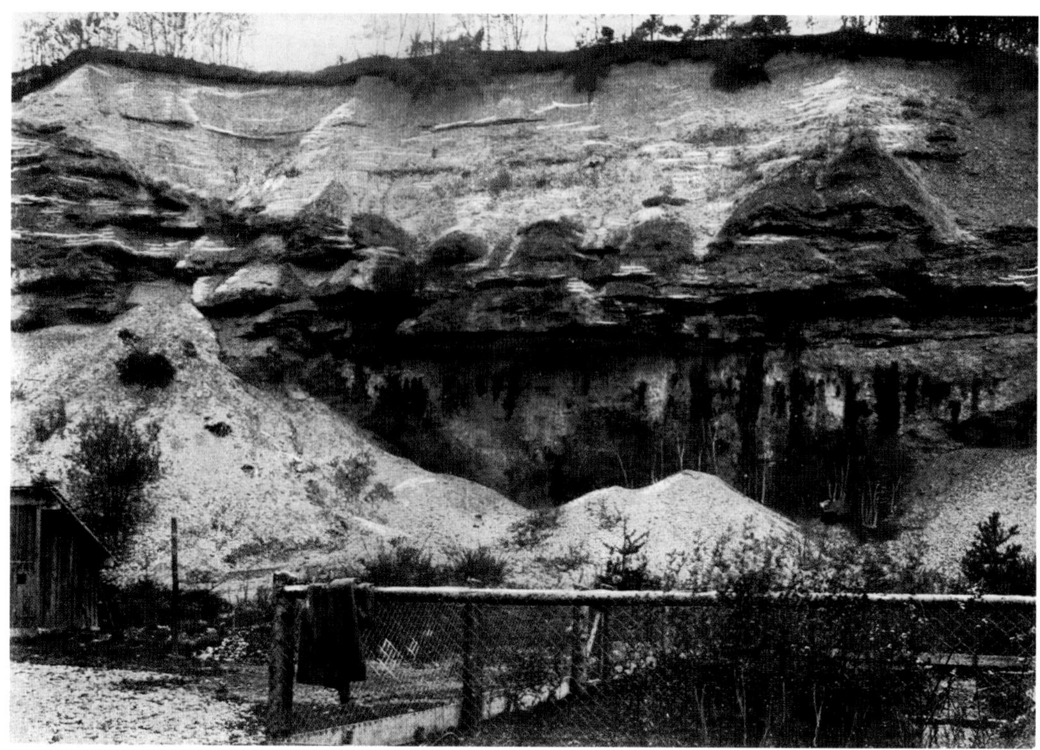

A15. Sog. Dieffenbach-Steinbruch am oberen Weg 300 m nördlich des Elektrizitätswerkes südlich Höllriegelskreuth. Mit diesem berühmten Bild beginnt das große Eiszeitwerk von Penck. *Der Bruch zeigt noch heute drei fluvioglaziale Schotterkörper übereinander. Die unterste glatte Wand in der stark verfestigten Nagelfluh (meist nur mit kleinen Kalkgeröllen) wird heute in die Günz-Eiszeit gestellt. Eine dünne Lehmlage darüber markiert eine Warmzeit. Dann folgen weniger verfestigte, wellige Schotterbänke mit einem vorspringenden Felsendach; sie werden jetzt in die Mindel-Eiszeit gestellt. Die hellen lockeren, kristallinreicheren Schotter der Riß- und Würm-Eiszeit darüber sind heute nur noch schlecht zu erkennen. Nach* Penck *sollen sie rinnenförmig eingelagert sein. Vernässungen am Weg unter dem Steinbruch deuten auf die tertiären Flinzmergel hin. – Aus* Penck *&* Brückner *1901.*

A16. Steinbruch am Isar-Durchbruch unterhalb Buchenhain. In diesem Steinbruch hat schon Penck *die tiefen geologischen Orgeln in der harten Nagelfluh als wesentliches Kennzeichen für eine lange Warmzeit zwischen älteren Eiszeiten (heute als Günz-/Mindel-Zwischeneiszeit) gedeutet. Zuoberst liegen wieder die groben Hochterrassenschotter der Riß-Eiszeit mit Kristallingeröllen. Die würmzeitliche Niederterrasse bildet die Hochfläche darüber. – Aus* Penck *&* Brückner *1901.* △

A17. Heute wird der alte Steinbruch von Buchenhain (Abb. A16) als Klettergarten benützt. Man erkennt deutlich die bis 3 m tiefen, nur noch z.T. mit Lehm erfüllten Kamine in der festen Nagelfluhwand. Die meist nur 2–3 cm großen Kalkgerölle sind durch kalkiges Bindemittel fest miteinander verkittet. Gelöster Kalk scheidet sich noch heute als dünne Sintertapete ab. ▷

A18. Grobe Hochterrassenschotter mit einzelnen Kristallingeröllen, mit scharfer Grenze (Fuß von Schmidt-Kaler*) auf hier lockeren Mindel-Kalkschottern am Aufstieg vom Klettergarten nach Buchenhain.* ▷

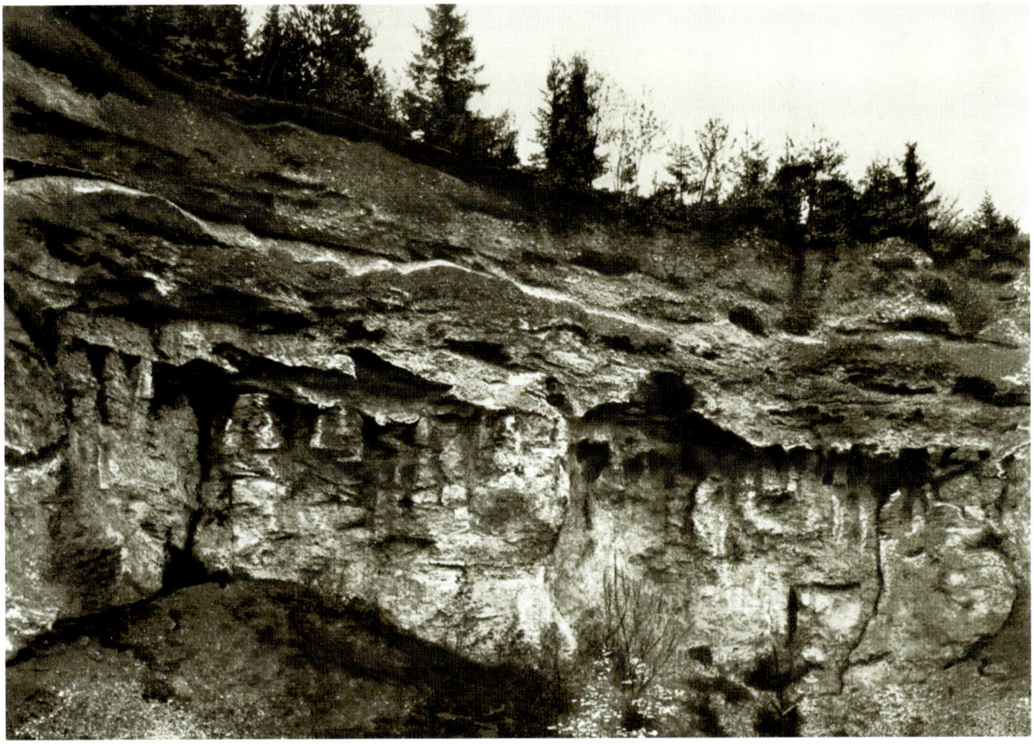

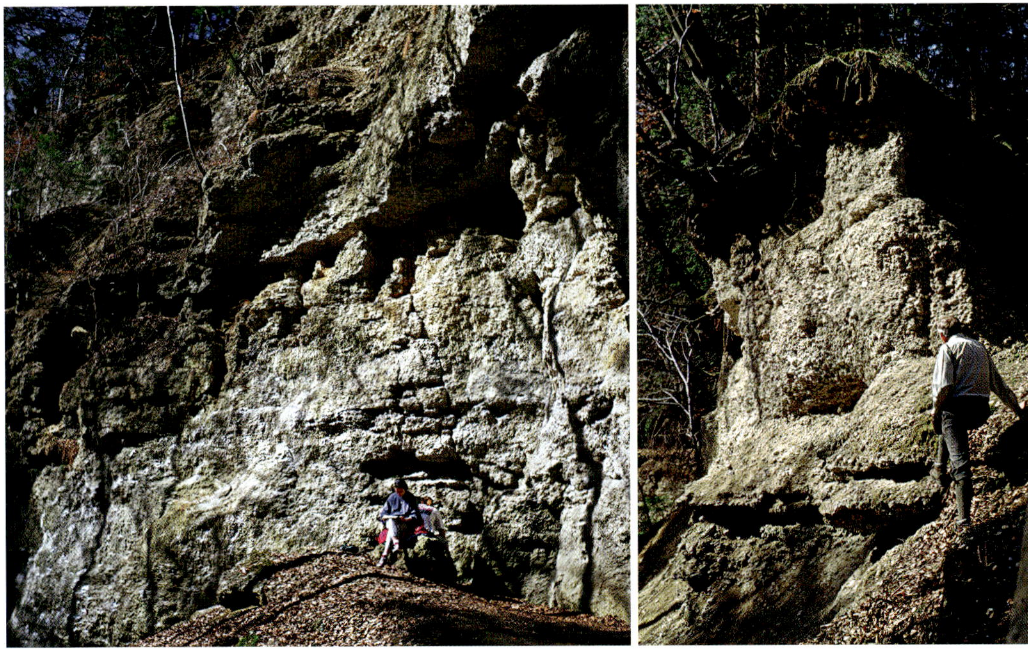

A19. Blick vom Hochufer der Isar bei Buchenhain auf den Isar-Durchbruch mit Georgen- und Michaelstein.

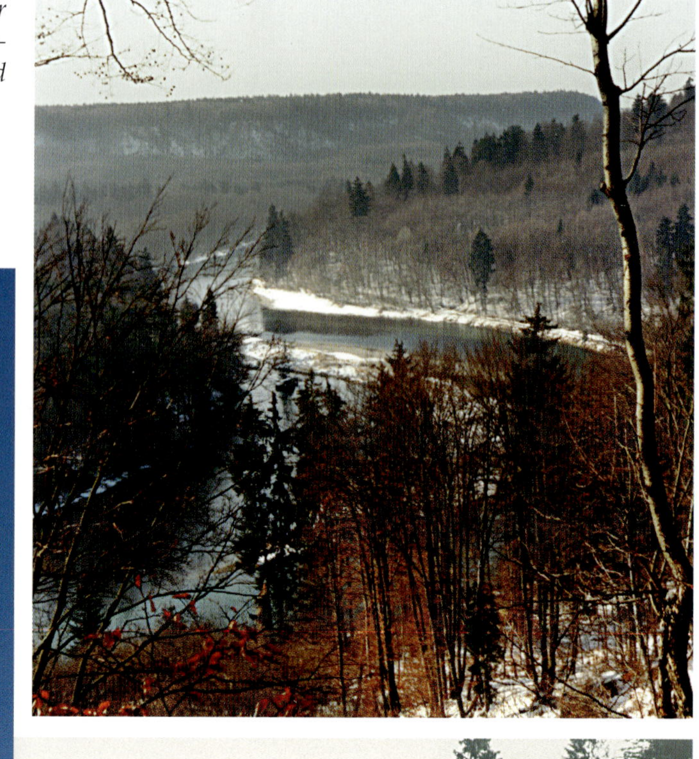

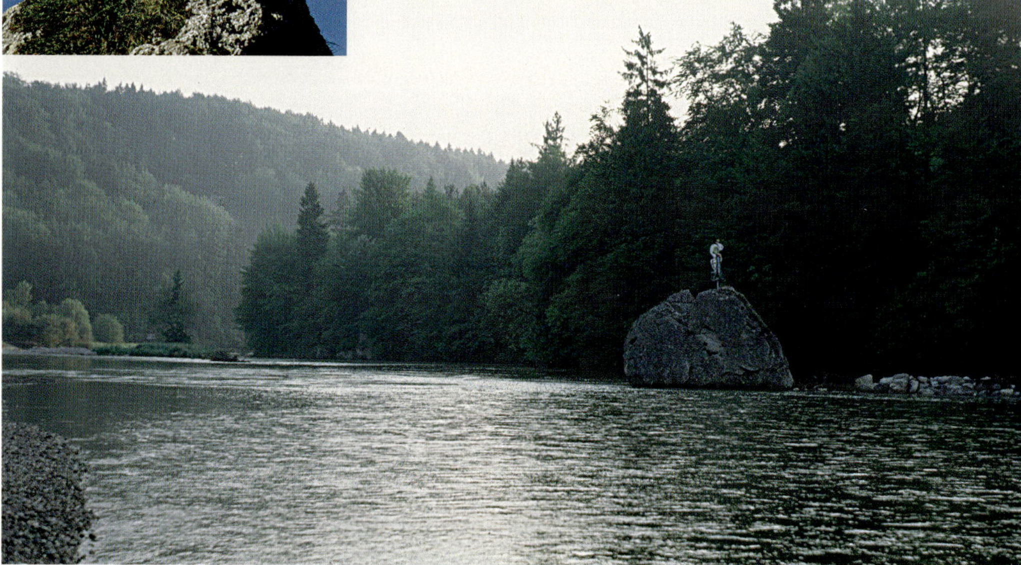

A20. Der Georgenstein, ein abgestürzter Nagelfluhfelsen in der Isar. Der Felsen erhielt seinen Namen nach dem Flößermeister Georg Müller, der 1803 nach glücklicher Rettung ein Bildnis seines Namenspatrons anbringen ließ. Das heutige Bildnis wurde 1993 aufgestellt. Früher gab es mehrere solche Felsen in der Isar, die aber im 18. Jahrhundert gesprengt wurden. Erhalten blieben nur der Georgen- und der kleinere Michaelstein.

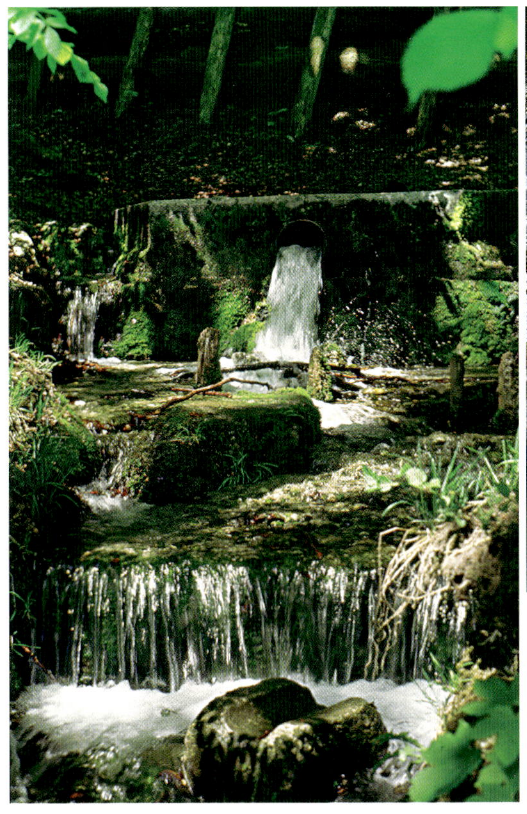

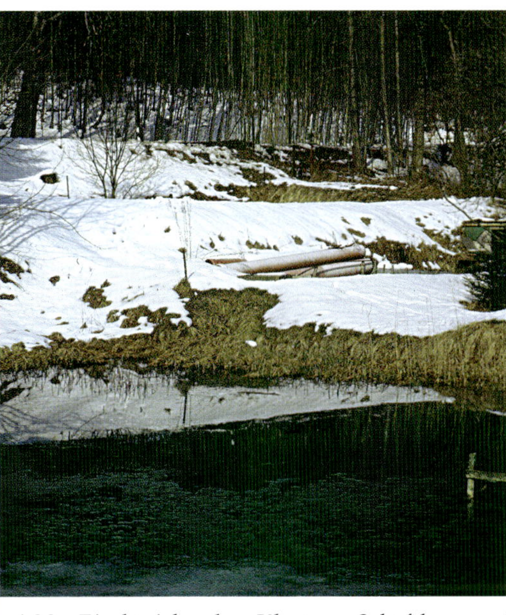

A22. Fischteiche des Klosters Schäftlarn auf alteiszeitlichen Seetonen.

A21. Kräftige Quellfassung auf Flinzmergel an der Forststraße südlich vom Georgenstein (ehemalige Wasserversorgung Baierbrunn).

Am Georgen- und Michaelstein, abgestürzten Nagelfluhblöcken in der Isar, war die A20
Floßfahrt besonders gefährlich. Auf der östlichen Bergnase darüber liegt die auf keltische Vorläufer zurückgehende Römerschanze, die den Flussübergang sicherte.

Nun müssen wir uns durch die welligen Hangrutschmassen im tonig-feinsandigen Tertiär
kämpfen und kommen an einer kräftigen Quellfassung vorbei. An der Isar selbst führt nur A21
ein Fußweg entlang nach Kloster Schäftlarn. Mit dem Fahrrad müssen wir der ansteigenden Forststraße folgen, an der weiterhin Quellsümpfe, hangparallele Rutschschollen mit steilen, bergwärts gerichteten Abrisskanten und Blockmeeren von Nagelfluh wechseln. Südlich der Auffahrt nach Baierbrunn ist die Forststraße neu abgerutscht. Auf den quellreichen Tertiärmergeln haben sich kleine Kalktuffterrassen abgesetzt. Wenn wir weiter auf der bequemen Forststraße bleiben, müssen wir ziemlich weit den Hohenschäftlarner Graben hinauf und dann wieder auf der Südseite um den Burgstall der Birg hinunterfahren. Die Abkürzung über den Fußweg (gelbe Markierung) ist im tonigen Tertiär nicht zu empfehlen. Der Forstweg führt über weiteres Rutschgelände vorbei zur Abzweigung zum Wasserwerk Schäftlarn mit großen Quellaustritten. Von dort führt ein Fußweg am Talrand
nach Kloster Schäftlarn; kurz davor passieren wir die feuchten Hänge des Mindel-See- A22
tons. Beim Bau der Münchner Wasserleitung wurde nördlich vom Kloster der gelbgraue schluffig-kalkige Seeton unter rißeiszeitlichen Ablagerungen auf tertiären Flinzmergeln angeschnitten. Auch unter der nun breiteren Talaue wurden jüngere Seetone angetroffen. Beide gehören zu Ausläufern des Wolfratshausener Zungenbeckens.

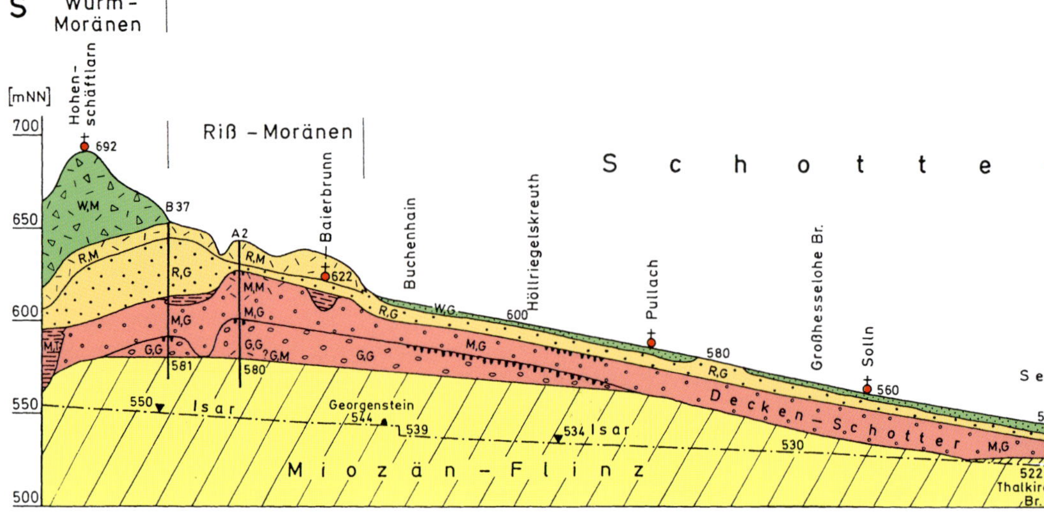

A23 Nach Besichtigung der Klosterkirche und eventueller Einkehr in der Klosterwirtschaft
überqueren wir Isar und Kanal beim Bruckenfischer und folgen dann dem Isarkanal abwärts nach Mühlthal. Dort kann man mittags vom Biergarten der alten Flößerwirtschaft
A25 die lustige Partie über die mit 320 m längste Floßrutsche Europas beobachten. Vor Beginn
des Engtales hat die sich eintiefende Isar in den weicheren Riß-Schottern zu einem Bogen
nach Osten ausgeholt und eine Terrasse 30 m über dem heutigen Fluss hinterlassen. Auf
ihr liegen die Äcker des Königshofs von Epolding. An der Auffahrt nach Straßlach steht
die Kapelle St. Ulrich von 1617.

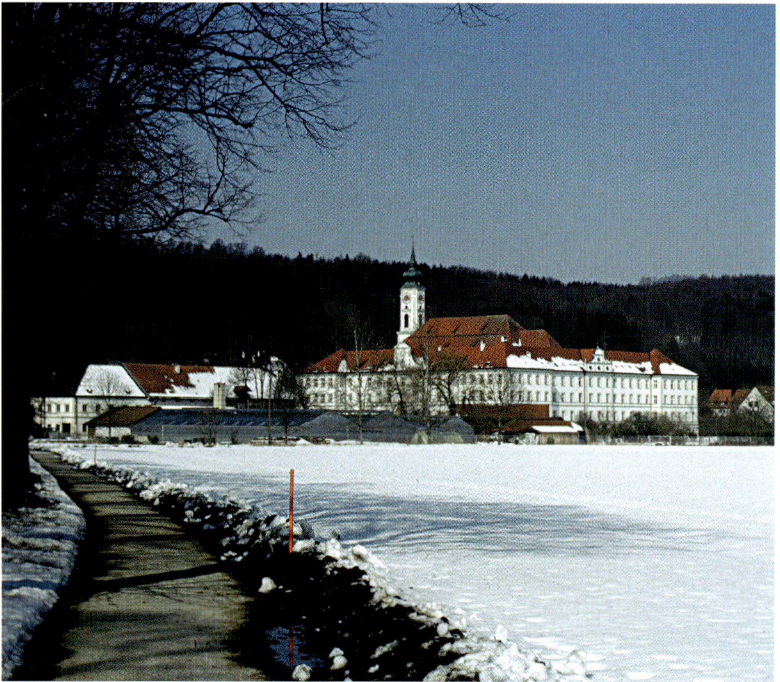

A23. Das Benediktinerkloster Schäftlarn auf einer nacheiszeitlichen Schotterterrasse, unter der spätwürmzeitliche Seetone liegen (Nordende des Wolfratshausener Sees).

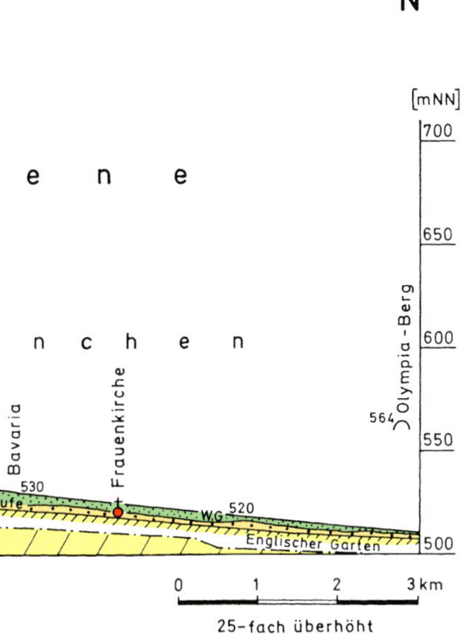

A24. Geologischer Aufbau des westlichen Isartalhanges von der Münchener Schotterebene bis zu den Endmoränen bei Schäftlarn. Über die tertiären Flinzmergel legen sich die nach Süden ansteigenden eiszeitlichen Schotterkörper: Unten der altpleistozäne harte Deckenschotter (G,G und M,G), darüber Hoch- und Niederterrasse der Riß- und Würm-eiszeitlichen Schmelzwasserschotter (R,G und W,G). Die Schotterhorizonte können durch warmzeitliche Bodenbildungen (Lehme, z.T. in geologischen Orgeln) getrennt werden. Diese schiefe Ebene steigt mit 7 ‰ nach Süden an. Die Isar hat sich im Süden tief in den Flinz eingeschnitten und fließt nur mit 2 ‰ auf München zu. Dort hält sie sich in etwa an die quellenreiche Flinzoberfläche. Im Süden bei Baierbrunn gehen die Hochterrassenschotter in die flachen, verwitterten Riß-Moränen (R,M) über. Weiter südlich baut sich darüber der junge, kräftige Endmoränenwall der Würm-Eiszeit (W,M) bei Hohenschäftlarn auf.

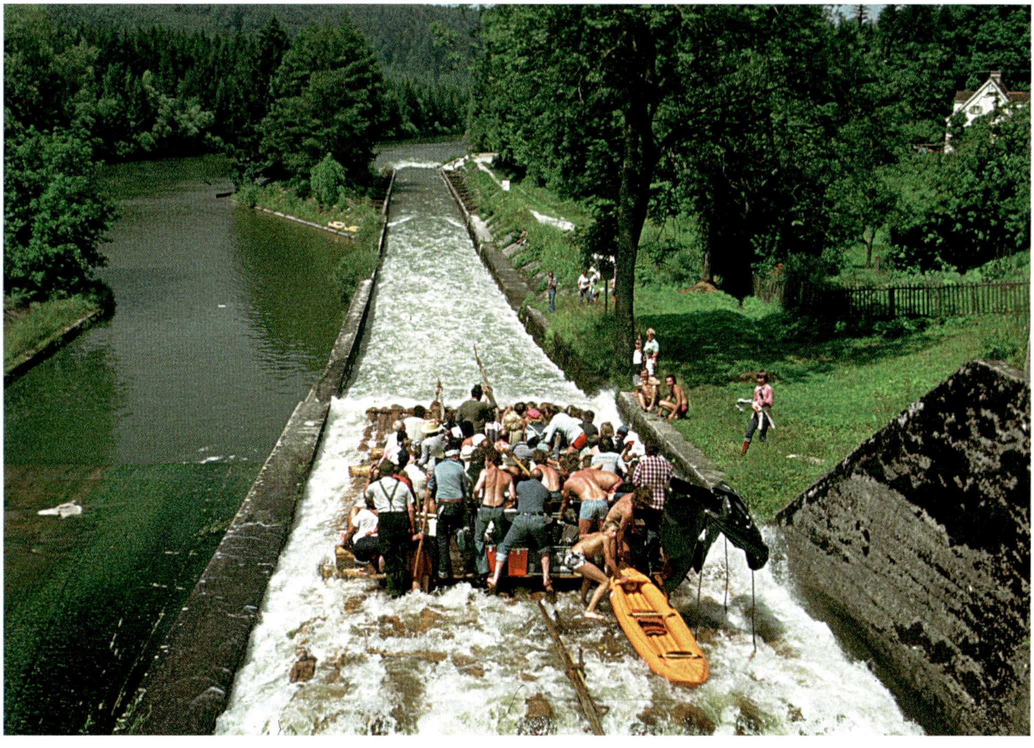

A25. Floßrutsche am Mühlthal-Wehr, mit 320 m die längste Europas. Die drei Franzis-Turbinen von 1924 des 11,2-MW-Kraftwerks liefern bei einer Fallhöhe von 17,4 m bis 70 Mio kWh jährlich (Ausleitungswassermenge 80 cbm/s). Die Turbinen wurden 1997 ersetzt. – Foto: H. Jerz.

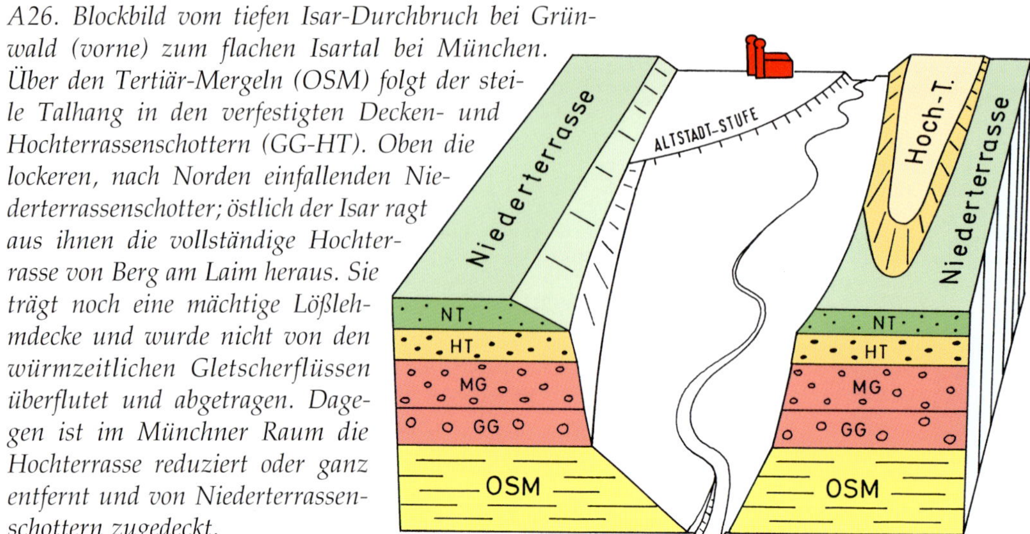

A26. Blockbild vom tiefen Isar-Durchbruch bei Grünwald (vorne) zum flachen Isartal bei München. Über den Tertiär-Mergeln (OSM) folgt der steile Talhang in den verfestigten Decken- und Hochterrassenschottern (GG-HT). Oben die lockeren, nach Norden einfallenden Niederterrassenschotter; östlich der Isar ragt aus ihnen die vollständige Hochterrasse von Berg am Laim heraus. Sie trägt noch eine mächtige Lößlehmdecke und wurde nicht von den würmzeitlichen Gletscherflüssen überflutet und abgetragen. Dagegen ist im Münchner Raum die Hochterrasse reduziert oder ganz entfernt und von Niederterrassenschottern zugedeckt.

Die eiligen »Rennradler« können sich hier zur Niederterrasse hinaufquälen und dann schnell mit 7 ‰ Gefälle nach Grünwald dahinrollen. Die Romantiker wählen jedoch nochmals das Abenteuer im Isar-Durchbruch. Vom Wirtshaus führt ein Fußweg nach Norden über sumpfige Wiesen zur Forststraße empor. Dort zeigt ein Hanganriss am sog. Horn grobe Riß-Schotter mit verhältnismäßig viel Kristallingeröllen (helle Gneise, dunkle Glimmerschiefer, milchiger Quarz mit Glimmerschüppchen, dunkle Granatamphibolite); die Hauptmasse der Gerölle besteht wie sonst auch aus grauen Kalken und Dolomiten, roten Radiolariten, grauen Kieselkalken und groben bis feinen Sandsteinen. Darunter folgen am Hangfuß kleine Felsen aus den feineren Deckenschottern meist ohne Kristallin. Es geht nun entlang der Forststraße durch große Rutschgebiete mit den typischen steilen Rutschkämmen und Nagelfluhblöcken. Diese werden von der Isar vor der Erweiterung am Georgenstein freigespült. Vom Pegel hat man einen schönen Blick auf die ursprüngliche, rasch dahinfließende Isar mit Kiesbänken (Vogelschutzinseln) und verflochtenen Stromläufen. Die sumpfigen Auenwälder vor der Talerweiterung am Georgenstein sind nur schlecht zu befahren, deshalb weichen wir auf die höher gelegene Forststraße aus, die uns auf die von Straßlach kommende Römerstraße führt. Ihr folgen wir hinunter auf gerutschten Flinzmergeln; im Frühjahr blühen hier Leberblümchen und Seidelbast, später Maiglöckchen. Weiter geht es an einem Seitenarm der Isar mit tiefhängenden Weiden und Quellsümpfen entlang zum senkrecht stehenden Nagelfluhfelsen des Georgensteins. Er wurde aus einer großen Rutschmasse freigespült, die von der Römerschanze herab die Isar nach Westen abdrängte. Weiter abwärts liegt in der Isar der weniger bekannte Michaelstein. Nach Überqueren des Buckelgeländes wird es wieder »hübsch batzig«, es öffnet sich der Blick zum neuen Rutschhang am Klettergarten auf der Gegenseite. Das nächste Bohlen-Wegstück durch die Erlen-Weiden-Bruchwälder bis zum Grünwalder Brunnenhaus muss man schieben. Die kalkhaltigen Quellen dort bilden moosige Quelltuff-Terrassen. Auf nun gutem Forstweg kommt man an großen Nagelfluhblöcken und einem Holzbrunnen vorbei, stellenweise ist feiner heller Glimmersand des Tertiärs angeschnitten, dessen Glimmerschüppchen im Sonnenlicht glitzern (»flinzerln«). Dann geht es durch einen Hohlweg nach Grünwald hinauf.

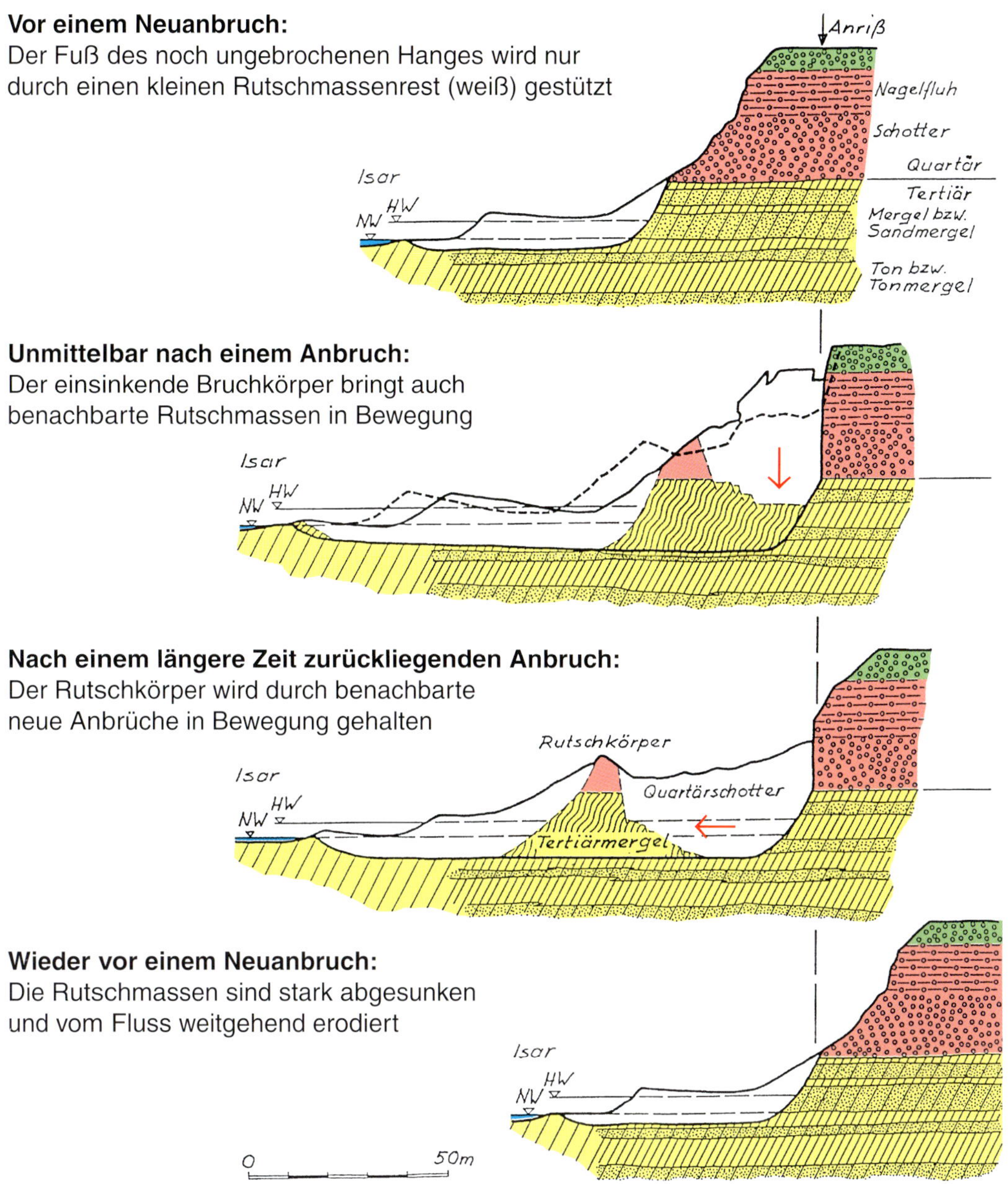

A27. Entwicklung der Rutschungen am Isarhang. – Nach BAUMANN, *Geotechnik 1995.*

In Grünwald fährt man am besten zur Isar hinunter und folgt deren Ostufer auf einem abwechslungsreichen Radweg Richtung München. Dabei kommt man durch das Hangrutschgelände, das anhand einer Informationstafel erklärt wird. A28 A29 Den Abschluss der Exkursion begießen wir im Flaucher-Biergarten, den wir durch Überqueren des Flaucherstegs erreichen. Oder man fährt vorbei an der Burg Grünwald immer an der z.T. abbrechenden Kante der Niederterrasse des Isar-Hochufers entlang im angenehmen Gefälle gegen München. Bei der Menterschwaige bietet sich Gelegenheit für eine Einkehr im Biergarten.

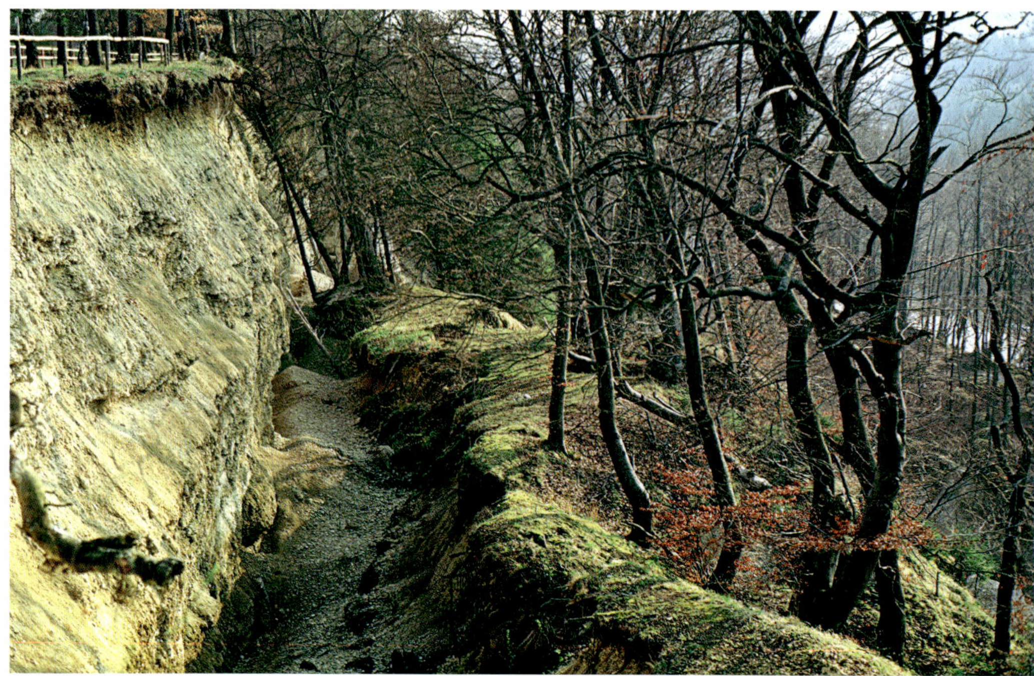

A28. Abrisskante einer jungen Rutschung am Isartalhang nördlich Grünwald. Links Nagelfluhwand, von lockeren Niederterrassen-Schottern überlagert; rechts abgerutschte Scholle mit scharfem Kamm und krumm gewachsenen Bäumen, die den Rutschhang anzeigen. – Foto: H. J. Baumann.

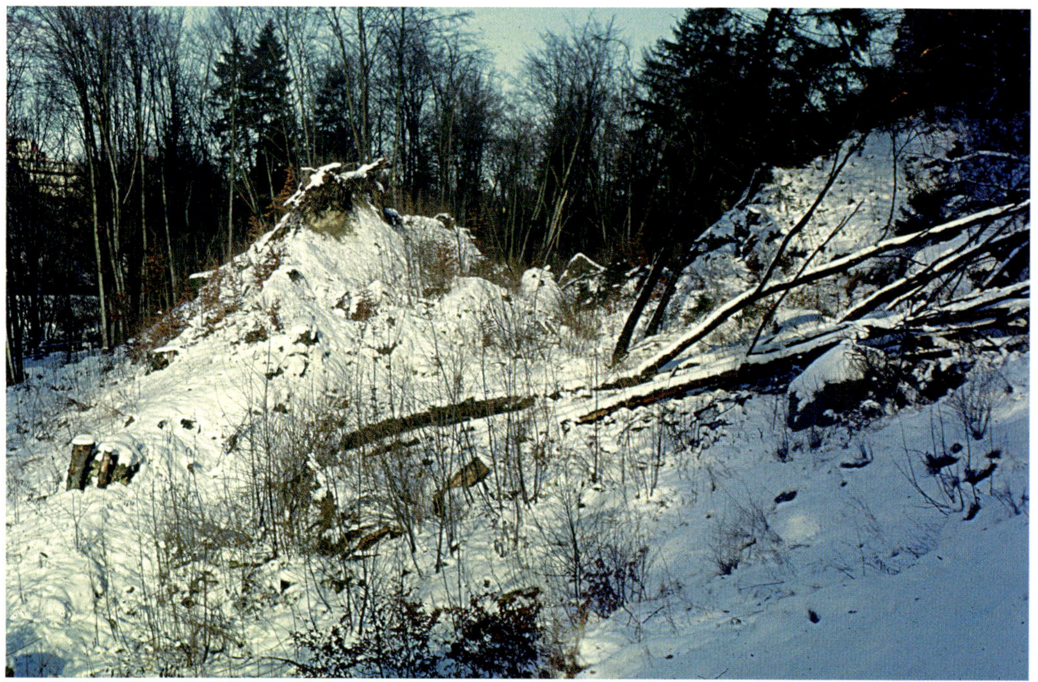

A29. Tiefer abgeglittener und auf die Isar zugewanderter Rutschkörper. – Foto: H. J. Baumann.

Exkursion B: Auf der Niederterrasse hoch über dem Isartal den Moränenhügeln von Schäftlarn entgegen

(Routenkarte S. 80, geologische Karten S. 61 u. 81)

Wir beginnen diese Exkursion an der Bavaria und folgen der Niederterrasse nach Süden. Auf dem Neuhofener Berg am Mittleren Ring steht eine große Brunnenschale aus Brannenburger Nagelfluh. Dort genießen wir die Aussicht auf die Münchener Innenstadt nach Nordosten und auf die Alpenkette im Süden. Nach Süden weiterfahrend biegen wir links in die Ludwigshöher Straße ein und folgen den Gleisen der 1964 stillgelegten Isartal-Bahn erst rechts, dann links bis zur Großhesseloher Brücke mit Aussicht auf das Isartal (bis zur Münchener Innenstadt). Wenige 100 m weiter erreichen wir die Großhesseloher Waldwirt- *B1*
schaft, wo wir uns mit einer frischen Maß stärken können. Mit 7 ‰ geht es die schiefe Ebene hart am Isar-Abbruch weiter aufwärts. Immer wieder bieten sich eindrucksvolle Einblicke in das tiefliegende Tal der Isar, besonders schön hinter der Burg Schwaneck, die heute als Jugendherberge dient. Auch von der Terrasse des alten Gasthofs Raben und vom Kirchhof in Pullach hat man eine herrliche Aussicht über das Isartal hinweg bis zur Alpenkette. Unter uns liegen die Abbrüche in den harten Nagelfluh-Wänden; jenseits des Isarkanals mit dem Elektrizitätswerk Höllriegelskreuth unterspült der Isarfluss bei Hochwasser den Flinzmergel und hält die Rutschmassen in Gang (vgl. Exkursion A).

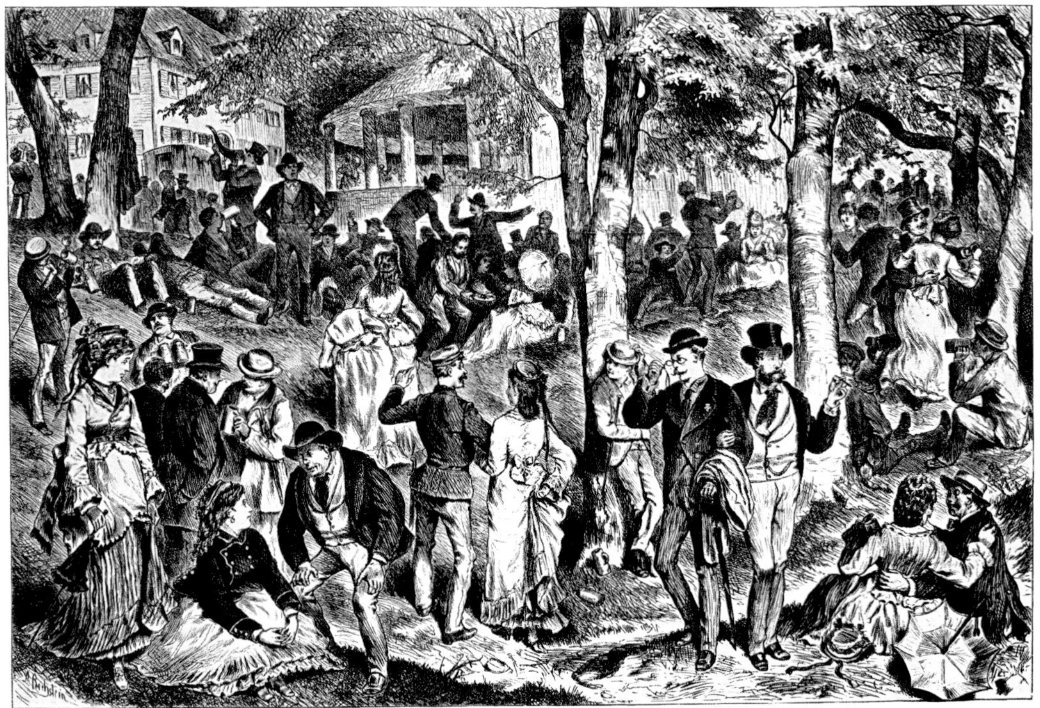

B1. Die Großhesseloher Waldwirtschaft, ein beliebtes Ausflugsziel der Münchener Bürger seit über 100 Jahren. – Bleistiftzeichnung von L. BECHSTEIN 1873, Stadtmuseum München.

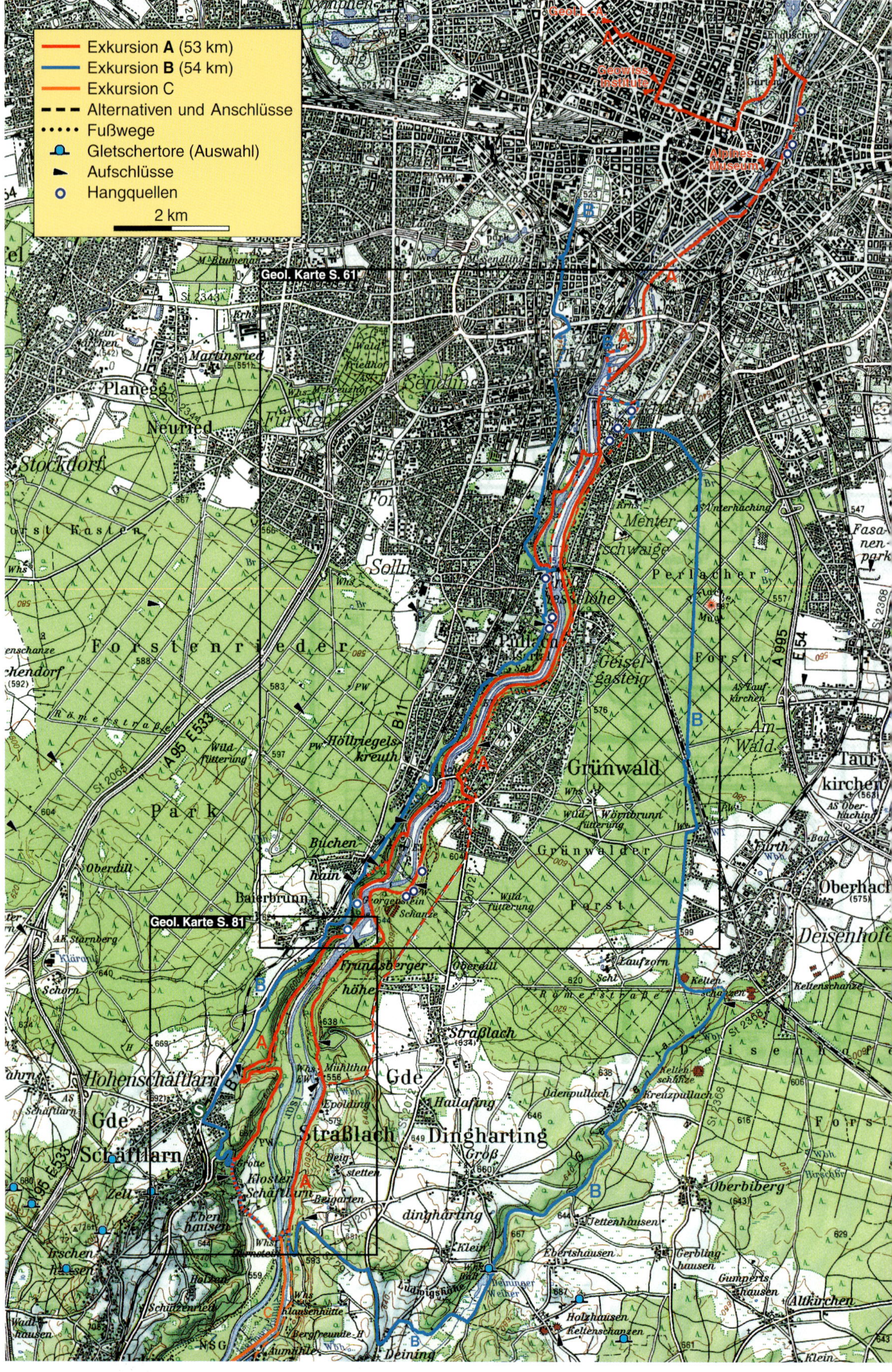

Exkursion A (53 km)
Exkursion B (54 km)
Exkursion C
Alternativen und Anschlüsse
Fußwege
Gletschertore (Auswahl)
Aufschlüsse
Hangquellen
2 km
Geol. Karte S. 61
Geol. Karte S. 81
Geowiss. Institute
Alpines Museum
Planegg
Neuried
Stockdorf
Martinsried
Forstenrieder Park
Sendling
Solln
Pullach
Grünwald
Geiselgasteig
Perlacher Forst
Grünwalder Forst
Höllriegelskreuth
Buchenhain
Baierbrunn
Frundsberger höhe
Straßlach
Dingharting
Hohenschäftlarn
Schäftlarn
Kloster Schäftlarn
Deisenhofen
Taufkirchen
Oberhaching
Oberbiberg
Deining

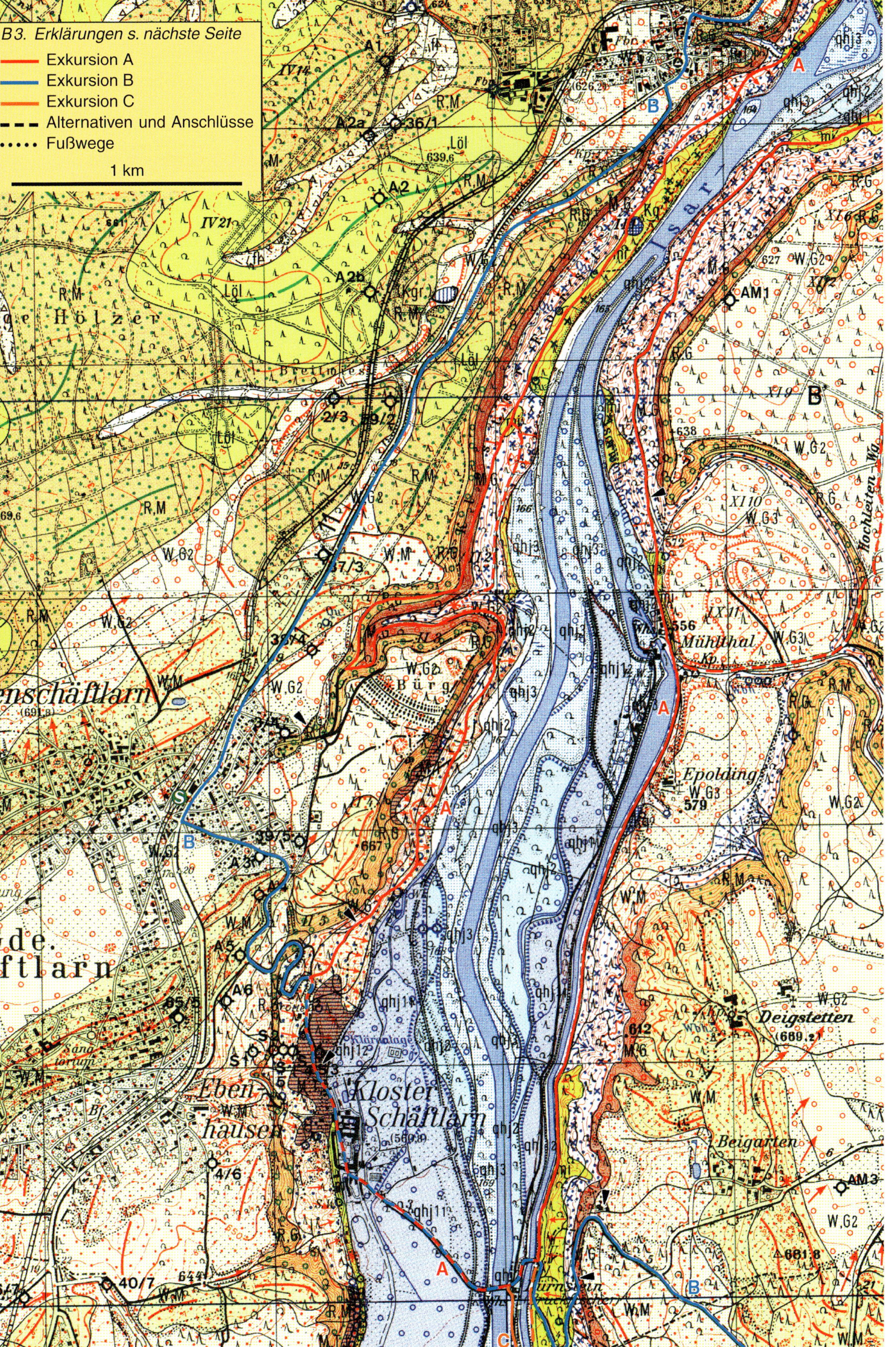
B3. Erklärungen s. nächste Seite
Exkursion A
Exkursion B
Exkursion C
Alternativen und Anschlüsse
Fußwege
1 km
Isar
Mühlthal
Epolding
Deigstetten
Beigarten
Kloster Schäftlarn
Ebenhausen
Bürg
Hochleiten Wg.

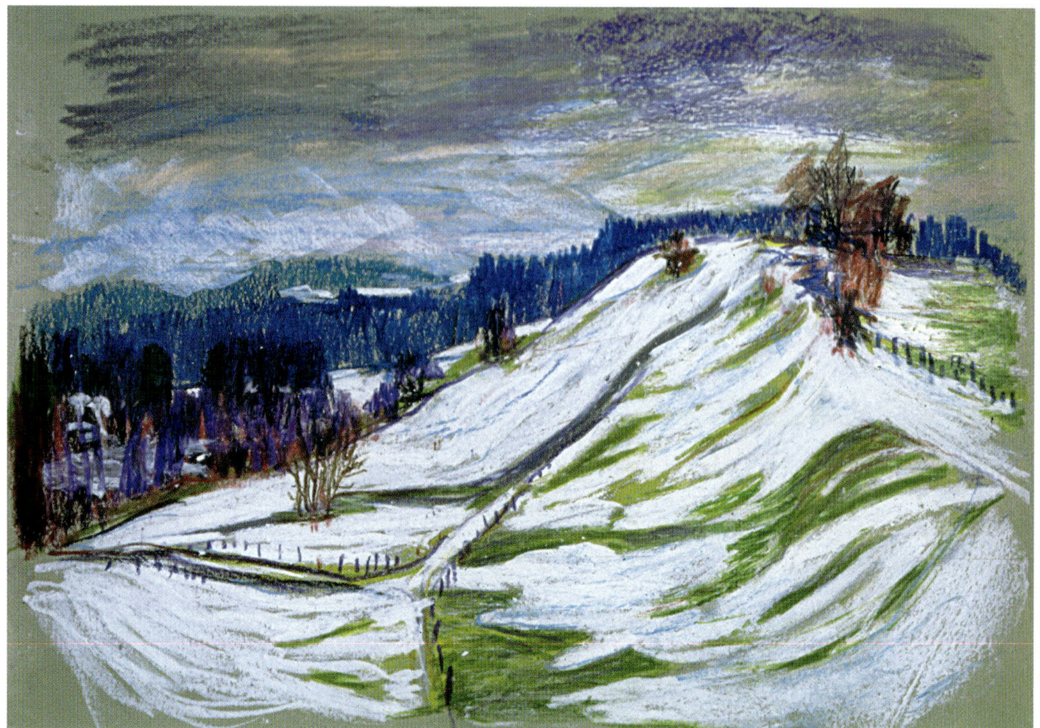

B4. Steiler Innenrand der Rückzugsmoräne von Dorfen, 7 km südlich Hohenschäftlarn. – Kreidezeichnung von D. HERM.

Der Radweg führt nach Süden, vorbei am Denkmal für GABRIEL v. SEIDEL, dem berühmten Architekten (Nationalmuseum, Karlsplatz-Rondell, Entwurf des Deutschen Museums) und Gründer des Isartal-Vereins. Auf der rechten Seite liegt danach ein Hügelgräberfeld der späten Hallstattzeit um 700 v. Chr. Die auf schwerem Rutschgelände heraufführende Landstraße von Grünwald überqueren wir auf der neuen Fußgängerbrücke, fahren entlang dem LINDE-Werk, überschreiten die Römerstraße Augsburg-Salzburg und erreichen in Buchenhain den leider fast verwachsenen Aussichtspunkt »Georgensteinblick« über dem Klettergarten in den Nagelfluhwänden (vgl. Exkursion A). In Baierbrunn steigen die ersten flachen Hügel der stark verwitterten Altmoräne aus der Schotterebene auf.

◁ *B3. Geologische Karte 1:25000 zwischen Baierbrunn und Kloster Schäftlarn. Ausschnitt aus Blatt 7934 Starnberg-Nord und 8034 Starnberg-Süd (JERZ 1987a,b). Sie zeigt den Durchbruch der Isar durch die Endmoränenstaffeln am Nordende des Wolfratshausener Zungenbeckens und ihre Eintiefung durch die Deckenschotter (M,G; violett) bis ins Tertiär (mi; tiefgelb), das vielfach durch Rutschmassen überdeckt ist. Im Norden, südlich Baierbrunn, liegen die abgeflachten Riß-Endmoränen (R,M; braun) und die dazu gehörenden Schotter (R,G; grüne Kreise); sie sind z.T. von Lößlehm (Löl; hellgelb) überdeckt. Nach Süden, um Hohenschäftlarn, folgen die hohen Würm-Endmoränenwälle (W,M; gelb mit roten Punkten) mit ihren Schmelzwasserschottern dazwischen (W,G2; rote Kreise). Beim Kloster Schäftlarn liegen unter den Riß-Schottern Mindel-Seetone (M,T; violett gestreift). Die nacheiszeitlichen Schotterterrassen der Isar sind in hellen Blautönen gehalten. Rote Pfeile = Schmelzwasserabflüsse.*

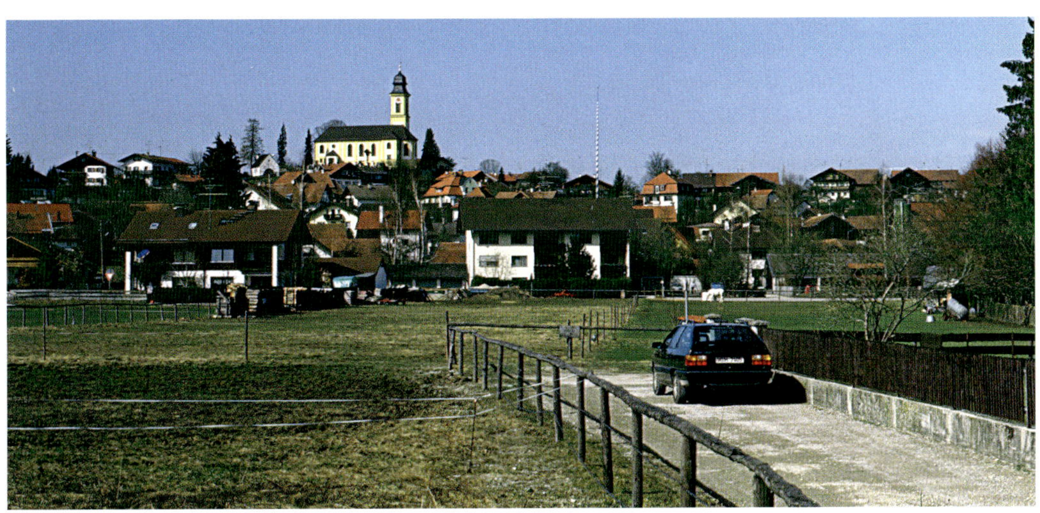

B5. Steiler Innenrand des äußersten Würm-Moränenwalls in Hohenschäftlarn. Im Vordergrund periphere Schotterabflussrinne der ersten Rückzugsmoräne von Ebenhausen.

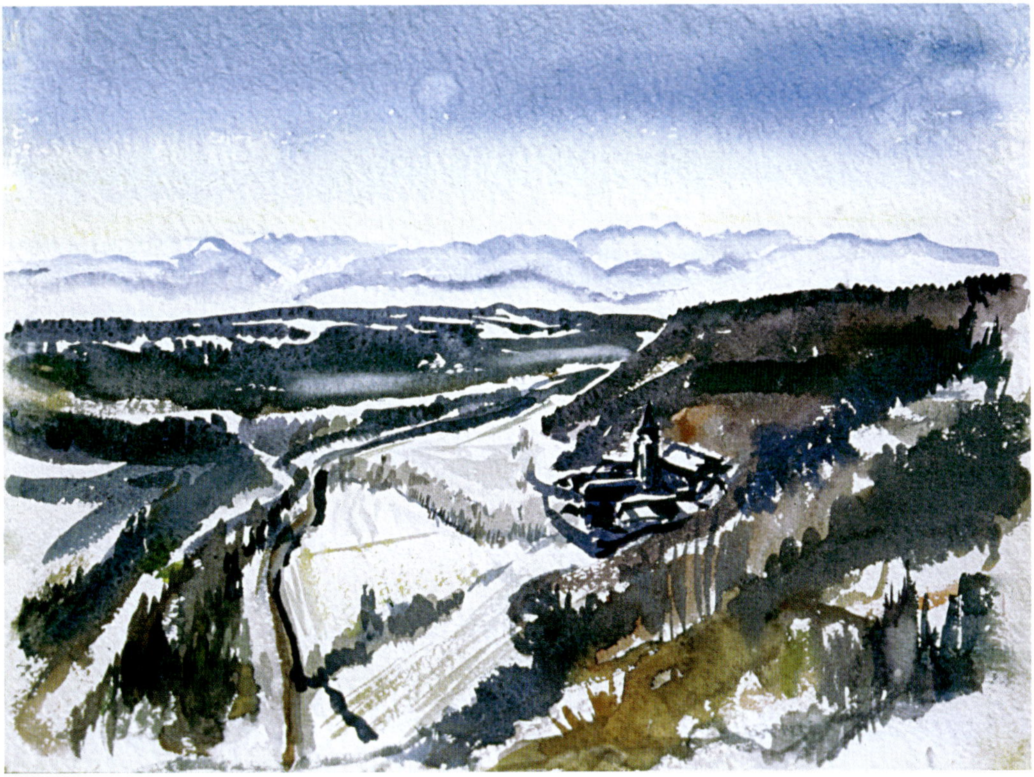

B6. Blick auf das Nordende des Wolfratshausener Beckens bei Kloster Schäftlarn. Im Hintergrund die Alpenkette mit Benediktenwand in der Mitte und Karwendelgebirge rechts davon. – Aquarell von D. Herm.

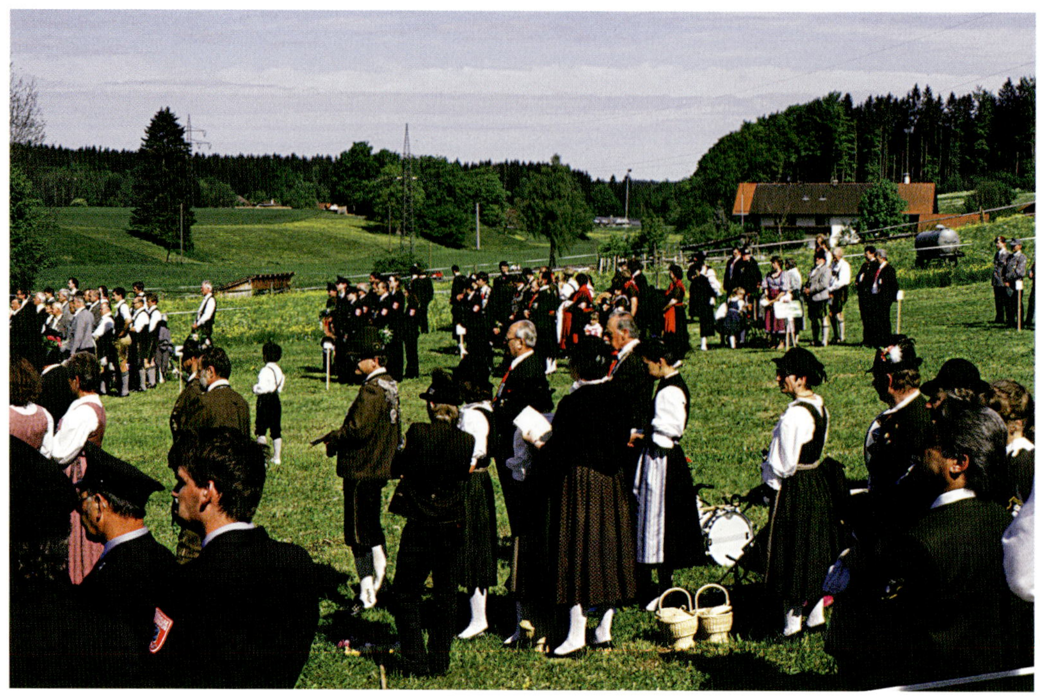

B7. Schützenfest im Neufahrn-Wangener »Urstromtal«, der äußersten Abflussrinne des Würm-Gletschers (westlich von Hohenschäftlarn).

Wir umfahren sie im Osten auf einem jungen Niederterrassenrest, einer Abflussrinne der südlich gelegenen Würm-Gletscher, auf dem der Südteil von Baierbrunn eben liegt. Dieser sich Richtung Schäftlarn verengenden Abflussrinne zwischen den Altmoränen folgen wir weiter aufwärts entlang der Straße und erreichen schließlich am Waldrand vor Hohenschäftlarn den äußersten Endmoränenwall des Würm-Gletschers; von ihm flossen Schmelzwässer ab, die über ihre Abflussgerinne die Münchener Schotterebene belieferten. B5 Nun geht es den steilen Innenrand der Moräne nach Schäftlarn hinab. Besonders im Ortskern von Hohenschäftlarn ist der ehemals vom Eis gestützte steile Innenrand der Moräne gut erhalten; die Kirche mit 692 m liegt auf ihrem höchsten Punkt, d.h. mehr als 150 m über unserem Ausgangspunkt in München.

Nun geht es von der buckligen Welt der Moränenhügel mit ihren Toteiskesseln und großen Findlingen über 100 m steil hinab ins Isartal nach Kloster Schäftlarn. Mehrere Kehren führen hinab über Rutschgelände in überdeckten rißeiszeitlichen Schottern auf den mindeleiszeitlichen Seeton mit Quellteichen kurz vor dem Kloster. Dank dem Bau der Münchener Wasserleitung sind hier die komplizierten geologischen Verhältnisse aufgeklärt worden. Ein Stollen wurde vom Nordrand des Klosters gegen Hohenschäftlarn hinaufgetrieben; zahlreiche Bohrungen durchteuften drei verschiedene Eiszeitablagerungen auf Tertiärflinz, die jeweils durch zwischeneiszeitliche Bodenhorizonte getrennt waren.

Wir überqueren nun die hier schon breitere Talaue der Isar über dem Ausläufer des Wolfratshausener Beckens. Der Seeton ist von jungen Schotterablagerungen der Isar bedeckt. Am gegenüberliegenden Hang jenseits von Isar und Kanal geht es wieder über

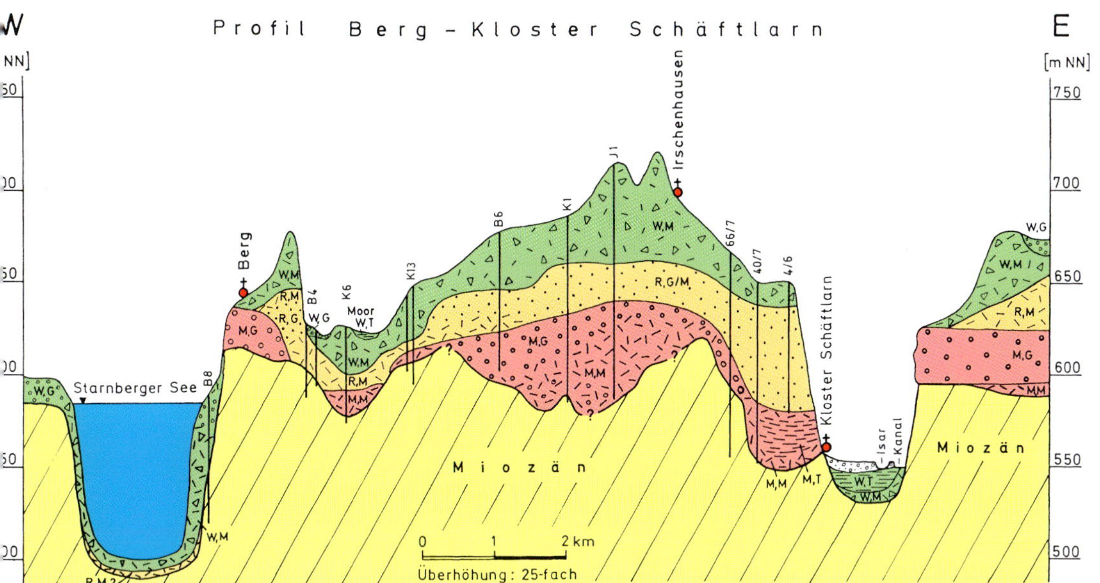

B8. Geologischer Querschnitt von Berg am Starnberger See nach Osten zum Isartal bei Kloster Schäftlarn. Er zeigt die übertieften glazialen Zungenbecken des Starnberger Sees und das flache Nordende des ehemaligen Wolfratshausener Sees, der heute vollkommen durch Seetone und Schotter aufgefüllt ist. Zwischen diesen beiden Zungenbecken liegen unter den steilen Endmoränenwällen der Würm-Eiszeit Reste von Moränen und Schottern der Riß- und Mindel-Eiszeit. Westlich des Klosters wurden noch ältere, vermutlich mindelzeitliche Seetone angetroffen. Sie weisen auf ein weiter nach Westen reichendes, flacheres Seebecken zur Zeit des Mindel/Riß-Interglazials hin. Östlich des Isartals steht dagegen wieder Nagelfluh der Mindel-Eiszeit über Tertiärflinz an. Darauf liegen die östlichen Würm-Moränen des Wolfratshausener Lobus.

Rutschgelände auf Tertiärflinz steil empor zu den Nagelfluhwänden, von denen große Blöcke und Schollen abgeglitten sind. Auch die Straße ist 1979 nach langanhaltenden Regenfällen an einer alten Gleitfläche abgerutscht. Nach Überwinden der Steilstufe in der Nagelfluh steht links an der scharfen Rechtskurve die ehemalige Pension »Gletscherschliff«; in ihrem Garten war früher die vom Eis glattpolierte Nagelfluh-Oberfläche zu sehen, die schon 1874 von Zittel entdeckt und als Beweis für die weit ins Alpenvorland vorstoßenden Gletscher angeführt wurde.

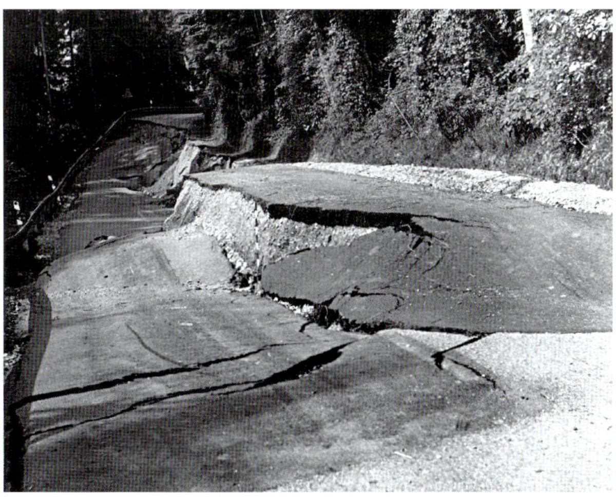

B9. Im Jahr 1979 abgerutschte Straße am östlichen Hang des Isartals zwischen Bruckenfischer und Beigarten. – Aus Jerz 1987b.

B10. Die komplizierte Entwicklung der Landschaft um Hohenschäftlarn während dreier Eiszeiten, erläutert anhand von sechs Blockbildern. Orte: B = Baierbrunn, E = Ebenhausen, HS = Hohenschäftlarn, I = Icking, Ir = Irschenhausen, S = Kloster Schäftlarn.

1. Der Mindel-Gletscher schuf zunächst nur ein flaches Zungenbecken. Seine Schmelzwasserschotter (M,G) bilden heute die harte Nagelfluhbank des Münchener Deckenschotters.

2. Nach Abschmelzen des Gletschers entstand der flache, fast bis Ebenhausen reichende mindeleiszeitliche See, der mit Seeton (M,T) aufgefüllt wurde (Seespiegel >620 m NN).

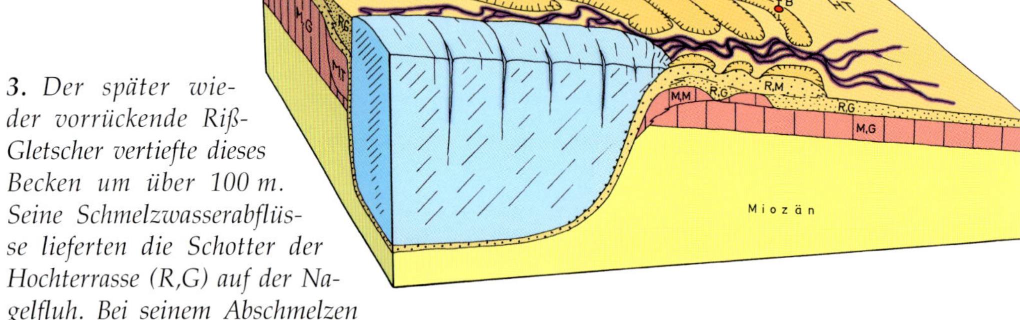

3. Der später wieder vorrückende Riß-Gletscher vertiefte dieses Becken um über 100 m. Seine Schmelzwasserabflüsse lieferten die Schotter der Hochterrasse (R,G) auf der Nagelfluh. Bei seinem Abschmelzen entstanden am Westrand große Randterrassen (R,G) zwischen Eis und Riß-Moräne (R,M). Das Becken selbst wurde wohl mit Seeton (R,T) aufgefüllt.

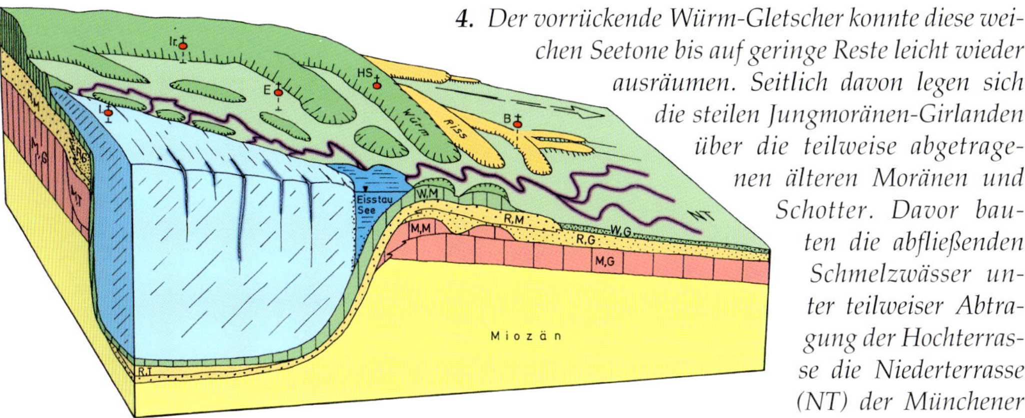

__4.__ Der vorrückende Würm-Gletscher konnte diese weichen Seetone bis auf geringe Reste leicht wieder ausräumen. Seitlich davon legen sich die steilen Jungmoränen-Girlanden über die teilweise abgetragenen älteren Moränen und Schotter. Davor bauten die abfließenden Schmelzwässer unter teilweiser Abtragung der Hochterrasse die Niederterrasse (NT) der Münchener Schotterebene auf. Beim Rückschmelzen des Gletschers bildeten sich mehrere Rückzugsmoränenwälle wie die von Ebenhausen, Icking und Dorfen, dazwischen schottererfüllte periphere Abflussrinnen. Vor der rückschmelzenden Gletscherzunge entstand ein stetig wachsender Eisstausee, dessen Abfluss sich allmählich in die Schotterebene einschnitt und damit den Seespiegel laufend absenkte.

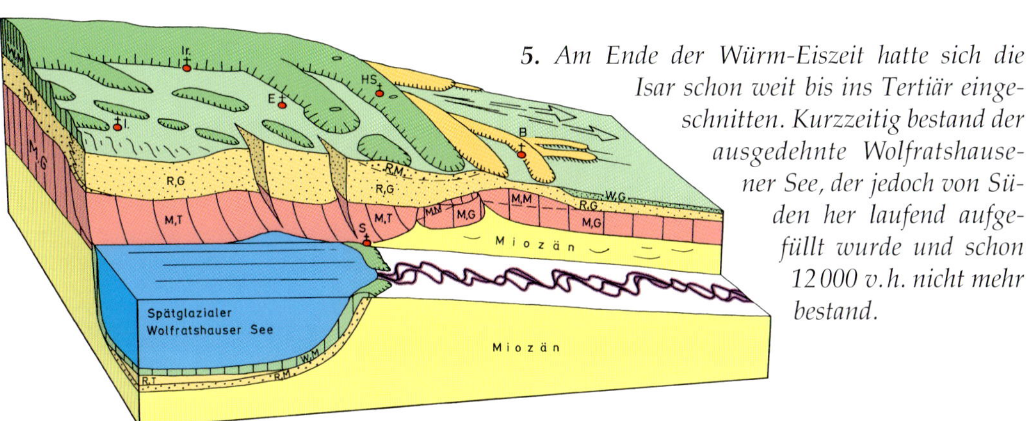

__5.__ Am Ende der Würm-Eiszeit hatte sich die Isar schon weit bis ins Tertiär eingeschnitten. Kurzzeitig bestand der ausgedehnte Wolfratshausener See, der jedoch von Süden her laufend aufgefüllt wurde und schon 12000 v.h. nicht mehr bestand.

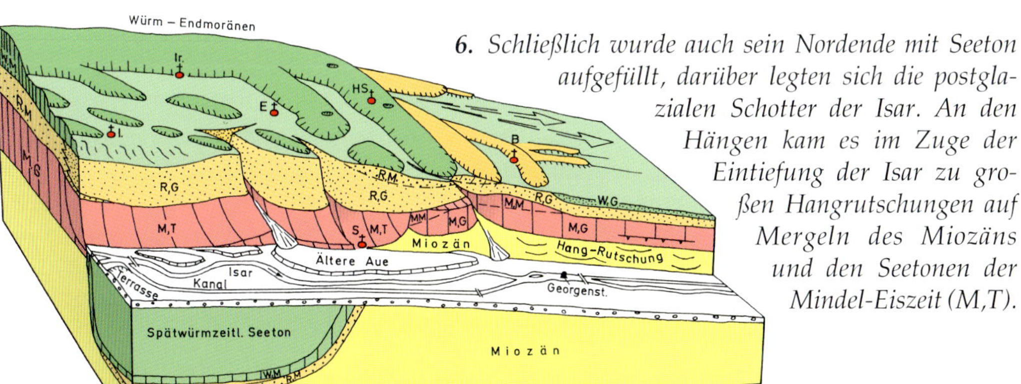

__6.__ Schließlich wurde auch sein Nordende mit Seeton aufgefüllt, darüber legten sich die postglazialen Schotter der Isar. An den Hängen kam es im Zuge der Eintiefung der Isar zu großen Hangrutschungen auf Mergeln des Miozäns und den Seetonen der Mindel-Eiszeit (M,T).

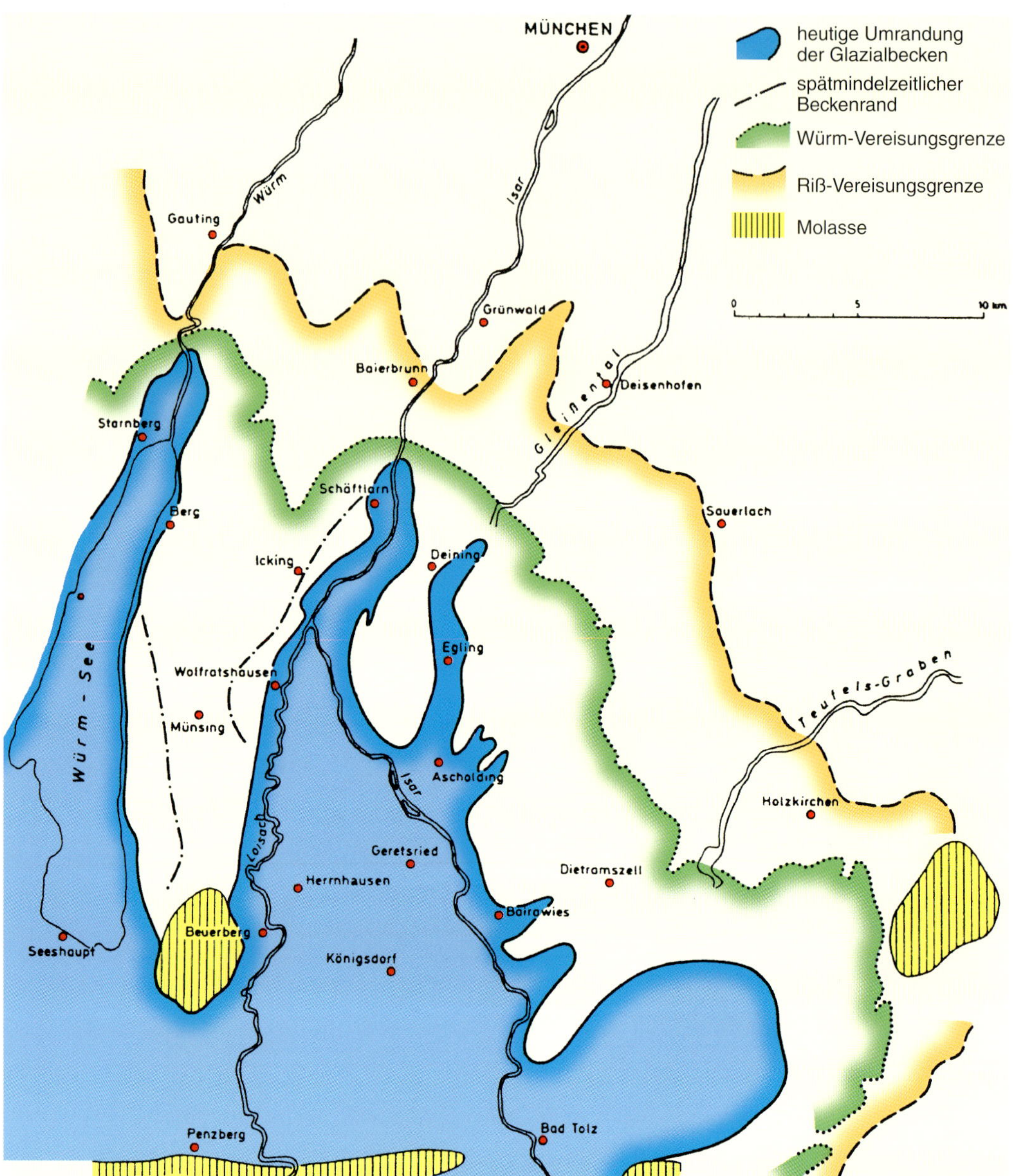

B11. Umrandung und Gliederung des Wolfratshausener Glazialbeckens hinter den würmeiszeitlichen Endmoränen. Das Becken läuft nach Norden in die Schäftlarner und Egling-Deininger Finger aus. An ihren Enden lagen die großen Gletschertore von Schäftlarn und Deining, von denen die Hauptschmelzwasserrinnen der Isar und des Gleißentals ausgingen. Sie haben die vorher durch eine Vielzahl von Schmelzwasseraustritten aufgeschüttete Münchener Schotterebene wieder zerschnitten. Der große Wolfratshausener Gletscherteil wurde vom Kochelsee-Stammbecken her gespeist, während aus dem heutigen Isartal bei Bad Tölz nur ein kleiner Teilgletscher ausfloss, der seine Entwässerung über den Teufelsgraben bei Holzkirchen als Ur-Isar zur Mangfall nahm. Der Wolfratshausener Gletscherlobus wurde durch das Tertiär-Hochgebiet des Tischberges westlich Beuerberg und der nördlich anschließenden Münsinger Höhe vom Würmsee-Lobus getrennt. – Nach Jerz *1979.*

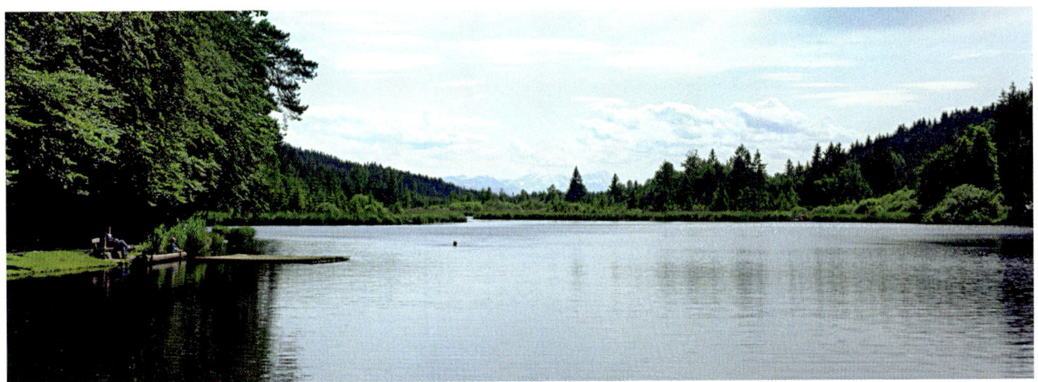

B12. Blick vom Ausfluss des Deininger Weihers (ehemaliges Gletschertor) nach Süden entlang des Eglinger Zungenbeckens auf die Alpen.

Die Straße steigt weiter an und folgt dem Südrand der ersten Rückzugsmoräne, auf der
Kleindingharting mit dem Aussichtspunkt der Ludwigshöhe liegt. Bei der Weiterfahrt auf
der Straße nach Deining schweift der Blick weit über das Wolfratshausener Becken zur
Alpenkette mit den Einschnitten der Gletscheraustritte im Isartal, am Kesselberg und im
Loisachtal. Am Ortseingang zweigen wir nach links (Richtung Dingharting) ins Deininger
Zweigbecken ab, das als weiterer Ausläufer des Wolfratshausener Beckens von Ascholding
über Egling bis zum Deininger Weiher reicht und heute weithin von Mooren über wasserstauenden Seetonen bedeckt ist. Bevor die Straße wieder ansteigt, biegen wir rechts zum
Deininger Weiher ab. Dort ist noch das ursprüngliche Ende eines Fingers des Wolfrats- B12
hausener Gletschers mit Gletschertor, Abflussrinne (Gleißental) und Moränenumwallung
erhalten. Während hier nach dem Abschmelzen des Gletschers die Wasser versiegten und
die Abflussrinne trockenfiel, ist das Hauptgletschertor nördlich von Schäftlarn durch den
jungen Einschnitt der Isar zerstört.

Vom idyllischen Badesee am ehemaligen Gletschertor mit einem schönen Blick über die
Moränenlandschaft auf das Herkunftsgebiet der Gletscher im Alpengebirge folgen wir nun
der Abflussrinne des Gleißentals auf einer Forststraße nach Nordosten. Dieses tiefe, heute B13
trockene Tal war einst von strudelnden Gletscherbächen durchströmt. Die Weiterfahrt
nach Deisenhofen folgt einem Wanderweg, der zwischendurch, auf der rechten Seite des
Tales, schlecht zu befahren ist. Kurz vor
Deisenhofen passieren wir einen Hochbe-
hälter der Münchener Wasserleitung aus
dem Mangfalltal und dahinter die alten
4 Steinbrüche in harter Nagelfluh mit in-
terglazialen geologischen Orgeln. Beiderseits des Tals liegen auf der Schotterebene
mehrere keltische Viereckschanzen. Ab
Deisenhofen wird das Tal flach, erreicht
jedoch das Grundwasser; deswegen fließt
ab hier der Hachinger Bach bis zum Mi-
chaelibad in Berg am Laim, wo er wieder
versickert (bzw. in einem Kanal abgeleitet
wird). In einer Kiesgrube an der Autobahn

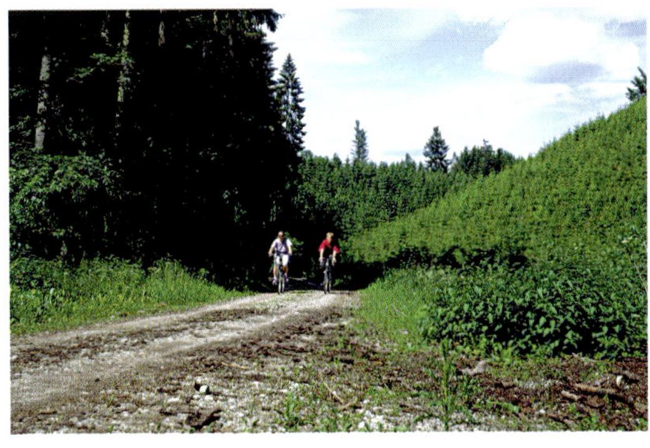

B13. Das heute trockene Gleißental, der ehemalige Abfluss der Egling-Deininger Gletscherzunge.

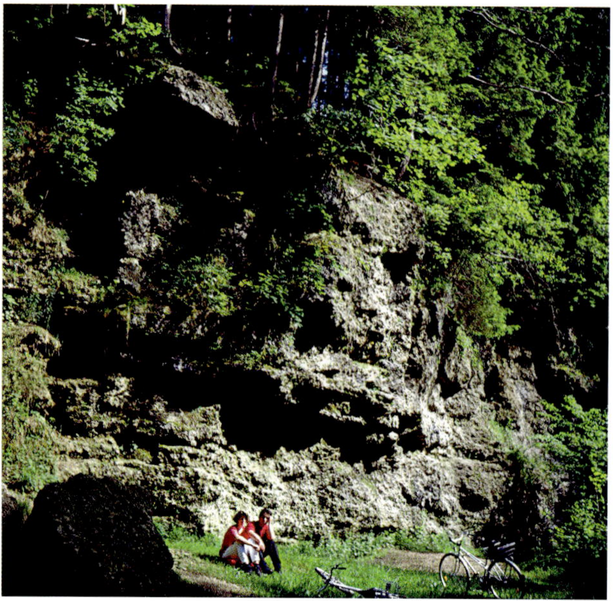

B14. Alter Steinbruch (heute Grillplatz) südwestlich Deisenhofen in harten Deckenschottern mit geologischen Orgeln.

nördlich Taufkirchen waren über der harten Nagelfluh 10 m Hochterrassenschotter der Riß-Eiszeit mit einem fossilen Bodenhorizont und 6–7 m Niederterrassenschotter der Würm-Eiszeit erschlossen. Zur Rückfahrt nach München schieben wir das Rad den Hohlweg (Römerstraße) hinauf. Wo der anschließende Forstweg die Römerstraße kreuzt, ist das Profil derselben heute noch gut zu erkennen. Kurz danach liegt rechts im Wald eine gut erhaltene Keltenschanze. Der Weg führt weiter fast schnurgerade bis zum Säbener Platz in München, unterwegs lädt die Kugler-Alm zu einer Einkehr ein. Die Aussicht vom Perlacher Mugl bietet zum Abschluss einen Überblick über das Exkursionsgebiet von München bis zur Alpenkette.

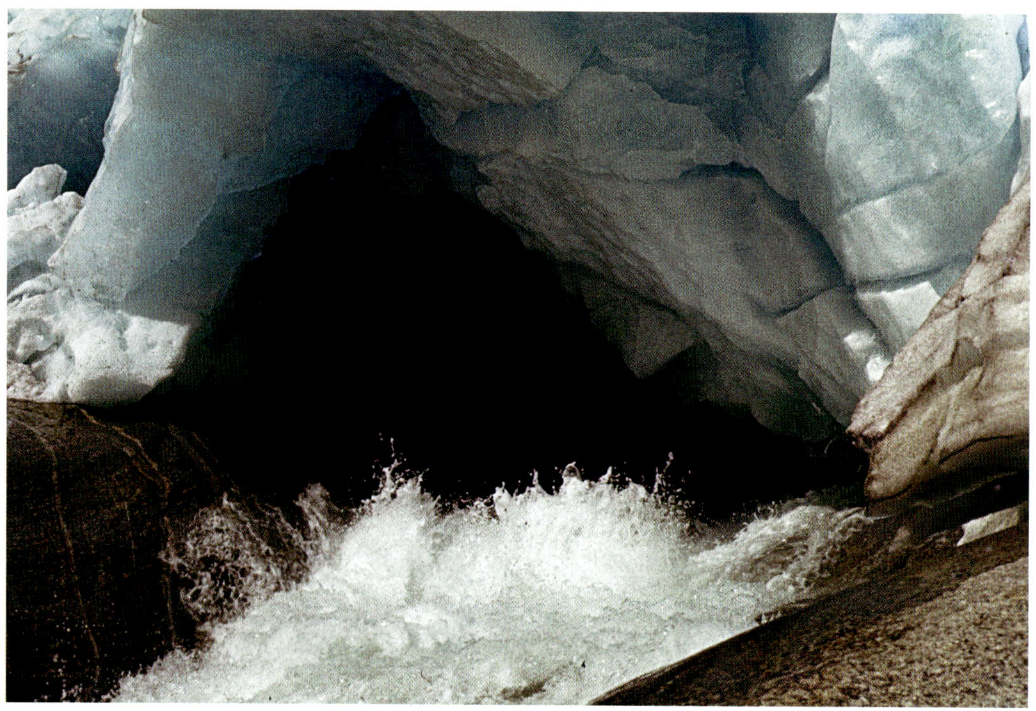

B15. Tor eines heutigen Gletschers in Norwegen mit kräftigem Schmelzwasserabfluss.

Exkursion C: Vom Kloster Schäftlarn über den ehemaligen Wolfratshausener See entlang der Isar nach Bad Tölz

(Routenkarte und geologische Karte nächste Doppelseite)

Wir beginnen diesen weiten Vorstoß nach Süden vor dem Wirtshaus Bruckenfischer bei Kloster Schäftlarn. Auf dem westlichen Damm des Isarkanals geht es gemächlich der Pupplinger Au entgegen, vorbei an der alten überdachten Holzbrücke bei der Aumühle (Gasthaus und Fischzuchtanstalt mit kräftigen Quellen). Hier verbreitert sich das Tal zunehmend. Linkerhand breiten sich die Schneeheide-Kiefernwälder auf den nacheiszeitlichen Schotterterrassen der Pupplinger Au aus, berühmt durch ihren Orchideenreichtum. Alte, jetzt trockene Flussrinnen durchschneiden sie vielfältig. Rechterhand liegen die Isarauen mit Erlen-Weiden-Auenwald und einem urtümlich aussehenden vogelreichen See. Am Beginn des Kanals (beim Ickinger Wehr, erbaut 1923) erkennt man am Prallhang im Südwesten über der Loisach-Mündung die sog. Weiße Wand in weißen kalkreichen Jungmoränen.

Man kann hier das Rad abstellen und dorthin eine kleine Rundwanderung zu Fuß durch die Auenwälder und Moränen-Steilhänge unternehmen. Dazu überqueren wir die alten Schleusenwerke vom Anfang dieses Jahrhunderts über die Isar und folgen zunächst dem westlichen Isarufer bis zur Loisach-Mündung durch dichte Auenwälder mit Erle, Weide, Esche, Faulbaum, Ahorn, Liguster, Heckenkirsche, Hartriegel u.a. Wir befinden uns nun direkt unter der Weißen Wand, von der die Moränengeschiebe in einen kleinen Tobel hinabgespült werden.

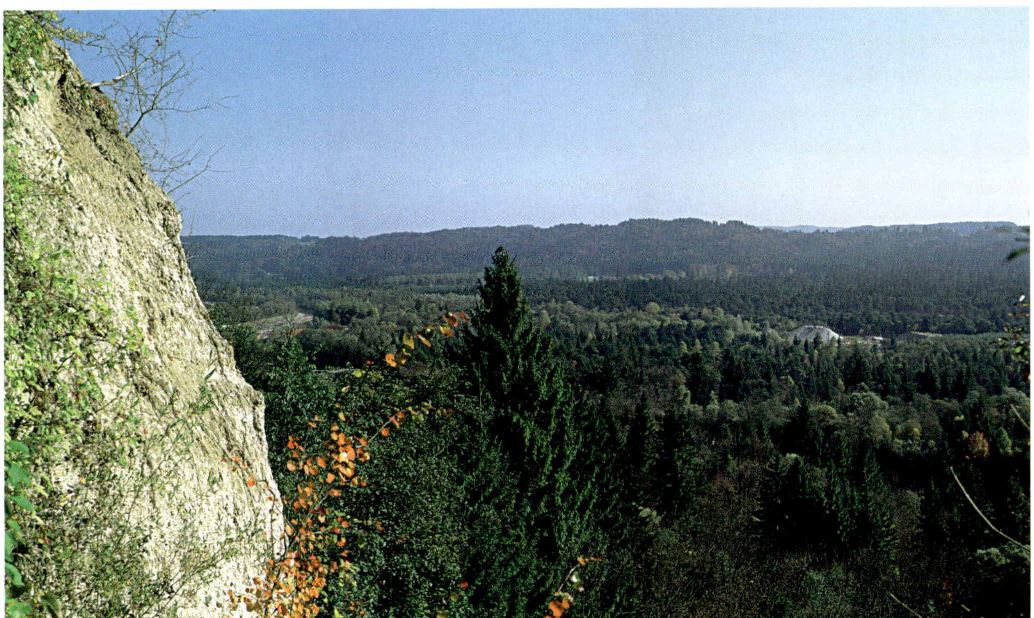

C1. Blick von der Weißen Wand mit ihren weißen kalkreichen Geschiebemergeln nach Nordosten zum Beginn des Isarkanals.

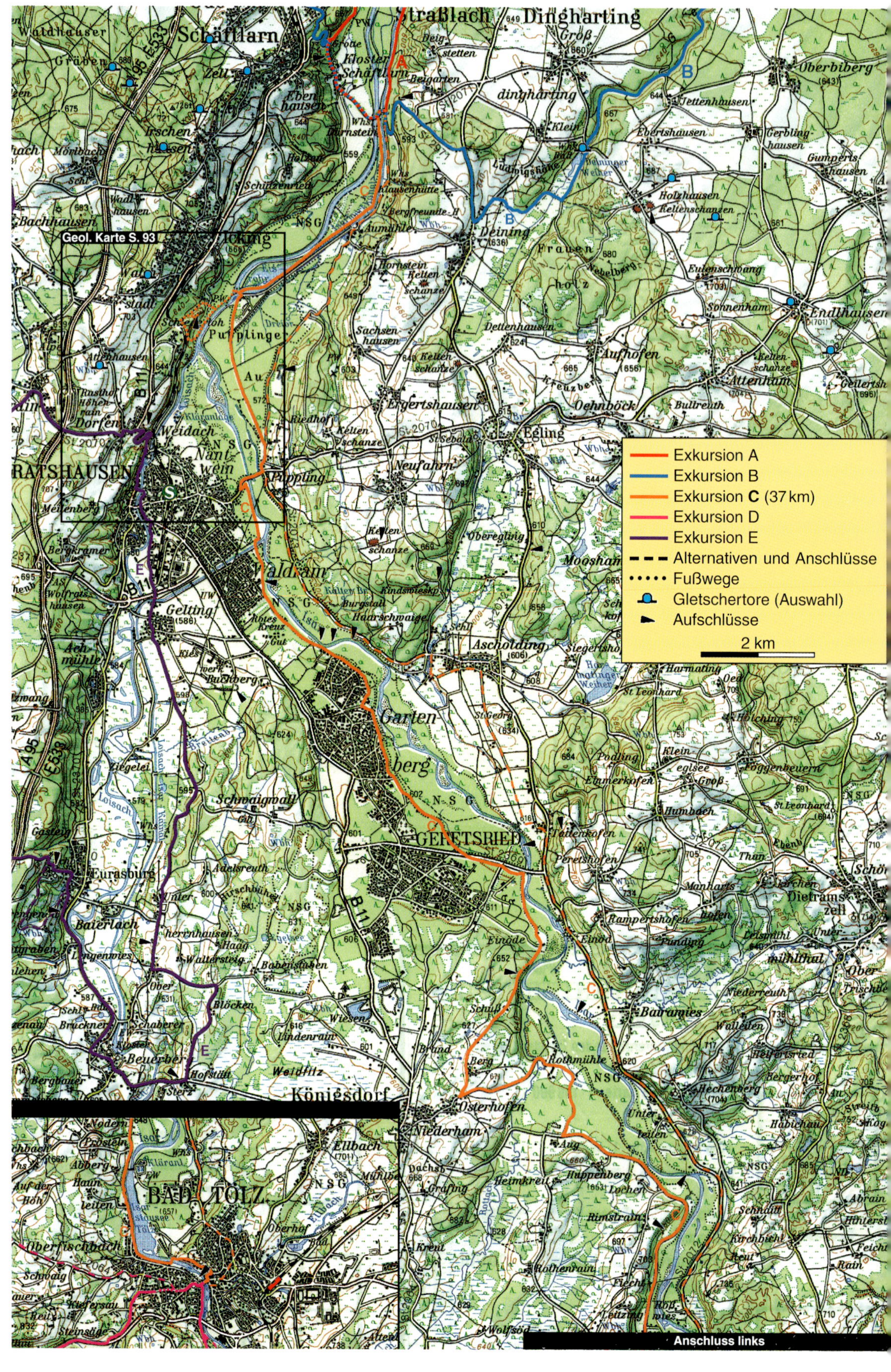

Geol. Karte S. 93
Exkursion A
Exkursion B
Exkursion C (37 km)
Exkursion D
Exkursion E
Alternativen und Anschlüsse
Fußwege
Gletschertore (Auswahl)
Aufschlüsse
2 km
Anschluss links
Schäftlarn
Straßlach
Dingharting
Oberbiberg
Deining
Egling
Endlhausen
Geretsried
Königsdorf
Bad Tölz
Eurasburg
Beuerberg
Wolfratshausen
Waldram
Gelting
Ascholding
Dietramszell
Osterhofen

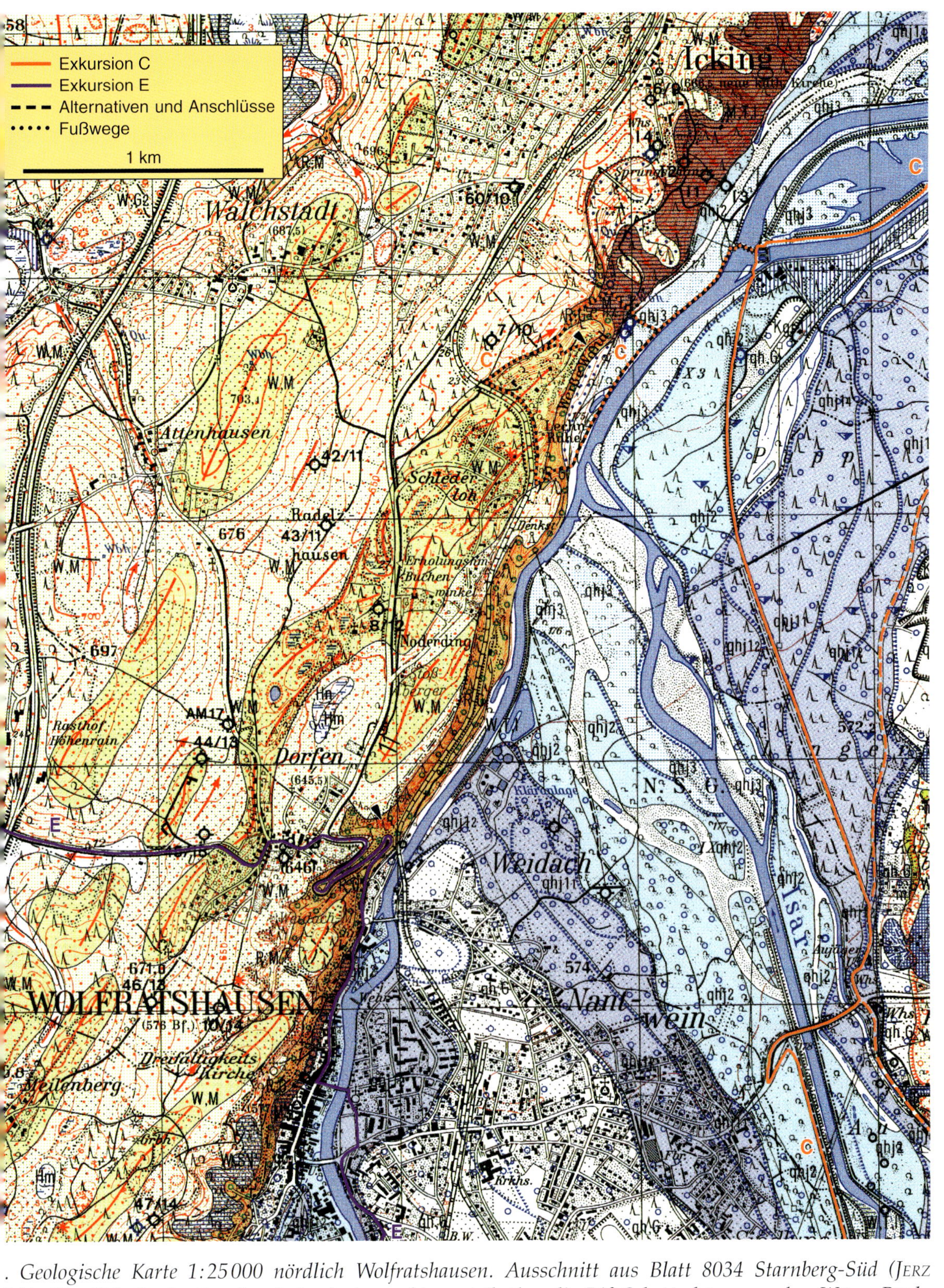

. Geologische Karte 1:25000 nördlich Wolfratshausen. Ausschnitt aus Blatt 8034 Starnberg-Süd (Jerz 37b). Westlich der breiten Isar-Loisach-Aue geht es steil über die Riß-Schotterhänge zu den Würm-Rück-gsmoränenzügen von Icking und Dorfen empor. Bei Schlederloh sind zahlreiche vermoorte Toteiskessel in sie gesenkt. Vom Endmoränenwall bei Walchstadt gehen mehrere Schmelzwasserrinnen (rote Pfeile) nach Westen ehemalige Bachhausener Seebecken und kleinere Becken. Gegen Icking schließen sich die feuchten Hänge in Mindel-Seetonen an. Erläuterung der Farben und Symbole siehe Abbildung B3 (Seite 82).

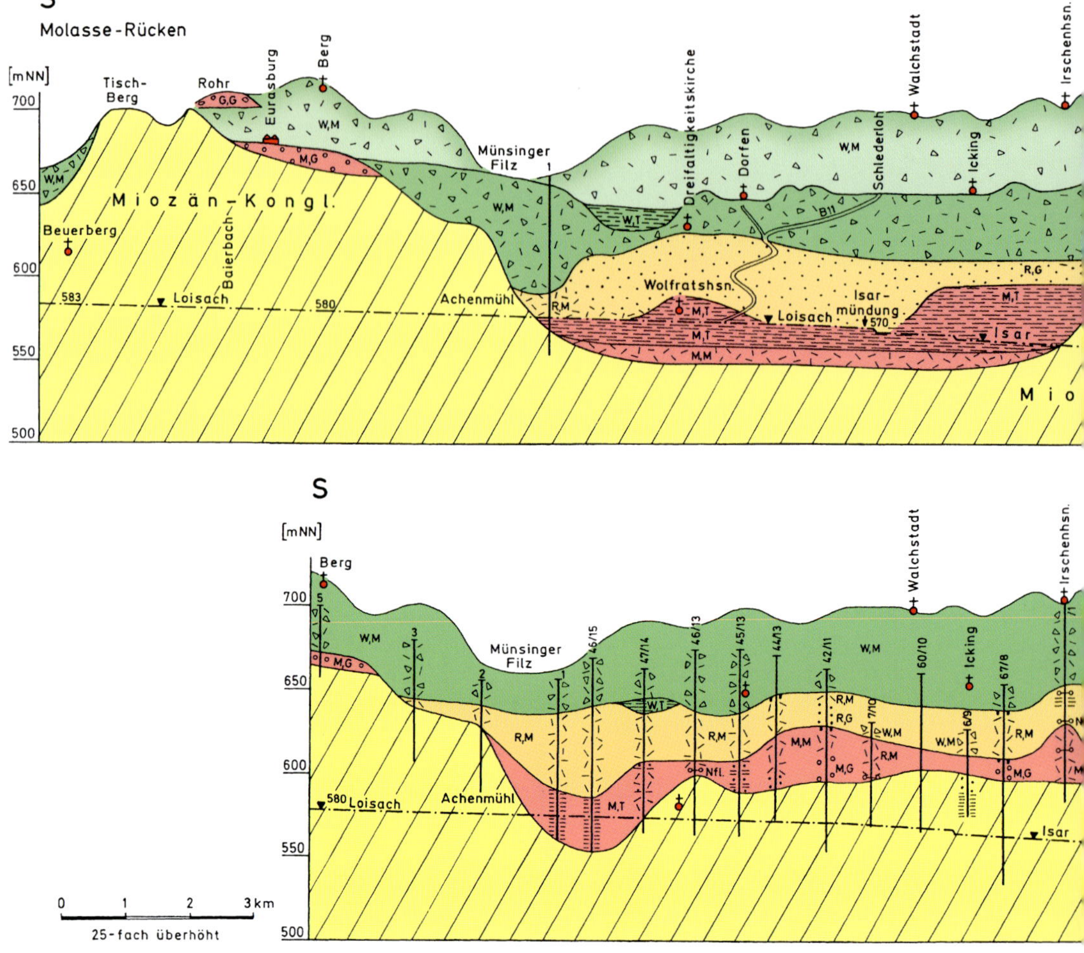

C4. Oben: Hangansicht des westlichen Isartals zwischen Schäftlarn und Achmühle. Über dem Tertiärsockel liegen die vielfältigen Sedimente dreier Eiszeiten, beginnend mit dem Mindel-Seeton, darüber die Riß-Vorstoßschotter, die von Resten der Riß-Moräne überdeckt sind. Den Münsinger Höhenrücken bilden die mächtigen Würm-Moränen, die am Hang z.T. weit ins Wolfratshausener Becken herabreichen. Die Verebnungen von Ebenhausen-Icking markieren periglaziale Abflussrinnen nach Rückzug des Gletschers. Unten: Längsschnitt durch den Münsinger Höhenrücken anhand von Bohrungen.

▷

C5. Das vom Eis ausgeschürfte Wolfratshausener Becken mit seinen fingerartigen Ausläufern von Schäftlarn, Egling und Bairawies. Darum herum die gestaffelten Endmoränengirlanden als Folge des Eisrückzuges. Der Eisstau vor den zurückspringenden Tertiär- und Nagelfluhsockeln führte zur Bildung der Drumlinschwärme von Herrnhausen, Königsdorf, Rothenrain und Fischbach. Die dazwischen liegenden Becken füllten sich beim Abschmelzen des Eises mit Seen. Sie wurden rasch

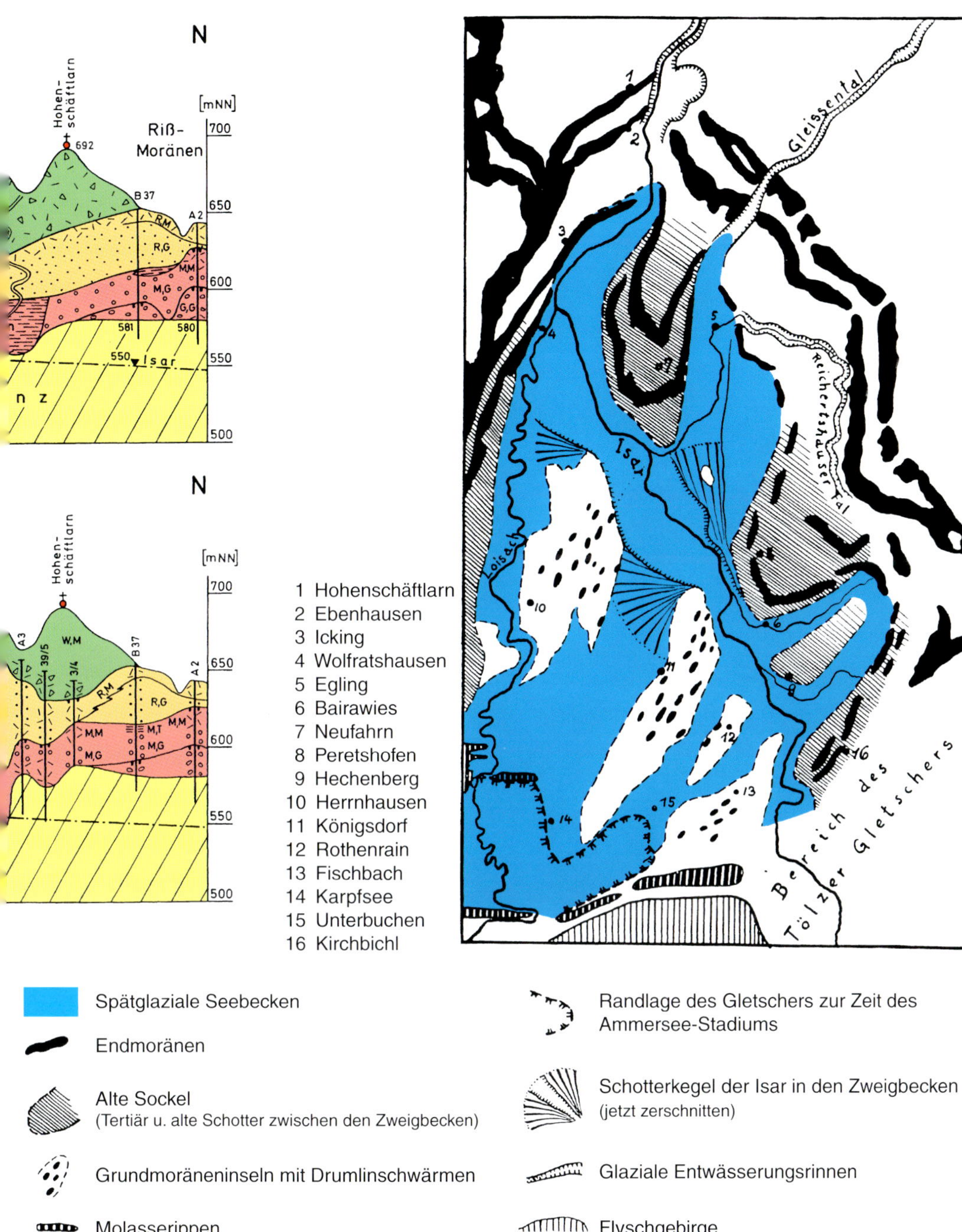

mit Seetonen und Schottern aufgefüllt. Schotterkegel ergossen sich in die einzelnen Zweigbecken. Die ehemals zentrifugale Entwässerung von den Moränen nach außen (Isartal, Gleißental) kehrte sich nach dem Abschmelzen des Eises um und führte zentripetal ins Becken hinein, wie z.B. das Reichertshauser Tal, das bei Egling nach Süden abbiegt. – Nach C. Troll 1925, zusätzliche Eintragung der spätglazialen Seebecken.

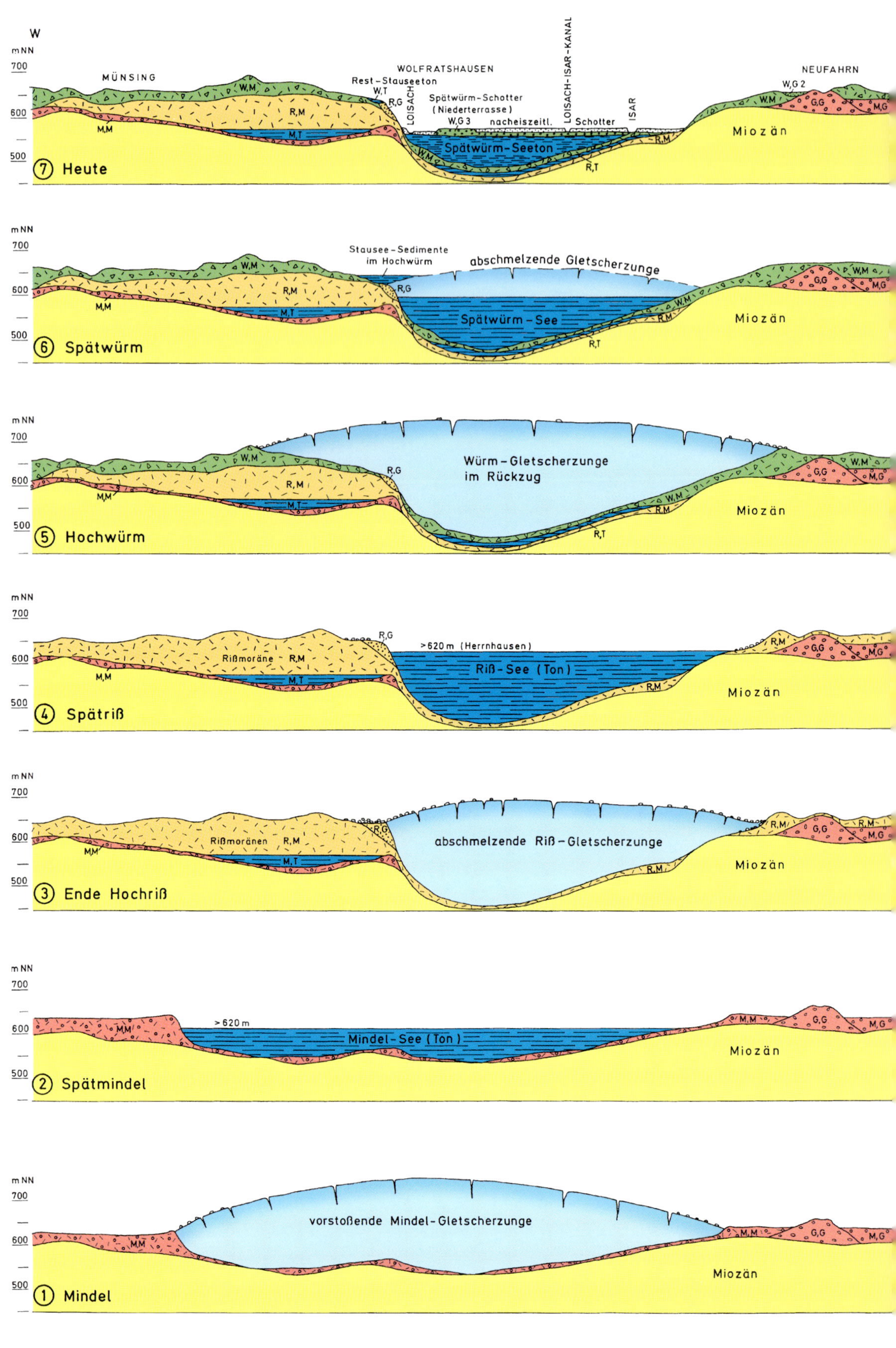

W
mNN
700
600
500
MÜNSING
WOLFRATSHAUSEN
NEUFAHRN
Rest-Stauseeton
W,T
R,G
LOISACH
Spätwürm-Schotter
(Niederterrasse)
W,G 3
nacheiszeitl.
LOISACH-ISAR-KANAL
Schotter
ISAR
W,G 2
W,M
R,M
M,M
M,T
G,G
M,G
Spätwürm-Seeton
R,T
Miozän
⑦ Heute
Stausee-Sedimente
im Hochwürm
abschmelzende Gletscherzunge
Spätwürm-See
⑥ Spätwürm
Würm-Gletscherzunge
im Rückzug
⑤ Hochwürm
>620 m (Herrnhausen)
Rißmoräne
Riß-See (Ton)
④ Spätriß
Rißmoränen
abschmelzende Riß-Gletscherzunge
③ Ende Hochriß
>620 m
Mindel-See (Ton)
② Spätmindel
vorstoßende Mindel-Gletscherzunge
① Mindel

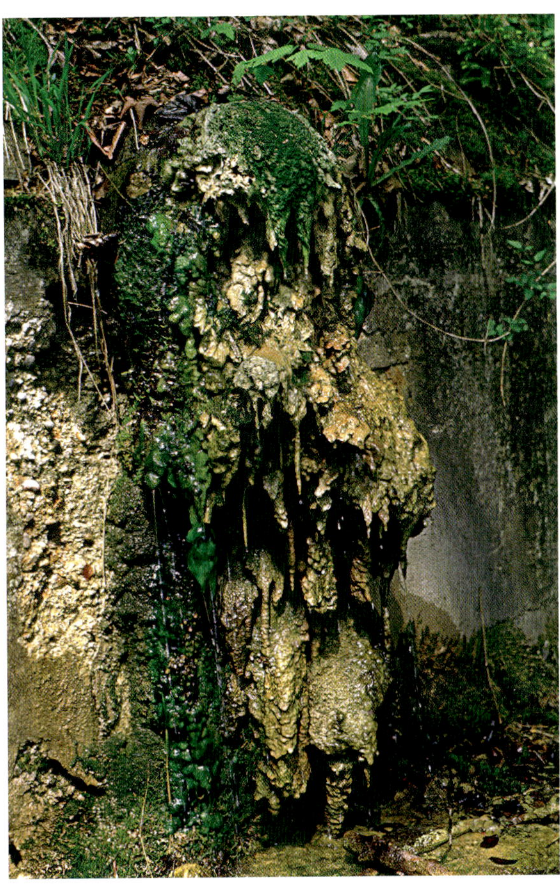

C7. Tropfsteinartig versinterte Moose an der gefassten Quelle unterhalb des Bahneinschnitts bei Schlederloh.

Direkt südlich davon stehen am Hangfuß verfestigte Rißschotter an; die Gerölle bestehen meist aus Kalken und Radiolariten, seltener aus Quarzen, Glimmerschiefern, Gneisen und Amphiboliten. Dann führt der markierte Wanderweg steil über dieses Schotterpaket empor. Der Hanganriss an der Oberkante erschließt gelbe lehmige Moräne mit Geschieben. Von hier aus hat man einen schönen Blick nach Südosten auf die freifließende Isar mit ihren verflochtenen Läufen und Kiesbänken zwischen dem Weiden-Auenwald; im Hintergrund liegt auf den etwas höheren Altauenflächen und Schotterterrassen der Kiefern-Schneeheide-Wald der Pupplinger Au. Er ist ein Rest der weitverbreiteten späteiszeitlichen Kiefernwälder. Vom Weg nach Wolfratshausen zweigt rechts der Wanderweg Richtung Icking (gelbes Dreieck) ab. Er führt steil zur Bahn empor, vorbei an einer gefassten Quelle mit tropfsteinartig versinterten Moosen. Über dem Bahneinschnitt von Schlederloh steht das Denkmal für den Geheimen Baurat Theodor Lechner, den Erschließer des Isartals. Nach einem kurzen Abstieg zur Bahnunterführung halten wir uns nach rechts und können nach den letzten Häusern zur Höhe der Weißen Wand emporsteigen. In den Tobel zurückkehrend geht es hinunter zum Ickinger Wasser- C1
werk. Dort deuten sumpfige Wiesen und kleine Weiher auf die Seetone der Mindelzeit hin. Die bis 35 m tiefen Brunnenbohrungen haben eine Wechsellagerung von schluffigen

◁ *C6. Die Entwicklung des Wolfratshausener Gletscherbeckens. Die Gletscherzunge (hellblau) der Mindel-Eiszeit räumt ein breites flaches Becken, das nach dem Abschmelzen mit Seeton (dunkelblau) aufgefüllt wird. Kräftig schürft dagegen die schmale Riß-Gletscherzunge in den tertiären Mergeluntergrund (gelb) und lässt einen tiefen See mit mächtigem Ton auffüllen. Die Würm-Gletscherzunge räumt nur den mächtigen Seeton aus und legt einen dünnen Moränenschleier über die Altmoränenlandschaft. Am Ende der Würm-Eiszeit entstehen zunächst kleine, hochgelegene Eisrandseen, dann zum dritten Male ein großer Wolfratshausener See, der aber nur kurzfristig besteht, da er sofort wieder mit Gletschertrübe, weiter südlich auch mit Schotter von Isar und Loisach aufgefüllt wird. Heute zeugt nur noch das breite Tal von dem ehemaligen ausgedehnten See. Reste des jungen Seetons sind unter postglazialen Isar-Schottern verhüllt. Abkürzungen siehe Abbildung B3 (Seite 82).*

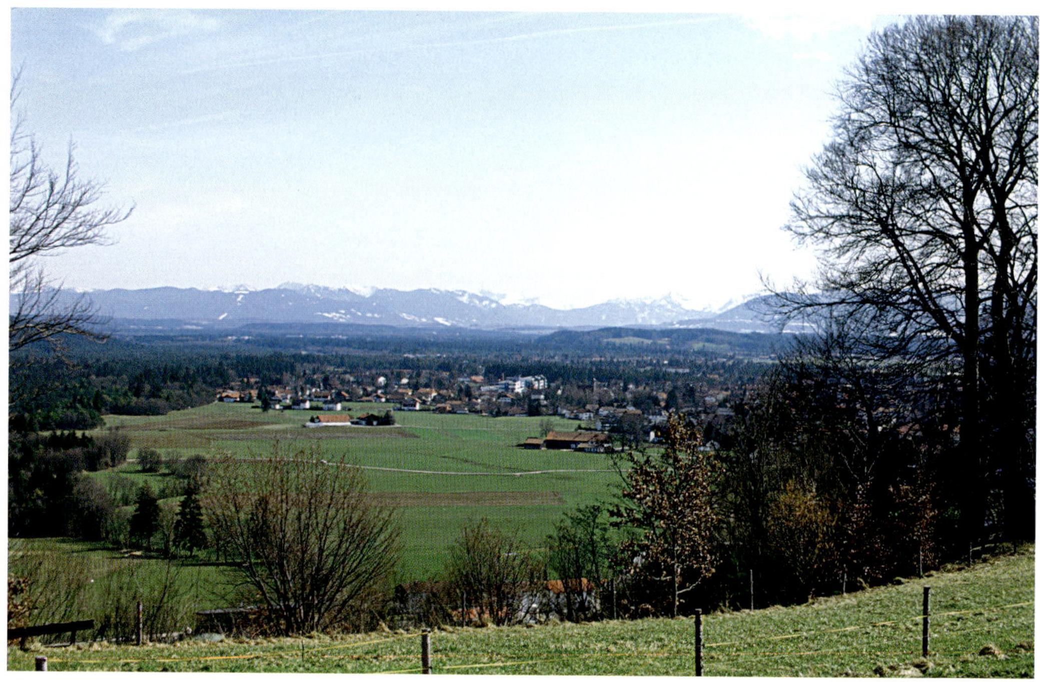

C8. Blick von Schlederloh in das weite Wolfratshausener Becken, unter dem noch über 100 m spätglaziale Seetone erbohrt sind. Im Hintergrund die Alpenkette mit dem Einschnitt des Isartals vor dem schneebedeckten Juifen (1987 m), rechts der Blomberg (hinter Baum, 1248 m), davor die dunkel bewaldeten Hügel des Herrnhausener Drumlinfeldes.

Tonen und Mergeln mit Kiesen erbracht. Von hier halten wir uns entlang der Stromleitung zurück zur Isar.

Nun überqueren wir das Kanalwehr und radeln weiterhin nach Süden durch das Naturschutzgebiet der Pupplinger Au, die ihr Landschaftsbild durch menschliche Eingriffe stark verändert hat; die freien Überschwemmungsflächen sind durch die Eintiefung der Isar stark reduziert; Weiden-Tamarisken-Grauerlen-Gebüsche breiten sich auf ihnen zunehmend aus. Die interessante Vegetationsentwicklung in den Isarauen schildern Seibert & Zielonkowki folgendermaßen (Auszug aus »Schriftenreihe f. Naturschutz u. Landschaftspflege« H. 2, München 1972):

»**Erstbesiedlung der jüngeren Flussaufschüttungen**

Die jungen Flussaufschüttungen werden zunächst von einer Reihe von Pionierpflanzen besiedelt. Von ihnen spielen auf den offenen **Kiesflächen** [Nr. 2 der Abb. C11] die Pflanzen alpiner Geröll- und Schutthänge, die sog. »alpinen Schwemmlinge« eine wichtige und bezeichnende Rolle. Dazu gehören Knorpelsalat *(Chondrilla chondrilloides)*, Gipskraut *(Gypsophila repens)*, Alpenleinkraut *(Linaria alpina)*, Steintäschel *(Aethionema saxatilis)*, Zwergglockenblume *(Campanula cochleariifolia)*, Schneepestwurz *(Petasites paradoxus)*, Kugelschötchen *(Kernera saxatilis)*, Grasnelken- und Florentiner Habichtskraut *(Hieracium staticifolium, H. piloselloides)*.

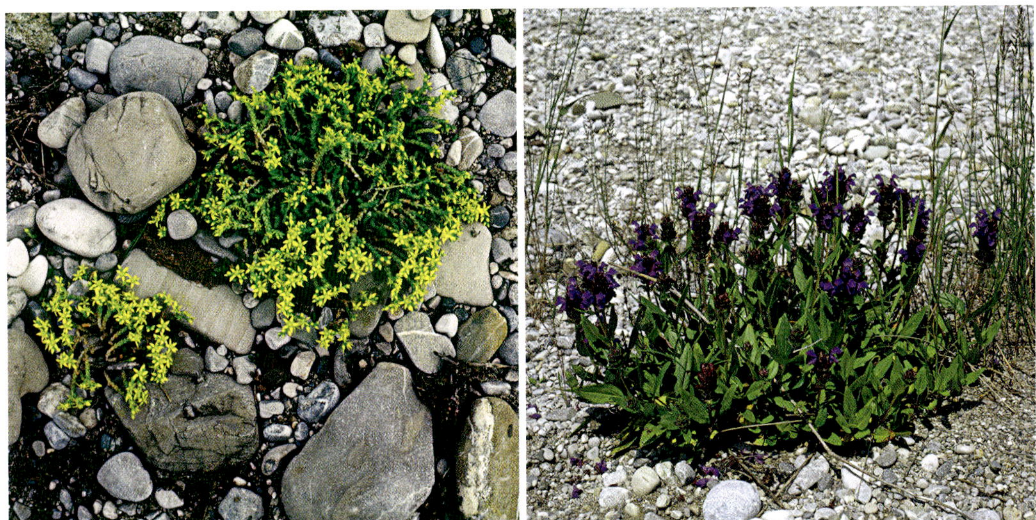

C9. Pionierpflanzen auf Isarkies in der Pupplinger Au. Links: Gelber Mauerpfeffer auf grauen Kalkgeröllen und bräunlichen Kieselkalken. Rechts: Blaue Großblütige Braunelle auf Kalk- und Sandsteingeröllen.

Schon sehr bald siedeln sich Weiden*(Salix)*-Arten an, die mit der Deutschen Tamariske *(Myrica germanica)* nach einigen Jahren die Weiden-Tamariskenflur [Nr. 6] bilden. Auf **sandigen Sedimenten** bildet sich schon früh die Ufer-Reitgrasflur (Calamagrostietum pseudophragmitis), die von dem Ufer-Reitgras *(Calamagrostis pseudophragmites)*, Weißen Straußgras *(Agrostis gigantea)*, Rohrschwingel *(Festuca arundinacea)* und Rohrglanzgras *(Phalaris arundinacea)* gebildet wird. Auch hier geht die Entwicklung erst zur Weiden-Tamariskenflur, und zwar zu grasreichen Ausbildungen. Diese Pioniergesellschaften siedeln auf dem Auenrohboden (Kalkrambla). Sie werden häufig überflutet und oft zerstört, beschädigt oder überkiest. Infolge ihrer hohen Regenerationskraft wachsen die Weiden aber rasch wieder durch, auch die ausläufertreibenden Gräser vermögen solche Überflutungsschäden rasch zu überwinden. In den übrigen Zeiten trocknen die Böden infolge ihrer Durchlässigkeit rasch aus.

Die Gesellschaftsentwicklung auf Kiesböden

Auf den Kiesböden schreitet die Entwicklung von einer Kiefern-Phase der Weiden-Tamariskenflur – gelegentlich über ein Kiefern-Lavendelweidengebüsch – weiter fort zum Schneeheide-Kiefernwald (Dorycnio-Pinetum = 12). Dieser ist charakterisiert durch Backenklee *(Dorycnium germanicum)*, Schneeheide *(Erica carnea)*, Bunt-Reitgras C10 *(Calamagrostis varia)*, Amethystschwingel *(Festuca amethystina)*, Felsen-Kreuzdorn *(Rhamnus saxatilis)*, Wohlriechende Händelwurz *(Gymnadenia odoratissima)*, Rotbraune Sumpfwurz *(Epipactis atrorubens)*, Schwarze Akelei *(Aquilegia atrata)*, Weißsegge *(Carex alba)*, Buchs-Kreuzblume *(Polygala chamaebuxus)* und Steinrösl *(Daphne cneorum)*. Dazu gesellen sich auf den trockenen und flachgründigen Kiesböden Erdsegge *(Carex humilis)*, Thymian *(Thymus serpyllum)*, Silberwurz *(Dryas octopetala)*, Grauer Löwenzahn

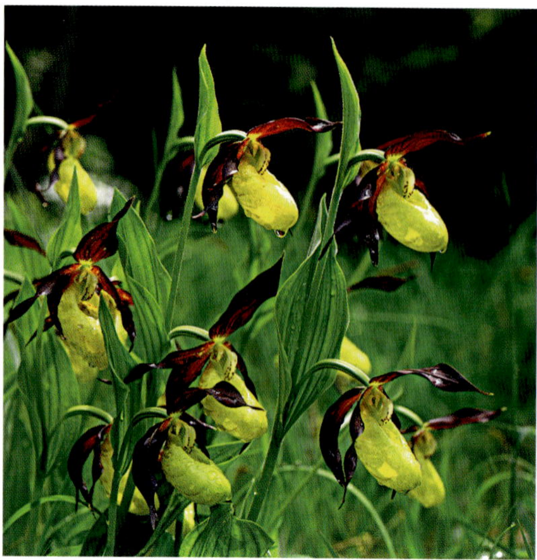

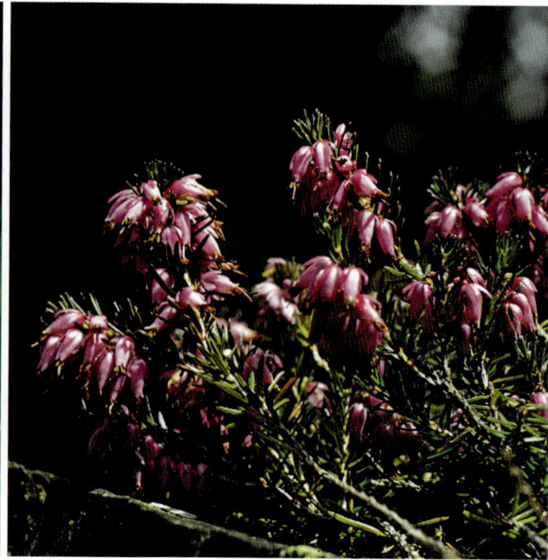

C10. Links: Der seltene Frauenschuh in den Lichtungen der Schneeheide-Kiefern-Wälder des Naturschutzgebietes Pupplinger Au. Rechts: Schneeheide. – Fotos: Th. Schauer.

(Leontodon incanus), Berg-Gamander *(Teucrium montanum)*, die Kugelblumen *(Globularia cordifolia, G. elongata)* und einige Moose und Flechten.

Je nach Entwicklungsgrad können verschiedene Phasen unterschieden werden, von offenen Beständen mit noch reichlich Silberwurz bis zu schneeheide- und moosreichen Ausbildungsformen. Die Bodentypen reichen von reiferen Formen der Kalkrambla bis zum jungen Aueboden (Kalkpaternia) bzw. auf reinen Kiesböden bis zur Borowina (rendzinenartiger Auenboden), die in der moosreichen Ausbildung als Tangelborowina mit mächtiger Tangelhumusauflage entwickelt sein kann.

Der Erdseggen-Schneeheide-Kiefernwald enthält in seinem reichen Artenbestand eine Reihe von seltenen Pflanzen. Von den Orchideen seien hier genannt: Rotbraune Sumpfwurz *(Epipactis atrorubens)*, Helmknabenkraut *(Orchis militaris)*, Elfenstendel *(Herminium monorchis)*, Fliegen- und Spinnen-Ragwurz *(Ophrys insectifera, O. aranifera)*
C10 und der prächtige Frauenschuh *(Cypripedium calceolus)*.

Die Gesellschaftsentwicklung auf Sandböden

Auf sandreichen Kies- und auf Sandböden schreitet die Entwicklung zu geschlossenen Gehölzbeständen rascher voran: es bildet sich zunächst das Kiefern-Lavendelweidengebüsch (Salicetum elaeagni pinetosum), das von verschiedenen Weidenarten *(Salix elaeagnos, S. purpurea, S. triandra, S. daphnoidea, S. nigricans)* und der Grauerle *(Alnus incana)* aufgebaut wird und regelmäßig Kiefer und Wacholder *(Juniperus communis)* enthält (= Nr. 10 u. 11). Bodentyp ist auch hier eine Kalkpaternia, die bei tiefgründiger Ausbildung schon gelegentlich Anschluss an den Kapillarsaum des Grundwassers haben kann.

Die Weiterentwicklung geht zum Pfeifengras-Kiefernwald (Molinia-Pinetum), der wie der Schneeheide-Kiefernwald eine Gesellschaft des *Erico-Pinion* ist und deshalb mit diesem eine Reihe von Arten gemeinsam hat. Doch unterscheiden sich beide

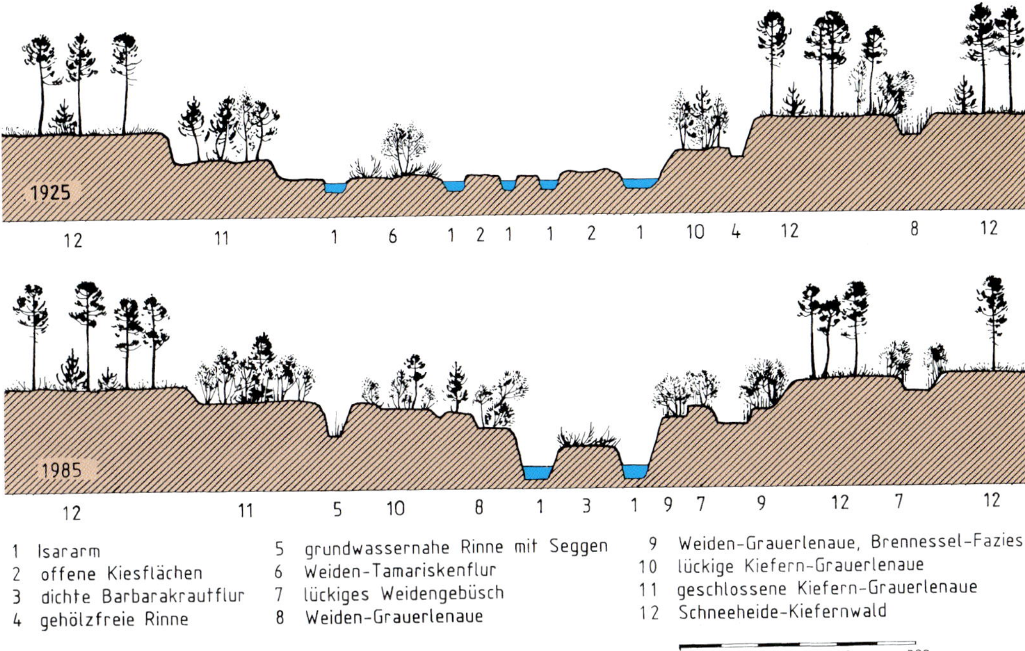

C11. Vegetationsprofil der Isarauen in Höhe Ascholding-Geretsried bei Flusskilometer 186,0; oben: nach Auswertung des Luftbildes von 1925; unten: heutige Situation. Man erkennt deutlich das Verschwinden der offenen Kiesflächen durch die Eintiefung der Isar und ihre Besiedlung durch Weiden-Grauerlen-Kiefern-Gebüsch. – Nach JERZ, SCHAUER & SCHEUERMANN *1986.*

Waldgesellschaften physiognomisch sehr stark: Während der Erdseggen-Schneeheide-Kiefernwald 7 bis 8 m hohe lückige Kiefernbestände von krüppeligem Wuchs bildet, in deren Strauchschicht der Wacholder eine wichtige Rolle spielt und die Bodenschicht von xerophytischen Arten, vor allem der Schneeheide, beherrscht wird, sind die Waldbestände des Pfeifengras-Kiefernwaldes 15 bis 20 m hoch, bilden ein geschlossenes Kronendach und haben eine dichte Strauchschicht aus vorwiegend Laubsträuchern. In der Krautschicht geben Gräser *(Molinia arundinacea, Brachypodium rupestre, Calamagrostis varia)* und mesophytische Laubwaldarten *(Paris quadrifolia, Viola reichenbachiana, Asarum europaeum, Aposeris foetida)* den Ton an.
Auf großen Flächen sind die Pfeifengras-Kiefernwälder durch die menschliche Bewirtschaftung stark verändert worden, vor allem durch Streunutzung. Auch der Pfeifengras-Kiefernwald ist in der Regel unabhängig vom Grundwasser. Nur bei Katastrophenhochwasser wurde ein Teil seiner Bestände früher überflutet.

Die Gesellschaftsentwicklung auf grundwasserhaltigen Böden

Auf grundwasserbeeinflussten Böden entwickelt sich der Weiden-Grauerlenwald (Alnetum incanae salicetosum = Nr. 8), dem feuchte Ausbildungsformen des Lavendelweidengebüsches vorausgehen können. Der Weiden-Grauerlenwald enthält feuchtigkeitsliebende Arten oft mit hoher Stetigkeit, nämlich Rosenschmiele *(Deschampsia*

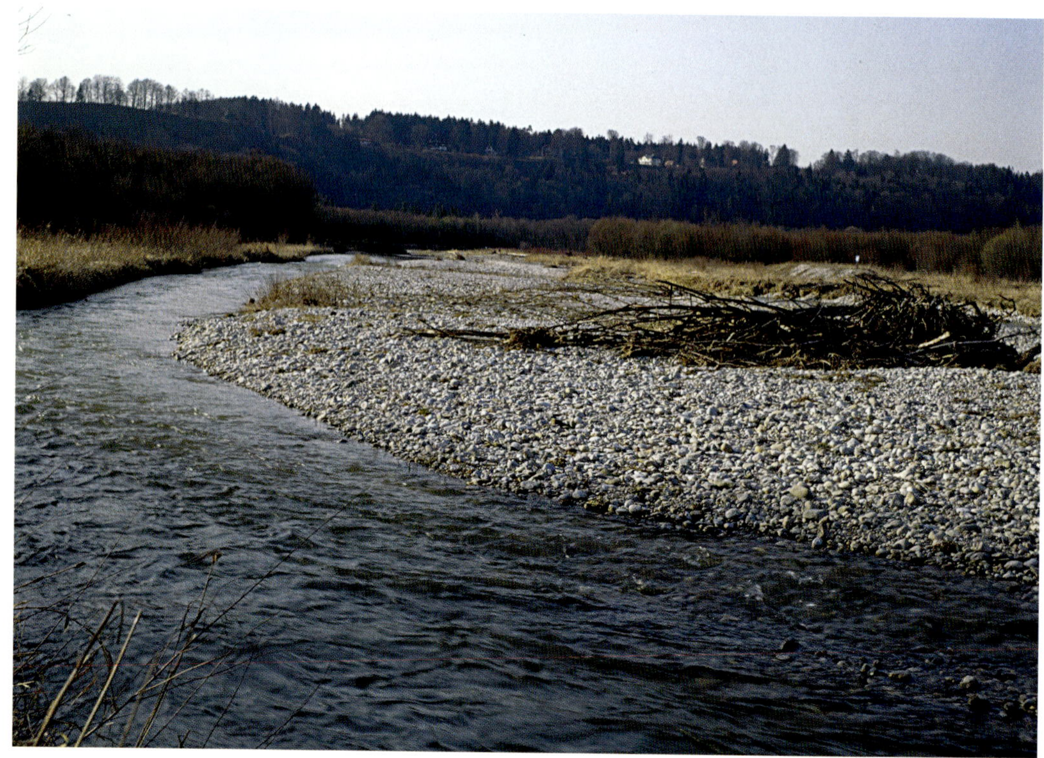

C12. Seitenarm der Isar mit Kiesbank im Mündungszwickel zur Loisach vor dem steilen Prallhang von Schlederloh.

cespitosa), Wasserminze *(Mentha aquatica)*, Sumpfvergissmeinnicht *(Myosotis palustris)* und Hundsquecke *(Agropyron caninum)*. Den ziemlich geschlossenen Baum- oder Strauchbeständen der Grauerle, die Höhen bis 9 m erreichen, sind verschiedene Weiden *(Salix)*-Arten regelmäßig beigemischt. Mit fortschreitender Entwicklung geht der Anteil der Weiden zurück; stattdessen stellen sich Esche *(Fraxinus excelsior)*, Traubenkirsche *(Prunus padus)*, Bergahorn *(Acer pseudoplatanus)* und Pfaffenhütchen *(Euonymus europaeus)* ein. Dadurch, dass die Esche in der Baumschicht mit 12 bis 16 m Höhe oft vorherrscht, verändert sich das ganze Bestandsbild: wir sprechen dann von Eschen-Grauerlenwald. Der Bodentyp ist in der Regel ein Kalkpaterniagley.

Pflanzengesellschaften alter Flussarme und Bachtäler

In den vom Hochwasser noch häufig durchströmten Nebenarmen der Isar siedeln sich ebenso wie auf den offenen Flächen Knorpelsalat- und Weiden-Tamariskenfluren an. Die Weiterentwicklung führt auch hier, wenn die Böden durchlässig sind und keinen Grundwasseranschluss haben, zum Schneeheide-Kiefernwald.
Bei Grundwassereinfluss entstehen in den alten Flussarmen jedoch häufig Röhricht-, Großseggen- und Rasengesellschaften.
Entlang der Ascholdinger Straße sind z.B., bedingt durch einen gleichmäßigen Wasserzufluss von den Hängen her, Kopfbinsenrasen weit verbreitet.«

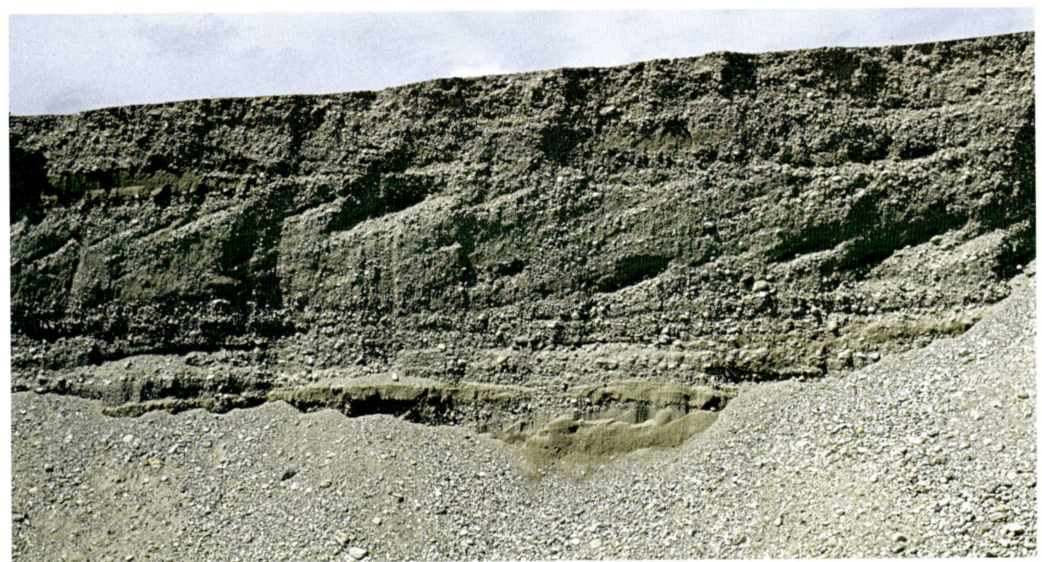

C13. Schräg nach Nordwesten geschüttete Delta-Schotter der postglazialen Isar in den Wolfratshausener See südöstlich Gelting. Firma Gämmerler & Söhne.

Soviel zur Vegetationsentwicklung der bekannten Pupplinger Au. In Puppling wechseln
wir auf der neuen Isarbrücke auf die Westseite und folgen danach wieder der Isar entlang
flussaufwärts. Am Einfluss des Loisach-Kanals, der auf einer Fußgängerbrücke überquert
wird, kommen die grauen Seetone zum Vorschein (ebenso 750 m weiter südlich). Wir
folgen der Terrassenkante nach Süden; diese Terrasse stellt ein durch die postglaziale Isar
in den Wolfratshausener See geschüttetes Schotterdelta dar. Sein Südrand wird durch das *C13*
Herrnhausener Drumlinfeld begrenzt. Dieses gliedert den Königsdorf-Eglinger Teil vom
Wolfratshausener Becken ab. In dem schmalen Durchgang zwischen dem Herrnhausener
Drumlinfeld und der Rückzugsmoränenhöhe von Neufahrn ist am Ortsanfang von Gerets- *C14*
ried am Prallhang der Isar die Würm-Grundmoräne mit großen Blöcken aufgeschlossen, *C15*
darüber die Schotter der Niederterrasse. Am gegenüberliegenden Prallhang (am Fuß der *C16*
Neufahrner Höhe) hat die Isar vor Ascholding die Flinzmergel freigespült.

Nach dieser Engstrecke weiten sich die Isar-Auen zu einem breiten Flusssystem mit zahlreichen verflochtenen Armen in den Teilbecken von Königsdorf-Egling. Ursprünglich bestand hier eine mit jedem Hochwasser sich verändernde wilde Flusslandschaft. Nach dem Wasserabzug durch das Walchenseekraftwerk (1918–1924) und weiteren Ableitungen zum Achensee sowie durch die zurückgehaltene Schotterfracht durch den Bau
des Sylvensteinspeichers (1954–1959) haben sich die freien Kiesflächen stark verringert *C17*
und sind mit Auenwald zugewachsen. Außerdem hat sich das Flussbett im Bereich der Pupplinger Au um 3 m eingetieft. Wir folgen weiterhin der Terrassenkante am Westrand von Geretsried nach Süden. Hier hat die postglaziale Isar wieder ein großes Schotterdelta weit nach Südwesten fast bis Königsdorf aufgeschüttet. Dort grenzt es mit scharfer Linie an das weite Königsdorfer Moor (Weid-Filz) auf spätglazialem Seeton. Am Ostrand haben kalkreiche Quellen mächtige weiße Seekreide (Alm) gebildet. Das kalkreiche Wasser fließt aus mächtigen Schottern, die am Hang unter Jungmoränen anstehen und daher als frühwürmglaziale Vorstoßschotter gedeutet werden.

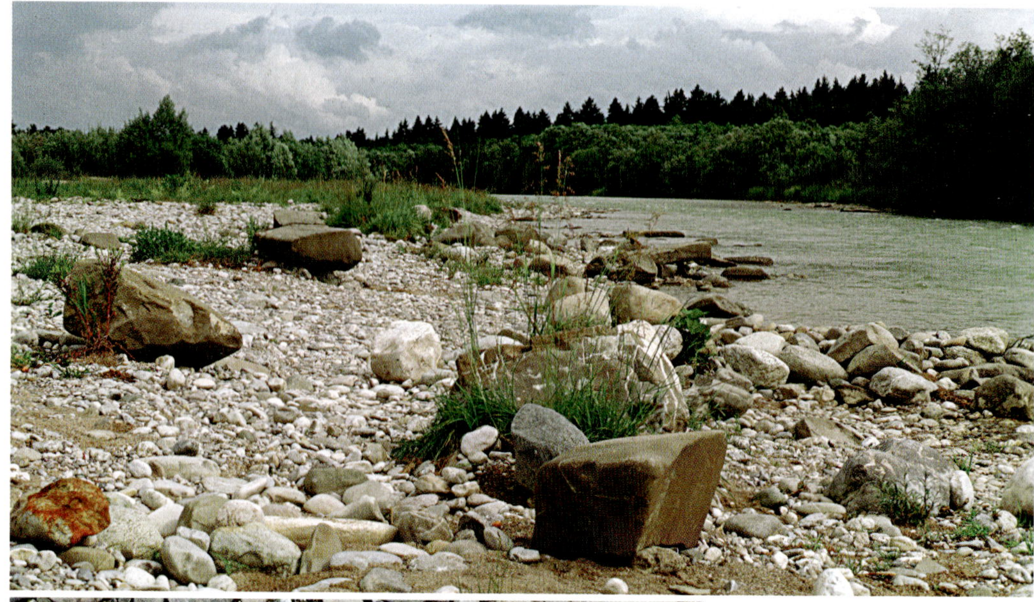

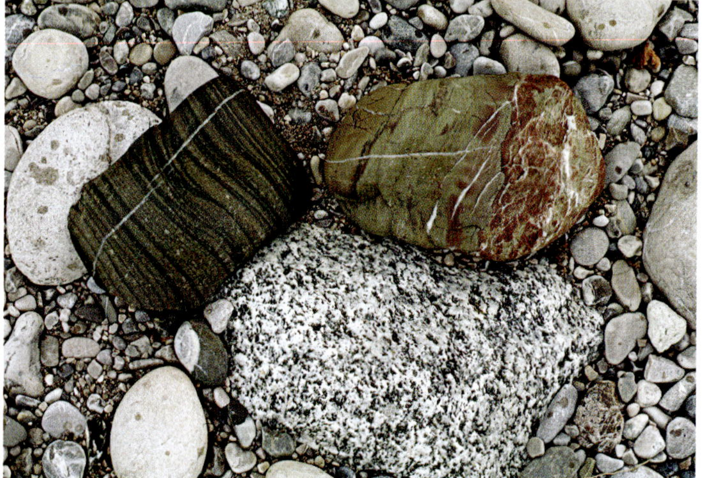

C14. Große Findlingsblöcke aus der von der Isar ausgespülten Würm-Grundmoräne nördlich Geretsried.

C15. Umgelagerte Grundmoränengerölle an der Isar nördlich Geretsried. Neben hellen Kalken fallen rote Jura-Radiolarite, dunkelgebänderte Flyschsandsteine sowie gesprenkelte Granitgneise auf.

Wir stoßen auf die Staatsstraße von Geretsried her und folgen ihr bis zur Brücke über die
C16 Isar. 300 m nördlich davon treten wieder die blaugrauen Flinzmergel an die Oberfläche.
Das Isartal wird hier eingeengt durch das Königsdorfer Drumlinfeld im Südwesten und
C18 die Peretshofener Höhe im Nordosten. Von ihr hat man einen herrlichen Blick über die vermoorten Gletscherbecken zu den bewaldeten Voralpen des Flyschgürtels und zu den hellen Kalkalpen des Wettersteingebirge mit der Zugspitze. Die Moränen haben hier in Steinsberg einen riesigen Findling aus dolomitischem Kalk hinterlassen.

Wir halten uns weiterhin nach Süden an die Terrassenkante bis zum Bauernhof Einöde
C19 westlich der Isar. Von hier geht nun ein sehr steiler Weg zum Malerwinkel empor (Rad schieben bzw. tragen). Dort sind am Prallhang der Isar die gelben Geschiebelehme der Nordspitze des Königsdorfer Drumlinfeldes aufgeschlossen. Weit geht der Blick nach Südosten über das kleinere Becken von Bairawies auf die Tegernseer Berge. Abweichend vom

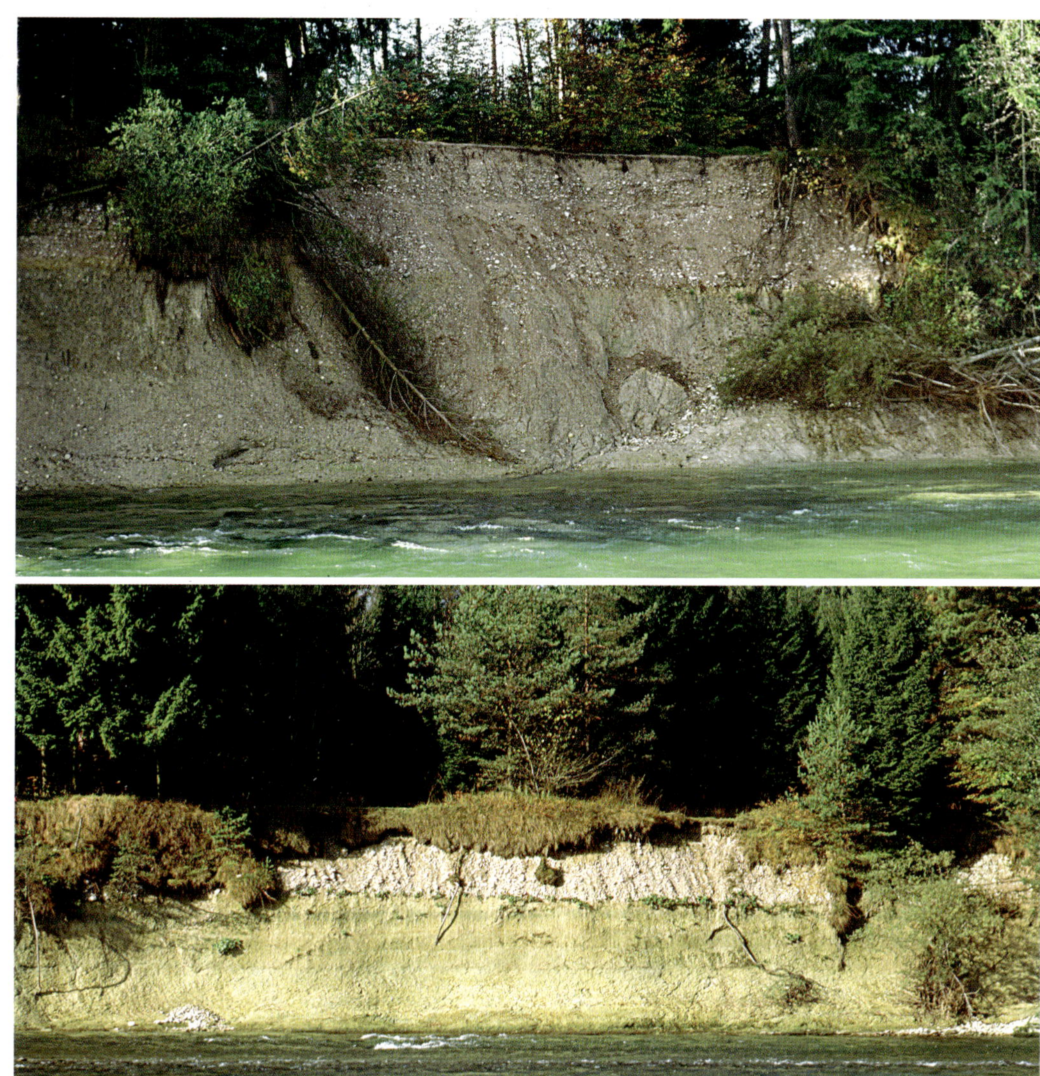

C16. Graue tonige Grundmoräne mit großen Geschieben unter Niederterrassenschotter am Nordrand von Geretsried (oben). Freigespülter Steilhang der Isar nördlich der Geretsrieder Brücke in tertiären Flinzmergeln, überlagert von hellen Niederterrassenschottern (unten).

schwierigen markierten Wanderweg fährt man über Schuss und Berg nach Osterhofen. Von hier folgen wir der Straße über das Königsdorfer Drumlinfeld hinab nach Rothmühle in das kleine Becken von Rottach-Bairawies.

Bei Rimslrain treffen wir wieder auf einen Moränenrücken, der von Fischbach nach Nordosten zieht. Dort, am gegenüberliegenden Prallhang der Isar, sind am Staubacher Hof die aufgeschleppten und überkippten Feinsandsteine mit Geröllagen und Schnecken- C23
Muschel-führenden Mergel der Oberen Meeresmolasse freigespült.

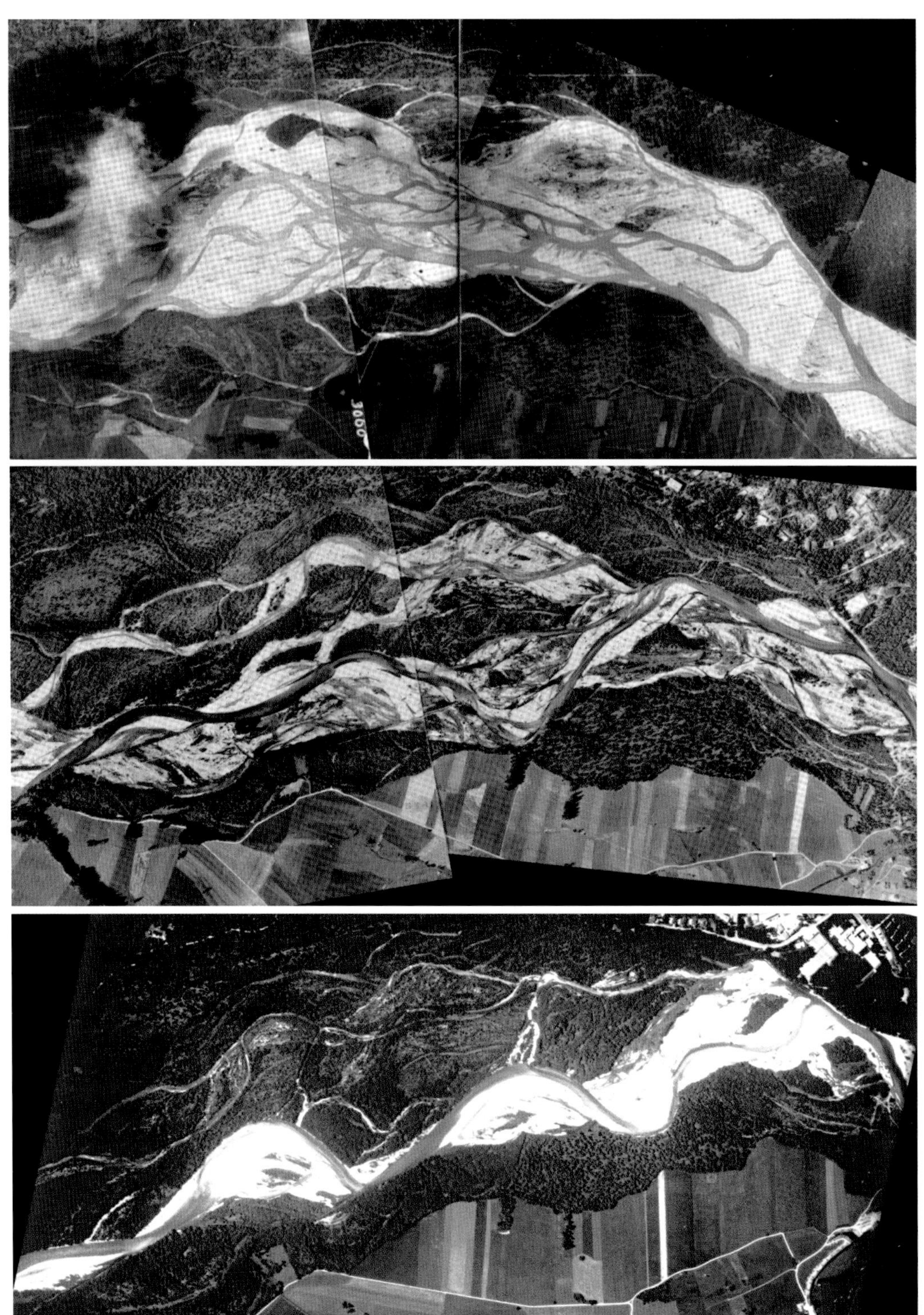
3060

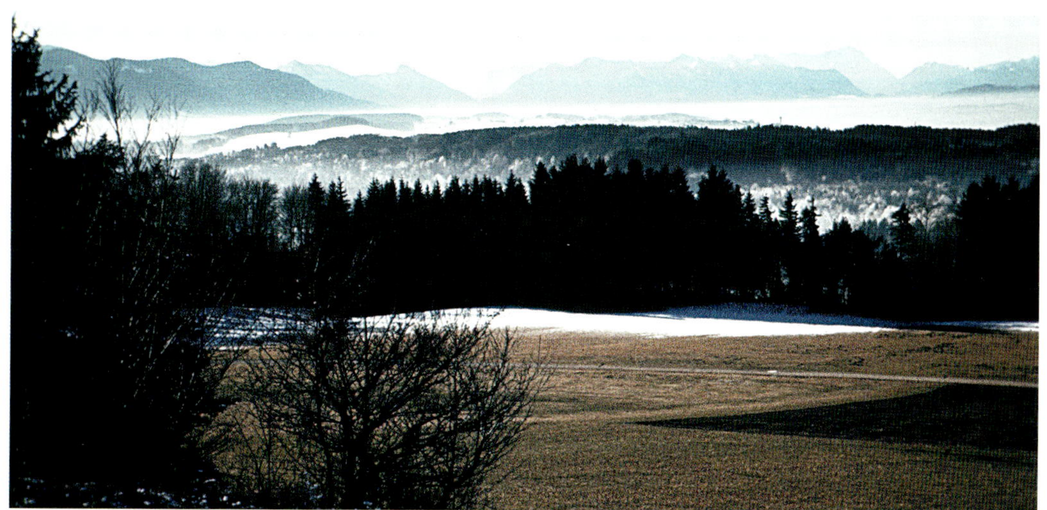

C18. Blick von der Peretshofener Höhe nach Südwesten über das Königsdorfer Drumlinfeld und das nebelerfüllte Kochelseebecken auf die Alpenkette mit der Zugspitze (2962 m) über dem Einschnitt des Loisachtals (rechts); links Einschnitt des Kesselbergs. – Foto: H. Jerz.

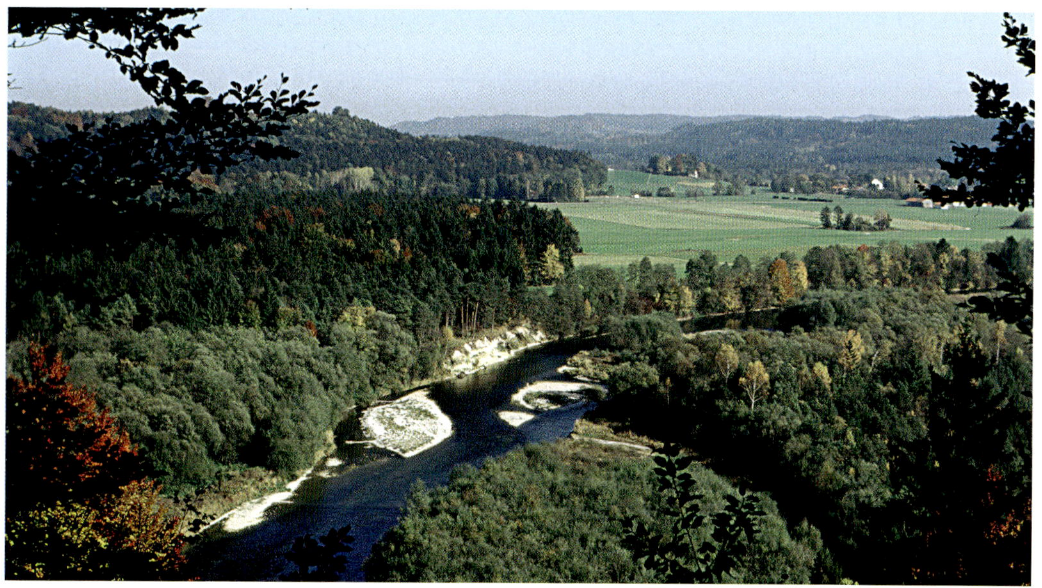

C19. Blick vom Malerwinkel südöstlich Geretsried über die bis in den Tertiärflinz eingetiefte verzweigte Isar ins Becken von Bairawies.

C17. Luftaufnahmen vom breiten Isarlauf in der Ascholdinger Au mit seinen verflochtenen Armen und den unbewachsenen Kiesbänken. Oben: 1925 in ursprünglicher Form; Mitte: 1971 nach dem Bau des Sylvensteinspeichers; Unten: 1982 mit starker Verringerung der offenen Kiesbänke und Ausbreitung des Weiden-Auenwaldes (oben Siedlung Geretsried, unten rechts Reismühle bei Ascholding). – Aus Jerz, Schauer & Scheuermann 1986.

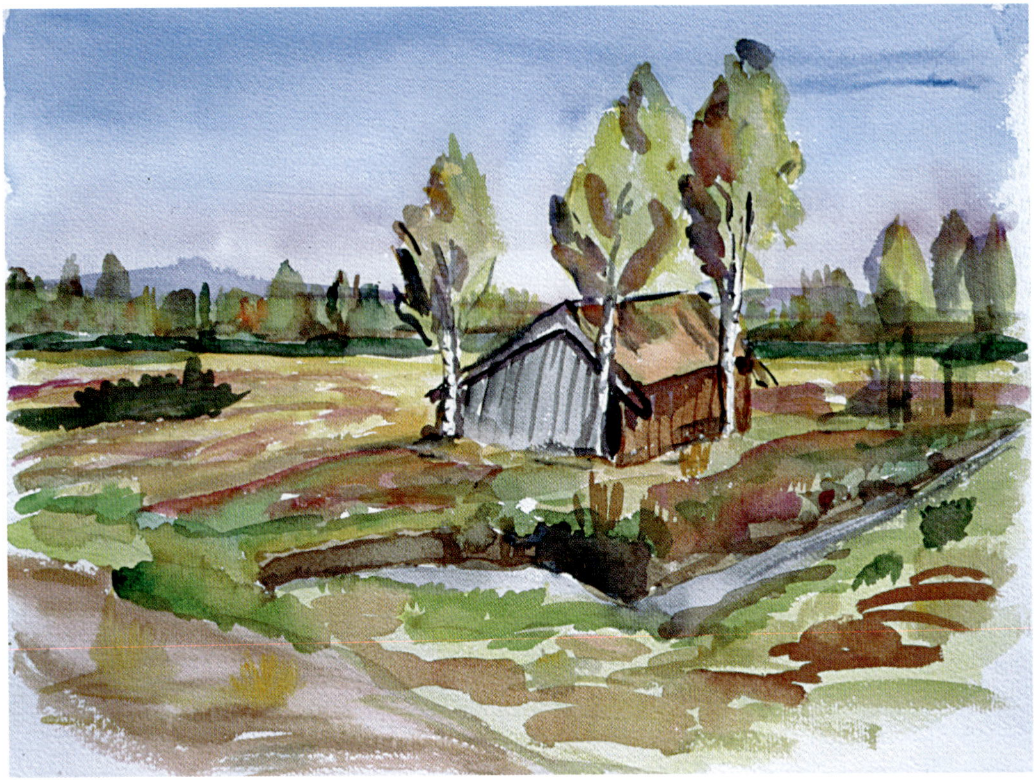

C20. Alter Torfstich im Königsdorfer Moor auf wasserstauenden Seetonen. Im Hintergrund Herrnhausener Drumlinfeld. – Aquarell von D. Herm.

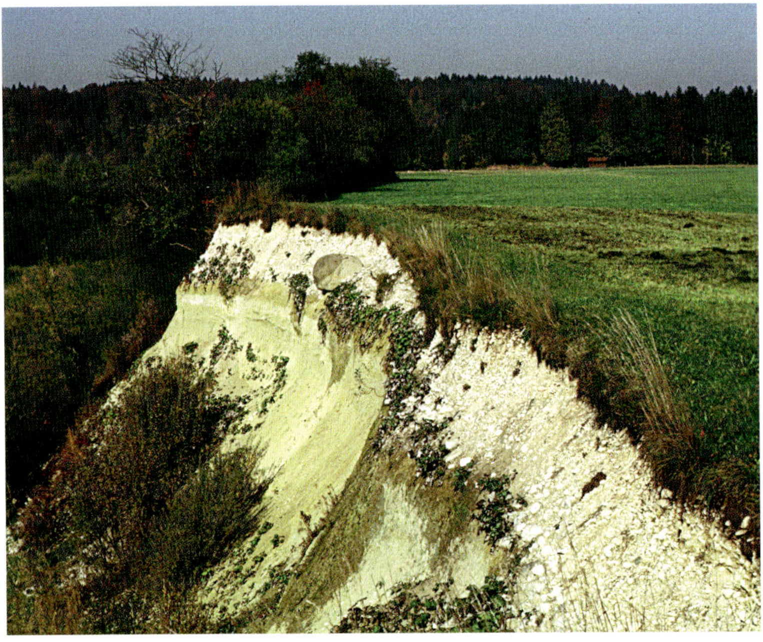

C21. Flinzmergel am Prallhang westlich Bairawies (Bierhäusl) mit überlagernden jungen spätglazialen Schottern.

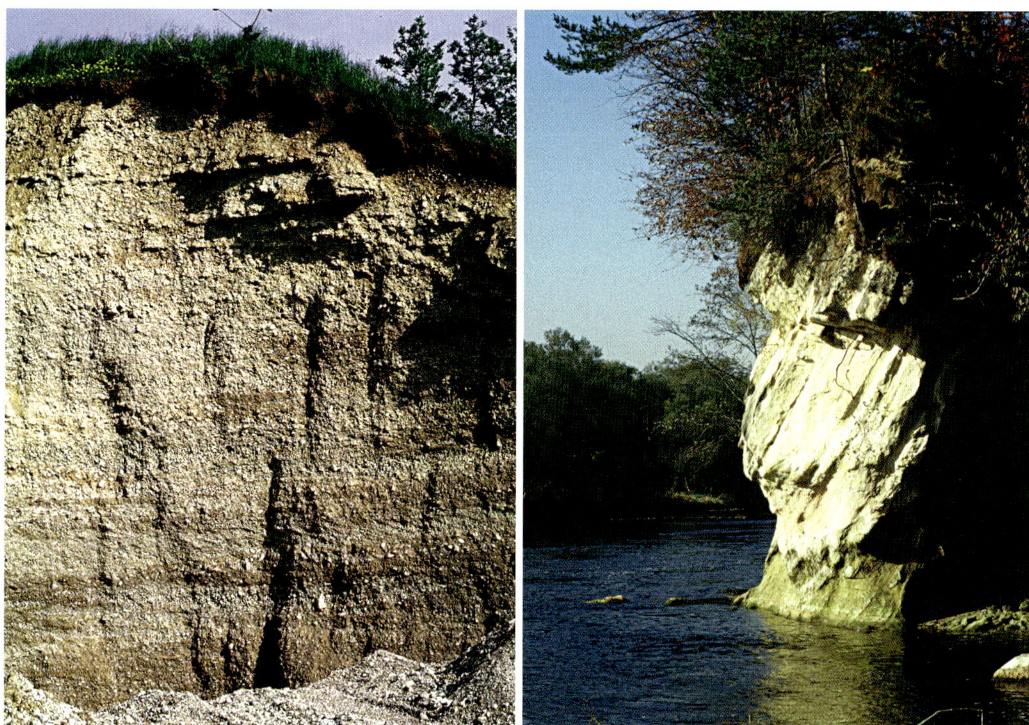

C22. (links) Vorstoßschotter des Würm-Gletschers mit Lehmdecke am Rand des Königsdorfer Moores südwestlich Königsdorf unter Jungmoränen.
C23. (rechts) Aufgeschleppte und überkippte Sandsteine und marine Mergel (rechts) der Oberen Meeresmolasse am Staubachhof südlich Hechenberg.

Etwas weiter südlich, direkt östlich Rimslrain, wurden durch einen Pechkohlen-Versuchsstollen steilstehende Glimmerfeinsande und feinkiesige Grobsande des älteren Tertiärs (oligozäne Promberg-Schichten) freigelegt. Heute sind sie noch an einer Steilwand hinter dem verfallenen Stollen in einem eingezäunten Grundstück 50 m südlich des Parkplatzes zu sehen. Damit haben wir den eigentlichen geologischen Alpenrand überschritten, der mit dem Nordrand der Faltenmolasse gezogen wird. An der Straße nach Bad Tölz liegt vor dem Isar-Stausee ein großer Findling aus Molasse-Sandstein. Wir überqueren die Isar auf dem Fußgängersteg zum Restaurant »Zum alten Fährhaus«, hinter dem steilstehende Kalksandsteine der Cyrenenschichten angeschnitten sind. Am Walgerfranz-Weg am steilen Kalvarienberg-Prallhang kommen wir an Felsen in ebenlagernder eiszeitlicher Nagelfluh vorbei und gehen hinab zum Kinderspielplatz im Taubenloch, an dessen Nordende die senkrecht stehenden, feingeschichteten Glimmerfeinsandsteine der Baustein-Schichten nochmals gut erschlossen sind (Naturdenkmal). Vom Kalvarienberg hat man einen herrlichen Blick hinein ins obere Isartal und auf die Alpenberge.

Die Rückfahrt kann auf der Ostseite der Isar auf der belebten Staatsstraße über Ascholding und Puppling zur Aumühle erfolgen. Dabei können die vorher benannten Aufschlüsse östlich der Isar besucht werden. Interessant ist auch eine Bootsfahrt vom Tölzer Wehr auf den wilden Wassern der oberen Isar bis zur Aumühle; dabei ziehen die Anschnitte genüsslich an uns vorüber, und wir können uns dem Isarstrom richtig hingeben.

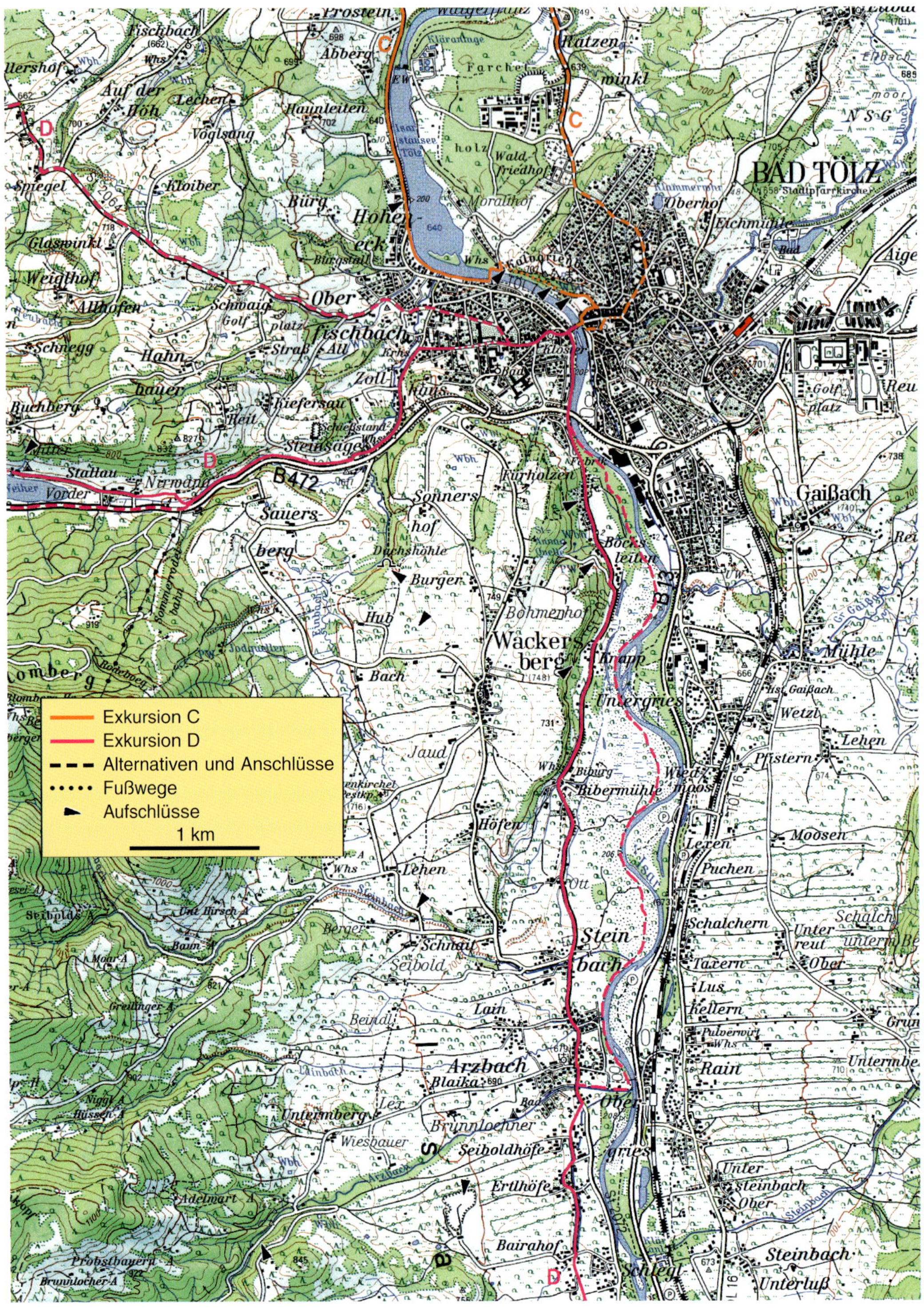

C24. *Karte 1:50000 der Umgebung von Bad Tölz mit Angabe geologisch wichtiger Punkte.*

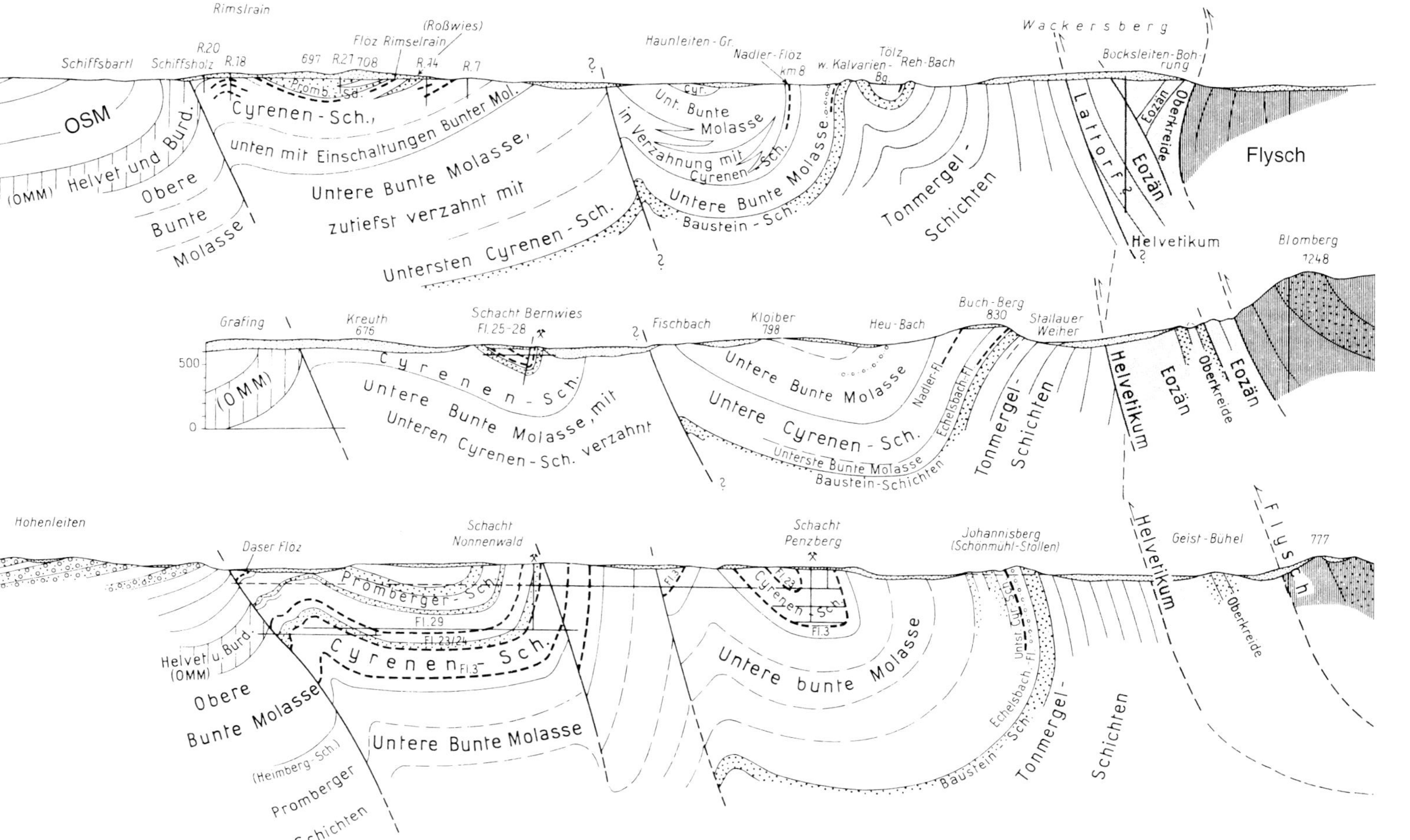

C25. Nord-Süd-Schnitt durch den tieferen Untergrund vom flachliegenden Jungtertiär über die Faltenmolasse zwischen Rimslrain und Bad Tölz zur Flysch-Zone von Wackersberg-Blomberg; darunter weitere Profile durch die Faltenmolasse am Stallauer Weiher und durch die Penzberger Kohlemulden. – Aus Ganss & Schmidt-Thomé *1955 (Z. deutsch. geol. Ges.* **105***). Genauere Profile der Tölzer Jodbohrungen s.* Hesse & Schmidt-Thomé *1975. Neue Profile siehe GK25 Bl.8235 Bad Tölz (LfU 2016)*

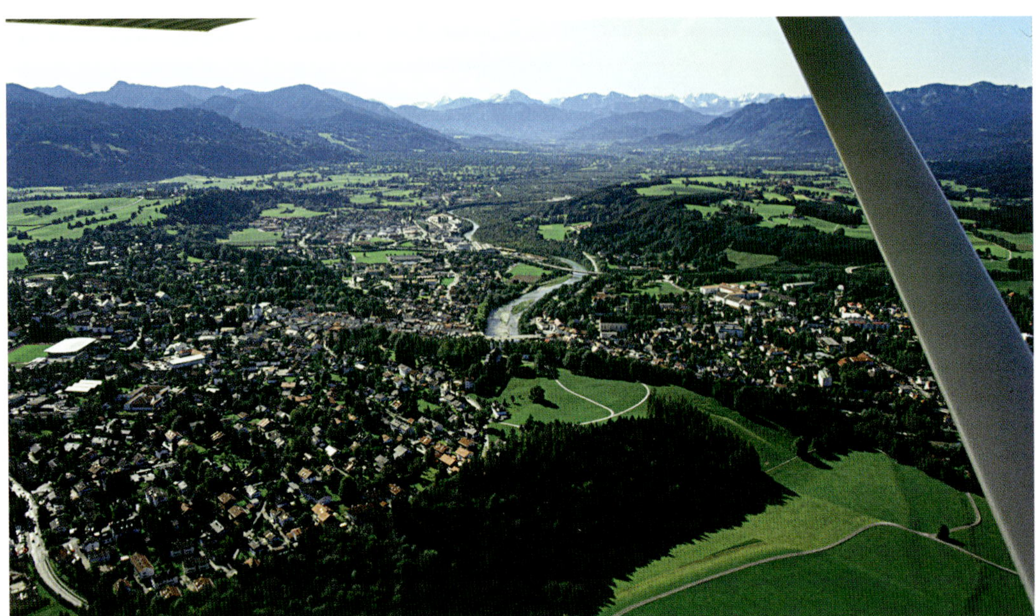

C26. Luftbild von Bad Tölz nach Süden. Im Vordergrund liegt Bad Tölz mit dem Kalvarienberg. Dahinter das breite Isartal im Bereich der Flyschzone, mit den dunkelbewaldeten Voralpenbergen von Blomberg (rechts, 1248 m) und Sulzkopf (links, 1279 m). Dahinter die hellen Kalkalpen mit der Benediktenwand (rechts, 1801 m) und dem Karwendel im Hintergrund. Dieses Tal ist der Austritt des kleinen Tölzer Gletscherlobus am Ostrand des großen Isar-Loisach-Gletschers. – Foto: R. Hansen.

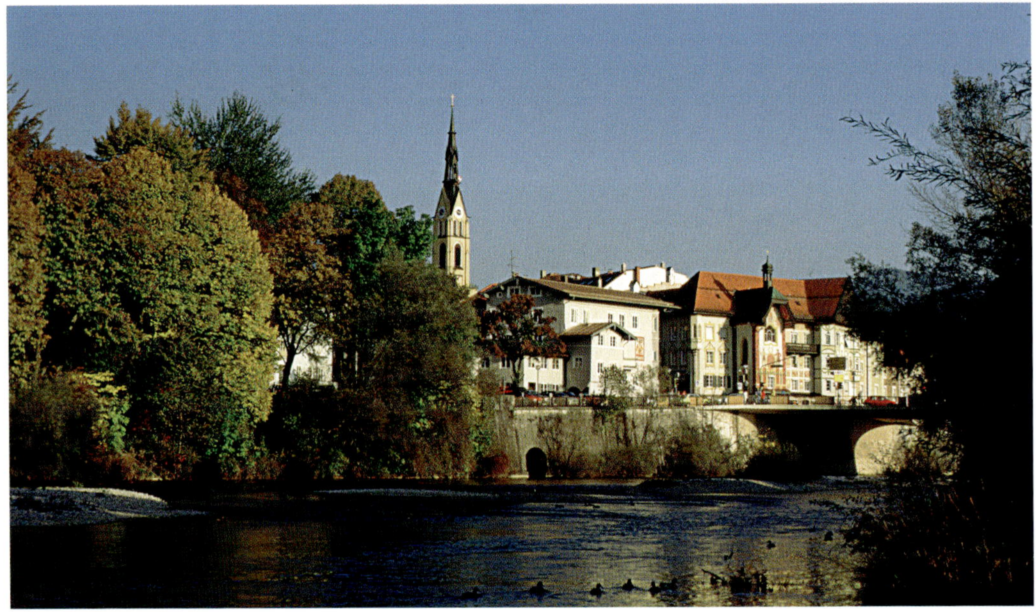

C27. Isarbrücke und Altstadt von Bad Tölz. Links am Fluss sind Baustein-Schichten der Unteren Meeresmolasse freigespült.

Exkursion D: Auf den Spuren der inneralpinen Gletscher um die Benediktenwand

(Routenkarte nächste Seite)

Das Jodbad Tölz am Alpenrand hat eine interessante geologische Umgebung. Außer den Aufschlüssen in der Faltenmolasse am Kalvarienberg ist ein durchgehendes Profil durch die tieferen oligozänen Molasseschichten (Tonmergel-Baustein-Schichten-Untere Brackwassermolasse) am Buchberg nördlich des Stallauer Weihers zu sehen (siehe C 25).

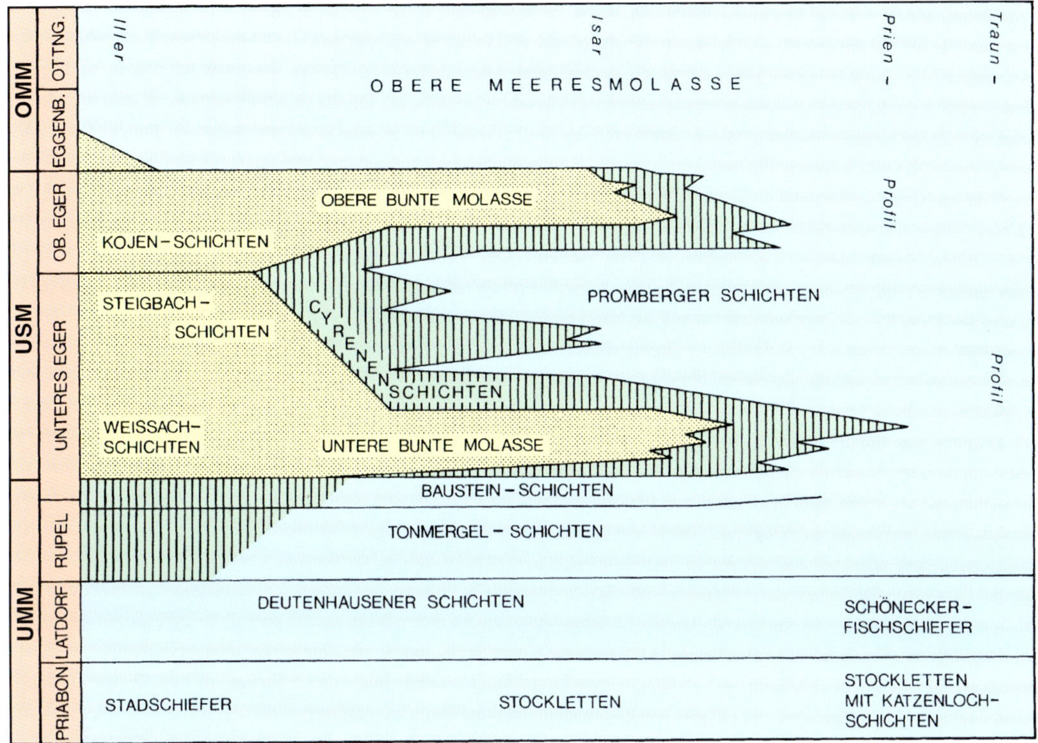

D1. Faziesverteilung und Gliederung der Faltenmolasse. Blau = marine Ablagerungen; grün = brackisch; gelb = limnofluvial und terrestrisch. – Nach HAGN *1981 (Geologica Bavarica* ***82****).*

Bei der Fahrt auf der Staatsstraße 2072 nach Lenggries (westlich der Isar) bis zum Walchensee queren wir zunächst die schmale, vollkommen zerscherte Helvetikum-Zone mit Grünsandstein, Lithothamnien- und Nummulitenkalk, die z. T. das Wasser für die Jodquellen liefern; meist stammt es jedoch aus der Unteren Meeresmolasse. Der Lithothamnienkalk ist an der Auffahrt zur St.-Anna-Quelle bei Bocksleiten südlich von Bad Tölz erschlossen. 500 m nördlich davon existieren noch alte Stollen (hinter der Töpferei) vom Seekreide-Abbau, Ablagerungen des ehemaligen Tölzer Gletschersees. Da die Seekreide unter den Schottern und Würm-Moränen von Wackersberg liegt, muss es sich um eine ältere Seeablagerung (mindelzeitlich?) handeln. 350 m westlich von Knapp liegt am Hang eine 25 m lange und bis 1,5 m hohe Steinerne Rinne aus jungen Kalktuffen. Auch hier tritt D6
die Quelle auf den stauenden Seetonen aus. Die große Kiesgrube 1,5 km südwestlich von

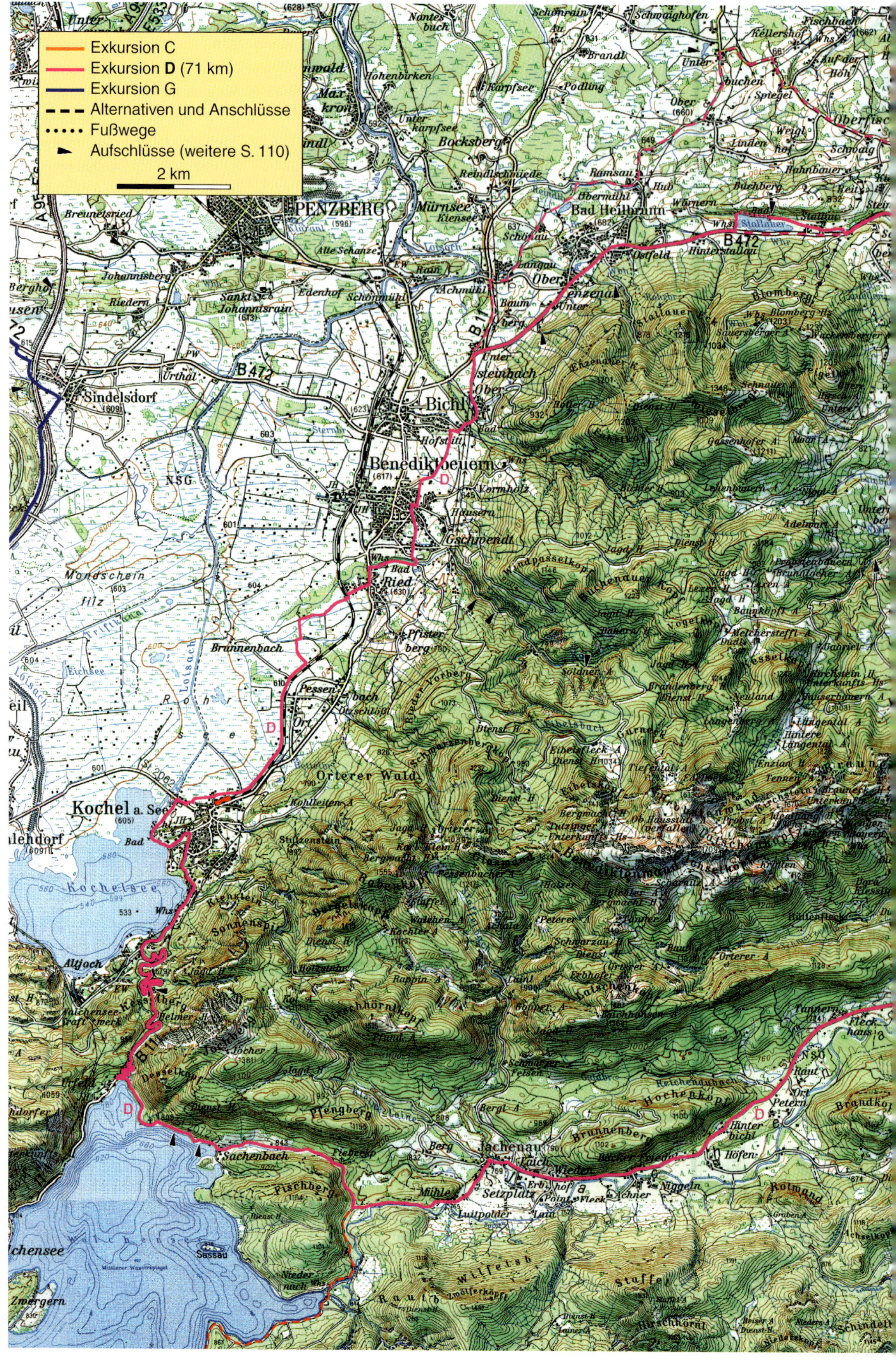

Exkursion C
Exkursion D (71 km)
Exkursion G
Alternativen und Anschlüsse
Fußwege
Aufschlüsse (weitere S. 110)
2 km
PENZBERG
Bad Heilbrunn
Sindelsdorf
Bichl
Benediktbeuern
Kochel a. See
Kochelsee
Jachenau
Sachenbach
B472
Ried
Pessenbach
Orterer Wald
Brunnenbach
Mondschein
Alljoch
Fischberg
Sassau
Zwergern
Höfen
Penzberg
D

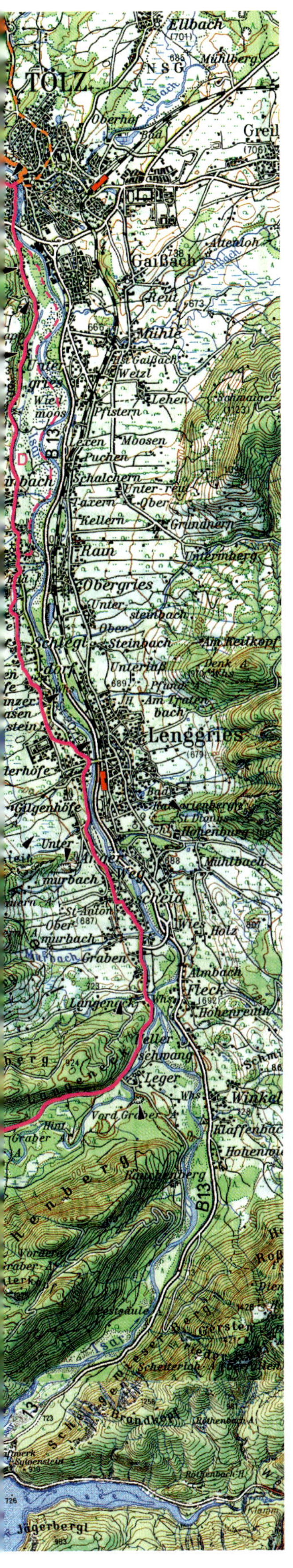

Arzbach bietet einen interessanten Einblick in die über 20 m D7 mächtigen Ablagerungen von Deltaschotter, die von Schlufflagen durchzogen sind und oben von schlecht sortierten Schottern überlagert werden. Im Osten der Grube lassen sich Stauchungen durch Eisüberfahrung beobachten; im Westen sind Feinsandlagen z. T. kalkig verfestigt. Dort lässt sich das Einfallen der Schüttungskörper (bis 40° nach Osten) besonders gut beobachten und auch die Überlagerung mit Würm-Moräne.

Wir folgen nun weiter den Terrassenrändern nach Süden. Südlich Schlegldorf beim Wirtshaus »Isarburg« bildet eine harte Nagelfluhbank (?Riß) gefährliche Stromschnellen im Isarbett. Vor Lenggries verengt sich das Tal mit dem Eintritt in die Kalkalpen-Zone. Bei der Einfahrt nach Lenggries steht unmittelbar über der Isar ein alter Kalkofen, in dem ehemals Kalkgerölle D9 der Isarschotterbänke (»Griese«) gebrannt wurden. Westlich Untermürbach liegen auf den Terrassenschottern Bergsturzmassen aus Hauptdolomit, die nach dem Abschmelzen des Eises zu Tal gestürzt sind und eine »Tumulus-Landschaft« bilden. Südlich davon wird der dunkle alpine Muschelkalk in einem Steinbruch abgebaut. Kurz vor Langeneck sind in Schemer nur noch wenige Quadratmeter eines sonst verwachsenen Gletscherschliffes auf Hauptdolomit zu sehen; danach in der Schwarzenbach-Schlucht rißeiszeitliche Nagelfluh in schräger Lagerung.

Nun biegen wir nach Westen in das breite Tal der Jachenau D10 ein, eine vom Isar-Gletscher ausgeräumte Lias-Fleckenmergel-Mulde. Auch hier liegen unter dem heutigen Tal noch bis 150 m Seetone und Schotter. Am Walchensee stoßen wir auf das vom Hauptgletscherstrom ausgehobelte, bis 200 m tiefe D14 Seebecken. Hier kreuzt sich der Muldenzug mit der nach Nordosten verlaufenden großen Seitenverschiebungszone am Kesselberg. Am steilen Seeufer sind die dolomitischen Plattenkalke D17 z. T. vom Eis glatt geschliffen.

Vom Walchensee geht es nur kurz empor zum vom Eis polierten Kesselbergpass und dann unter den Nordabstürzen des Jochberges entlang senkrecht stehender Dolomitplatten in vielen D15 Kehren rasch hinab zum Kochelsee. Das 1924 erbaute Walchensee-Kraftwerk nutzt den Niveauunterschied von 200 m zwischen Walchen- und Kochelsee. Durch Ableitung von maximal 37 cbm/s Isarwasser werden jährlich bis 300 Mio. kWh erzeugt (das entspricht 34 MW Durchschnittsleistung); dadurch ist der Isar die Hälfte ihres Wassers entzogen. Der heutige Kochelsee ist nur noch ein kleiner Rest des einst bis Penzberg reichenden und bis 200 m tiefen Kochelsee-Beckens D18 im Bereich der weichen Flyschzone. Von diesem Stammbecken schoben sich die Gletscherzungen weit hinaus nach Starnberg und Wolfratshausen.

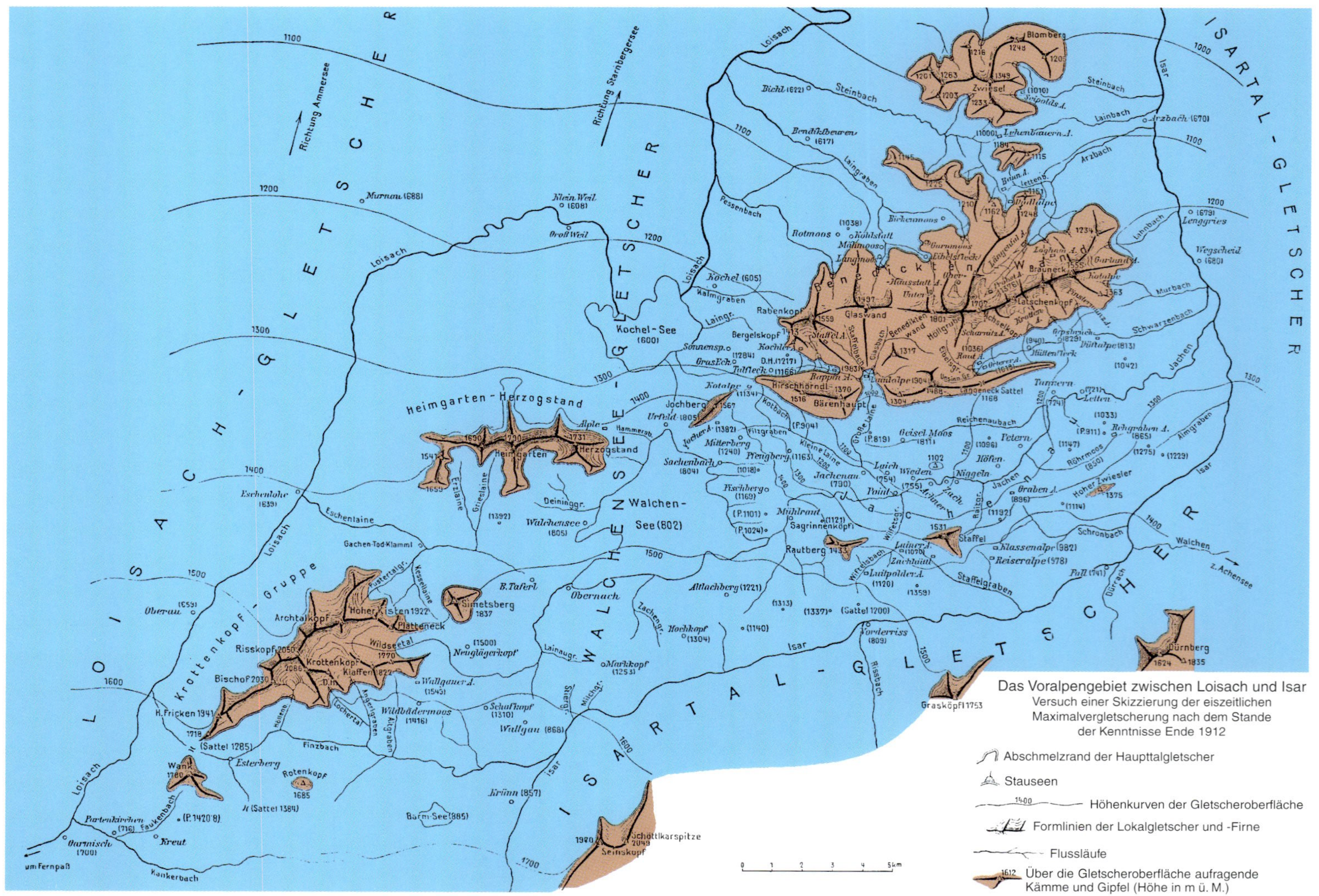

D3. Die aus den Gletscherströmen herausragenden Berge zwischen Loisach und Isar. – Nach v. Klebelsberg *1912.*

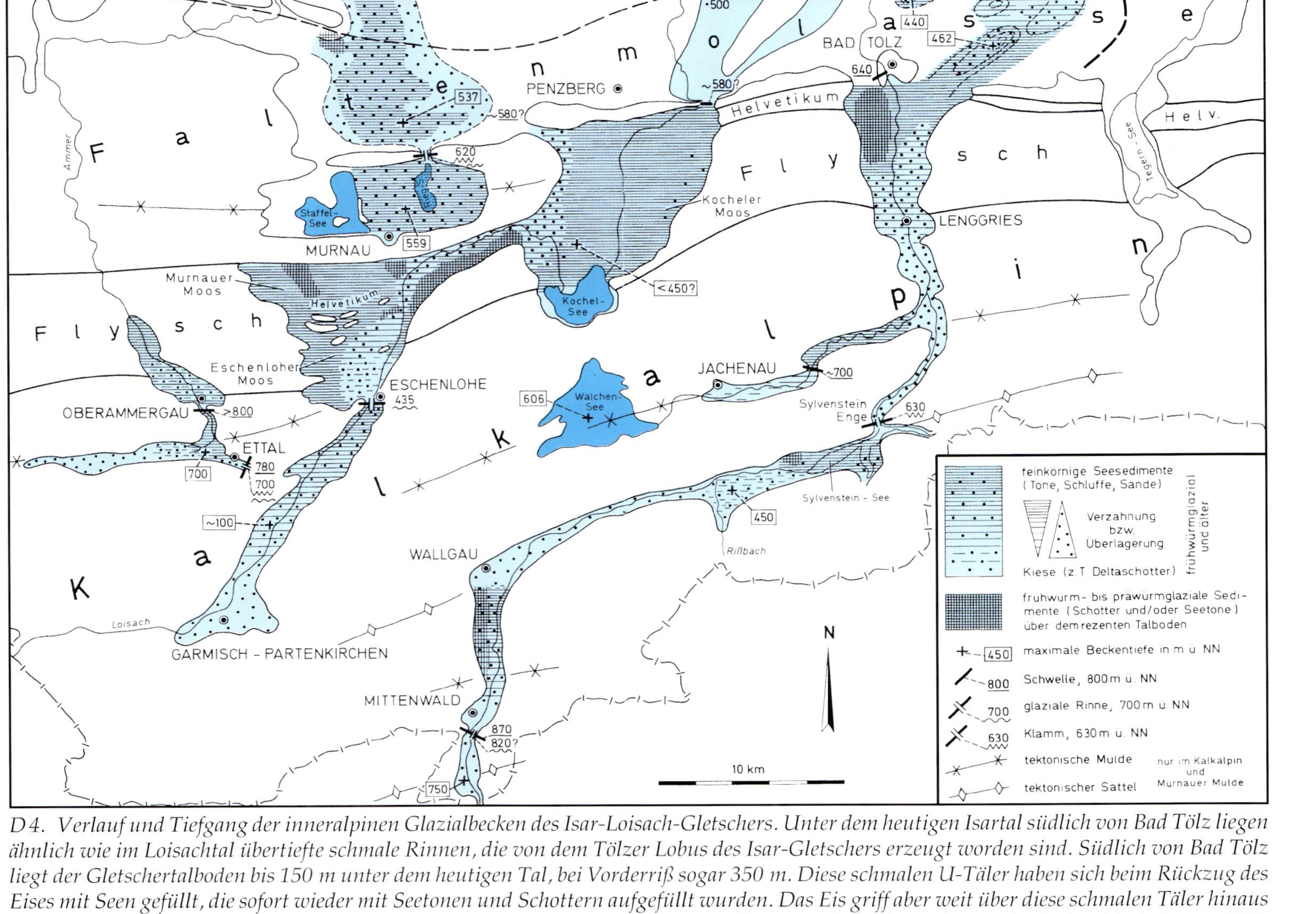

D4. Verlauf und Tiefgang der inneralpinen Glazialbecken des Isar-Loisach-Gletschers. Unter dem heutigen Isartal südlich von Bad Tölz liegen ähnlich wie im Loisachtal übertiefte schmale Rinnen, die von dem Tölzer Lobus des Isar-Gletschers erzeugt worden sind. Südlich von Bad Tölz liegt der Gletschertalboden bis 150 m unter dem heutigen Tal, bei Vorderriß sogar 350 m. Diese schmalen U-Täler haben sich beim Rückzug des Eises mit Seen gefüllt, die sofort wieder mit Seetonen und Schottern aufgefüllt wurden. Das Eis griff aber weit über diese schmalen Täler hinaus und bedeckte das ganze Gebiet bis auf die höchsten zackigen Berggipfel der Benediktenwand und des Jochbergs (s. D3). – Nach FRANK *1979.*

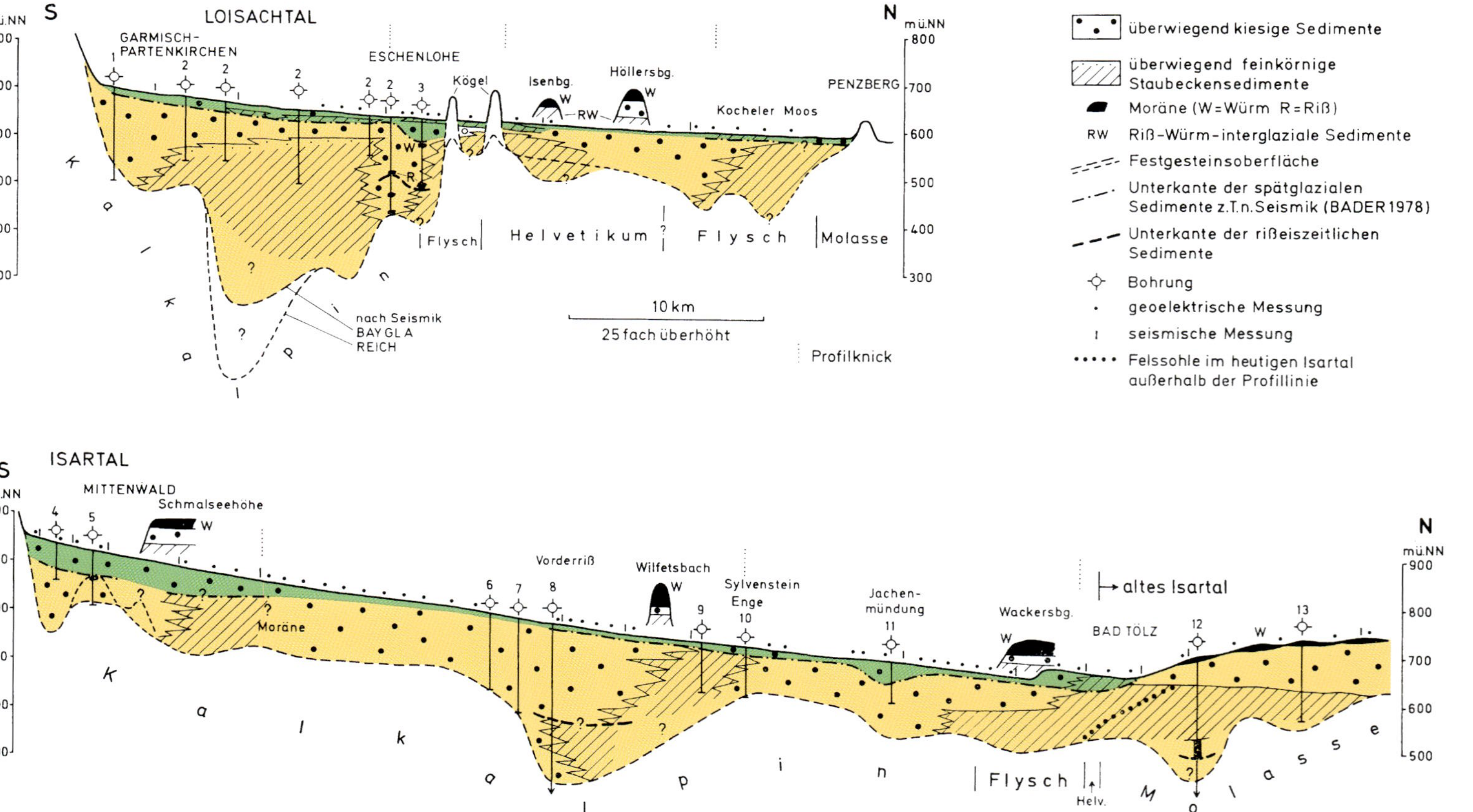

D5. Längsschnitt durch die übertieften Gletschertäler der oberen Isar und der Loisach. Vor den Felsrücken von Tölz, Sylvenstein und Wallgau bildeten sich beim Rückschmelzen des Gletschers Stauseen, die rasch wieder mit Seetonen und Deltaschottern aufgefüllt wurden. – Nach FRANK *1979.*

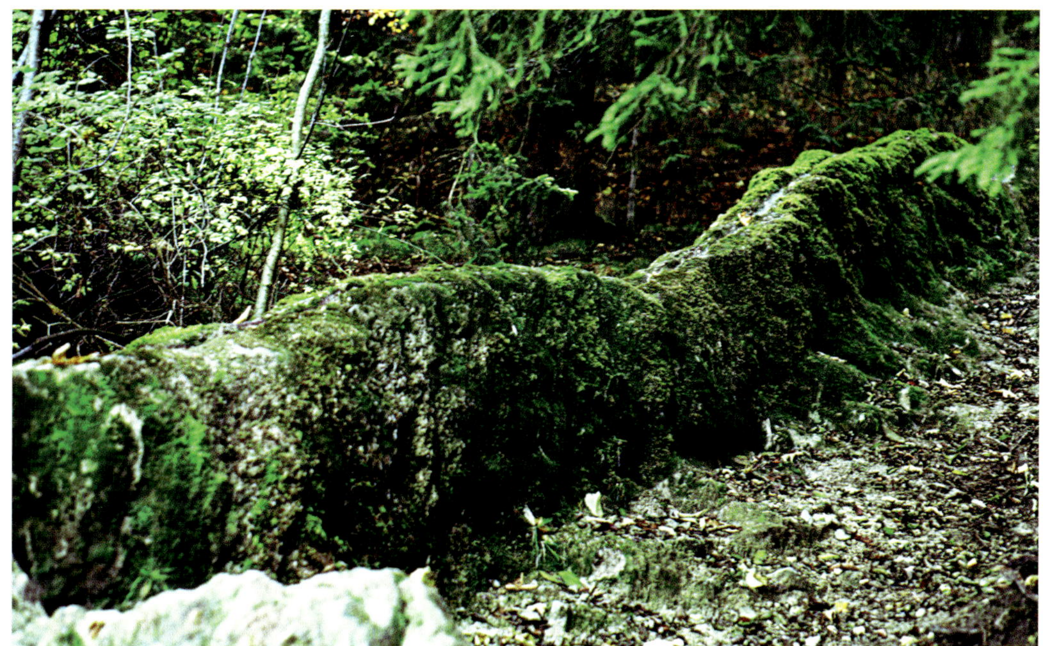

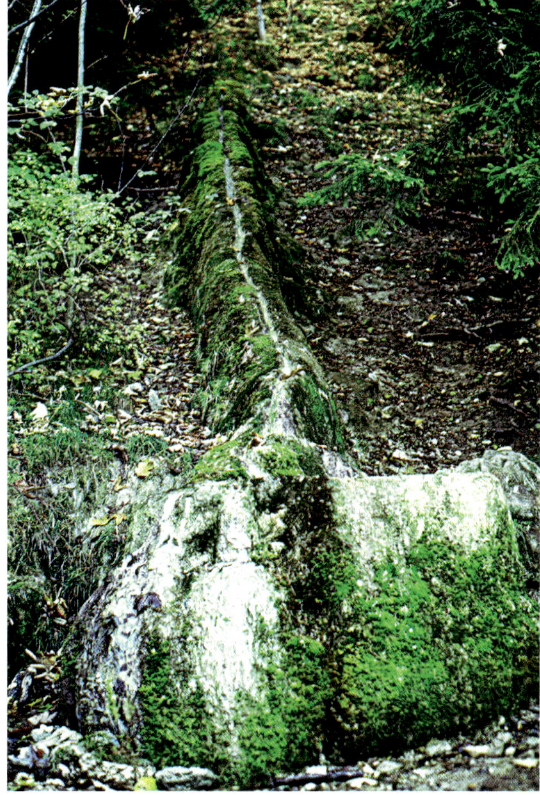

D6. Steinerne Rinne aus jungem Kalktuff 350 m südwestlich von Knapp.

Die alte Königsstraße führt am Ostrand des Beckens auf breiten Schuttfächern entlang in Richtung Benediktbeuern. Bei Ried kommt der Lainbachgraben von der Benediktenwand herab, der die steilstehenden Kalksandsteine und mächtigen Mergel der Flyschzone angeschnitten hat.

Wir fahren nun von Benediktbeuern, der
berühmten Abtei, um den Blomberg herum nach Bad Tölz zurück. Dabei können wir 1 km vor Bad Heilbrunn die be-
9 kannten alten Steinbrüche im Enzenauer Marmor und im Assilinen-Sandstein
des Alttertiärs der Helvetikum-Zone
besuchen. Der rote Enzenauer Kalk mit
Großforaminiferen ist in München z. B.
am Erhardtbrunnen (Maximiliansbrü-
cken), beim Brunnen am Giesinger Berg
und am Wittelsbacher-Brunnen (Len-
bachplatz) verwendet worden. Hinter
dem Stallauer Weiher liegt der schon
genannte Aufschluss in den Baustein-
Schichten der Faltenmolasse. Damit
haben wir das Massiv der Benediktenwand samt Blomberg umrundet.

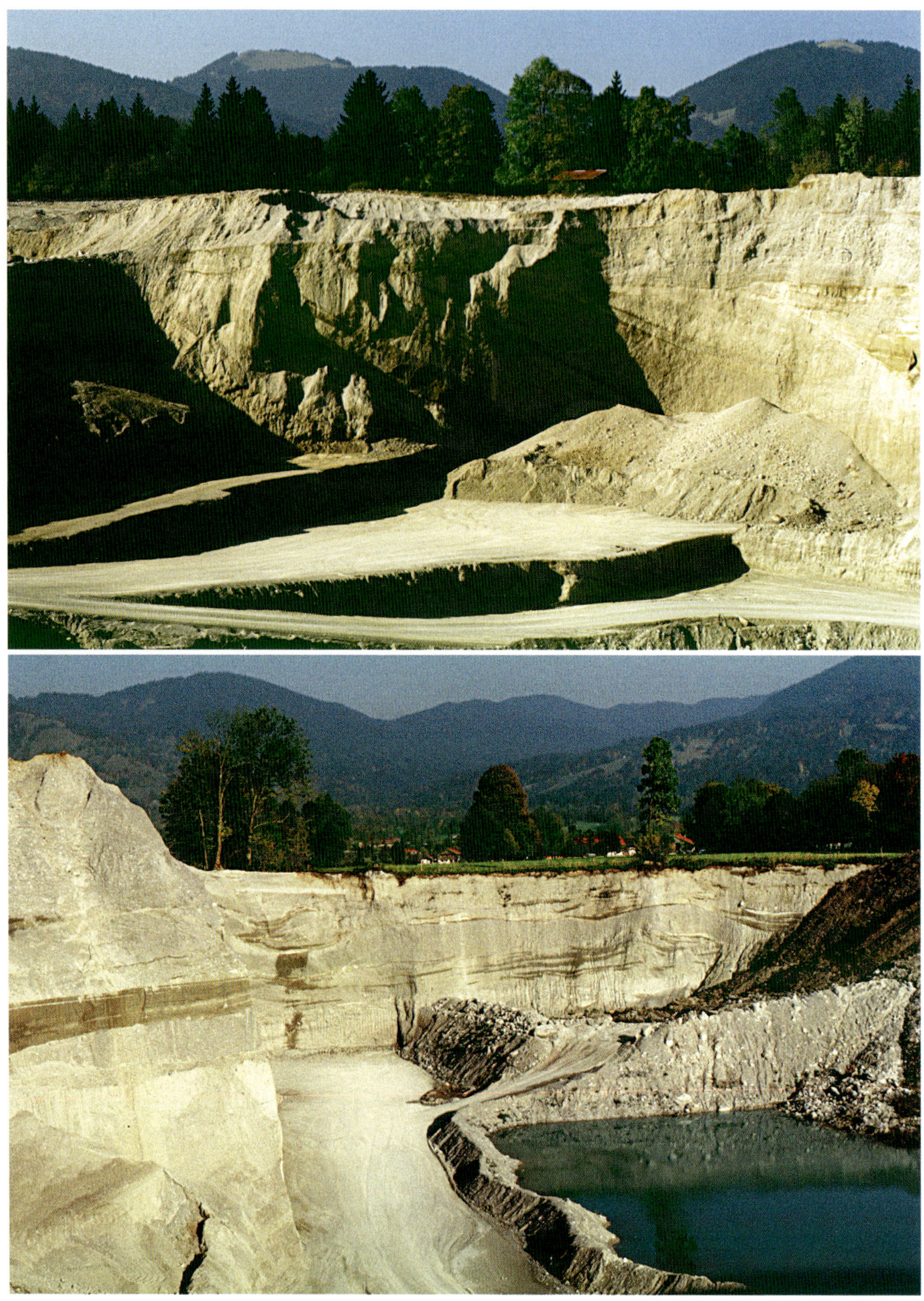

D7. Kiesgrube 1,5 km südwestlich Arzbach in Deltaschottern des Tölzer Sees. Firma Willibald & Söhne.

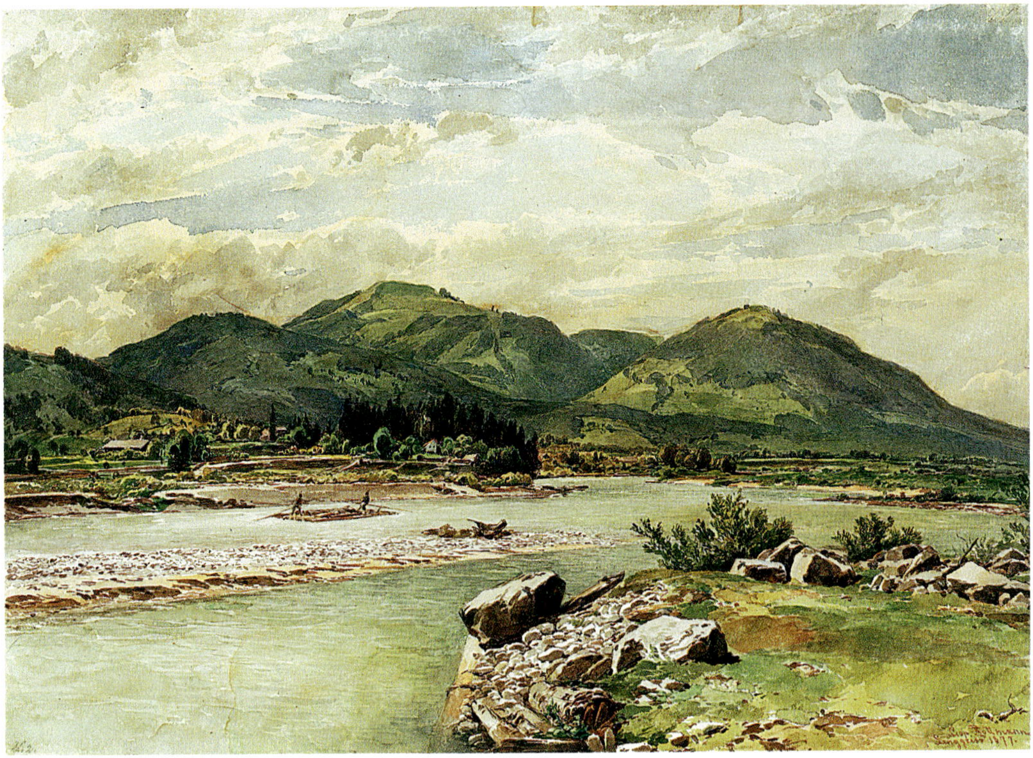

D8. Isar bei Lenggries mit Kalkschotterbänken und Flößern mit Blick auf die bewaldeten Flyschberge des Zwiesel (1348 m) und Blomberg (1248 m). – Aquarell von L. ROTTMANN 1877, Staatl. Graphische Sammlung München.

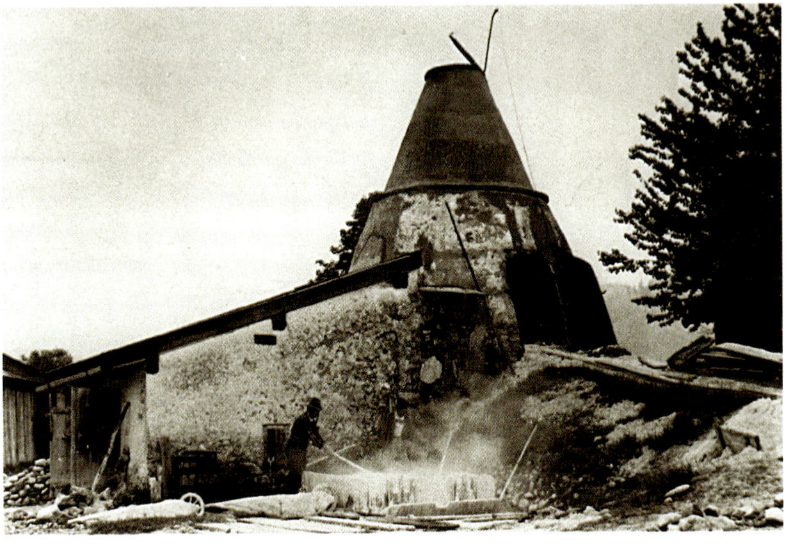

D9. Alter Kalkofen in Lenggries, in dem Kalkgerölle aus Schotterbänken der Isar gebrannt wurden. – Aus PLESSEN (Hrsg.): »Die Isar«, München 1983. Ein Kalkofen ist an der Umgehungsstraße südlich Tölz zeitweise noch in Betrieb (Wirtshaus zum Kalkbrenner).

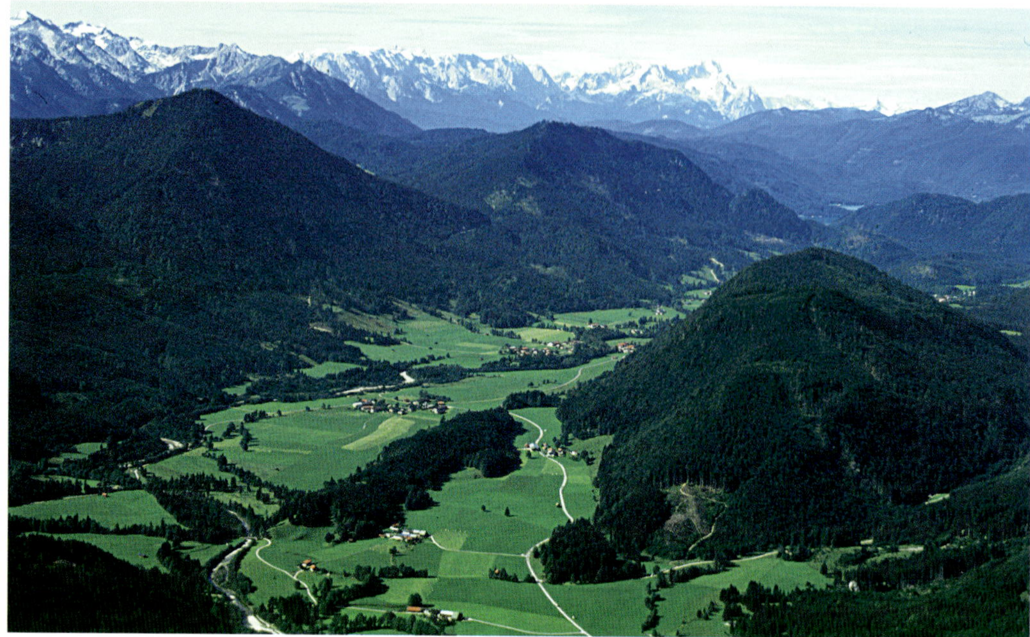

D10. Die vom Isar-Gletscher weit ausgeräumte Lias-Fleckenmergel-Mulde der Jachenau, von Osten gesehen. Beiderseits des Tals die dunklen, vom Gletscher rundgeschliffenen niedrigen Waldberge aus Hauptdolomit. Rechts im Hintergund der Walchensee und die Spitzen des Estergebirges, die ehemals noch aus dem Eis herausgeragt haben, ebenso wie die hohen Wettersteinkalkmassive der Zugspitze (rechts) und des Karwendels (links). – Luftbild: R. Hansen.

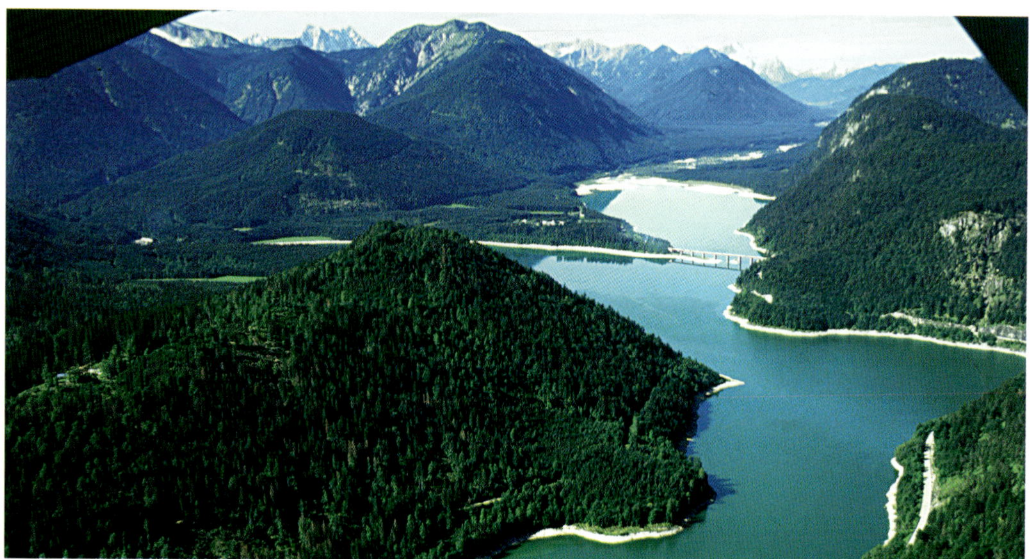

D11. Der schmale Sylvenstein-Stausee im Isartal gibt einen Eindruck von den Eisstauseen nach der Riß- und Würm-Eiszeit, die jedoch wesentlich tiefer waren. Im Gegensatz zur weiten Jachenau hat der Gletscher hier im gestörten Kern des Hauptdolomit-Sattels eine schmale, bis über 350 m unter die Talsohle reichende Kerbe ausgehobelt. – Luftbild: R. Hansen.

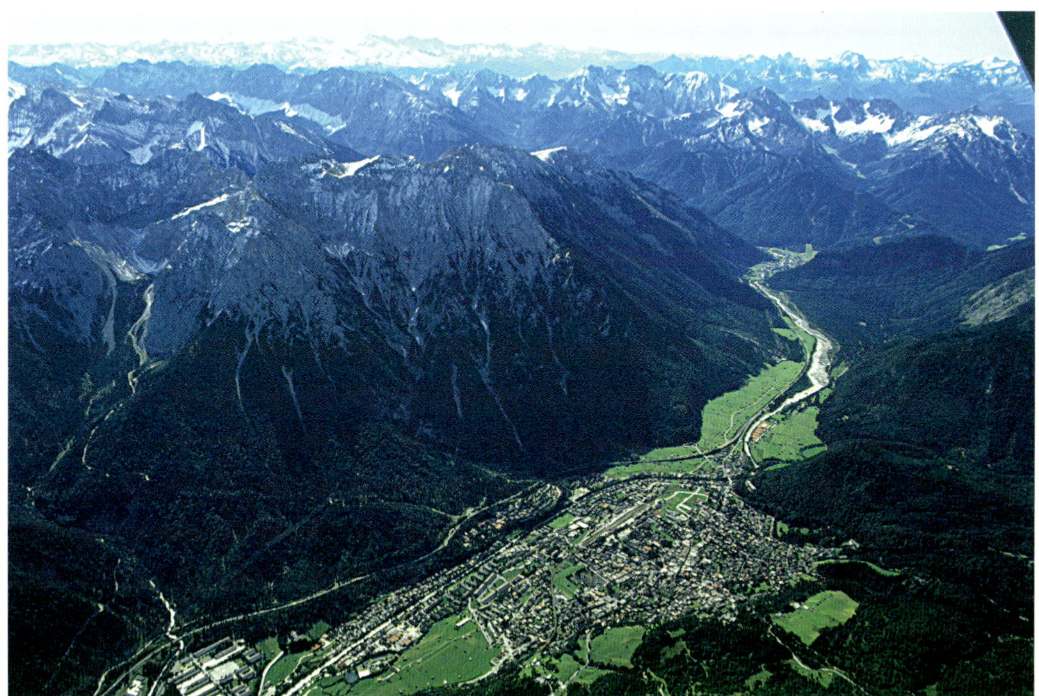

D12. Mittenwald mit dem schmalen Durchgang nach Scharnitz, aus dem der Haupteisstrom vom Inntal über den Seefelder Sattel herüberfloss. Links Karwendel, rechts im Hintergrund die Stubaier Zentralalpen. – Luftbild: R. Hansen.

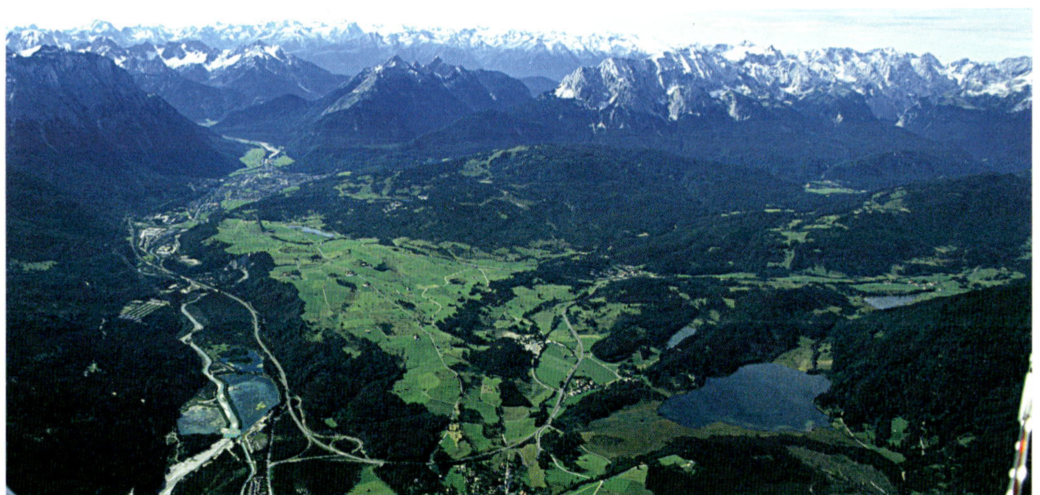

D13. Die Talweitung von Krün im Bereich des Wamberger Sattels mit Raibler Schichten (Rauhwacken mit Gips). Links das Isartal bis zur Seefelder Furche, über die die Haupteiszufuhr erfolgte. Ganz im Hintergrund die Zentralalpen, rechts der helle Wettersteinkamm, links davor mitten im ehemaligen Gletscherstrom die Arnspitze, ganz links Karwendel. Vorne rechts Barmsee mit Moor-Umrandung, vorne links das Krüner Wehr mit dem Ableitungskanal aus der Isar zum Walchensee. – Luftbild: R. Hansen.

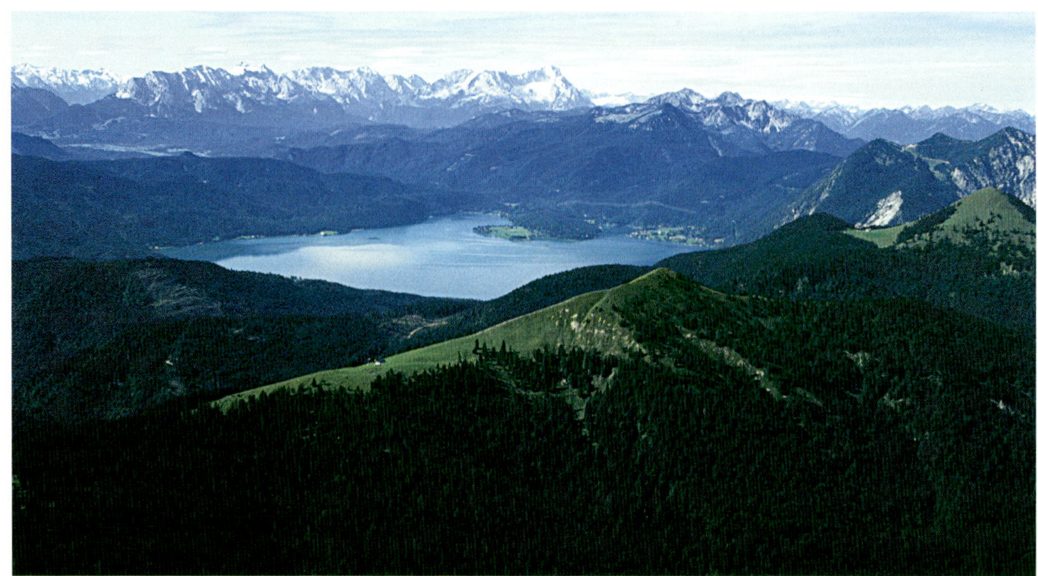

D14. Blick auf den Walchensee von Nordosten mit dem Hirschhörnlkopf und dem Jochberg (vorne rechts), dahinter ganz rechts Herzogstandhaus, links anschließend Estergebirge mit Krottenkopf. Im Hintergrund das Wettersteinmassiv mit Zugspitze. – Luftbild: R. HANSEN.

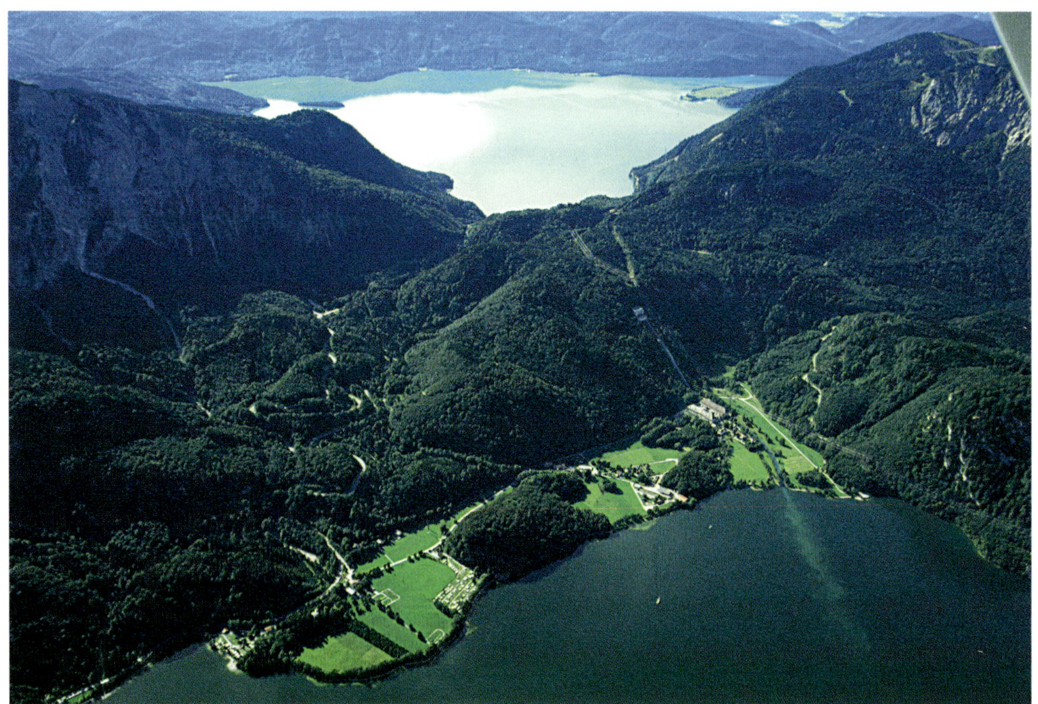

D15. Blick über den Kesselberg zwischen Kochelsee (unten) und Walchensee (oben), über den sich der Haupteisstrom zum Starnberger und Wolfratshausener Becken schob. Links Jochberg, rechts Herzogstand. – Luftbild: R. HANSEN.

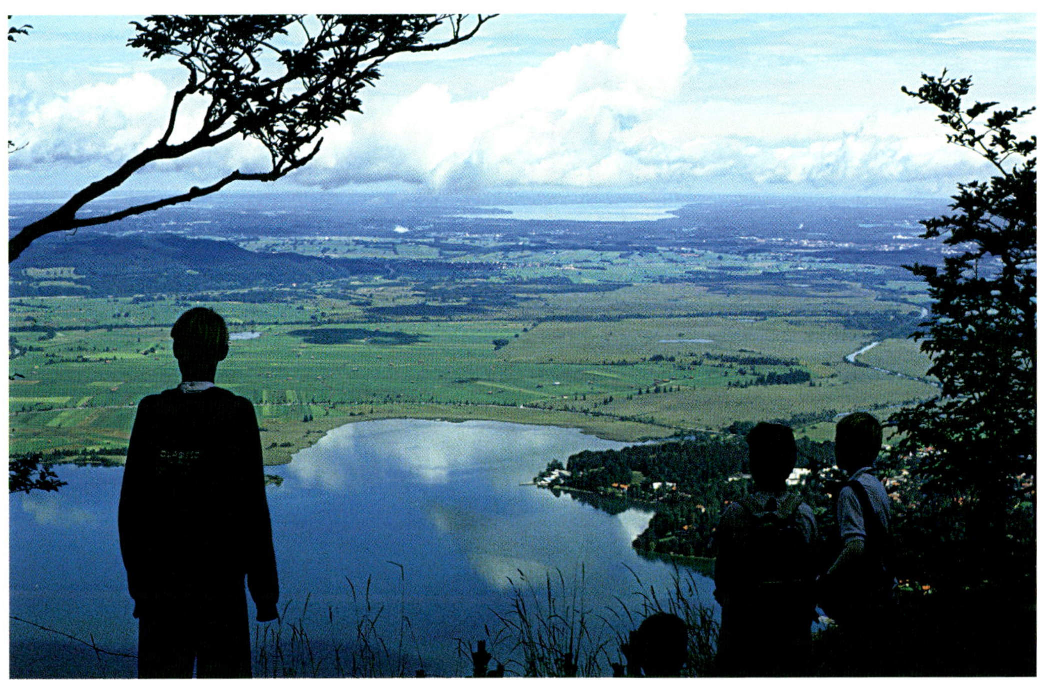

D16. Blick vom Aufstieg zum Jochberg nach Norden über Kochelsee, das weite Kocheler Moor zum Starnberger See. Links Ausläufer der Murnauer Mulde in der Faltenmolasse (bewaldet).

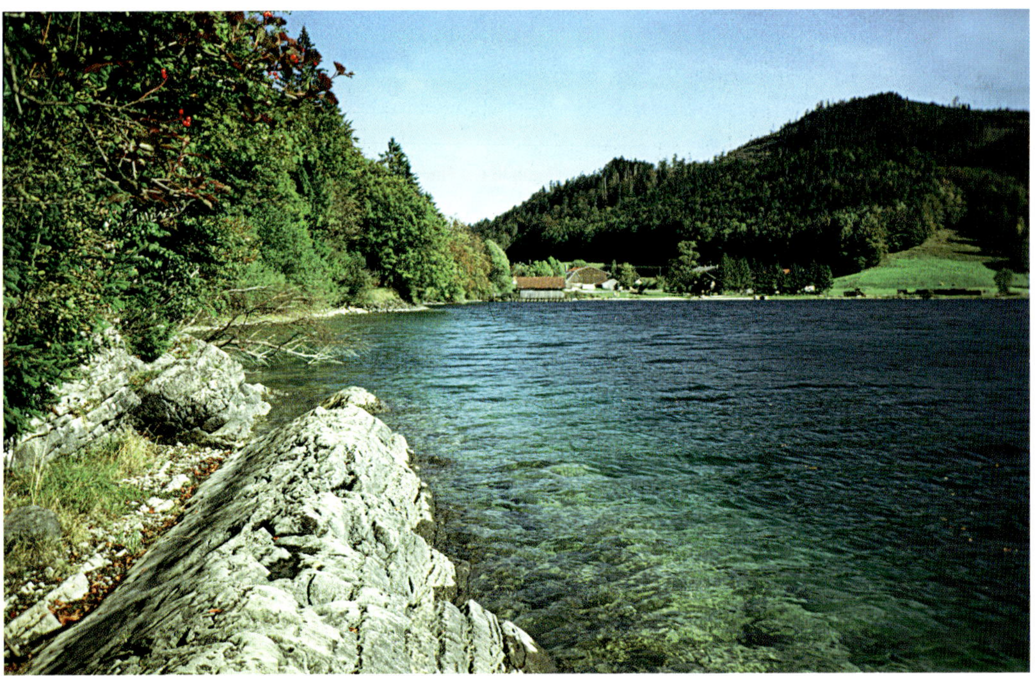

D17. Vom Gletscher polierte Schichtköpfe des Plattenkalkes am steilen Nordufer des Walchensees westlich Sachenbach.

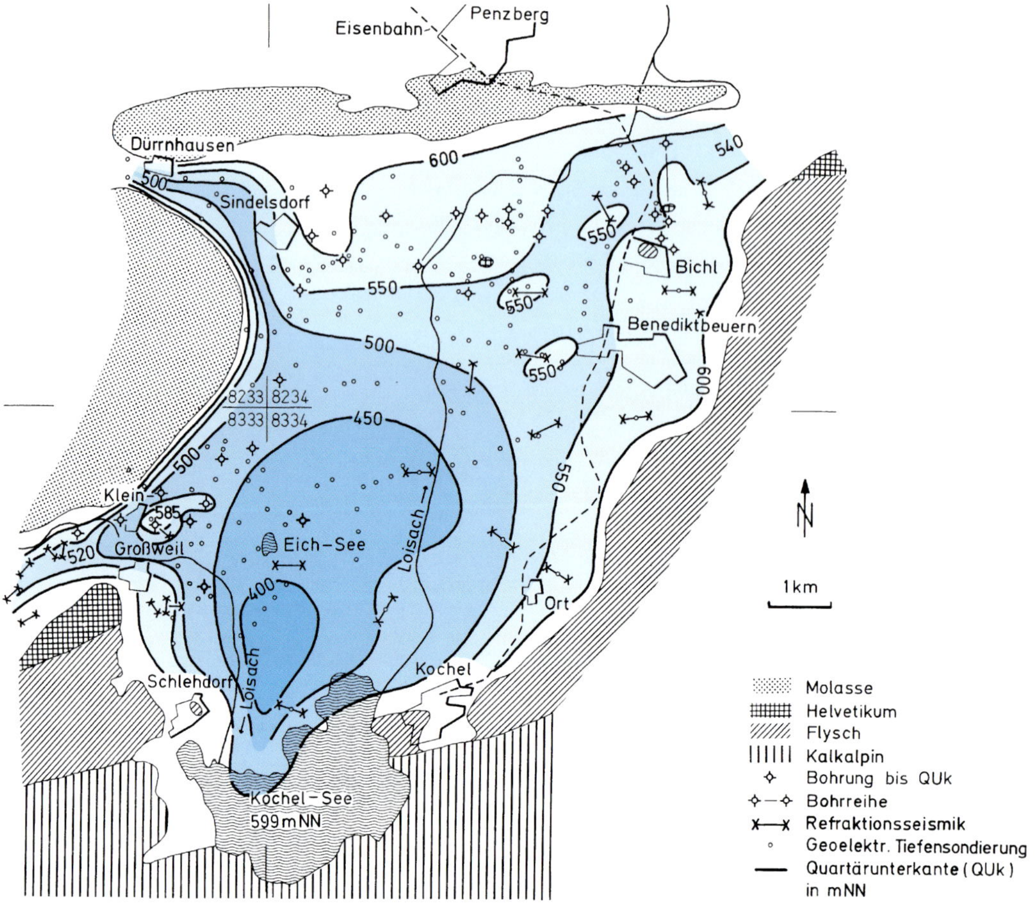

Penzberg
Eisenbahn
Dürrnhausen
Sindelsdorf
Bichl
Benediktbeuern
Klein-
Großweil
Eich-See
Loisach
Ort
Kochel
Schlehdorf
Kochel-See
599 m NN
600
540
550
500
450
400
585
520
8233 | 8234
8333 | 8334
N
1 km

Molasse
Helvetikum
Flysch
Kalkalpin
Bohrung bis QUk
Bohrreihe
Refraktionsseismik
Geoelektr. Tiefensondierung
Quartärunterkante (QUk) in mNN

D18. Ausdehnung und Tiefe des heute von Seeton und Schottern aufgefüllten, vom Moor bedeckten Kochelseebeckens. – Nach BADER *in* DOBEN *1985.*

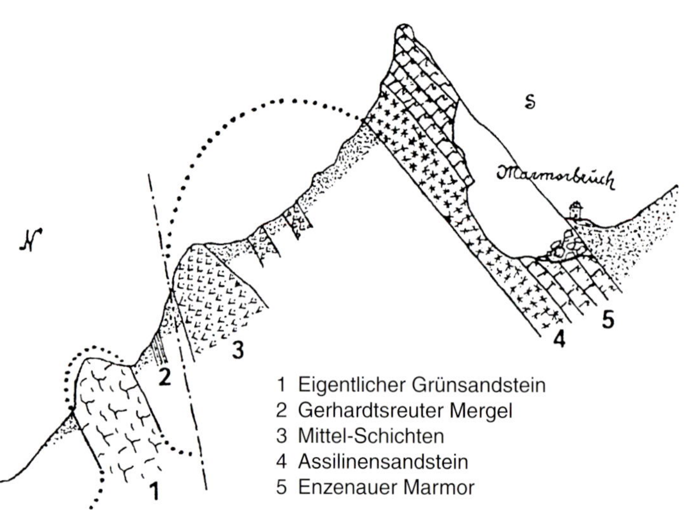

D19. Profil durch das Helvetikum im Bereich des alten Enzenauer Marmor-Bruches bei Bad Heilbrunn. – Aus KAISER-WEIDICH *&* WEIDICH, *Mitt. Freunde Paläont.,* ***18****, München 1990.*

Exkursion E: Vom verfüllten Wolfratshausener See über den Münsinger Höhenrücken zum Starnberger See

(Routenkarte nächste Seite)

Wir beginnen unsere Fahrt in der alten Flößerstadt Wolfratshausen mit ihren starken Quellen und fahren auf der ebenen Schotterterrasse über Gelting nach Süden; die Kiesgruben
in diesen Deltaschottern südöstlich von Gelting wurden schon in Exkursion C beschrie- C13
ben. Dieses Schotterfeld breitet sich über den mächtigen Seetonen des Wolfratshausener
Beckens aus, die entlang der Loisach bis Beuerberg anstehen. Weit schweift der Blick nach E1
Süden über das ausgedehnte Wolfratshausener Becken zur Alpenkette mit dem Einschnitt
des Kesselberges. 2 km südlich Gelting beginnt die bucklige Welt des Herrnhausener
Drumlinfeldes mit ihren unter dem Eis geformten »Walfischrücken« (mit steilem, dem Eis-
strom entgegengerichteten Südabfall und sanfter Nordseite). Südlich Unterherrnhausen ist
in einer kleinen Grube der von Grundmoräne überfahrene Schotterkern aufgeschlossen. E6
Von hier hat man nochmals einen herrlichen Blick nach Süden zum Kesselberg, über den E4
der Eisstrom hervorquoll. Von Oberherrnhausen machen wir einen kleinen Umweg über
Blöcken und Hofstätt nach Beuerberg und überqueren dabei die südlichsten Drumlins.
Konglomerate der Oberen Süßwassermolasse stehen im Loisach-Durchbruch von Beuerberg an. Sie bilden auf den südlichen Münsinger Höhen (Tischberg) den harten Bug, der
den von Süden kommenden Eisstrom teilte. Sie enthalten auch fossile Pflanzenreste, die
in den Schluchten gegen Eurasburg zu finden sind.

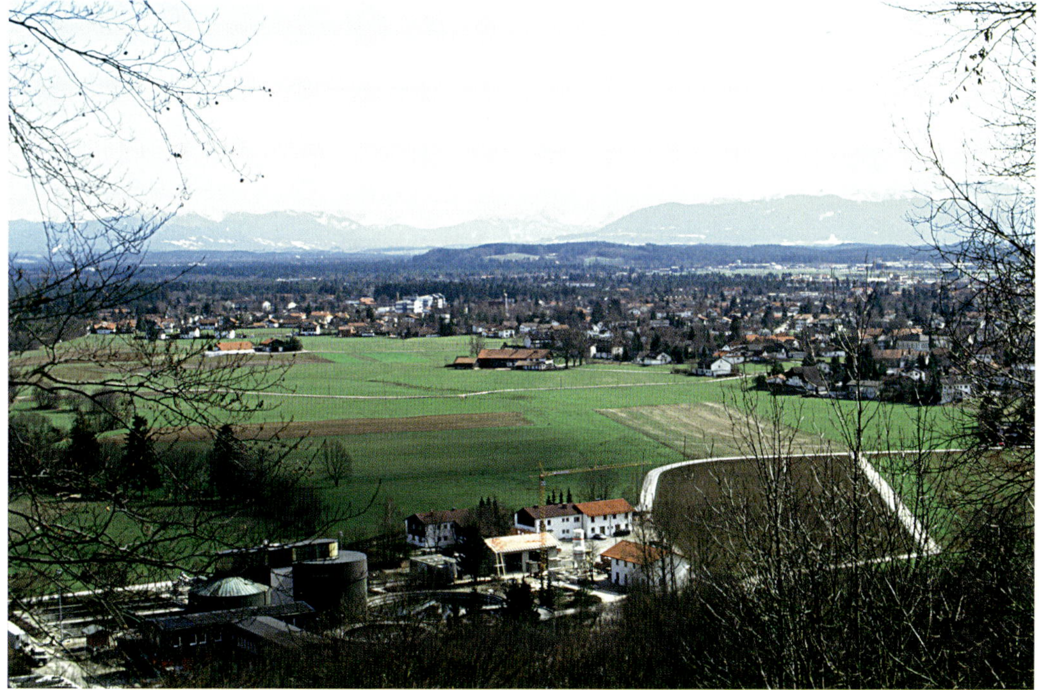

E1. Blick über das Becken von Wolfratshausen und das Drumlinfeld von Herrnhausen zum Blomberg und zur Benediktenwand (rechts), links Einschnitt des Isartals mit Juifen dahinter.

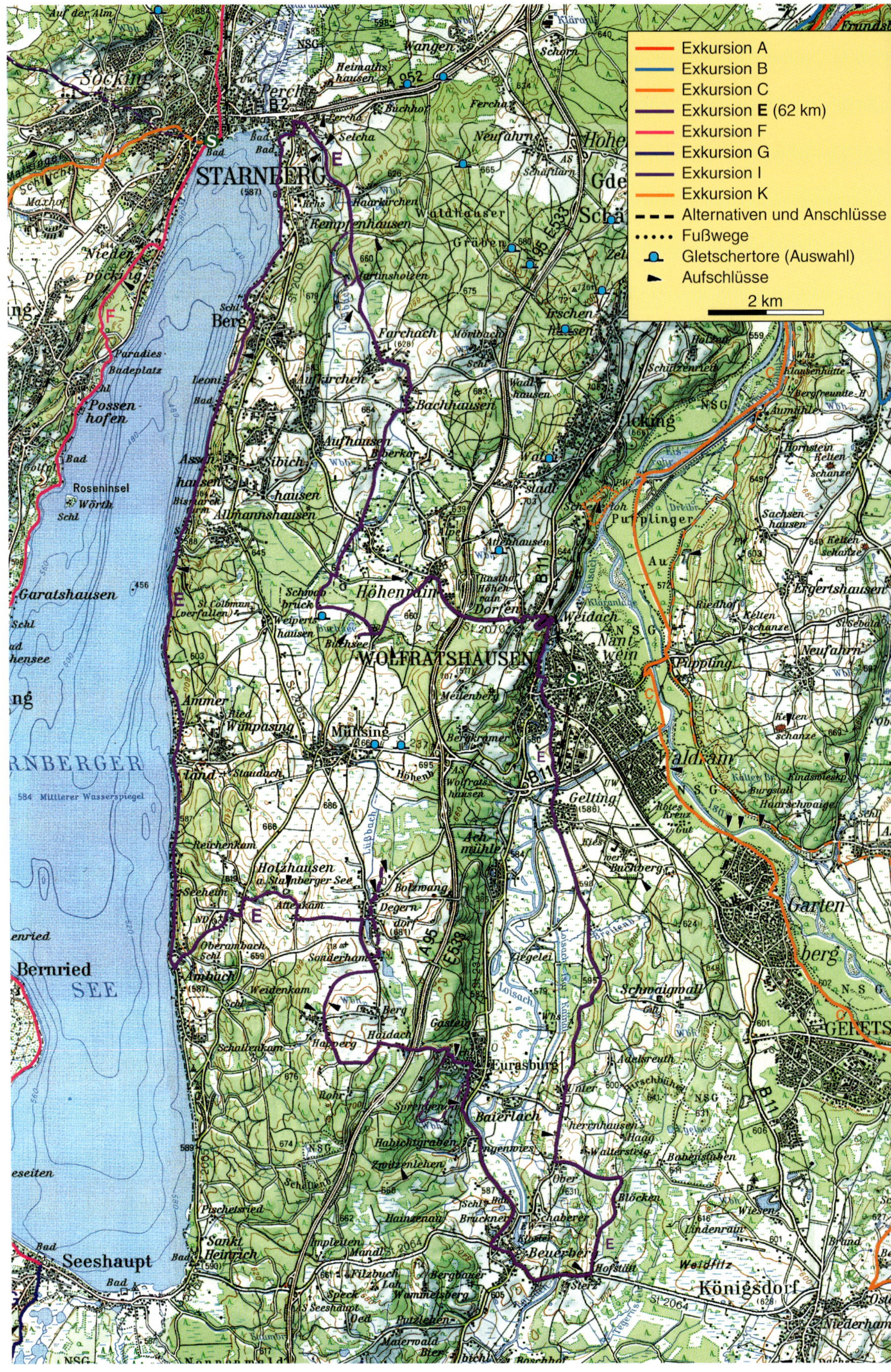
Exkursion A
Exkursion B
Exkursion C
Exkursion E (62 km)
Exkursion F
Exkursion G
Exkursion I
Exkursion K
Alternativen und Anschlüsse
Fußwege
Gletschertore (Auswahl)
Aufschlüsse
2 km
STARNBERG
Söcking
Percha
Wangen
Kempfenhausen
Berg
Farchach
Aufkirchen
Bachhausen
Aufhausen
Assenhausen
Allmannshausen
Possenhofen
Roseninsel
Garatshausen
Höhenrain
WOLFRATSHAUSEN
Weidach
Icking
Münsing
Ammerland
Holzhausen
Degerndorf
Ambach
Bernried
Eurasburg
Beuerberg
Seeshaupt
Königsdorf
Geretsried
Gartenberg
Waldram
Gelting
Pupplinger Au
Ergertshausen
Neufahrn
SEE

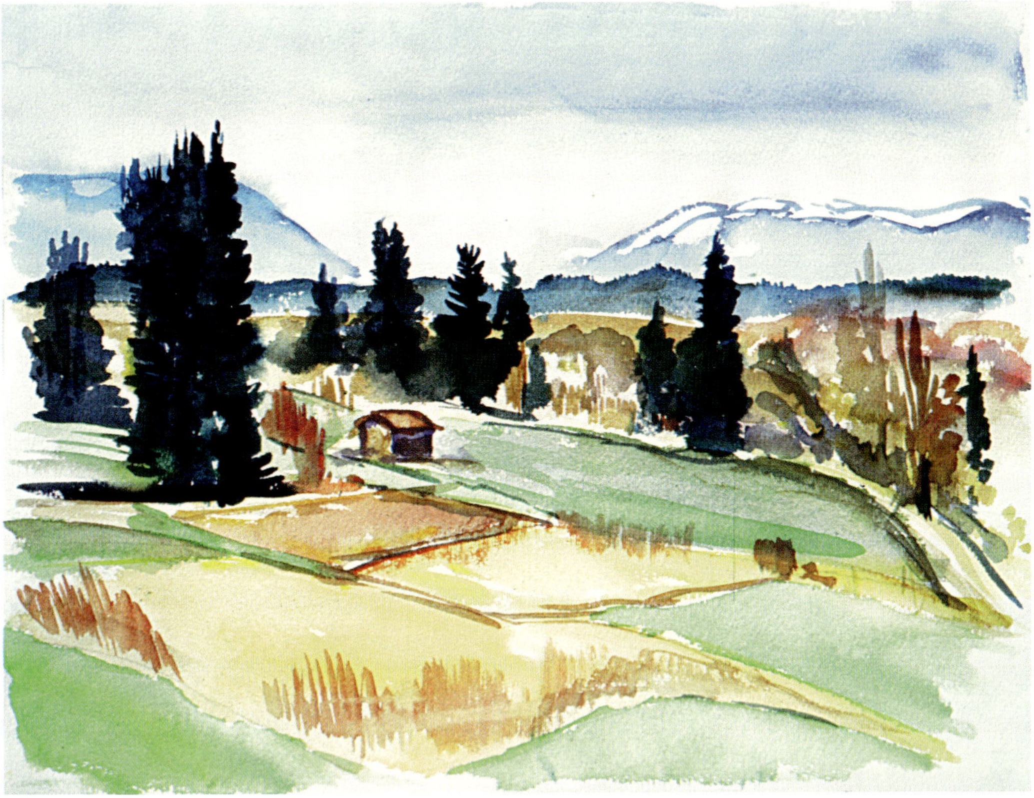

E3. Blick über die herbstlichen Streuwiesen bei Eurasburg zum Herrnhausener Drumlinfeld und den Einschnitt des Isartals im Hintergrund. – Aquarell von D. HERM.

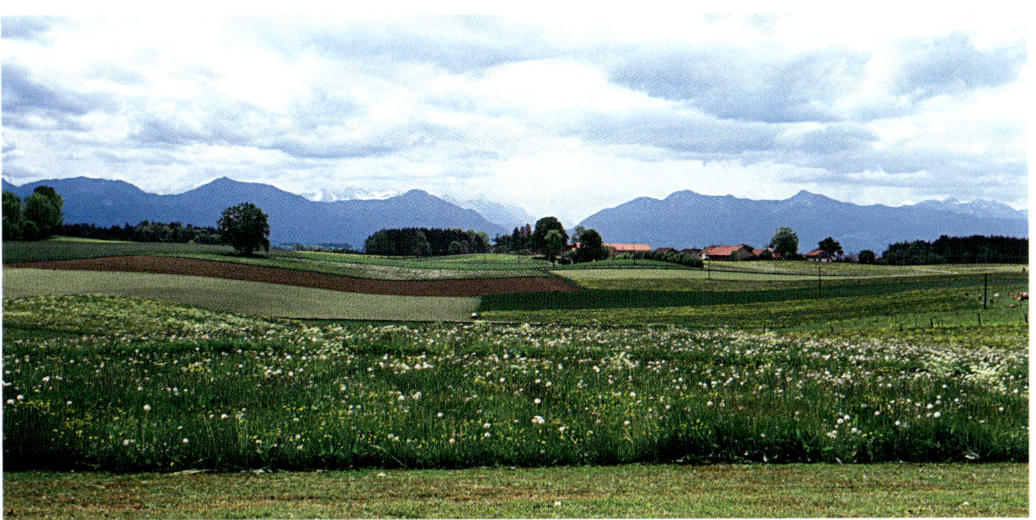

E4. Blick über das Herrnhausener Drumlinfeld nach Süden zum Kesselberg-Einschnitt. Rechts Herzogstand (1731 m) und Heimgarten (1790 m), links Jochberg (1565 m) und Rabenkopf (1555 m), deren Spitzen das Eis überragten.

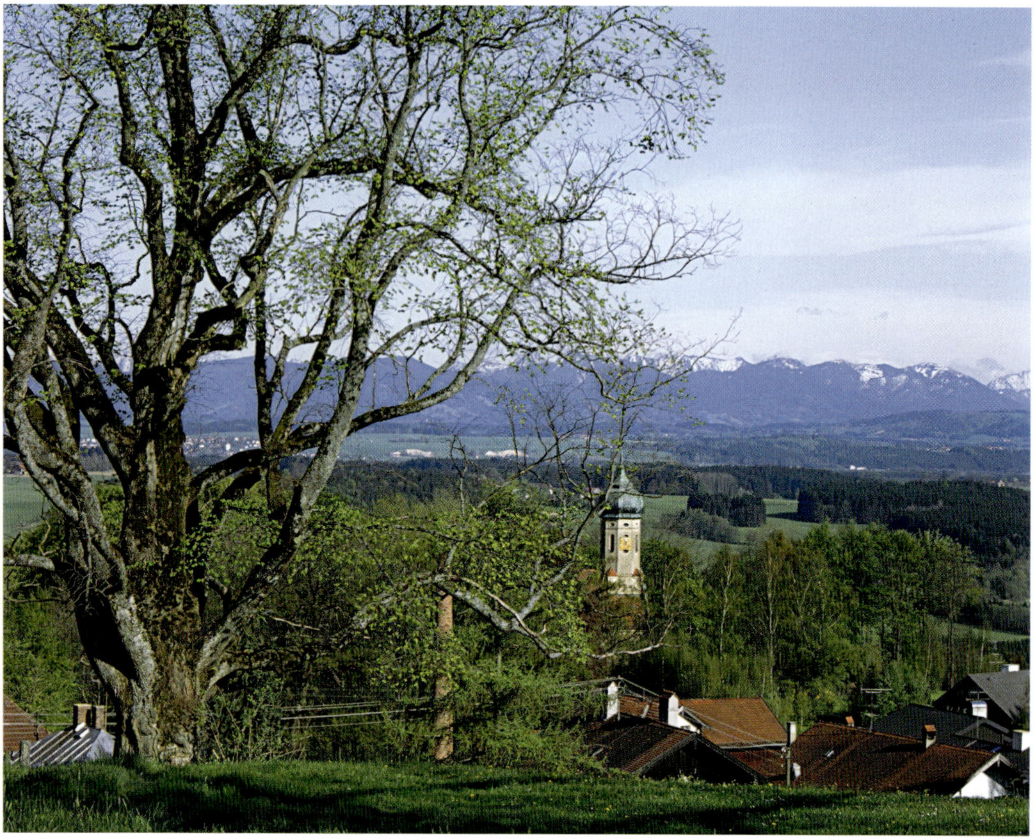

E5. *Ausblick über Eurasburg, das Herrnhausener Drumlinfeld, das Königsdorfer Becken (links Königsdorf) auf die dunklen Flyschberge hinter Bad Tölz, dahinter einige verschneite Spitzen der Kalkalpen. – Foto: TH. SCHAUER.*

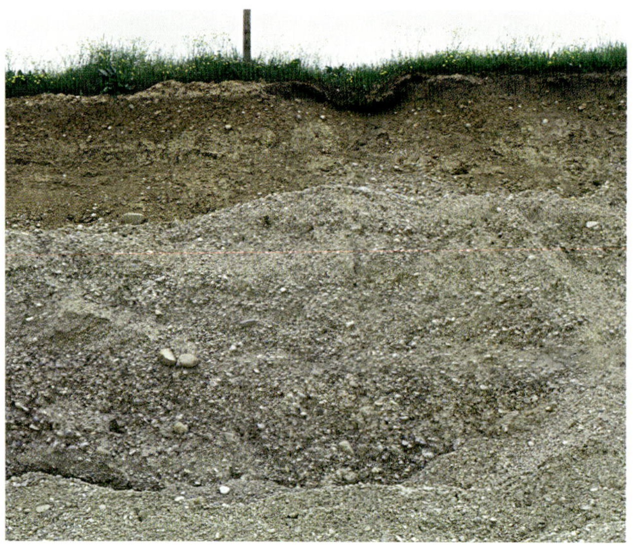

E6. *Kiesgrube zwischen Unter- und Oberherrnhausen mit schlecht sortierten Vorstoßschottern. Gerölle (1–20 cm ∅) aus hellen Kalken, dunklen Dolomiten, Kalk- und Dolomit-Brekzien, Kieselkalken, Grünsandsteinen und Gneisen. Darüber noch 2 m braun verwitterter Geschiebelehm der Grundmoräne mit großen (bis 30 cm ∅), locker verteilten, gekritzten Geschieben aus Kalken, Grobsandsteinen, Kieselkalken und Gneisen. Die Vorstoßschotter wurden durch den Würm-Gletscher überfahren, dadurch z.T. abgetragen und zu Drumlinhügeln umgeformt.*

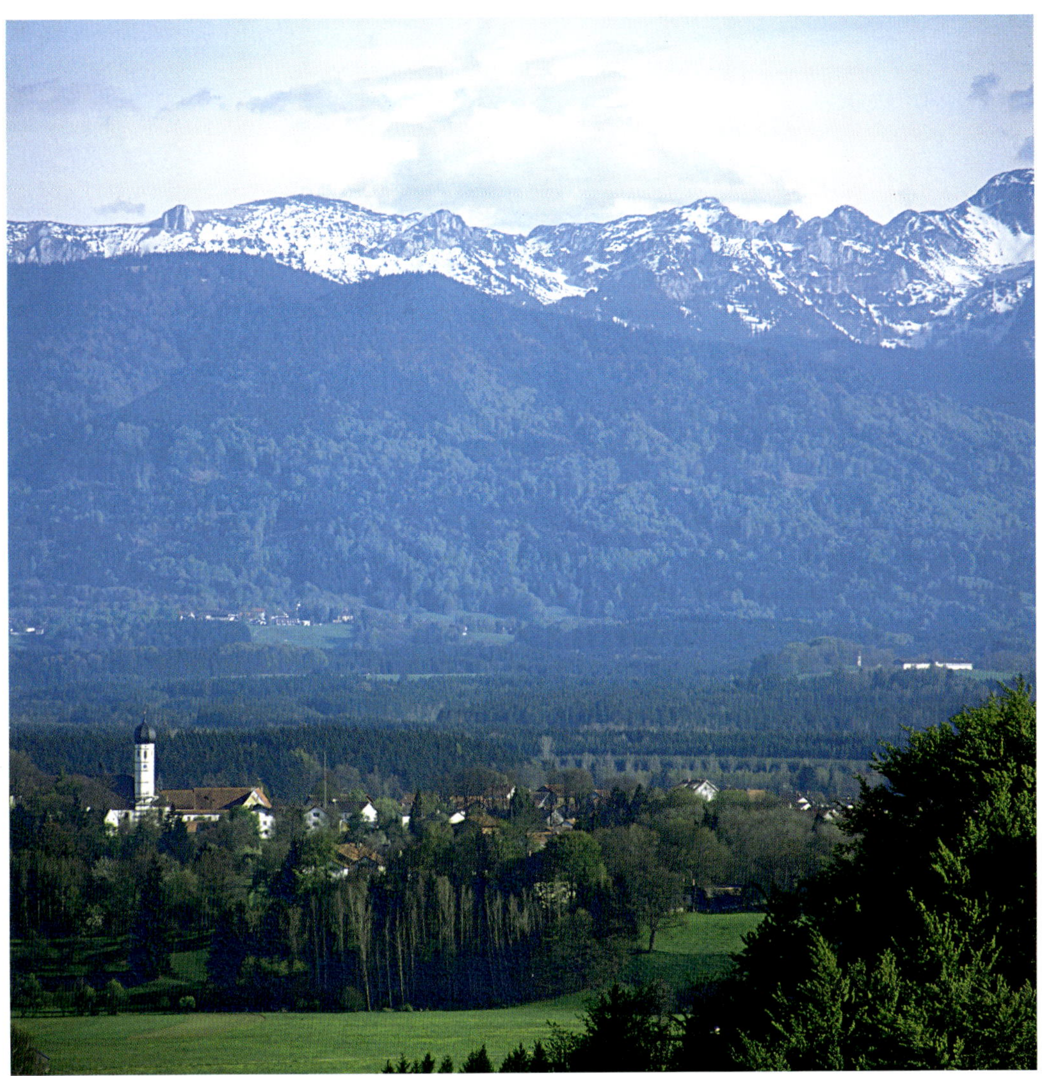

E7. Blick von Eurasburg über Beuerberg und das Königsdorfer Becken nach Bad Heilbrunn am Fuß des bewaldeten Zwiesel-Flyschberges (1348 m). Dahinter die Kalkalpen mit der Benediktenwand (rechts, 1800 m) und dem Grat zum Brauneck (links, 1555 m). – Foto: Th. Schauer.

Wir fahren vom schönen Kloster Beuerberg nach Eurasburg. An der südlichen alten Ortseinfahrt stehen die tertiären Flinzmergel mit groben Geröll-Lagen an. Nun geht es steil empor über die Tertiär-Konglomerate zum Schloss. Kurz vor der Schlosseinfahrt werden sie von Mindel-zeitlicher Nagelfluh überlagert. An der 1,5 km weiter nördlich davon gelegenen »Schwarzen Wand« sind sie besser erschlossen. Wir genießen den Ausblick über E5
das Königsdorfer Becken zum Isartal und zur Benediktenwand. E7

Wir haben nun den Münsinger Höhenrücken erreicht und streben seinem höchsten Punkt bei Happerg zu. Dort reicht die Nagelfluh bis über 700 m hinauf und wird aufgrund dieser hohen Lage schon in die Günz-Eiszeit gestellt. Alte Gruben existieren nordwestlich

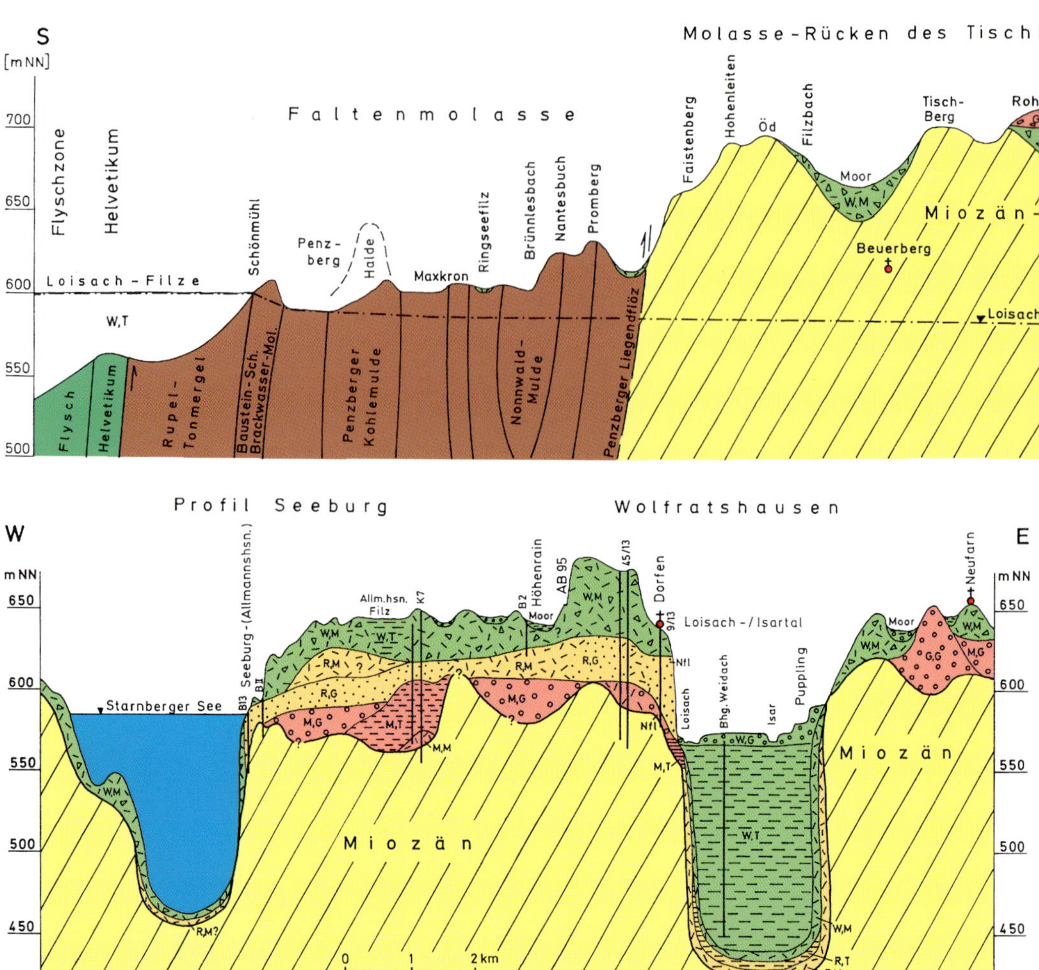

E8. Längsschnitt durch den Münsinger Höhenrücken nach Süden über die Faltenmolasse bis ins Kochelsee-Becken; darunter Schnitt vom Wolfratshausener Becken zum Starnberger See. (Legende wie auf den vorherigen Schnitten).

und nördlich von Happerg an der Straße Richtung Degerndorf. Dort ist am Sonderhamer
Weiher die etwas tiefer liegende Mindel-Nagelfluh erschlossen. Im nördlichen Ortsteil von
E10 Degerndorf steht ein Denkmal aus einem großen Amphibolit-Findling. Nördlich davon,
E9 am Bauhof, erschließt eine kleine Grube den Nordrand eines weitgehend abgebauten
Moränenwalls (jetzt Fußballplatz). Die aussichtsreiche Münsinger Höhe mit ihren zahlreichen Rückzugsmoränen-Rücken überqueren wir westwärts nach Attenkam. Bei der Abfahrt nach Holzhausen kommen wir an zwei in Auffüllung befindlichen Kiesgruben vorbei, die nur schwach verfestigte Riß-Schotter erschließen. Sie sind durch feinere Lagen horizontal gegliedert und enthalten keine gekritzten Geschiebe oder große Blöcke, wie die überlagernden Moränen. An der Wallfahrtskirche mit ihrer alten Linde vorbei geht es hinab zum Starnberger See.

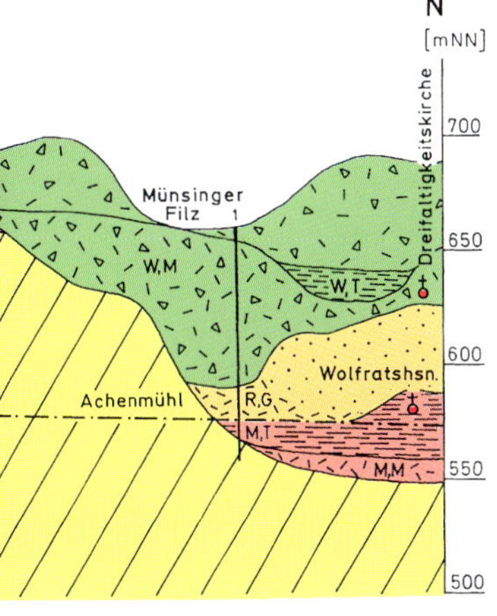

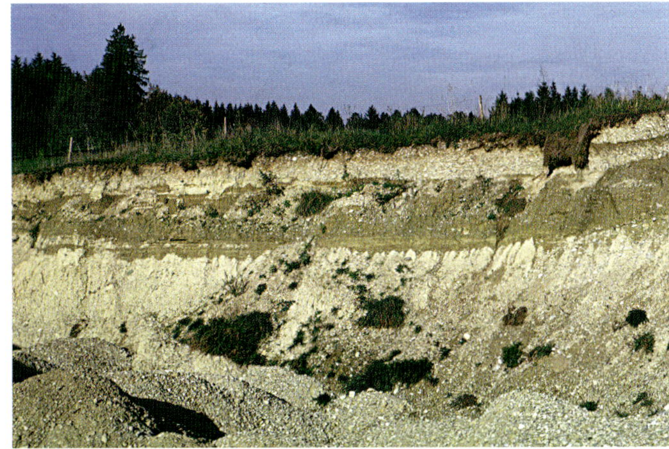

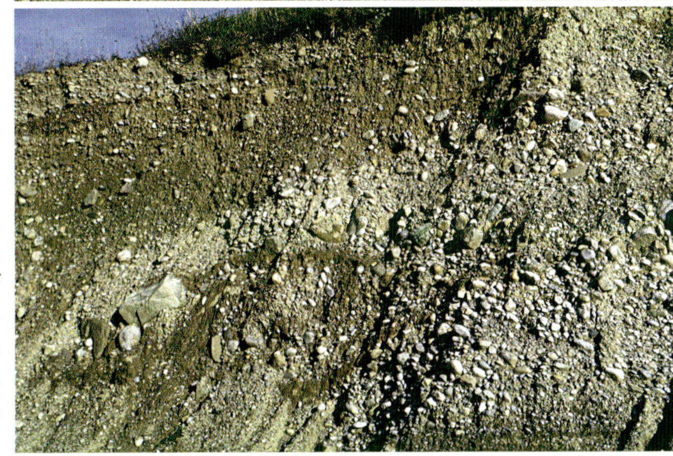

E9. Kleine Grube am Bauhof nördlich Degerndorf. Rechts kiesige Moräne mit einzelnen größeren Geschieben. Nach links überlagert von Stauseetonen (oberes Foto).

Wir folgen nun dem steilen Ostufer nach Norden und kommen vorbei an Ammerland. Südlich der Seeburg erschließt eine kleine Grube wenig verfestigte, kristallinreiche Riß-Schotter. Hier tritt Grundwasser direkt im See aus, was im Winter anhand erhöhter Wassertemperaturen nachgewiesen werden kann, ebenso bei Berg und Kempfenhausen (Wrobel 1983). Dann taucht unterhalb Allmannshausen der quellreiche Tertiär-Sockel wieder auf und fällt weiterhin über 100 m sehr steil zur tiefsten Stelle im Starnberger See ab (sog. Taucherwand). Von der Nagelfluhwand über der Uferstraße rutschen immer wieder Teile auf den durchfeuchteten Tertiär-Mergeln ab und halten sie steil. Im Schlosspark von Berg sind die Nagelfluhwände von ebenen, dünnen, rinnenförmigen Feinsandlagen durch-

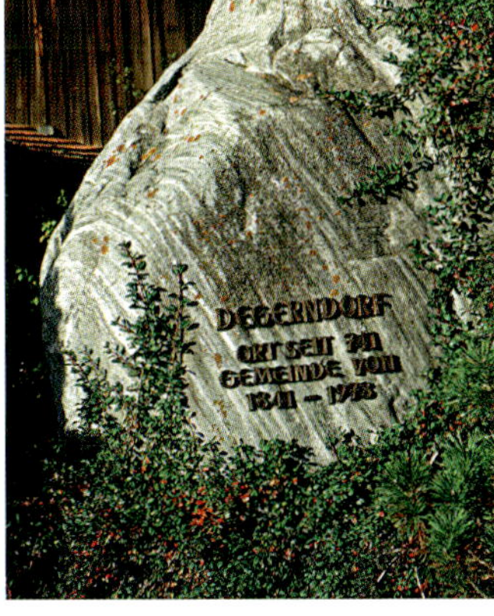

E10. Großer Findling aus gebändertem Amphibolit als Gedenkstein in Degerndorf.

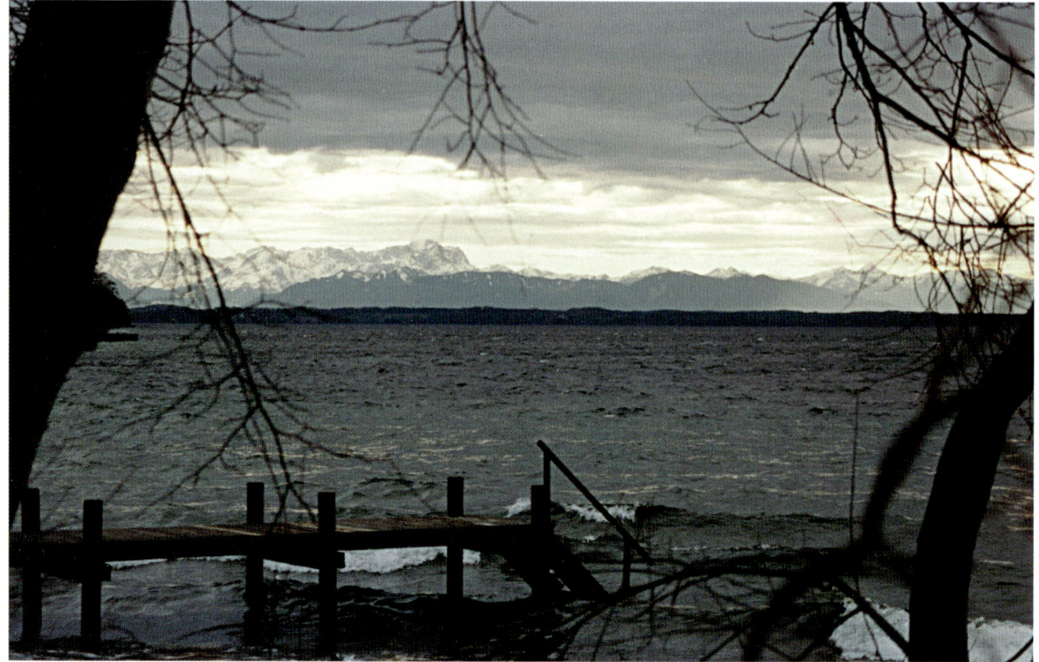

E11. Blick von Leoni über den aufgepeitschten Starnberger See, die flache Moränenkette am Südwestufer zu den dunklen Flyschbergen des Hörnle bei Kohlgrub; nach links Abfall des Laber ins Loisachtal, dahinter Wettersteingebirge mit Zugspitze (rechts).

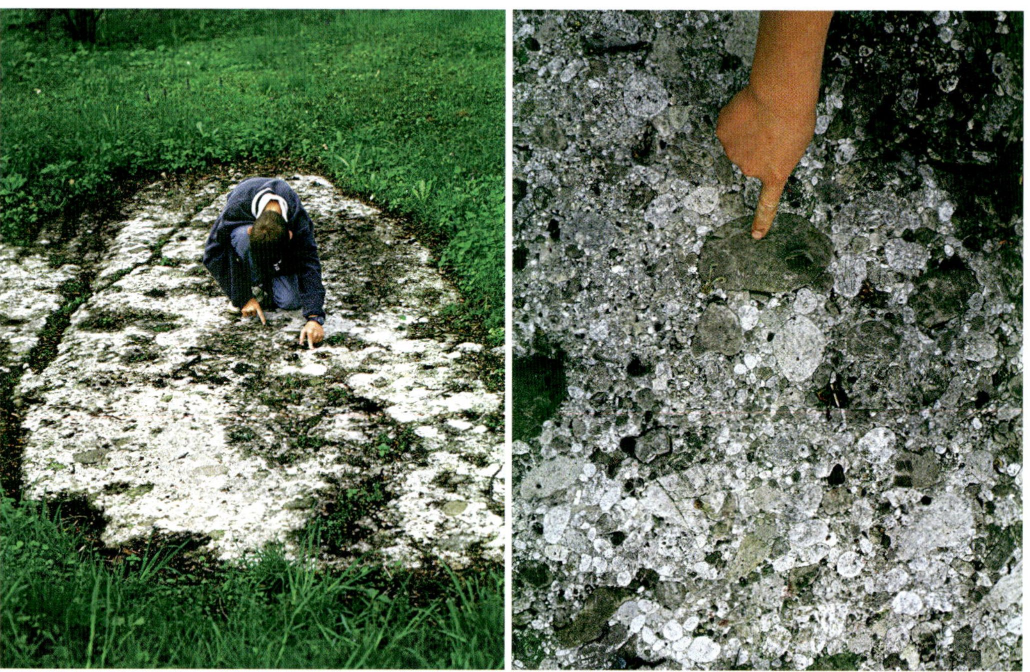

E12. Gletscherschliff im Garten der Rosen-Apotheke in Berg; rechts Detail.

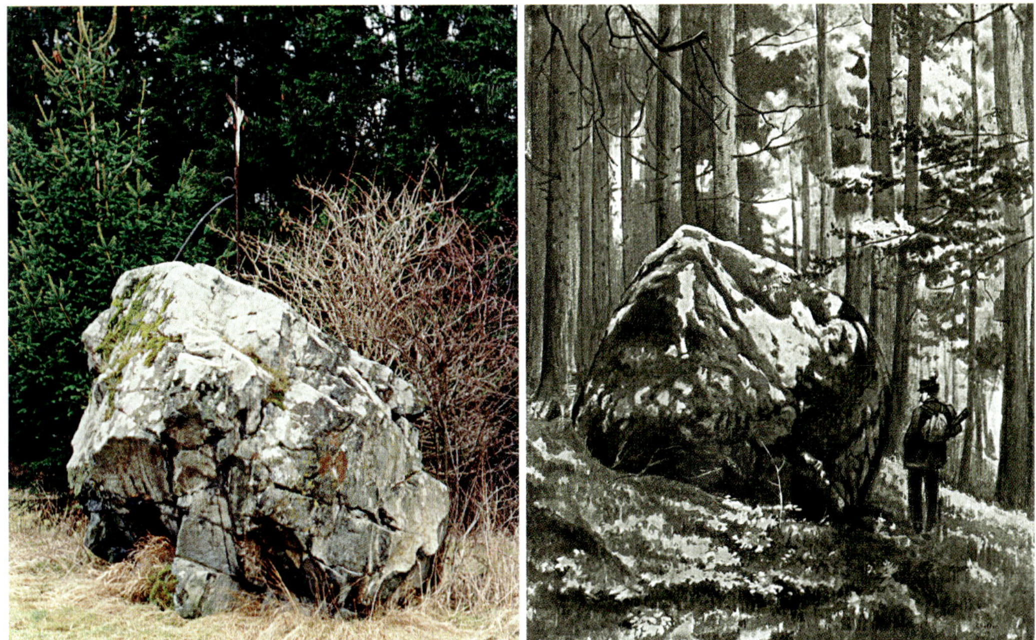

E13. Großer Findlingsblock aus senkrecht stehenden Lagen von dunklem Amphibolit und hellen Glimmerschiefern mit Quarzader nördlich der alten Olympiastraße von Percha nach Wangen, 200 m östlich des Ortsrandes von Percha.
E14. Findlingsblock südlich Haarkirchen aus Gneis mit Quarzadern, von den Gletschern aus den Zentralalpen antransportiert. – Zeichnung von L. v. Ammon 1899.

setzt, die als Stillwasserablagerungen im reißenden Schotterstrom gedeutet werden. Der Sockel der Votivkapelle im Schlosspark besteht aus Nummulitenkalk und zeigt wunderbar viele Quer- und Längsschnitte der Großforaminiferen sowie einzelne große Austern und Seeigel. Im Garten der Rosen-Apotheke an der Hauptstraße in Berg liegt das bekannte *E12*
Naturdenkmal des Berger Gletscherschliffs. Eine mehrere Quadratmeter große Fläche von Nagelfluh ist völlig glatt poliert und von nach Norden weisenden Schrammen durchzogen; die einzelnen Gerölle sind an der polierten Oberfläche glatt abgeschnitten. Wir fahren weiter bis an das heutige Ende des Sees bei Percha und biegen dort beim ehemaligen Kloster in das Lüßbachtal ein. Etwas nach Norden an der alten Straße nach Wangen liegt
der bekannte große Findlingsblock aus Lagen von dunklem Amphibolit und hellerem *E13*
Glimmerschiefer mit Quarzadern, der bei der Deutung der Landschaft als Eiszeitablagerung eine wichtige Rolle spielte. Das breite Lüßbachtal wird heute nur noch von einem
kleinen Bächlein durchflossen, ehemals durchströmten es die Gletscherwasser-Abflüsse *E16*
aus dem Bachhausener See, der wiederum von den Gletscherbächen der Wolfratshausener Zunge gespeist wurde. Auf diese Weise kamen Abflüsse vom Wolfratshausener Gletscher in das Starnberger Seebecken. Am Tennisplatz stehen Felsen mit schwach verfestigten Riß-Schottern an, ebenso in der Kiesgrube gegenüber, dort von Geschiebelehm überdeckt. Im Sägewerk von Mahntal westlich Haarkirchen liegt ein weiterer großer Findlingsblock aus Amphibolit. Wir folgen weiterhin dem Lüßbachtal nach Süden; vom Beginn des Waldes
400 m nach Südosten liegt an der Forststraße der schon von Ammon 1899 abgebildete *E14*

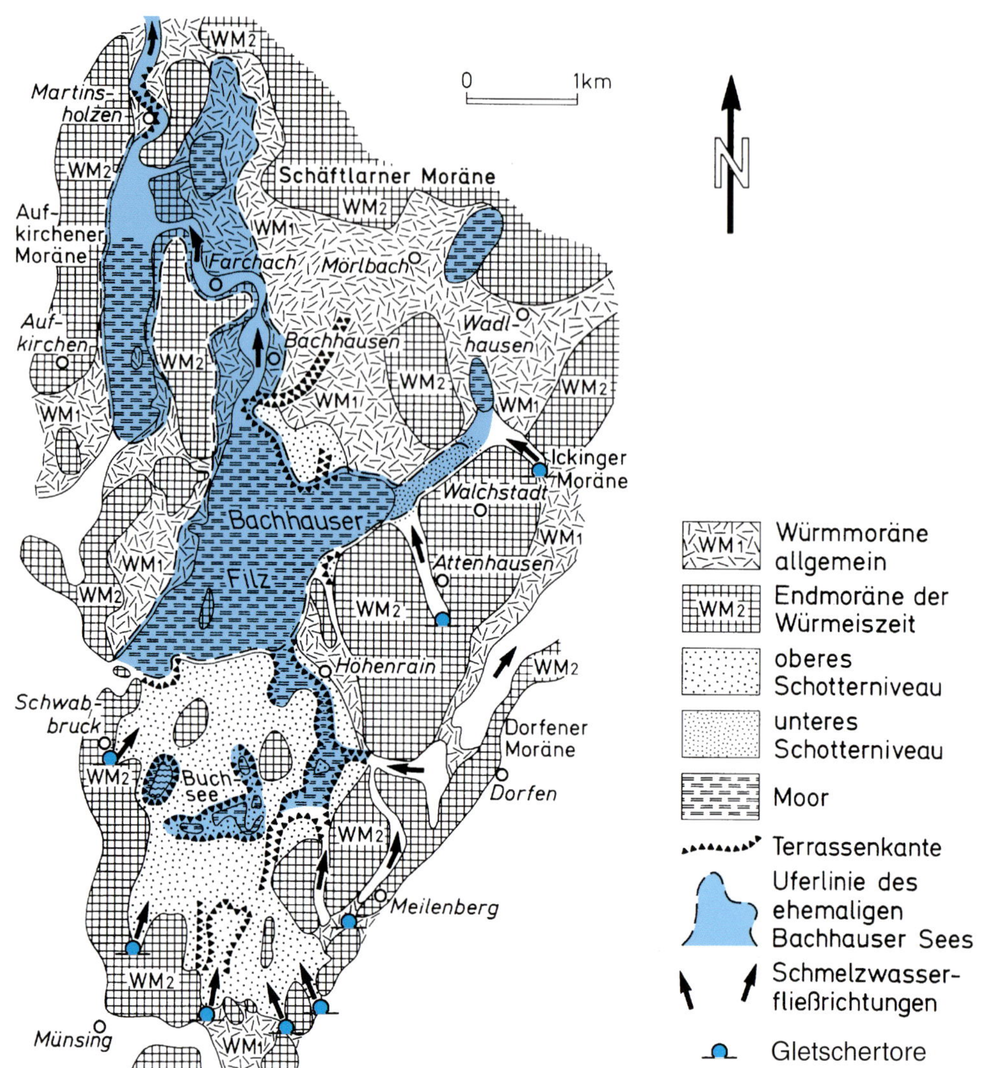

E15. Geologisches Kärtchen der Umgebung von Bachhausen mit der Eiszerfallslandschaft um den Buchsee. – Nach SCHUMACHER aus JERZ 1987b.

Findlingsblock aus Gneis mit einem Kruzifix. Das Engtal umfahren wir oberhalb auf der Forststraße Richtung Farchach. Am Waldende überblicken wir die heute z.T. vermoorte Senke des ehemaligen Bachhausener Sees, dahinter die Alpenkette. Über Bachhausen und Biberkor entlang des Bachhausener Filzes gelangen wir schließlich zum Buchsee. Dieser
E17 ist als Toteisloch in eine ebene Schotterterrasse eingesenkt, ähnlich wie die verlandeten Senken weiter östlich. Wir passieren die starke Lüßbach-Quelle 600 m südwestlich von Höhenrain; über Dorfen (mit Findlingen am Kriegerdenkmal) geht es die steilen Kehren ins Wolfratshausener Becken hinab. Unmittelbar nördlich davon liegt eine tiefe Schlucht in leicht verfestigten Riß-Schottern.

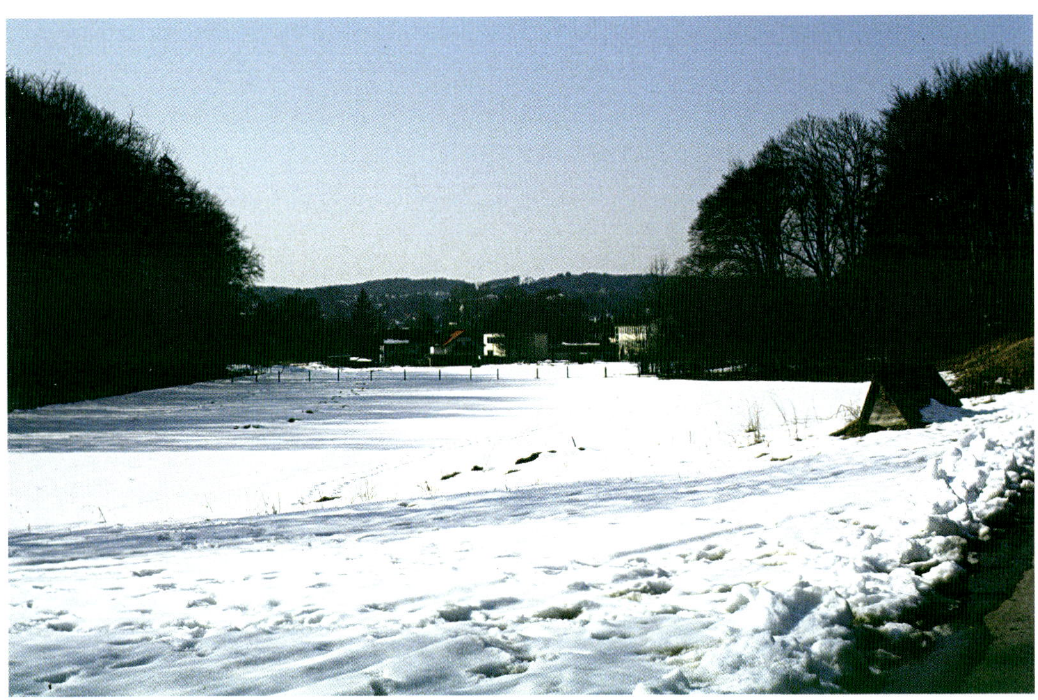

E16. Unteres Lüßbachtal östlich Percha, ehemalige eiszeitliche Abflussrinne des Bachhausener Sees zum Starnberger See.

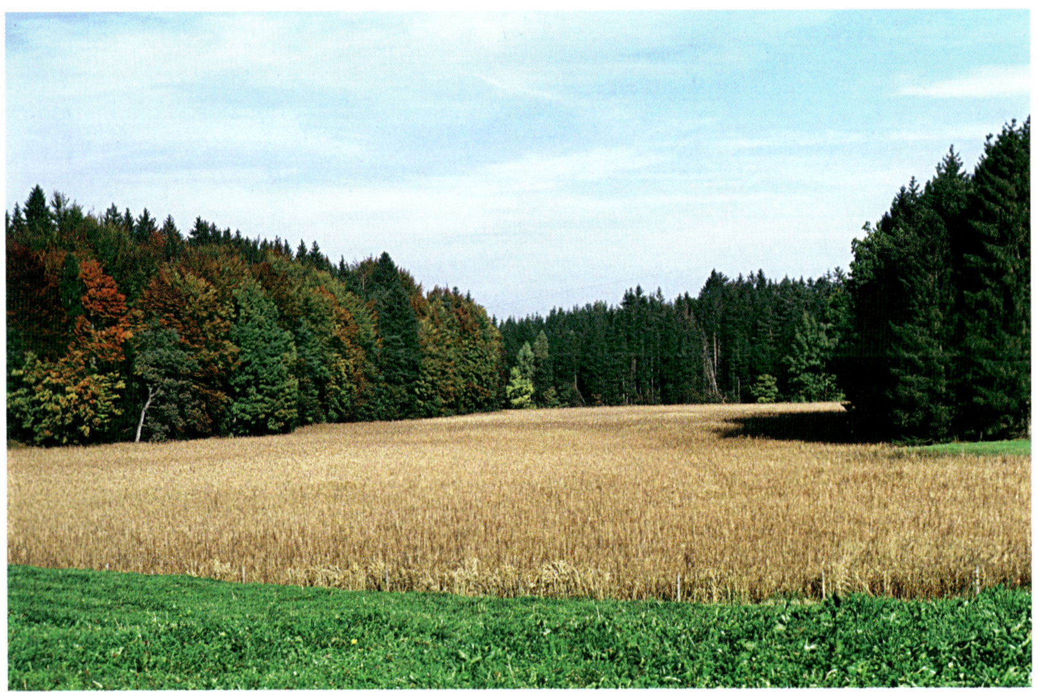

E17. Verlandeter Toteissee östlich vom Buchsee.

7. Erläuterung von Fachbegriffen der eiszeitlichen Ablagerungen
(gekürzt nach Jerz 1993a)

Gletscherablagerungen und Glazialformen

Weite Teile des Alpenvorlandes sind mit Gletscherschutt, allgemein als **Moräne** bezeichnet, bedeckt. Es handelt sich um ein Gemisch von Gesteinsbruchstücken unterschiedlicher Art, Größe und Form, vorwiegend ungeschichtet und schlecht sortiert, mit Korngrößen von der Tonfraktion bis zur Blockgröße.

Es wird dabei zwischen dem an der Oberfläche eines Gletschers transportierten und dem im Innern bzw. an der Basis bewegten Material unterschieden: Der Gesteinsschutt der Obermoräne bleibt kantig; die **Geschiebe** der Innenmoräne und Grundmoräne (Geschiebemergel), die mit rotierender Bewegung transportiert werden, erfahren eine Ecken- und Kantenrundung. Durch die Eisbewegung und die gegenseitige Reibung werden die Geschiebe gekritzt, geschrammt und zum Teil auch poliert. Gekritzte Geschiebe sind die wichtigsten Beweisstücke für vom Gletschereis bewegtes Material.

Auch von der Unterlage wird angefrorenes Gesteinsmaterial vom Gletschereis mitgerissen. Anstehender Fels wird abgeschliffen und von den mitgeführten eingefrorenen Geschieben geschrammt. Rundhöcker und Gletscherschliffe sind Zeugen einer glazialen Bearbeitung des Untergrundes.

Die Moränen enthalten das breite Spektrum der Gesteine, aus denen ihre Liefergebiete aufgebaut sind. Mit Hilfe von »Leitgeschieben« können Lokal- und Fernmoränenmaterial unterschieden und die Transportwege rekonstruiert werden.

Der Isar-Loisach-Gletscher bezieht sein kristallines Material vom Inn-Gletscher über die Transfluenzstellen am Fernpass, Buchener Sattel bei Leutasch und Seefelder Pass; seine Anteile an zentralalpinen Geschieben betragen meist zwischen 5 und 15 %, allerdings im Raum Murnau auch erheblich mehr (bis über 30 %) und im Raum Bad Tölz deutlich weniger (um 1 %).

Für die Moränengebiete der einzelnen Vorlandgletscher lassen sich Bereiche mit **Endmoränen** und **Rückzugsmoränen** mit vorwiegend stark bewegtem Relief und Bereiche mit flachwelligen bis kuppigen **Grundmoränen** und **Abschmelzmoränen** unterscheiden. Mit der Abfolge von den Randlagen zu den zentraleren Bereichen ändert sich das Material der Moränen von kiesig-sandig über kiesig-schluffig zu schluffig-tonig: in Eisrandlagen ist die Kornzusammensetzung vorwiegend kiesig (»Schottermoräne«), wobei das Feinmaterial von den Schmelzwässern ausgewaschen wurde; in Eisrückzugslagen ist die Zusammensetzung überwiegend kiesig-schluffig. In Grundmoränen, deren Beschaffenheit vom unmittelbar anstehenden Untergrund mit bestimmt wird, überwiegt im Alpenvorland schluffreiches bis schluffig-toniges Material.

Die Moränengebiete zeichnen sich auch durch die mehr oder weniger häufigen Vorkommen ortsfremder Felsblöcke aus. Die sog. **Findlinge**, häufig auch als erratische Blöcke bezeichnet, wurden von den Gletschern oft von weither und über Wasserscheiden hinweg an ihren heutigen Fundort transportiert.

Entstehung der Eiszeitlandschaft beim Rückzug der Gletscher aus dem Vorland. – Nach WAGENBRETH/STEINER *1990 (Geologische Streifzüge …).*

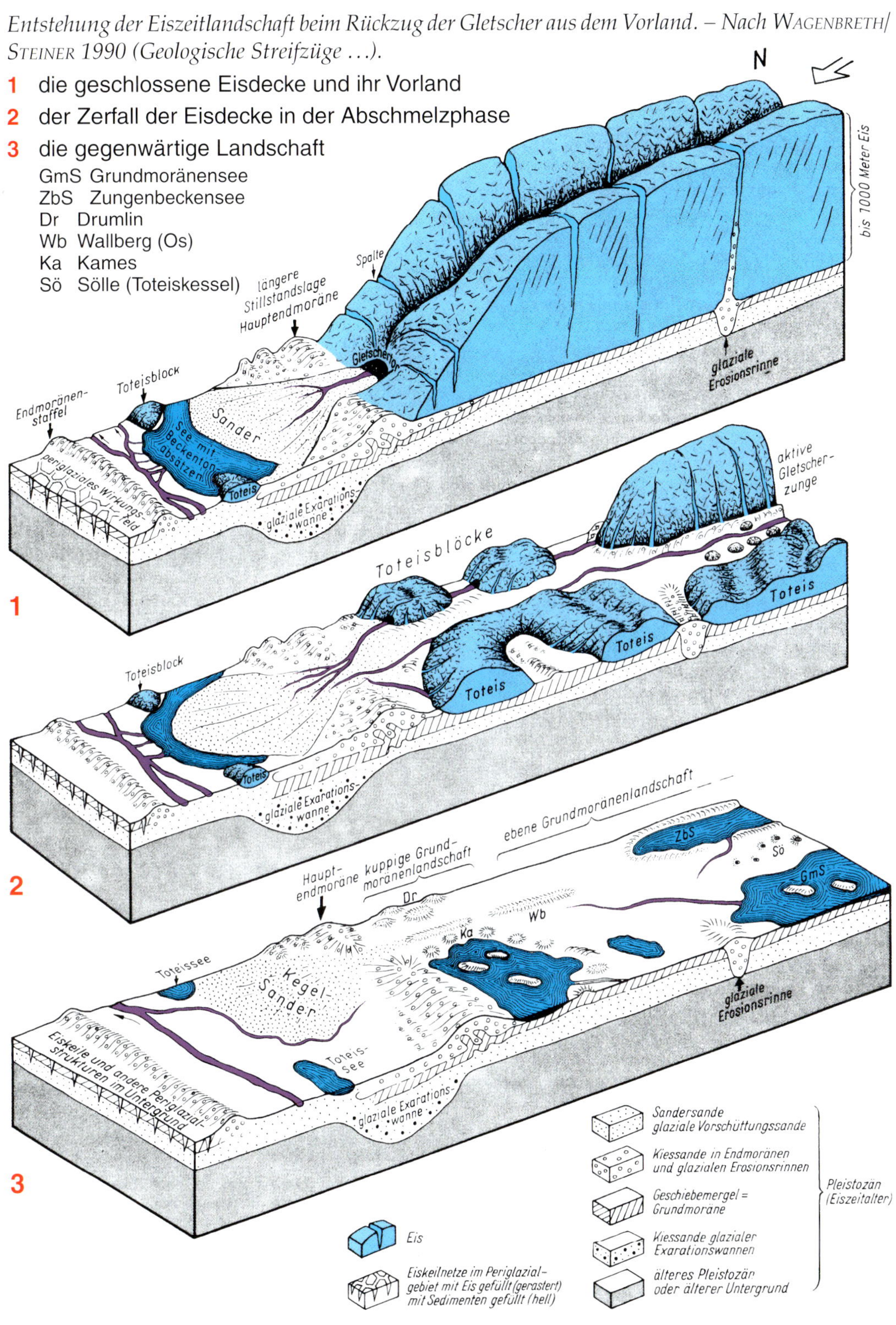

Zu den Sonderformen der eiszeitlichen Ablagerungen im Alpenvorland zählen **Drumlins**, **Oser** (selten) und **Kames**.

Drumlins (Drumlin, Mz. Drumlins oder Drums; irisch/gälisch: druman, drumlin: Schildrücken) stellen im Alpenvorland häufig eine Ablagerungsform der subglazialen Grundmoräne dar; sie bestehen aus oft ganz verdichteter, schluffreicher Moräne. Seltener sind »Kiesdrumlins«, aus kiesiger Unterlage (z.B. Vorstoßschotter) herausmodelliert und von einer meist geringmächtigen Grundmoräne überzogen. Die Drumlins haben viel Ähnlichkeit mit Stromlinienkörpern. Sie besitzen im allgemeinen eine steile und stumpfe Luvseite und eine spitz auslaufende Leeseite; ihr Querschnitt ist asymmetrisch. Sie sind im allgemeinen doppelt bis dreifach so lang wie breit (Länge zwischen 100 und 800 m, Breite 50 bis 200 m, Höhe 10 bis 50 m). Im Eberfinger Drumlinfeld beträgt die Länge eines Drumlins nicht selten ein Vielfaches seiner Breite. Ihre Längsachsen zeigen in die Hauptrichtung der Eisbewegung.

Oser (Os, Mz. Oser; schwed. Ås, Åsar; irisch esker: wallartiger Hügel) sind wallartige Rücken (»Wallberge«), meist mit abgeflachtem Grat und steilgeböschten Flanken, und sind wie die Drumlins etwa in der Richtung der Eisbewegung angeordnet. Sie bestehen aus geschichteten Schmelzwasserkiesen und -sanden, die in Gletschertunneln im oder unter dem Eis abgesetzt worden sind. Am bekanntesten sind die schmalen Oser im Gebiet der Osterseen mit der Marieninsel im Großen Ostersee, ferner das Sindelsdorfer Os.

Kames (Kames, Mz. Kames; irisch: came, cames: kleiner Rücken, Hügel, hügeliges Gelände) sind typische Ablagerungsformen in Eiszerfallsgebieten: Hügel aus Kies und Sand, von Schmelzwässern auf und zwischen Eisresten (Toteis) des zerfallenden Gletschers geschüttet (Eisbettsedimente). Nach dem Abschmelzen des Eises entstanden unregelmäßige, kuppig-hügelige, auch kegelförmige Formen aus geschichteten fluvioglazialen Ablagerungen. Kames enthalten nicht selten eine umschotterte Moräne und sind stets mit Toteisformen vergesellschaftet (s.u.). Kamesterrassen sind an Stellen ausgebildet, wo nach einer Seite Kontakt zum Eis, d.h. ein Eiswiderlager, bestand (Eisrandterrassen). Kames und Kamesterrassen sind im Alpenvorland aus verschiedenen Eiszerfallslandschaften bekannt, vor allem im Gebiet der Osterseen, ferner auf engerem Raum in der Umgebung von Münsing (Buchsee), Sindelsdorf, Ohlstadt (u.a. im Ostermoos). Die Orte Seeshaupt und Iffeldorf liegen auf Kamesterrassen (**Eisrandterrassen**).

Eine weitere Sonderform sind **Tumuli** (Tumulus, Mz. Tumuli; lat.: Hügelgrab; Moränenschutthügel), auffällige kegelförmige Hügel, bestehend aus Kies, Sand und Moräne. Sie sind vermutlich dadurch entstanden, dass Material aus Spaltenfüllungen und von der Gletscheroberfläche beim Abschmelzen des Eises von den Schmelzwässern zu kegelförmigen, sandig-kiesigen Sedimentkörpern zusammengespült wurde (»Moulin-Kames«). Eindrucksvolle Beispiele finden sich nördlich Weilheim zwischen Pähl und Monatshausen (Hirschberg-Alm) und östlich von Erling-Andechs (»Bäckerbichl«).

Das Gegenstück zu den vielfältigen glazialen Aufschüttungen bilden **Rundhöcker** im herausragenden Fels. Sie treten einzeln als zugeschliffene Härtlinge oder in größerer Zahl in Rundhöckerfluren auf. Beispiele dafür sind die »Köchel« oder »Kögel« im Murnauer Moos und der »Geistbühel« bei Bichl aus quarzitischen helvetischen Sandsteinen. Auch quartäre Nagelfluhplatten im Alpenvorland können vom Gletschereis überschliffen und poliert sein, wie zum Beispiel die Deckenschotter bei Happerg westlich Eurasburg, bei Neufahrn östlich Wolfratshausen, in Berg am Starnberger See oder in Beigarten südlich Straßlach.

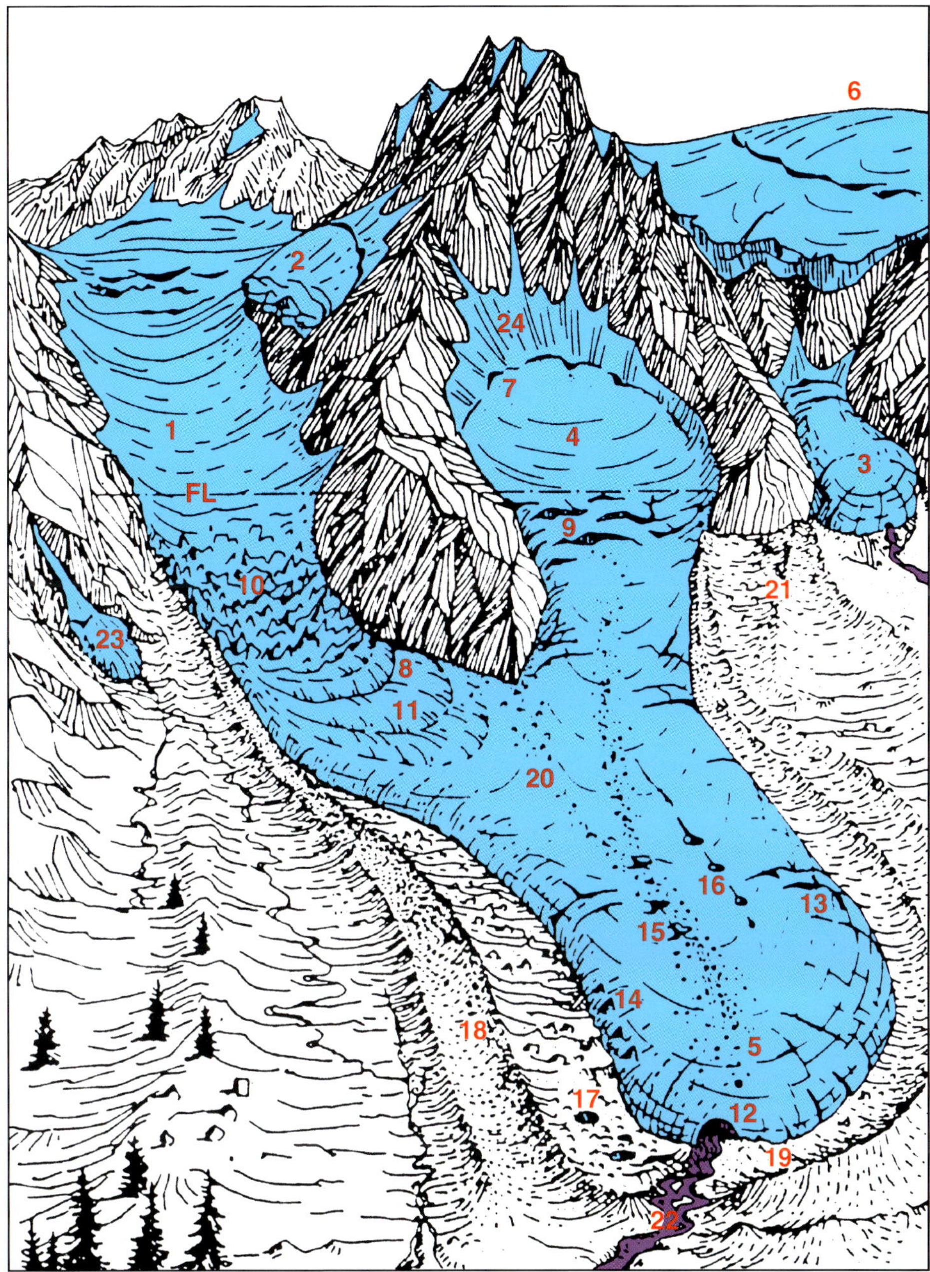

Typische Gletschererscheinungen in den Alpen. 1 = Tal-, 2 = Hang-, 3 = regenerierter Gletscher, 4 = Firnbecken (Kar), 5 = Gletscherzunge, 6 = Plateaugletscher, 7 = Bergschrund, 8 = Rand-, 9 = Querspalten, 10 = Gletscherbruch mit Séracs, 11 = Ogiven (Gletscherbögen), 12 = Gletscherzunge mit Gletschertor, 13 = Gletscherspalten, 14 = Schmelzkegel, 15 = Gletschertisch, 16 = Öffnungen von Gletschermühlen, 17 = Toteis unter Moränenschutt mit Schmelzkesseln, 18 = Ufer-, 19 = Stirn-, 20 = Mittel-, 21 = alte Moräne, 22 = Gletscherbach, 23 = Lawinen-Gletscher, 24 = Wandvergletscherung, FL = Firnlinie (trennt Nähr- und Zehrgebiet). – Nach BRINKMANN *1958 (Lehrbuch der allg. Geologie).*

Toteisbildungen. Im mit Moränen überzogenen Alpenvorland besteht ein oft engräumiger Wechsel zwischen Auschüttungs- und Hohlformen. Letztere sind meist in Verbindung mit bewegungslosem Eis, dem »Toteis« entstanden, das teils im Verband der Moränen zurückblieb, teils in größeren oder kleineren Resten vom Gletscher abgetrennt und von Schmelzwassersedimenten rasch überdeckt wurde. Nach dem Ausschmelzen der Eisreste entstanden Hohlformen unterschiedlicher Größe, die je nach der Durchlässigkeit des Untergrundes heute entweder als trockene Trichter und Kessel oder als wassererfüllte und vermoorte Hohlformen (Soll, Mz. Sölle; plattdt.: Wasserloch, Suhle) in Erscheinung treten. Toteisformen in großer Zahl und Vielfalt treten im Bereich der Endmoränen der Vorlandgletscher und in den Eiszerfallslandschaften (z.B. Osterseen) auf.

Schmelzwasserablagerungen und Schotterfelder

Im Vorfeld der Moränen breiten sich die **Schotter** verschiedener Glazialzeiten aus; verschiedentlich besteht noch eine Verknüpfung von Schmelzwasserschottern mit zugehörigen Endmoränen. Am besten zu erkennen ist dies bei den Schottern der beiden letzten Eiszeiten, bei den würmeiszeitlichen Niederterrassenschottern und bei den rißeiszeitlichen Hochterrassenschottern, seltener bei den mindeleiszeitlichen Schottern. Ältere Schotter sind meist durch Kalk zu **Nagelfluh** verfestigt und werden auch als Deckenschotter bezeichnet. Der Ausdruck Nagelfuh stammt aus der Schweiz: die Gerölle schauen wie Nagelköpfe aus der Gesteinsmasse heraus.

Die Schotterfelder vor den Endmoränen gleichen größeren und kleineren Schwemmfächern, den **Sandern**. Sie ziehen unter die Endmoränen hinein oder wurzeln an deren Außenrand. Werden Schotter an das Eis geschüttet, entstehen Eisrandterrassen mit geradliniger oder unregelmäßiger Begrenzung (z.B. Seeshaupter Terrasse oder Iffeldorfer Terrasse); dagegen haben in Gletscherseen geschüttete Deltaschotter einen bogenförmigen Terrassenrand (z.B. das Wielenbacher Delta). Vor dem schräg einfallenden Schotterdelta wird die Gletschertrübe als kalkreicher **Seeton** abgelagert.

Äolische Ablagerungen

Die Fallwinde von den Gletscherbergen treiben den feinen Staub vor sich her und lagern ihn als **Löß** ab. Er verwittert zu **Lößlehm**.

Gebirgsgletscher und ihre Ablagerungen

Die Gletscher haben sich heute in die höchsten Alpenregionen zurückgezogen und bilden dort meist nur kleinere, steil herabziehende Gletscherzungen. Sie unterscheiden sich wesentlich von den breiten Vorlandgletschern der Eiszeiten. Die einzelnen Begriffe sind in der Abbildung S. 141 erläutert.

Die weiteren geologischen Fachbegriffe und Namen werden z.T. im Text sowie in Tabellen und Kartenlegenden erläutert. Auf das Geologische Wörterbuch von Murawski und das Paläontologische Wörterbuch von Lehmann (beide Enke-Verlag Stuttgart) wird verwiesen.

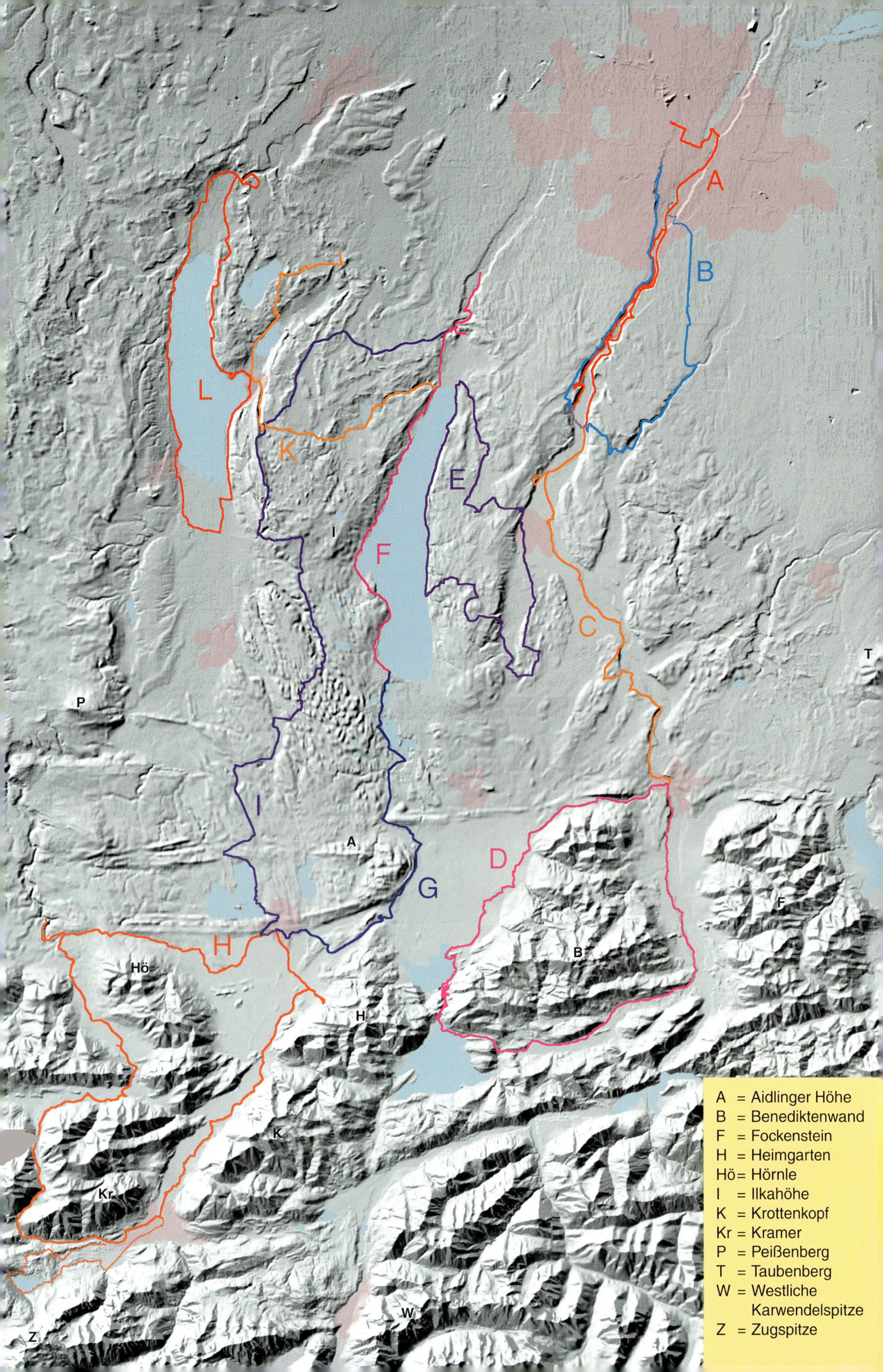
A
B
C
D
E
F
G
H
I
K
L
P
T
A
B
F
H
Hö
K
Kr
W
Z
A = Aidlinger Höhe
B = Benediktenwand
F = Fockenstein
H = Heimgarten
Hö = Hörnle
I = Ilkahöhe
K = Krottenkopf
Kr = Kramer
P = Peißenberg
T = Taubenberg
W = Westliche Karwendelspitze
Z = Zugspitze

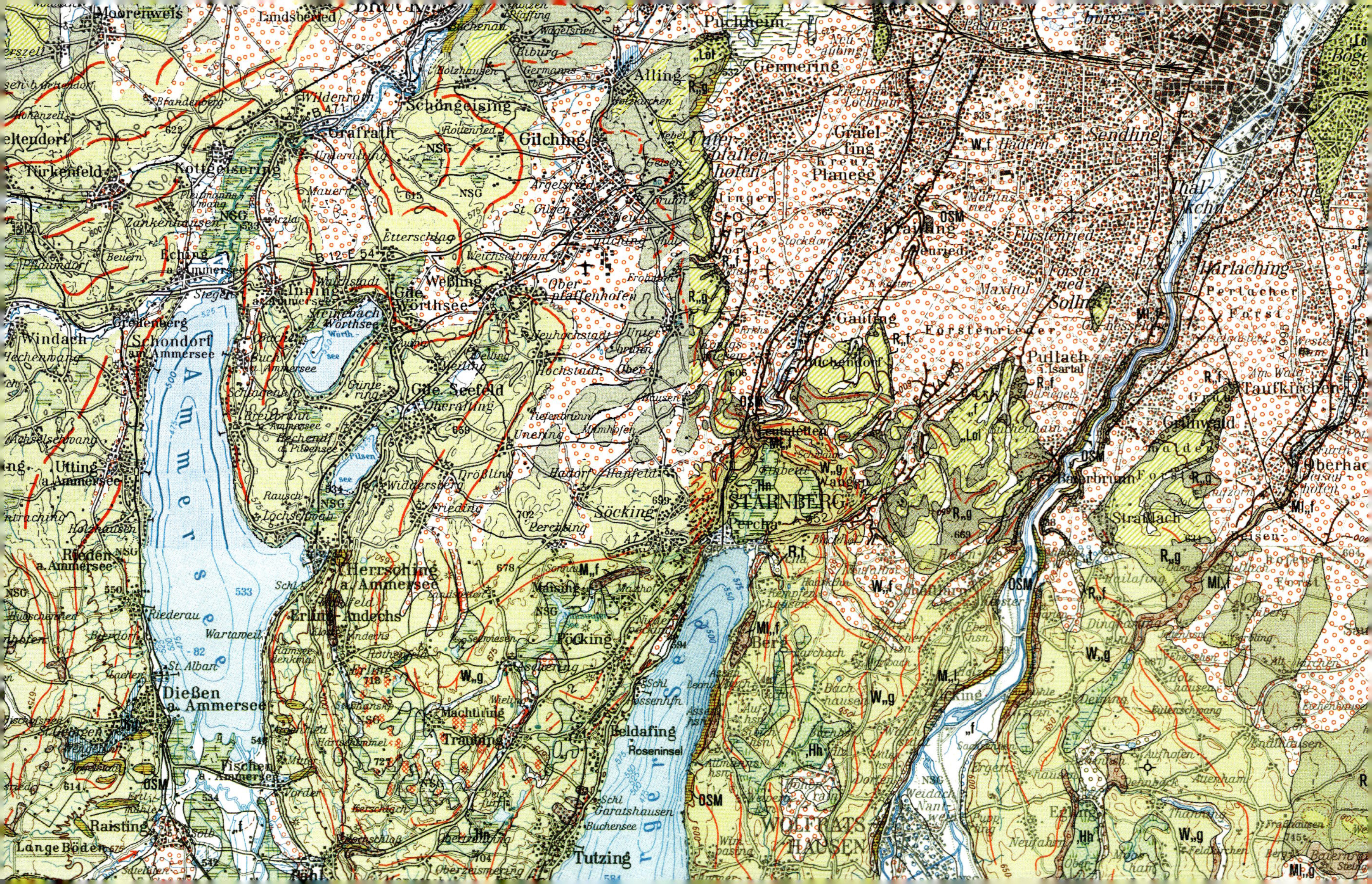

Moorenweis
Alling
Puchheim
Germering
Sendling
Schöngeising
Grafrath
Gilching
Gräfelfing
Planegg
Türkenfeld
Krailling
Harlaching
Weßling
Solln
Gauting
Windach
Schondorf am Ammersee
Gde. Seefeld
Pullach
Taufkirchen
Grünwald
Utting a. Ammersee
Söcking
STARNBERG
Percha
Riederau
Herrsching a. Ammersee
Ammersee
Erling-Andechs
Pöcking
Dießen a. Ammersee
Machtlfing
Traubing
Feldafing
Roseninsel
Raisting
Tutzing
WOLFRATSHAUSEN